수능까지 연결되는
초등

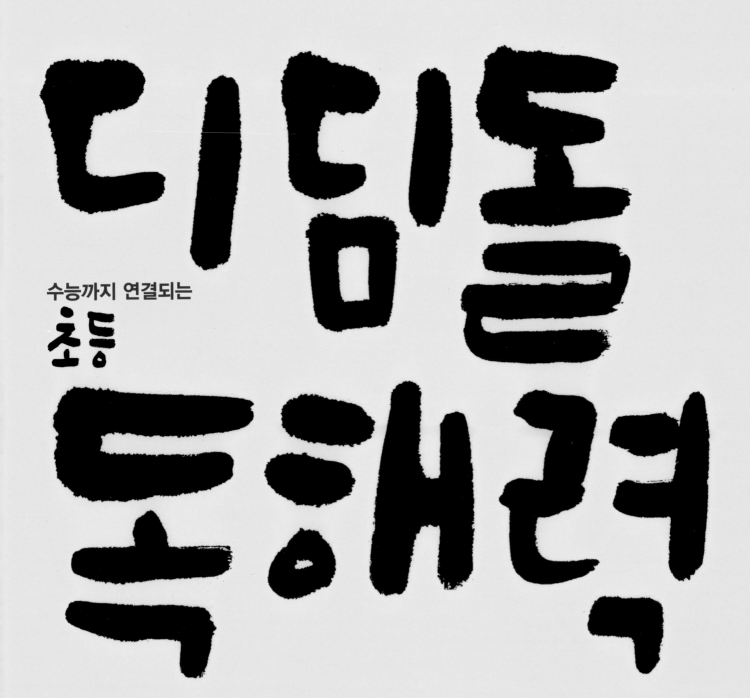
디딤돌 독해력

초등부터 시작하고
수능까지 연결하라

5 고학년1 미리보기

수능까지 연결되는

초등

디딤돌
독해력

디딤돌

수능 본격 독해,
초등 고학년에서 시작해야 합니다.

초등 고학년은 "예비 중등"의 다른 이름입니다.

"예비 중등"인 초등 고학년 때는 본격적인 독해를 해야 하는 시기입니다.

초등 저학년 때 사실적 독해 위주로 독해의 기초를 마련했다면,

고학년 때에는 수능에서 평가하는 보다 종합적인 사고 능력인

추론적 독해, 비판적 독해, 창의적 독해까지 나아가야 하며, 이것이 본격 독해입니다.

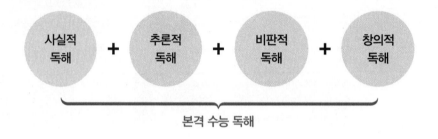

더구나 초등 고학년 때는 학생들의 사고력이 증폭되는 시기이므로

충분한 연습을 통해 독해력을 고등 수준까지 끌어올릴 수 있습니다.

초등 고학년은 본격 독해 훈련의
적기이자, 기회입니다.

학교 교육과 시험 제도에 따른 학습의 패턴으로 볼 때에도

집중해서 독해 실력을 높일 수 있는 시기는 초등 고학년 때입니다.

학교 시험이 있는 중학교 때부터는 학교 내신 위주로 공부할 수밖에 없는 것이

현실이기 때문입니다.

따라서, 초등 고학년 때가 집중해서 독해 훈련할 수 있는 적기(適期)이자, 기회입니다.

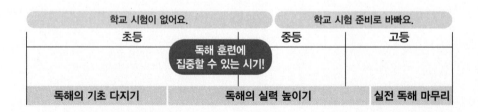

독해 실력을 향상시키기 위해서는
수준을 조금씩 높여 훈련해야 합니다.

독해력을 기르려면 무조건 어려운 글을 읽어야 할까요?

자신의 수준을 뛰어넘어 너무 어려운 글을 읽게 되면 글의 내용조차

파악하기 어렵기 때문에 독해를 할 수가 없습니다.

또한 자칫하다 독해에 대한 흥미를 잃게 될 수도 있습니다.

그렇다면, 자신의 수준에 딱 맞는 글을 계속해서 읽으면 독해력이 향상될까요?

그렇지도 않습니다. 사고력은 생각의 방향이자 흐름이기 때문에

자신의 수준보다 조금은 수준이 높은 글을 읽어야

사고력도 조금씩 깊어지게 됩니다.

즉 자신의 수준을 고려하여 시작하되, 지문의 수준을 조금씩 높여가며

꾸준히 독해 훈련을 할 때 독해 실력이 자연스럽게 향상될 수 있습니다.

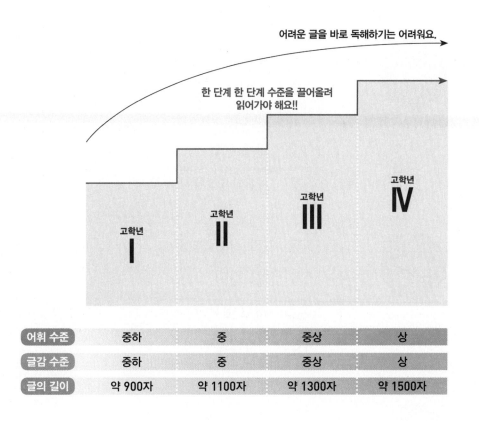

어려운 글을 바로 독해하기는 어려워요.

한 단계 한 단계 수준을 끌어올려
읽어가야 해요!!

고학년 I

고학년 II

고학년 III

고학년 IV

어휘 수준	중하	중	중상	상
글감 수준	중하	중	중상	상
글의 길이	약 900자	약 1100자	약 1300자	약 1500자

『디딤돌 독해력 고학년 I』 중 8개 제재를
선별하여 수록하였습니다.

시험을 앞둔 긴장감

어휘 수준 ★★★★★
글감 수준 ★★★★★
글의 길이 899자

　수민이는 평소 수업 시간에 집중해서 듣고 복습을 열심히 하는 학생이다. 하지만 막상 시험을 볼 때는 긴장한 나머지 문제에 집중하지 못한다. 열심히 공부했지만 긴장을 해서 중요한 순간에 제 실력을 발휘하지 못하는 것이다. 비단 수민이 뿐 아니라 시험을 앞둔 학생들은 정도의 차이는 있을지언정 누구나 긴장을 할 것이다. 물론 적당한 긴장감은 시험에 집중할 수 있게 해 공부의 효과를 높여 주기도 한다. 그러나 긴장감이 지나쳐 불안감마저 느끼게 되면 오히려 공부에 방해가 된다. 정도가 심한 학생들은 남들보다 더 열심히 공부하는데도 불구하고, 기대 이하의 성적을 내거나 이 때문에 아예 시험을 포기하는 상황에 이르기도 한다.

　시험에 대해 느끼는 불안감, 즉 시험 불안은 과도한 기대 때문에 생기는 경우가 많다. 무슨 일이 있어도 좋은 성적을 내야 한다는 생각 때문에 과도한 긴장감을 느끼게 되는 것이다. 적당한 긴장감은 집중력을 향상시키지만 긴장감이 높아질수록 근육은 굳어지고 자극에 대한 반응도 둔해진다. 준비를 열심히 하는데도 기대만큼 되지 않으면 불안감은 더욱 커지기 마련이다. 그리고 불안감이 심해지면 좌절감마저 느낄 수 있는 것이다.

　이러한 예를 운동선수들에게서 쉽게 찾을 수 있다. 훌륭한 기량을 보이던 선수가 갑자기 슬럼프에 빠지는 경우가 있는데 이는 잘해야 한다는 강박 관념 때문에 오히려 더 성적이 부진해지는 심각한 상황에 빠진 것이다. 이런 경우 슬럼프에서 벗어나기 위해서는 몸을 단련하고 훈련을 열심히 하는 것보다 먼저 잘해야겠다는 욕심을 버리고 마음의 여유를 찾는 것이 더 중요하다.

　시험을 대비하는 것도 마찬가지이다. 성적에 대한 기대치를 높여 몸을 혹사시키는 것보다 공부한 만큼만 효과를 내겠다는 편안하고 긍정적인 마음을 가지는 것이 시험에서 좋은 결과를 얻을 수 있는 지름길이 될 수 있다.

● **과도**(過 지날 과, 度 법도 도)
정도에 지나침.

● **기량**(伎 재주 기, 倆 재주 량)
기술상의 재주.

● **강박**(强 굳셀 강, 迫 닥칠 박)
어떤 생각이나 감정에 사로잡혀 심리적으로 심하게 압박을 느끼는 것.

1 글쓴이가 글의 내용을 효과적으로 전달하기 위해 사용한 방법은 무엇인가요?
( )

① 전체를 여러 부분으로 나누어 제시하고 있다.
② 일어난 일을 사건의 흐름에 따라 밝히고 있다.
③ 내용을 뒷받침하기 위해 구체적인 예를 들고 있다.
④ 글쓴이의 의견과 상반되는 의견을 함께 제시하고 있다.
⑤ 일정한 기준에 따라 같은 것끼리 묶어서 설명하고 있다.

2 긴장감의 강도가 심해질 때 일어날 수 있는 현상은 무엇인가요? ( )

① 공부의 효과를 극대화할 수 있다.
② 마음의 안정을 찾는 데 집중할 수 있다.
③ 과도한 기대감을 떨쳐 내는 데 도움을 줄 수 있다.
④ 시험 성적이 제대로 나오지 않았을 때 좌절할 수 있다.
⑤ 자극에 대한 반응이 빨라져 위험에 쉽게 대처할 수 있다.

3 이 글의 내용으로 보아 적당한 긴장감 상태에 있는 사람은 누구인지 이름을 쓰세요.

> • 유선: 어제 공부 많이 했어?
> • 지영: 푹 자고 새벽 5시에 일어나서 두 시간 정도 공부했어.
> • 유선: 어떻게 잠을 잘 잘 수 있지? 나는 오늘 시험을 잘 못 볼까 봐 겁나서 한숨
>   도 못 잤는데.
> • 지영: 너무 공부에만 모든 신경을 쏟다 보면 집중력이 흐트러질 수 있어. 시험에
>   대한 마음의 긴장감부터 털어 내는 게 좋거든.

( )

4 자신의 생각을 바탕으로 이 글을 비판하며 읽은 친구의 이름을 모두 쓰세요.

> • 장호: 슬럼프에 빠진 운동선수가 욕심을 버리고 마음의 여유를 찾는다면 금방 자기 기량을 발휘할 수 있겠구나.
> • 성호: 마음의 여유를 찾기 위해 욕심을 버리는 것이 말처럼 쉬울까? 그것을 실천하는 것은 너무 힘든 일인 것 같아.
> • 지유: 사람마다 개인 차이가 있어서 슬럼프에 빠진 운동선수가 다 똑같은 방법으로 슬럼프를 이겨 내지는 않을 것 같아.

(   )

5 이 글의 뒤에 나올 수 있는 내용으로 가장 적절한 것은 무엇인가요? (   )

① 슬럼프에 빠졌을 때의 현상
② 불안감이 심해졌을 때의 현상
③ 시험 공부를 효과적으로 하는 방법
④ 강박 관념과 슬럼프의 긍정적 효과와 부정적 효과
⑤ 편안하고 긍정적인 마음을 가질 수 있는 구체적인 방법

한줄
요약

6 빈칸에 알맞은 말을 넣어 이 글의 핵심 내용을 한 문장으로 요약하세요.

시험을 앞둔 학생의 과도한 ☐☐☐은 불안감과 좌절감을 높일 수 있으므로 편안하고 ☐☐☐인 마음을 가지는 것이 시험에서 좋은 결과를 얻을 수 있는 지름길이다.

지문 속 필수 어휘

다음 문장을 읽고, (　　) 안에 공통으로 들어갈 낱말을 완성하세요.

❶
- 내 발표 차례가 눈앞으로 다가와서 너무 (　　)되었다.
- 나의 거짓말이 들통날까 봐 너무 (　　)한 나머지 가슴이 두 근두근하였다.

ㄱ 장

❷
- 내가 한 말에 친구가 아무런 (　　)이 없어 실망하였다.
- 요리 연구가는 자신의 음식 맛을 본 사람의 (　　)을 살폈다.

반 ㅇ

다음 문장을 읽고, 두 낱말 중 알맞은 것을 찾아 ○표 하세요.

❸ 비행기가 지나가는 소리에 갑자기 [집중력 / 집중녁]이 흐트러졌다.

❹ 그의 섣부른 행동에 많은 사람이 [좌절감 / 자절감]을 느꼈다.

낱말의 뜻을 참고하여, 다음 문장의 빈칸에 들어갈 알맞은 낱말을 완성하세요.

❺ 신영이가 무심코 한 행동이 의외로 일석이조의 효 ㄱ 를 가져왔다.
　　　　　　　　어떤 목적을 지닌 행위에 의하여 드러나는 보람이나 좋은 결과.

❻ 그 야구 선수는 자신의 ㅅ 럼 ㅍ 를 극복하지 못하고 결국 은퇴를 하였다.
운동 경기 따위에서, 자기 실력을 제대로 발휘하지 못하고 저조한 상태가 길게 계속되는 일.

안전띠는 생명 띠

어휘 수준 ★☆☆☆☆
글감 수준 ★★☆☆☆
글의 길이 881자

(가) '안전띠는 생명 띠' 긴 설명이 필요 없는 표어이다. 실제로 수많은 교통사고 현장에서 안전띠 덕분에 소중한 생명을 지킨 일이 많다. 하지만 안전띠를 했다고 해서 안전이 완벽하게 보장되는 것은 아니다. 안전띠를 제대로 매지 않았을 때 오히려 피해가 더 커질 수도 있다.

안전띠는 성인 남자 몸무게의 서른 배 정도 되는 힘에도 견딜 수 있게 설계된다. 그런데 안전띠를 맬 때 가장 소홀히 하기 쉬운 것은 대체로 다음 두 가지인 것 같다. 첫째, 안전띠가 꼬인 상태 그대로 매는 것이다. 이 점에 대해서는 캠페인을 통해서도 많이 지적되고 있지만, 막상 그 충격이 어느 정도인지에 대해서는 무심한 듯하다. 안전띠의 국제 규격은 폭 4.6cm이다. 그런데 안전띠가 꼬인 채로 매게 되면 차에 충격이 가해졌을 때 오히려 안전띠가 몸에 닿는 부분에 충격이 가해져서 큰 부상을 입을 수도 있다.

둘째, 안전띠를 배 위에 걸치는 경우인데, 이것은 정말 흔히 저지르는 실수이다. 골반뼈는 우리 몸에서 가장 튼튼한 뼈 중 하나로 허리 부분의 안전띠는 바로 그 골반뼈를 이용해서 충격을 줄여 준다. 그런데 안전띠를 너무 위쪽으로 매면 충격이 골반보다는 배에 가해지게 되어 결국 장기에 손상을 입게 된다. 배가 나온 사람들은 특히 배 위쪽으로 안전띠를 올려 매고는 하는데, 이제부터는 최대한 아래쪽으로 매야 한다는 것을 꼭 기억하자.

그 밖에 아이들과 함께 탔을 때 안전띠 하나로 두 아이를 매면 외부에서 충격이 전해질 때 아이들끼리 머리를 부딪쳐 크게 다칠 수 있다. 또, 엄마가 아기를 안은 채로 안전띠를 매고 타는 경우 사고가 나면 아기는 충격을 흡수하는 역할을 하게 되어 엄마 몸무게의 7배에 해당하는 충격을 받게 된다. 그러므로 안전띠가 ㉠완벽한 생명 띠가 되려면 올바른 방법으로 매는 것이 중요하다.

▲ 골반뼈는 우리 몸통의 아래쪽 부분을 이루는 뼈예요. 엉덩이 부분의 뼈대로, 허리등뼈와 다리뼈를 잇는 깔때기 모양의 크고 납작한 뼈인데요. 몸의 중심에 위치해 있어서 몸의 축으로 비유하는 아주 중요한 뼈랍니다.

● **설계**(設 베풀 설, 計 꾀 계)
건축·토목·기계 제작 따위에서, 그 목적에 따라 실제적인 계획을 세워 도면 따위로 명시하는 일.

● **장기**(臟 내장 장, 器 그릇 기)
내장의 여러 기관.

● **흡수**(吸 숨들이쉴 흡, 收 거둘 수)
빨아서 거두어들임.

1 이 글의 내용으로 알맞지 <u>않은</u> 것은 무엇인가요? (   )

① 안전띠의 국제 규격은 폭 4.6cm이다.

② 안전띠를 제대로 맸다면 배보다 골반에 가해지는 충격이 작다.

③ 배가 나온 사람들도 최대한 배 아래쪽으로 안전띠를 매는 것이 안전하다.

④ 어른이 아기를 안고 탔다가 사고가 나면 아기가 충격을 흡수하는 역할을 한다.

⑤ 안전띠는 성인 남자 몸무게의 서른 배 정도 되는 힘에도 견딜 수 있게 설계되었다.

2 ㉮를 통해 알 수 있는 글쓴이의 **주장**은 무엇인가요? (   )

① 안전띠를 매는 방법은 때에 따라 다르다.

② 안전띠를 매면 모든 사고를 막을 수 있다.

③ 안전띠 매기 운동이 활발히 벌어지고 있다.

④ 안전띠를 매는 것은 의무적으로 해야 한다.

⑤ 안전띠를 올바른 방법으로 매는 것이 중요하다.

+ 수능연결

주장은 글에 드러난 글쓴이의 견해를 말해요. 한 편의 글은 하나의 주장을 담고 있을 수도 있고, 둘 이상의 대립되는 주장을 담고 있는 경우도 있습니다. 글에 나타난 글쓴이의 주장이 무엇인지를 이해하면, 글의 주제를 파악하는 데 도움이 됩니다.

> 한편 ㉠다른 시각을 가진 사람들도 있다. 이들은 저작물의 공유 캠페인이 확산되면 저작물을 창조하려〔 **주장** 〕~할 것이라고 우려한다. 이들은 결과적으로 활용 가능한

22. ㉠의 **주장**에 가장 가까운 것은?

① 이용 허락 조건을 저작물에 표시하면 창작 활동을 더욱 활성화한다.

② 저작권자의 정당한 권리 보호를 위해

③ 비영리적인 경우 저작권자의 동의가

④ 저작권자가 자신들의 노력에 상응하는

⑤ 자신의 저작물을 자유롭게 이용하도록 양보하는 것은 다른 저작권자의 저작권 개방을 유도하여 공익을 확장시킨다.

수능에는 누가 어떤 주장을 펼치고 있는지 이해하는 문제가 자주 출제돼요.

3 안전띠를 맬 때 주의해야 할 점이 <u>아닌</u> 것을 보기 에서 골라 기호를 쓰세요.

> 보기
>
> ㄱ. 안전띠는 꼬이지 않도록 매야 한다.
>
> ㄴ. 안전띠를 배에 걸쳐서 매는 것은 위험하다.
>
> ㄷ. 안전띠를 맬 때 아이들을 각각 따로 매는 것은 위험하다.

(   )

4 ㉠과 바꾸어 쓸 수 있는 말로 알맞은 것은 무엇인가요? (   )

① 온전한

② 신중한

③ 편안한

④ 합리적인

⑤ 융통성 있는

한줄
요약

5 빈칸에 알맞은 말을 넣어 이 글의 핵심 내용을 한 문장으로 요약하세요.

안전띠를 제대로 매지 않았을 때는 오히려 ☐☐ 가 더 커질 수 있으므로 안전띠

가 사고를 막는 ☐☐☐ 가 되려면 올바른 방법으로 매는 것이 중요하다.

지문 속 필수 어휘

다음 문장을 읽고, (　　) 안에 공통으로 들어갈 낱말을 완성하세요.

❶
- 올해부터 자동차 전 좌석에서는 (　　　)를 매야 한다.
- 어린아이가 (　　　)를 맬 때에는 카시트를 이용하는 것이 좋다.

안	ㅈ	ㄸ

❷
- (　　　)을 다루는 의술은 항상 신중해야 한다.
- 불교의 가르침은 작은 (　　　)도 소중히 여겨 살생을 하지 말자는 것입니다.

ㅅ	명

다음 문장을 읽고, 두 낱말 중 알맞은 것을 찾아 ○표 하세요.

❸ 이 모든 사고는 평소 안전 관리를 ⎡ 소홀히 ⎤ 하여 발생한 것이다.
　　　　　　　　　　　　　　　　 ⎣ 소홀이 ⎦

❹ 교통 법규를 지키자는 ⎡ 캠페인 ⎤ 이 전국 곳곳에서 열렸다.
　　　　　　　　　　　 ⎣ 캠패인 ⎦

낱말의 뜻을 참고하여, 다음 문장의 빈칸에 들어갈 알맞은 낱말을 완성하세요.

❺ 이 물건은 작은 ⎡ 충 ⎤ ⎡ ㄱ ⎤ 에도 쉽게 부서집니다.
　　　　　　　물체에 급격히 가하여지는 힘.

❻ 새로 산 소파를 살펴보다가 약간 ⎡ ㅅ ⎤ ⎡ 상 ⎤ 된 부분이 있어서 다른 상품으로 교환하였다.
　　　　　　병이 들거나 다침. 품질이 변하여 나빠짐.

관광 산업

어휘 수준 ★★★★★ (하 중 상)
글감 수준 ★★★★★
글의 길이 966자

⏱ **8**분 안에 풀어보세요.

우리는 우리 주변이나 다른 지역을 여행하며 여가 활동을 하고 있다. 이렇게 여러 지역을 여행하는 개인적 행위, 또는 조직적으로 이루어지는 ⓐ여가 활동을 관광이라고 한다. 그리고 사람들에게 관광에 필요한 서비스를 제공하는 산업을 관광 산업이라고 한다. 관광 산업이 어떻게 ⓑ변화하고 있는지 자세하게 알아보자.

먼저 ⓒ기존의 관광 산업에 대해 살펴보자. 관광 산업은 지속적으로 성장해 왔다. 관광 산업이 성장할 수 있었던 ⓓ요인으로는 근로 시간의 단축과 소득 향상에 따른 여유로운 시간의 확보, 관광 기반 시설의 ⓔ확충 등을 들 수 있다. 관광 산업의 성장은 많은 부분에서 긍정적인 영향을 주었다. 우선 외화를 획득하게 해 주는 것을 비롯하여 사람들의 소득을 향상시켰다. 또한 지역, 국가 간의 문화 교류에 기여했으며 국위 선양에도 큰 영향을 미쳤다.

하지만 기존의 관광 산업이 좋은 영향을 준 것만은 아니다. 관광 산업이 발달하면서 필요해진 인력을 주로 일용직, 계약직으로 채용하다 보니 고용이 불안정해지는 상황이 만들어지기도 했다. 또한 문화유산이 훼손되는가 하면, 생태계 파괴 및 환경 오염이라는 심각한 부작용이 나타나기도 했다. 관광객을 더 많이 유치하려는 목적에만 치우쳐 자연환경을 대규모로 개발한 것이 대표적인 사례이다.

이러한 문제에 대한 우려가 커지면서 최근에는 자연환경에 대한 새로운 인식이 확대되어, 지속 가능이라는 특성을 담은 여러 형태의 관광 산업의 필요성이 제기되었다. 그 결과 자연환경을 생각하는 입장에서 생태 관광 산업을 개발하게 되었다.

㉠생태 관광 산업은 자연의 파괴를 억제하면서 자연 그 자체를 즐기는 친환경적 관광 산업이다. 생태 관광 산업은 자연 훼손을 최소화하면서도 지역 사회의 소득을 증대시킬 수 있는, 즉 환경적 요소와 경제적 요소를 모두 만족시키는 새로운 관광 산업으로 주목받고 있다. 이제 우리는 이렇게 자연 친화적이고, 지속 가능한 관광 산업을 앞으로도 계속 발전시켜 나갈 필요가 있다.

● **지속**(持 가질 지, 續 이을 속)
어떤 상태가 오래 계속됨. 또는 어떤 상태를 오래 계속함.

● **일용직**(日 날 일, 傭 품팔이 용, 職 직책 직)
하루 단위로 근로 계약을 체결하여 임금을 지불받는 직위나 직무.

● **계약직**(契 맺을 계, 約 묶을 약, 職 직책 직)
정년이 보장된 정규직과 달리 계약 기간 내에만 고용이 지속되는 직위나 직무.

● **유치**(誘 꾈 유, 致 이를 치)
꾀어서 데려옴.

정답과 해설 **42쪽**

1 이 글의 내용 전개 방식으로 적절한 것은 무엇인가요? (   )

① 전문가의 견해를 인용하여 대안을 제시하고 있다.

② 여러 사례를 활용하여 기존의 이론을 반박하고 있다.

③ 특정 대상에 대한 대립적인 이론을 제시한 후 절충하고 있다.

④ 대상의 두 가지 측면을 알아본 뒤 앞으로의 방향성을 제시하고 있다.

⑤ 대상에 대한 다양한 입장을 제시한 후 각 입장의 문제점을 비판하고 있다.

2 이 글의 내용과 일치하지 <u>않는</u> 것은 무엇인가요? (   )

① 관광 산업의 발달은 양면적인 결과를 가져왔다.

② 관광 산업은 개인뿐만 아니라 국가에도 영향을 준다.

③ 근로 요건의 변화는 다른 산업의 발달에 영향을 준다.

④ 생태 관광 산업은 자연을 파괴하지 않으므로 친환경적이다.

⑤ 최근의 관광 산업은 자연과의 공존을 중시하는 방향을 추구한다.

3 이 글을 읽은 학생들이 보인 반응으로 가장 적절한 것은 무엇인가요? (   )

① 관광 산업 종사자들은 모두 일용직이나 계약직이겠군.

② 사람들이 일하는 시간이 줄어든 것이 고용 불안의 원인이로군.

③ 문제점에 대한 공감대가 커지면서 새로운 방법을 모색하게 되었군.

④ 지속 가능한 관광 산업이 확대되면 국가 간 문화 교류는 위축되겠군.

⑤ 관광 산업으로 외화를 더 많이 획득하게 된 것은 부정적 영향에 해당하는군.

4 ㉠과 보기 의 ㉡에 대한 설명으로 적절하지 <u>않은</u> 것은 무엇인가요? (　　　)

> 보기
>
> 　최근 경제 · 금융 · 건설 등의 산업에서 경제적 효과도 높이면서 환경 문제도 개선할 수 있는 방법을 다각도로 모색하고 있다. 이 중에서 기존의 산업 구조를 친환경적으로 바꾸어 나가는 것을 ㉡녹색 산업이라고 한다. 탄소 배출을 줄이려는 노력이나 자원을 효율적으로 사용하여 공해를 줄이려는 노력, 자원을 재활용하여 경제적 비용을 절감하려는 노력 등이 여기에 해당한다.

① ㉠은 일시적 효과보다 계속적인 발전을 중시하고 있다.
② ㉡은 산업 분야 전반에 걸쳐 새로운 대안을 찾고 있다.
③ ㉠은 ㉡과 달리 특정 산업이라는 측면에서 접근하고 있다.
④ ㉡은 ㉠과 달리 기존의 산업 구조를 유지한다는 특성이 있다.
⑤ ㉠과 ㉡은 모두 환경적 측면과 경제적 측면에서의 효과를 고려하고 있다.

5 ⓐ~ⓔ의 사전적 의미로 적절하지 <u>않은</u> 것은 무엇인가요? (　　　)

① ⓐ: 일이 없어 남는 시간.
② ⓑ: 세월의 흐름에 따라 바뀌고 변함.
③ ⓒ: 이미 존재함.
④ ⓓ: 사물이나 사건이 성립되는 까닭. 또는 조건이 되는 요소.
⑤ ⓔ: 늘리고 넓혀 충실하게 함.

6 빈칸에 알맞은 말을 넣어 이 글의 핵심 내용을 한 문장으로 요약하세요.

한줄
요약

　　□□을 파괴하는 부작용을 일으키는 기존의 관광 산업에 대한 우려가 확대되어

최근에는 □□을 보호하며 지속 가능성을 추구하는 새로운 관광 산업을 개발하게

되었다.

지문 속 필수 어휘

낱말의 뜻을 참고하여, 다음 문장의 빈칸에 들어갈 알맞은 낱말을 완성하세요.

❶ 생태 관광은 최근 관광 산업에 큰 [ㅇ|향]을 주었다.

　　　사물이나 사람의 고유한 성질이 다른 사물이나 사람의 상태를 규정짓거나 변화시키는 작용.

❷ 케이팝(K-POP)은 우리나라의 국위 [선|ㅇ]에도 큰 도움을 주었다.

　　　명성이나 권위 따위를 널리 떨침.

❸ 훈민정음은 우리나라의 위대한 문화 [ㅇ|산]이다.

　　　선조가 남긴 가치 있는 물질적, 정신적 전통.

다음 문장을 읽고, (　　) 안에 공통으로 들어갈 낱말을 완성하세요.

❹
- 이번 사건으로 그의 명예가 크게 (　　　)되었다.
- 그는 명성 있는 우리 가문의 명예를 (　　　)하였다.

[훼|ㅅ]

❺
- 지진의 가장 큰 피해는 건물의 (　　　)라고 할 수 있다.
- 전쟁 중이라고 해도 무분별한 (　　　) 행위는 인정될 수 없다.

[ㅍ|괴]

다음 문장을 읽고, 두 낱말 중 알맞은 것을 찾아 ○표 하세요.

❻ 우리 회사는 새로운 제품을 [개발 / 계발] 하기 위해 노력했다.

❼ 선인장은 건조한 기후에도 잘 견디는 [특성 / 특징] 이 있다.

❽ 신체의 [발전 / 발달] 은 아이들의 정서에도 큰 영향을 준다.

개인 정보

8분 안에 풀어보세요.

어휘 수준 ★★★★★
글감 수준 ★★★★★
글의 길이 1,040자

가 정보화 사회에 들어서면서 SNS(Social Network Service) 등을 통해 자신의 사생활이나 개인 정보를 공개하는 사람들이 많아졌다. 그런가 하면 기업들은 다양한 마케팅 활동을 위해 고객들의 직업이나 취향 등의 개인 정보를 더 많이 확보하고자 노력하고 있다. 그런데 한편으로는 개인 정보가 대량 유출되어 사회적으로 큰 논란을 일으켰다는 소식이 뉴스에 등장하기도 한다. 과연 '개인 정보'란 정확하게 무엇을 말하는 것일까? 그리고 우리는 소중한 '개인 정보'를 어떻게 지킬 수 있을까?

나 '개인 정보'란 이름이나 주소, 주민등록번호 등 다른 사람과 구분하여 특정한 개인을 알아볼 수 있는 정보를 말한다. 이때의 '개인 정보'란 '살아 있는 개인에 관한 정보'를 말하는 것이기 때문에 이미 사망한 사람이나 회사와 같은 단체에 관한 정보는 '개인 정보'라 할 수 없다.

다 업무를 목적으로 개인 정보를 수집하고 저장 및 활용하는 공공 기관, 단체 등을 '개인 정보 처리자'라고 하며, 개인 정보에 의하여 알아볼 수 있는 사람을 '정보 주체'라고 한다. '개인 정보 처리자'는 적법한 절차를 거쳐 정당하게 개인 정보를 수집해야 하며, 수집한 정보는 안전하게 관리해야 한다. 또한 '정보 주체'인 개인도 다른 정보 주체의 개인 정보를 함부로 사용해서는 안 되며, 자신의 개인 정보가 무분별하게 사용되지 않도록 주의해야 한다. 즉, 개인 정보를 보호하기 위해서는 '개인 정보 처리자'와 '정보 주체'가 모두 노력해야 한다.

라 우리나라는 이전까지 공공 부문과 민간 부문에서 분야별로 개인 정보와 관련된 법규가 각각 존재하여, 규제 수준이 일정하지 않거나 법 적용의 사각지대가 발생하는 문제점이 있었다. 그러나 2011년 3월 29일에 '개인 정보 보호법'을 제정하여 '개인 정보 처리자'의 의무와 '정보 주체'의 권리를 강화하였고, '개인 정보'를 보다 적극적으로 보호하고 있다. 이 법에 따르면 '다른 사람의 개인 정보를 함부로 이용하거나 알려 주는 경우 5년 이하의 징역 또는 5천만 원 이하의 벌금을 내야' 하므로 우리 모두 각별히 주의해야 할 것이다.

● **SNS(Social Network Service)**
특정한 관심이나 활동을 공유하는 사람들 사이의 관계망을 구축해 주는 온라인 서비스.

● **마케팅(marketing)**
소비자에게 상품이나 서비스를 효율적으로 제공하기 위한 체계적인 경영 활동.

● **적법(適 맞을 적, 法 법 법)**
정해진 법규에 들어맞음.

● **사각지대(死 죽을 사, 角 구석 각, 地 땅 지, 帶 띠 대)**
관심이나 영향이 미치지 못하는 구역을 비유적으로 이르는 말.

● **징역(懲 혼날 징, 役 부릴 역)**
죄인을 교도소에 일정 기간 가두어 두고 노동을 시키는 형벌.

1 이 글의 내용 전개 방식으로 알맞은 것은 무엇인가요? (   )

① 개인 정보를 친숙한 대상에 빗대어 설명하고 있다.

② 개인 정보에 대한 사람들의 일반적인 생각을 반박하고 있다.

③ 주요 용어에 대한 개념 설명과 더불어 개인 정보 보호의 필요성을 강조하고 있다.

④ 기업들이 개인 정보를 얻기 위해 어떤 노력을 기울이는지 구체적으로 설명하고 있다.

⑤ 질문을 통해 독자들의 궁금증을 유발하고 개인 정보를 보호하지 않는 현실을 비판하고 있다.

2 보기 의 내용을 추가하기에 알맞은 위치를 고르세요. (   )

> 보기
> 단, 사망한 사람의 정보라도 현재 생존한 유족과 관련된 정보라면 개인 정보에 포함될 수 있다.

① 가 문단 앞   ② 가 문단 뒤   ③ 나 문단 뒤

④ 다 문단 뒤   ⑤ 라 문단 뒤

3 이 글의 내용을 <u>잘못</u> 이해한 사람은 누구인지 이름을 쓰세요.

> • 용수: '개인 정보 보호법'까지 따로 제정한 것을 보니, 개인 정보는 정말 중요한 것 같아.
> • 명희: 엄마의 주민등록번호를 이용해서 게임 사이트에 접속하면 법을 위반한 행동이 되는구나.
> • 은정: 2011년 이전에는 '개인 정보 보호법'이 없었으니 회사나 단체가 개인 정보를 함부로 도용했어도 법에 따라 처벌을 받지는 않았을 거야.

(   )

4 이 글과 **보기** 의 내용을 통해 알 수 있는 사실로 적절하지 <u>않은</u> 것은 무엇인가요?

보기

당사는 개인 정보 보호법 등 관련 법률에 의거하여 정보 주체로부터 개인 정보를 수집함에 있어 아래 내용을 안내하고 있습니다. 고객님께서는 다음 내용을 자세히 읽어 보신 후에 동의 여부를 결정하여 주시기 바랍니다.

1. 개인 정보의 수집 및 이용 목적: 고객 문의 및 불만 사항의 처리, 고객 정보 분석을 통해 서비스 개선, 이벤트 행사에 따른 경품 추첨 및 배송 등
2. 수집하려는 개인 정보의 항목
   - 필수 항목: 이름, 휴대전화번호, 성별, 나이, 주소
   - 선택 항목: 블로그 등 홈페이지 주소, 직업
3. 개인 정보의 보유 및 이용 기간: 회원 탈퇴 시까지 보관
4. 동의를 거부할 권리 및 동의 거부에 따른 안내: 고객님께서는 본 안내에 따른 개인 정보 수집에 대하여 거부를 하실 수 있는 권리가 있습니다. 본 개인 정보 수집에 대하여 거부하시는 경우, 회원 가입이 이루어지지 않음에 따라 당사의 회원 대상 서비스를 이용하실 수 없습니다.

위 내용을 확인하였으며, 개인 정보 수집에 동의합니다. [예 ☐ / 아니오 ☐]

① 〈보기〉의 안내문은 2011년 이후에 작성한 것이다.
② 회사는 '개인 정보 처리자'로서의 의무를 이행하기 위해 〈보기〉의 안내문을 만들었다.
③ 마지막에 정보 주체가 '아니오'를 선택했다면, '개인 정보 처리자'는 개인 정보를 적법하게 수집하지 못한다.
④ 개인 정보의 보유 및 이용 기간을 '회원 탈퇴 시까지'라고 한정한 것은 '개인 정보 처리자'의 권리를 강화하기 위해서이다.
⑤ 수집하려는 개인 정보를 '필수 항목'과 '선택 항목'으로 구분한 것은 '정보 주체'의 권리를 강화하기 위해서라고 이해할 수 있다.

5 빈칸에 알맞은 말을 넣어 이 글의 핵심 내용을 한 문장으로 요약하세요.

한줄
요약

개인 정보란 특정한 개인을 알아볼 수 있는 정보를 말하며, 2011년에 제정된 '개인 정보 보호법'에서는 개인 정보 처리자의 ☐☐와 정보 주체의 ☐☐를 강화하여 개인 정보를 보다 적극적으로 보호하고 있다.

지문 속 필수 어휘

다음 문장을 읽고, (　　) 안에 공통으로 들어갈 낱말을 완성하세요.

❶
- 음식들이 다양하게 있으니 (　　　)에 따라 골라 드세요.
- 그녀는 복고 (　　　)의 옷을 즐겨 입는다.

| 취 | ㅎ |

❷
- 공장의 유해 물질 (　　　)을 감시해야 한다.
- 그는 기밀문서의 (　　　)에 대해 책임을 추궁당했다.

| ㅇ | 출 |

❸
- 남북통일은 우리 민족이 (　　　)가 되어야 한다.
- 세계 역사를 이끌어 온 (　　　)는 영웅인가? 민중인가?

| ㅈ | 체 |

❹
- 일을 할 때에는 정해진 (　　　)에 따라 진행해야 한다.
- 이번 사건의 피해자는 법적 (　　　)를 밟아 소송을 준비했다.

| 절 | ㅊ |

다음 문장을 읽고, 두 낱말 중 알맞은 것을 찾아 ○표 하세요.

❺ 현대 국어의 시작 시기는 아직도 [논란 / 의논]의 여지가 많다.

❻ 정부는 강력한 [규재 / 규제]를 통해 불법 무기를 단속하기로 했다.

❼ 국회는 투기를 억제하기 위한 법률을 [제정 / 재정]하려 한다.

❽ 건널목을 건널 때에는 신호에 [주이 / 주의]해야 한다.

자율 주행차 ──────

어휘 수준 _{하 중 상} ★★★★★
글감 수준 ★★★★★
글의 길이 981자

인공 지능을 통해 스스로 움직이는 자동차를 자율 주행차라고 부른다. 일반적으로 자율 주행차는 스스로 합리적인 판단을 ⓐ내리기 위해 센서를 통해 얻은 정보를 인공 지능 알고리즘에 따라 재빨리 분석해 활용한다. 그런데 여전히 판단의 정확성과 속도가 걸림돌로 남아 있다. 이 가운데 판단 속도는 하드웨어의 발전으로 얼마든지 단축할 수 있다. 하지만 정확성은 조금 다른 이야기이다. 인공 지능과 연결된 정보가 확실하지 않으면 오판의 가능성이 커지기 때문이다. 자동차는 사고가 날 경우, 인명 피해가 발생할 수 있는 사물이다. 따라서 잘못된 판단이 ⓑ가져올 위험성이 매우 크기에 자율 주행차 도입에 더더욱 신중할 수밖에 없다.

이런 가운데, 인간 운전자의 뇌파를 읽고 ㉠자동차가 스스로 한발 먼저 움직이는 기능을 구현한 프로젝트가 진행되어 업계의 많은 주목을 받았다. 닛산이 선보인 'B2V(Brain to Vehicle)'가 그 주인공으로, 인간 운전자의 뇌에서 발생하는 뇌파를 자동차가 해석한 후 반응 시간을 줄이는 것이 핵심 기술이다. 예컨대, 인간 운전자가 운전대를 오른쪽으로 돌리겠다고 생각하면 뇌파가 자동차로 전달되어 0.2~0.5초 정도 앞서 운전대를 오른쪽으로 회전하게 된다. 인간 운전자가 속도를 줄이겠다고 생각하면 그보다 빨리 브레이크를 작동시키고, 정지 상태에서 출발 의지를 가지면 가속 페달을 밟기 직전에 차가 먼저 ⓒ움직이는 식이다.

인간의 생각이 자동차에 투영될 수 있다면 자율 주행의 치명적인 오류가 가져올 위험을 줄일 수 있다. 예를 들어, 자율 주행으로 움직이던 중 도로에 동물이 ⓓ나타났을 때 당연히 멈춰야 하지만 오류가 발생해 인식하지 못할 경우에는 인간 운전자가 수동으로 개입해야 한다. 하지만 미처 반응할 시간이 없을 때 인간 운전자가 ⓔ멈춰야 한다는 생각만 해도 차가 멈출 수 있다면 위험을 방지할 수 있다. 물론 긴급한 뇌파 명령이 내려지는 상황이 없도록 기본적으로 자율 주행의 오류를 줄이려는 노력 또한 계속 진행 중이다.

● **알고리즘**(algorism)
어떤 문제의 해결을 위해, 입력된 자료를 바탕으로 원하는 출력을 유도해 내는 규칙의 집합.

● **오판**(誤 그르칠 오, 判 판가름할 판)
잘못 보거나 잘못 판단함. 또는 잘못된 판단.

● **투영**(投 던질 투, 影 그림자 영)
어떤 일을 다른 일에 반영하여 나타냄.

정답과 해설 **44**쪽

1 **이 글의 내용 전개 방식으로 가장 적절한 것은 무엇인가요? (   )**

① 시간의 흐름에 따라 내용을 전개하고 있다.

② 문답 형식을 통해 독자의 호기심을 유발하고 있다.

③ 구체적인 예시를 들어 독자의 이해를 돕고 있다.

④ 반박 자료를 활용하여 **통념**이 잘못된 것임을 증명하고 있다.

⑤ 어떤 이론이 다양하게 분화되는 과정을 체계적으로 보여 주고 있다.

2 **이 글의 내용과 일치하지 <u>않는</u> 것은 무엇인가요? (   )**

① 자율 주행차가 내리는 판단의 속도는 더 이상 향상되기 힘들다.

② 인공 지능에 전달되는 정보가 불확실하면 인공 지능은 오판을 내릴 수 있다.

③ 인간의 생각만으로 움직이는 기능을 지닌 자동차가 사람들의 주목을 받았다.

④ 닛산의 'B2V'가 인간의 뇌파를 자동차에 전달하는 시간은 약 0.2~0.5초이다.

⑤ 자율 주행에서 발생하는 오류를 줄이기 위한 기술 개발이 지속적으로 이루어지고 있다.

3 **㉠에 대한 설명으로 적절하지 <u>않은</u> 것은 무엇인가요? (   )**

① 인공 지능의 오판 가능성으로 인해 개발되었다.

② 자율 주행의 통제권은 모두 인공 지능에 있다.

③ 자율 주행의 오류가 가져올 위험을 줄일 수 있다.

④ 인간 운전자의 뇌파를 읽어 자동차를 작동시킬 수 있다.

⑤ 인간 운전자가 수동으로 개입하는 경우보다 반응 속도가 빠르다.

4 'B2V'가 작동하는 과정을 순서대로 나열한 것은 무엇인가요? (   )

> Ⓐ 인간 운전자가 장애물을 피해 브레이크를 밟아야겠다는 생각을 한다.
> Ⓑ 인간 운전자의 뇌파가 자동차로 전달된다.
> Ⓒ 인간 운전자가 장애물을 발견한다.
> Ⓓ 자동차가 브레이크를 작동시킨다.

① Ⓐ → Ⓑ → Ⓒ → Ⓓ
② Ⓐ → Ⓒ → Ⓑ → Ⓓ
③ Ⓑ → Ⓐ → Ⓓ → Ⓒ
④ Ⓒ → Ⓐ → Ⓑ → Ⓓ
⑤ Ⓒ → Ⓐ → Ⓓ → Ⓑ

5 문맥상 ⓐ~ⓔ와 다른 의미로 쓰인 것은 무엇인가요? (   )

① ⓐ: 해열제를 먹고 나니 열이 내려가는 것이 느껴졌다.
② ⓑ: 긍정적인 생각은 좋은 결과를 가져온다.
③ ⓒ: 가만히 있던 사자가 드디어 움직이기 시작했다.
④ ⓓ: 범인이 나타나길 기다렸지만, 끝내 아무도 오지 않았다.
⑤ ⓔ: 내가 부르자 동생은 뜀박질을 멈췄다.

6 빈칸에 알맞은 말을 넣어 이 글의 핵심 내용을 한 문장으로 요약하세요.

한줄
요약

자율 주행차의 인공 지능은 잘못된 [   ]을 내릴 수 있기 때문에, 인간 운전자
의 [   ]를 읽고 자동차가 스스로 먼저 움직이는 기술이 개발 중에 있다.

지문 속 필수 어휘

낱말의 뜻을 참고하여, 다음 문장의 빈칸에 들어갈 알맞은 낱말을 완성하세요.

❶ 인간은 | 합 | 리 | 적 | 사고를 할 수 있다는 점에서 동물과 다르다.

  이론이나 이치에 합당한. 또는 그런 것.

❷ 당신이 진실을 말하고 있는지 거짓을 말하고 있는지는 | 뇌 | 파 |를 검사하면 쉽게 알 수

  있다.   뇌의 활동에 의하여 일어나는 전류.

❸ 다른 것에 정신을 팔고 있던 나는 그의 말에 | 반 | 응 |하지 못했다.

                                            자극에 대응하여 어떤 현상이 일어남. 또는 그 현상.

문제 속 개념어

통념 通 통할 통, 念 생각 념

'통념'이란 '일반 사회에 널리 통하는 개념'을 말합니다. 사회 구성원들이 대체로 수긍하는 어떤 생각 같은 것이라고 보면 됩니다. 하지만 모두가 그렇게 생각한다 할지라도 통념이 항상 옳은 것은 아닙니다. 도덕적으로나 논리적으로 옳지 않을 수 있기 때문입니다. 그래서 비문학 지문에서는 그릇된 통념을 제시하고 잘못된 부분을 지적하거나 바로잡아주는 내용이 종종 등장합니다.

> 지구는 둥글다. → 둘 다 통념임.
> 널리 알려진 상식
> 내성적인 사람일수록 소심하다는 것은 근거 없는 통념일 뿐이다.
> 사람들이 으레 그렇다고 흔히 하는 생각

읽기란 무엇인가

어휘 수준 ★★★★★ 하 중 상
글감 수준 ★★★★★
글의 길이 741자

읽기는 '글쓴이와 읽는 이의 생각과 느낌의 만남'이라고 한다. 이 말 속에서 우리는 '어떻게 읽을 것인가'에 대한 답을 찾아볼 수 있다. 그 답은 바로 글쓴이의 생각을 파악하고, 동시에 읽는 이의 생각과 느낌을 적극적으로 활용하는 데에 있다. 이 말을 좀 더 쉽게 풀어서 설명해 보자.

첫째로, 글을 잘 읽기 위해서는 글쓴이의 생각을 제대로 파악해야 한다. 이를 위해서는 우선 글의 내용을 정확히 파악해야 한다. 글 속에 담긴 중심 내용과 세부 내용을 구분하고, 이러한 내용들이 어떻게 ㉠조직되어 있는지를 파악해야 하는 것이다. 그런 다음 글쓴이의 글쓰기 의도나 목적을 파악해야 한다.

(가) ┌ 다음의 몇 가지 예를 살펴보자. 의학이나 법률, 또는 과학 서적과 같이 정보성이 강한 글은 글 속에 제시된 정보를 정확히 파악하고 해석하면서 읽는 것이 좋다. 설득적 성격이 강한 광고문이나 주장하는 글은 그 속에 담긴 정보와 의도를 파악하고, 이를 비판적으로 받아들여야 한다. 그리고 정서적인 글은 그 안에 담긴 가치와 감동을 느끼며 읽으려고 노력해야 한다.

둘째로, 글을 잘 읽기 위해서는 읽는 이 스스로 자기의 지식과 경험을 되돌아보고, 이를 능동적이고 적극적으로 활용해야 한다. 이때에는 배경지식을 적극적으로 ㉡동원하는 것이 글 읽기에 도움이 된다. 또한 읽는 이는 글쓴이가 ㉢언급하지 않고 남겨 둔 내용까지 추리하고 상상하며 읽어야 한다. 경우에 따라서는 자기 생각을 바탕으로 글쓴이의 생각을 ㉣비판하고 ㉤대안도 제시할 수 있어야 한다.

● **서적**(書 글 서, 籍 문서 적)
책

● **정서**(情 뜻 정, 緖 마리 서)
사람의 마음에 일어나는 여러 가지 감정

● **능동**(能 능할 능, 動 움직일 동)
다른 것에 이끌리지 아니하고 스스로 일으키거나 움직임.

정답과 해설 45쪽

1 이 글에서 읽기의 방법으로 제시하지 <u>않은</u> 것은 무엇인가요? (   )

① 글을 쓴 의도나 목적을 파악하며 읽는다.

② 글의 종류에 따라 읽는 방법을 달리한다.

③ 글의 내용을 있는 그대로 받아들이며 읽는다.

④ 글의 중심 내용과 세부 내용을 구분하며 읽는다.

⑤ 글의 내용들이 어떻게 조직되어 있는지를 파악하며 읽는다.

2 ㈎에 쓰인 설명 방법으로 가장 적절한 것은 무엇인가요? (   )

① 정의: 어떤 말이나 사물의 뜻을 밝혀 설명하는 방법

② 비교: 둘 이상의 대상에서 공통점을 찾아 설명하는 방법

③ 예시: 이해하기 쉽게 구체적인 예를 들어 설명하는 방법

④ 분류: 대상들을 일정한 기준에 따라 묶어 설명하는 방법

⑤ 과정: 상황과 흐름을 단계나 절차대로 설명하는 방법

3 배경지식을 활용한 글 읽기로 볼 수 <u>없는</u> 것은 무엇인가요? (   )

① 기행문을 읽으며 자신의 여행 경험을 떠올린다.

② 청소기의 사용 설명서를 읽으며 옷을 산 경험을 떠올린다.

③ 요리에 관한 글을 읽으며 음식을 만들었던 경험을 떠올린다.

④ 우리말 사용 사례집을 읽으며 우리말을 올바르게 사용했던 경험을 떠올린다.

⑤ 자동차의 구조를 설명한 글을 읽으며 장난감 자동차를 조립했던 경험을 떠올린다.

4 '글쓰기 의도나 목적'을 파악하며 보기 를 알맞게 읽은 것에 ○표 하세요.

보기

쟁기를 그린 가장 오래된 그림은 약 5,500년 전 고대 도시 우르에서 발견되었다. 처음에는 나무로 쟁기를 만들었다가 1785년 영국의 로버트 랜섬이 철로 만든 쟁기를 발명하였다. 농부들은 말을 이용해 쟁기를 끌면서 밭을 갈았다.

(1) 글 속에 담긴 가치와 감동을 느끼며 읽었다. ( )

(2) 글 속에 제시된 정보를 정확히 파악하고 해석하면서 읽었다. ( )

(3) 글 속에 담긴 주장을 파악하고, 이를 비판적으로 받아들이며 읽었다. ( )

5 ㉠~㉤의 **사전적 의미**가 알맞지 <u>않은</u> 것은 무엇인가요? ( )

① ㉠: 짜서 이루거나 얽어서 만듦.

② ㉡: 어떤 목적을 달성하고자 물건, 수단 따위를 집중함.

③ ㉢: 어떤 문제에 대하여 말함.

④ ㉣: 사물의 옳고 그름을 판단함.

⑤ ㉤: 어떤 사람을 대신하여 의견을 발표함.

+ 수능연결

사전에는 그 단어의 의미가 실려 있는데, 이를 사전적 의미라고 해요. 일상생활에서 많이 사용하는 단어일수록 의미가 다양하기 때문에 문제에서 사전적 의미를 물을 때에는 그 단어가 가진 의미 중 가장 기본적이고 객관적인 뜻을 찾을 수 있어야 합니다.

다면 기업이 손해를 보기 때문이다. 기업은 손익 분기점 분석을 통해서 제품의 판매 성과에 대한 평가, ㉤적정한 생산 ⟨사전적 의미⟩ 사 결정에 필요한 자료를 얻을 수 있다.

20. ㉠~㉤의 사전적 의미로 적절하지 않은 것은?

① ㉠: 끄집어내거나 솎아 냄.

② ㉡: 어떤 일이나 사물이 생겨남.

③ ㉢: 어떤 조건이나 전제를 내세움.

④ ㉣: 보람이나 효과가 있음.

⑤ ㉤: 알맞고 바른 정도.

수능에는 주로 고유어보다는 어려운 한자어의 사전적 의미를 묻는 문제가 자주 출제돼요.

6 빈칸에 알맞은 말을 넣어 이 글의 핵심 내용을 한 문장으로 요약하세요.

한줄
요약

글을 잘 읽기 위해서는 ☐☐ 의 생각을 제대로 파악하고, 읽는 이 스스로

자기의 지식과 ☐☐ 을 되돌아보고 이를 능동적이고 적극적으로 활용해야 한다.

지문 속 필수 어휘

낱말의 뜻을 참고하여, 다음 문장의 빈칸에 들어갈 알맞은 낱말을 완성하세요.

❶ 관객들은 영화의 결말을 연출자의 │ㅇ│도│와는 다르게 이해하였다.
무엇을 하고자 하는 생각이나 계획. 또는 무엇을 하려고 꾀함.

❷ 평소와 다르게 꼬마 탐정의 │추│ㄹ│는 완전히 빗나가고 말았다.
알고 있는 것을 바탕으로 알지 못하는 것을 미루어서 생각함.

❸ 어머니가 아침에 과일 주스를 마시는 것은 │ㅇ│상│적인 행동이다.
날마다 반복되는 생활.

다음 문장을 읽고, 두 낱말 중 알맞은 것을 찾아 ○표 하세요.

❹ 안전장치를 [재대로 / 제대로] 하지 않은 공사장들이 무더기로 적발되었다.

❺ 중심 내용을 자세히 설명해 주는 것이 [세부 / 새부] 내용이다.

다음 문장을 읽고, (　) 안에 공통으로 들어갈 낱말을 완성하세요.

❻
• 여배우는 결혼 계획에 대해서는 (　　)을 자제하였다.
• 시상식에서 이름이 (　　)되지 않은 사람들은 실망하였다.
│언│ㄱ│

❼
• 친구들은 놀이 시간에 운동하는 것을 (　　)으로 제시하였다.
• 다른 (　　)이 없으니 발표자의 제안을 그대로 따르기로 했다.
│ㄷ│안│

서민의 그림, 민화

⏱ **8** 분 안에 풀어보세요.

어휘 수준 하 중 상 ★★★★★
글감 수준 ★★★★★
글의 길이 709자

　민화는 서민들 사이에서 유행한 그림이다. 민화는 전문 화가가 아니어도 누구나 그릴 수 있었고, 특정한 형식에 얽매이지 않았다. ㉠민화에는 다양한 동식물이 소재로 사용되었는데, 서민들은 이러한 동식물을 청색, 백색, 적색, 흑색, 황색의 화려한 색으로 표현하였다.

　민화에는 서민들의 소망이 담겨 있다. 서민들은 ⓐ민화를 통해 ⓑ부귀, 화목, 장수를 빌었다. 예를 들어 ㉡부귀를 바랄 때에는 활짝 핀 맨드라미나 잉어를 그렸다. 화목을 바랄 때에는 어미 새와 여러 마리의 새끼 새가 함께 있는 모습을 그렸다. 또 장수를 바랄 때에는 바위나 거북 등을 그렸다.

　민화에는 나쁜 기운을 물리치고자 하는 서민들의 바람도 담겨 있다. 서민들은 ㉢나쁜 귀신을 쫓아내고 사악한 것을 물리치기 위해 해태, 닭, 개 등을 그렸다. 불이 나지 않기를 바라는 마음을 담아 전설의 동물 해태를 그려 부엌에 걸었다. 또 ㉣어둠을 밝히고 잡귀를 쫓아내기 위해 닭을 그려 문에 걸었다. 도둑이 집에 들지 않기를 바라는 마음에서 개를 그려 곳간에 걸기도 하였다.

　㉤우리는 민화를 통해 서민들의 소망과 멋을 엿볼 수 있다. 민화에는 현실에서 이루고 싶은 서민들의 소망이 솔직하고 소박하게 표현되어 있다. 또 신비스러운 용을 할아버지처럼 그리거나 호랑이를 바보스럽게 표현하여 재미와 웃음을 찾고자 했던 서민들의 멋스러움도 잘 드러난다. ㉥그림에 담겨 있는 서민들의 소망과 멋을 찾아 가며 민화를 감상해 보자.

- **서민(庶** 여러 서, **民** 백성 민)
  경제적으로 중류 이하의 넉넉지 못한 생활을 하는 사람.

- **화목(和** 화할 화, **睦** 화목할 목)
  서로 뜻이 맞고 정다움.

- **장수(長** 길 장, **壽** 목숨 수)
  오래도록 삶.

- **사악(邪** 간사할 사, **惡** 악할 악)
  간사하고 악함.

▲ 민화 〈호작도〉
민화 〈호작도〉는 호랑이와 까치를 함께 그린 그림으로, 호랑이를 익살스럽게 표현한 것이 특징이다. 소나무 아래에 우스꽝스러운 호랑이가 앉아 있고, 나뭇가지에는 까치 한 마리가 앉아 있는 것이 일반적인 구도이다. 호랑이는 높은 관리에 비유되는 동물로, 이를 그린 그림은 출세나 승진을 기원하는 마음에서 새해 초 덕담을 주고받을 때 주로 활용되었다.

1 이 글을 읽는 태도로 가장 알맞은 것은 무엇인가요? (　　)

① 제시된 어휘의 함축적 의미를 파악하며 읽는다.

② 제시된 정보의 내용을 정리하고 요약하며 읽는다.

③ 제시된 주장의 타당성을 검토하며 비판적으로 읽는다.

④ 제시된 내용의 신뢰성을 검토하며 반박하는 태도로 읽는다.

⑤ 제시된 내용에서 강조하는 글쓴이의 교훈을 염두에 두고 읽는다.

2 이 글의 내용과 일치하지 <u>않는</u> 것은 무엇인가요? (　　)

① 민화는 주로 서민들에 의해 그려진 그림이다.

② 민화는 엄격한 규칙과 기법을 바탕으로 그려졌다.

③ 민화에는 현실에서 이루고자 하는 소망이 담겨 있다.

④ 민화에는 나쁜 기운을 물리치고자 하는 바람도 담겨 있다.

⑤ 민화는 동물을 익살스럽게 표현하여 재미를 주기도 하였다.

3 보기 를 참고할 때, ㉠~㉤ 중 그 성격이 <u>다른</u> 하나는 무엇인가요? (　　)

> **보기**
>
> 　글을 읽을 때는 '사실'과 '의견'을 구분해서 읽는 태도가 필요하다. '사실'은 객관적인 현상이나 일을 소개하는 데 중점을 둔 부분인 반면, '의견'은 어떤 사건이나 현상에 대한 글쓴이의 주관적인 생각을 나타낸 부분이라 할 수 있다.

① ㉠　　　　② ㉡　　　　③ ㉢　　　　④ ㉣　　　　⑤ ㉤

4 ㉂과 관련된 민화의 감상 방법으로 가장 알맞은 것은 무엇인가요? (   )

① 민화에 사용된 소재가 외국과 어떻게 다른지에 초점을 둔다.

② 민화를 그린 사람의 의도가 무엇인지를 살피는 데 초점을 둔다.

③ 민화가 시작된 역사적 배경을 살펴보고 앞으로의 발전 방향에 초점을 둔다.

④ 민화가 어떤 과정을 통해 회화의 한 양식으로 자리 잡았는지에 초점을 둔다.

⑤ 민화의 다양한 종류와 그 각각의 민화가 가진 특색을 이해하는 데 초점을 둔다.

5 ⓐ와 ⓑ의 관계와 가장 유사한 것에 ○표 하세요

(1) 매일 꾸준히 <u>운동</u>을 하면 당연히 <u>건강</u>이 좋아진다.   (   )

(2) <u>학교</u>는 보통 초등학교, <u>중학교</u>, 고등학교, 대학교를 가리킨다.   (   )

(3) 어머니께서는 어떤 때는 <u>계란</u>을, 어떤 때는 <u>달걀</u>을 사 오라고 하신다.   (   )

(4) 호수의 어떤 곳은 얼음이 <u>두껍게</u> 얼어 있지만, 어떤 곳은 <u>얇게</u> 얼어 있다.

(   )

6 빈칸에 알맞은 말을 넣어 이 글의 핵심 내용을 한 문장으로 요약하세요.

한줄
요약

민화는 서민들이 다양한 [   ] 을 화려한 색감으로 그려 낸 그림으로, 서민

들의 소망과 멋, [   ] 기운을 물리치고자 하는 바람이 솔직하고 소박하며 멋스럽

게 표현되어 있다.

지문 속 필수 어휘

다음 문장을 읽고, ( ) 안에 공통으로 들어갈 낱말을 완성하세요.

❶
- 할머니는 학생들 사이에서 ( )하는 춤에 흥미를 느끼셨다.
- 어머니는 백화점에서 요즘 ( )하는 신발을 사셨다.

| 유 | ㅎ |

❷
- 갖은 노력 끝에 그녀를 만나고자 하는 ( )을 이루었다.
- 아버지는 요즘 건강한 삶이 큰 ( )이다.

| 소 | ㅁ |

❸
- 그녀는 평소와 다름없이 ( )한 차림으로 출근하였다.
- 조선 백자에는 서민들의 ( )한 멋이 담겨 있다.

| ㅅ | 박 |

낱말의 뜻을 참고하여, 다음 문장의 빈칸에 들어갈 알맞은 낱말을 완성하세요.

❹ 그 사람은 권세와 | 부 | ㄱ |를 얻고 친구들에게 보란 듯이 뽐내기 시작하였다.
재산이 많고 지위가 높음.

❺ 아버지는 가정이 | 화 | ㅁ |해야 모든 일이 잘되는 법이라고 말씀하셨다.
서로 뜻이 맞고 정다움.

❻ 노인은 | 장 | ㅅ |의 비결을 충분한 수면을 취하는 것이라고 말하였다.
오래도록 삶.

❼ 소녀는 | 사 | ㅇ |하다거나 난폭한 구석을 찾아볼 수 없는 눈을 지니고 있었다.
간사하고 악함.

쓰레기의 역습 ——

어휘 수준 ★★★★★
글감 수준 ★★★★★
글의 길이 923자

　2018년 4월. 서울 곳곳에서 때아닌 쓰레기 대란이 벌어졌다. 재활용 쓰레기 수거 업체가 폐비닐 수거를 거부하면서 쓰레기가 제때 처리되지 못하고 쌓이게 된 것이다. 이런 쓰레기 대란의 원인으로 재활용 산업체의 경영난을 꼽을 수 있다. 분류된 폐비닐 안에 이물질과 오염된 쓰레기가 많이 섞여 있기 때문에 수거 후 분리 선별하는 작업을 거쳐 일부는 폐기해야 하는데, 그 과정에서 드는 비용과 폐기되는 쓰레기 양을 합하면 수지 타산이 맞지 않는다는 것이다.

　그런데 쓰레기 대란의 가장 직접적인 원인으로 꼽히는 것은 중국의 재활용 쓰레기 수입 금지 결정이다. 2017년 7월 중국 정부는 쓰레기를 수입 중단한다는 계획을 발표하고 시행에 들어갔다. 이 계획에는 중국 내에서 조달할 수 있는 재활용 쓰레기 자원에 대한 수입을 2019년까지 단계적으로 폐지한다는 계획도 담겨 있다. 그 결과 우리가 만든 쓰레기를 고스란히 우리가 떠안게 되자 큰 혼란이 생긴 것이다.

　이에 따른 실제적인 대책은 ⊙플라스틱 사용을 줄이는 것과 재활용을 강화하는 것이다. 폐비닐과 폐스티로폼을 잘 재활용하는 방법, 폐비닐과 폐스티로폼의 오염 물질을 깨끗하게 씻어 내는 방법 등이 논의될 수 있겠지만, 궁극적으로는 사용량을 줄여야 한다.

　그러기 위해서 우리는 일상생활 속에서 '쓰레기 줄이기'를 실천해야 한다. 마트에 갈 때 장바구니(쇼핑백)를 챙기고, 음료를 구매할 때 일회용 컵 대신 머그잔이나 텀블러를 사용하며 플라스틱 식기류 사용을 자제하는 것 등을 예로 들 수 있다. 또한 일상에서 발생되는 쓰레기는 분리수거를 제대로 해야 한다. ⊙재활용 쓰레기가 자원으로 순환되지 못하는 가장 큰 이유는 재활용 쓰레기에 이물질이 혼합되어 배출되는 사례가 빈번하기 때문이다

　우리의 작은 실천이 시작된다면 쓰레기 대란이라는 문제 상황을 극복할 수 있는 긍정적인 나비 효과를 일으킬 수 있을 것이다.

● **대란**(大 클 대, 亂 어지러울 란)
크게 어지러움. 큰 난리.

● **수지 타산**(收 거둘 수, 支 지탱할 지, 打 칠 타, 算 셈 산)
수입과 지출을 바탕으로 이익이 되는지를 따져 헤아림.

● **나비 효과**(效 본받을 효, 果 실과 과)
어느 한 곳에서 일어난 작은 나비의 날갯짓이 뉴욕에 태풍을 일으킬 수 있다는 이론. 미국의 기상학자 로렌즈가 사용한 용어로, 초기 조건의 사소한 변화가 전체에 막대한 영향을 미칠 수 있음을 이르는 말임.

정답과 해설 47쪽

1 이 글을 통해 알 수 있는 사실이 <u>아닌</u> 것은 무엇인가요? (   )

① 중국은 재활용 쓰레기 수입 금지 결정을 내렸다.

② 쓰레기 대란을 해결하기 위해 일회용품 사용을 줄여야 한다.

③ 쓰레기 대란의 직접적인 원인은 재활용 산업체의 경영난이다.

④ 재활용 쓰레기가 자원으로 순환되기 위해서 분리수거를 해야 한다.

⑤ 쓰레기 대란의 해결 방안으로 머그잔이나 텀블러를 사용하는 것을 예로 들 수 있다.

2 ㉠의 이유를 보기 와 관련지어 설명한 것으로 알맞은 것은 무엇인가요? (   )

> **보기**
>
> 　콧구멍에 플라스틱 빨대를 낀 채 피 흘리는 코스타리카의 바다거북. 태국과 말레이시아 접경 바다에서 구조된 둥근머리돌고래 뱃속의 80여 개 비닐봉지. 그리고 한국을 포함한 21개국 39개 브랜드 천일염 중 36개 제품에서 발견된 미세 플라스틱. 인간이 함부로 버린 쓰레기가 바다를 오염시키고 해양 생물을 해치고, 마침내 식탁에 올라 건강을 위협하고 있음을 보여 주는 장면들이다. '플라스틱의 역습'이 현실화되고 있는 것이다.
>
> • 역습: 상대편의 공격을 받고 있던 쪽에서 거꾸로 기회를 보아 급히 공격함.

① 플라스틱을 식용으로 하는 동물들이 있다.

② 플라스틱 사용은 경제 발전에 악영향을 미친다.

③ 코스타리카와 태국의 생물은 특별히 보호해야 한다.

④ 말레이시아인들은 플라스틱을 무분별하게 사용하고 있다.

⑤ 플라스틱 사용은 환경 오염으로 인한 생태계 파괴를 불러올 수 있다.

3 이 글을 읽고 보인 반응으로 알맞지 <u>않은</u> 것은 무엇인가요? (　　)

① 쓰레기 버리는 양을 줄여야 하지 않을까?

② 쓰레기 처리 방법을 획기적으로 개선해야 하지 않을까?

③ 분리수거를 제대로 하기 위한 캠페인을 강화해야 하지 않을까?

④ 중국의 재활용 쓰레기 수입 금지가 우리나라에 어떤 영향을 미쳤을까?

⑤ 쓰레기를 줄이기 위해 일상생활에서 실천할 수 있는 방법에는 또 어떤 것이 있을까?

4 ⓛ에 해당하는 예로 알맞지 <u>않은</u> 것은 무엇인가요? (　　)

① 버려진 일회용 숟가락을 수거하여 식당에 반납한다.

② 폐유리병 잔골재를 아스팔트 도로 포장에 활용한다.

③ 폐스티로폼을 활용해 가정용 족욕기를 만들어 사용한다.

④ 폐현수막으로 공공용 자루를 제작해 큰길가를 청소할 때 활용한다.

⑤ 자동차 폐자원을 활용해 친환경적인 메시지를 전달하는 예술 작품을 만든다.

한줄 요약

5 빈칸에 알맞은 말을 넣어 이 글의 핵심 내용을 한 문장으로 요약하세요.

쓰레기 대란을 해결할 실제적인 대책은 　　　　　 사용을 줄이는 것과

　　　　　을 강화하는 것이다.

지문 속 필수 어휘

다음 문장을 읽고, (　) 안에 공통으로 들어갈 낱말을 완성하세요.

❶
- 우리 동네는 매주 화요일에 재활용 쓰레기를 (　　)한다.
- 경찰은 그의 옷을 (　　)해 정밀 조사를 의뢰하였다.

수	ㄱ

❷
- 다 마신 빈 병에 (　　)을 넣으면 안 된다.
- 음식에서 (　　)이 나오자 아버지는 깜짝 놀라셨다.

ㅇ	ㅁ	질

❸
- 그들은 명령대로 작전을 (　　)하였다.
- 정부는 도로 교통법 개정안을 이달부터 (　　)할 예정이다.

ㅅ	행

❹
- 3·1 운동 이후 일본은 한국에 대한 탄압을 (　　)하였다.
- 우승을 하려면 팀의 공격력을 (　　)해야 한다.

강	ㅎ

다음 문장을 읽고, 두 낱말 중 알맞은 것을 찾아 ○표 하세요.

❺ A 회사는 오랫동안 심각한 ［ 경영난 / 경영란 ］에 시달려 왔다.

❻ 국민 생활을 제약하는 낡은 법률을 ［ 패지 / 폐지 ］해야 한다.

❼ 우리가 ［ 궁국적 / 궁극적 ］으로 추구해야 할 가치는 행복이다.

❽ 우리는 즉흥적으로 말하는 것을 ［ 자제 / 자재 ］해야 한다.

핵심 정보에 주목해야 하는 이유

우리가 TV 드라마나 영화에 등장하는 수많은 배우들 중 주인공에 주목하는 이유는 무엇일까요? 바로 작품을 이끌어 가는 핵심 인물이기 때문이죠. 독서에서 가장 첫 번째로 해야 하는 일은 바로 글의 핵심 정보를 찾는 일입니다. 글에서 핵심이 되는 정보가 무엇인지를 찾아내는 것은 글을 이해하는 시작이 되기 때문입니다.

● 다음 카드를 보고 떠오르는 단어를 적어 보세요.

(   )

아무것도 떠올리지 못했다고요?

그럼 다시 세 장의 카드를 보여 줄게요.

● 이제 떠오르는 단어가 있나요?

(   )

아니, 이렇게 쉬운 문제가 다 있어? 실망스럽기까지 하죠?

그렇습니다. 정답은 여러분이 생각한 대로 **'코끼리'**가 맞습니다.

그런데 똑같이 세 장의 카드를 제공하였는데도
먼저 제시했던 세 장의 카드를 보고서 정답을 떠올리지 못한 이유는 뭘까요?

우리가 유심히 코끼리를 관찰해 보면 분명 듬성듬성 털도 나 있고, 단단한 발톱도 있다는 것을 알 수 있어요.
하지만 '회색'이나 '털'이나 '발톱'과 같은 정보는 '코끼리'만이 가진 핵심적인 특징이라고 볼 수 없습니다.
반면 '긴 코'라든가 '상아'와 같은 정보는 '코끼리'의 중요한 성질이기 때문에 쉽게 답을 찾을 수 있는 것이에요.

우리가 접하는 비문학 지문 속에는 많은 정보가 담겨 있습니다. 이러한 정보들은 각각 글에서 말하고자 하는 대상과 관련된 다양한 사실과 주장을 읽는 이에게 전달하죠.
그러나 모든 정보를 다 속속들이 이해하는 것은 어렵고 시간도 많이 걸립니다.

그래서 핵심 정보를 중심으로 글의 내용을 파악해야 하는데, 이것이 바로 '독해'입니다.
지문을 읽어 가면서 핵심이 되는 정보들을 앞서 보았던 '코끼리 찾기'처럼 골라내는 것이죠.

무엇보다 중요한 것은 국어에서의 '독해'는
문제에서 요구하는 것을 **'정해진 시간 안에'** 지문에서 정확히 찾아내야 한다는 것입니다.
그렇기에 더더욱 핵심 정보를 중심으로 글을 파악하는 것이 중요하겠지요?

      " 독해 능력은 글만 많이 읽는다고 해서 키워지는 것이 아닙니다.
짧은 시간 안에 핵심을 파악해 내는 연습이 꼭 필요한 것을 명심하세요.**"**

| 1 ③ | 2 ④ | 3 지영 |
| 4 성호, 지유 | 5 ⑤ | 6 긴장감, 긍정적 |

● 독해력을 기르는 어휘

❶ 긴장　　　❷ 반응　　　❸ 집중력

❹ 좌절감　　❺ 효과　　　❻ 슬럼프

시험을 앞둔 학생들이 느끼는 긴장감에 대해 쓴 글입니다. 적당한 긴장감은 공부의 효과를 높여 주지만, 긴장감이 지나치면 불안감과 좌절감마저 느낄 수 있다고 설명하면서 과도한 긴장감에서 벗어나 편안하고 긍정적인 마음을 가질 때 시험에서도 좋은 결과를 얻을 수 있다고 말하고 있습니다.

● **글의 특징**

− 적당한 긴장감과 과도한 긴장감을 가졌을 때의 효과를 비교하고 있습니다.

− 불안감이 심해질 경우 발생할 수 있는 여러 가지 상황을 나타내었습니다.

− 편안하고 긍정적인 마음을 가져야 함을 강조하고 있습니다.

● **글의 구조**

| 1문단 | 적당한 긴장감은 공부의 효과를 높여 주지만 과도한 긴장감은 오히려 공부에 방해가 됨. |

↓

| 2문단 | 긴장감이 높아지면 불안감도 심해져 자신의 기대에 못 미칠 경우 좌절감마저 느낄 수 있음. |

↓

| 3문단 | 슬럼프에 빠진 운동선수가 잘해야 한다는 강박 관념 때문에 오히려 더 심각한 상황에 빠질 수 있음. |

↓

| 4문단 | 편안하고 긍정적인 마음을 가질 때 시험에서 좋은 결과를 얻을 수 있음. |

⬇

주제 **적당한 긴장감을 갖는 것의 중요성**

어휘 수준 ★★★★★　　글감 수준 ★★★★★　　글의 길이 899자

1 2문단에서 시험에 대해 느끼는 불안감이 심해질 때 좌절감마저 느낄 수 있다고 말하고 있습니다. 그리고 이어지는 3문단에서 운동선수들이 슬럼프에 빠지는 경우를 예로 들어 그 내용을 뒷받침하고 있습니다.

2 2문단에서 시험을 앞둔 학생이 긴장감의 정도가 심해지면 불안감도 심해지고 시험 결과가 기대에 미치지 못할 때는 좌절할 수도 있다고 하였습니다.

3 1문단에서 적당한 긴장감은 집중력을 향상시킬 수 있다고 하였으므로, 집중력 있게 시험 공부를 한 지영이가 적당한 긴장감 상태에 있음을 알 수 있습니다.

오답 피하기 유선이가 한 말로 보아 유선이는 긴장감의 정도가 심해져서 불안해 보이는 모습임을 알 수 있습니다.

4 성호와 지유는 이 글을 있는 그대로 받아들이지 않고 이 글에서 잘 이해가 되지 않는 부분을 비판하며 자신의 생각을 말하고 있습니다.

오답 피하기 장호는 글쓴이의 의견을 수용하는 자세로 글을 읽었습니다.

5 이 글의 마지막 문단에서 편안하고 긍정적인 마음을 가질 때 시험에서 좋은 결과를 얻을 수 있다고 하였으므로, 이 글 뒤에 올 수 있는 내용으로는 이러한 마음을 가질 수 있는 구체적인 방법을 예로 드는 것이 가장 적절합니다.

1 ②　　　2 ⑤　　　3 ㄷ
4 ①　　　5 피해, 생명 띠

● 독해력을 기르는 어휘
❶ 안전띠　　❷ 생명　　❸ 소홀히
❹ 캠페인　　❺ 충격　　❻ 손상

안전띠를 맬 때 제대로 매자고 주장하며 그 근거를 제시하고 있는 글입니다. 글쓴이는 안전띠를 맬 때 소홀히 하기 쉬운 점을 두 가지로 나누어 설명하며, 안전띠가 완벽한 생명 띠가 되려면 올바른 방법으로 매는 것이 중요함을 강조하고 있습니다.

● **글의 특징**
– '안전띠를 제대로 매야 한다.'라는 글쓴이의 주장이 명확하게 나타나 있습니다.
– 안전띠를 맬 때 소홀히 하기 쉬운 점을 '첫째', '둘째'라는 말로 나열하고 있습니다.

● **글의 구조**

1문단	안전띠를 제대로 매지 않으면 피해가 커질 수 있음.	문제 상황

↓

2문단	안전띠가 꼬이지 않게 매야 함.	해결 방안 1

↓

3문단	안전띠를 최대한 아래쪽으로 매야 함.	해결 방안 2

↓

4문단	안전띠를 올바른 방법으로 매는 것이 중요함.	주장 (결론)

주제 안전띠를 올바른 방법으로 매는 것의 중요성

어휘 수준 ★☆☆☆☆　　글감 수준 ★★☆☆☆　　글의 길이 881자

1 3문단에서 "골반 뼈는 우리 몸에서 가장 튼튼한 뼈 중 하나로 허리 부분의 안전띠는 바로 그 골반뼈를 이용해서 충격을 줄여 준다."라고 하였습니다. 즉 안전띠를 제대로 맸다면 배보다 골반에 가해지는 충격이 크므로 ②는 알맞지 않은 설명입니다.

오답 피하기 ③ 3문단에서 "배가 나온 사람들은 특히 배 위쪽으로 안전띠를 올려 매고는 하는데, 이제부터는 최대한 아래쪽으로 매야 한다는 것을 꼭 기억하자."라고 하였습니다.

2 글쓴이는 안전띠가 생명 띠가 되려면 제대로 매야 한다고 주장하고 있습니다.

오답 피하기 ④ 1문단에서 "안전띠를 했다고 해서 안전이 완벽하게 보장되는 것은 아니다. 안전띠를 제대로 매지 않았을 때는 오히려 피해가 더 커질 수도 있다."라고 하였습니다. 따라서 글쓴이는 안전띠를 매는 것을 의무적으로 해야 한다고 주장하는 것이 아니라 안전띠를 올바른 방법으로 매는 것이 중요함을 말하고 있습니다.

3 4문단에서 "아이들과 함께 탔을 때 안전띠 하나로 두 아이를 매면 외부에서 충격이 전해질 때 아이들끼리 머리를 부딪쳐 크게 다칠 수 있다."라고 하였습니다. 따라서 안전띠를 맬 때 아이들을 각각 따로 매는 것이 올바른 방법입니다.

4 '완벽한'은 결함이 없이 완전하다는 의미이므로, ㉠에는 '잘못된 것이 없이 바르거나 옳다'는 뜻의 '온전한'이 들어가는 것이 알맞습니다.

오답 피하기 ② '매우 조심스러운'의 의미입니다.
③ '편하고 걱정 없이 좋은'의 의미입니다.
④ '이론이나 이치에 합당한'의 의미입니다.
⑤ '일의 형편에 따라 적절하게 처리하는'의 의미입니다.

| 1 ④ | 2 ④ | 3 ③ |
| 4 ④ | 5 ② | 6 자연, 자연 |

● 독해력을 기르는 어휘

❶ 영향   ❷ 선양   ❸ 유산

❹ 훼손   ❺ 파괴   ❻ 개발

❼ 특성   ❽ 발달

관광 산업이 어떻게 변화하고 있는지를 설명한 글입니다. 기존의 관광 산업은 많은 부분에서 긍정적인 영향을 주었지만, 환경오염과 같은 부작용도 있음을 언급하며, 최근에는 자연환경을 생각하는 입장에서 생태 관광 산업이 주목받고 있음을 제시하고 있습니다.

● **글의 특징**

– 관광 산업이 어떻게 변화해 왔는지를 설명하고 있습니다.

– 기존 관광 산업의 좋은 영향과 나쁜 영향을 함께 제시하고 있습니다.

– 생태 관광 산업이 등장하게 된 배경을 제시하고 있습니다.

● **글의 구조**

1문단	관광에 필요한 서비스를 제공하는 관광 산업을 소개함.	→	관광 산업의 개념
2문단	기존의 관광 산업은 많은 부분에서 긍정적인 영향을 줌.	→	기존 관광 산업의 긍정적 효과
3문단	기존의 관광 산업은 자연환경을 파괴하는 등 부작용을 일으킴.	→	기존 관광 산업의 부작용
4문단	자연환경을 생각하는 지속 가능한 관광 산업의 필요성이 제기됨.	→	최근 관광 산업의 특성
5문단	생태 관광 산업이 새로운 관광 산업으로 주목받음.	→	생태 관광 산업의 필요성

↓

주제 관광 산업의 변화 과정과 생태 관광 산업의 필요성

어휘 수준 ★★★★★   글감 수준 ★★★★★   글의 길이 966자

1 이 글은 기존의 관광 산업이 많은 부분에서 긍정적 영향을 주었지만, 부작용도 있었다고 설명하면서 자연환경을 생각하는 입장에서 생태 관광 산업이라는 방향성을 제시하고 있습니다. 따라서 이 글의 내용 전개 방식을 잘 설명한 것은 ④입니다.

오답 피하기 ③ '절충'이란 양쪽 견해 어디에도 치우치지 않게 조절하는 것을 말합니다. 이 글에서는 과거의 인식에서 벗어나 자연을 대하는 새로운 입장을 더 중시하고 있으므로 절충하고 있다고 볼 수 없습니다.

2 5문단에서 생태 관광 산업은 '자연 훼손을 최소화'한다고 하였으므로, '자연을 파괴하지 않으므로 친환경적이다.'라고 보는 것은 이 글의 내용과 일치하지 않습니다.

3 4문단에서 환경 문제에 대한 우려가 커지면서 자연환경에 대한 새로운 인식이 확대되었다고 하였습니다. 그리고 그 결과 새로운 관광 산업을 개발하게 되었다고 하였습니다. 따라서 환경 문제에 대한 공감대가 커진 결과 생태 관광 산업이라는 새로운 방법을 모색한 것이라고 할 수 있습니다.

4 〈보기〉의 두 번째 문장에서 "기존의 산업 구조를 친환경적으로 바꾸어 나가는 것을 녹색 산업이라고 한다."라고 하였습니다. 따라서 ⓛ이 기존의 산업 구조를 유지한다는 것은 적절하지 않습니다.

오답 피하기 ② ㉠이 관광 산업에 한정되어 있다면, ㉡은 경제 · 금융 · 건설 등 산업 분야 전반에 해당되는 것입니다.

5 ⓑ '변화'는 '사물의 성질, 모양, 상태 따위가 바뀌어 달라짐.'을 의미합니다. ②는 '변천'이라는 단어의 의미입니다.

1 ③	2 ③	3 은정
4 ④	5 의무, 권리	

● 독해력을 기르는 어휘

❶ 취향   ❷ 유출   ❸ 주체

❹ 절차   ❺ 논란   ❻ 규제

❼ 제정   ❽ 주의

개인 정보의 개념과 범위에 대해 설명한 글입니다. 개인 정보를 수집·활용하는 '개인 정보 처리자'와 개인 정보를 제공하는 '정보 주체'가 모두 개인 정보를 보호하기 위해 노력해야 함을 강조하며 '개인 정보 보호법'의 취지를 설명하고 있습니다.

● **글의 특징**

– 첫 문단에서 질문의 형식으로 중심 화제를 제시하여 독자들의 관심을 유도하고 있습니다.

– '개인 정보' 보호의 필요성을 강조하며 글을 마무리하고 있습니다.

● **글의 구조**

가	정보화 사회에서 개인 정보가 점차 중요해짐.	→	중심 화제 제시
나	개인 정보는 다른 사람과 구분지을 수 있는 살아 있는 개인에 관한 정보임.	→	개인 정보의 개념과 범위
다	개인 정보를 활용하는 '개인 정보 처리자'와 개인 정보를 제공하는 '정보 주체' 모두 개인 정보를 보호해야 함.	→	개인 정보 처리자와 정보 주체의 노력
라	'개인 정보 처리자'의 의무와 '정보 주체'의 권리를 강화한 '개인 정보 보호법'이 제정됨.	→	'개인 정보 보호법'의 제정 취지

⬇

주제 '개인 정보'의 중요성과 '개인 정보 보호법'의 취지

어휘 수준 ★★★★★   글감 수준 ★★★★★   글의 길이 1,040자

1 나 문단에서는 '개인 정보'에 대해, 다 문단에서는 '개인 정보 처리자'와 '정보 주체'에 대해 개념을 설명하고 있으며, 다 문단과 라 문단의 마지막 문장에서는 개인 정보 보호의 필요성을 강조하고 있습니다.

오답 피하기 ① '사각지대'는 '관심이나 영향이 미치지 못하는 구역을 비유적으로 이르는 말'이기는 하지만, '개인 정보'를 비유한 표현은 아닙니다.

② '개인 정보'에 대한 사람들의 일반적인 생각이 제시된 부분은 없습니다.

④ 가 문단에서 기업들이 개인 정보를 얻으려 한다고는 했지만, 구체적으로 어떤 노력을 기울이는지는 설명하지 않았습니다.

⑤ 가 문단에서 질문을 하고 있는 것은 맞지만, 개인 정보를 보호하지 않는 현실을 비판하는 내용은 없습니다.

2 나 문단에서 '개인 정보'가 살아 있는 사람과 관련된 정보이며, 사망한 사람에게는 해당하지 않는다고 했으므로, 나 문단 뒤에 〈보기〉의 내용이 이어지면 '개인 정보의 범위'에 대해 구체적으로 설명할 수 있습니다.

3 라 문단에서 2011년에 '개인 정보 보호법'이 제정되었다고는 했지만, 그 이전에도 개인 정보와 관련된 법규가 공공 부문과 민간 부문에 각각 존재했었다고 했습니다. 따라서 문제점은 있었지만 개인 정보를 도용한 회사나 단체를 처벌할 법이 없었던 것은 아닙니다.

4 라 문단에서는 '개인 정보 보호법'을 제정하여 '개인 정보 처리자'의 의무와 '정보 주체'의 권리를 강화하였다고 하였습니다. 이를 통해 볼 때, ④처럼 개인 정보의 보유 및 이용 기간을 회원 탈퇴 시까지라고 한정한 것은 '정보 주체'(개인)의 권리를 강화하기 위한 것이지 '개인 정보 처리자'의 권리를 강화하기 위한 것은 아닙니다.

1 ③	2 ①	3 ②
4 ④	5 ①	6 판단, 뇌파

● 독해력을 기르는 어휘

❶ 합리적   ❷ 뇌파   ❸ 반응

인간 운전자의 뇌파를 읽고 이를 해석해 움직이는 자율 주행차를 다룬 글입니다. 이 글에서는 정보가 불확실할 경우 기존 자율 주행차는 인공 지능이 잘못된 판단을 내릴 가능성이 있다고 지적하면서 인간의 뇌파를 읽는 자율 주행차가 인공 지능의 오판이 가져오는 위험을 줄일 수 있다고 설명하고 있습니다.

● **글의 특징**

– 기존 자율 주행차의 한계를 언급한 후, 이 한계를 극복할 수 있는 신기술에 대해 설명하고 있습니다.
– 낯선 용어의 뜻을 먼저 정의한 후 글을 전개하고 있습니다.
– 구체적인 예를 들어 인간의 뇌파를 읽는 자율 주행차에 대한 이해를 돕고 있습니다.

● **글의 구조**

1문단	자율 주행차는 정보가 불확실할 경우 오판의 가능성이 있음.	→	자율 주행차의 한계
2문단	인간 운전자의 뇌파를 읽고 이를 해석해 움직이는 자율 주행차가 개발됨.	→	신기술을 가진 자율 주행차의 개발
3문단	새로 개발된 기술은 기존 자율 주행차의 한계를 극복할 수 있음.	→	신기술의 효용성

주제 인간의 뇌파를 읽는 자율 주행차의 개발과 효용성

1 2문단의 세 번째 문장(예컨대~)과 3문단의 두 번째 문장(예를 들어~)에서 구체적인 예시를 들어 독자의 이해를 돕고 있습니다.

2 1문단 네 번째 문장에서 "판단 속도는 하드웨어의 발전으로 얼마든지 단축할 수 있다."라고 하였습니다.

오답 피하기 ② 1문단에서 "인공 지능과 연결된 정보가 확실하지 않으면 오판의 가능성이 커지기 때문이다."라고 하였습니다.

③ 2문단에서 "인간 운전자의 뇌파를 읽고 자동차가 스스로 한발 먼저 움직이는 기능을 구현한 프로젝트가 진행되어 업계의 많은 주목을 받았다."라고 하였습니다.

④ 2문단에서 "인간 운전자가 운전대를 오른쪽으로 돌리겠다고 생각하면 뇌파가 자동차로 전달되어 0.2~0.5초 정도 앞서 운전대를 오른쪽으로 회전하게 된다."라고 하였습니다.

3 인간 운전자의 뇌파를 읽고 움직이는 자율 주행차는 인공 지능뿐만 아니라 인간에 의해서도 움직일 수 있습니다. 따라서 자율 주행의 통제권은 전적으로 인공 지능에게 있는 것이 아니라 인간과 인공 지능 모두에게 있습니다.

4 2문단에서 'B2V'가 작동하는 과정을 설명하고 있습니다. 이를 참고하면 우선 인간 운전자는 위험을 인식한 후(ⓒ) 해야 할 행동을 생각합니다(Ⓐ). 이때 발생한 인간 운전자의 뇌파가 자동차로 전달되고(Ⓑ) 최종적으로 자동차는 뇌파를 읽어 그에 맞게 작동시킵니다(Ⓓ). 따라서 이를 순서대로 나열하면 ⓒ → Ⓐ → Ⓑ → Ⓓ로 볼 수 있습니다.

5 ⓐ는 '판단, 결정을 하거나 결말을 짓는다'는 뜻입니다. 하지만 ①은 '값이나 수치, 온도, 성적 따위가 이전보다 떨어지거나 낮아진다'는 뜻입니다.

오답 피하기 ② '어떤 결과나 상태를 생기게 하다.'의 의미입니다.

③ '멈추어 있던 자세나 자리를 바꾸다.'의 의미입니다.

④ '보이지 않던 어떤 대상의 모습이 드러나다.'의 의미입니다.

⑤ '사물의 움직임이나 동작이 그치다 또는 움직임이나 동작을 그치게 하다.'의 의미입니다.

1 ③	2 ③	3 ②
4 (2) ○	5 ⑤	6 글쓴이, 경험

● 독해력을 기르는 어휘

❶ 의도   ❷ 추리   ❸ 일상

❹ 제대로   ❺ 세부   ❻ 언급

❼ 대안

읽기란 무엇인지에 대해 설명한 글입니다. 글을 잘 읽기 위해서는 글쓴이의 생각을 파악하고 읽는 이의 생각과 느낌을 적극적으로 활용해야 한다는 것을 설명하고 있습니다.

● **글의 특징**

– 읽기 전략을 글쓴이와 읽는 이의 측면으로 나누어 설명하였습니다.

– 글쓴이의 의도나 목적에 따른 읽기 방법을 예를 들어 효과적으로 설명하였습니다.

● **글의 구조**

1문단	읽기는 글쓴이와 읽는 이의 생각과 느낌의 만남임.	→	읽기의 정의
2~3문단	글을 읽을 때에는 글쓴이의 생각을 제대로 파악하며 읽어야 함.	→	글쓴이의 생각 파악하기
4~6문단	글을 읽을 때에는 읽는 이의 지식과 경험을 적극적으로 활용하며 읽어야 함.	→	읽는 이의 배경 지식 활용하기

주제 글을 잘 읽기 위한 방법

어휘 수준 ★★★★★   글감 수준 ★★★★★   글의 길이 741자

1 4문단에서 "글을 잘 읽기 위해서는 읽는 이 스스로 자기의 지식과 경험을 되돌아보고, 이를 능동적이고 적극적으로 활용해야 한다."라고 하였습니다. ③의 '글의 내용을 있는 그대로 받아들이며 읽는다.'는 능동적이고 적극적인 읽기의 방법으로는 알맞지 않습니다.

오답 피하기 ② (가)에서 글의 종류에 따라 글을 읽는 방법이 달라져야 한다고 설명하고 있습니다.

2 2문단에서 글쓴이의 생각을 제대로 파악하기 위해서는 "글쓴이의 글쓰기 의도나 목적을 파악해야 한다."라고 하였습니다. 그리고 이에 대한 몇 가지 예를 (가)에서 들고 있습니다.

오답 피하기 ② 2문단에서 글의 종류에 따른 읽기 전략을 제시하였지만 공통점을 찾아 설명하지는 않았습니다.

3 청소기의 사용 설명서와 옷을 산 경험은 직접적인 관련이 없습니다. 청소기의 사용 설명서는 청소기를 사용했던 경험을 떠올리며 읽으면 글을 더 잘 이해할 수 있습니다.

오답 피하기 ④ 우리말 사용 사례집은 우리말 사용 사례를 모아 엮은 것으로, 우리말을 올바르게 사용했던 경험을 떠올리며 읽으면 글을 더 잘 이해할 수 있습니다.

4 〈보기〉는 쟁기의 역사에 대해 설명한 글로, 정보성이 강한 글입니다. 3문단에서 "정보성이 강한 글은 글 속에 제시된 정보를 정확히 파악하고 해석하면서 읽는 것이 좋다."라고 하였습니다.

5 '대안'은 '어떤 안(案)을 대신하는 안.'을 뜻합니다.

| 1 ② | 2 ② | 3 ⑤ |
| 4 ② | 5 (1) ○ | 6 동식물, 나쁜 |

● 독해력을 기르는 어휘

❶ 유행   ❷ 소망   ❸ 소박

❹ 부귀   ❺ 화목   ❻ 장수

❼ 사악

과거 서민들이 주로 그리던 민화의 특징을 설명하고, 민화에는 그린 사람의 소망과 멋이 담겨 있다는 점을 소개한 글입니다. 글쓴이는 민화는 서민들이 여러 동식물을 화려한 색으로 표현한 그림으로, 자신들이 바라는 소망을 기원하거나 사악한 것을 물리치기 위한 마음으로 그렸다는 점을 설명하고 있습니다. 또한 민화에는 현실에서 이루고 싶은 서민들의 소망이 솔직하고 소박하게 표현되어 있고, 재미와 웃음을 찾고자 했던 서민들의 멋스러움도 잘 드러나 있다고 설명하고 있습니다.

● **글의 특징**

– 민화의 개념을 밝히고 그 특징을 설명하고 있습니다.

– 민화에 등장하는 동물을 사례로 들어 설명하고 있습니다.

– 민화를 그린 목적을 두 가지로 나누어 설명하고 있습니다.

● **글의 구조**

1문단	서민들이 주로 그린 민화를 소개하고, 그 소재와 특징을 밝힘.	→	민화의 개념과 특징
2문단	서민들의 소망이 담겨 있는 민화	→	민화를 그린 이유 ①
3문단	나쁜 기운을 물리치고자 그린 민화	→	민화를 그린 이유 ②
4문단	서민들의 소망과 멋을 솔직하고 소박하며 재미있게 표현한 민화	→	민화에 담긴 서민들의 소망과 멋

주제 민화의 특징과 민화에 담긴 서민들의 소망과 멋

어휘 수준 ★★★★★   글감 수준 ★★★★★   글의 길이 709자

1 이 글은 과거 서민들의 소망과 멋이 담긴 민화의 특징을 소개하고 있습니다. 민화를 그리기 위해 활용한 소재나 색, 민화에 담긴 서민들의 소망이나 바람 등을 구체적으로 소개하고 있다는 점에서 이 글은 제시된 정보의 내용을 정리하고 요약하며 읽는 태도가 필요하다고 할 수 있습니다.

2 1문단에서 민화는 전문 화가가 아니어도 누구나 다 그릴 수 있었고, 특정한 형식에 얽매이지 않았다고 하였습니다. 따라서 민화가 엄격한 규칙과 기법을 바탕으로 그려졌다는 ②의 내용은 알맞지 않습니다.

오답 피하기 ① 1문단에서 민화는 주로 서민들 사이에서 유행한 그림이라고 하였습니다.

⑤ 4문단에서 호랑이를 바보스럽게 표현하여 재미와 웃음을 찾고자 했다고 하였습니다.

3 〈보기〉에서는 글은 객관적인 현상이나 일을 기록하는 '사실', 글쓴이의 주관적 생각을 나타내는 '의견'으로 구분할 수 있으며 이를 구분해서 읽는 태도가 필요하다는 점을 제시하고 있습니다. 이로 볼 때, ⑩은 여러 민화를 통해 글쓴이가 판단한 바를 나타낸 내용이라는 점에서 '의견'에 가깝다고 할 수 있습니다.

오답 피하기 ㉠~㉣은 모두 민화에 담긴 실제의 현상을 주로 소개한다는 점에서 '사실'에 해당하는 내용이라 할 수 있습니다.

4 ⑩은 글쓴이가 제시한 내용을 근거로 민화를 어떻게 감상할 것인지와 관련 있습니다. 글쓴이는 민화에는 민화를 그린 사람의 소망과 멋, 나쁜 기운을 물리치고자 하는 바람 등이 담겨 있다고 하였으므로, ②처럼 민화를 그린 사람의 의도가 무엇인지를 파악하며 민화를 감상하는 태도가 알맞다고 할 수 있습니다.

5 글의 흐름을 볼 때, 글쓴이는 ⓐ를 통해 ⓑ를 이루고자 했다는 의견을 제시하고 있습니다. 따라서 ⓐ는 수단, ⓑ는 목적에 해당하는 관계를 보이고 있다고 할 수 있습니다. (1)은 '운동'이 수단이 되어 '건강'이라는 목적을 이루는 것이므로, ⓐ와 ⓑ의 관계와 가장 유사합니다.

오답 피하기 (2) '학교'는 상위 개념, '중학교'는 하위 개념에 해당합니다.

1 ③	**2** ⑤	**3** ④
4 ①	**5** 플라스틱, 재활용	

● 독해력을 기르는 어휘

❶ 수거	❷ 이물질	❸ 시행
❹ 강화	❺ 경영난	❻ 폐지
❼ 궁극적	❽ 자제	

재활용 쓰레기로 인한 문제와 그 대안을 제시한 글입니다. 쓰레기 대란을 해결하기 위한 방법으로 플라스틱 사용의 자제를 주장하며 구체적인 실천 방안을 제시하고 있습니다.

● **글의 특징**

– 쓰레기 대란의 이유를 표면적인 이유와 직접적인 이유로 나누어 설명하고 있습니다.

– 쓰레기 대란의 궁극적인 해결 방법으로 플라스틱 사용의 자제를 주장하고 있습니다.

– 실천 방안으로 인한 기대 효과를 언급하고 있습니다.

● **글의 구조**

1문단	재활용 산업체의 경영난으로 인한 쓰레기 대란	→	우리나라의 쓰레기 대란
2문단	쓰레기 대란의 직접적인 원인이 되는 중국의 재활용 쓰레기 수입 금지 결정	→	중국의 재활용 쓰레기 수입 금지 결정
3문단	쓰레기 대란의 실제적인 대책은 플라스틱 사용을 줄이는 것과 재활용을 강화하는 것	→	쓰레기 대란의 실제적인 대책
4문단	쓰레기를 줄이기 위해 일상생활에서 실천할 수 있는 방법	→	실천 방안
5문단	'쓰레기 줄이기'의 실천으로 인한 기대 효과	→	기대 효과

⬇

주제 플라스틱 사용을 줄이고 재활용을 강화해 쓰레기 대란을 해결해야 함.

어휘 수준 ★★★★★ 글감 수준 ★★★★★ 글의 길이 923자

1 2문단의 "그런데 가장 직접적인 원인으로 꼽히는 것은 중국의 재활용 쓰레기 수입 금지 결정이다."를 볼 때, 쓰레기 대란의 직접적인 원인을 재활용 산업체의 경영난이 아니라 중국 정부의 재활용 쓰레기 수입 금지 결정임을 알 수 있습니다.

오답 피하기 ②, ⑤ 4문단에서 쓰레기 줄이기를 실천하는 방법으로 마트에 갈 때 장바구니(쇼핑백)를 챙기고, 음료를 구매할 때 일회용 컵 대신 머그잔이나 텀블러를 사용하며 플라스틱 식기류 사용을 자제하는 것 등을 예로 들고 있습니다.

2 〈보기〉에서는 플라스틱이 해양 생물을 해치고, 식탁에 올라 건강을 위협한다는 내용을 설명하고 있습니다. 〈보기〉를 통해 플라스틱이 생물과 인간, 즉 생태계에 영향을 미칠 수 있음을 유추하면 플라스틱 사용이 환경 오염으로 인한 생태계 파괴를 불러올 수 있기 때문에 플라스틱 사용을 줄여야 함을 알 수 있습니다.

3 이 글에서는 쓰레기 대란의 원인을 제시하고, 그 방법으로 플라스틱 사용을 줄이고 재활용을 해야 한다고 언급하고 있습니다. 따라서 해결 방안에 초점을 두어 생각해 보아야 합니다. 또한 2문단에서 '중국의 재활용 쓰레기 수입 금지'가 우리나라의 쓰레기 대란에 영향을 주었다고 말하고 있으므로 ④는 알맞은 반응이라고 할 수 없습니다.

4 ⓒ은 '재활용 쓰레기가 자원으로 순환되는 경우'를 말합니다. 버려진 일회용 숟가락은 재사용할 수 있는 것이 아니므로 알맞지 않습니다.

1~2학년군 1, 2　　　　3~4학년군 3, 4　　　　5~6학년군 5, 6

독해를 처음 시작한다면, 기초를 튼튼히!

• 초등 교과서 학년별 성취 기준(학습 발달 단계)에 맞춰 구성
• 핵심 독해 원리를 충분히 체화할 수 있도록 1주 5day 학습으로 구성

고학년용

고학년 I　　　　고학년 II　　　　고학년 III　　　　고학년 IV

기초를 다진 후에는, 본격 실전 독해 훈련을!

• 수능 국어 출제 영역에 따른 주제별·수준별 구성
• 다양한 영역의 비문학 제재로만 구성(각 권별 40지문, 총 160지문 수록)

*『디딤돌 독해력』은 학기 교재처럼 꼭 학년을 맞출 필요는 없고, 수준에 맞춰서 학습할 수 있습니다.

해당 교재(디딤돌 독해력 미리보기)는 『디딤돌 독해력』의 교재 학습 시스템을
확인해 볼 수 있도록 내용 일부를 재구성하여 실었습니다.

D210190

63710

ISBN 978-89-261-6006-0

⚠ 주 의

• 책의 날카로운 부분에 다치지 않도록 주의하세요.
• 화기나 습기가 있는 곳에 가까이 두지 마세요.

국어 교과 지문독해력 향상

초등
5·2

디딤돌
통합본

국어

디딤돌

디딤돌 통합본 국어·사회·과학 5-2

펴낸날 [개정판 1쇄] 2024년 7월 1일
펴낸이 이기열 | **펴낸곳** (주)디딤돌 교육
주소 (03972) 서울특별시 마포구 월드컵북로 122 청원선와이즈타워
대표전화 02-3142-9000
구입문의 02-322-8451
내용문의 02-323-5489
팩시밀리 02-322-3737
홈페이지 www.didimdol.co.kr
등록번호 제10-718호
사진 북앤포토

• 정답과 풀이는 "디딤돌 교육 홈페이지〉초등〉정답과 해설"에서
  다운로드 받을 수 있습니다.
• 출간 이후 발견되는 오류는 "디딤돌 교육 홈페이지〉초등〉정오표"를 통해
  알려드리고 있습니다.

국어 교과 지문독해력 향상

초등
5·2

디딤돌
통합본
국어

디딤돌

교과서에 실린 **작품 소개**

단원	교과서	제재 이름	지은이	나온 곳	참고	디딤돌 쪽수
1단원	국어 ㉮	「니 꿈은 뭐이가?」	박은정	『니 꿈은 뭐이가?』 – 웅진주니어, 2010.		14~16쪽
2단원	국어 ㉮	「줄다리기, 모두 하나 되는 대동 놀이」	국가유산청 엮음	『어린이 문화재 박물관 2』 – (주)사계절출판사, 2006.		24~25쪽
2단원	국어 ㉮	「조선의 냉장고 '석빙고'의 과학」	윤용현	『전통 속에 살아 숨 쉬는 첨단 과학 이야기』 – (주)교학사, 2012.		26~27쪽
3단원	국어 ㉮	글 ㉮ (「영국 초등학교 1.6 킬로미터 달리기 도입」)	방승언	『나우뉴스』 – 2016. 3. 18.		45쪽
5단원	국어 ㉯	자료 ㉮ (「걸어서 만나는 세계적인 생태 천국, 창녕 우포늪」)	이정화	대한민국 구석구석 누리집 (http://korean.visitkorea.or.kr)		68쪽
5단원	국어 ㉯	우포늪	이정화	대한민국 구석구석 누리집 (http://korean.visitkorea.or.kr)		68쪽

단원	교과서	제재 이름	지은이	나온 곳	참고	디딤돌 쪽수
5단원	국어 ㉯	2번 동영상 (「어느 독서광의 일기」)		「지식 채널 이(e): 어느 독서광의 일기」 – 한국교육방송공사, 2006.		70쪽
		「마녀사냥」	이규희	『악플 전쟁』 – 별숲, 2013.		71~74쪽
6단원	국어 ㉯	자료 ㉯ (「학부모가 희망하는 자녀 직업」)		「초·중등 진로 교육 현황 조사」 – 한국직업능력개발원, 2017.		85쪽
		「기계를 더 믿어요」	한상순	『뻥튀기는 속상해』 – (주)푸른책들, 2009.		91쪽
7단원	국어 ㉯	「존경합니다, 선생님」	퍼트리샤 폴라코 글, 유수아 옮김	『존경합니다, 선생님』 – 아이세움, 2015.		100~108쪽
		「내 귀는 건강한가요」(원제목: 「속삭이는 소리 안 들려도 난청? …… 하루 2시간 이어폰, 귀 건강 망쳐」)	박정환	『브릿지경제신문』 – 2017. 6. 26.		99쪽
		「식물의 잎차례」	장 앙리 파브르 글, 추둘란 옮김	『파브르 식물 이야기』 – (주)사계절출판사, 2011.		109쪽
		「한지돌이」	이종철	『한지돌이』 – (주)보림출판사, 2017.		112~113쪽

구성과 특징

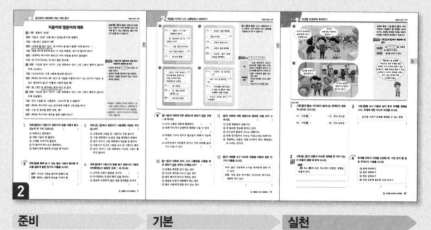

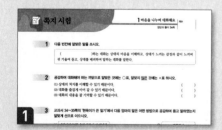
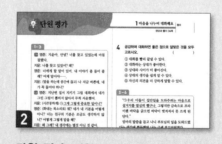
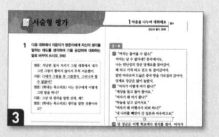

마음을 나누며 대화해요

1 공감하며 대화해야 하는 까닭

> → 공감하는 대화를 하면 기분 좋게 대화를 할 수 있고, 사이가 좋아지고, 말할 내용이 풍부해져요.

① 상대의 처지를 이해할 수 있기 때문입니다.

② 처지를 바꾸어 생각하면 상대의 마음을 알 수 있기 때문입니다.

③ 상대에게 공감하며 말하면 기분 좋은 대화를 할 수 있기 때문입니다.

④ 대화를 즐겁게 이어 갈 수 있기 때문입니다.

★★ 2 공감하며 대화하는 방법

방법	활동
경청하기	• 말하는 사람에게 주의를 기울여 집중해서 듣기 • 말이나 행동으로 맞장구치기, 상대의 말을 반복해 주기
처지를 바꾸어 생각하기	• 말하는 사람의 처지가 되어 생각하기 • 자신과 상대의 처지가 어떻게 다른지 생각하기
공감하며 말하기	• 상대의 기분을 고려해 말하기 • 자신의 잘못은 없는지 생각하며 말하기
생각을 정확히 전달하기	• 전하고 싶은 생각을 정확히 말하기 • 예의 바르게 또박또박 말하기

예 교과서 34~35쪽 '현욱이가 쓴 일기'에서 공감하며 대화하기

> → 상대의 말을 경청함.

현욱	엄마
"저희가 저녁도 차려 먹고 설거지도 했어요."	"설거지까지? 우리 현욱이 다 컸네."

★★ 3 예절을 지키며 누리 소통망 대화하기

> → '소셜 네트워크 서비스[SNS]'를 다듬은 말로, 온라인에서 자유롭게 글이나 사진 따위를 올리거나 나누는 것을 말해요.

① 말하고 싶은 내용을 정확하게 전달합니다.

② 이상한 말이나 줄임말을 쓰지 않습니다.

③ 상대가 대화하고 싶은지 확인하고 말을 걸어야 합니다.

④ 혼자서 너무 많이 말하지 않도록 합니다.

4 누리 소통망에서 예절을 지키며 대화하는 방법

> → 누리 소통망 대화를 할 때에도 상대의 말에 공감하며 대화해요.

① 상대의 말에 공감한다는 것을 표현합니다.
  - 좋다고 표현하기, 추천하기, 좋은 댓글 달기

② 댓글을 달아 적극적으로 자신의 생각을 전합니다.

③ 자신의 느낌을 문자 외에도 그림, 그림말 등으로 보여 줍니다.

④ 많은 사람에게 도움이 되는 내용을 올립니다.

정답과 풀이 2쪽

1 ( )하는 대화를 하면 기분 좋게 대화를 할 수 있고, 사이가 좋아지고, 말할 내용이 풍부해진다.

2 다음 활동은 공감하며 대화하는 방법 중 어떤 방법에 대한 것인지 알맞은 것에 ○표 하시오.

> • 말하는 사람에게 주의를 기울여 집중해서 듣는다.
> • 말이나 행동으로 맞장구치거나 상대의 말을 반복한다.

(1) 경청하기 ( )

(2) 공감하며 말하기 ( )

(3) 처지를 바꾸어 생각하기 ( )

3 누리 소통망에 대해 알맞게 말하지 못한 친구의 이름을 쓰시오.

> 이수: '소셜 네트워크 서비스 [SNS]'를 다듬은 말이야.
> 성현: 직접 만나서 이야기를 주고받을 때 사용하는 것을 말해.
> 유리: 온라인에서 자유롭게 글, 사진 따위를 올리거나 나누는 것을 말해.

( )

4 누리 소통망에서 상대의 말에 공감한다는 것을 '좋다고 표현하기, 추천하기, 좋은 ( ) 달기' 등으로 표현할 수 있습니다.

지윤이와 명준이의 대화

1 지윤: 명준아, 안녕?

명준: 지윤아, 안녕? 너를 찾고 있었는데 마침 잘됐다.

지윤: 나를 찾고 있었어? 왜?

명준: 너에게 할 말이 있어. 내 이야기 좀 들어 줄래? 어제 말이야…….
<u>명준이가 지윤이를 찾고 있었던 까닭</u>
지윤: (말을 하는데 중간에 끊고) 나 지금 바쁜데, 내가 꼭 들어야 하니?

명준: (실망하는 목소리로) 뭐라고? 아직 내용을 듣지도 않았잖아.

지윤: 네 이야기보다는 내 일이 훨씬 중요해.

2 명준: 지난번 질서 지키기 그림 대회에서 내가 그린 그림이 뽑히지 않아서
무척 서운했어.

지윤: (시큰둥하게) 그게 그렇게 중요한 일이니?

명준: (화내는 목소리로) 뭐? 네가 내 기분을 어떻게 아니? 너는 친구의 기분은 조
금도 생각하지 않니? 어떻게 그렇게 말을 해?

지윤: 왜 그래? 내 생각에는 별것 아닌 것 같아.
<u>상대의 처지를 생각하지 않고 말함.</u>
3 명준: 지난번 질서 지키기 그림 대회에서 내가 그린 그림이 뽑히지 않아서
무척 서운했어.

지윤: 네가 그림을 못 그렸겠지. 그러니까 할 수 없잖아?

명준: (화내는 목소리로) 너는 친구에게 어떻게 그런 말을 하니?

지윤: 그냥 내 생각을 말한 건데, 왜?

명준: (화내는 목소리로) 생각을 말한 것뿐이라고?

• 대화 **1**~**3**의 특징: 명준이의 말을 듣고 지윤이가 어떤 잘못을 하는지 생각해 볼 수 있는 내용으로, 좋은 대화의 조건을 알 수 있습니다.

핵심내용 「지윤이와 명준이의 대화」에서 지윤이의 잘못된 점 찾기

• 상대의 말에 **①** ㄱ ㅊ 하지 않는 태도를 보였다.
• 상대의 처지를 생각하지 않고 말했다.
• 상대의 기분을 생각하지 않고 자신의 생각만 말했다.

서운했어 마음에 모자라 아쉽거나 섭섭한 느낌이 있었어. 예 오랜만에 만나 이대로 헤어지기가 너무 서운했어.
시큰둥하게 달갑지 아니하거나 못마땅하여 시들하게.

---

1 대화 **1**에서 지윤이가 명준이의 말을 어떻게 듣고 있는지 두 가지 고르시오. (   )

① 바쁘다고 말하였다.
② 귀를 기울여 잘 들었다.
③ 고개를 끄덕이며 들었다.
④ 꼭 들어야 하느냐고 말하였다.
⑤ 명준이에게 필요한 조언을 해 주었다.

2★ 대화 **1**을 통해 알 수 있는 듣는 사람의 올바른 태도를 알맞게 말한 친구의 이름을 쓰시오.

> **윤주**: 자신의 기분을 솔직히 말해야 해.
> **민환**: 말하는 내용에 관심을 가져야 해.

(   )

3 대화 **2**, **3**에서 명준이가 서운해한 까닭은 무엇입니까? (   )

① 선생님께 그림을 못 그렸다고 꾸중 들어서
② 그림 대회에서 상 받은 것을 축하받지 못해서
③ 질서 지키기 그림 대회에서 대상을 못 받아서
④ 지윤이가 자신의 그림을 보고 못 그렸다고 해서
⑤ 질서 지키기 그림 대회에서 자신의 그림이 뽑히지 않아서

4 대화 **2**에서 지윤이의 말을 듣고 명준이의 기분은 어떠했겠는지 알맞은 것에 ○표 하시오.

(1) 고마운 마음이 들었을 것이다. (   )
(2) 무시당하는 것 같아 화가 났을 것이다. (   )
(3) 열심히 노력하지 않은 것을 반성했을 것이다. (   )

5 대화 **가**에서 상대의 말을 듣는 지윤이의 태도에 대해 알맞게 평가한 친구의 이름을 쓰시오.

> **보검**: 자기가 하고 싶은 말만 하고 있어.
> **수현**: 상대의 말에 귀 기울여 들으려고 하였어.
> **지민**: 상대의 기분을 파악하여 위로해 주고 있어.

( )

교과서 문제
6 대화 **나**에서 명준이의 처지를 고려하여 지윤이가 어떻게 말하는 것이 좋을지 ㉠에 들어갈 알맞은 말에 ○표 하시오.

(1) 그게 그렇게 중요한 일이니? 내 생각에는 별것 아닌 것 같아. ( )

(2) 나도 상을 못 받았는데 뭐. 상 받은 사람이 몇 명이나 된다고 그러니? ( )

(3) 그랬구나. 내가 너처럼 그림 그리기를 좋아하면 나도 서운했을 것 같아. ( )

7 ㉡과 같은 지윤이의 말에 명준이는 어떤 기분이 들었겠습니까? ( )

① 언짢은 마음이 들었을 것이다.
② 위로를 받아서 마음이 풀렸을 것이다.
③ 괜히 이야기했다는 생각이 들었을 것이다.
④ 마음에 없는 소리를 해서 화가 났을 것이다.
⑤ 배려하는 마음이 없어서 서운함을 느꼈을 것이다.

8* 대화 **가**~**다**에서와 같이 공감하며 대화해야 하는 까닭으로 알맞지 **않은** 것은 무엇입니까? ( )

① 기분 좋은 대화를 할 수 있다.
② 상대의 처지를 이해할 수 있다.
③ 대화를 즐겁게 이어 갈 수 있다.
④ 자신의 뜻대로 대화를 이끌어 갈 수 있다.
⑤ 처지를 바꾸어 생각하면 상대의 마음을 알 수 있다.

현욱이가 쓴 일기

20○○년 8월 26일 토요일   날씨: 비 오다 갬

엄마, 고마워요

오늘은 친척 결혼식이 있어서 외출하신 부모님께서 늦게 오시는 날이다. 나는 부모님 대신 동생을 돌보고 저녁밥도 챙기기로 했다.

"엄마, 아빠께서 오시면 피곤하실 테니까 우리가 저녁밥을 해 먹자."

나는 동생과 함께 저녁밥을 먹고 설거지도 했다. 그릇을 다 씻고 나서 프라이팬도 닦기로 했다.

'프라이팬이 잘 닦이지 않네?'

나는 고민하다가 철 수세미를 쓰기로 했다. 부모님께서 냄비 같은 것을 철 수세미로 박박 문질러 닦으시는 것을 본 적이 있기 때문이다.

잘 닦이지 않는 프라이팬을 철 수세미를 써서 닦기로 한 까닭

철 수세미로 프라이팬을 문지르니 금세 찌든 때가 벗겨져 나갔다.

저녁 늦게 부모님께서 돌아오셨다.

"너무 늦어서 미안하구나. 잘 있었니?"

"예. 저희가 저녁도 차려 먹고 설거지도 했어요."

㉠"설거지까지? 우리 현욱이 다 컸네."

- 글의 종류: 일기
- 글의 특징: 현욱이가 집안일을 도와드리려다가 프라이팬을 망가뜨린 일을 통해, 엄마와 현욱이가 공감하며 대화하는 방법을 살펴볼 수 있습니다.

핵심내용 '현욱이가 쓴 일기'에서 현욱이와 엄마의 대화에서 알 수 있는 공감하며 듣고 말하는 방법 ①

> 현욱: "저희가 저녁도 차려 먹고 설거지도 했어요."
> 엄마: "설거지까지? 우리 현욱이 다 컸네."

→ 엄마가 현욱이의 말에 ❶ ㅈ ㅇ 를 기울여 경청함.

박박 야무지게 자꾸 긁거나 문대는 소리. 또는 그 모양.
찌든 물건이나 공기 따위에 때나 기름이 들러붙어 몹시 더러워진. 예 이 옷은 땀에 찌들어서 빨아야 해.

---

1 이 글의 종류는 무엇입니까?　　　(　　　)

① 편지　　　　② 일기
③ 이야기　　　④ 전기문
⑤ 독서 감상문

2 현욱이가 부모님께서 외출하신 동안에 한 일로 알맞은 것을 모두 고르시오.　(　　　)

① 동생을 재웠다.
② 그릇을 다 씻었다.
③ 동생의 숙제를 봐 주었다.
④ 동생과 함께 저녁밥을 먹었다.
⑤ 철 수세미로 프라이팬을 닦았다.

3 현욱이가 설거지를 한 까닭은 무엇입니까?
　　　　　　　　　　　　　(　　　)

① 동생이 같이 하자고 해서
② 부모님께 용돈을 받으려고
③ 집안일을 도와드리고 싶어서
④ 엄마께서 하는 것이 재미있어 보여서
⑤ 엄마께서 외출하시며 부탁하신 일이라서

4 ㉠의 말에서 알 수 있는 공감하며 듣는 방법으로 알맞은 것에 ○표 하시오.

(1) 상대의 말을 경청한다.　　　(　　　)
(2) 상대와 처지를 바꾸어 생각한다.　(　　　)
(3) 상대가 기분 나쁘지 않게 배려하며 말한다.
　　　　　　　　　　　　　(　　　)

흐뭇한 얼굴로 부엌을 둘러보시던 엄마께서 놀란 표정으로 물으셨다.

"현욱아, 혹시 프라이팬도 닦았니?"

"예, 제가 철 수세미로 문질러 깨끗이 닦았어요."

"뭐라고? 철 수세미로 문질렀다는 말이니?"

"예. 수세미로는 잘 닦이지 않아서 철 수세미를 썼어요."

엄마는 한숨을 한 번 쉬시고는 다시 웃음을 띠고 말씀하셨다.

"우리 아들이 집안일을 도와주려는 마음으로 설거지를 열심히 했구나. 그렇지만 금속으로 프라이팬 바닥을 긁으면 바닥이 벗겨져서 못 쓰게 된단다."

엄마의 말씀을 듣고 나니 부모님의 일을 도와드렸다는 생각에 뿌듯했던 나는 금세 부끄러워졌다.

"죄송해요, 엄마. 집안일을 도와드리려다가 오히려 프라이팬만 망가뜨렸어요."

엄마는 웃으며 나를 꼭 안아 주셨다.

"미안해하지 않아도 돼. 집안일을 도와주려고 한 현욱이 마음이 엄마는 정말 고마워."

엄마의 말씀을 듣고 내 마음은 한순간에 봄눈 녹듯 풀렸다.
<u>공감하며 대화를 나눈 결과임.</u>

핵심내용 '현욱이가 쓴 일기'에서 현욱이와 엄마의 대화에서 알 수 있는 공감하며 듣고 말하는 방법 ②

> 엄마: "우리 아들이 집안일을 도와주려는 마음으로 설거지를 열심히 했구나."
> 현욱: "죄송해요, 엄마. 집안일을 도와드리려다가 오히려 프라이팬만 망가뜨렸어요."

→ 서로의 처지가 되어 생각하여 말함.

> 엄마: "미안해하지 않아도 돼. 집안일을 도와주려고 한 현욱이 마음이 엄마는 정말 고마워."

→ 엄마가 ❷ ㄱㅈ 하며 말함.

금세 지금 바로. 예 약을 먹은 효과가 금세 나타났습니다.
풀렸다 일어난 감정 따위가 누그러졌다.

5 엄마께서 부엌을 둘러보고 놀라신 까닭은 무엇입니까? ( )

① 현욱이가 다쳤기 때문에
② 프라이팬이 망가졌기 때문에
③ 집 안이 너무 지저분했기 때문에
④ 설거지가 많이 쌓여 있었기 때문에
⑤ 설거지가 깨끗이 되어 있었기 때문에

6 엄마는 왜 현욱이에게 화를 내지 않았을지 두 가지 고르시오. ( )

① 현욱이의 마음이 고맙고 기특해서
② 현욱이가 스스로 반성하고 있어서
③ 프라이팬이 낡아서 버려도 된다고 생각해서
④ 프라이팬보다 현욱이의 마음이 더욱 소중하다고 생각해서
⑤ 이미 프라이팬이 망가져서 화를 내 봐야 소용없다고 생각해서

7 다음과 같은 대화를 통해 어떻게 하면 공감하는 대화를 할 수 있는지 알맞은 것에 ○표 하시오.

미안해하지 않아도 돼. 집안일을 도와주려고 한 현욱이 마음이 엄마는 정말 고마워.

(1) 상대의 말을 경청한다. ( )
(2) 상대와 처지를 바꾸어 생각한다. ( )
(3) 상대의 기분을 고려하여 공감하며 말한다. ( )

8 서술형 현욱이와 엄마처럼 공감하며 듣고 말한 경험을 한 가지만 쓰시오.

_____

가

예준아, 너 어제 불꽃놀이 봤니?

응. 한강에서 한 것 말하는 거지?

그래. 정말 멋지더라.

나는 사진도 찍었어.

좀 보여 줄래?

나

규빈아, 생일 축하해.

정말 고마워.

규빈이 생일이구나.

규빈이 생일 축하해.

규빈아, 열두 번째 생일을 축하한다.

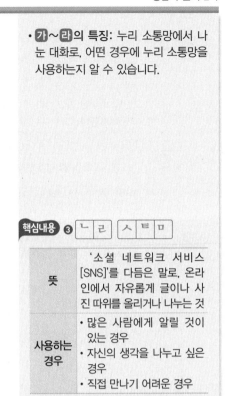

• **가~라**의 특징: 누리 소통망에서 나눈 대화로, 어떤 경우에 누리 소통망을 사용하는지 알 수 있습니다.

핵심내용 ❸ ㄴ ㄹ ㅅ ㅌ ㅁ

뜻	'소셜 네트워크 서비스[SNS]'를 다듬은 말로, 온라인에서 자유롭게 글이나 사진 따위를 올리거나 나누는 것
사용하는 경우	• 많은 사람에게 알릴 것이 있는 경우 • 자신의 생각을 나누고 싶은 경우 • 직접 만나기 어려운 경우

다
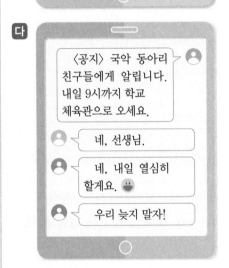

〈공지〉 국악 동아리 친구들에게 알립니다. 내일 9시까지 학교 체육관으로 오세요.

네, 선생님.

네, 내일 열심히 할게요. 😃

우리 늦지 말자!

라
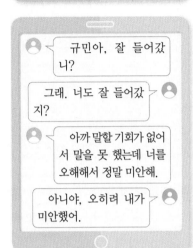

규민아, 잘 들어갔니?

그래. 너도 잘 들어갔지?

아까 말할 기회가 없어서 말을 못 했는데 너를 오해해서 정말 미안해.

아니야, 오히려 내가 미안했어.

---

9 **가~라**의 대화에 대한 설명으로 알맞지 <u>않은</u> 것에 ×표 하시오.

(1) 누리 소통망 대화에 해당한다. ( )

(2) 언제 어디서나 간편하게 대화를 나눌 수 있다. ( )

(3) 특별한 기구나 장비가 필요없이 대화가 가능하다. ( )

(4) 온라인에서 자유롭게 글이나 사진 따위를 올리거나 나눌 수 있다. ( )

10 **가~라**의 대화로 보아, 누리 소통망을 사용할 때로 알맞지 <u>않은</u> 경우는 언제입니까? ( )

① 단체로 축하할 일이 있는 경우

② 자신의 생각을 나누고 싶은 경우

③ 멀리 떨어져 만나지 못하는 경우

④ 얼굴을 보면서 대화해야 하는 경우

⑤ 많은 사람에게 알릴 것이 있는 경우

11 **다**의 대화에 대한 설명으로 알맞은 것을 모두 고르시오. ( )

① 단체 대화방의 내용이다.

② 꼭 필요한 정보를 알리고 있다.

③ 부모님과 즐겁게 나누는 대화이다.

④ 또래 친구들끼리 나누는 비밀스러운 대화이다.

⑤ 전달하는 내용은 내일 9시까지 학교 체육관으로 오라는 것이다.

12 **라**의 대화를 보고 비슷한 경험을 떠올려 말한 친구의 이름을 쓰시오.

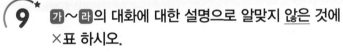

수지: 많은 사람에게 소식을 한꺼번에 말한 적이 있어.

민영: 직접 말로 하기에는 부끄러워 메시지로 대화한 적이 있어.

( )

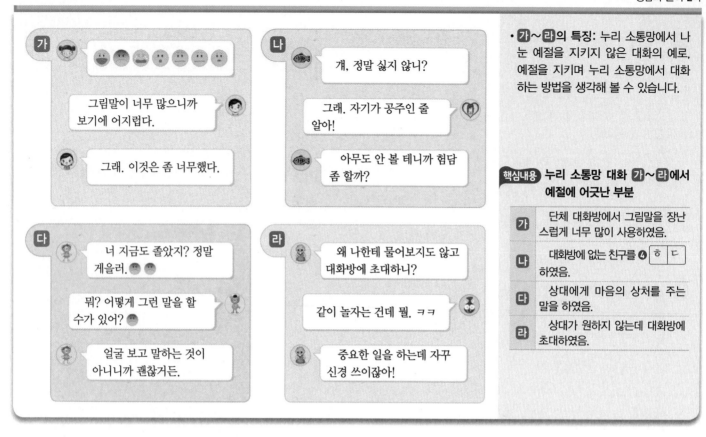

• 가~라의 특징: 누리 소통망에서 나눈 예절을 지키지 않은 대화의 예로, 예절을 지키며 누리 소통망에서 대화하는 방법을 생각해 볼 수 있습니다.

핵심내용 누리 소통망 대화 가~라에서 예절에 어긋난 부분

가	단체 대화방에서 그림말을 장난스럽게 너무 많이 사용하였음.
나	대화방에 없는 친구를 ❹ ㅎ ㄷ 하였음.
다	상대에게 마음의 상처를 주는 말을 하였음.
라	상대가 원하지 않는데 대화방에 초대하였음.

13 가~라의 누리 소통망 대화를 보고 알맞게 말하지 **못한** 친구는 누구입니까? ( )

① 주연: 예절을 지키지 않고 말한 사람이 있어.

② 채연: 다른 사람에게 마음의 상처를 주지 않도록 조심해야 해.

③ 희순: 누리 소통망 대화에서도 예의 바르게 말하는 것이 좋아.

④ 동화: 대화를 나눌 때 얼굴이 안 보이기 때문에 일어나는 문제이기도 해.

⑤ 서준: 문자로 나타내는 대화이므로 줄임말을 사용해서 최대한 간단히 표현하는 게 좋아.

14 나의 대화방 친구들에게 해 줄 말로 알맞은 것에 ○표 하시오.

(1) 그림말을 지나치게 많이 사용하지 말아야 해. ( )

(2) 대화방에 없는 친구를 나쁘게 말해서는 안 돼. ( )

(3) 대화방에서 상대의 말은 듣지 않고 자기 혼자서 너무 많이 말하지 않도록 해야 해. ( )

15 서술형 라의 대화에서 예절을 지키지 않은 부분을 다음과 같이 고쳤을 때 ㉠에 들어갈 알맞은 말을 쓰시오.

> 왜 나한테 물어보지도 않고 대화방에 초대하니?
>
> ㉠
>
> 그랬구나. 다음에는 미리 알려 주면 좋겠어.

교과서 문제

16 예절을 지키며 누리 소통망에서 대화하는 방법으로 알맞지 **않은** 것은 무엇입니까? ( )

① 상대의 말에 공감한다는 것을 표현한다.

② 말하고 싶은 내용을 정확하게 전달한다.

③ 댓글을 달 때 바르고 고운 말을 사용한다.

④ 댓글을 달 때에는 자신의 의견만을 강하게 나타낸다.

⑤ 그림이나 그림말을 적절하게 사용해서 자신의 느낌을 나타내기도 한다.

• 그림 **1** ~ **4**의 특징: 누리 소통망에서 상대의 말에 공감하며 대화하는 경우를 보여 주는 것으로, 어떻게 공감하며 대화를 나누는지 살펴볼 수 있습니다.

누리 소통망 대화를 할 때에도 상대의 말에 공감하며 대화해야 해요.

핵심내용 누리 소통망에서 상대의 말에 공감하며 대화하는 방법

5 ㅊ ㅈ 를 바꾸어 생각하기	자신이 상대의 상황이 되어 생각해 봄.
공감하며 말하기	고맙다고 표현하거나 격려하는 말 등을 표현함.

---

17 남자아이는 병원에서 어떤 기분이 들었습니까?
( )

① 집에 가고 싶었다.
② 운동장에서 뛰어놀고 싶었다.
③ 동생과 가족이 보고 싶어졌다.
④ 공부를 못 하는 것이 걱정되었다.
⑤ 선생님과 친구들이 보고 싶어졌다.

18 남자아이는 무엇을 이용해서 연락을 하였는지 쓰시오.

( )

19 남자아이가 연락을 보내자 대답을 한 사람은 누구누구인지 고르시오. ( )

① 친구 ② 엄마 ③ 아빠
④ 동생 ⑤ 선생님

20 그림 **3**에서 남자아이와 대화한 사람들이 어떻게 말했는지 알맞지 <u>않은</u> 것은 무엇입니까?( )

① 공감하는 말을 했다.
② 격려하는 말을 했다.
③ 응원하는 말을 했다.
④ 듣기에 좋은 말을 했다.
⑤ 상대의 처지를 고려하지 않고 말했다.

21 그림 **3**의 대화를 보고 ㉠에 들어갈 상대의 말에 공감하는 남자아이의 대화 내용으로 알맞은 것을 찾아 기호를 쓰시오.

㉮ 그동안 연락이 없어서 너무 서운했어요.
㉯ 선생님, 고맙습니다. 빨리 나을게요. 모두 정말 고마워. (\^^/)
㉰ 나와 같은 상황이 되어 보면 얼마나 지루한지 알게 될 거야. >.<

( )

니 꿈은 뭐이가?

• 박은정

• 글의 종류: 전기문
• 글의 특징: 어려운 환경에서도 날고 싶은 꿈을 이루기 위해 부단히 노력하여 마침내 꿈을 이룬 권기옥 비행사의 삶에 대한 글입니다.

미리보기

'나'는 집안일하고, 동생들을 챙기면서 홀로 한글을 깨우치고 학교에 나가 열심히 공부하였습니다. → 열일곱 살 때 비행사가 되겠다는 꿈을 갖고, 일본의 괴롭힘을 피해 꿈을 이루기 위해 중국으로 갔습니다. → 당계요 장군의 도움으로 여자의 몸으로 중국의 비행 학교에 입학하고 열심히 훈련을 받았습니다. → 처음으로 비행기를 타는 날, '나'는 하늘을 날면서 세상을 바라보며 감격스러워하였습니다.

1 조그만 내 손으로 조물조물 집안일하고, 공장에서 일해서 쌀을 사 왔네. _{'나'의 가정 형편이 좋지 않음을 알 수 있음.} 동생들 밥을 먹이니 나는 좋은데 어머니는 마음이 많이 아프다고 하셨어.

나 홀로 한글을 깨쳤어. 어느 날 목사님이 그러셨어. 너는 똑똑하니 학교를 공짜로 보내 주겠다고.

참말로 기뻤어야. 아침밥 짓고 동생을 업고 만날 학교에 나갔네. 일 등을 못 하면 분해서 잠이 안 왔어야.

중심 내용 1 '나'는 일을 해서 식구들을 먹이고, 홀로 한글을 깨우치고, 목사님 덕분에 학교를 가게 되었어.

2 보라, 내 열일곱 살 때야. 너덜너덜 짚신 신고 덜컹덜컹 소달구지 탔지. 가난한 조선 사람들은 자동차도 잘 몰랐어. 그런데

"사람이 ㉠괴물 타고 하늘을 난대!"

스미스란 미국 사람이 비행기를 타고 온다네? 온 마을이 들썩들썩. 내 마음도 들썩들썩.

구름처럼 몰려온 저 사람들 좀 봐. 구름을 뚫고 쇳덩_{처음 보는 비행기를 구경하기 위해 많은 사람들이 모였음.}이 괴물이 혼자만 날아올라. 이 산 위로 쑥, 저 하늘로 쌩 솟구치고 돌아 나와 못 가는 곳이 없네.

"사람들아, 이 날개를 봐. 정말 자유로워."

저 비행기란 놈이 그러네. 나는 땅에 딱 붙어 서서 두 발만 동동 굴렀어.

바로 그날 밤, 잠을 못 잤지. 바로 그날 밤, 꿈이 생겼지.

'여자라고 못 하겠어? 조선 사람이라고 왜 못 하겠어? 얼른얼른 커서 꼭 비행사가 될 거야.'

니 꿈은 뭐이가?
_{'무엇인가'의 평안도 방언}
나는 하늘을 훨훨 날고 싶었어야.

중심 내용 2 열일곱 살 때 비행기를 처음 보고 비행사가 되겠다는 꿈을 갖게 되었지.

분해서　될 듯한 일이 되지 않아 섭섭하고 아까워서.

소달구지　소가 끄는 수레. 예 요즘은 소달구지를 구경하기 힘들어.

---

1 이 글의 내용으로 알맞지 **않은** 것은 무엇입니까?
（　　　）

① '나'는 공장에서 일하였다.
② '나'는 스스로 한글을 익혔다.
③ '나'의 가정 형편이 좋지 않았다.
④ '나'는 목사님의 도움으로 학교에 가게 되었다.
⑤ '나'는 집안일을 하느라 공부에는 관심이 없었다.

2 글 **1**에서 '나'의 성격은 어떠합니까? （　　　）

① 엉뚱하다.　② 게으르다.　③ 무책임하다.
④ 이기적이다.　⑤ 승부욕이 강하다.

3 ㉠은 무엇을 가리키는지 이 글에서 찾아 쓰시오.

（　　　　　　　）

교과서 문제
4 '나'는 비행기를 처음 보았을 때 어떤 기분이 들었는지 알맞은 것을 모두 고르시오. （　　　）

① 신기하고 놀라웠다.
② 특별한 관심을 두지 않았다.
③ 발을 동동 구를 정도로 신났다.
④ 하늘을 날고 싶다는 생각을 했다.
⑤ 처음 보는 커다란 물체에 두려움을 느꼈다.

3 그때는 일본이 조선을 다스리고 있었어. 일본이 조선 땅을 빼앗았거든. 조선 사람들은 거리로 몰려나와 소리쳤어. 나도 친구들과 거리로 몰려나와 소리쳤어.

일제 강점기에 살고 있었음.

"일본은 물러가라!" / "조선 땅에서 물러가라."

사람이 많이 잡혔네. 나도 일본 경찰에게 잡혔네. 경찰이 학교에 못 다니게 하네. 조선 사람들은 힘을 모아 싸웠어. 나는 무기를 나르고 돈을 모으다가 또 잡혔어. 깜깜한 감옥으로 끌려갔어. 내 손으로 내 나라를 되찾는 게 죄야?

우리 땅에서 또 싸우다 잡히면 죽을 거야. 나는 가족을 떠나 중국으로 가는 배를 탔지. 깜깜한 밤바다, 빼앗긴 내 나라 이제 다시는 못 갈지 몰라. 못 가는 곳이 없던데, 저 비행기란 놈은······.

'그래! 진짜로 비행사가 되는 거야. 비행기를 타고 날아가서 일본과 싸우는 거야!'

니 꿈은 뭐이가?
나는 하늘을 훨훨 날고 싶었어야.

중심 내용 **3** 일본이 조선 사람들을 괴롭히고 학교에 못 다니게 하자, '나'는 일본과 싸우는 비행사가 되기 위해 중국으로 갔어.

4 중국의 중학교부터 들어갔어. 2년 반 만에 영어와 중국어를 다 배웠지. 중국의 비행 학교를 찾아갔어.

"여자는 들어올 수 없소!"

여자는 날 수 없다네? 중국에서도.

나는 윈난성의 장군 당계요를 찾아갔어.

배 타고 기차 타고 걷고 또 걸어갔어야.

앞만 바라보며 드넓은 중국 땅을 가로질러 갔어야.

당계요 장군은 많이 놀랐지.

여자가 자신을 찾아와서

"여자가 어떻게 여기 왔나?"

"세상을 돌고 돌아 왔어요."

"여자가 왜 여기 왔나?" / "하늘을 날고 싶어서요."

"여자가 왜 비행사가 되려 하나?"

"내 나라를 빼앗아 간 일본과 싸우려고요!"

㉠"······ 좋다!"

당 장군은 비행 학교에다 편지를 썼어. 여자가 자기 나라를 되찾으려고 왔으니 꼭 들여보내라고 썼어.

중심 내용 **4** 중국으로 가서 2년 반 만에 영어와 중국어를 다 배우고, 당계요 장군을 찾아가 비행 학교에 입학하게 해 달라고 부탁하여 허락을 받았어.

'내'가 당계요 장군과 대화를 나누는 부분으로, 공감하며 대화하는 방법을 묻는 문제가 자주 출제돼.

---

5 '내'가 살던 시대의 상황은 어떠하였는지 빈칸에 알맞은 말을 쓰시오.

(   )이/가 조선 땅을 빼앗아 다스리고 있었다.

교과서 문제
6 '내'가 중국으로 간 까닭은 무엇인지 두 가지 고르시오. (   )

① 비행사가 되고 싶어서
② 돈을 많이 벌기 위해서
③ 어머니의 병을 고치기 위해서
④ 가족들의 안전을 지키기 위해서
⑤ 우리 땅에서 더 이상 독립운동을 할 수 없어서

7 '내'가 당계요 장군을 만나러 간 까닭은 무엇인지 알맞은 것에 ○표 하시오.

(1) 비행기를 타 보고 싶었기 때문에 (   )
(2) 비행 학교에 여자가 갈 수 없었기 때문에 (   )
(3) 영어와 중국어를 공부하고 싶었기 때문에 (   )

8 글 **4**에서 '나'와 당계요 장군의 대화를 읽고, 공감하며 대화하는 방법으로 ㉠을 알맞게 바꾸어 쓰시오.
서술형

| 공감하며 말하기 | "내 나라를 빼앗아 간 일본과 싸우려고요!" "_____ _____" |

5 드디어 비행 학교 학생이 되었어. 남학생들과 똑같이 훈련했지. 빙글빙글 어지러움을 견디는 훈련, 비행기를 조종하고 고치는 기술까지 배웠어. 너무 힘들고 위험했어야. 학생들이 많이 떠났지만 나는 하루하루가 행복했어. 내 꿈을 따라서 산다는 게 꿈만 같았거든.

<u>비행 학교에서 받은 훈련</u>

<u>꿈을 따라서 산다는 것이 기뻐서</u>

'언젠가 내 나라를 자유롭게 만들 거야. 반드시 저 하늘을 훨훨 날아갈 거야.'

중심 내용 5 '나'는 드디어 비행 학교 학생이 되어 훈련을 받으며, 꿈을 따라 사는 하루하루가 행복했어.

6 처음으로 비행기를 타는 날. 비행기에 올라타서 배운 대로 움직였지. 훌쩍! 날아올라, 깜짝! 너무 놀라 비행기가 부릉부릉, 눈앞이 기우뚱기우뚱. 잘 날다가 뚝 떨어지기도 해. 펑 터지기도 해. 조종간을 꽉, 이를 악물었지.

'진짜로 날고 있나?' / 얼른 아래를 내려다봤더니…….

아름다워!

끝없는 산과 들과 강물이, 두 발목을 딱 붙들던 온

세상이 눈앞에서 너울너울 춤을 추네.

"이 세상아! 내 날개를 봐. 정말 자유로워. 구름을 뚫고 온몸이 날아올라."

내 이름은 권기옥. 사람들이 그러지, 처음으로 하늘을 난 우리나라 여자라고.

나는 하늘을 훨훨 날고 싶었어야. 온 세상이 너더러 날 수 없다고 말해도 날고 싶다면 이 세상 끝까지 달려가 보라. 어느 날 니 몸이 훨훨 날아오를 거야. 니 꿈을 좇으며 자유롭게 살게 될 거야.

보라, 니 꿈은 뭐이가?

중심 내용 6 처음으로 비행기를 타는 날, '나'는 하늘을 날면서 꿈을 이루어 감격에 겨워했어.

핵심내용 「니 꿈은 뭐이가?」에서 공감하는 대화를 하는 인물

인물	공감하는 말과 행동
당계요 장군	나라를 되찾기 위해 비행 학교에 입학하여 비행사가 되고 싶다는 권기옥의 말을 끝까지 들어 주고 그 마음을 이해하여 비행 학교에 입학할 수 있게 ❶ ㅍ ㅈ 를 써 주었음.

조종간 조종사가 항공기의 비행 방향과 운동 방향을 조종하는 막대 모양의 장치. 또는 그 장치의 손잡이.

좇으며 목표, 이상, 행복 따위를 추구하며. 예 꿈을 좇아서 열심히 노력하겠습니다.

9 '내'가 남학생들에게도 힘든 훈련을 이겨 낼 수 있었던 까닭은 무엇입니까? (   )

① 평소에 해 왔던 일이어서
② 남들보다 오래 학교에 다녀서
③ 꿈을 이루려고 노력하는 것이 기뻐서
④ 남학생들보다 좋은 체력을 가지고 있어서
⑤ 여학생이라서 남학생들보다 훈련을 덜 시켜서

교과서 문제
10 '나'는 비행기를 처음 탔을 때 어떤 마음이었는지 알맞지 <u>않은</u> 것을 두 가지 고르시오.
(   )

① 꿈을 이루어 기뻤다.
② 자유롭다고 생각했다.
③ 생각보다 시시하다고 여겼다.
④ 세상이 아름답다고 느껴졌다.
⑤ 너무 놀라서 날고 싶은 꿈이 사라졌다.

11 이 글에 나오는 인물에 대한 설명입니다. 빈칸에 알맞은 말을 쓰시오.

'나'의 이름은 (   )(이)고 처음으로 (   )을/를 난 우리나라 여자이다.

12 이 글 전체를 읽고, 꿈에 대해 나눈 대화입니다. 공감하며 대화하지 <u>못한</u> 친구의 이름을 쓰시오.

성주: 권기옥은 당시 이루기 너무 힘든 꿈을 꾸었지만, 당당히 꿈을 이루어 내었어.
진혁: 나도 힘들겠지만 세계적인 육상 선수가 되고 싶다는 꿈을 갖게 되었어.
유진: 그게 가능하니? 얼마나 힘든 일인데…….
 빨리 다른 꿈을 찾는 것이 좋을 것 같아.
인선: 이룰 수 없는 꿈은 없다고 생각해. 진혁이, 너의 꿈을 응원해.

(   )

낱말의 뜻

1 다음 낱말의 뜻으로 알맞은 것을 보기 에서 찾아 기호를 쓰시오.

보기
㉮ 지금 바로.
㉯ 될 듯한 일이 되지 않아 섭섭하고 아깝다.
㉰ 달갑지 아니하거나 못마땅하여 시들하다.
㉱ 물건이나 공기 따위에 때나 기름이 들러붙어 몹시 더러워지다.

(1) 금세 (   )
(2) 찌들다 (   )
(3) 분하다 (   )
(4) 시큰둥하다 (   )

낱말의 활용

2 다음 중 밑줄 친 낱말의 쓰임이 바르지 <u>않은</u> 것은 무엇입니까?   (   )

① 대청소날 창틀의 <u>찌든</u> 때를 닦았다.
② 내 동생은 여섯 살에 한글을 <u>깨쳤다</u>.
③ 운동장을 <u>가로지르며</u> 마음껏 달렸다.
④ 친구들이 내 <u>험담</u>을 해서 기분이 좋았다.
⑤ 친구 생일잔치에 초대받지 못해 <u>서운했다</u>.

헷갈리기 쉬운 말

3 보기 의 낱말 뜻을 보고, 문장에 알맞은 낱말을 골라 ○표 하시오.

보기
• **좇다**: 목표, 이상, 행복 따위를 추구하다.
• **쫓다**: 어떤 대상을 잡거나 만나기 위하여 뒤를 급히 따르다.

(1) 청년은 돈보다 행복을 (좇으며 , 쫓으며) 자유롭게 살았다.
(2) 경찰이 지갑을 훔쳐 달아나는 소매치기를 (좇았다 , 쫓았다).

여러 가지 뜻을 지닌 낱말

4 다음 중 '풀렸다'의 뜻이 같은 문장을 두 가지 고르시오.   (   )

① 운동화 끈이 풀렸다.
② 며칠 동안 춥던 날씨가 풀렸다.
③ 푹 자고 일어났더니 피로가 풀렸다.
④ 오빠가 미안하다고 해서 화가 풀렸다.
⑤ 엄마의 말씀을 듣고 마음이 봄눈 녹듯 풀렸다.

뜻을 더하는 말

5 다음 빈칸에 공통으로 들어갈 말과 그 뜻으로 알맞은 것에 ○표 하시오.

비행□   세탁□   전화□

(1) -품: '물품', 또는 '작품'의 뜻을 더해 주는 말.   (   )
(2) -기: '그런 기능을 하는 기계 장비'의 뜻을 더해 주는 말.   (   )
(3) -가: '그것을 전문적으로 하거나 직업으로 하는 사람'의 뜻을 더해 주는 말.   (   )

관용어

6 밑줄 친 표현의 뜻으로 알맞은 것에 ○표 하시오.

비행 학교의 훈련은 너무 힘들고 위험했지만 비행사가 되겠다는 꿈을 이루기 위해 <u>이를 악물었다</u>.

(1) 하던 일을 그만두거나 잠시 멈추었다.   (   )
(2) 참을 수 없이 몹시 분하거나 지긋지긋했다.   (   )
(3) 매우 어렵거나 힘든 상황을 애써 견디거나 꾹 참았다.   (   )

1~3

> 명준: 지난번 질서 지키기 그림 대회에서 내가 그린 그림이 뽑히지 않아서 무척 서운했어.
>
> 지윤: 네가 그림을 못 그렸겠지. 그러니까 할 수 없잖아?
>
> 명준: (화내는 목소리로) 너는 친구에게 어떻게 그런 말을 하니?
>
> 지윤: 그냥 내 생각을 말한 건데, 왜?
>
> 명준: (화내는 목소리로) 생각을 말한 것뿐이라고?

1 명준이에게 어떤 일이 생겼습니까? (　　　)

① 선생님께 꾸중을 들었다.
② 그림 대회에 나가 상을 받았다.
③ 미술 시간에 준비물을 가져오지 않았다.
④ 그림을 그리다가 짝꿍과 싸우게 되었다.
⑤ 그림 대회에서 자신의 그림이 뽑히지 않았다.

2 명준이가 화를 낸 까닭은 무엇입니까? (　　　)

① 지윤이의 말에 기분이 나빠져서
② 그림 대회에서 상을 받지 못해서
③ 지윤이가 자기가 말할 때 딴짓을 해서
④ 지윤이가 상을 받지 못했다고 위로해 줘서
⑤ 지윤이가 자신의 말을 듣고도 반응이 없어서

3 지윤이는 명준이의 말에 어떻게 반응하였는지 알맞은 것에 ○표 하시오.

(1) 상대의 말을 경청하고 위로해 주었다.(　　　)
(2) 거짓일지라도 상대가 듣고 싶은 말을 해 주었다. (　　　)
(3) 상대의 기분을 고려하지 않고 자신의 생각을 말하였다. (　　　)

4 공감하는 대화를 하면 좋은 점으로 알맞지 <u>않은</u> 것에 ×표 하시오.

(1) 말할 내용이 풍부해진다. (　　　)
(2) 기분 좋게 대화할 수 있다. (　　　)
(3) 자신이 하고 싶은 말을 자세하게 나타낼 수 있다. (　　　)

5~7

> '프라이팬이 잘 닦이지 않네?'
>
> 나는 고민하다가 철 수세미를 쓰기로 했다. 부모님께서 냄비 같은 것을 철 수세미로 박박 문질러 닦으시는 것을 본 적이 있기 때문이다.
>
> 철 수세미로 프라이팬을 문지르니 금세 찌든 때가 벗겨져 나갔다.
>
> 저녁 늦게 부모님께서 돌아오셨다.
>
> "너무 늦어서 미안하구나. 잘 있었니?"
>
> "예. 저희가 저녁도 차려 먹고 설거지도 했어요."
>
> ㉠"설거지까지? 우리 현욱이 다 컸네."

5 현욱이는 프라이팬이 잘 닦이지 않자 무엇을 이용해서 찌든 때를 벗겨 냈는지 쓰시오.

(　　　　　　　　　)

6 ㉠의 엄마의 대화에 대한 설명으로 알맞은 것을 두 가지 고르시오. (　　　　　)

① 상대의 말을 반복해 주었다.
② 자신이 할 말만 명확히 전하였다.
③ 상대의 말에 맞장구쳐 주지 않았다.
④ 자신의 잘못은 없는지 생각하며 말했다.
⑤ 말하는 사람에게 주의를 기울여 집중해 들었다.

7 ㉠과 같이 공감하며 대화한 것이 <u>아닌</u> 것의 기호를 쓰시오.

> ㉮ "정말? 우리 아들 정말 최고다."
> ㉯ "이제 다 컸는데 그 정도는 당연히 해야겠지."

(　　　　　　　　　)

8~9

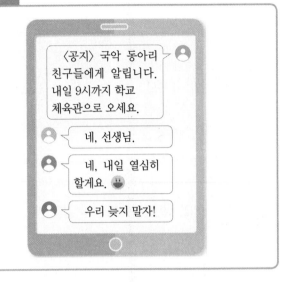

㉠"우리 아들이 집안일을 도와주려는 마음으로 설거지를 열심히 했구나. 그렇지만 금속으로 프라이팬 바닥을 긁으면 바닥이 벗겨져서 못 쓰게 된단다."

엄마의 말씀을 듣고 나니 부모님의 일을 도와드렸다는 생각에 뿌듯했던 나는 금세 부끄러워졌다.

"죄송해요, 엄마. 집안일을 도와드리려다가 오히려 프라이팬만 망가뜨렸어요."

엄마는 웃으며 나를 꼭 안아 주셨다.

"미안해하지 않아도 돼. 집안일을 도와주려고 한 현욱이 마음이 엄마는 정말 고마워."

엄마의 말씀을 듣고 내 마음은 한순간에 봄눈 녹듯 풀렸다.

8 ㉠의 엄마의 말을 듣고 현욱이는 어떤 마음이 들었습니까? ( )

① 신났다.
② 화가 났다.
③ 엄마께 고마웠다.
④ 엄마가 원망스러웠다.
⑤ 부끄럽고 엄마께 죄송했다.

9 현욱이의 마음이 한순간에 봄눈 녹듯이 풀린 까닭
서술형 은 무엇인지 쓰시오.

_____

_____

10 공감하며 듣고 말하는 방법에 맞는 활동을 찾아 선으로 이으시오.

(1) 경청하기 •		• ① 상대의 기분을 고려해 말하기
(2) 처지를 바꾸어 생각하기 •		• ② 말하는 사람에게 주의를 기울여 집중해서 듣기
(3) 공감하며 말하기 •		• ③ 자신과 상대의 처지가 어떻게 다른지 생각하기

11~12

11 이와 같은 대화를 하면 좋은 때는 언제인지 알맞은 것에 ○표 하시오.

(1) 여럿이 함께 모여 있을 때 ( )
(2) 멀리 떨어져 만나지 못할 때 ( )
(3) 집에서 부모님과 이야기를 나눌 때 ( )

12 이 대화가 직접 대화를 나누는 것과 다른 점을 모두 고르시오. ( )

① 글자로 대화한다.
② 얼굴을 보고 대화하지 않는다.
③ 대화의 분위기를 잘 알 수 있다.
④ 여러 사람이 한꺼번에 대화한다.
⑤ 컴퓨터나 스마트폰이 있어야 한다.

13 다음 누리 소통망 대화에서 예절을 지키지 않은 부분에 대해 바르게 말한 친구를 찾아 ○표 하시오.

그림말이 너무 많으니까 보기에 어지럽다.

그래. 이것은 좀 너무했다.

(1) 선희: 자신의 의견만을 너무 강요했어. ( )
(2) 은수: 그림말을 지나치게 많이 사용했어. ( )

14~15

14 남자아이의 상황은 어떠한지 알맞은 것에 ○표 하시오.

(1) 방학이라 친구들을 만나지 못해 그리워하고 있다. ( )

(2) 다리를 다쳐 병원에 있어 학교에 가지 못하고 있다. ( )

15 남자아이의 누리 소통망 대화를 보고 공감하며 대화하는 댓글을 쓰시오.
서술형

_____

_____

16~17

구름처럼 몰려온 저 사람들 좀 봐. 구름을 뚫고 쇳덩이 괴물이 혼자만 날아올라. 이 산 위로 쑥, 저 하늘로 쌩 솟구치고 돌아 나와 못 가는 곳이 없네.

"사람들아, 이 날개를 봐. 정말 자유로워."

저 비행기란 놈이 그러네. ㉠나는 땅에 딱 붙어서서 두 발만 동동 굴렀어.

㉡바로 그날 밤, 잠을 못 잤지. 바로 그날 밤, 꿈이 생겼지.

'여자라고 못 하겠어? 조선 사람이라고 왜 못 하겠어? 얼른얼른 커서 꼭 비행사가 될 거야.'

16 ㉠, ㉡에서 알 수 있는 '나'의 마음은 어떠한지 두 가지 고르시오. ( )

① 슬프다. ② 신난다. ③ 설렌다.
④ 화가 난다. ⑤ 당황스럽다.

17 '나'의 꿈은 무엇이 되는 것인지 쓰시오.

( )

18~20

가 중국의 비행 학교를 찾아갔어.
"여자는 들어올 수 없소!"
여자는 날 수 없다네? 중국에서도.
나는 윈난성의 장군 당계요를 찾아갔어.

나 "여자가 어떻게 여기 왔나?"
"세상을 돌고 돌아 왔어요."
"여자가 왜 여기 왔나?"
"하늘을 날고 싶어서요."
"여자가 왜 비행사가 되려 하나?"
"내 나라를 빼앗아 간 일본과 싸우려고요!"
""
당 장군은 비행 학교에다 편지를 썼어. 여자가 자기 나라를 되찾으려고 왔으니 꼭 들여보내라고 썼어.

18 중국의 비행 학교에서 여자는 들어올 수 없다고 하자, '나'는 누구를 찾아갔는지 쓰시오.

( )

19* '나'와 당 장군이 공감하는 대화를 나눌 때, ㉠에 들어갈 내용으로 알맞지 <u>않은</u> 것의 기호를 쓰시오.

㉮ 헛수고일 것 같아 마음을 돌리는 게 좋겠다.
㉯ 좋다. 비행 학교에 들어갈 수 있게 편지를 써 주겠다.
㉰ 내가 너라도 나라를 빼앗기면 되찾고 싶을 것이다.

( )

20 당계요 장군이 '나'를 도와준 까닭으로 가장 알맞은 것은 무엇이겠습니까? ( )

① 자신도 여자라서
② '내'가 자신을 찾아온 것이 고마워서
③ 나라를 되찾으려는 '나'의 마음에 공감해서
④ 평소 여자도 비행사가 될 수 있다고 생각해서
⑤ 어차피 '내'가 중간에 포기할 것이라 생각해서

1

1단계 낱말 쓰기
이 대화에서 지윤이가 어떤 잘못을 하였는지 빈칸에 알맞은 말을 쓰시오. [2점]

• 명준이의 말을 ( )하지 않고 바쁘다고 말하고 있다.

2단계 문장 쓰기
1단계를 통해 알 수 있는 듣는 사람의 올바른 태도를 한 가지만 쓰시오. [5점]

_____

_____

3단계 생각 쓰기
다음은 공감하며 대화하는 내용으로 대화 1을 바꾼 것입니다. ㉠에 들어갈 알맞은 내용을 쓰시오. [8점]

조건
말하는 사람에게 공감해 주는 내용으로 쓴다.

_____

2~3

가 "너무 늦어서 미안하구나. 잘 있었니?"
"예. 저희가 저녁도 차려 먹고 설거지도 했어요."
"설거지까지? 우리 현욱이 다 컸네."

나 "현욱아, 혹시 프라이팬도 닦았니?"
"예, 제가 철 수세미로 문질러 깨끗이 닦았어요."
"뭐라고? 철 수세미로 문질렀다는 말이니?"
"예. 수세미로는 잘 닦이지 않아서 철 수세미를 썼어요."

엄마는 한숨을 한 번 쉬시고는 다시 웃음을 띠고 말씀하셨다.

"우리 아들이 집안일을 도와주려는 마음으로 설거지를 열심히 했구나. 그렇지만 금속으로 프라이팬 바닥을 긁으면 바닥이 벗겨져서 못 쓰게 된단다."

엄마의 말씀을 듣고 나니 부모님의 일을 도와드렸다는 생각에 뿌듯했던 나는 금세 부끄러워졌다.

"죄송해요, 엄마. 집안일을 도와드리려다가 오히려 프라이팬만 망가뜨렸어요."

엄마는 웃으며 나를 꼭 안아 주셨다.

㉠

2 이 글에서 현욱이와 엄마는 어떻게 대화하고 있는지 쓰시오. [6점]

_____

_____

3 엄마가 현욱이를 안아 주시며 어떻게 공감하는 대화를 하셨을지 ㉠에 들어갈 알맞은 내용을 다음 빈칸에 쓰시오. [8점]

1 마음을 나누며 대화해요

학습 주제	예절을 지키며 누리 소통망에서 대화하기	배점	24점
학습 목표	누리 소통망에서 상대의 말에 공감하며 대화할 수 있다.		

● 다음 대화를 읽고, 물음에 답하시오.

요즘 우리 반 청소가 너무 안된다는 생각이 들어. 교실 바닥이 지저분할 때가 많지 않니?

나도 그렇게 생각해. 좋은 방법이 없을까?

우리가 교실을 깨끗하게 쓰면 좋겠어.

㉠

㉡

1 이와 같이 누리 소통망으로 대화할 때 예절을 지키는 방법을 두 가지만 쓰시오. [8점]

(1) _____

(2) _____

2 상대의 말에 공감하며 대화를 나누려면 ㉠, ㉡에 어떤 내용이 들어가면 좋을지 생각하며 이 대화를 완성하시오. [16점]

> **조건**
> • 상대의 기분이나 처지를 고려하며 말하는 내용으로 쓴다.
> • 대화의 내용이 자연스럽게 이어지도록 쓴다.

(1) ㉠: _____

_____

(2) ㉡: _____

_____

2 지식이나 경험을 활용해요

1 지식이나 경험을 활용해 글을 읽는 방법

① 글과 관련 있는 내용을 조사합니다.

② 책을 고를 때 책 내용과 관련한 지식이나 경험을 떠올리며 읽을 수 있을지 생각합니다.

③ 글을 읽다가 잘 모르는 내용이 나오면 먼저 관련 있는 지식을 공부합니다.

④ 글을 골라 읽을 때에는 관련 있는 지식이나 경험이 많은 것으로 고릅니다.

〈지식이나 경험을 활용해 글을 읽으면 좋은 점〉 책을 더 재미있게 읽게 됨. / 내용을 이해하기가 쉬움. / 글 내용을 끝까지 집중해서 읽을 수 있음. / 글 내용이 오래 기억남.

2 지식이나 경험을 활용해 글 읽기

① 글의 내용과 관련 있는 지식이나 경험을 떠올려 봅니다.

② 글을 읽기 전에 여러 가지 질문을 떠올려 본 뒤 떠올렸던 질문을 생각하며 글을 읽습니다.

③ 내가 아는 내용과 책 내용을 비교하며 읽습니다.

④ 책을 읽을 때 궁금한 점은 다른 책이나 자료를 찾아 가며 읽습니다.

⑤ 배운 지식을 활용해 읽은 글을 이해할 때 어떻게 활용할 수 있을지 생각합니다.

⑥ 글을 읽고 새롭게 안 사실과 더 알고 싶은 점을 말해 봅니다.

★★ 3 체험한 일을 떠올리며 감상이 드러나는 글 쓰기

① 인상 깊은 체험을 떠올려 글로 쓸 체험에 대해 이야기 나눕니다.

② 체험한 일을 떠올리며 감상이 드러나는 글을 쓰는 방법을 알아봅니다.

  – 체험한 일을 자세히 풀어 쓰는 것이 좋습니다.

  – 체험한 뒤 감상을 쓰려면 그때의 생각이나 느낌을 떠올려 봅니다.

  – 체험한 일에 대한 감상을 생생하게 전하도록 써야 합니다.

③ 체험한 일을 떠올리며 감상이 드러나는 글을 쓸 계획을 세웁니다.

④ 체험한 일에 대한 감상이 드러나는 글에 들어갈 내용을 정합니다.

글에 들어갈 체험과 감상의 내용을 간단히 정리하고, 글의 처음, 가운데, 끝에 들어갈 내용을 핵심어로 정리해요.

⑤ 체험한 일을 떠올리며 감상이 잘 드러나게 글을 씁니다.

4 지식이나 경험을 활용해 함께 글 고치기

① 지식이나 경험을 활용해 글을 고칠 때 필요한 평가표를 만듭니다.

② 친구들의 글에 대한 의견을 떠올리며 서로 글을 고쳐 쓸 계획을 세웁니다.

〈친구의 글에 대한 의견을 말하는 방법〉 글 내용에서 보충해야 할 부분을 말해요. / 읽는 사람의 처지에서 이해하기 쉬운 방향으로 말해요. / 글의 목적이 분명한지 살펴보고 말해요.

③ 친구들의 의견을 생각하며 글을 고쳐 씁니다.

개념 확인하기　　정답과 풀이 6쪽

1 지식이나 경험을 활용해 글을 읽으면 좋은 점에 모두 ○표 하시오.

⑴ 책을 더 재미있게 읽게 된다.

（　　　）

⑵ 글을 읽는 속도를 빠르게 할 수 있다. （　　　）

⑶ 글 내용을 끝까지 집중해서 읽을 수 있다. （　　　）

2 지식이나 경험을 활용해 글 읽기를 할 때의 방법을 알맞게 말하지 못한 친구의 이름을 쓰시오.

> 소진: 내가 아는 내용과 책 내용을 비교하며 읽어야 해.
> 장훈: 책을 읽을 때 궁금한 내용이 나오면 그냥 넘어가면 돼.

（　　　　　　）

3 체험한 일을 떠올리며 감상이 드러나는 글을 쓸 때, 먼저 글에 들어갈 （　　　）과/와 （　　　）의 내용을 간단히 정리하는 것이 좋습니다.

4 지식이나 경험을 활용해 함께 글을 고칠 때 친구의 글에 대한 의견을 말하는 방법으로 알맞은 것에 ○표 하시오.

⑴ 글의 목적이 분명한지 살펴보고 말한다. （　　　）

⑵ 글을 쓴 사람의 처지에서 이해하기 쉬운 방향으로 말한다.

（　　　）

줄다리기, 모두 하나 되는 대동 놀이

• 글의 종류: 설명하는 글
• 글의 특징: 우리 조상들이 줄다리기를 준비하던 과정과 줄다리기를 한 까닭 등을 밝혀 줄다리기에 담긴 조상들의 지혜가 무엇인지 알려 주는 글입니다.

1 준비하는 과정이 더 즐거운 영산 줄다리기

줄다리기는 줄을 당길 때보다 줄다리기를 준비하는 과정에 더 많은 뜻이 있습니다. 영산 줄다리기는 <u>어른들보다 아이들이 먼저 겨룹니다.</u> 작은 줄을 만들어 어
_{영산 줄다리기를 하기 전에 준비하는 과정 ①}
른들이 하는 것처럼 아이들이 경기를 벌이지요. 아이들 줄다리기가 끝나고 어느 편이 이겼다는 소리가 돌면 그제야 장정들이 나섭니다. <u>장정들은 집집을 돌면서 짚을 모아 마을 사람들과 함께 줄을 만들지요.</u> 음력
_{영산 줄다리기를 하기 전에 준비하는 과정 ②}
정월은 농한기라서 마을 사람이 모두 모여 줄을 만드는 일에만 매달릴 수 있어요.

줄다리기하는 모습을 실제로 본 적 있나요? 줄다리기에 쓰이는 줄은 엄청나게 굵답니다. 옛날에는 어른이 줄 위에 걸터앉으면 발이 땅에 닿지 않을 정도였다고 해요. 요즈음 영산 줄다리기에 쓰는 줄은 예전에 비하여 훨씬 가늘고 짧아졌는데도 굵기가 1.5미터, 길이가 40미터가 넘습니다. 또 암줄, 수줄로 나누어져 있지요.

줄을 다 만들면 여러 마을에서 모인 농악대가 앞장을 서고, 그 뒤로 <u>수백 명의 장정이 줄을 어깨에 메고서 줄다리기할 곳으로 줄을 옮깁니다.</u> 그리고 노인들
_{영산 줄다리기를 하기 전에 준비하는 과정 ③}
과 아이들, 여자들이 행렬 끝에 서서 쫓아갑니다. 이렇게 줄을 메고 가는 모습을 멀리서 보면, 마치 용이 꿈틀거리는 것 같답니다.

드디어 줄을 당길 장소에 다다르면 양편에서는 상대의 기를 누르려고 있는 힘을 다하여 함성을 질러요. 이 소리에 영산 지방 전체가 쩌렁쩌렁 울릴 정도이지요.

그렇지만 장소에 도착하자마자 줄을 당기는 것은 아닙니다. 한동안 암줄과 수줄을 합하지 않고 어르기만 하다가 어느 정도 시간이 지난 뒤에야 암줄에 수줄을 끼우고 비녀목을 지릅니다. 그러고 나서 양편에서 서로 힘차게 줄을 당겨서 승부를 가리지요. 이때 모두 신이 나서 자기편을 응원합니다.

중심 내용 1 줄다리기는 줄을 당길 때보다 줄다리기를 준비하는 과정에 더 많은 뜻이 있습니다.

장정(壯 씩씩할 장, 丁 고무래 정) 나이가 젊고 기운이 좋은 남자.
예 대문 앞에는 <u>장정</u> 두 사람이 서 있었습니다.

농한기 농사일이 바쁘지 아니하여 겨를이 많은 때. 대개 벼농사 중심의 농사에서 추수 후부터 다음 모내기까지의 기간.

---

1 이 글에서 설명한 영산 줄다리기를 준비하는 과정으로 알맞은 것을 모두 고르시오. (   )

① 수백 명의 장정들이 줄을 메고 옮긴다.
② 아이와 장정이 함께 모여 줄을 만든다.
③ 작은 줄을 만들어 아이들이 먼저 겨룬다.
④ 줄을 당길 장소에 모두 모여 원을 만든다.
⑤ 장정들이 짚을 모으고 마을 사람들이 모두 모여 줄을 만든다.

교과서 문제
2 음력 정월에 사람들이 모여 함께 줄을 만들 수 있었던 까닭은 무엇인지 빈칸에 알맞은 말을 쓰시오.

음력 정월이 (   )(이)라서

3 줄을 다 만들고 줄을 당길 장소에 다다를 때까지에 대한 설명으로 알맞지 <u>않은</u> 것은 무엇입니까?

(   )

① 수백 명의 장정이 줄을 옮긴다.
② 장소에 도착하면 바로 줄을 당긴다.
③ 줄을 옮길 때 농악대가 앞장을 선다.
④ 줄을 메고 가는 모습이 꿈틀거리는 용 같다.
⑤ 행렬 끝에 서는 것은 노인들과 아이들, 여자들이다.

4 양편에서 줄을 당길 장소에 다다르면 있는 힘을 다하여 함성을 지르는 까닭은 무엇인지 쓰시오.

(   )

② 풍년을 기원하는 줄다리기

우리 조상들은 왜 줄을 만들어 서로 당기는 놀이를 했을까요? 그것은 농사와 관련이 깊어요. 오랜 세월 동안 농사를 지어 온 우리 조상들의 가장 큰 소망은 풍년이었어요. 농사가 잘되려면 물이 가장 중요하고요. 그런데 우리 조상들은 용이 물을 다스리는 신이라고 생각했답니다. 그래서 용을 닮은 줄을 만들고 흥겹게 줄다리기를 해서 용을 기쁘게 하려고 했어요. 물의 신인 용을 즐겁고 기쁘게 해야 풍년이 들 테니까요.

또 조상들은 계절이 바뀌는 이유가 신들끼리 힘겨루기를 하기 때문이라고 생각했답니다. 봄부터 가을까지는 착한 신들의 힘이 세지만 추운 겨울에는 악한 신들의 힘이 더 세진다고 여겼어요. 그래서 새해의 첫 달인 정월에 힘이 약해진 착한 신들을 도울 수 있는 놀이를 했답니다. 그것이 바로 여럿이 힘을 모아 겨루는 윷놀이나 줄다리기였던 거예요.

> (중심 내용 2) 우리 조상들은 풍년을 기원하는 의미에서 줄을 만들어 서로 당기는 놀이인 줄다리기를 했습니다.

> 농사와 관련이 깊은 줄다리기를 설명하는 부분으로, 글을 읽고 떠오르는 경험을 묻는 문제가 자주 출제돼.

③ 마음을 한데 모으는 놀이

조상들은 대보름이면 모든 일을 제쳐 두고 줄다리기 준비에 정성을 쏟았어요. 그리고 마을 사람이 모두 함께 줄다리기를 했지요. 온 마을이 참여해서 집집마다 짚을 거두고 놀이에 필요한 돈과 일손을 내어 줄을 만들어 놀이를 한다는 게 생각처럼 쉬운 일은 아니랍니다. 그런데도 해마다 줄다리기를 거르는 법이 없었어요. 여기에는 봄기운이 시작되는 정월에 풍년을 기원하고, 줄다리기라는 큰 행사를 치르면서 마을 사람들이 마음을 한데 모아 무사히 한 해 농사를 지으려는 지혜가 담겨 있어요. 영산 줄다리기는 1969년에 국가 무형 문화재(무형유산)로 지정되었답니다.

> (중심 내용 3) 조상들은 정월에 풍년을 기원하고, 마을 사람들의 마음을 한데 모아 무사히 한 해 농사를 지으려는 지혜를 담아 줄다리기를 했습니다.

> (핵심내용) 「줄다리기, 모두 하나 되는 대동 놀이」를 읽으며 떠올린 생각 ⑩
> • 우리나라의 민속놀이 가운데 풍물놀이도 ❶ 을 기원하며 많이 해 왔다고 배웠어.
> • 제목에 있는 '대동'이라는 낱말 뜻을 정확히 몰랐는데 글 전체 내용과 나온 그림을 살펴보니 '여러 사람이 힘을 합치다'라는 뜻인 것 같아.
> • 줄다리기하는 줄의 굵기가 15센티미터 정도일 것이라고 생각했는데 영산 줄다리기는 그것보다 열 배나 더 굵은 줄을 사용하는 놀이라니 놀라워.

교과서 문제

5 줄다리기가 농사와 관련이 깊은 까닭이 무엇인지 빈칸에 알맞은 말을 쓰시오.

> 물을 다스리는 (   )을/를 닮은 줄을 만들고, 그 줄로 줄다리기를 해서 용을 기쁘게 하면 (   )이/가 든다고 생각했기 때문에

6 영산 줄다리기에 대한 설명으로 알맞지 <u>않은</u> 것은 무엇입니까? (   )

① 국가 무형 문화재로 지정되었다.
② 몇 년에 한 번씩 치르는 행사였다.
③ 대보름이면 줄다리기 준비에 정성을 쏟았다.
④ 온 마을이 참여해서 짚을 거두고 돈과 일손을 내어 줄을 만들었다.
⑤ 마을 사람들의 마음을 한데 모아 무사히 한 해 농사를 지으려는 지혜가 담겨 있다.

7 이 글 전체를 읽으면서 떠올릴 수 있는 생각으로 알맞지 <u>않은</u> 것의 기호를 쓰시오.

> ㉮ 또 다른 무형유산에는 무엇이 있는지 궁금해.
> ㉯ 우리 조상들은 농번기에라도 자주 모여 줄다리기를 위한 줄을 만들었나 봐.
> ㉰ 우리나라의 민속놀이 가운데 풍물놀이도 풍년을 기원하며 많이 해 왔다는 것을 배웠어.

(   )

8 〈문제 7번〉처럼 지식이나 경험을 활용해 글을 읽으면 좋은 점에 모두 ○표 하시오.

(1) 내용을 더 쉽게 이해할 수 있다. (   )
(2) 글의 내용을 직접 경험할 수 있다. (   )
(3) 글 내용에 더 흥미를 느낄 수 있다. (   )

조선의 냉장고 '석빙고'의 과학

· 윤용현

· 글의 종류: 설명하는 글
· 글의 특징: 조선 시대에 얼음을 보관하던 석빙고의 과학적 원리에 대해 설명한 글입니다.

1 여름철 무더위가 시작되면 누구나 냉장고 속의 시원한 얼음과 아이스크림, 그리고 선풍기와 에어컨 등을 떠올릴 것이다. 이것은 더위를 이기려는 한 방법이다. 그렇다면 우리 조상들은 무더위를 이기려고 어떻게 노력했을까? 우리 조상들이 살던 시대에도 냉장고가 있었을까? 결론적으로 말하자면 냉장고는 아니지만 냉장고 역할을 하는 석빙고가 있었다.
우리 조상들이 냉장고 대신 얼음을 보관하는 데 쓴 냉동 창고

중심 내용 **1** 우리 조상들이 살던 시대에도 냉장고는 아니지만 냉장고 역할을 하는 석빙고가 있었다.

2 현대인의 생활필수품인 냉장고는 냉기나 얼음을 인공적으로 만드는 기계 장치이지만, 빙고는 겨울에 보관해 두었던 얼음을 봄·여름·가을까지 녹지 않게 효과적으로 보관하는 냉동 창고이다.
빙고의 뜻
우리나라에서 얼음을 보관하기 시작했다는 기록은 『삼국사기』에 나타난다. 또한 신라 시대 때에는 얼음 창고에 관한 일을 맡아보던 '빙고전'이라는 기관이 있었다고 한다. 고려 시대에 얼음을 보관하여 사용한 기록은 『고려사』에 나타나는데, 음력 4월에 임금에게 얼음을 진상한 기록이 있고 또 법으로 해마다 6월부터 입추까지 신하들에게
진귀한 물품이나 지방의 토산물 따위를 바침.

얼음을 나누어 준 기록이 있다.

조선 시대에는 서울 한강가에 얼음 창고를 만들었는데, 동빙고와 서빙고를 두었다. 동빙고는 왕실의 제사에 쓰일 얼음을 보관했고, 서빙고는 음식 저장용, 식용, 또는 의료용으로 쓸 얼음을 왕실과 고급 관리들에게 공급했다.
동빙고의 쓰임
서빙고의 쓰임
조선 시대의 빙고는 정식 관청이었으며, 얼음의 공급 규정을 법으로 엄격히 규정할 만큼 얼음의 공급을 중요하게 여겼다.

중심 내용 **2** 우리나라에서 얼음을 보관하기 시작했다는 기록은 『삼국사기』에 나타나고, 신라, 고려 시대에도 얼음에 관한 기록이 보이고, 조선 시대의 빙고는 정식 관청이었을 정도로 얼음의 공급을 중요하게 여겼다.

3 한겨울의 얼음을 보관했다가 쓰는 기술을 장빙이라고 했다. 우리나라는 여름과 겨울의 기온 차가 커서 옛날부터 장빙 기술이 크게 발달했다. 장빙 기술을 활용한 석빙고는 현재 일곱 개가 남아 있는데, 남한에는 경주, 안동, 영산, 창녕, 청도, 현풍에 각각 한 개가, 북한 해주에 한 개가 남아 있다. 그중 가장 완벽한 것이 바로 경주의 석빙고이다.

중심 내용 **3** 우리나라에 장빙 기술인 석빙고가 현재 일곱 개 남아 있는데, 그중 가장 완벽한 것이 경주의 석빙고이다.

1* 이 글을 읽으면서 지식이나 경험을 떠올려 보고 생각한 내용을 항목에 맞게 선으로 이으시오.

(1) 짐작한 것 · · ① 빙고는 얼음을 보관하는 창고라는 뜻인 것 같아.

(2) 알고 싶은 것 · · ② 얼음을 나누어 주는 법이 있었다니 신기해.

(3) 새롭게 안 것 · · ③ 조선 시대에는 음식이 상하지 않도록 어떻게 보관했을까?

2 우리나라에서 얼음을 보관하기 시작했다는 기록은 무엇에 나타나 있는지 쓰시오.

( )

3 조선 시대의 빙고에 대한 설명으로 알맞지 않은 것은 무엇입니까? ( )

① 동빙고와 서빙고를 두었다.
② 서울 한강가에 얼음 창고를 만들었다.
③ 조선 시대의 빙고는 정식 관청이었다.
④ 얼음의 공급 규정을 법으로 엄격히 규정했다.
⑤ 왕실의 제사에 쓰일 얼음을 서빙고에 보관했다.

4 우리나라에 한겨울의 얼음을 보관했다가 쓰는 기술인 장빙 기술이 크게 발달한 까닭이 무엇인지 빈칸에 알맞은 말을 쓰시오.

우리나라는 여름과 겨울의 ( )
이/가 크기 때문에

4 보물인 경주 석빙고는 1738년에 만들었으며, 입구에서부터 점점 깊어져 창고 안은 길이 14미터, 너비 6미터, 높이 5.4미터이다. 석빙고는 온도 변화가 적은 반지하 구조로 한쪽이 긴 흙무덤 모양이며, 바깥 공기
_{경주 석빙고의 특징 ①}　　　_{경주 석빙고의 특징 ②}
가 들어오지 않도록 출입구의 동쪽은 담으로 막고 지
　　　　　　　　_{경주 석빙고의 특징 ③}
붕에는 구멍을 뚫었다.

지붕은 이중 구조인데 바깥쪽은 열을 효과적으로 막아 주는 진흙으로, 안쪽은 열전달이 잘되는 화강암으로 만들었다. 천장은 반원형으로 기둥 다섯 개에 장대
　　　　　　　　_{경주 석빙고 지붕의 재료 – 진흙, 화강암}
석이 걸쳐 있고, 장대석을 걸친 곳에는 밖으로 통하는
_{섬돌 층계나 축대를 쌓는 데 쓰는, 길게 다듬어 만든 돌}
공기구멍이 세 개가 나 있다. 이 구멍은 아래쪽이 넓고 위쪽은 좁은 직사각형 기둥 모양인데, 이렇게 함으로써 바깥에서 바람이 불 때 빙실 안의 공기가 잘 빠져나온다. 즉, 열로 데워진 공기와 출입구에서 들어오는 바깥의 더운 공기가 지붕의 구멍으로 빠져나가기 때문에 빙실 아래의 찬 공기가 오랫동안 머물 수 있어 얼음이 적게 녹는 것이다. 또한 지붕에는 잔디를 심어 태양열을 차단했고, 내부 바닥 한가운데에 배수로를 5도 경사지게 파서 얼음에서 녹은 물이 밖으로 흘러 나갈 수 있는 구조를 갖추어 과학적이다.

여기에다가 석빙고의 얼음을 왕겨나 짚으로 싸 보관했다. 왕겨나 짚은 단열 효과를 높이기도 하지만, 얼음이 약간 녹을 때 주변 열도 흡수하므로 왕겨나 짚의 안쪽 온도가 낮아져 얼음을 오랫동안 보관할 수 있다.

중심 내용 4 경주의 석빙고는 아주 과학적인 구조를 갖추고 있고, 왕겨나 짚으로 석빙고의 얼음을 싸서 장기간 보관할 수 있었다.

> 경주 석빙고의 특징과 과학적인 원리에 대해 설명한 부분으로, 석빙고의 과학적 원리를 묻는 문제가 자주 출제돼.

5 석빙고는 자연 그대로의 순환 원리에 맞춰 계절의 변화와 돌, 흙, 바람, 지형 등을 활용해 자연 상태에서
　　　　　　　　　　_{땅의 생긴 모양이나 형세}
가장 효과적으로 얼음을 오랫동안 저장할 수 있는 구조로 되어 있다. 이러한 시설은 세계적으로도 드문데 조상들의 과학적인 지혜를 한껏 엿볼 수 있다.
　　　　　　_{석빙고의 가치}
중심 내용 5 자연 상태에서 가장 효과적으로 얼음을 오랫동안 저장할 수 있는 구조로 된 석빙고는 조상들의 과학적 지혜를 엿볼 수 있다.

핵심내용 지식이나 경험을 활용해 「조선의 냉장고 '석빙고'의 과학」을 읽는 방법 (예)

알고 싶은 것	경주에 있는 석빙고에 간 적이 있어. 무덤처럼 생겼는데 어떻게 냉장고의 역할을 하는지 궁금했어.
❶ ㅈㅈ 한 것	빙고는 얼음을 보관하는 창고라는 뜻인 것 같아.
새롭게 안 것	석빙고의 얼음을 왕겨나 짚에 싸서 보관했다는 것을 알았어.

5 경주 석빙고에 대한 설명으로 알맞은 것을 두 가지 고르시오. 　　　　(　　　)

① 1838년에 만들었다.
② 지붕에는 잔디를 심었다.
③ 한쪽이 긴 흙무덤 모양이다.
④ 온도 변화가 많은 반지하 구조이다.
⑤ 지붕의 바깥쪽은 화강암으로, 안쪽은 진흙으로 만들었다.

6 경주 석빙고가 과학적이라고 말할 수 있는 까닭을
_{서술형} 한 가지만 쓰시오.

_____

7 석빙고의 얼음은 무엇으로 싸서 보관했는지 쓰시오.

　　　　　(　　　　　)

8 배운 지식을 활용해 이 글의 내용을 이해한 친구의 이름을 쓰시오.

> 주혁: 국어사전에서 '장대석'이 축대를 쌓을 때 쓰는 길게 다듬은 돌이라는 것을 알았어.
> 미라: 경주에서 무덤처럼 생긴 석빙고를 봤는데 어떻게 냉장고 역할을 하는지 궁금했어.
> 홍수: 과학 시간에 주위보다 온도가 높은 기체는 위로 올라가고 온도가 낮은 기체는 아래로 내려간다는 사실을 배웠는데, 이 때문에 석빙고의 바닥이 낮은 기온을 유지할 수 있었네.

　　　　　(　　　　　)

「상설 전시실 바로 위에는 '한글 놀이터'와 '한글 배움터' 그리고 '특별 전시실'이 있었다. 아이들이 놀면서 한글을 배울 수 있는 '한글 놀이터', 한글에 익숙하지 않은 사람들을 위해 마련한 '한글 배움터'는 모두 체험과 놀이를 하면서 한글을 이해하도록 만들어졌다는 점이 흥미로웠다. '특별 전시실'에서는 국립한글박물관 개관 기념 특별전을 진행했는데, '세종 대왕, 한글문화 시대를 열다'라는 기획 아래 세종 대왕의 업적과 일대기, 세종 시대의 한글문화, 세종 정신 따위를 주제로 한 전통적인 유물과 이를 현대적으로 해석한 현대 작가의 작품을 만날 수 있었다.」『 』: 박물관 관람에서 체험한 일

「박물관을 관람하면서 책과 화면으로만 봤던 한글 유물을 직접 볼 수 있어서 신기하고 즐거웠다. 그뿐만 아니라 날마다 세 번씩 운영하는 해설이 있는 관람 프로그램을 활용하면 더 많은 지식을 쌓으며 관람할 수 있겠다는 생각이 들었다. 이번 관람으로 국어 시간에 배웠던 한글을 더 생생하고 자세하게 배우는 소중한 기회를 얻어서 무척 뿌듯했다.」『 』: 박물관 관람에서 체험한 일에 대한 감상

• **글의 특징**: 국립한글박물관을 관람한 내용으로, 글쓴이가 체험한 일과 감상이 드러나 있습니다.

핵심내용 글쓴이의 체험과 감상

체험한 일	국립한글박물관의 한글 놀이터, 한글 배움터, 특별 전시실을 관람함.
체험한 일에 대한 ❷ ㄱ ㅅ	• 한글 유물을 직접 볼 수 있어서 신기하고 즐거웠음. • 국어 시간에 배웠던 한글을 더 생생하고 자세하게 배우는 소중한 기회를 얻어서 무척 뿌듯했음.

개관 도서관, 영화관, 박물관 따위의 기관이 설비를 차려 놓고 처음으로 문을 엶.
일대기 어느 한 사람의 일생에 관한 내용을 적은 기록.

9 이와 같은 글을 쓰기 전에 해야 할 일에 대해 이야기하고 있습니다. 알맞게 말하지 <u>못한</u> 친구의 이름을 쓰시오.

혜진: 인상 깊은 체험들을 떠올려 보고 그중 한 가지를 골라 그 까닭과 함께 정리해.
성훈: 고른 체험 내용을 '언제, 누구와, 어디에서' 등의 항목으로 간단히 정리해 보면 좋아.
수빈: 친구들의 이야기를 듣고 부족한 점을 바탕으로 글의 내용을 고치도록 해야 해.
민준: 친구들과 체험한 내용에 대해 서로 묻고 답하면서 자신이 쓸 글에 어떤 내용을 넣으면 좋을지 생각해 보면 좋겠어.

( )

교과서 문제
10 글쓴이가 국립한글박물관에서 관람한 곳은 어디어디인지 모두 고르시오. ( )

① 한글 놀이터 ② 상설 전시실
③ 특별 전시실 ④ 한글 배움터
⑤ 세종 대왕 전시실

11 보기 는 이 글을 읽고 무엇을 정리한 내용인지 빈칸에 알맞은 말을 쓰시오.

보기
• 한글 유물을 직접 볼 수 있어서 신기하고 즐거웠다.
• 국어 시간에 배웠던 한글을 더 생생하고 자세하게 배우는 소중한 기회를 얻어서 무척 뿌듯했다.

체험한 일에 대한 ( )을/를 정리한 내용이다.

12 이 글처럼 체험한 일을 떠올리며 감상이 드러나는 글을 쓰는 방법으로 알맞지 <u>않은</u> 것은 무엇입니까? ( )

① 체험한 일을 자세히 풀어 쓴다.
② 인상 깊은 체험을 중심으로 쓴다.
③ 체험할 때 느낀 감동을 과장하여 쓴다.
④ 체험한 일에 대한 감상을 생생하게 전하도록 쓴다.
⑤ 체험한 뒤 감상을 쓰려면 그때의 생각이나 느낌을 떠올린다.

핵심내용 친구의 글을 읽고 자신의 의견을 말할 때 주의할 점 예

- 미리 정한 평가 기준에 맞추어 말한다.
- 같은 의견이라도 상대가 ❸ ㄱ ㅂ 나쁘지 않게 말한다.
- 고칠 점과 함께 좋은 점에 대한 의견도 함께 제시한다.

13 지식이나 경험을 활용해 함께 글을 고치면 좋은 점으로 알맞은 것에 모두 ○표 하시오.

(1) 서로의 경험을 활용해서 글 내용을 생생하게 고칠 수 있다. ( )

(2) 배운 지식을 활용하면 글 내용을 더 정확하고 자세하게 나타낼 수 있다. ( )

(3) 글쓴이가 잘 쓴 내용도 다른 친구들이 지적하여 다양한 방향으로 수정할 수 있다. ( )

14~17

가 국립한글박물관을 찾았다. 국립한글박물관은 '한글'로만 기록한 한글 자료와 한글을 활용한 작품들을 전시해 놓은 곳이다. 국립한글박물관은 용산 국립중앙박물관 옆에 있다. 우리 가족은 집 근처에서 지하철을 타고 가서 '박물관 나들길'을 이용해 박물관까지 걸어갔다. 이정표를 따라 걷다 보니 큰 박물관 건물이 눈에 들어왔다.

나 처음 발끝이 닿은 장소는 2층 '한글이 걸어온 길'(상설 전시실의 명칭) 상설 전시실이었다. 전시실 이름처럼 '한글이 걸어온 길'을 주제로 마련한 상설 전시실은 총3부로 구성되었다. 1부 주제는 '새로 스물여덟 자를 만드니'로, 세종 25년 한글이 그 모습을 드러내던 때를 살펴볼 수 있었고, 2부 주제는 '쉽게 익혀서 편히 쓰니'이며, 마지막으로 3부 주제는 '세상에 널리 퍼져 나아가니'이다. 상설 전시실의 이름이 한글의 역사를 잘 말해 주는 것 같았다.

14 글쓴이가 찾아간 곳은 어디인지 글 가에서 찾아 쓰시오.

( )

15 이 글에서 글쓴이가 체험한 일로 알맞지 않은 것에 ×표 하시오.

(1) 총3부로 구성된 상설 전시실을 둘러보았다. ( )

(2) '박물관 나들길'을 이용해 박물관까지 걸어갔다. ( )

(3) 맨 처음 2층 '한글이 걸어온 길' 상설 전시실로 갔다. ( )

(4) 2부 주제에서 세종 25년 한글이 그 모습을 드러내던 때를 살펴보았다. ( )

16★ 다음은 이 글을 읽고 친구들이 글에 대한 의견을 나눈 것입니다. 보기 의 방법으로 의견을 말한 친구의 이름을 쓰시오.

> **보기**
> 자신의 경험을 활용해서 글에 대한 의견을 말하고 있다.

성민: 상설 전시실이라는 낱말의 뜻이 조금 어려운 것 같아. 간단히 뜻을 설명해 주면 좋을 것 같아.

민주: 내 경험으로는 지하철역에서 국립한글박물관까지 걸어가는 길 주변 건물의 모습이 인상 깊었어. 글 가에 이런 부분을 덧붙이면 글이 더 생생하게 느껴질 것 같아.

유원: 글 나에서 한글을 설명할 때 4학년 1학기 때 배운 『훈민정음해례본』 내용도 함께 설명하면 읽는 사람이 이해하기 쉬울 것 같아.

( )

17 서술형 〈문제 16번〉의 친구들처럼 친구의 글에 대한 의견을 말할 때 어떤 점을 주의해야 할지 한 가지만 쓰시오.

낱말의 뜻

1 낱말과 그 뜻이 알맞게 연결된 것에는 ○표, 그렇지 않은 것에는 ×표 하시오.

(1) 장정 – 나이가 많은 남자. ( )
(2) 지형 – 땅의 생긴 모양이나 형세. ( )
(3) 일대기 – 농사일이 바쁘지 아니하여 겨를이 많은 때. ( )
(4) 개관 – 도서관, 영화관, 박물관 따위의 기관이 설비를 차려 놓고 처음으로 문을 엶. ( )

둘 이상의 낱말이 합쳐진 말

2 보기 와 같이 두 낱말이 합쳐진 말을 두 가지 고르시오. ( )

> **보기**
> '흙무덤'은 '흙으로 쌓아올린 무덤.'이라는 뜻으로, '흙'과 '무덤'이 하나의 낱말로 합쳐진 말이다.

① 얼음　　② 지붕　　③ 일손
④ 냉동　　⑤ 놀이터

같은 표기 다른 뜻

3 밑줄 친 낱말의 뜻으로 알맞은 것을 보기 에서 찾아 기호를 쓰시오.

> **보기**
> ㉮ 차례대로 나아가다가 중간에 어느 순서나 자리를 빼고 넘기다.
> ㉯ 찌꺼기나 건더기가 있는 액체를 체나 거름종이 따위에 밭쳐서 액체만 받아 내다.

(1) 찻잎을 넣고 끓인 물을 체로 걸러 물통에 담았다. ( )
(2) 자주 끼니를 거르면 건강에 좋지 않다. ( )

반대말

4 다음 중 짝 지어진 낱말의 관계가 보기 와 같지 않은 것은 무엇입니까? ( )

> **보기**
> 풍년 – 흉년

① 냉기 – 온기　　② 굵다 – 가늘다
③ 저장 – 보관　　④ 당기다 – 밀다
⑤ 농한기 – 농번기

낱말의 활용

5 밑줄 친 낱말의 쓰임이 적절하지 않은 것에 ×표 하시오.

(1) 안중근 의사의 일대기를 담은 영화를 보았다. ( )
(2) 할머니께서는 가족의 건강을 기원하며 기도하셨다. ( )
(3) 흉년이 들자 사또는 관아에 있는 쌀을 백성들에게 진상하였다. ( )

헷갈리기 쉬운 말

6 빈칸에 들어갈 말로 알맞은 것에 ○표 하시오.

> 줄을 다 만들면 수백 명의 장정이 줄을 어깨에 [　　　　] 줄다리기할 곳으로 줄을 옮긴다.

(매고 , 메고)

맞춤법

7 밑줄 친 낱말을 맞춤법에 맞게 고쳐 쓰시오.

(1) 우리 조상들은 새해의 첫 달인 정월에 윷놀이와 줄다리기를 했다. ( )
(2) 경주 석빙고의 지붕에는 잔듸를 심어 태양열을 차단했다. ( )

1~3

가 줄다리기는 줄을 당길 때보다 줄다리기를 준비하는 과정에 더 많은 뜻이 있습니다. 영산 줄다리기는 어른들보다 아이들이 먼저 겨룹니다. 작은 줄을 만들어 어른들이 하는 것처럼 아이들이 경기를 벌이지요. 아이들 줄다리기가 끝나고 어느 편이 이겼다는 소리가 돌면 그제야 장정들이 나섭니다. 장정들은 집집을 돌면서 짚을 모아 마을 사람들과 함께 줄을 만들지요. 음력 정월은 농한기라서 마을 사람이 모두 모여 줄을 만드는 일에만 매달릴 수 있어요.

나 줄을 다 만들면 여러 마을에서 모인 농악대가 앞장을 서고, 그 뒤로 수백 명의 장정이 줄을 어깨에 메고서 줄다리기할 곳으로 줄을 옮깁니다. 그리고 노인들과 아이들, 여자들이 행렬 끝에 서서 쫓아갑니다. 이렇게 줄을 메고 가는 모습을 멀리서 보면, 마치 용이 꿈틀거리는 것 같답니다.

　드디어 줄을 당길 장소에 다다르면 양편에서는 상대의 기를 누르려고 있는 힘을 다하여 함성을 질러요.

1 영산 줄다리기에 대한 설명으로 알맞은 것에 ○표 하시오.

(1) 어른들이 먼저 겨루고 나면 아이들도 따라 줄다리기를 한다. (　　)

(2) 줄을 당길 때보다 줄다리기를 준비하는 과정에 더 많은 뜻이 있다. (　　)

2 수백 명의 장정이 줄을 어깨에 메고 가는 모습을 무엇에 빗대었는지 빈칸에 알맞은 말을 쓰시오.

• (　　　　　　)이/가 꿈틀거리는 것

3 줄을 당길 장소에 다다르면 양편에서 함성을 지르는 까닭은 무엇입니까? (　　)

① 경기 규칙이어서
② 상대의 기를 누르려고
③ 상대의 승리를 기원하려고
④ 마을 잔치의 시작을 알리려고
⑤ 줄다리기 장소에 도착했음을 알리려고

4~6

　조상들은 대보름이면 모든 일을 제쳐 두고 줄다리기 준비에 정성을 쏟았어요. 그리고 마을 사람이 모두 함께 줄다리기를 했지요. 온 마을이 참여해서 집집마다 짚을 거두고 놀이에 필요한 돈과 일손을 내어 줄을 만들어 놀이를 한다는 게 생각처럼 쉬운 일은 아니랍니다. 그런데도 해마다 줄다리기를 거르는 법이 없었어요. 여기에는 봄기운이 시작되는 정월에 풍년을 기원하고, 줄다리기라는 큰 행사를 치르면서 마을 사람들이 마음을 한데 모아 무사히 한 해 농사를 지으려는 지혜가 담겨 있어요.

4 조상들이 모든 일을 제쳐 두고 줄다리기 준비에 정성을 쏟는 시기는 언제인지 쓰시오.

(　　　　　　　　)

5 줄다리기에 담긴 조상들의 지혜는 무엇인지 빈칸에 알맞은 말을 쓰시오.

• 정월에 (　　　　　　)을/를 기원하고, 마을 사람들이 마음을 한데 모아 무사히 한 해 (　　　　　)을/를 지으려는 것

6 이 글을 읽으면서 떠올릴 수 있는 생각을 한 가지만 쓰시오.

서술형

_____

_____

7 지식이나 경험을 활용해 글을 읽는 방법으로 알맞지 않은 것은 무엇입니까? (　　)

① 글과 관련 있는 내용을 조사한다.
② 많은 사람들이 알고 있는 책을 고른다.
③ 관련 있는 지식이나 경험이 많은 책을 고른다.
④ 글을 읽다가 잘 모르는 내용이 나오면 먼저 관련 있는 지식을 공부한다.
⑤ 책 내용과 관련한 지식이나 경험을 떠올리며 읽을 수 있을지 생각하며 책을 고른다.

가 현대인의 생활필수품인 냉장고는 냉기나 얼음을 인공적으로 만드는 기계 장치이지만, 빙고는 겨울에 보관해 두었던 얼음을 봄·여름·가을까지 녹지 않게 효과적으로 보관하는 냉동 창고이다. 우리나라에서 얼음을 보관하기 시작했다는 기록은 『삼국사기』에 나타난다. 또한 신라 시대 때에는 얼음 창고에 관한 일을 맡아보던 '빙고전'이라는 기관이 있었다고 한다.

나 석빙고는 온도 변화가 적은 반지하 구조로 한쪽이 긴 흙무덤 모양이며, 바깥 공기가 들어오지 않도록 출입구의 동쪽은 담으로 막고 지붕에는 구멍을 뚫었다.

지붕은 이중 구조인데 바깥쪽은 열을 효과적으로 막아 주는 진흙으로, 안쪽은 열전달이 잘되는 화강암으로 만들었다. 천장은 반원형으로 기둥 다섯 개에 장대석이 걸쳐 있고, 장대석을 걸친 곳에는 밖으로 통하는 공기구멍이 세 개가 나 있다. 이 구멍은 아래쪽이 넓고 위쪽은 좁은 직사각형 기둥 모양인데, 이렇게 함으로써 바깥에서 바람이 불 때 빙실 안의 공기가 잘 빠져나온다. 즉, 열로 데워진 공기와 출입구에서 들어오는 바깥의 더운 공기가 지붕의 구멍으로 빠져나가기 때문에 빙실 아래의 찬 공기가 오랫동안 머물 수 있어 얼음이 적게 녹는 것이다. 또한 지붕에는 잔디를 심어 태양열을 차단했고, 내부 바닥 한가운데에 배수로를 5도 경사지게 파서 얼음에서 녹은 물이 밖으로 흘러 나갈 수 있는 구조를 갖추어 과학적이다.

8 다음에서 설명하는 말을 이 글에서 찾아 쓰시오.

> 겨울에 보관해 두었던 얼음을 봄·여름·가을까지 녹지 않게 효과적으로 보관하는 냉동 창고

( )

9 신라 시대 때 얼음 창고에 관한 일을 맡아보던 기관은 무엇입니까? ( )

① 빙고 ② 빙실 ③ 빙고전
④ 석빙고 ⑤ 장대석

10★ 윤지는 이 글을 읽으면서 다음과 같은 생각을 떠올렸습니다. 어떤 것과 관련 있는지 ○표 하시오.

> 경주에 있는 석빙고에 간 적이 있어. 무덤처럼 생겼는데 어떻게 냉장고의 역할을 하는지 궁금했어.

(알고 싶은 것 , 짐작한 것 , 새롭게 안 것)

11 글 **나**는 경주 석빙고에 대한 설명입니다. 석빙고의 지붕 바깥쪽과 안쪽의 재료는 무엇인지 쓰시오.

(1) 바깥쪽: ( )
(2) 안쪽: ( )

12 경주 석빙고에 대한 설명으로 알맞지 <u>않은</u> 것은 무엇입니까? ( )

① 천장이 반원형이다.
② 이중 구조의 지붕으로 되어 있다.
③ 천장은 기둥 다섯 개에 장대석이 걸쳐 있다.
④ 천장에 직사각형 기둥 모양의 공기구멍이 있다.
⑤ 찬 공기가 밖으로 나가지 않도록 천장이 막혀 있다.

13 경주 석빙고의 구조가 과학적이라고 하는 까닭에 맞게 관련 있는 것끼리 선으로 이으시오.

(1) 지붕에 잔디를 심음. · · ① 바깥 공기를 막기 위함.

(2) 출입구 동쪽을 담으로 막음. · · ② 태양열을 차단하기 위함.

(3) 내부 바닥 한가운데에 배수로를 경사지게 팜. · · ③ 얼음에서 녹은 물이 밖으로 흘러 나가도록 함.

14 지식이나 경험을 활용해 이 글을 읽는 방법을 한 가지만 쓰시오.

서술형

_____

_____

15 체험한 일을 글로 쓰기 전에 정리할 내용으로 알맞지 <u>않은</u> 것은 무엇입니까? ( )

① 체험 내용을 간단히 정리한다.
② 하고 싶은 것이 무엇인지 생각한다.
③ 언제 어디에서 한 체험인지 떠올린다.
④ 체험한 일 중 인상 깊은 체험을 고른다.
⑤ 체험한 일에 대한 생각이나 느낌을 떠올린다.

16~18

상설 전시실 바로 위에는 '한글 놀이터'와 '한글 배움터' 그리고 '특별 전시실'이 있었다. 아이들이 놀면서 한글을 배울 수 있는 '한글 놀이터', 한글에 익숙하지 않은 사람들을 위해 마련한 '한글 배움터'는 모두 체험과 놀이를 하면서 한글을 이해하도록 만들어졌다는 점이 흥미로웠다. '특별 전시실'에서는 국립한글박물관 개관 기념 특별전을 진행했는데, '세종 대왕, 한글문화 시대를 열다'라는 기획 아래 세종 대왕의 업적과 일대기, 세종 시대의 한글문화, 세종 정신 따위를 주제로 한 전통적인 유물과 이를 현대적으로 해석한 현대 작가의 작품을 만날 수 있었다.

박물관을 관람하면서 책과 화면으로만 봤던 한글 유물을 직접 볼 수 있어서 신기하고 즐거웠다. 그뿐만 아니라 날마다 세 번씩 운영하는 해설이 있는 관람 프로그램을 활용하면 더 많은 지식을 쌓으며 관람할 수 있겠다는 생각이 들었다. 이번 관람으로 국어 시간에 배웠던 한글을 더 생생하고 자세하게 배우는 소중한 기회를 얻어서 무척 뿌듯했다.

16 글쓴이가 체험한 일은 무엇인지 빈칸에 알맞은 말을 쓰시오.

• 국립한글박물관의 한글 놀이터, 한글 배움터, ( )을/를 관람했다.

17 글쓴이의 체험 장소 중, 다음의 체험을 할 수 있는 곳은 어디입니까? ( )

아이들이 놀면서 한글을 배울 수 있는 곳

① 한글 배움터 ② 한글 놀이터
③ 상설 전시실 ④ 특별 전시실
⑤ 현대 작가 작품 전시관

18 체험한 일에 대한 글쓴이의 감상으로 알맞은 것을 두 가지 고르시오. ( )

① 한글 유물을 직접 볼 수 있어서 신기하고 즐거웠다.
② 박물관이 책과 화면으로 본 것과 똑같아서 놀라웠다.
③ 한글을 배울 수 있게 만들어 놓은 여러 체험실이 있었다.
④ 박물관에서 날마다 세 번씩 운영하는 해설이 있는 관람 프로그램을 활용할 수 있다.
⑤ 국어 시간에 배웠던 한글을 더 생생하고 자세하게 배우는 소중한 기회를 얻어서 무척 뿌듯했다.

19 체험한 일을 떠올리며 감상이 드러나는 글을 쓰는 차례에 맞게 기호를 순서대로 쓰시오.

㉮ 조사한 내용을 정리한다.
㉯ 글로 쓸 내용을 떠올린다.
㉰ 글에 들어갈 체험과 감상의 내용을 정리한다.
㉱ 체험한 일을 떠올리며 감상이 잘 드러나게 글을 쓴다.
㉲ 글의 처음, 가운데, 끝에 들어갈 내용을 핵심어로 정리한다.
㉳ 친구들과 주고받은 질문을 떠올리며 글을 쓰기 전에 조사할 내용을 정한다.

㉯ → ( ) → ( ) → ( ) → ( ) → ㉱

20 체험과 감상이 드러나는 글에 대한 의견을 말할 때 어떻게 해야 할지 알맞게 말한 친구의 이름을 쓰시오.

연경: 글 내용에서 보충해야 할 부분을 말해.
준호: 미리 정한 평가 기준에 맞지 않는 글은 전부 다시 쓰라고 해야 해.
숙정: 체험과 감상만 잘 드러나면 되니까 글의 목적은 신경 쓰지 않아도 돼.

( )

1

우리 조상들은 왜 줄을 만들어 서로 당기는 놀이를 했을까요? 그것은 농사와 관련이 깊어요. 오랜 세월 동안 농사를 지어 온 우리 조상들의 가장 큰 소망은 풍년이었어요. 농사가 잘되려면 물이 가장 중요하고요. 그런데 우리 조상들은 용이 물을 다스리는 신이라고 생각했답니다. 그래서 용을 닮은 줄을 만들고 흥겹게 줄다리기를 해서 용을 기쁘게 하려고 했어요. 물의 신인 용을 즐겁고 기쁘게 해야 풍년이 들 테니까요.

또 조상들은 계절이 바뀌는 이유가 신들끼리 힘겨루기를 하기 때문이라고 생각했답니다. 봄부터 가을까지는 착한 신들의 힘이 세지만 추운 겨울에는 악한 신들의 힘이 더 세진다고 여겼어요. 그래서 새해의 첫 달인 정월에 힘이 약해진 착한 신들을 도울 수 있는 놀이를 했답니다. 그것이 바로 여럿이 힘을 모아 겨루는 윷놀이나 줄다리기였던 거예요.

1단계 낱말 쓰기
다음 빈칸에 들어갈 알맞은 말을 쓰시오. [2점]

• 줄다리기가 (　　　　　)과/와 깊은 까닭은 물을 다스리는 용을 닮은 줄을 만들고, 그 줄로 줄다리기를 해서 용을 즐겁고 기쁘게 하면 (　　　　　)이/가 든다고 생각했기 때문이다.

2단계 문장 쓰기
우리 조상들이 정월에 윷놀이나 줄다리기를 한 까닭은 무엇인지 정리하여 쓰시오. [6점]

_____

_____

3단계 생각 쓰기
이 글을 읽으며 떠오른 생각을 한 가지만 쓰시오.

[7점]

> **조건**
> 배운 지식이나 자신의 경험과 관련된 생각을 쓴다.

2~3

지붕은 이중 구조인데 바깥쪽은 열을 효과적으로 막아 주는 진흙으로, 안쪽은 열전달이 잘되는 화강암으로 만들었다. 천장은 반원형으로 기둥 다섯 개에 장대석이 걸쳐 있고, 장대석을 걸친 곳에는 밖으로 통하는 공기구멍이 세 개가 나 있다. 이 구멍은 아래쪽이 넓고 위쪽은 좁은 직사각형 기둥 모양인데, 이렇게 함으로써 바깥에서 바람이 불 때 빙실 안의 공기가 잘 빠져나온다. 즉, 열로 데워진 공기와 출입구에서 들어오는 바깥의 더운 공기가 지붕의 구멍으로 빠져나가기 때문에 빙실 아래의 찬 공기가 오랫동안 머물 수 있어 얼음이 적게 녹는 것이다. 또한 지붕에는 잔디를 심어 태양열을 차단했고, 내부 바닥 한가운데에 배수로를 5도 경사지게 파서 얼음에서 녹은 물이 밖으로 흘러 나갈 수 있는 구조를 갖추어 과학적이다.

2

이 글에서는 경주의 석빙고에 대해 설명하고 있습니다. '경주의 석빙고가 과학적이다.'라고 할 수 있는 예를 두 가지만 쓰시오. [8점]

(1) _____

_____

(2) _____

_____

3

이 글을 읽으며 떠올린 생각을 다음 항목의 빈칸에 알맞게 쓰시오. [12점]

알고 싶은 것	(1)
짐작한 것	(2)
새롭게 안 것	(3)

수행 평가

2 지식이나 경험을 활용해요

학습 주제	체험한 일을 떠올리며 감상이 드러나는 글 쓰기	배점	36점
학습 목표	체험한 일을 떠올리며 감상이 드러나는 글을 쓸 수 있게 글에 들어갈 내용을 정리할 수 있다.		

1 체험한 일 가운데에서 떠오르는 것을 빈칸에 쓰시오. [6점]

2 〈문제 1번〉에서 떠올린 체험 중 글을 쓴다면 어떤 것으로 할지 한 가지를 정해 까닭과 함께 쓰시오. [6점]

체험	(1)
고른 까닭	(2)

3 〈문제 2번〉에서 답으로 쓴 글로 쓸 체험과 감상의 내용을 표에 간단히 정리하여 쓰시오. [12점]

체험	감상
(1)	(2)
(3)	(4)
(5)	(6)

4 글의 처음, 가운데, 끝에 들어갈 내용을 빈칸에 정리하여 쓰시오. [12점]

> **조건**
> • 〈문제 2번〉과 〈문제 3번〉에서 떠올린 체험을 바탕으로 글에 들어갈 내용을 핵심어로 정리하여 쓴다.
> • 글을 쓰기 전 단계로 글의 개요를 완성해 본다.

처음	(1)
가운데	(2)
끝	(3)

1 의견을 조정해야 하는 까닭 알기

└→ 문제를 합리적으로 해결하려면 의견을 조정해야 해요.

① 의견을 조정하지 않으면 토의를 원활하게 진행할 수 없습니다.

② 의견을 조정하지 않으면 말하는 사람들끼리 갈등이 생깁니다.

★★ 2 토의 과정에서 의견을 조정하는 방법 알기

방법	내용
문제 파악하기	• 해결하려는 문제를 정확히 파악합니다. • 여러 사람의 다양한 의견을 들어 봅니다.
의견 실천에 필요한 조건 따지기	• 자료를 찾아 의견을 뒷받침합니다. • 문제를 해결하기에 적합한 의견인지 생각합니다.
결과 예측하기	• 의견대로 실천했을 때 결과를 생각합니다. • 의견을 실천했을 때 일어날 수 있는 문제점을 예측해 봅니다.
반응 살펴보기	• 어떤 의견을 더 따르고 싶어 하는지 살펴봅니다. • 의견에 대한 토의 참여자의 생각을 듣습니다.

3 토의에서 자신의 의견을 뒷받침할 자료 찾아 읽기

① 해결할 문제를 파악하고 토의 주제에 대한 자신의 의견을 제시합니다.

② 의견을 뒷받침할 근거 자료를 찾아봅니다.

└→ 사진, 그림, 신문 기사, 책 등에서 자료를 찾을 수 있어요.

③ 찾은 자료를 자료에 따른 알맞은 읽기 방법으로 읽어 봅니다.

  예 • 신문 기사: 제목을 중심으로 훑어 읽고 의견을 뒷받침하는 기사를 자세히 읽음.

   • 책: 차례를 살펴본 후 내용을 건너뛰며 읽고 의견을 뒷받침하는 내용을 자세히 읽음.

4 찾은 자료를 정리해 알기 쉽게 표현하기

└→ 글로만 설명한 자료는 이해하기가 쉽지 않고 한눈에 알아보기도 힘들어서 읽기 쉽도록 요약하거나 간단히 나타내는 게 좋아요.

① 찾은 자료를 정리해 봅니다.

② 자료를 알기 쉽게 표, 도표 등으로 간단히 표현합니다.

예 자료의 내용을 알기 쉽게 표현하기

교육부에 따르면 2017년을 기준으로 우리나라 초중고 비만 학생은 100명당 약 17.3명인데 해마다 꾸준히 증가하고 있다.

아동 건강 문제
17명 / 100명당 비만 학생 수
83명

교과서 94~95쪽 토의

① 안내 방송 내용
오늘은 미세 먼지가 심하니 외부 활동을 자제해 주시길 바랍니다. 체육 수업은 교실에서 하겠습니다.

날이 갈수록 심해지는 미세 먼지에 어떻게 대처해야 할까요?

② 마스크를 쓰고 생활합니다. 마스크가 몸에 해로운 미세 먼지를 막아 주기 때문입니다.
혁준

③ 학교 곳곳에 공기 청정기를 설치합니다. 공기 청정기가 공기를 깨끗하게 해 줄 것입니다.
미소

④ 공기 청정기가 없는 곳은 어떻게 하나요? 그럼 공기 청정기가 설치된 곳에서만 지내야 하나요?

⑤ 마스크를 쓰는 것은 안 불편한 줄 아십니까? 마스크를 쓰면 답답하고 숨을 쉬기 어렵습니다.

· 그림의 특징: 의견이 잘 모아지지 않는 토의 과정을 보여 주면서 의견을 조정해야 하는 까닭을 알 수 있습니다.

핵심내용 주제에 대한 **의견**과 **근거** 알아보기

〈혁준〉

의견	❶ 마 스 크 를 쓰고 생활하자.
근거	마스크가 몸에 해로운 미세 먼지를 막아 준다.

〈미소〉

의견	학교 곳곳에 공기 청정기를 설치하자.
근거	공기 청정기가 공기를 깨끗하게 해 준다.

교과서 문제

1 이 그림에서 토의 주제는 무엇인지 알맞은 것에 ○표 하시오.

(1) 미세 먼지 문제에 대처하는 방안   (   )

(2) 체육 시간에 교실에서 무엇을 할까? (   )

3 혁준이가 의견에 대한 근거로 무엇을 제시했는지 쓰시오.

(   )

2 그림 **②**~**③**에 나타난 혁준이와 미소의 의견에 알맞게 선으로 이으시오.

(1) 혁준 •

• ① 학교 곳곳에 공기 청정기를 설치하자.

(2) 미소 •

• ② 마스크를 쓰고 생활하자.

4 그림 **④**~**⑤**에 나타난 문제는 무엇입니까?

(   )

① 토의를 하면서 떠들었다.

② 상대가 말할 때 끼어들었다.

③ 무관심한 태도로 토의를 했다.

④ 상대의 의견이 무엇인지 몰랐다.

⑤ 상대의 의견을 비판하기만 했다.

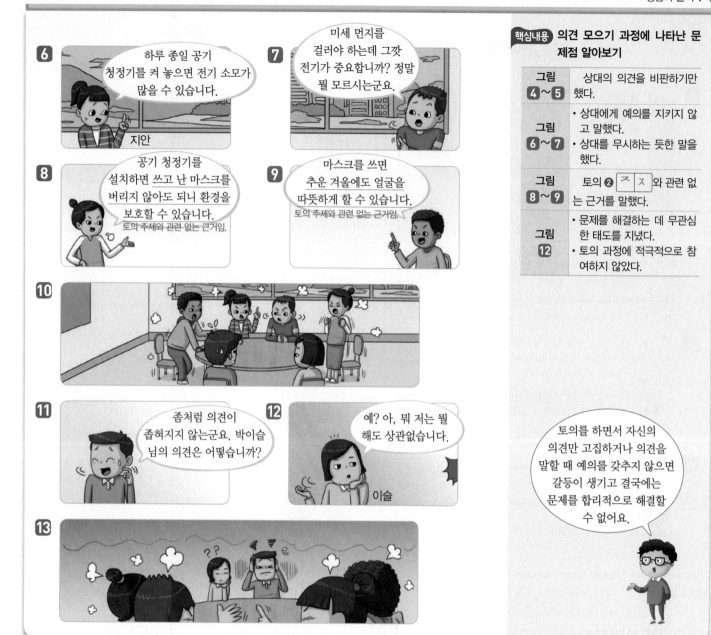

5 지안이는 하루 종일 공기 청정기를 켜 놓으면 어떤 문제가 생길 수 있다고 했는지 쓰시오.

( )

교과서 문제

6 그림 **6**~**7**에 나타난 문제는 무엇입니까?

( )

① 토의 주제가 무엇인지 몰랐다.
② 상대의 기분을 배려하지 않고 말했다.
③ 토의 주제와 관련 없는 근거를 말했다.
④ 상대 의견의 장점을 받아들이지 않았다.
⑤ 토의 과정에 적극적으로 참여하지 않았다.

7 그림 **12**에서 이슬이의 토의 태도는 어떠합니까?

( )

① 적극적이다.
② 무관심하다.
③ 갈팡질팡한다.
④ 화를 내고 있다.
⑤ 자기 생각만 고집한다.

8 서술형 이 토의에서 의견이 잘 모여지지 않은 까닭은 무엇인지 쓰시오.

_____

_____

교과서 100~101쪽 토의

❶ 의견을 모으지 않으면 갈등이 더 심해질 것 같습니다.

의견을 조정할 필요가 있습니다.

동의합니다. 처음에 우리가 토의로 해결하려고 했던 문제는 무엇이었죠?

❷ 미세 먼지에 대처하는 방안을 마련하는 것입니다.
토의로 해결하려고 했던 문제

❸ 그렇군요. 토의로 해결하려는 문제를 정확히 파악해야 했습니다.
지안

❹ 맞아요. 그리고 의견을 실천하려면 무엇이 필요한지 따질 필요가 있겠군요. 자세한 자료를 찾아 각자 의견을 뒷받침해 봅시다.

• 그림의 특징: 의견을 조정하기 위해 다시 시작한 토의 장면으로, 앞선 토의와 달라진 점을 통해 의견을 조정하는 방법을 알 수 있습니다.

핵심내용 토의 과정에서 의견을 조정하는 방법

1. 문제 파악하기

관련 그림	❶, ❷, ❸
내용	토의로 해결하려고 했던 ❶ ㅁ ㅈ 가 무엇인지 정확히 파악함.

2. 의견 실천에 필요한 조건 따지기

관련 그림	❹, ❺, ❻
내용	자료를 찾아 의견을 뒷받침하고, 문제를 해결하기에 적합한 의견인지 생각함.

1 의견을 조정하기 위해 그림 ❶에서 무엇을 물어보았는지 쓰시오.

> ㉮ 토의로 해결하려고 했던 문제
> ㉯ 토의하면서 갈등이 더 심해진 까닭

( )

2* 의견을 조정하기 위해 그림 ❶~❸에서 한 일은 무엇입니까? ( )

① 자료를 찾아 의견을 뒷받침한다.
② 해결하려는 문제를 정확히 파악한다.
③ 의견에 대한 사회자의 생각을 듣는다.
④ 의견대로 실천했을 때 결과를 생각한다.
⑤ 어떤 의견을 더 따르고 싶어 하는지 살펴본다.

교과서 문제
3 의견을 조정하는 과정에서 그림 ❸에서 말하는 내용과 관련 있는 참여 태도로 알맞은 것에 ○표 하시오.

(1) 결정한 의견에 따른다. ( )
(2) 의견과 발언에 집중한다. ( )

4 그림 ❹는 의견을 조정하는 과정 중 무엇에 해당하는지 알맞은 것의 기호를 쓰시오.

> ㉮ 문제 파악하기
> ㉯ 결과 예측하기
> ㉰ 반응 살펴보기
> ㉱ 의견 실천에 필요한 조건 따지기

( )

잠시 뒤

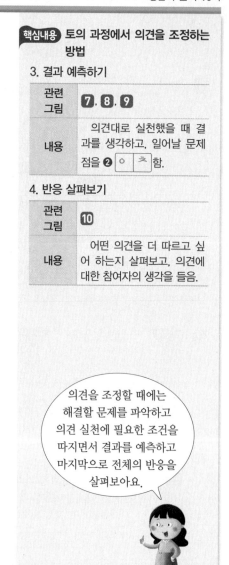

5 의견을 조정하기 위해 그림 **5**~**6**은 무엇을 하는 모습인지 생각하며 빈칸에 알맞은 말을 쓰시오.

> (   )을/를 찾아 의견을
> 뒷받침하는 모습이다.

6 그림 **7**~**9**는 의견을 조정하는 과정 중 무엇에 해당합니까? (   )

① 문제 파악하기
② 결과 예측하기
③ 반응 살펴보기
④ 결정한 의견 따르기
⑤ 의견 실천에 필요한 조건 따지기

교과서 문제
7 공기 청정기를 설치하면 어떤 문제가 일어날 수 있다고 했는지 쓰시오.

(   )

8 그림 **10**에서 사회자가 마지막으로 토의에 참여한 모든 사람의 생각을 물어보는 시간을 가진 까닭은 무엇일지 쓰시오.
서술형

_____

_____

가

학교 곳곳에 공기 청정기를 설치합니다. 공기 청정기가 공기를 깨끗하게 해 줄 것입니다.

나

심해지는 미세 먼지,
이제는 공기 청정기가 필수

학교 곳곳에 공기 청정기를 설치합니다. 신문 기사에 **실린** 전문가의 의견에 따르면 공기 청정기가 공기를 깨끗하게 해 준다고 합니다.

· **그림의 특징:** 근거 자료 없이 의견을 말하는 경우와 근거 자료를 제시하며 의견을 말하는 경우를 비교하여 보여 주며 자료의 중요성을 알려 주고 있습니다.

실린 글, 그림, 사진 따위가 책이나 신문 따위의 출판물에 나오게 된. 예 잡지에 우리 학교 사진이 <u>실렸습니다</u>.

3

9 그림 **가**와 **나**에서 제시한 의견은 무엇입니까?
( )

① 공기를 깨끗하게 유지하자.
② 공기 청정기의 단점을 생각하자.
③ 공기 청정기를 바르게 사용하자.
④ 공기 청정기를 깨끗하게 관리하자.
⑤ 학교 곳곳에 공기 청정기를 설치하자.

10 그림 **가**에서 의견에 대한 근거로 제시한 것은 무엇인지 쓰시오.
( )

11 그림 **가**에서 남자아이의 표정에 자신이 없어 보이는 까닭은 무엇입니까? ( )

① 말끝을 흐리며 말해서
② 문제에 대한 의견을 말하지 못해서
③ 의견에 대한 근거를 여러 가지 말해서
④ 의견을 뒷받침하는 근거를 말하지 못해서
⑤ 의견을 뒷받침할 객관적인 근거가 부족해서

12 그림 **나**에서 의견을 뒷받침하는 근거 자료로 무엇을 제시하였는지 쓰시오.
( )

교과서 문제
13 그림 **나**와 같이 보기 자료를 제시하면 어떤 점이 좋은지 알맞은 것을 두 가지 고르시오.
( )

① 근거를 제시하지 않아도 된다.
② 무조건 내 의견에 따르게 된다.
③ 정보를 눈으로 직접 확인할 수 있다.
④ 의견과 근거를 더 쉽게 이해할 수 있다.
⑤ 발표 내용 이외에도 더욱 풍부한 정보를 얻을 수 있다.

14 그림 **나**와 같이 눈으로 확인하기 쉬운 자료를 모두 고르시오.
( )

① 책 ② 그림
③ 사진 ④ 도표
⑤ 보고서

• **그림의 특징**: 근거 자료 없이 의견을 말하는 경우와 근거 자료를 제시하며 의견을 말하는 경우를 비교하여 보여 주며 자료의 중요성을 알려 주고 있습니다.

효과적(效 본받을 효, 果 열매 과, 的 과녁 적) 어떤 목적을 지닌 행위에 의하여 보람이나 좋은 결과가 드러나는 것.

15 그림 **가**와 **나**에서 제시한 의견은 무엇인지 쓰시오.

( )

16 그림 **가**에서 의견에 대한 근거로 제시한 것은 무엇인지 기호를 쓰시오.

> ㉮ 마스크는 값이 싸다.
> ㉯ 마스크는 많은 사람들이 쉽게 구할 수 있다.
> ㉰ 마스크는 몸에 해로운 미세 먼지를 막아 준다.

( )

교과서 문제
17 그림 **가**와 **나**는 무엇이 다른지 알맞게 말한 친구의 이름을 쓰시오.

> 수빈: 그림 **가**에서는 의견에 대한 근거를 제시하지 못했고, 그림 **나**에서는 의견에 대한 근거를 책에서 찾았어.
> 하은: 그림 **가**에서는 근거 자료 없이 자신의 의견을 말했고, 그림 **나**에서는 근거 자료를 제시하며 자신의 의견을 말했어.

( )

18 그림 **나**에서 의견을 뒷받침하는 근거 자료로 무엇을 제시하였는지 알맞은 것에 ○표 하시오.

(1) 책 ( )
(2) 신문 ( )
(3) 영상 자료 ( )

19 그림 **나**에서는 근거 자료를 어떻게 제시했습니까? ( )

① 사진을 사용해 만든 자료를 제시했다.
② 도표를 사용해 만든 자료를 제시했다.
③ 책을 읽어 본 사람들의 의견을 들려 주었다.
④ 실제 책을 보여 주면서 책 내용을 제시했다.
⑤ 듣는 사람들에게 관련 자료를 모두 나눠 주었다.

20* 그림 **나**와 같이 글을 읽어야 상세한 정보를 얻을 수 있는 자료를 모두 고르시오. ( )

① 책 ② 표
③ 도표 ④ 보고서
⑤ 설문 조사

정답과 풀이 10쪽

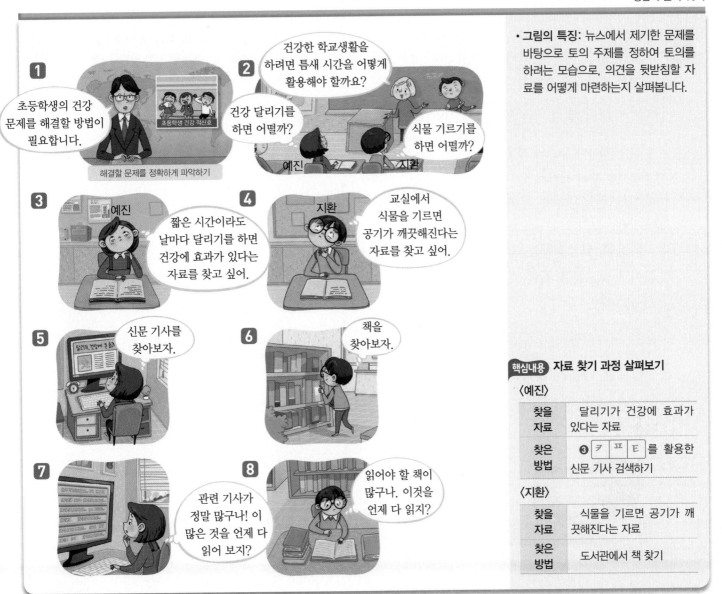

• **그림의 특징:** 뉴스에서 제기한 문제를 바탕으로 토의 주제를 정하여 토의를 하려는 모습으로, 의견을 뒷받침할 자료를 어떻게 마련하는지 살펴봅니다.

핵심내용 자료 찾기 과정 살펴보기

〈예진〉

찾을 자료	달리기가 건강에 효과가 있다는 자료
찾은 방법	❸ ㅋ ㅍ ㅌ 를 활용한 신문 기사 검색하기

〈지환〉

찾을 자료	식물을 기르면 공기가 깨끗해진다는 자료
찾은 방법	도서관에서 책 찾기

교과서 문제

21 토의 주제는 무엇인지 쓰시오.

_____

_____

22 예진이와 지환이가 생각한 의견에 알맞게 선으로 이으시오.

(1) 예진 •　　　• ① 식물을 기르자.

(2) 지환 •　　　• ② 건강 달리기를 하자.

23 예진이와 지환이는 자료를 마련하기 위해 무엇을 찾아보았는지 각각 쓰시오.

(1) 예진: (　　　　　　　　)

(2) 지환: (　　　　　　　　)

24 예진이와 지환이는 왜 곤란해하고 있는지 알맞은 것을 모두 찾아 기호를 쓰시오.

　㉮ 관련 기사가 너무 많았기 때문에
　㉯ 책의 내용이 너무 어려웠기 때문에
　㉰ 관련 기사를 하나도 찾지 못했기 때문에
　㉱ 책이 많아서 한꺼번에 읽기가 힘들기 때문에

(　　　　　　　)

가

찾고 싶은 자료와 관련한
신문 기사나 뉴스를 검색하는 방법
낱말을 컴퓨터로 검색한다.

↓

신문 기사나 뉴스의 제목을
중심으로 훑어 읽는다.

↓

의견을 뒷받침하는 기사
문이나 보도문을 찾아 자세
히 읽는다.

↓

필요한 내용을 정리하고
㉠날짜, 신문 또는 방송 이
름을 쓴다.

 나

찾고 싶은 자료와 관련한 책
을 찾는다.

↓

찾은 책의 차례를 살펴본다.

↓

내용을 건너뛰며 읽으면
서 의견을 뒷받침하는 내용
을 찾는다.

↓

의견을 뒷받침하는 내용을
좀 더 자세히 읽는다.

↓

필요한 내용을 정리하고
㉡책 제목, 글쓴이, 출판사
를 쓴다.

• 글의 특징: **가**는 검색한 신문 기사나
뉴스를 읽는 방법을, **나**는 찾은 책을
읽는 방법을 나타낸 것으로, 자료에 따
라 읽기 방법이 다름을 보여 주고 있
습니다.

자료의 출처를
쓰는 것은 믿을 수 있는,
정확한 자료임을 나타내기
위해서예요.

핵심내용 **자료에 따른 읽기 방법**

기사문, 보도문	제목을 중심으로 훑어 읽 다가 의견을 뒷받침하는 기 사를 자세히 읽음.
책	❹ ㅊ ㄹ 를 살펴서 건너 뛰며 읽음.

25 검색한 신문 기사나 뉴스는 무엇을 중심으로 훑어
읽습니까? ( )

① 제목
② 글쓴이
③ 기사 순서
④ 어려운 낱말
⑤ 글에 나타난 생각

27 **나**의 내용으로 보아, 자료로 찾은 책을 읽을 때에
가장 먼저 살펴볼 것은 무엇입니까? ( )

① 차례
② 글쓴이
③ 출판사
④ 전체 쪽수
⑤ 만든 날짜

교과서 문제
26 **가**에서 제목을 중심으로 자료를 훑어 읽는 까닭은
무엇일지 알맞은 것을 두 가지 고르시오.

( )

① 전체 내용을 한번에 외우려고
② 글의 자세한 내용은 알 필요가 없어서
③ 글쓴이를 보면 글의 내용을 짐작할 수 있어서
④ 제목을 읽으면 본문 내용을 예상할 수 있어서
⑤ 자료 읽기에 필요한 시간과 노력을 절약하려고

28 ㉠, ㉡처럼 자료의 출처를 쓰는 까닭은 무엇인지
알맞은 것의 기호를 쓰시오.

> ㉮ 사용한 자료를 모두 기억하기 위해서
> ㉯ 다른 사람이 사용하지 않게 하기 위해서
> ㉰ 믿을 수 있는, 정확한 자료임을 나타내기 위
> 해서

( )

가 세계보건기구[WHO]는 아동 비만을 21세기 최대 건강 문제 가운데 하나로 꼽고 있다. 한국도 예외는 아니다. 교육부에 따르면 2017년을 기준으로 우리나라 초중고 비만 학생은 100명당 약 17.3명인데 해마다 꾸준히 증가하고 있다.

영국의 한 초등학교에서 실시한 건강 달리기 프로그램이 성공을 거두어 큰 관심을 끌고 있다. 이 학교는 날마다 적절한 시간을 정해 1.6킬로미터를 달리게 하고 있다. 학생들을 관찰한 □□대학의 ○ 박사는 "이 학교의 학생들에게는 비만 문제가 보이지 않는다."라고 했다.

미국 일리노이주의 한 학교 역시 건강 달리기로 하루를 시작한다. 이 학교의 학생들은 건강은 물론 집중력도 향상되었고, 우울증과 불안감은 줄어들었다고 한다. /『○○신문』

나

요즘 초등학교에서는 건강 달리기에 많은 관심을 보이고 있습니다. ○○○ 기자의 보도입니다.

건강 달리기에 많은 관심 보여

한 초등학교 체육관에 아침 여덟 시부터 학생 마흔 명이 모여 있습니다. 가벼운 체조로 몸을 푼 뒤 이어지는 달리기 수업, 체육관에서 웃음소리가 끊이지 않습니다.

○○초등학교 건강 달리기

아침마다 운동을 하니까 기분이 상쾌해요. 그래서 공부가 더 잘돼요.

5학년 ○○○ 어린이

이 학교에서는 삼 년 동안 학생 백 명이 꾸준히 건강 달리기를 실시하여 비만 학생이 해마다 열네 명, 아홉 명, 네 명으로 줄어들었다고 합니다.

꾸준히 할수록 효과 커

「○○방송 뉴스」

• 글의 특징: **가**는 신문 기사에서 찾은 자료이고, **나**는 텔레비전 방송 뉴스 보도에서 찾은 자료입니다.

핵심내용 자료 내용 확인하기

가, 나 건강 ❺ⓒⓡⓖ에 대한 자료임.

우울증 기분이 언짢아 명랑하지 아니한 심리 상태. 흔히 고민, 무능, 비관, 염세, 허무 관념 따위에 사로잡힘. ㉞ 요즘은 우울증에 걸린 사람이 많다고 합니다.

29 **가**, **나**는 무엇에 대한 자료입니까? (   )

① 놀이 시간에 대한 자료
② 돌봄 운영에 대한 자료
③ 건강 달리기에 대한 자료
④ 점심 시간 활용에 대한 자료
⑤ 초등학교의 아침 스포츠에 대한 자료

교과서 문제
30 **가**는 어디에서 찾은 자료입니까? (   )

① 책   ② 보고서
③ 신문 기사   ④ 설문 조사
⑤ 텔레비전 방송 뉴스 보도

31 자료 **가**를 쉽게 읽을 수 없는 까닭은 무엇일지 알맞은 것에 ○표 하시오.

(1) 많은 내용을 글로만 설명해서   (   )
(2) 관심 없는 내용이 담겨 있어서   (   )
(3) 문장을 '~습니다'로 끝맺지 않아서   (   )

32 다음 빈칸에 알맞은 말은 무엇입니까? (   )

이와 같은 자료를 읽기 쉽게 하려면 간단히 읽을 수 있도록 □□□한다.

① 삭제   ② 요약   ③ 보충
④ 첨가   ⑤ 꾸며 쓰기

가 [아동 건강 문제]

- 세계보건기구: 아동 비만은 21세기 최대 건강 문제 가운데 하나
- 교육부: 우리나라 초중고 비만 학생은 100명당 약 17명(2017년 기준)

[건강 달리기의 효과]

- 비만 문제를 해결할 수 있다.
- 집중력이 향상되고, 우울증과 불안감이 줄어든다.

[건강 달리기를 실천한 예]

- 삼 년 동안 건강 달리기를 실시한 초등학교
- 비만 학생이 해마다 열네 명, 아홉 명, 네 명으로 줄어들었다.

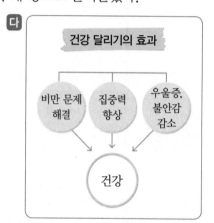

나 아동 건강 문제

100명당 비만 학생 수
17명
83명

다 건강 달리기의 효과

비만 문제 해결 → 집중력 향상 → 우울증, 불안감 감소 → 건강

- **가~다의 특징**: **가**는 신문 기사와 텔레비전 방송 뉴스 보도 자료를 정리하여 요약한 것이고, **나**와 **다**는 자료의 내용을 좀 더 알기 쉽게 표현한 것입니다.

핵심내용 찾은 자료를 알기 쉽게 표현할 때 생각할 점

- 정보를 어떻게 ❻ ○○ 할지 생각합니다.
- 사진이나 그림으로 나타낼 수 있는지 생각합니다.
- 단계나 표로 간단하게 나타낼 수 있는지 생각합니다.
- 자료 배치나 글씨 크기는 어떻게 할지 생각합니다.

---

33 **가**에서 요약한 건강 달리기의 효과로 알맞지 않은 것은 무엇입니까? ( )

① 식욕이 좋아진다.
② 집중력이 향상된다.
③ 우울증이 줄어든다.
④ 불안감이 줄어든다.
⑤ 비만 문제를 해결한다.

교과서 문제
34 **나**에서 아동 건강 문제를 어떻게 표현했는지 알맞은 것의 기호를 쓰시오.

> ㉮ 중요한 낱말만 제시하였다.
> ㉯ 비만 학생 수를 표로 나타냈다.
> ㉰ 비만 학생 수를 도표로 나타냈다.
> ㉱ 글에 그림을 추가하여 함께 설명했다.

( )

35 **다**에서 건강 달리기의 효과를 어떻게 표현했는지 알맞게 말한 것에 모두 ○표 하시오.

(1) 내용을 간단히 줄여서 썼다. ( )
(2) 건강 달리기 방법을 순서대로 표현했다.
( )
(3) 도형과 선, 화살표를 이용해 서로 연결했다.
( )

36 **나**, **다**와 같이 자료를 표현하면 효과적인 까닭은 무엇일지 알맞은 것의 기호를 쓰시오.

> ㉮ 글을 읽는 것보다 더 쉽고 빠르게 이해할 수 있기 때문이다.
> ㉯ 글로 설명한 것보다 내용이 더 자세하고 풍부하기 때문이다.

( )

• **그림의 특징**: 그림 가 와 나 는 우리 주변에서 해결해야 할 문제를 나타낸 것으로, 해결할 문제를 주제로 정하여 의견을 조정하며 토의할 수 있습니다.

> **핵심내용** 그림 가 와 나 에서 해결해야 할 문제

그림 가	❶ ㅇㄷㅈ 을 이용하는 학생 수가 많다.
그림 나	음식물 쓰레기가 많다.

해결해야 할 문제를 바탕으로 토의 주제를 정할 때에는 우리 모두와 관련이 있는 문제인지, 해결 방법을 찾을 수 있는 문제인지, 우리가 변화를 이끌어 낼 수 있는 문제인지를 고려해야 해요.

교과서 문제

1 그림 가 와 나 는 어디에서 일어나는 문제인지 알맞게 선으로 이으시오.

(1) 그림 가 •　　　　• ① 학교 급식실

(2) 그림 나 •　　　　• ② 학교 운동장

2 그림 가, 나 의 상황과 비슷한 경험을 한 적이 있는
 서술형 지 떠올려 조건 에 맞게 쓰시오.

> **조건**
> 가 또는 나 와 같은 장소에서 겪었던 상황을 떠올려 쓴다.

_____

_____

3 그림 나 를 보고 다음과 같이 토의 주제를 정했습니다. 주제에 대한 자신의 의견을 쓰시오.

> 음식물 쓰레기 문제를 해결할 수 있는 방법

(　　　　　　　　　　　　　　)

4* 토의를 하면서 의견을 조정할 때, 가장 먼저 할 일은 무엇인지 기호를 쓰시오.

> ㉮ 문제 파악하기
> ㉯ 결과 예측하기
> ㉰ 반응 살펴보기
> ㉱ 의견 실천에 필요한 조건 따지기

(　　　　　　　　　　　　　　)

낱말의 뜻

1 다음 뜻에 알맞은 낱말을 보기 에서 찾아 쓰시오.

보기

| 방안 | 효과적 | 우울증 | 실리다 |

(1) (   ): 기분이 언짢아 명랑하지 아니한 심리 상태.

(2) (   ): 일을 처리하거나 해결하여 나갈 방법이나 계획.

(3) (   ): 글, 그림, 사진 따위가 책이나 신문 따위의 출판물에 나오게 되다.

(4) (   ): 어떤 목적을 지닌 행위에 의하여 보람이나 좋은 결과가 드러나는 것.

비슷한말

2 밑줄 친 낱말과 바꾸어 써도 뜻이 통하는 말은 무엇입니까? (   )

날마다 달리기를 한 학생들은 우울증과 불안감이 <u>줄어들었다</u>.

① 예측했다　② 향상했다　③ 실시했다
④ 증가했다　⑤ 감소했다

여러 가지 뜻을 지닌 낱말

3 밑줄 친 낱말이 보기 와 같은 뜻으로 쓰인 문장에 ○표 하시오.

보기

토의에서 나온 의견을 실천하려면 무엇이 필요한지 <u>따져</u> 보았다.

(1) 아빠는 물건을 살 때 가격과 성능을 꼼꼼하게 <u>따진다</u>. (   )

(2) 성적이 아니라 그림 실력으로 <u>따지면</u> 내가 우리 반 일등이다. (   )

(3) 세희는 자신에 대해 헛소문을 퍼뜨리는 아이를 찾아가 <u>따졌다</u>. (   )

문장의 호응

4 밑줄 친 부분을 바르게 고친 것에 ○표 하시오.

(1)

좀처럼 친구들의 의견이 <u>좁혀졌다</u>.

(좁혀질 것이다 , 좁혀지지 않았다)

(2)

만약 주말에 비가 <u>오고</u> 나들이 장소를 바꾸기로 했다.

(온다면 , 올지라도)

낱말의 활용

5 빈칸에 들어갈 알맞은 낱말을 보기 에서 찾아 쓰시오.

보기

| 대처 | 예외 | 효과적 |

(1) 마스크 착용은 독감 예방에 (   )이다.

(2) 인공 지능 로봇의 등장으로 생기는 문제에 지혜롭게 (   )해야 한다.

(3) 세계 곳곳에서 이상 기후 현상이 나타나고 있는데 우리나라도 (   )은/는 아니다.

띄어쓰기

6 다음 설명을 읽고, 밑줄 친 부분의 띄어쓰기가 바른 문장을 두 가지 고르시오. (   )

'데'는 '곳'이나 '장소', '일'이나 '것', '경우'의 뜻을 나타내는 말이고, '수'는 어떤 일을 할 만한 능력이나 어떤 일이 일어날 가능성을 나타내는 말로, 앞말과 띄어 쓴다.

① 이 약은 배 <u>아픈데</u> 먹는 약이다.
② 발목을 삐어서 빨리 <u>걸을수</u> 없다.
③ 공기 청정기를 <u>설치하는 데</u> 비용이 들었다.
④ 일회용품을 안 쓰면 환경을 <u>보호할 수</u> 있다.
⑤ 오후에 <u>갈데 가</u> 있으니 학교가 끝나면 곧바로 집으로 오너라.

1~5

1

오늘은 미세 먼지가 심하니 외부 활동을 자제해 주시길 바랍니다. 체육 수업은 교실에서 하겠습니다.

날이 갈수록 심해지는 미세 먼지에 어떻게 대처해야 할까요?

2

마스크를 쓰고 생활합니다. 마스크가 몸에 해로운 미세 먼지를 막아 주기 때문입니다.

혁준

3

학교 곳곳에 공기 청정기를 설치합니다. 공기 청정기가 공기를 깨끗하게 해 줄 것입니다.

미소

4

공기 청정기가 없는 곳은 어떻게 하나요? 그럼 공기 청정기가 설치된 곳에서만 지내야 하나요?

5

마스크를 쓰는 것은 안 불편한 줄 아십니까? 마스크를 쓰면 답답하고 숨을 쉬기 어렵습니다.

6

하루 종일 공기 청정기를 켜 놓으면 전기 소모가 많을 수 있습니다.

7

미세 먼지를 걸러야 하는데 그깟 전기가 중요합니까? 정말 뭘 모르시는군요.

1 방송에서 안내한 내용에 모두 ○표 하시오.

(1) 체육 수업은 교실에서 하겠다. ( )

(2) 미세 먼지가 심해 수업을 중단하겠다. ( )

(3) 미세 먼지가 심하니 외부 활동을 자제하라.

( )

2 이 그림에서 아이들은 무엇을 하고 있는지 쓰시오.

( )

3 미소가 말한 의견과 근거는 무엇인지 쓰시오.

의견	(1)
근거	(2)

4 그림 **4**~**7**에 나타난 문제로 알맞은 것을 두 가지 고르시오. ( )

① 상대가 말할 때 끼어들었다.

② 아무도 의견을 말하지 않았다.

③ 상대의 의견을 비판하기만 했다.

④ 상대를 무시하는 듯한 말을 했다.

⑤ 해결할 문제를 제대로 파악하지 못했다.

5* 이와 같이 의견을 조정하지 않을 때 일어날 수 있는 일로 알맞은 것에 모두 ○표 하시오.

(1) 친구 사이가 나빠질 수 있다. ( )

(2) 상대가 내 의견에 따르게 된다. ( )

(3) 토의를 원활하게 진행할 수 없다. ( )

6 토의할 때 일어날 수 있는 문제 중 다음은 무엇과 관련 있는지 알맞은 것의 기호를 쓰시오.

시간이 부족해. 의견을 조정하지 못한 채 끝날 것 같아.

㉮ 토의 태도와 관련한 문제

㉯ 토의 진행과 관련한 문제

㉰ 의견 및 근거와 관련한 문제

( )

7 **서술형** 의견을 조정해야 하는 까닭은 무엇인지 생각하여 쓰시오.

_____

_____

8 토의 과정에서 의견을 조정하는 방법에 맞게 순서대로 번호를 쓰시오.

(1) 해결하려는 문제를 정확히 파악한다. ( )

(2) 의견에 대한 토의 참여자의 생각을 듣는다.
( )

(3) 문제를 해결하기에 적합한 의견인지 생각한다.
( )

(4) 의견을 실천했을 때 일어날 수 있는 문제점을 예측해 본다. ( )

9~10

```
1   의견을 모으지              의견을 조정할
    않으면 갈등이 더 심해질     필요가 있습니다.
    것 같습니다.

    동의합니다. 처음에
    우리가 토의로 해결하려고 했던
    문제는 무엇이었죠?

2   미세 먼지에             3   그렇군요. 토의로
    대처하는 방안을             해결하려는 문제를 정확히
    마련하는 것입니다.          파악해야 했습니다.
```

9 그림 1 ~ 3 은 의견을 조정하는 과정 중 무엇에 해당합니까? ( )

① 문제 파악하기   ② 결과 예측하기
③ 반응 살펴보기   ④ 의견 결정하기
⑤ 의견 실천에 필요한 조건 따지기

10 처음에 토의로 해결하려고 했던 문제는 무엇이었는지 쓰시오.

( )

11 의견을 조정하는 과정에 필요한 태도가 <u>아닌</u> 것은 무엇입니까? ( )

① 결정한 의견에 따른다.
② 의견과 발언에 집중한다.
③ 해결 방안을 끝까지 알아본다.
④ 자기의 의견만 끝까지 주장한다.
⑤ 자신의 생각을 적극적으로 표현한다.

12~13

12 **서술형** 그림 가 와 나 는 무엇이 다른지 쓰시오.

_____

_____

13 그림 나 에서 남자아이가 사용하는 자료의 특징으로 알맞은 것의 기호를 쓰시오.

㉮ 실물을 볼 수 있다.
㉯ 정보를 눈으로 직접 확인할 수 있다.
㉰ 글을 읽어야 상세한 정보를 얻을 수 있다.

( )

14~16

14 그림 **1**에서 제시한 매체는 무엇입니까?( )

① 그림 　　② 도표 　　③ 사진
④ 신문 기사 　　⑤ 텔레비전 방송 뉴스

15
서술형

예진이가 생각한 의견과 의견을 뒷받침하기 위해 찾고 싶은 자료는 무엇인지 쓰시오.

의견	(1)
뒷받침할 자료	(2)

16 예진이가 찾고 싶은 자료를 신문 기사에서 찾았습니다. 자료를 읽는 방법으로 알맞은 것을 두 가지 고르시오. ( )

① 제목을 중심으로 훑어 읽는다.
② 차례를 살펴서 건너뛰며 읽는다.
③ 관심 없는 기사도 빠짐없이 읽는다.
④ 유명한 사람이 쓴 글만 골라 읽는다.
⑤ 의견을 뒷받침하는 기사를 자세히 읽는다.

17 다음 빈칸에 알맞은 말은 무엇입니까? ( )

> 자료로 찾은 책을 읽을 때에는 ☐☐☐을/를 살펴서 건너뛰며 읽고 의견을 뒷받침하는 내용을 찾아 좀 더 자세히 읽는다.

① 차례 　　② 제목 　　③ 출판사
④ 책 표지 　　⑤ 글쓴이

18~19

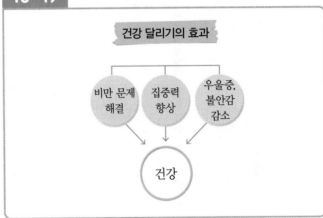

18 이 자료에서 제목은 무엇인지 쓰시오.

( )

19 글로 된 자료를 이와 같이 표현할 때의 효과로 알맞은 것을 두 가지 고르시오. ( )

① 복잡하게 표현할 수 있다.
② 기억에 오래 남을 수 있다.
③ 더 자세한 정보를 얻을 수 있다.
④ 더 쉽고 빠르게 이해할 수 있다.
⑤ 전달하려는 내용 이외에도 풍부한 정보를 줄 수 있다.

20 자료를 알기 쉽게 표현하기 위해 생각할 점으로 알맞지 <u>않은</u> 것은 무엇입니까? ( )

① 글씨는 무조건 크게 한다.
② 정보를 어떻게 요약할지 생각한다.
③ 자료 배치를 어떻게 할지 생각한다.
④ 사진, 그림으로 나타낼 수 있는지 생각한다.
⑤ 단계나 표로 간단히 나타낼 수 있는지 생각한다.

1

1 동의합니다. 처음에 우리가 토의로 해결하려고 했던 문제는 무엇이었죠?

의견을 모으지 않으면 갈등이 더 심해질 것 같습니다.

의견을 조정할 필요가 있습니다.

2 미세 먼지에 대처하는 방안을 마련하는 것입니다.

3 그렇군요. 토의로 해결하려는 문제를 정확히 파악해야 했습니다.

4 맞아요. 그리고 의견을 실천하려면 무엇이 필요한지 따질 필요가 있겠군요. 자세한 자료를 찾아 각자 의견을 뒷받침해 봅시다.

1단계 낱말 쓰기 │ 사회자가 처음에 물어본 것은 무엇인지 빈칸에 알맞은 말을 쓰시오. [2점]

• 해결할 ( )이/가 무엇인지 물었다.

2단계 문장 쓰기 │ **1단계**에서 답한 것처럼 사회자가 토의로 해결할 문제를 다시 물어본 까닭은 무엇인지 쓰시오. [4점]

_____

_____

3단계 생각 쓰기 │ 그림 **4**는 의견을 조정하는 과정 중 '의견 실천에 필요한 조건 따지기'입니다. 이 과정에서 할 일을 정리하여 두 가지 쓰시오. [6점]

(1) _____

_____

(2) _____

_____

2~4

　세계보건기구[WHO]는 아동 비만을 21세기 최대 건강 문제 가운데 하나로 꼽고 있다. 한국도 예외는 아니다. 교육부에 따르면 2017년을 기준으로 우리나라 초중고 비만 학생은 100명당 약 17.3명인데 해마다 꾸준히 증가하고 있다.

　『영국의 한 초등학교에서 실시한 건강 달리기 프로그램이 성공을 거두어 큰 관심을 끌고 있다. 이 학교는 날마다 적절한 시간을 정해 1.6킬로미터를 달리게 하고 있다. 학생들을 관찰한 □□대학의 ○○박사는 "이 학교의 학생들에게는 비만 문제가 보이지 않는다."라고 했다.

　미국 일리노이주의 한 학교 역시 건강 달리기로 하루를 시작한다. 이 학교의 학생들은 건강은 물론 집중력도 향상되었고, 우울증과 불안감은 줄어들었다고 한다.』／『○○신문』

2 아동 비만에 대한 세계보건기구의 생각은 무엇인지 쓰시오. [4점]

_____

_____

3 이 자료를 쉽게 읽을 수 있는지 평가하고, 그렇게 생각한 까닭을 쓰시오. [5점]

_____

_____

_____

4 『 』부분을 다음과 같이 읽기 쉽게 요약하려고 합니다. 알맞은 내용을 쓰시오. [5점]

> [건강 달리기의 효과]
> • 비만 문제를 해결할 수 있다.
> • _____

🤓 수행 평가

3 의견을 조정하며 토의해요

학습 주제	의견을 조정하며 토의하기	배점	20점
학습 목표	의견을 조정하는 절차에 맞게 의견을 조정하며 토의할 수 있다.		

● 다음 그림을 보고, 물음에 답하시오.

토의 주제	음식물 쓰레기 문제를 해결할 수 있는 방법

의견	자율 배식을 하자.
근거	자신이 먹고 싶은 만큼만 음식을 가져가기 때문에 쓰레기가 생기지 않을 것이다.

1 이 그림을 보고 절차에 따라 의견을 조정하려고 합니다. 다음 질문에 답하며 의견을 조정해 보시오. [20점]

문제 파악하기	해결하려는 문제가 무엇인가?

음식물 쓰레기 문제를 해결할 수 있는 방법

⬇

의견 실천에 필요한 조건 따지기	의견을 실천하려면 무엇이 필요할까?

자율 배식이 음식물 쓰레기 문제를 해결해 줄 수 있는가?

⬇

결과 예측하기	의견을 실천하면 어떤 결과가 따를까?

(1)

⬇

반응 살펴보기	다른 친구들은 어떻게 생각할까?

(2)

4 겪은 일을 써요

1 호응 관계를 생각하며 겪은 일이 드러난 글 읽기

문장 성분의 호응이 잘 이루어져야 문장의 뜻을 바르게 이해할 수 있어요.

① 문장 성분의 호응 관계를 생각하며 글을 읽습니다.

② 문장 성분의 호응이 바르지 않은 문장을 찾아 바르게 고쳐 봅니다.

예 「나만 미워해」에서 문장 성분의 호응이 바르지 않은 문장 찾기

> • 어머니의 표정이 별로 좋아 보였다.(→ 좋아 보이지 않았다.)
> • 아버지가 불렀다.(→ 아버지께서 부르셨다.)
> • 웃음이 피식 웃어 버렸다.(→ 나는)

★★ 2 문장 성분의 호응 관계 알기

① 주어와 서술어의 호응 관계가 알맞아야 합니다.

② 시간을 나타내는 말과 서술어의 호응 관계가 알맞아야 합니다.

③ 높임의 대상을 나타내는 말과 서술어의 호응 관계가 알맞아야 합니다.

④ '결코, 전혀, 별로'와 같은 낱말과 서술어의 호응 관계가 알맞아야 합니다.

'결코, 전혀, 별로'와 같은 낱말은 '−지 않다. −지 못하다'와 같은 부정적인 서술어 또는
'안', '못'이 꾸며 주는 서술어와 호응해요.

★★ 3 겪은 일이 드러나게 글 쓰기

글쓰기 과정	방법
계획하기	목적, 읽는 사람, 주제, 글의 종류 등을 정하기
내용 생성하기	글로 쓰고 싶은 일이나 생각 중 어떤 글감으로 글을 쓸지 정하기
내용 조직하기	• 시간 순서대로 경험한 일의 중심 내용만 하나씩 적기 • 글 내용의 차례를 정하고 비슷한 내용은 묶기 • 글의 앞부분이나 뒷부분에 들어갈 내용을 정하기 • 들어갈 내용을 처음−가운데−끝으로 나누기
표현하기	• 읽는 사람이 흥미를 느낄 수 있는 제목과 글머리 정하기 • 읽는 사람이 이해할 수 있도록 쓰고, 주제와 관련한 여러 가지 내용으로 쓰기 글머리 쓰는 방법: 날씨 표현으로 시작하기, 대화 글로 시작하기, 인물 설명으로 시작하기, 속담이나 격언으로 시작하기, 의성어나 • 주제가 잘 드러나게 마무리하기 의태어로 시작하기, 상황 설명으로 시작하기
고쳐쓰기	내용, 조직, 표현으로 구분하여 고쳐 쓸 부분을 살펴보고 알맞게 고치기

4 매체를 활용해 겪은 일이 드러나는 글 쓰기

① 활용할 매체를 정하고 매체를 활용할 때 주의할 점을 알아봅니다.

② 매체를 활용해 글을 씁니다.

③ 의견을 주고받고 고쳐 씁니다.

개념 확인하기   정답과 풀이 13쪽

1 다음 빈칸에 알맞은 말을 쓰시오.

> 문장 성분의 (   )
> 이/가 잘 이루어져야 문장의
> 뜻을 바르게 이해할 수 있다.

2 '어제'와 호응하는 서술어를 찾아 기호를 쓰시오.

> ㉮ ~한다.
> ㉯ ~했다.
> ㉰ ~할 것이다.

(   )

3 다음은 글머리를 어떻게 시작한 것인지 알맞은 것에 ○표 하시오.

> "가는 날이 장날"이라더니 해변은 축제 때문에 사람들로 가득했다.

⑴ 인물 설명으로 시작하기

(   )

⑵ 속담이나 격언으로 시작하기

(   )

4 매체를 활용해 겪은 일이 드러나게 글을 쓰는 과정에 맞게 순서대로 번호를 쓰시오.

⑴ 고쳐쓰기   (   )

⑵ 의견 주고받기   (   )

⑶ 활용할 매체 정하기(   )

⑷ 매체를 활용해 글 쓰기

(   )

나만 미워해

- 글의 종류: 생활문
- 글의 특징: 동생과 장난을 치다가 아버지께 혼나고 서러웠지만 금방 마음이 풀렸던 일을 떠올려 쓴 글입니다.

미리 보기

| 용준이가 장난을 쳐서 아픈 건 '나'였는데 오히려 용준이가 울려고 했습니다. | → | 아버지께 꾸중을 듣고 억울하고 화가 나서 '나'는 방으로 들어갔습니다. | → | 아버지께서 달래 주시고 용준이도 사과하여 화가 났던 마음이 풀렸습니다. |

1 "아함! 졸려."
　　일이 일어난 때
　⊙어제저녁에 방에서 컴퓨터를 하는데 졸음이 밀려온다. 안방으로 가서 가만히 누워 있는데 내 동생 용준이가 나를 툭툭 치며 장난을 걸어왔다. 나는 용준이가 또 덤빌까 봐 용준이 손을 잡고 안 놓아주었다. 그러다가 그만 내 눈에 쇳덩어리(용준이 머리)가 '쿵' 하고 부딪쳤다.
　"아야!"
　나는 너무 아파서 눈물을 글썽였다. 그랬더니 용준이가 혼날까 봐 따라 울려고 그랬다. 나는 결코 용준이를 아프게 한 적이 없는데도 말이다.
　"야, 네가 왜 울어?"

중심 내용 1 용준이의 장난으로 아픈 것은 '나'인데 오히려 용준이가 혼날까 봐 울려고 그랬다.

2 그때였다. 아버지께서 눈을 크게 뜨시며
　"진윤서, 너 왜 동생 울려?"
하고 큰소리를 내셨다. 나한테만 뭐라고 하시는 아버지를 이해할 수 없었다. 나는 화가 나서 울며 내 방으로 들어가 침대에 누웠다.
　　　　　　　　　　억울하고 속상한 마음
　'쳇, 나한테만 뭐라고 하고……'
　용준이가 문을 똑똑 두드렸다.
　"누나야, 문 열어 봐."
　"싫어."
　나는 앞으로 용준이와 놀아 주지 않겠다고 다짐했다. 한참 있다가 어머니께서 오셨다. 문을 열어 보라고 하시는데 ⓒ어머니의 목소리가 별로 좋아 보였다. 나는 혼이 날까 봐 살짝 문을 열었다.

툭툭 자꾸 가볍게 슬쩍슬쩍 치거나 건드리는 소리. 또는 그 모양.
덤빌까 마구 대들거나 달려들까.

결코 어떤 경우에도 절대로. ⑩ 그 일은 결코 내가 잘못한 것이 아닙니다.

---

1 '내'가 화가 난 까닭으로 알맞은 것에 ○표 하시오.

(1) 용준이가 잘못한 일인데 아버지께서 '나'한테만 뭐라고 하셨기 때문에 　　　　(　　)

(2) 용준이가 장난을 치고 떠들며 곤히 잠을 자고 있던 '나'를 깨웠기 때문에 　　　　(　　)

2 '나'는 어떤 다짐을 했습니까? 　　(　　)

① 용준이를 울리지 않겠다.
② 아버지와 말하지 않겠다.
③ 아버지께 화를 내지 않겠다.
④ 앞으로 용준이와 놀아 주지 않겠다.
⑤ 용준이의 사과를 받아 주지 않겠다.

3 ⊙에서 고쳐야 할 부분을 찾아 쓰고, 바르게 고쳐 쓰시오.

(　　　　　　　) → (　　　　　　　)

교과서 문제
4 ⓒ이 잘못된 까닭은 무엇입니까? 　　(　　)

① 주어가 빠져 있어서
② '어머니의 목소리'를 높여서
③ 높임 표현을 사용하지 않아서
④ 과거를 나타내는 말을 사용해서
⑤ '별로'라는 말과 뒤의 서술어가 어울리지 않아서

"윤서야, 너 좋아하는 연속극 해."

"일기 쓸래요."

중심 내용 2 '나'는 화가 나고 속상해서 방으로 들어갔고, 걱정이 된 어머니께서 문을 열어 보라고 하셨다.

3 ㉠그때 안방에서 아버지가 불렀다.

"윤서야, 이리 와 봐."

나는 입을 쭉 내밀고 절대 앉기 싫다는 표정으로 아버지 옆에 앉았다.

"왜 울었어?"

"잘못은 용준이가 했는데 저만 야단맞아서요."

"서러웠니?"

"예."

"윤서가 다 컸다고 아빠가 쉽게 생각했어. 미안하구나."

"……."

"용준이 너 이리 와."

아버지의 호령에 용준이가 똥 마려운 아이처럼 쭈뼛쭈뼛 다가왔다.

"누나……, 미안."

용준이가 씩 웃으며 나를 쳐다보았다. 웃음이 나오려
_{화가 났던 '나'의 마음이 풀어진 까닭}
는 것을 참고 아버지 쪽으로 얼굴을 돌렸는데 아버지께서 손으로 하트 모양을 만들고 계셨다. ㉡그만 웃음이 피식 웃어 버렸다. 아버지께서도 웃으셨다. 내 마음이 녹아 버렸다.

> 문장 성분의 호응이 바르지 않은 문장을 찾고 바르게 고쳐 쓰는 문제가 자주 출제돼.

"윤서야, 연속극 보고 가."

"그냥 일기 쓸래요."/"그래? 알았다."

나는 내 방으로 들어와서 일기를 썼다.

'역시 가족은 가족이구나. 이런 것이 가족의 정이지.'
_{'내'가 글에 나타내고 싶은 생각}

중심 내용 3 '나'는 아버지께서 달래 주시고, 용준이가 사과하여 마음이 풀렸다.

서러웠니 원통하고 슬펐니.
호령(號 부르짖을 호, 令 명령할 령) 부하나 동물 따위를 지휘하여 명령함. 또는 그 명령.

쭈뼛쭈뼛 어줍거나 부끄러워서 자꾸 주저주저하거나 머뭇거리는 모양. '주뼛주뼛'보다 센 느낌을 줌. ⓔ 몸무게를 잴 시간이 되자 아이들이 쭈뼛쭈뼛 앞으로 나왔습니다.

---

5 '내'가 운 까닭은 무엇입니까? ( )

① 아버지께 매를 맞아서

② 연속극이 너무 슬퍼서

③ 아버지께서 사과해 주셔서

④ 오늘 일을 일기로 쓰다가 너무 속상해서

⑤ 잘못은 용준이가 했는데 자신만 야단맞아서

6 ㉠에서 어떤 점이 잘못되었는지 쓰고, 바르게 고쳐 쓰시오.
서술형

(1) 잘못된 점: _____

_____

(2) 바른 문장: _____

_____

7★ 다음은 ㉡에서 잘못된 점을 정리한 것입니다. 고쳐야 할 부분은 어디입니까? ( )

> 서술어에 대한 주어가 잘못되었다.

> ①그만 ②웃음이 ③피식 ④웃어 ⑤버렸다.

교과서 문제

8 다음은 '내'가 이 글을 쓰면서 생각한 내용입니다. 어느 과정에 해당하는지 ○표 하시오.

> 용준이 모습을 좀 더 재미있게 표현해 보자.
>
> 읽는 사람이 관심을 보일 만한 제목으로 무엇이 좋을까?
>
> 대화 내용을 실감 나게 쓰면 읽는 사람이 더 흥미롭게 읽을 수 있을 거야.

(1) 계획하기 ( ) (2) 표현하기 ( )

(3) 고쳐쓰기 ( ) (4) 조직하기 ( )

교과서 문제

1 다음 문장에서 밑줄 친 부분을 고친 까닭과 관계 있는 것을 보기 에서 찾아 기호를 쓰시오.

보기
㉠ 주어와 서술어의 호응 관계가 바르지 않다.
㉡ 시간을 나타내는 말과 서술어의 호응 관계가 바르지 않다.
㉢ 높임의 대상을 나타내는 말과 서술어의 호응 관계가 바르지 않다.

(1)
우리가 환경을 보호해야 하는 까닭은 환경 파괴의 피해가 결국 우리에게 돌아오는 것이라고 생각한다.
→ (돌아오기 때문이다)

(   )

(2)
할아버지는 얼른 밥을 다 먹고 또 일하러 나가셨다.
→ (할아버지께서는 얼른 진지를 다 잡수시고)

(   )

(3)
어제저녁 우리 가족은 함께 동네 공원으로 산책을 나간다.
→ (나갔다)

(   )

2~4

1 나는 ㉠친구가 거짓말을 한 것이 ㉡결코 바른 ㉢행동이라고 생각한다.
2 선생님 말씀은 전혀 들어 본 내용이었다.
3 나는 책 읽기를 별로 좋아하는 편이다.

2 ㉠~㉢ 중 문장 성분의 호응 관계에 주의해야 할 낱말은 무엇인지 찾아 기호를 쓰시오.

(   )

3 2 의 문장이 잘못된 까닭은 무엇입니까?

(   )

① 주어와 서술어가 빠져 있어서
② '전혀'와 서술어가 어울리지 않아서
③ 서술어에 대한 주어가 어울리지 않아서
④ 높임의 대상에 따른 서술어가 어울리지 않아서
⑤ 시간을 나타내는 말에 대한 서술어가 어울리지 않아서

교과서 문제

4 문장 3 을 바른 문장이 되도록 고쳐 쓰시오.

_____

_____

5* 다음 중 낱말과 호응하는 서술어가 알맞게 짝 지어지지 않은 것은 무엇입니까? (   )

① 여간 ~ 아니다.
② 그다지 ~ -지 않다.
③ 아마 ~ -일 것이다.
④ 절대로 ~ -해도 된다.
⑤ 도저히 ~ -할 수 없다.

6 보기 와 같이 빈칸에 알맞은 말을 넣어 문장을 완성하시오.

보기
나는 게임하는 것을 별로 좋아하지 않는다.

나는 내일 _____

_____

7 겪은 일이 드러나는 글을 쓰고 글 모음집에 실으려고 합니다. 계획하기 단계에서 생각할 점이 <u>아닌</u> 것은 무엇입니까? ( )

① 글의 종류
② 쓰는 목적
③ 글의 주제
④ 읽는 사람
⑤ 고쳐 쓸 부분 정하기

교과서 문제
8 겪은 일이 드러나는 글을 쓰기 위해 떠올린 겪은 일 또는 생각 중에서 글감으로 정할 수 있는 것에 ○표 하시오.

(1) 주제가 잘 드러나지 않는 것 ( )
(2) 누구나 경험할 수 없는 특별한 것 ( )
(3) 내용을 자세히 풀어 쓸 수 없는 것 ( )

9 다음 빈칸에 공통으로 들어갈 말을 쓰시오.

> ☐☐☐은/는 자신이 글로 나타내고 싶은 생각을 말한다. 좋은 ☐☐☐과/와 제목은 읽는 사람에게 관심을 끌어 읽고 싶은 생각이 들게 한다.

( )

10 글을 어떻게 쓸지 생각하며 글 내용을 조직하는 방법으로 알맞지 <u>않은</u> 것은 무엇입니까? ( )

① 글 내용의 차례를 정한다.
② 비슷한 내용은 같이 묶는다.
③ 글을 처음-가운데-끝의 세 부분으로 나눈다.
④ 시간 순서로 있었던 일의 중심 내용을 하나씩 써 본다.
⑤ 글의 앞부분에 들어갈 내용만 정하고 뒷부분에 들어갈 내용은 정하지 않는다.

11 겪은 일이 드러나는 글을 쓸 때 읽는 사람이 흥미를 느낄 수 있는 제목과 글머리는 어느 부분에 들어가야 할지 알맞은 것의 기호를 쓰시오.

> ㉮ 끝 ㉯ 처음 ㉰ 가운데

( )

12 다음 글머리는 어떤 방법으로 시작한 것입니까? ( )

> 하늘에서 물을 바가지로 퍼붓는 듯 비가 내리는 날이었다.

① 대화 글로 시작하기
② 날씨 표현으로 시작하기
③ 인물 설명으로 시작하기
④ 의성어나 의태어로 시작하기
⑤ 속담이나 격언으로 시작하기

13 글을 쓸 때 생각할 점으로 알맞지 <u>않은</u> 것은 무엇입니까? ( )

① 글의 주제가 잘 드러났는가?
② 읽는 사람이 흥미를 느낄 만한 글머리인가?
③ 글 내용이 쉽게 드러나지 않도록 제목을 정했는가?
④ 글의 내용 전개가 적절하며 글이 잘 마무리되었는가?
⑤ 읽는 사람이 재미있게 읽을 수 있도록 적절한 표현 방법을 사용했는가?

14 매체를 활용해 겪은 일이 드러나는 글을 쓸 때 가장 마지막에 할 일은 무엇입니까? ( )

① 글을 고쳐 쓴다.
② 활용할 매체를 정한다.
③ 매체를 활용해 글을 쓴다.
④ 매체를 활용해 의견을 주고받는다.
⑤ 매체를 활용할 때 주의할 점을 알아본다.

15 우리 학급에서 활용할 매체는 어떤 조건을 갖추어야 한다고 했는지 알맞은 것을 모두 고르시오.
( )

① 학교에서 사용할 수 있어야 한다.
② 다른 학급에서 볼 수 없어야 한다.
③ 반 학생이 모두 사용할 수 있어야 한다.
④ 다른 학급에서 활용하지 않는 매체여야 한다.
⑤ 긴 글을 쉽게 올리고 다 같이 읽어 볼 수 있어야 한다.

16 우리 학급에서 정한 매체는 무엇인지 쓰시오.
( )

15~16

문제 파악하기

• 무엇을 결정해야 하나요?
우리 학급에서 사용할 매체입니다.

• 무엇에 활용하려고 하나요?
우리가 쓴 글을 올리고 의견을 주고받을 것입니다.

의견 실천에 필요한 조건 따지기

• 어떤 매체가 있나요?
누리집, 블로그, 누리 소통망, 전자 우편 등이 있습니다.

• 활용할 매체는 어떤 조건을 갖추어야 하나요?
– 반 학생이 모두 사용할 수 있어야 합니다.
– 긴 글을 쉽게 올리고 다 같이 읽어 볼 수 있어야 합니다.
– 학교에서 사용할 수 있어야 합니다.

결과 예측하기

• 어떤 매체를 활용할까요?
단체 대화방입니다.

• 이 매체를 활용했을 때 어떤 문제가 있을까요?
스마트폰이 없는 친구들이 있습니다.

반응 살펴보기

• 다른 친구들은 어떻게 생각하나요?
학급 누리집을 사용하는 방법이 있습니다.

• 학급에서 정한 매체는 무엇인가요?
학급 누리집입니다.

교과서 문제
17 매체를 활용해 글을 쓰거나 의견을 나눌 때 주의할 점으로 알맞지 <u>않은</u> 것의 기호를 쓰시오.

㉮ 예의를 갖추어 글을 쓴다.
㉯ 누가 쓴 글인지 이름을 밝힌다.
㉰ 다른 사람의 글은 출처를 밝히지 않고 복사해서 사용한다.
㉱ 친구의 의견에서 잘한 점을 칭찬하고 고칠 부분을 말해 준다.

( )

18 매체를 활용해 의견을 주고받을 때 친구가 쓴 글에 쓸 수 있는 의견으로 알맞은 것을 모두 고르시오.
( )

① 고칠 부분 말하기
② 잘한 점 칭찬하기
③ 거친 말로 비난하기
④ 친구의 글을 그대로 복사하여 쓰기
⑤ 자신이 쓴 글과 비교하고 새롭게 생각한 것 쓰기

가

나

다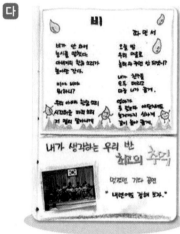

라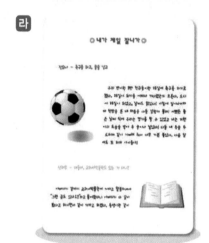

• **그림의 특징:** 친구들의 작품을 모아 만든 여러 가지 글 모음집을 나타낸 것으로, 각각의 글 모음집의 장단점을 알아볼 수 있습니다.

핵심내용 글 모음집을 만들기 전에 정해야 할 것 예

• 만드는 목적 • 만드는 방법
• 읽을 사람 • 분량
• 펴낼 시기 • ❶ ㅈ ㅁ
• 들어갈 내용과 차례

스마트 기기를 활용해 전자책과 같은 형식으로도 만들 수 있어요. 여러 가지 방법 가운데에서 학급 상황에 맞는 방법을 찾아 글 모음집을 만들어 봐요.

1
서술형 이와 같은 글 모음집을 만드는 까닭은 무엇일지 생각하여 한 가지만 쓰시오.

_____

_____

3 다음은 글 모음집 다와 라 중 무엇에 대한 설명인지 각각 알맞게 기호를 쓰시오.

(1) 컴퓨터로 편집한 것이다.

( )

(2) 학생들이 손 글씨로 내용을 쓴 것이다.

( )

교과서 문제
2 글 모음집 가와 나의 표지에 대한 설명으로 알맞은 것을 찾아 선으로 이으시오.

(1) •

• ① 손으로 직접 그림을 그리고 글을 쓴 표지이다.

(2) •

• ② 컴퓨터로 편집한 표지이다.

4★ 글 모음집 가~라의 특징으로 보아, 컴퓨터로 편집하여 글 모음집을 만들 때의 장점은 무엇인지 알맞은 것을 모두 찾아 기호를 쓰시오.

㉮ 깔끔하다.
㉯ 수정이 쉽다.
㉰ 정감이 있다.
㉱ 직접 그린 그림을 보여 줄 수 있다.

( )

낱말의 뜻

1 다음 낱말의 뜻을 찾아 알맞게 선으로 이으시오.

(1) 호령 • • ① 원통하고 슬프다.

(2) 결코 • • ② 마구 대들거나 달려들다.

(3) 서럽다 • • ③ 어떤 경우에도 절대로.

(4) 덤비다 • • ④ 부하나 동물 따위를 지휘하여 명령함.

낱말의 활용

2 밑줄 친 낱말의 쓰임이 알맞지 <u>않은</u> 것을 두 가지 고르시오. ( )

① 졸음이 <u>밀려와서</u> 꾸벅꾸벅 졸았다.
② 장군이 병사들에게 <u>호령</u>을 내렸다.
③ 진이가 자신감 있게 <u>쭈뼛쭈뼛</u> 발표했다.
④ 아픈 강아지가 가여워 눈물을 <u>글썽였다.</u>
⑤ 공부하다가 궁금한 게 있어서 선생님께 <u>덤볐다.</u>

다른 대상에게 무엇을 하도록 시키는 것을 나타낼 때에는 낱말에 '-이-', '-히-', '-리-' 등을 붙여.

낱말의 형태

3 보기 와 같이 문장에 어울리게 밑줄 친 낱말을 바꾸어 쓰시오.

보기
• 동생이 <u>울다.</u> → 누나가 동생을 <u>울리다.</u>

(1) 연이 <u>날다.</u> → 민호가 연을 ( ).
(2) 라면이 <u>끓다.</u>
　　　　 → 형이 라면을 ( ).
(3) 윤서가 침대에 <u>눕다.</u>
　　　　 → 윤서가 아기를 침대에 ( ).

둘 이상의 낱말이 합쳐진 말

4 낱말에 대해 잘못 설명한 친구에게 ×표 하시오.

(1) 현아: '큰소리'는 '크다'와 '소리'가 합쳐진 말로 목청을 돋워 가며 야단치는 소리를 뜻해.
( )

(2) 진영: '쇳덩어리'는 '쇠'와 '덩어리'가 합쳐진 말로 쇠붙이가 뭉쳐져서 된 덩어리를 뜻해.
( )

(3) 석원: '연속극'은 '연'과 '속극'이 합쳐진 말로, 일정한 시간을 정하여 조금씩 이어서 방송하는 극을 말해.
( )

같은 표기 다른 뜻

5 빈칸에 공통으로 들어갈 낱말은 무엇입니까?
( )

• 밤새 세찬 눈보라가 [　　　].
• 국이 싱거워서 소금을 조금 [　　　].
• 뒤에 앉은 솔이가 내 어깨를 툭툭 [　　　].

① 썼다 　　② 짰다 　　③ 뿌렸다
④ 쳤다 　　⑤ 불었다

낱말의 발음

6 다음 설명을 읽고, 밑줄 친 말을 바르게 발음한 것에 ○표 하시오.

앞말의 받침 'ㄱ', 'ㄷ', 'ㅂ' 뒤에 오는 'ㄱ', 'ㄷ', 'ㅂ', 'ㅅ', 'ㅈ'은 '[ㄲ]', '[ㄸ]', '[ㅃ]', '[ㅆ]', '[ㅉ]'으로 발음한다. 예 책방[책빵]

(1) 친구와 손을 잡고 걸었다. → [잡꼬 , 짭고]
(2) 내가 대답을 하지 않자 어머니께서는 더 이상 <u>묻지</u> 않으셨다. → [묻디 , 묻찌]
(3) 감기에 걸려서 <u>목소리</u>가 이상하다.
　　　　　　　　　　→ [목소리 , 목쏘리]

1 다음 빈칸에 들어갈 알맞은 말을 쓰시오.

> 주어, 목적어, 서술어와 같이 문장을 구성하는 부분을 ⬚⬚⬚⬚(이)라고 한다.

( )

2~4

> 어제저녁에 방에서 컴퓨터를 하는데 졸음이 ㉠밀려온다. 안방으로 가서 가만히 누워 있는데 내 동생 용준이가 나를 툭툭 치며 장난을 걸어왔다. 나는 용준이가 또 덤빌까 봐 용준이 손을 잡고 안 놓아주었다. 그러다가 그만 내 눈에 쇳덩어리(용준이 머리)가 '쿵' 하고 부딪쳤다.
> "아야!"
> 나는 너무 아파서 눈물을 글썽였다. 그랬더니 용준이가 혼날까 봐 따라 울려고 그랬다. ㉡나는 결코 용준이를 아프게 한 적이 있는데도 말이다.

2 '나'는 왜 눈물을 글썽였습니까? ( )

① 용준이가 약올려서
② 용준이가 눈을 찔러서
③ 용준이와 부딪쳐 아파서
④ 용준이가 덤비고 때려서
⑤ 용준이가 장난을 걸어와서

3 ㉠을 바르게 고치고, 그렇게 고친 까닭을 쓰시오.

서술형

바른 표현	(1)
고친 까닭	(2)

4 ㉡은 어떤 점이 잘못되었습니까? ( )

① 목적어가 잘못되었다.
② 시간 표현에 따른 서술어가 잘못되었다.
③ '결코'와 뒤의 서술어가 어울리지 않는다.
④ 높임의 대상에 따른 서술어가 잘못되었다.
⑤ '있는데도 말이다'에 대한 주어가 잘못되었다.

5* 문장 성분의 호응이 바르게 이루어지도록 글을 써야 하는 까닭으로 알맞은 것의 기호를 쓰시오.

> ㉮ 문장의 길이를 짧게 나타낼 수 있기 때문에
> ㉯ 문장의 뜻을 바르게 이해할 수 있기 때문에
> ㉰ 꾸며 주는 말을 많이 사용할 수 있기 때문에

( )

6 다음 글쓰기 과정 중 가장 먼저 할 일은 무엇입니까? ( )

① 글을 쓴다.   ② 글을 고친다.
③ 쓸 내용을 나눈다.   ④ 글 쓸 준비를 한다.
⑤ 쓸 내용을 떠올린다.

7 다음은 글쓰기 과정 중 어느 단계에 해당합니까? ( )

> 일이 있었던 차례대로 글을 쓸까? 아니면 일이 생긴 까닭, 내 느낌, 화해한 일 세 부분으로 나누어 쓸까?
>
> 쓸 내용 가운데에서 비슷한 내용을 묶어 볼까?
>
> 이 내용은 끝부분에 써야 내 생각이 잘 드러날 것 같아.

① 계획하기   ② 고쳐쓰기
③ 표현하기   ④ 내용 조직하기
⑤ 내용 생성하기

8 다음 빈칸에 들어갈 수 <u>없는</u> 낱말을 두 가지 고르시오. ( )

> ☐과/와 같은 낱말은 '-지 않다, -지 못하다'와 같은 부정적인 서술어 또는 '안', '못'이 꾸며 주는 서술어와 호응한다.

① 결코   ② 전혀   ③ 별로
④ 비록   ⑤ 만약

9
서술형
호응하는 서술어가 따로 있는 낱말을 찾아보고, 그 낱말을 활용해 짧은 글을 만들어 쓰시오.

_____

_____

10 다음 밑줄 친 부분을 바르게 고친 것은 무엇입니까? ( )

> 평소 은주는 바른 말을 쓰고 친구들을 잘 이해하는 친구였기 때문에 나는 결코 그것이 은주가 한 행동이라고 <u>생각했다</u>.

① 생각한다
② 생각할 것이다
③ 생각하면 된다
④ 생각하지 않았다
⑤ 생각할 수 있을까

11 ㉠과 ㉡에 알맞은 말을 넣어 문장을 완성하시오.

> 나는 [㉠] 별로 [㉡]

(1) ㉠: ( )
(2) ㉡: ( )

12* 겪은 일이 드러나게 글을 쓰려고 합니다. 그 과정에 맞게 순서대로 기호를 쓰시오.

> ㉮ 글 표현하기
> ㉯ 글 고쳐 쓰기
> ㉰ 글쓰기 계획하기
> ㉱ 글 내용 조직하기
> ㉲ 글 내용 생성하기

( ) – ( ) – ( ) – ( ) – ( )

13 겪은 일이 드러나게 글을 쓰기 위해 자신이 떠올린 겪은 일 또는 생각 가운데에서 글감으로 정할 수 <u>없는</u> 것은 무엇입니까? ( )

① 주제가 잘 드러나는 것
② 누구나 경험할 만한 것
③ 장소의 변화가 너무 많지 않은 것
④ 내용을 자세히 풀어 쓸 수 있는 것
⑤ 글을 읽는 사람이 흥미를 느낄 만한 것

14 다음은 글머리를 어떻게 시작한 것인지 보기 에서 알맞은 방법을 골라 기호를 쓰시오.

> 보기
> ㉮ 상황 설명으로 시작하기
> ㉯ 인물 설명으로 시작하기
> ㉰ 의성어나 의태어로 시작하기

(1)
> 키가 작고 눈이 동그란 그 친구는 항상 웃는 아이였다.

( )

(2)
> 꼼지락꼼지락, 희조는 이불 속에서 나올 생각을 안 한다.

( )

15~17

문제 파악하기

• 무엇을 결정해야 하나요?

우리 학급에서 사용할 매체입니다.

• 무엇에 활용하려고 하나요?

우리가 쓴 글을 올리고 의견을 주고받을 것입니다.

의견 실천에 필요한 조건 따지기

• 어떤 매체가 있나요?

누리집, 블로그, 누리 소통망, 전자 우편 등이 있습니다.

• 활용할 매체는 어떤 조건을 갖추어야 하나요?

– 반 학생이 모두 사용할 수 있어야 합니다.

– 긴 글을 쉽게 올리고 다 같이 읽어 볼 수 있어야 합니다.

– 학교에서 사용할 수 있어야 합니다.

결과 예측하기

• 어떤 매체를 활용할까요?

단체 대화방입니다.

• 이 매체를 활용했을 때 어떤 문제가 있을까요?

스마트폰이 없는 친구들이 있습니다.

반응 살펴보기

• 다른 친구들은 어떻게 생각하나요?

학급 누리집을 사용하는 방법이 있습니다.

• 학급에서 정한 매체는 무엇인가요?

학급 누리집입니다.

15 이 의견 조정하기 과정으로 우리 학급에서 결정하려는 것은 무엇인지 쓰시오.

( )

16 우리 학급에서는 매체를 무엇에 활용하려고 하는지 쓰시오.

( )

17 단체 대화방을 활용하면 어떤 문제가 있다고 했는지 알맞은 것에 ○표 하시오.

(1) 긴 글을 올릴 수 없다. ( )

(2) 학교에서 사용할 수 없다. ( )

(3) 스마트폰이 없는 친구들이 있다. ( )

18★ 매체를 활용해 의견을 주고받을 때, 친구가 남긴 의견을 읽으며 생각할 점으로 알맞지 <u>않은</u> 것의 기호를 쓰시오.

> ㉮ 친구의 의견을 비판할 말을 생각한다.
> ㉯ 친구 의견에서 반영할 부분을 생각한다.
> ㉰ 친구의 글을 읽고 자신의 글에서 좀 더 달라졌으면 하는 부분을 생각한다.

( )

19~20

19 이와 같은 글 모음집을 만들기 전에 꼭 정해야 할 것으로 알맞지 <u>않은</u> 것은 무엇입니까? ( )

① 분량 ② 제목 ③ 읽을 사람
④ 글자 모양 ⑤ 들어갈 내용

20 글 모음집 가와 나의 공통된 특징으로 알맞은 것을 모두 고르시오. ( )

① 수정하기가 쉽다.
② 컴퓨터로 편집한 것이다.
③ 손으로 직접 써서 정감이 간다.
④ 깨끗하게 편집하기 어려울 수 있다.
⑤ 손으로 직접 그리고 글을 쓴 것이다.

점수

1

> 그때였다. 아버지께서 눈을 크게 뜨시며
> "진윤서, 너 왜 동생 울려?"
> 하고 큰소리를 내셨다. 나한테만 뭐라고 하시는 아버지를 이해할 수 없었다. 나는 화가 나서 울며 내 방으로 들어가 침대에 누웠다.
> '쳇, 나한테만 뭐라고 하고……'
> 용준이가 문을 똑똑 두드렸다.
> "누나야, 문 열어 봐." / "싫어."
> 나는 앞으로 용준이와 놀아 주지 않겠다고 다짐했다. 한참 있다가 어머니께서 오셨다. 문을 열어 보라고 하시는데 ㉠어머니의 목소리가 별로 좋아 보였다. 나는 혼이 날까 봐 살짝 문을 열었다.
> "윤서야, 너 좋아하는 연속극 해." / "일기 쓸래요."

1단계 낱말 쓰기 '내'가 화가 난 까닭은 무엇인지 빈칸에 알맞은 말을 쓰시오. [2점]

• (　　　　　)이/가 잘못한 일인데 (　　　　　)께서 자신만 혼내셨기 때문이다.

2단계 문장 쓰기 아버지에 대한 '나'의 마음은 어떠한지 조건 에 맞게 쓰시오. [4점]

> **조건**
> 마음을 나타내는 말과 그런 마음이 든 까닭이 드러나게 쓴다.

_____

_____

3단계 생각 쓰기 ㉠에서 어떤 점이 잘못되었는지 쓰고, 바르게 고쳐 쓰시오. [6점]

(1) 잘못된 점: _____

_____

(2) 바른 문장: _____

_____

2 다음 문장에서 잘못된 부분을 찾아 밑줄을 긋고 바르게 고쳐 쓰고, 그렇게 고친 까닭을 쓰시오. [6점]

> 내가 이번 대회에 참가하면서 느낀 점은 어떤 일에 도전하고 그 목표를 성취하고자 노력하는 순간들도 소중하다는 것을 느꼈다.

바르게 고쳐 쓰기	(1)
고친 까닭	(2)

3 다음에서 남자아이가 겪은 일이 글감으로 알맞지 **않은** 까닭은 무엇인지 쓰시오. [4점]

어제 아침에 일어나 밥 먹고 학교에 갔어.

_____

_____

4 매체를 활용해 글을 쓰고 의견을 나누는 방법은 직접 종이에 글을 쓰고 의견을 나누는 방법과 비교했을 때 어떤 좋은 점이 있는지 쓰시오. [4점]

_____

_____

4 겪은 일을 써요

학습 주제	겪은 일이 드러나게 글 쓰기	배점	20점
학습 목표	글머리를 시작하는 여러 가지 방법을 알고, 원하는 방법을 찾아 써 볼 수 있다.		

● 다음 표를 보고, 물음에 답하시오.

방법	문장
날씨 표현으로 시작하기	하늘에서 물을 바가지로 퍼붓는 듯 비가 내리는 날이었다.
대화 글로 시작하기	"괜찮아." 드디어 유나가 입을 열었다.
인물 설명으로 시작하기	키가 작고 눈이 동그란 그 친구는 항상 웃는 아이였다.
속담이나 격언으로 시작하기	"가는 날이 장날"이라더니 해변은 축제 때문에 사람들로 가득했다.
의성어나 의태어로 시작하기	꼼지락꼼지락, 희조는 이불 속에서 나올 생각을 안 한다.
상황 설명으로 시작하기	10월의 어느 날, 드디어 반 대항 축구 대회가 열리는 날이었다.

1 자신이 글로 쓰고 싶은 일이나 생각을 정리하여 조건 에 맞게 쓰시오. [5점]

> 조건
>
> 글을 읽는 사람이 흥미를 느낄 만한 일이나 생각을 정리하여 쓴다.

_____

_____

2 〈문제 1번〉 답의 일을 글감으로 하여 글머리를 어떻게 시작하면 좋을지 이 표에서 원하는 방법을 고르고, 글머리를 간단히 쓰시오. [15점]

정한 방법	(1)
글머리 써 보기	(2)

여러 가지 매체 자료

★★ **1** 여러 가지 매체 자료 알기
매체 자료에 따라 내용을 전달하는 방법이 달라요.
① 매체는 내용을 전달하는 수단이 되는 것을 말합니다.
② 여러 가지 매체 자료의 특성

매체	성격이 비슷한 매체 자료	정보 전달 방법
인쇄 매체 자료	잡지, 신문	글, 그림, 사진
영상 매체 자료	영화, 연속극	소리, 자막 따위의 여러 가지 연출 방법
인터넷 매체 자료	누리 소통망[SNS], 휴대 전화 문자 메시지	인쇄 매체 자료와 영상 매체 자료에서 사용하는 방식을 모두 사용함.

★★ **2** 매체 자료의 특성을 생각하며 알맞은 방법으로 읽기
① 전하려는 내용을 생각하며 영상 매체 자료를 감상합니다.
화면 연출, 음향 효과 따위에 주의를 기울이며 봐요.
② 영상 매체 자료에서 전하려는 내용을 어떻게 표현했는지 찾아봅니다.
　– 화면을 어떻게 연출했는지, 어떤 음향을 사용했는지 살펴봅니다.
③ 영상 매체 자료는 다양한 표현 방법을 활용하므로 활용한 요소들이 나타
사용된 표현 방법에 주의를 기울이며 감상하면 내용을 더 깊이 있게 이해할 수 있어요.
내는 바가 무엇인지 생각하며 읽도록 합니다.

예 「허준」에서 인물이 처한 상황을 표현한 방법

인물이 처한 상황	장면	표현 방법
주인공이 밤새도록 환자를 치료한다.		치료 장면을 연달아 보여 준다.

3 알맞은 방법으로 매체 자료를 읽고 주요 내용 정리하기
① 인물을 소개할 때 조사할 내용을 떠올립니다.
② 인물에 대한 영상 매체 자료를 보고 자료의 내용을 정리합니다.
③ 다른 매체를 활용하여 인물에 대해 더 조사해 봅니다.

4 매체 자료의 특성을 생각하며 이야기를 읽고 현실 세계와 비교하기
① 매체 자료별 읽기 방법을 생각하며 이야기를 읽습니다.
② 이야기의 사건을 파악해 봅니다.
③ 이야기 속 인물의 모습을 현실 세계의 우리 모습과 비교해 봅니다.
④ 대화 예절을 지키며 이야기를 주제로 친구들과 이야기를 나눕니다.
다른 사람의 말이 끝나기 전에 끼어들면 안 돼요. / 이야깃거리와 관련 있는 내용을 말해야 해요. / 친구의 말을 무시하거나
친구의 말에 기분 나쁘게 대구하면 안 돼요. / 혼자 너무 길게 말하지 않아야 해요.

개념 확인하기　　　정답과 풀이 17쪽

1 (　　　　　　)은/는 내용을 전달하는 수단이 되는 것을 말합니다.

2 다음 중 인쇄 매체 자료에서 정보를 전달하는 방법에 해당하는 것에 모두 ○표 하시오.

> 글 , 사진 , 소리 , 자막 , 그림

3 영상 매체 자료의 읽기 방법을 알맞게 말하지 **못한** 친구의 이름을 쓰시오.

> **수진**: 화면을 어떻게 연출했는지 살펴보는 것이 좋아.
> **서경**: 글과 그림의 시각 정보뿐 아니라 화면 구성에 담긴 정보도 잘 살펴봐야 해.
> **강준**: 어떤 음향을 사용했는지 살피는 것도 전달하려는 의미를 파악하는 데 도움이 돼.

　　　　(　　　　　　　　)

4 읽은 글에 대해 친구들과 이야기를 나눌 때 지켜야 할 대화 예절로 알맞은 것에 모두 ○표 하시오.
　⑴ 이야깃거리와 관련 있는 내용을 말한다.　　　(　　　)
　⑵ 친구의 말에 기분 나쁘게 대꾸하면 안 된다.　(　　　)
　⑶ 다른 사람의 말에 질문이 있으면 바로 이야기를 끊는다.
　　　　　　　　　　　　　　(　　　)

핵심내용 매체 자료별 정보 전달 방법

• 인쇄 매체 자료는 글과 그림, 사진을 이용한다.
• 영상 매체 자료는 소리, 자막 따위의 여러 가지 연출 방법을 사용한다.
• ❶ ⃞ ⃞ ⃞ ⃞ 매체 자료는 인쇄 매체 자료와 영상 매체 자료에서 사용하는 방식을 모두 사용한다.

1~3

가

나

다

1 민준이가 읽거나 보고 있는 신문, 텔레비전 영상물, 휴대 전화 문자 메시지와 같이 내용을 전달하는 수단이 되는 자료를 무엇이라고 하는지 쓰시오.

( )

2 그림 **가**~**다**에서 민준이가 어떤 매체 자료를 읽거나 보고 있는지 알맞게 선으로 이으시오.

(1)	그림 **가**	•		• ①	영상 매체 자료
(2)	그림 **나**	•		• ②	인터넷 매체 자료
(3)	그림 **다**	•		• ③	인쇄 매체 자료

교과서 문제

3 그림 **나**의 내용을 잘 이해하려면 어떤 부분에 집중해 읽어야 하는지 **보기** 에서 골라 기호를 쓰시오.

보기

㉮ 글과 사진을 함께 보며 읽는다.
㉯ 사진과 동영상을 함께 보며 읽는다.
㉰ 장면과 어우러지는 음악이나 연출 기법의 의미를 생각하며 읽는다.

( )

4★ 다음의 특성을 가지고 있는 매체 자료를 **보기** 에서 골라 각각 쓰시오.

보기

잡지, 누리 소통망[SNS], 신문, 영화, 연속극, 휴대 전화 문자 메시지

(1) 영상으로 내용을 전달한다.

( )

(2) 전하려는 내용을 글과 사진으로 표현한다.

( )

(3) 글, 그림, 사진, 영상을 모두 활용해 내용을 전달한다. ( )

교과서 문제

5 다음은 여러 가지 매체 자료를 어떻게 읽어야 할지 친구들이 이야기를 나눈 것입니다. 알맞게 말한 친구를 모두 고르시오. ( )

① 채은: 영상 매체 자료는 화면 구성을 잘 살피고 소리에 담긴 정보도 탐색해야 해.
② 유성: 인쇄 매체 자료는 글과 그림, 사진이 주는 시각 정보를 잘 살펴보는 것이 좋겠어.
③ 성보: 인터넷 매체 자료는 정보를 전달하기 위해 특별히 사용하는 방법이 없으니까 내용을 중심으로 읽으면 될 것 같아.
④ 민아: 인쇄 매체 자료와 영상 매체 자료는 정보를 전달하는 방법이 비슷하기 때문에 읽을 때 주의할 점에 차이가 나지 않아.
⑤ 재원: 인터넷 매체 자료를 잘 읽으려면 글과 그림, 사진이 주는 시각 정보를 잘 살펴볼 뿐만 아니라 화면 구성과 소리에 담긴 정보도 탐색해야 해.

허준

가

인물이 처한 상황	장면	
허준은 중요한 시험을 보러 가는 도중에 치료받기를 바라는 마을 사람들을 만나 시간이 빠듯하지만 마을 사람들을 치료해 준다.		

나

인물이 처한 상황	장면		표현 방법
허준이 밤새도록 환자를 치료한다.			㉠
허준은 피곤해도 여기서 무너지면 안 된다고 다짐한다.	정신 차려야 한다. 여기서 무너지면 안 돼.		㉡
허준이 무엇인가 이상한 낌새를 느낀다.			이상한 낌새를 느낀 인물의 모습을 가까이 보여 준다.

- 매체 자료의 종류: 영상 매체 자료
- 매체 자료의 내용: 조선 시대 뛰어난 의원인 허준의 이야기를 다룬 연속극의 장면입니다. 제시된 장면은 허준이 중요한 시험을 보기 위해 한양으로 가는 도중 가난으로 인해 치료를 받지 못하는 사람들을 치료해 주다가 시간이 오래 걸렸고, 여러 가지 어려움으로 과거를 치르지 못할 위기에 처하게 되는 내용입니다.

5

핵심내용 「허준」과 같은 영상 매체 자료의 읽기 방법
- 영상 매체 자료에서 주로 활용되는 표현 방법: ❶ ◯◯, 화면 연출과 같은 방법으로 내용을 전달함.
- 영상 매체 자료의 읽기 방법: 다양한 표현 방법을 활용하기 때문에 활용한 요소들이 나타내는 바가 무엇인지 생각하며 볼 수 있도록 함.

교과서 문제

1 허준은 어떤 일을 하는 사람입니까?　(　　)

① 약을 파는 약사
② 물건을 파는 상인
③ 병을 치료하는 의원
④ 쌀을 수확하는 농부
⑤ 마을 사람들을 가르치는 훈장

2 **가**에서 허준은 어떤 상황에 처해 있습니까?
　　　　　　　　　　　　　(　　)

① 함께 온 친구가 아파서 곤란하다.
② 너무 오랫동안 걸어서 몹시 피곤하다.
③ 시험장까지 가는 길을 몰라 당황스럽다.
④ 시험장 입구가 사람들로 가득 차서 안으로 들어갈 수가 없다.
⑤ 시험일이 촉박한데 병을 치료해 주기를 바라는 마을 사람이 많다.

3★ **나**의 장면에서 인물이 처한 상황을 표현하기 위해 사용한 방법은 무엇인지 ㉠, ㉡에 들어갈 알맞은 말을 **보기**에서 골라 기호를 쓰시오.

보기
㉮ 인물의 속마음을 그대로 들려준다.
㉯ 불안한 느낌을 주는 배경 음악을 사용한다.
㉰ 상황을 나타내는 장면을 연달아 보여 준다.

(1) ㉠: (　　　　　　　)
(2) ㉡: (　　　　　　　)

4 이와 같은 매체 자료를 볼 때 주의를 기울이며 봐야 할 것을 두 가지 고르시오.　(　　　)

① 글　　② 화면　　③ 사진
④ 문자　　⑤ 배경 음악

1

명문 사대부 정삼품 부제학을 지낸 김치의 아들로 태어난 김득신. 태몽으로 노자를 만나 태어나게 된 아이이다.

2

김득신은 열 살에 처음 글을 배우기 시작했다. 주변에서는 우둔한 김득신을 포기하라 했지만 아버지는 그를 대견하게 여겼다.

3

김득신은 스무 살에 처음으로 작문을 했고, 아버지는 공부란 꼭 과거를 보기 위한 것만이 아니니 더욱 노력하라고 김득신을 격려했다.

4

김득신은 같은 책을 반복해서 여러 번 읽으며 공부했으나 하인도 외우는 내용을 기억하지 못하는 한계를 드러냈다.

5

수만 번 외워도 잊어버리고 착각까지 했던 김득신은 자신의 한계를 극복하기 위해 만 번 이상 읽은 책에 대한 기록을 남겼다.

6

김득신은 59세에 문과에 급제해 성균관에 입학했고, 자신만의 시어로 시를 써서 많은 사람들에게 높은 평가를 받았다.

- **매체 자료의 종류:** 영상 매체 자료
- **매체 자료의 내용:** 당대 최고의 시인인 김득신의 이야기로, 뛰어난 재능이나 두뇌를 갖지 못했지만 포기하지 않고 꾸준히 노력해 끝내 자신의 한계를 극복하고 원하는 바를 이루었다는 내용입니다.

> 도입부의 음악, 장면이 전환되며 바뀌는 음악, 마무리 부분의 음악이 어떤 느낌과 효과를 주는지 생각하며 매체 자료를 보면 좋아요.

5 **1**~**6**은 민찬이가 조사하려는 인물에 대해 찾은 자료를 보고 정리한 것입니다. 민찬이가 찾은 자료는 어떤 매체 자료인지 알맞은 것에 ○표 하시오.

> 인쇄 매체 자료 , 영상 매체 자료

6★ 이 자료를 통해 김득신에 대해 알 수 있는 점을 정리한 것으로 알맞은 것을 두 가지 고르시오.

( )

① 포기하지 않고 꾸준히 노력했다.
② 끝내 과거에 급제하지는 못했다.
③ 뛰어난 재능이나 두뇌를 갖지는 못했다.
④ 같은 책을 반복해서 읽어 수만 권의 책 내용을 외웠다.
⑤ 엄한 아버지의 가르침 덕분에 빨리 글을 배우게 되었다.

7 장면 **4**에서 다음과 같은 음악을 사용했을 때 어떤 효과를 줄 수 있겠는지 알맞은 것에 ○표 하시오.

> 경쾌하고 춤을 추고 싶은 생각이 들게 하는 음악

(1) 같은 책을 여러 번 읽으면서 묵묵히 노력하는 인물의 모습을 부각시킨다. ( )
(2) 읽은 내용을 자꾸 잊어버리는 우스꽝스러우면서도 안타까운 인물의 모습이 강조된다.

( )

교과서 문제
8 김득신의 성격이나 본받을 점을 알맞게 말한 친구의 이름을 쓰시오.

> 소윤: 꾸준히 노력해서 자신의 한계를 극복한 점을 본받고 싶어.
> 규래: 공부를 해도 자꾸 잊어버려 주변 사람들에게 놀림을 받아서 실망하고 기가 죽었어.

( )

마녀사냥

· 이규희

· 글의 종류: 이야기
· 글의 특징: 전학 온 서영이에게 질투를 느낀 미라가 익명으로 서영이와 관련한 거짓 글을 올리면서 인터넷 상에서 싸우는 내용입니다.

미리보기

| 전학 온 서영이를 질투하여 미라는 핑공 카페에 '흑설 공주'라는 계정으로 서영이와 관련한 거짓 글을 올립니다. | → | 사실을 알게 된 서영이는 자기 입장을 밝히는 글을 올렸고, 글을 읽은 아이들은 의견이 서로 달랐습니다. | → | 흑설 공주는 다시 서영이를 공격하는 글을 올렸고, 서영이가 반격 글을 올려 서영이를 응원하는 댓글이 달렸습니다. | → | 흑설 공주가 또 다른 공격을 했고, 핑공 카페는 흑설 공주와 민서영의 싸움을 구경하는 구경꾼들로 가득 찼습니다. |

앞부분 이야기

전학 온 서영이는 성격이 좋아 금세 친구들과 잘 어울렸다. 그런 서영이가 부러운 미라는 ㉠핑공 카페에 '흑설 공주'라는 계정으로 서영이와 관련한 거짓 글을 올린다. 아이들은 서영이가 거짓으로 부모님 이야기를 한다는 '흑설 공주'의 글을 읽고 수군대기
남이 알아듣지 못하도록 낮은 목소리로 자꾸 가만가만 이야기하기
시작한다.

한편, 미라와 친해지고 싶었던 민주는 '흑설 공주'인 미라가 거짓말을 하고 있다는 것을 알았지만 서영이에게 그 사실을 알리지 못하고 망설인다.
'흑설 공주'인 미라가 거짓말을 하고 있는 것

1 민주는 날마다 핑공 카페를 들여다보았다. 혹시 서영이가 무슨 반박 글을 올리지 않을까 해서였다. 그러
어떤 의견, 주장, 논설 따위에 반대하여 말함.
던 어느 날 민주는 눈이 휘둥그레졌다. 마침내 서영이

가 자기 입장을 밝히는 글을 올린 것이다.

"서영이가 이제 모든 걸 다 알았구나. 어떻게 알았지? 누가 핑공에 들어가 보라고 일러 주었나?"

민주는 떨리는 마음으로 서영이가 올린 글을 읽어 보았다. 흑설 공주에 대한 분노, 엄마 아빠에 대한 자부심과 사랑과 함께 흑설 공주의 글이 모두 사실이 아
서영이가 올린 글의 내용
니라는 걸 당당하게 밝혀 놓은 글이었다.

'역시 민서영이구나.'

민주는 자기 생각을 당당하게 밝힐 줄 아는 서영이의 용기가 몹시 부러웠다. 하지만 핑공 카페에 들어와 서영이가 올린 글을 읽은 아이들은 저마다 자기 의견을 달아 놓았다. 그중에는 서영이를 두둔하는 선플도
편들어 감싸 주거나 역성을 들어 주는
있었지만, 흑설 공주를 비방하는 악플과 함께 여전히 흑설 공주 편을 드는 아이들도 있었다.

---

9 이 글에서 일어난 사건은 무엇인지 빈칸에 알맞은 말을 쓰시오.

> 흑설 공주가 핑공 카페에 (   )에 대한 (   )을/를 올렸다.

10* 이 글에서 인물들이 글을 올리며 이야기를 나누는 공간은 어디입니까?   (   )

① 교실   ② 카페
③ 운동장   ④ 인터넷 카페
⑤ 휴대 전화 문자 메시지

11 ㉠의 사실을 알고 나서 서영이가 한 행동은 무엇입니까?   (   )

① 담임 선생님께 말씀드렸다.
② 어머니께 이사 가자고 졸랐다.
③ 흑설 공주의 글에 대한 반박 글을 올렸다.
④ 반 친구들에게 흑설 공주가 누군지 물었다.
⑤ 경찰에 흑설 공주가 누군지 밝혀 달라고 했다.

12 〈문제 11번〉의 답에 대한 아이들의 반응은 어떠하였는지 빈칸에 알맞은 말을 쓰시오.

> 서영이를 두둔하는 (   )도 있었고, 흑설 공주를 비방하는 (   )과/와 함께 여전히 흑설 공주 편을 드는 아이들도 있었다.

사냥꾼: 도대체 누구 말이 진실인가?
　　　민서영의 말 내지는 흑설 공주의 말

빨간 풍선: 민서영이 흑설 공주에게 일방적으로 당한 것 같다. 지금이라도 민서영이 자기 입장을 밝혀 주어 속 시원하다.

은하수: 내가 보기에 흑설 공주가 너무 심하다. 본인이 사실이 아니라는데 왜 그런 거짓 글을 실었을까?

거지 왕자: 어쩌면 우리가 모르는 두 사람만의 갈등이 있는 건 아닐까?

하이디: 흑설 공주의 글을 보면 민서영에 대해서 잘 알고 있는 듯하다. 그러니 어쩌면 흑설 공주의 글이 사실이 아닐까?

기쁜 나무: 아무리 흑설 공주의 글이 사실이라고 해도 인터넷에 남의 사생활을 퍼뜨리는 건 나쁜 짓이다.

삐삐: 그럼 흑설 공주와 민서영, 둘 중 한 사람은 우릴 속이고 있는 거네?

허수아비: 맞다. 흑설 공주가 근거도 없이 얼토당토않은 글을 올리지는 않았을 것이다. 내가 보기
　　　어떤 기준, 조건, 용도, 도리 따위에 전혀 맞지 아니한
에 민서영이 거짓말을 하고 있는 것 같다.

솔로몬: 이 사실을 밝힐 수 있는 명탐정은 누구인가?
　　　　　　　　　　　　→ 서영이의 글에 달린 아이들의 댓글

중심 내용 **1** 서영이는 흑설 공주의 글에 대한 반박 글을 올렸고, 이에 대해 아이들은 저마다 자기 의견을 달아 놓았다.

> 서영이가 자기 입장을 밝힌 글을 올리고 그에 대해 아이들이 각자의 의견을 쓴 내용으로, 일어난 사건이 무엇인지와 아이들의 반응을 묻는 문제가 자주 출제돼.

2 아이들의 댓글은 꼬리에 꼬리를 물고 이어졌다. 민
　　　　　　　　　　　　계속해서
주는 숨을 죽인 채 카페에 올라온 글들을 읽고 또 읽었다. 그리고 다음 날 민주는 또다시 자기 눈을 의심하였다. 흑설 공주가 서영이를 공격하는 또 하나의 글이 올라와 있었기 때문이었다. 민주는 덜덜 떨리는 마음으로 흑설 공주가 올린 글을 읽기 시작하였다.

> 민서영, 내가 쓴 글이 사실이 아니라면 그걸 반박할 증거를 내놓아라. 그럴 용기가 없다면 내가 쓴 모든 글이 사실임을 인정해야 할 것이다.

중심 내용 **2** 흑설 공주가 서영이를 공격하는 또 하나의 글을 카페에 올렸다.

3 민주는 어이가 없어서 저절로 욕이 튀어나올 지경
　　　　흑설 공주가 쓴 글이 거짓이라는 사실을 알고 있기 때문에
이었다. 이걸 보고 놀랄 서영이를 생각하니 딱하기만 했다. 아무것도 아닌 일에 휘말려 마치 그물 속의 물고기처럼 허우적거리고 있는 서영이가 생각할수록 가여
어려운 지경에서 벗어나려고 자꾸 몹시 애쓰고

교과서 문제

13 서영이의 글을 읽고 아이들의 의견이 서로 달랐던 까닭은 무엇이겠습니까? (　　　)

① 토론할 때처럼 양쪽 의견이 필요해서
② 개성이 뚜렷한 아이들이 모인 학교여서
③ 흑설 공주의 글에 적절한 근거가 제시되어서
④ 서영이를 좋아하는 친구와 그렇지 않은 친구가 반으로 나뉘어서
⑤ 서영이를 믿는 아이도 있지만 여전히 흑설 공주의 말을 진짜라고 생각하는 아이도 있어서

14 댓글에서 서영이를 두둔하는 선플을 쓴 아이들은 누구인지 두 명 고르시오. (　　　)

① 사냥꾼　　② 은하수　　③ 하이디
④ 빨간 풍선　　⑤ 허수아비

15 이 글에 등장하는 인물과 비슷한 경험을 하거나 본
서술형 경우를 떠올려 쓰시오.

＿＿＿＿＿＿＿＿＿＿＿＿＿＿＿＿＿＿＿＿

＿＿＿＿＿＿＿＿＿＿＿＿＿＿＿＿＿＿＿＿

16 글 **2**에서 민주가 또다시 자기 눈을 의심한 까닭은 무엇입니까? (　　　)

① 어제 달린 댓글이 모두 사라져서
② 서영이가 자신의 잘못을 인정해서
③ 흑설 공주가 정체를 밝히고 사과해서
④ 서영이가 흑설 공주의 정체를 밝혀 내서
⑤ 흑설 공주가 서영이를 공격하는 또 다른 글이 올라와서

웠다. 하지만 이번에는 서영이도 ㉠반격을 늦추지 않았다. 지난번처럼 잠자코 있으면 아이들이 흑설 공주의 주장이 사실이라고 받아들일까 봐 두려운 듯 보였다. 민주는 이번에는 더욱더 숨을 죽인 채 서영이가 올린 글을 읽어 나갔다.

흑설 공주의 글이 사실이 아니라는 증거 두 가지

여러분, 저는 흑설 공주에게 <u>모함</u>을 받고 있는
＿＿＿＿＿＿＿＿＿＿＿＿＿＿
나쁜 꾀로 남을 어려운 처지에 빠지게 함.
민서영입니다.

여러분 중에서도 흑설 공주의 글을 읽고 여전히 제가 거짓말쟁이라고 의심하는 분들이 있다는 걸 알고 매우 슬펐습니다. 만약 아직도 저에 대한 의심과 오해를 풀지 못한 분이 있다면 아래에 있는 사진을 참조해 주시기 바랍니다.

첫 번째는 우리 아빠가 아프리카 탄자니아 은좀베에서 의료 봉사를 하고 있는 병원의 모습을 찍은 사진입니다. 진찰실에서 청진기를 들고 아프리카 아이를 진찰하고 있는 분이 바로 우리 아빠입니다. 정말 자랑스러운 우리 아빠 말이지요.

두 번째는 디자이너인 우리 엄마가 지난봄에 연 패션쇼 모습을 찍은 사진입니다. 엄마가 디자인한 옷을 입은 모델들이 패션쇼를 하고 있는 모습이 보이지요?

이처럼 뚜렷한 증거를 올렸으니 여러분은 이제 제가 거짓말쟁이가 아니라는 걸 믿으시겠지요?

추신: 이제 증거를 밝혔으니 흑설 공주는 터무니없
＿＿＿＿＿＿＿＿＿＿＿＿＿＿＿＿＿＿＿＿＿＿＿＿＿＿＿＿
뒤에 덧붙여 말한다는 뜻으로, 편지의 끝에 더 쓰고 싶은 것이 있을 때에 그 앞에 쓰는 말
는 글로 나와 우리 엄마, 아빠를 모함하는 일을 그만두기 바란다.

서영이가 핑공 카페에 아빠가 은좀베 마을에서 의료 봉사를 하는 모습과 엄마가 디자인한 옷을 입고 모델들이 패션쇼를 하는 사진을 올리자, 이번에는 서영이를 응원하는 댓글과 흑설 공주를 비난하는 댓글이 수없이 올라와 있었다.

허수아비: 아무리 얼굴과 이름을 숨기고 자기 생각
＿＿＿＿＿＿＿＿＿＿＿＿＿＿＿＿＿＿＿＿＿＿＿＿＿
흑설 공주가 거짓 글을 쓸 수 있었던 매체 자료의 특성
을 마음대로 실을 수 있는 인터넷 세상이지만, 최소한의 예의는 지켜야 한다. 그런데도 거짓 정보를 올린 흑설 공주는 당장 사과해라!

---

17 서영이가 ㉠처럼 행동한 까닭은 무엇이겠습니까?
( )

① 아이들이 흥미로워해서
② 아이들이 빨리 올리라고 재촉해서
③ 민주가 서영이에게 사실을 알려 줘서
④ 흑설 공주에게 화가 난 마음을 참을 수가 없어서
⑤ 잠자코 있으면 아이들이 흑설 공주의 주장이 사실이라고 받아들일까 두려워서

18 서영이가 흑설 공주의 글이 사실이 아니라는 증거로 남긴 것은 무엇인지 빈칸에 알맞은 말을 쓰시오.

아프리카에서 ( )을/를 하고 있는 아빠와, 디자이너인 엄마의 ( )모습을 찍은 ( )

19* 다음 사건 다음에 어떤 일이 있었는지 알맞은 것에 ○표 하시오.

민서영이 흑설 공주의 글에 대한 반박 글을 올림.

(1) 별다른 반응이 생기지 않음. ( )
(2) 카페 가입자들이 흑설 공주를 비난함. ( )
(3) 아이들이 서영이를 직접 찾아와 힘내라고 위로함. ( )

20 흑설 공주가 사실과 다른 글을 올릴 수 있었던 까
서술형 닭을 쓰시오. (단, 허수아비의 댓글에서 찾을 것)

＿＿＿＿＿＿＿＿＿＿＿＿＿＿＿＿＿＿＿＿

＿＿＿＿＿＿＿＿＿＿＿＿＿＿＿＿＿＿＿＿

어린 왕자: 흑설 공주가 대체 누구인가? 이런 사람은 카페에 들어올 자격이 없다.

매운 고추: 민서영, 잠시라도 널 의심해서 미안하다. 네 용기에 박수를 보낸다.

하이디: 글은 자기의 얼굴과 마찬가지이다. 거짓 글로 민서영에게 상처를 준 흑설 공주는 카페에 글을 쓸 자격이 없다. 마녀사냥은 민서영이 아니 _{15세기 이후 이교도를 박해하는 수단으로 쓰였던 방법이지만, 요즘에는 뜻이 다른} 라 흑설 공주에게 해야 한다. _{사람을 따돌리는 현상을 가리킴.}

삐삐: 핑공 카페지기는 당장 흑설 공주의 신상 털기를 해라!

방글이: 요즈음 거짓 정보 때문에 목숨을 끊은 연예인이 얼마나 많은가. 우리 어린이들까지 그런 잘못된 걸 본받으면 안 된다!

중심 내용 3 서영이가 다시 흑설 공주의 글에 대한 반박 글을 올리자, 카페 가입자들이 흑설 공주를 비난하였다.

4 '드디어 서영이의 역공 작전이 성공했구나. 이걸 보고 미라가 어떤 표정을 지을까? 된통 당했으니 이 _{아주 몹시} 젠 슬그머니 꼬리를 내리겠지?'

민주는 마치 자기 일처럼 고소하기 짝이 없었다. 하지만 웬걸, 싸움은 그게 끝이 아니었다. 흑설 공주가 곧 _{흑설 공주가 다시 반박 글을 올림.} 바로 서영이의 글을 읽고 또 다른 공격을 해 온 것이다.

< >

민서영의 두 번째 거짓말!

여러분, 민서영은 또 한 번 여러분을 우롱하고 있 _{사람을 어리석게 보고 함부로 대하거나 웃음거리로 만들고} 습니다. 민서영이 내놓은 사진들을 살펴보면 단박 _{그 자리에서 바로} 에 그걸 알 수 있습니다.

민서영 아빠가 의료 봉사를 하고 있는 사진은 인터넷 여기저기에서 얼마든지 퍼 올 수 있는 사진들입니다. 사진 속 의사가 민서영 아빠라는 걸 누가 증명해 줄까요? / 또 패션쇼 사진도 마찬가지입니다. 민서영이 마음만 먹으면 다른 디자이너의 패션쇼 사진을 얼마든지 퍼 올 수 있는 게 아닙니까?

민서영은 교묘한 잔꾀로 우리 모두를 속여 넘기 _{솜씨나 재주 따위가 재치 있게 약삭빠르고 묘한} 려는 것입니다.

흑설 공주는 마치 먹이를 문 사자처럼 좀처럼 서영이를 잡고 놓아주지 않았다. 그러자 핑공 카페는 점점 더 흑설 공주와 민서영의 싸움을 구경하려는 구경꾼들로 가득 찼다. 흑설 공주와 민서영이 올린 글의 조회 수는 점점 더 올라가고, 모두들 민서영이 어떤 반격을 해 올지 기다리는 눈치였다.

중심 내용 4 끝날 것만 같았던 싸움에 흑설 공주가 다시 반박 글을 올려 흑설 공주와 서영이의 진실 싸움으로 바뀌어 버렸다.

---

21 이 글에서 아이들이 쓴 댓글을 보고 나눈 대화입니다. 바르게 말하지 <u>못한</u> 친구의 이름을 쓰시오.

> 유미: 다시는 거짓말을 하지 못하게 신상을 알려 공개적으로 망신을 시켜야 한다고 생각해.
>
> 평수: 서영이의 말이 사실이라고 해도 이 공간에서 흑설 공주의 신상을 터는 등의 마녀사냥을 해서는 안 돼.

( )

교과서 문제
22 흑설 공주의 계속된 공격에 서영이는 어떤 기분이 들었겠는지 두 가지 고르시오. ( )

① 아쉽다.　② 속상하다.　③ 흥미롭다.
④ 부끄럽다.　⑤ 화가 난다.

23 이 글에 등장하는 인물들의 말과 행동에 대해 알맞게 말한 것에 ○표 하시오.

(1) 자기 일이 아닌데 너무 관심을 가진다.

( )

(2) 적절하게 거리를 유지하며 확인된 사실에 대해서만 이야기한다.

( )

24 이 글의 인물들처럼 인터넷 매체를 이용할 때에 바르게 이용하는 방법으로 알맞지 <u>않은</u> 것은 무엇입니까?

( )

① 다른 사람에게 예의를 갖춘다.
② 정보에 대한 분별력을 갖춘다.
③ 남이 쓴 글에는 전혀 반응하지 않는다.
④ 본인이 잘 드러나지 않더라도 반듯하게 말한다.
⑤ 적절한 정보를 어디에서 어떻게 찾을지 알아본다.

5

낱말의 뜻

1 다음 뜻에 알맞은 낱말을 보기 에서 찾아 기호를 쓰시오.

> **보기**
> ㉮ 수군대다　　　㉯ 교묘하다
> ㉰ 우롱하다　　　㉱ 얼토당토않다

(1) 솜씨나 재주 따위가 재치 있게 약삭빠르고 묘하다. ( )

(2) 어떤 기준, 조건, 용도, 도리 따위에 전혀 맞지 아니하다. ( )

(3) 사람을 어리석게 보고 함부로 대하거나 웃음거리로 만들다. ( )

(4) 남이 알아듣지 못하도록 낮은 목소리로 자꾸 가만가만 이야기하다. ( )

맞춤법

2 다음 중 밑줄 친 낱말의 표기가 바른 것은 무엇입니까? ( )

① 도데체 누구 말이 맞는 거지?
② 얼마던지 줄 수 있으니 많이 먹으렴.
③ 할머니께 버릇없이 굴다가 된통 혼났다.
④ 거짓말장이 소년의 말을 아무도 믿지 않았다.
⑤ 사고 소식을 듣고 놀라서 눈이 휘둥그래졌다.

> '채'와 '체'는 '-은/-는' 뒤에 쓰여.

헷갈리기 쉬운 말

3 보기 의 낱말 뜻을 보고, 문장에 알맞은 낱말을 골라 ○표 하시오.

> **보기**
> • **채**: 이미 있는 상태 그대로 있다는 뜻을 나타내는 말.
> • **체**: 그럴듯하게 꾸미는 거짓 태도나 모양을 나타내는 말.

(1) 규리는 나를 보고도 못 본 (채 , 체) 고개를 돌리고 지나갔다.

(2) 석희는 너무 피곤해서 양말을 신은 (채 , 체) 그대로 잠이 들었다.

비슷한말

4 밑줄 친 낱말과 바꾸어 써도 뜻이 통하는 말을 골라 ○표 하시오.

(1) 서영이는 자신의 말이 사실임을 밝히는 <u>뚜렷한</u> 증거를 제시했다.

(수많은 , 만족스러운 , 분명한)

(2) 지진으로 집이 무너진 사람들의 처지가 너무 <u>딱하다</u>.

(곤란하다 , 가엾다 , 부끄럽다)

낱말의 활용

5 빈칸에 들어갈 알맞은 낱말을 보기 에서 찾아 쓰시오.

> **보기**
> 모함했다　　　고소했다　　　두둔했다

(1) 다른 친구들은 모두 비난했지만 선아만은 나를 ( ).

(2) 왕비는 공주를 성에서 쫓아내려고 거짓 소문을 퍼뜨려 ( ).

(3) 못된 짓을 일삼던 덕구가 선생님께 크게 꾸중 듣는 것을 보니 무척 ( ).

관용어

6 밑줄 친 표현의 뜻을 알맞게 말한 친구에게 ○표, 잘못 말한 친구에게 ✕표 하시오.

> 서영이를 응원하고 흑설 공주를 비난하는 댓글이 <u>꼬리에 꼬리를 물고</u> 달리자, 민주는 흑설 공주가 슬그머니 <u>꼬리를 내릴</u> 것이라고 생각했다.

(1) 성영: '꼬리에 꼬리를 물다'는 '감추고 있는 것을 알아내다.'라는 뜻이야. ( )

(2) 태윤: '꼬리를 내리다'는 '상대편에게 기세가 꺾여 물러서거나 움츠러들다.'라는 뜻이야. ( )

1~2

1 민준이가 읽는 매체 자료의 내용을 잘 이해하려면 어떤 부분에 집중해야 하는지 두 가지 고르시오.

( )

① 글 ② 음악 ③ 사진
④ 그림말 ⑤ 연출 기법

2 민준이가 읽는 것과 성격이 비슷한 매체 자료는 무엇입니까? ( )

① 영화 ② 잡지
③ 연속극 ④ 누리 소통망[SNS]
⑤ 휴대 전화 문자 메시지

3~5

허준은 중요한 시험을 보러 가는 도중에 치료받기를 바라는 마을 사람들을 만난다. 마을 사람들은 허준이 병을 치료해 주기를 간절히 바라고 시간이 빠듯하지만 허준은 마을 사람들을 정성껏 치료해 준다.

3 화면과 내용으로 보아, 어떤 매체 자료에 해당하는지 쓰시오.

( )

4 장면 ❶의 허준은 무엇을 하고 있습니까? ( )

① 병자를 치료하고 있다.
② 목적지를 향해 걷고 있다.
③ 시험을 앞두고 공부하고 있다.
④ 하룻밤 묵을 곳을 찾아 쉬고 있다.
⑤ 길을 함께 떠난 친구와 식사하고 있다.

5* 장면 ❶에서 허준이 처한 상황을 어떤 방법으로 표현하면 좋을지 찾아 기호를 쓰시오.

㉮ 경쾌한 음악을 들려준다.
㉯ 과거를 회상하는 장면을 보여 준다.
㉰ 뜸이나 침을 이용해 치료하는 장면을 연속으로 보여 준다.

( )

6~7

❶ 정신 차려야 한다. 여기서 무너지면 안 돼.

허준은 환자를 치료하며 피곤해도 여기서 무너지면 안 된다고 다짐한다.

❷ 허준이 무엇인가 이상한 낌새를 느낀다.

6 인물의 속마음을 그대로 들려주어 처한 상황을 드러내는 장면은 어느 것인지 번호를 쓰시오.

( )

7 장면 ❶에서 다음과 같은 음악을 사용했다면, 어떤 효과가 있겠는지 쓰시오.

서술형

비장한 느낌의 음악을 사용한다.

8 인물에 대해 소개할 탐구 계획을 세울 때 조사할 내용으로 알맞지 <u>않은</u> 것은 무엇입니까?( )

① 인물의 성격
② 인물의 가치관
③ 인물이 살았던 시대
④ 인물의 독특한 행동
⑤ 인물을 좋아하는 사람

9~11

> 김득신은 열 살에 처음 글을 배우기 시작했다. 김득신은 정삼품 부제학을 지낸 김치의 아들로 태어났다. 주변에서는 우둔한 김득신을 포기하라고 했다. 하지만 김득신의 아버지는 공부를 포기하지 않는 김득신을 대견스럽게 여겼다. 김득신은 스무 살에 처음으로 작문을 했다. 김득신의 아버지는 공부란 꼭 과거를 보기 위한 것만이 아니니 더욱 노력하라고 김득신을 격려했다. 김득신은 같은 책을 반복해서 여러 번 읽으며 공부했으나 하인도 외우는 내용을 기억하지 못하는 등 한계를 드러냈다. 김득신은 자신의 한계를 극복하기 위해 만 번 이상 읽은 책에 대한 기록을 남겼다. 김득신은 59세에 문과에 급제해 성균관에 입학했다. 김득신은 많은 책과 시를 읽었지만 자신만의 시어로 시를 썼다. 많은 사람들이 김득신의 시를 높이 평가했다.

9 김득신에 대해 조사한 이 자료의 내용으로 알맞지 <u>않은</u> 것은 무엇입니까? ( )

① 열 살에 처음 글을 배웠다.
② 우둔하였지만 공부를 포기하지 않았다.
③ 정삼품 부제학을 지낸 인물의 아들이다.
④ 김득신의 아버지는 아들을 부끄럽게 여겼다.
⑤ 늦은 나이에 문과에 급제해 성균관에 입학했다.

10 김득신이 자신의 한계를 극복하기 위해 한 일은 무엇인지 찾아 쓰시오.

( )

11 다음의 찾은 자료의 장면과 내용을 보고, 이 자료에 사용할 음악이 주는 효과를 생각하여 어떤 음악이 어울릴지 알맞은 것에 ○표 하시오.

 수만 번 외워도 잊어버리고 착각까지 했던 김득신은 자신의 한계를 극복하기 위해 만 번 이상 읽은 책에 대한 기록을 남겼다. 그 기록에는 왜 그 책들을 읽었는가에 대한 내용이 하나하나 담겨 있다.

(1) 노력해도 한계를 드러내는 인물의 특성을 드러내기 위해 슬픈 느낌의 음악을 사용한다. ( )
(2) 꾸준히 노력해서 자신의 한계를 극복한 인물의 삶을 돌아보는 느낌을 주기 위해 고요하고 평화로운 음악을 사용한다. ( )

12~14

> **가** 전학 온 서영이는 성격이 좋아 금세 친구들과 잘 어울렸다. 그런 서영이가 부러운 미라는 ㉠핑공 카페에 '흑설 공주'라는 계정으로 서영이와 관련한 거짓 글을 올린다. 아이들은 서영이가 거짓으로 부모님 이야기를 한다는 '흑설 공주'의 글을 읽고 수군대기 시작한다.
> **나** 민주는 날마다 핑공 카페를 들여다보았다. 혹시 서영이가 무슨 반박 글을 올리지 않을까 해서였다. 그러던 어느 날 민주는 눈이 휘둥그레졌다. 마침내 서영이가 자기 입장을 밝히는 글을 올린 것이다.

12 미라가 서영이가 부러워서 한 일은 무엇입니까? ( )

① 서영이 부모님께 거짓말을 했다.
② 반 친구들과 서영이를 따돌렸다.
③ 민주에게 서영이와 놀지 말라고 했다.
④ 서영이에게 친하게 지내자고 부탁하였다.
⑤ 핑공 카페에 서영이와 관련한 거짓 글을 올렸다.

13 글 **나**에서 민주의 눈이 휘둥그레진 까닭을 쓰시오.

( )

14 이 글의 내용으로 알 수 있는 ㉠과 같은 매체 자료의 특성으로 알맞은 것에 ○표 하시오.

(1) 검증받은 사실만을 올릴 수 있다. ( )
(2) 자신이 누군지 밝히지 않고 활동을 할 수 있다. ( )

15~17

가

> 빨간 풍선: 민서영이 흑설 공주에게 일방적으로 당한 것 같다. 지금이라도 민서영이 자기 입장을 밝혀 주어 속 시원하다.
> 은하수: 내가 보기에 흑설 공주가 너무 심하다. 본인이 사실이 아니라는데 왜 그런 거짓 글을 실었을까?

나 다음 날 민주는 또다시 자기 눈을 의심하였다. ㉠흑설 공주가 서영이를 공격하는 또 하나의 글이 올라와 있었기 때문이었다.

> 민서영, 내가 쓴 글이 사실이 아니라면 그걸 반박할 증거를 내놓아라. 그럴 용기가 없다면 내가 쓴 모든 글이 사실임을 인정해야 할 것이다.

다 민주는 어이가 없어서 저절로 욕이 튀어나올 지경이었다. 이걸 보고 놀랄 서영이를 생각하니 딱하기만 했다. 아무것도 아닌 일에 휘말려 마치 그물 속의 물고기처럼 허우적거리고 있는 서영이가 생각할수록 가여웠다. 하지만 이번에는 서영이도 반격을 늦추지 않았다.

15 카페 가입자들인 '빨간 풍선'과 '은하수'는 누구의 말을 믿고 있는지 알맞은 것에 ○표 하시오.

(민서영 , 흑설 공주)

16 민주가 아무것도 아닌 일에 휘말려 벗어나려고 애쓰는 서영이를 무엇에 빗대었는지 찾아 쓰시오.

( )

17 서영이가 ㉠에 반격하기 위해 어떤 내용의 글을 썼을지 짐작하여 쓰시오.
서술형

_____

_____

18~20

가 이번에는 서영이를 응원하는 댓글과 흑설 공주를 비난하는 댓글이 수없이 올라와 있었다.

> 허수아비: ㉠아무리 얼굴과 이름을 숨기고 자기 생각을 마음대로 실을 수 있는 인터넷 세상이지만, 최소한의 예의는 지켜야 한다.

나 '드디어 ㉡서영이의 역공 작전이 성공했구나. 이걸 보고 미라가 어떤 표정을 지을까? 된통 당했으니 이젠 슬그머니 꼬리를 내리겠지?' / 민주는 마치 자기 일처럼 고소하기 짝이 없었다. 하지만 웬걸, 싸움은 그게 끝이 아니었다. 흑설 공주가 곧바로 서영이의 글을 읽고 또 다른 공격을 해 온 것이다.

다 흑설 공주는 마치 먹이를 문 사자처럼 좀처럼 서영이를 잡고 놓아주지 않았다. 그러자 핑공 카페는 점점 더 흑설 공주와 민서영의 싸움을 구경하려는 구경꾼들로 가득 찼다.

18 ㉠은 어디를 말하는지 이 글에서 찾아 쓰시오.

( )

19 민주가 ㉡처럼 생각한 까닭은 무엇인지 빈칸에 알맞은 말을 쓰시오.

• 서영이를 ( )하는 댓글과 흑설 공주를 ( )하는 댓글이 수없이 올라와 있어서

20 글 **가**에서 아이들이 댓글을 올리자, 어떤 일이 일어났습니까? ( )

① 서영이가 카페에서 퇴장해 버렸다.
② 서영이와 흑설 공주가 화해를 했다.
③ 서영이가 선생님께 도움을 요청했다.
④ 흑설 공주가 자신을 밝히고 모든 일을 사과했다.
⑤ 흑설 공주가 또 반박 글을 올려 흑설 공주와 민서영의 진실 싸움으로 바뀌었다.

1

가

나

아름다운 몸짓으로 피겨 스케이팅의 새 역사를 열어

다

1단계
**낱말
쓰기**
가~다에서 민준이는 무엇을 하고 있는지 빈칸에 알맞은 말을 쓰시오. [3점]

· 민준이는 가에서는 (   ), 나에서는
(   ) 영상물, 다에서는 휴대 전화
(   )을/를 읽거나 보고 있다.

2단계
**문장
쓰기**
가~다에서 민준이가 읽거나 본 매체 자료는 무엇인지 각각 쓰시오. [6점]

_____

_____

3단계
**생각
쓰기**
가~다에서 민준이가 읽거나 본 매체 자료의 내용을 잘 이해하려면 어떤 부분에 집중해 읽는 것이 좋은지 쓰시오. [9점]

가	(1)
나	(2)
다	(3)

2~3

유도지

유도지가 높은 벼슬의 양반들을 만나 중요한 시험의 합격을 부탁하며 금덩이를 뇌물로 주었다.

2 다음 장면에서 사용한 표현 방법이 주는 효과는 무엇이겠는지 쓰시오. [7점]

장면	표현 방법
유도지	유도지 쪽으로 카메라가 가까이 다가가 보여 준다.

_____

_____

3 다음 장면에 사용된 표현 방법을 보고, 이러한 표현 방법을 사용한 까닭은 무엇이겠는지 쓰시오. [8점]

◀ 뇌물을 받는 양반

표현 방법	인물의 놀라는 모습에 맞추어 긴장감이 느껴지는 배경 음악을 들려준다.

조건
뇌물을 주고받는 일과 인물의 놀란 표정과 관련하여 쓴다.

_____

_____

5 여러 가지 매체 자료

학습 주제	알리고 싶은 인물 소개하기	배점	40점
학습 목표	여러 가지 매체를 활용해 인물을 조사하고 소개할 수 있다.		

1 친구들에게 알리고 싶은 인물을 그 까닭과 함께 쓰시오. [6점]

(1) 알리고 싶은 인물: (　　　　　　　　　　　　　　　)

(2) 알리고 싶은 까닭: _____

_____

2 알리고 싶은 인물을 조사하기 위해 사용한 매체 자료를 두 가지 쓰시오. [8점]

(1) _____

(2) _____

3 알리고 싶은 인물을 조사하여 소개하고 싶은 내용을 정리하여 빈칸을 채우시오. [16점]

인물이 태어난 날짜	(1)
인물의 성격	(2)
(3)	(4)
(5)	(6)
(7)	(8)

4 알리고 싶은 인물에 대해 알리려는 내용을 정리하여 쓰시오. [10점]

> **조건**
> 〈문제 **3**번〉에서 조사한 내용을 바탕으로 쓴다.

타당성을 생각하며 토론해요

1 토론이 필요한 경우 알기
토론 주제는 찬성과 반대로 분명히 나누어질 수 있어야 해요.

쓰레기통 주변이 오히려 더 지저분해 쓰레기통을 없애자는 주제로 토론해 보고 싶어.

두 시간을 연달아 수업할 때에 쉬는 시간이 없어서 힘들어. 그래서 나는 한 시간을 마치면 반드시 쉬는 시간이 필요하다는 주제로 토론해 보고 싶어.

★★ 2 글을 읽고 근거 자료의 타당성 평가하기

면담 자료를 평가하는 기준	• 주장을 뒷받침하는 자료인가? • 믿을 만한 전문가의 의견인가?
설문 조사 자료를 평가하는 기준	• 주장을 뒷받침하는 자료인가? • 자료의 출처가 정확한가? • 자료가 믿을 만한가? • 조사 대상과 범위가 적절한가?

예 「유행에 따라 희망 직업을 바꾼다면」에 사용한 면담 자료 비교하기

	자료 1	자료 2
누구를 면담했나요?	자신의 꿈이 '연예인'으로 바뀌었다고 하는 학생	직업 평론가 ○○○ 씨
면담의 주요 내용은 무엇인가요?	한 해에도 여러 번 바뀌는 희망 직업 때문에 고민이 많다는 내용	자신이 원하는 일이 무엇인지 모르며 사회에 어떤 다양한 직업이 있는지 알아보려고 하지 않는 사실이 문제라는 내용

└ 더 믿을 만한 근거 자료는 〈자료 2〉예요. 해당 분야 전문가의 말이기 때문이에요.

3 토론 절차와 방법 알기

토론 절차	방법
주장 펼치기	• 근거를 들어 주장을 펼침. • 근거와 관련해 구체적인 자료를 제시함.
반론하기	• 상대편 토론자의 주장을 요약함. • 상대편의 주장이 타당하지 않음을 밝히기 위한 질문을 함. • 주장에 대한 근거나 그 자료가 적절하지 않다는 것을 밝힘.
주장 다지기	• 자기편의 주장을 요약함. • 상대편에서 제기한 반론이 타당하지 않음을 지적함. • 자기편 주장의 장점을 정리함.

개념 확인하기   정답과 풀이 21쪽

1 서로 의견이 다를 때 찬반 양쪽이 나뉘어서 각각 자기 쪽의 의견을 받아들이도록 상대편을 설득하려면 무엇을 해야 하는지 알맞은 것의 기호를 쓰시오.

> ㉮ 토의   ㉯ 토론

(   )

2 다음을 면담 자료 평가 기준에 해당하는 것에는 '면', 설문 조사 자료 평가 기준에 해당하는 것에는 '설' 이라고 쓰시오.

⑴ 자료의 출처가 정확한가?

(   )

⑵ 조사 대상과 범위가 적절한가?   (   )

⑶ 믿을 만한 전문가의 의견인가?   (   )

3 토론 절차에 맞게 순서대로 기호를 쓰시오.

> ㉮ 반론하기
> ㉯ 주장 펼치기
> ㉰ 주장 다지기

(   ) – (   ) – (   )

4 토론 절차 중 근거를 들어 주장을 펼치고, 근거와 관련해 자료를 제시하는 단계는 무엇인지 쓰시오.

(   )

1 이 그림에서는 어떤 문제가 생겼는지 알맞은 것에 ○표 하시오.

(1) 학교 앞에서 교통사고가 잘 난다. ( )

(2) 학교 앞에 불법 주차를 한 차가 많고 차가 빨리 달린다. ( )

2 민주와 수혁이의 생각에 맞게 선으로 이으시오.

(1) 민주 • • ① 단속 카메라를 달면 좋겠다.

(2) 수혁 • • ② 단속 카메라를 단다고 문제가 해결되지 않는다.

3 이 그림을 보고 학교에서 하는 인사말은 무엇인지 쓰시오.

( )

4 현수가 "착한 사람이 되겠습니다." 라는 말을 듣고 기분이 좋지 않은 까닭으로 알맞은 것에 ○표 하시오.

(1) "착한 사람이 되겠습니다."라는 말이 착하게 살라고 강요하는 것 같아서 ( )

(2) "착한 사람이 되겠습니다."라는 말이 자신이 지금은 착한 사람이 아닌 듯해서 ( )

5 이 그림에서는 어떤 문제가 생겼습니까?( )

① 운동장에 놀이 시설이 없다.

② 운동장에 운동 시설이 없다.

③ 외부인 때문에 체육 시간을 방해받는다.

④ 지역 사람들과 함께 쓰기에는 운동장이 좁다.

⑤ 운동장을 외부인에게 개방해서 쓰레기가 많다.

6* 이 그림에 나타난 문제로 토론을 한다면 수인이는 어떤 의견을 말하겠는지 짐작하여 쓰시오.

( )

• **그림의 특징**: 학교 인사말을 "착한 사람이 되겠습니다."로 하는 문제에 대해 서로 다른 생각을 나누는 모습으로, 토론할 때 주의할 점에 대해 알 수 있습니다.

핵심내용 그림 **가** 와 **나** 에서 서로 다른 생각을 상대에게 이해시키려고 사용한 방법

가	자신의 의견을 ❶ ㄱ ㄱ 를 들어 말함.
나	자신의 의견을 주장하려고 상대의 기분을 상하게 함.

7 두 친구가 나누는 대화의 주제를 생각하며 빈칸에 들어갈 알맞은 말을 쓰시오.

> 학교에서 인사말을 "⬜⬜⬜⬜"로 하는 문제

( )

교과서 문제
8 여자아이가 ㉠처럼 말한 까닭으로 알맞은 것을 두 가지 고르시오. ( )

① 높임 표현을 사용하는 것이 이상해서
② "안녕하세요?"가 더 좋은 인사말이라서
③ 전통적인 인사말을 지켜야 한다고 생각해서
④ 인사말을 할 때마다 반성해야 하는 것 같아서
⑤ "착한 사람이 되겠습니다."라고 하면 지금은 착한 사람이 아닌 것 같아서

9 남자아이가 그림 **나** 와 같이 대답했을 때 두 사람의 대화는 앞으로 어떻게 이어지겠습니까?

( )

① 서로 다투게 될 것이다.
② 상대의 의견을 따를 것이다.
③ 문제를 쉽게 해결할 것이다.
④ 타당한 근거를 들며 말할 것이다.
⑤ 상대의 의견을 존중하며 말할 것이다.

10 이와 같이 일상생활에서 토론이 필요한 경우는 언제인지 떠올려 한 가지만 쓰시오.
서술형

_____

_____

유행에 따라 희망 직업을 바꾼다면

- 글의 종류: 주장하는 글
- 글의 특징: 직업을 유행에 따라 골라서는 안 된다는 주장이 담긴 글로, 주장을 뒷받침하는 자료가 적절한지 평가해 볼 수 있습니다.

최근 한 매체에서 '연예인'이 초등학생들의 장래 희망 직업 1

우리 반 친구들이 희망하는 직업 • 단위 명

직업명	교사	요리사	과학자	의사	디자이너	연예인	운동선수	기타
전체 32명	3	5	3	4	2	9	3	3

위를 차지했다는 결과를 발표했다. 초등학생들 사이에서 번진 아이돌 열풍 때문이다. 몇 년 전에는 꿈이 '요리사'인 초등학생이 많았는데, 그 당시에는 요리를 주제로 한 텔레비전 프로그램이 유행했기 때문이다. 게임 산업의 발전에 따라 '프로 게이머'를 희망 직업으로 뽑은 학생이 대다수였을 때도 있었다. 직업은 <u>생활 수단이자 자신의 능력을 발휘하고 꿈을 실현할 수 있는 기회이기도 하다</u>.(직업이 하는 역할) 그런데 자신이 희망하는 직업을 유행에 따라 결정하는 일이 과연 옳은 것일까?

ⓒ실제로 자신의 꿈이 '연예인'으로 바뀌었다고 하는 한 학생을 면담한 결과, "요즘에는 연예인이 대세이다."라면서도 "사실은 한 해에도 여러 번 바뀌는 희망 직업 때문에 고민이 많다. 무엇을 준비해야 할지 모

르겠다."라고 털어놓았다. 직업의 선택은 유행이 아니라 자신의 적성이나 흥미, 특기를 고려해 이루어져야 한다. 정작 자신이 무엇을 원하는지보다 다른 많은 사람이 원하는 것에 이끌려 인생의 중요한 결정을 내린다면 결국 후회만 남을 것이다. 또 이것저것 유행에 휘둘리다 보면 자신의 능력을 집중적으로 개발하는 시간도 **빼앗길 것이다.**

ⓒ이와 같은 현실과 관련해 직업 평론가 ○○○ 씨와 면담한 결과 그는 "자신이 원하는 일이 무엇인지 모르며 사회에 어떤 다양한 직업이 있는지 알아보려고 하지 않는 사실이 문제"라며 우려를 나타냈다. 직업은 미래에 자기 삶을 유지해 줄 수 있는 수단 가운데 하나이다. 직업으로 사람들은 소득을 얻기도 하고, 행복과 보람을 느끼기도 한다. 그러므로 유행보다는 자신의 흥미와 적성, 특기를 알고, 이것을 바탕으로 하여 직업을 고르려고 노력해야 한다.

주장을 뒷받침하기 위해 사용한 설문 조사 자료와 면담 자료가 적절한지 평가하는 문제가 자주 출제돼.

대세(大 큰 대, 勢 형세 세) 일이 진행되어 가는 결정적인 형세. ⑩ 대세에 따라 학예회를 하기로 결정했습니다.

우려(憂 근심 우, 慮 생각할 려) 근심하거나 걱정함. 또는 그 근심과 걱정.

---

1 글쓴이는 직업을 선택할 때 무엇을 고려해야 한다고 했는지 알맞은 것을 모두 고르시오. ( )

① 흥미 ② 적성 ③ 대세
④ 유행 ⑤ 특기

2 글쓴이가 주장을 뒷받침하려고 사용한 근거 자료로 알맞은 것을 모두 찾아 기호를 쓰시오.

⑦ 책 자료 ④ 면담 자료
⑭ 사진 자료 ⑭ 설문 조사 자료

( )

3 자료 ⊙에 대한 설명으로 알맞지 <u>않은</u> 것은 무엇입니까? ( )

① 조사 범위는 32명이다.
② 조사 대상은 우리 반 친구들이다.
③ 응답이 가장 많은 항목은 연예인이다.
④ 전체 초등학생들의 장래 희망에 대한 근거이다.
⑤ 글쓴이의 반 친구들을 대상으로 한 설문 조사 결과이다.

교과서 문제
4 ⓒ과 ⓒ 중 더 믿을 만한 근거 자료는 무엇인지 기호를 쓰시오.

( )

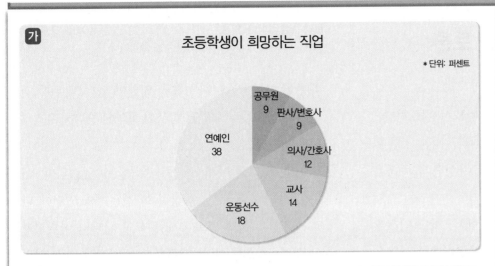

가 초등학생이 희망하는 직업

* 단위: 퍼센트

연예인 38
공무원 9
판사/변호사 9
의사/간호사 12
교사 14
운동선수 18

나 학부모가 희망하는 자녀 직업

* 단위: 퍼센트

선생님/교사 12.2
공무원 8.0
의사/의료인 6.5
경찰 4.2
요리사/셰프/셰프테이너 3.0
아나운서/아나테이너 2.2
과학자/교수 2.1
기타 전문직 1.9
초등학교 교사 1.8
기타 58.1

■ 출처: 한국직업능력개발원(2017), 학부모가 희망하는 자녀 직업(희망 직업이 있다고 응답한 학부모 4733명 대상), 「초·중등 진로 교육 현황 조사」.

• 자료의 특징: **가**와 **나**를 「유행에 따라 희망 직업을 바꾼다면」의 근거 자료로 활용할 수 없는 까닭을 알아볼 수 있습니다.

핵심내용 자료 **가**와 **나**의 근거 자료를 평가하는 기준

• 조사 대상과 범위가 적절한가?
• 자료의 ❶ ㅊ ㅊ 가 정확한가?
• 자료가 믿을 만한가?
• 주장을 뒷받침하는 자료인가?

자료 **가**와 **나**의 타당성을 평가해 보고 「유행에 따라 희망 직업을 바꾼다면」의 근거 자료로 활용할 수 없는 까닭을 말해 보세요.

5 자료 **가**에 대한 설명으로 알맞지 <u>않은</u> 것은 무엇입니까? ( )

① 도표로 나타내었다.
② 자료의 출처가 나와 있지 않다.
③ 믿을 수 있는 자료라고 보기 어렵다.
④ 조사 시기와 조사 대상을 정확히 알 수 있다.
⑤ 초등학생이 희망하는 직업을 조사한 것이다.

6 자료 **나**를 보고 출처는 어디인지, 누구를 대상으로 조사한 것인지 쓰시오.

자료의 출처	(1)
조사 대상	(2)

7* 자료 **나**가 '직업의 선택은 자신의 적성, 흥미, 특기를 고려해서 이루어져야 한다.'는 주장을 뒷받침하는 자료인지를 판단해 알맞게 말한 친구의 이름을 쓰시오.

유리: 자료 **나**는 부모가 자녀에게 기대하는 직업이므로 글쓴이의 주장을 뒷받침하는 자료가 아니야.
민채: 자료 **나**는 직업에 대한 부모의 기준이 드러나 있으므로 글쓴이의 주장을 뒷받침하는 자료로 적절해.

( )

교과서 문제
8 다음 중 설문 조사 자료를 평가하는 기준으로 알맞지 <u>않은</u> 것에 ×표 하시오.

(1) 조사 대상과 범위가 적절한가? ( )
(2) 사람들의 흥미를 끄는 것인가? ( )
(3) 주장을 잘 뒷받침하는 것인가? ( )

민재네 반에서 한 토론

- **글의 특징:** "학급 임원은 반드시 필요하다."라는 주제로 토론하며 토론의 절차와 방법에 대해 보여 주는 글입니다.

☐ ㉠

1 **사회자:** 지금부터 "학급 임원은 반드시 필요하다." 라는 주제로 토론을 시작하겠습니다. 저는 토론의 사회를 맡은 구민재입니다. 먼저 찬성편이 주장을 펼치겠습니다.

찬성편: 저희 찬성편은 두 가지 까닭에서 "학급 임원은 반드시 필요하다."라는 주제에 찬성합니다.

첫째, 실제로 학생 대표가 학교생활에 많은 역할을 합니다. 많은 학생들이 함께 생활하다 보니 학교에는 여러 가지 문제나 불편한 점이 생길 수 있습니다. 이러한 것에 대한 해결은 전교 학생회 회의에서 이루어지는데 학급 임원은 여기에 참여해 우리 반 학생들의 의견을 전달하는 역할을 합니다. 저희가 설문 조사를 한 결과에 따르면 우리 지역의 초등학교 가운데에서 95퍼센트가 넘는 학교가 학급 임원을 뽑고 있다고 합니다. 이렇게 많은 학교가 학급 임원을 뽑는다는 것은 실제로 학급 임원이 필요하기 때문이 아니겠습니까? 학급 임원이 없다면 누가 선생님을 돕고, 누가 전교 학생회 회의에 참여해 우리의 뜻을 전하겠습니까?

둘째, 학교 안에서 선거를 경험할 수 있습니다. 어린이 사회 교육 잡지에 실린 한 전문가의 면담에 따르면, "민주 시민 교육은 초등학교 때부터 이루어져야 한다. 사회를 미리 경험한다는 점에서 학급 임원 선거는 학생들에게 소중한 경험이 될 수 있다."라고 했습니다.

중심 내용 1 찬성편은 학생 대표가 학교생활에 많은 역할을 하고, 학교 안에서 선거를 경험할 수 있다는 근거를 들어 찬성했습니다.

> 주장 펼치기에 해당하는 부분으로, 찬성편의 주장과 근거, 근거에 대한 자료가 무엇인지 묻는 문제가 자주 출제돼.

2 **사회자:** 네, 이어서 반대편이 주장을 펼치겠습니다.

반대편: 학급 임원 제도는 반드시 필요하다고 할 수 없습니다. 저희는 다음과 같은 까닭으로 "학급 임원은 반드시 필요하다."라는 주제에 반대합니다.

임원(任 맡길 임, 員 관원 원) 어떤 단체에 소속하여 그 단체의 중요한 일을 맡아보는 사람.

참여(參 참여할 참, 與 더불 여) 어떤 일에 끼어들어 관계함. ⑩ 에너지 절약 운동에 참여합시다.

교과서 문제

9 토론 주제는 무엇인지 찾아 쓰시오.

( )

10 찬성편이 주장에 대한 근거로 제시한 것을 두 가지 고르시오. ( )

① 친구들을 도울 사람이 필요하다.
② 여러 가지 봉사 활동을 해야 한다.
③ 전교 학생회 회의에 참여해야 한다.
④ 학교 안에서 선거를 경험할 수 있다.
⑤ 실제로 학생 대표가 학교생활에 많은 역할을 한다.

11 찬성편에서 근거를 뒷받침하는 자료로 무엇을 제시하였는지 두 가지를 쓰시오.

(1) ( )
(2) ( )

12★ 이 글은 토론 절차 중 무엇에 해당하는지 ㉠에 들어갈 알맞은 말은 무엇입니까? ( )

① 반론하기   ② 주제 정하기
③ 주장 다지기   ④ 주장 펼치기
⑤ 의견 결정하기

첫째, ㉠학급 임원을 뽑는 기준이 올바르다고 보기 어렵습니다. 한 매체에서 설문 조사를 한 결과에 따르면 70퍼센트 정도의 학생들이 "후보들의 능력보다 친분을 우선으로 투표한 적이 있다."라고 응답했습니다. 이 조사는 정말 우리가 우리를 대표할 수 있는 사람을 학급 임원으로 뽑았는지에 대한 의문을 가지게 합니다. 특히 1학기에는 서로 잘 알지도 못한 채로 학급 임원 선거가 이루어지는 경우도 있습니다. 이와 같은 학급 임원 선출은 인기투표와 다르지 않습니다.

둘째, 학생들 간 동등한 관계에 부정적인 영향을 끼칩니다. 우리는 모두 평등한 관계여야 합니다. 하지만 학급 행사를 하는 과정에서 학생들과 학급 임원 사이에 의견 차이가 생겨 친구들끼리 사이가 멀어지는 경우가 생깁니다. 실제로 학급 임원을 한 경험이 있는 학생을 면담한 결과, "학급 임원을 하면서 사이가 멀어진 친구들이 있다."라고 하면서, "선생님께서 부탁하신 일과 친구들과의 관계 사이에서 고민스러운 일이 많았다."라고 말했습니다.

사회자: 네, 여기서 주장 펼치기를 마치겠습니다. 이제

협의(協 화합할 협, 議 의논할 의) 둘 이상의 사람이 서로 협력하여 의논함. 예 사전 협의 없이 일을 진행하면 안 됩니다.

3분 동안 협의 시간을 드리겠습니다. 각 토론자께서는 상대편의 주장과 근거에 대한 반론을 준비해 주십시오.

중심 내용 2 반대편은 학급 임원을 뽑는 기준이 올바르지 않고, 학생들 간 동등한 관계에 부정적인 영향을 끼친다는 근거를 들어 반대했습니다.

반론하기

3 사회자: 이번에는 상대편이 펼친 주장에서 잘못된 점이나 궁금한 점을 지적하고 이에 답하는 반론하기 시간입니다. 반론하기의 방법을 설명함. 먼저 반대편이 반론과 질문을 하고 이에 대해 찬성편이 답변하도록 하겠습니다. 시간은 2분입니다. 시작해 주십시오.

반대편: 찬성편에서는 학급을 위해 봉사하고, 학생 대표가 되어 우리의 뜻을 학교에 전하는 역할을 할 학급 임원이 필요하다고 했습니다. 찬성편의 주장을 요약함. 하지만 학급을 위해 봉사하는 것은 몇 명의 학생이 아니라 전체 학생이 다 할 수 있는 일입니다. 또 요즘은 기술이 발달해서 여러 사람이 동시에 회의에 참여할 수 있습니다. 굳이 학생 대표 한두 명만 회의에 참여하도록 할 필요가 없습니다. 따라서 찬성편의 근거는 학급 임원이 반드시 필요하다는 주장을 뒷받침하는 근거라고 보기 어렵습니다. ㉡오히려 모든 학생이 학급 임원을 경험할 수 있도록 돌아가며 하는 게 좋지 않을까요?

반론(反 돌이킬 반, 論 논할 론) 남의 논설이나 비난, 논평 따위에 대하여 반박함. 또는 그런 논설.

13 ㉠을 뒷받침하는 자료로 제시한 것은 무엇인지 알맞은 것에 ○표 하시오.

(1) 설문 조사 결과 ( )
(2) 학급 임원을 한 경험이 있는 학생의 면담 자료 ( )

14 서술형 찬성편과 반대편이 구체적인 예를 근거 자료로 제시하는 까닭은 무엇인지 쓰시오.

교과서 문제
15 반대편이 찬성편에게 한 반론으로 알맞은 것을 두 가지 고르시오. ( )

① 학급 친구들은 모두가 동등하다.
② 누구나 학급을 위해 봉사할 수 있다.
③ 학급을 위해 하는 일은 봉사가 아니다.
④ 학급 대표만 우리의 뜻을 전할 수 있다.
⑤ 요즘은 기술이 발달해서 여러 사람이 동시에 회의에 참여할 수 있다.

16★ 반대편이 ㉡의 질문을 한 까닭을 생각하여 빈칸에 알맞은 말을 쓰시오.

찬성편이 제시한 근거가 ( )을/를 지적하기 위해서이다.

찬성편: 네, 반대편의 반론 잘 들었습니다. <u>모두가 돌아가면서 학급 임원을 한 번씩 경험해 볼 수도 있습니다.</u> 그러나 말씀드렸다시피 학급 임원은 학급 학생 전체를 대표하는 자리입니다. 학생 대표는 모범적이면서 봉사 정신이 뛰어난 학생이 스스로 참여해야 한다고 생각합니다. ㉠반대편의 반론처럼 모든 학생이 돌아가면서 학급 임원을 맡는다면 그 가운데에는 하고 싶은 마음이 없는 학생이 대표가 될 수 있습니다. 그러면 그 학생에게도 부담이 되는 일입니다.

반대편이 제기한 반론을 받아들임.

사회자: 이번에는 찬성편이 반론을 펴고, 반대편에서 찬성편의 반론을 반박해 주시기 바랍니다.

찬성편: 반대편은 <u>학급 임원을 뽑는 기준이 올바르지 않은 까닭을 근거로 들었습니다.</u> 하지만 반대편에서

반론을 펼치기 전에 반대편의 주장을 다시 한 번 말함.

첫 번째 자료로 제시한 설문 조사 결과는 다른 학교를 조사한 것입니다. 따라서 우리 학교의 상황과 설문 조사 결과가 반드시 같다고는 볼 수 없습니다. 우리 학교 사정을 고려해서 근거를 말씀해 주셔야 하지 않을까요?

반대편: 네, 저희가 다른 학교에서 조사한 결과를 활용한 것은 맞습니다. 그러나 그 자료는 학급 임원을 뽑는 기준에 문제가 있다고 생각하는 학생이 많다는 점을 보여 드리려는 자료입니다. 여기 우리 학교 선생님을 면담한 결과를 보여 드리겠습니다. 그 선생님께서는 "봉사 정신이 뛰어나거나 모범적인 행동을 보이는 학생보다는 인기가 많은 학생이 학급 임원이 되는 경우가 종종 있다."라고 말씀하셨습니다. 이러한 점을 모두 고려해 학생 대표로서의 학급 임원이 필요한지 의문입니다.

사회자: 양쪽 질문과 답변을 잘 들었습니다. 2분 동안 협의 시간을 드리도록 하겠습니다. 양쪽은 토론 내용을 바탕으로 하여 주장과 근거를 다시 정리해 주시기 바랍니다.

중심 내용 3 반대편과 찬성편은 상대편이 제시한 근거에 대해 반론 및 질문을 하고, 그 질문에 대한 답을 했습니다.

반박(反 돌이킬 반, 駁 논박할 박) 어떤 의견, 주장, 논설 따위에 반대하여 말함.

의문(疑 의심할 의, 問 물을 문) 의심스럽게 생각함. 또는 그런 문제나 사실.

17 다음은 반대편이 제기한 반론 ㉠을 반박하려고 찬성편이 제시한 답변입니다. 빈칸에 알맞은 말을 쓰시오.

> 하고 싶은 마음이 없는 학생이 대표가 될 수 있고, 그것은 그 학생에게 ( )이/가 되는 일이다.

교과서 문제

18 찬성편이 반론을 펼치기 전에 반대편의 주장을 다시 한 번 말한 까닭은 무엇이겠습니까? ( )

① 반대편의 주장을 잊어버려서
② 찬성편의 주장을 바꾸기 위해서
③ 반대편의 주장이 옳은 것 같아서
④ 반론을 효과적으로 펼치기 위해서
⑤ 반대편 주장이 더 타당함을 보여 주기 위해서

19 찬성편이 반론하면서 반대편의 주장을 받아들일 수 없다고 한 까닭은 무엇인지 쓰시오.

( )

20★ 이와 같이 토론에서 반론하는 방법으로 알맞은 것을 모두 고르시오. ( )

① 근거를 들어 주장을 펼친다.
② 상대편 토론자의 주장을 요약한다.
③ 근거를 뒷받침하는 자료를 제시한다.
④ 주장에 대한 근거나 그 자료가 적절하지 않다는 것을 밝힌다.
⑤ 상대편의 주장이 타당하지 않다는 것을 밝히기 위한 질문을 한다.

┌─ ㉠ ─┐

4 사회자: 이제 토론의 마지막 단계인 ┌─ ㉡ ─┐ 입니다. 먼저 찬성편이 발언해 주시기 바랍니다.

찬성편: 학급 임원은 반드시 필요합니다. 공정한 선거로 학생 대표를 뽑고, 그 대표를 도와 학교생활이 잘 이루어지도록 하는 경험을 해 보는 것은 큰 의미가 있습니다. 학급 임원을 뽑는 기준에 문제가 있다면 그 문제를 해결하면 됩니다. 반대편의 대안처럼 할 경우 원하지 않는 학생이 학생 대표를 맡게 되는 또 다른 문제가 발생할 수 있습니다. 공정한 경쟁과 올바른 선택을 거쳐 학급 임원을 뽑는다면 문제를 원만히 해결할 수 있을 것이라고 생각합니다.

반대편: 찬성편은 학급에 대표가 필요하고, 학급 임원을 뽑는 과정에서 선거를 경험할 수 있기 때문에 학급 임원이 필요하다고 주장했습니다. 그러나 저희 반대편은 학급 임원이 반드시 필요하지는 않다고 생각합니다. ㉢학급 임원을 뽑는 기준에 문제가 있고,

학생들 간 동등한 관계에 부정적인 영향을 끼친다면 반드시 학급 임원 제도를 유지해야 할 필요가 있을까요? 물론 학급 대표가 필요한 경우도 있습니다. 그러나 그렇다고 해서 꼭 한두 사람이 학급 임원이 될 필요는 없습니다. 오히려 여러 학생이 한 번씩 돌아가면서 봉사하고 학급을 대표하는 경험을 쌓는다면 좀 더 많은 학생이 지도력과 책임감을 키울 수 있다고 생각합니다.

사회자: 모두 수고하셨습니다. 지금까지 "학급 임원은 반드시 필요하다."라는 주제를 놓고 토론을 진행해 보았습니다. 찬성편과 반대편의 토론으로 학급 임원의 필요성에 대해 깊이 생각해 볼 수 있었습니다. 토론자 여러분, 감사합니다. 그럼 여기서 토론을 마치겠습니다.

중심 내용 4 찬성편과 반대편의 토론으로 학급 임원의 필요성에 대해 깊이 생각해 볼 수 있었습니다.

핵심내용 토론의 절차 알아보기

주장 펼치기 ➡ ❷ㅂㄹ하기 ➡ 주장 다지기

발언(發 필 발, 言 말씀 언) 말을 꺼내어 의견을 나타냄. 또는 그 말. 예 무책임한 발언을 해서는 안 됩니다.
대안(代 대신할 대, 案 책상 안) 어떤 안을 대신하는 안.

원만히 일의 진행이 순조롭게.
지도력(指 가리킬 지, 導 이끌 도, 力 힘 력) 어떤 목적이나 방향으로 남을 가르쳐 이끌 수 있는 능력.

21 토론 절차 중 글 **4**는 무엇에 해당하는지 ㉠, ㉡에 공통으로 들어갈 알맞은 말을 쓰시오.
( )

22 글 **4**에서 찬성편이 말한 내용이 <u>아닌</u> 것은 무엇입니까? ( )
① 자기편의 주장을 요약하였다.
② 자기편의 근거를 정리하였다.
③ 자기편 주장의 장점을 정리하였다.
④ 반대편에게 한 반론을 정리하였다.
⑤ 주장을 다지기 위해 설명을 덧붙였다.

23 ㉢은 무엇에 해당하는지 알맞은 것에 ○표 하시오.
(1) 반대편이 내세운 근거 ( )
(2) 반대편이 자신의 주장을 다지려고 덧붙인 설명 ( )

24 반대편은 여러 학생이 한 번씩 돌아가면서 학급 대표가 되면 어떤 장점이 있다고 했습니까? ( )
① 이해심이 생긴다.
② 학급에 애정이 생긴다.
③ 다른 사람을 존중하게 된다.
④ 학급 대표에 대한 부담이 적어진다.
⑤ 좀 더 많은 학생이 지도력과 책임감을 키울 수 있다.

25 다음 중 토론에 적합한 주제를 두 가지 고르시오. ( )

① 도서관을 잘 이용하자.
② 학급 규칙을 잘 지키자.
③ 교실에서 스마트폰 보기를 금지해야 한다.
④ 급식실에서 조용히 하는 방법은 무엇일까?
⑤ 쉬는 시간에 학교 강당을 자유롭게 이용해야 한다.

[26~29]

친구들과 의논해 정한 토론 주제	
초등학생도 교복을 입어야 한다.	
자기편 주장	초등학생은 교복을 입으면 안 된다고 생각한다.
자기편 주장을 뒷받침할 근거	• 각자의 개성을 존중해야 한다. • ㉠

26 이 주제로 토론을 하려고 합니다. 토론에 필요한 역할로 알맞은 것을 모두 고르시오. ( )

① 사회자
② 찬성편 토론자
③ 반대편 토론자
④ 토론을 구경하는 사람
⑤ 자료를 조사하는 사람

27 ㉠에 들어갈 근거로 알맞은 것은 무엇입니까? ( )

① 단정해 보인다.
② 교복은 불편한 점이 많다.
③ 학교에 대한 자부심이 생긴다.
④ 옷에 드는 비용을 절약할 수 있다.
⑤ 멀리서도 어느 학교 학생인지 알 수 있다.

28 자기편의 근거를 뒷받침하는 자료에 대해 알맞게 말하지 <u>못한</u> 친구의 이름을 쓰시오.

> 태경: 나라에서 교복비를 무상으로 지원해 준다는 신문 기사를 이용하면 좋을 것 같아.
> 해인: 교복을 입고 불편해하는 학생을 대상으로 한 면담 자료를 사용하면 좋을 것 같아.

( )

29 자기편의 주장과 근거에 대해 상대편이 어떤 반론을 펼칠지 예상하여 쓰시오.
서술형

_____

_____

30 토론할 때 토론자들이 지켜야 할 규칙으로 알맞은 것에 모두 ○표 하시오.

(1) 발언권을 얻고 말한다. ( )
(2) 토론을 공정하게 이끈다. ( )
(3) 공격하는 말투를 쓰지 않는다. ( )

31 토론 절차에 맞게 빈칸에 알맞은 말을 쓰시오.

주장 펼치기
↓
반론하기
↓
[ ]

기계를 더 믿어요

· 한상순

시장에 간 우리 고모

물건 사고 아주머니가 돌려주는

거스름돈,

꼭 세어 보아요

은행에 간 고모

현금 지급기가

'달깍' 내미는 돈

세어 보지도 않고

지갑에 얼른 넣는 거 있죠?

고모도 참

· **글의 종류**: 시
· **글의 특징**: 사람보다 기계를 더 믿는 고모의 행동을 보고 '사람보다 기계를 더 믿는 세상'이라는 주제를 드러낸 시입니다.

핵심내용 이 시를 읽고 친구들과 토론하고 싶은 주제 정하기 예

"인공 지능 시대에 사람의 ❶ ㄱ ㅊ 는 낮아질 것인가?"

달깍 작고 단단한 물건이 맞부딪치는 소리. '달까닥'의 준말.
얼른 시간을 끌지 아니하고 바로. 예 마음이 바뀔까 봐 얼른 대답했습니다.

6

교과서 문제

1 시에서 말하는 이가 고모의 어떤 행동을 문제라고 보았습니까? ( )

① 시장에서 물건값을 깎는 것
② 사람의 마음을 무시하는 것
③ 사람보다 기계를 더 믿는 것
④ 말하는 이에게 용돈을 주지 않는 것
⑤ 돈을 쓸 줄은 모르고 저축만 하는 것

2 이 시의 주제를 나타낸 것으로 알맞은 것은 무엇입니까? ( )

① 저축의 중요성
② 우리가 버려야 할 욕심
③ 시장 아주머니의 넉넉한 인심
④ 사람보다 기계를 더 믿는 세상
⑤ 기계가 우리 생활에 주는 편리함

3 이 시를 읽고 독서 토론을 준비하며 의견을 말할 때 자신의 의견을 잘 내세우지 <u>못한</u> 친구의 이름을 쓰시오.

> **선아**: 이 시는 사람보다 기계를 더 믿는 현실을 비판적으로 바라보는 것 같아.
> **성주**: '시장'과 '은행'을 대비하려고 한 연씩 구성한 점이 시의 주제를 더 잘 드러내.
> **민서**: 나는 외삼촌께서 용돈을 주시면 돈을 세어 보지 않고 그냥 지갑에 넣어.

( )

4 독서 토론을 할 때 자신의 의견을 어떻게 말해야 할지 빈칸에 들어갈 알맞은 말을 쓰시오.

> 읽은 책의 내용과 주제를 바르게 이해하고 토론 주제에 맞는 의견과 [ ]을/를 말해야 합니다.

( )

낱말의 뜻

1 뜻에 알맞은 낱말을 찾아 선으로 이으시오.

(1) 어떤 일에 끼어들어 관계함.　　•　　•① 대세

(2) 일이 진행되어 가는 결정적인 형세.　　•　　•② 참여

(3) 둘 이상의 사람이 서로 협력하여 의논함.　　•　　•③ 발언

(4) 말을 꺼내어 의견을 나타냄. 또는 그 말.　　•　　•④ 협의

비슷한말·반대말

2 다음 짝 지어진 두 낱말의 관계가 비슷한말이면 '비', 반대말이면 '반'이라고 쓰시오.

(1) 질문 – 답변 (　　　)
(2) 종종 – 가끔 (　　　)
(3) 우려 – 걱정 (　　　)
(4) 부정적 – 긍정적 (　　　)

같은 표기 다른 뜻

3 밑줄 친 낱말은 보기 의 ㉮~㉰ 중 무엇인지 기호를 쓰시오.

> 보기
> ㉮ 세다^1: 머리카락이나 수염 따위의 털이 희어지다.
> ㉯ 세다^2: 사물의 수효를 헤아리거나 꼽다.
> ㉰ 세다^3: 힘이 많다.

(1) 할아버지께서 희끗희끗 센 머리를 검게 염색하셨다.　　(　　　)
(2) 골목대장 민재는 주먹이 세지는 않지만 슬기롭고 말을 잘한다.　　(　　　)
(3) 소희는 가게 주인아저씨가 주신 거스름돈이 맞는지 세어 보았다.　　(　　　)

낱말의 형태

4 다음 설명을 읽고, 낱말의 형태를 잘못 바꾼 것을 두 가지 고르시오.　　(　　　)

> 낱말에서 형태가 바뀌지 않는 부분에 받침 'ㅁ'이나 '–음'을 붙여서 사물의 이름을 나타내는 낱말로 바꿀 수 있다. 이때 'ㄹ' 받침이 있는 낱말은 받침 'ㄻ'을 붙인다.
> 예 꾸다 → 꿈, 살다 → 삶

① 자다 → 잚　　　② 추다 → 춤
③ 알다 → 암　　　④ 웃다 → 웃음
⑤ 배고프다 → 배고픔

낱말의 활용

5 밑줄 친 낱말의 쓰임이 적절한 것을 모두 고르시오.　　(　　　)

① 학급 임원은 책임감이 있어야 한다.
② 그는 자신의 선택이 옳다는 의문이 들었다.
③ 선장은 남다른 지도력으로 선원들을 이끌었다.
④ 이웃 간의 갈등이 갈수록 심해져 문제가 원만히 해결되었다.
⑤ 정화는 상대방의 주장과 근거를 조목조목 따지며 반론을 펼쳤다.

낱말의 발음

6 보기 를 읽고, ㉠, ㉡의 발음이 모두 알맞은 것에 ○표 하시오.

> 보기
> 받침 'ㄷ', 'ㅌ'이 모음 'ㅣ'를 만나면 [ㅈ], [ㅊ]으로 발음된다.

> 여러 사람이 ㉠같이 회의에 참여할 수 있으므로 ㉡굳이 학생 대표 한두 명만 회의에 참여하게 할 필요가 없습니다.

(1) ㉠: [가티], ㉡: [구디] (　　　)
(2) ㉠: [가지], ㉡: [구치] (　　　)
(3) ㉠: [가치], ㉡: [구지] (　　　)

1* 토론에 대한 설명으로 알맞은 것은 무엇입니까?

( )

① 찬성과 반대로 나뉘지 않는다.
② 서로 같은 방향의 해결안을 제시하게 된다.
③ 반대 입장만 있고 찬성 입장은 있을 수 없다.
④ 찬성과 반대로 나뉘어 상대를 설득하려고 한다.
⑤ 어떤 문제에 대해 여러 사람의 의견을 듣고 가장 좋은 해결 방법을 찾는다.

2 여자아이는 학교 인사말을 어떻게 생각합니까?

( )

① 어색하다.   ② 재미있다.   ③ 의미 있다.
④ 딱딱하다.   ⑤ 형식적이다.

3 그림 **가**와 **나**에서 서로 다른 생각을 상대에게 이해시키려고 사용한 방법에 맞게 선으로 이으시오.

(1)	**가** •	• ① 자신의 의견을 근거를 들어 말함.
(2)	**나** •	• ② 상대의 기분을 상하게 하며 말함.

4 그림 **가**와 같이 대답했을 때 두 사람의 대화는 앞으로 어떻게 이어지겠습니까?   ( )

① 문제가 더 복잡해질 것이다.
② 자신이 옳다고 우기기만 할 것이다.
③ 문제를 해결하기보다 다투게 될 것이다.
④ 상대의 주장과 근거가 옳은지 따져 볼 것이다.
⑤ 문제 해결보다 다른 이야기만 계속 할 것이다.

5 그림 **가**와 **나** 중 문제를 해결하는 데 더 도움이 되는 장면은 무엇인지 기호를 쓰시오.

( )

6~7

자료1 실제로 자신의 꿈이 '연예인'으로 바뀌었다고 하는 한 학생을 면담한 결과, "요즘에는 연예인이 대세이다."라면서도 "사실은 한 해에도 여러 번 바뀌는 희망 직업 때문에 고민이 많다. 무엇을 준비해야 할지 모르겠다."라고 털어놓았다.

자료2 직업 평론가 ○○○ 씨와 면담한 결과 그는 "자신이 원하는 일이 무엇인지 모르며 사회에 어떤 다양한 직업이 있는지 알아보려고 하지 않는 사실이 문제"라며 우려를 나타냈다.

6 **자료1** 과 **자료2** 는 누구를 면담한 것인지 쓰시오.

(1) **자료1** : ( )
(2) **자료2** : ( )

7 **자료1** 과 **자료2** 중 더 믿을 만한 자료는 무엇인지
서술형 그렇게 생각한 까닭과 함께 쓰시오.

_____

_____

8~11

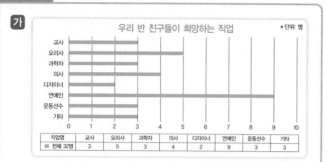

가

우리 반 친구들이 희망하는 직업 *단위: 명

직업명	교사	요리사	과학자	의사	디자이너	연예인	운동선수	기타
▦ 전체 32명	3	5	3	4	2	9	3	3

최근 한 매체에서 '연예인'이 초등학생들의 장래 희망 직업 1위를 차지했다는 결과를 발표했다. 초등학생들 사이에서 번진 아이돌 열풍 때문이다. 몇 년 전에는 꿈이 '요리사'인 초등학생이 많았는데, 그 당시에는 요리를 주제로 한 텔레비전 프로그램이 유행했기 때문이다. 게임 산업의 발전에 따라 '프로 게이머'를 희망 직업으로 뽑은 학생이 대다수였을 때도 있었다. 직업은 생활 수단이자 자신의 능력을 발휘하고 꿈을 실현할 수 있는 기회이기도 하다.

나 직업으로 사람들은 소득을 얻기도 하고, 행복과 보람을 느끼기도 한다. 그러므로 유행보다는 자신의 흥미와 적성, 특기를 알고, 이것을 바탕으로 하여 직업을 고르려고 노력해야 한다.

8 글쓴이의 주장은 무엇인지 쓰시오.

_____

_____

9 글쓴이가 사용한 설문 조사 자료의 조사 대상과 조사 범위를 쓰시오.

(1) 조사 대상: (   )
(2) 조사 범위: (   )

10 ★ 이 설문 조사 자료가 적절한지 평가할 때 그 기준으로 알맞지 않은 것을 두 가지 고르시오. (   )

① 조사 범위가 적절한가?
② 자료의 출처가 정확한가?
③ 사람들에게 알려진 자료인가?
④ 주장을 뒷받침하는 자료인가?
⑤ 믿을 만한 전문가의 의견인가?

11 서술형 근거 자료로 쓰인 이 설문 조사 자료의 부족한 점을 파악하여 한 가지 쓰시오.

_____

_____

12~14

찬성편: 저희 찬성편은 두 가지 까닭에서 "학급 임원은 반드시 필요하다."라는 주제에 찬성합니다.

첫째, 실제로 학생 대표가 학교생활에 많은 역할을 합니다. 많은 학생들이 함께 생활하다 보니 학교에는 여러 가지 문제나 불편한 점이 생길 수 있습니다. 이러한 것에 대한 해결은 전교 학생회 회의에서 이루어지는데 학급 임원은 여기에 참여해 우리 반 학생들의 의견을 전달하는 역할을 합니다. 저희가 설문 조사를 한 결과에 따르면 우리 지역의 초등학교 가운데에서 95퍼센트가 넘는 학교가 학급 임원을 뽑고 있다고 합니다. 이렇게 많은 학교가 학급 임원을 뽑는다는 것은 실제로 학급 임원이 필요하기 때문이 아니겠습니까? 학급 임원이 없다면 누가 선생님을 돕고, 누가 전교 학생회 회의에 참여해 우리의 뜻을 전하겠습니까?

둘째, ㉠학교 안에서 선거를 경험할 수 있습니다. 어린이 사회 교육 잡지에 실린 한 전문가의 면담에 따르면, "민주 시민 교육은 초등학교 때부터 이루어져야 한다. 사회를 미리 경험한다는 점에서 학급 임원 선거는 학생들에게 소중한 경험이 될 수 있다."라고 했습니다.

12 찬성편의 주장은 무엇인지 쓰시오.

(   )

13 ㉠에 대한 구체적인 자료로 제시한 것은 무엇입니까? (   )

① 책 내용   ② 뉴스 보도
③ 글쓴이의 경험   ④ 전문가의 면담
⑤ 같은 지역 초등학교를 대상으로 한 설문 조사

14 토론 절차 중 이 단계에서 할 일로 알맞은 것을 두 가지 고르시오. ( )

① 근거를 들어 주장을 펼친다.
② 상대편 토론자의 주장을 요약한다.
③ 자기편의 주장을 다시 한번 요약한다.
④ 근거와 관련해 구체적인 자료를 제시한다.
⑤ 상대편의 주장이 타당하지 않다는 것을 밝힌다.

15~17

가 사회자: 이번에는 상대편이 펼친 주장에서 잘못된 점이나 궁금한 점을 지적하고 이에 답하는 ⊙ 시간입니다. 먼저 반대편이 반론과 질문을 하고 이에 대해 찬성편이 답변하도록 하겠습니다.

나 반대편: ⓒ찬성편에서는 학급을 위해 봉사하고, 학생 대표가 되어 우리의 뜻을 학교에 전하는 역할을 할 학급 임원이 필요하다고 했습니다. 하지만 학급을 위해 봉사하는 것은 몇 명의 학생이 아니라 전체 학생이 다 할 수 있는 일입니다. 또 요즘은 기술이 발달해서 여러 사람이 동시에 회의에 참여할 수 있습니다. 굳이 학생 대표 한두 명만 회의에 참여하도록 할 필요가 없습니다. 따라서 찬성편의 근거는 학급 임원이 반드시 필요하다는 주장을 뒷받침하는 근거라고 보기 어렵습니다.

15 ⊙에 들어갈 알맞은 말은 무엇입니까? ( )

① 반론하기   ② 주장 펼치기
③ 주제 정하기   ④ 주장 다지기
⑤ 의견 결정하기

16 ⓒ은 글 **가**, **나**의 토론 단계 방법 중 무엇과 관련 있는지 알맞은 것에 ○표 하시오.

(1) 상대편 토론자의 주장을 요약한다. ( )
(2) 주장에 대한 근거나 자료가 적절하지 않다는 것을 밝힌다. ( )
(3) 상대편의 주장이 타당하지 않다는 것을 밝히기 위한 질문을 한다. ( )

17 반대편이 반론하면서 학급을 위해 봉사하는 것은 누가 하면 된다고 했는지 쓰시오.

( )

18 토론에서 주장을 다지는 방법으로 알맞지 않은 것은 무엇입니까? ( )

① 자기편의 주장을 요약한다.
② 자기편 주장의 장점을 정리한다.
③ 자기편의 주장을 다지려고 설명을 덧붙인다.
④ 상대편에서 제기한 반론이 타당하지 않음을 지적한다.
⑤ 상대편의 주장이 타당하지 않음을 밝히기 위한 질문을 한다.

19~20

시장에 간 우리 고모
물건 사고 아주머니가 돌려주는
거스름돈, / 꼭 세어 보아요

은행에 간 고모
현금 지급기가
'달깍' 내미는 돈
세어 보지도 않고 / 지갑에 얼른 넣는 거 있죠?

고모도 참

19 고모의 행동으로 보아, 사람과 기계 중 고모가 더 믿는 것은 무엇인지 쓰시오.

( )

20 이 시를 읽고 친구들과 이야기 나눌 만한 주제로 알맞은 것의 기호를 쓰시오.

⑦ 인공 지능 시대에 사람의 가치는 낮아질까?
④ 전통 시장을 살리는 방법에는 무엇이 있을까?

( )

1

최근 한 매체에서 '연예인'이 초등학생들의 장래 희망 직업 1위를 차지했다는 결과를 발표했다. 초등학생들 사이에서 번진 아이돌 열풍 때문이다. 몇 년 전에는 꿈이 '요리사'인 초등학생이 많았는데, 그 당시에는 요리를 주제로 한 텔레비전 프로그램이 유행했기 때문이다.

1단계 | **낱말 쓰기** | 글쓴이가 자신의 주장을 뒷받침하려고 사용한 근거 자료는 무엇인지 빈칸에 알맞은 말을 쓰시오. [2점]

• (　　　　　　) 조사 자료이다.

2단계 | **문장 쓰기** | **1단계**에서 답한 자료를 보고 표를 완성하시오. [3점]

조사 대상	(1)
조사 범위	32명이다.
응답이 가장 많은 항목	(2)
자료의 출처	(3)

3단계 | **생각 쓰기** | 다음 자료가 이 글의 근거 자료로 활용할 수 없는 까닭을 쓰시오. [4점]

2~3

찬성편: 반대편은 학급 임원을 뽑는 기준이 올바르지 않은 까닭을 근거로 들었습니다. 하지만 반대편에서 첫 번째 자료로 제시한 설문 조사 결과는 다른 학교를 조사한 것입니다. 따라서 우리 학교의 상황과 설문 조사 결과가 반드시 같다고는 볼 수 없습니다. 우리 학교 사정을 고려해서 근거를 말씀해 주셔야 하지 않을까요?

반대편: 네, 저희가 다른 학교에서 조사한 결과를 활용한 것은 맞습니다. 그러나 그 자료는 학급 임원을 뽑는 기준에 문제가 있다고 생각하는 학생이 많다는 점을 보여 드리려는 자료입니다. 여기 우리 학교 선생님을 면담한 결과를 보여 드리겠습니다. 그 선생님께서는 "봉사 정신이 뛰어나거나 모범적인 행동을 보이는 학생보다는 인기가 많은 학생이 학급 임원이 되는 경우가 종종 있다."라고 말씀하셨습니다. 이러한 점을 모두 고려해 학생 대표로서의 학급 임원이 필요한지 의문입니다.

2 이 글의 내용으로 보아, 반대편이 한 주장은 무엇이겠는지 쓰시오. [4점]

_____

_____

3 찬성편이 반대편에게 한 반론을 빈칸에 쓰시오. [6점]

반대편의 주장에 대한 반론	

↓

반대편의 반박	학급 임원을 뽑는 기준에 문제가 있다고 생각하는 학생이 많다는 점을 보여 주기 위한 자료이다.

6 타당성을 생각하며 토론해요

학습 주제	주제를 정해 토론하기	배점	20점
학습 목표	토론 주제에 대한 주장과 근거를 마련하고 자기편이 마련한 근거에 대해 상대편에서 제시할 수 있는 반론을 예상해 볼 수 있다.		

1 학급 친구들과 어떤 주제로 토론을 하고 싶은지 토론 주제를 정하여 쓰시오. [5점]

친구들과 의논해 정한 토론 주제	

2 〈문제 1번〉에서 정한 주제에 대한 자기편의 주장을 정하여 쓰시오. [3점]

자기편 주장	

3 〈문제 2번〉에서 정한 주장을 뒷받침하는 타당한 근거를 두 가지 제시하여 쓰시오. [6점]

자기편 주장을 뒷받침할 근거	(1)
	(2)

4 자기편의 주장과 관련해 상대편이 펼칠 것으로 예상되는 반론을 생각하여 쓰시오. [6점]

상대편에서 제시할 수 있는 반론	

7 중요한 내용을 요약해요

1 낱말의 뜻을 짐작하는 방법 알기

① 잘 모르는 낱말 앞뒤의 내용을 자세히 살펴봅니다.

② 이미 아는 친숙한 낱말로 바꾸었을 때 문장의 뜻이 자연스러운지 살펴봅니다.

└〈낱말의 뜻을 짐작하며 읽어야 하는 까닭〉 낱말의 뜻을 제대로 이해하지 못하면 글을 제대로 이해할 수 없기 때문이에요. / 글을 읽으면서 모르는 낱말이 나올 때마다 사전을 찾아볼 수 없기 때문이에요.

★★ 2 낱말의 뜻을 짐작하며 읽기

① 교과서에서 파란색으로 쓰인 낱말의 뜻을 짐작하며 글을 읽습니다.

– 뜻을 잘 모르는 낱말의 앞뒤 상황을 살펴봅니다.

– 해당 낱말의 뜻과 비슷하거나 반대인 낱말을 대신 넣어 봅니다.

– 낱말을 사용한 예를 떠올려 봅니다.

② 자신이 짐작한 낱말의 뜻이 맞는지 국어사전에서 찾아봅니다.

③ 자신이 짐작한 낱말의 뜻을 친구들과 서로 비교해 봅니다.

예 「존경합니다, 선생님」에서 낱말의 뜻을 짐작하고 국어 사전에서 찾기

낱말	짐작한 뜻	국어사전에서 찾은 뜻
마른침	긴장했을 때 삼키는 침	애가 타거나 긴장하였을 때 입 안이 말라 무의식중에 힘들게 삼키는 아주 적은 양의 침.
근질근질했다	심하게 간지러웠다	참기 어려울 정도로 자꾸 몹시 어떤 일을 하고 싶어 했다.

★★ 3 글을 요약하는 방법 알기

┌ 글을 요약하는 까닭은 주어진 글의 내용을 잘 이해하고, 글의 중심 내용을 잘 파악하기 위해서예요.

글을 읽고 중요한 정보를 간추리는 것을 '요약하기'라고 해요.

① 글의 분량을 짧게 간추립니다.

② 사소한 내용은 삭제하고 중요한 내용만 간추립니다.

③ 글에서 중요한 내용을 이해할 수 있게 간추립니다.

여러 번 반복해 나타나는 낱말인 중심 낱말을 찾는 것이 중요해요.

예 생각그물을 활용해 글의 내용을 요약하면 좋은 점: 글의 중요한 내용을 한눈에 파악할 수 있어 글의 핵심 내용을 잘 이해할 수 있습니다.

4 글의 구조에 따라 요약하기

① 글의 구조를 파악하며 읽습니다.

글의 구조를 파악하면 글 전체 내용을 보다 더 잘 이해할 수 있고, 중요한 내용이 드러나도록 요약하기 쉬워요.

② 문단의 중심 내용을 간추립니다.

③ 글의 구조에 알맞은 틀을 그려 내용을 정리합니다.

④ 정리한 내용은 중요한 내용이 잘 드러나도록 간결한 문장으로 씁니다.

개념 확인하기 정답과 풀이 25쪽

1 다음은 무엇을 하는 방법인지 알맞은 것에 ○표 하시오.

> 뜻을 잘 모르는 낱말의 앞뒤 내용을 살펴본다.

(1) 낱말의 뜻을 짐작하는 방법
( )

(2) 글의 중심 내용을 찾는 방법
( )

2 낱말의 뜻을 짐작하며 글을 읽어야 하는 까닭을 알맞게 말한 친구의 이름을 쓰시오.

> 준수: 낱말의 뜻을 짐작하면 글을 끝까지 읽지 않아도 돼.
> 소연: 낱말의 뜻을 이해하지 못하면 글을 제대로 이해할 수 없어서야.

( )

3 글을 요약하는 방법으로 알맞은 것에는 ○표, 알맞지 않은 것에는 ×표 하시오.

(1) 내용을 잘 알 수 있게 분량을 길게 간추린다. ( )

(2) 사소한 내용은 삭제하고 중요한 내용만 간추린다.
( )

4 생각그물을 활용해 글의 내용을 요약하면 글의 ( ) 을/를 한눈에 파악할 수 있어 글의 핵심 내용을 잘 이해할 수 있습니다.

□□신문

내 귀는 건강한가요

• 글의 종류: 신문 기사
• 글의 특징: 귀 건강을 위해서 이어폰 같은 음향 기기를 제대로 사용할 것을 알리는 기사문입니다.

귀가 어두워 무슨 말을 해도 제대로 알아듣지 못하는 만화 주인공 '사오정'을 아시나요? 만화 주인공 사오정과 비슷한 사람이 우리 주변에 많이 생겨나고 있습니다. 사오정이 ㉠뜬금없는 말로 우리에게 재미와 웃음을 주지만 요즘에 사오정들은 귀 건강을 위협받는 아주 위험한 상황에 놓여 있습니다.

(사오정의 특징)

귀가 건강하지 못하다는 사실은 소리 듣기로 가장 쉽게 알 수 있습니다. 소리가 잘 들리지 않는다면 그만큼 귀가 건강하지 못하다는 의미입니다. 소리가 잘 들리지 않으면 '최소 난청'이지만 귀 건강이 더 나빠지면 '전음성 난청'이 됩니다. 이 단계에서는 속삭이는 소리 외에도 일반적인 소리까지 선명하게 듣지 못하고 비행기를 타거나 높은 곳에 올라갔을 때처럼 귀가 먹먹한 느낌이 듭니다. 귀를 후비거나 하품하거나 귀에 바람을 넣어 봐도 순간적으로 증상이 호전될 뿐 금세 귀가 먹먹해집니다. 그 밖에도 염증으로 인한 통증과 가려움증 같은 증상이 일어납니다.

(전음성 난청의 단계)

우리 귀 건강에 가장 큰 걸림돌은 '이어폰'입니다.

(일을 해 나가는 데에 걸리거나 막히는 장애물을 비유적으로 이르는 말)

사람들 대부분이 이어폰으로 음악을 들으면 집중을 잘하기 때문에 학습하는 데 큰 ㉡힘이 될 것이라고 생각합니다. 하지만 이는 사실과 다릅니다. 양쪽 귀 바로

(이어폰으로 음악을 들으면 학습하는 데 큰 힘이 될 거라 생각하는 것)

위쪽 부위에는 언어 중추가 있는 뇌 측두엽이 존재하는데 측두엽과 가까운 귀에 이어폰을 꽂으면 언어 중추가 음악 소리에 자극을 받기 때문에 학습 내용이 기억에 잘 남지 않습니다. 왜냐하면 측두엽은 기억력과 청각을 담당하기 때문입니다. 다시 말해 노래를 들으며 공부를 하면 뇌는 이 두 가지를 한꺼번에 처리해야 하기 때문에 어려움을 겪습니다. 그래서 일반적으로 뇌 과학자들은 음악 듣기는 고난도 학습이나 업무를 하는 데 도움을 주지 않는다고 설명합니다.

귀를 건강하게 하려면 이어폰 같은 음향 기기를 하루 2시간 이내로 사용해야 하고, 사용할 때에는 소리 크기를 60퍼센트로 유지해야 합니다. 또 귀를 건조하게 유지하고 깨끗한 이어폰을 사용하는 방법도 좋습니다.

20○○. ○○. ○○.

△△△ 기자

교과서 문제

1 이 글을 읽으며 민찬이와 같은 행동을 했을 때 생길 수 있는 문제를 알맞게 말한 친구에 ○표 하시오.

> 민찬: 귀가 어둡다는 말은 무슨 뜻일까? 귀 색깔이 검은색이라는 뜻이겠지. 대충 읽어야겠다.

(1) 민경: 내용을 잘 간추릴 수 없어 글을 읽는 데 오래 걸려. ( )

(2) 규현: 낱말의 뜻을 제대로 짐작하지 못해서 글의 내용을 잘 이해할 수 없어. ( )

2 ㉠과 바꾸어 쓸 수 있는 낱말은 무엇입니까?

( )

① 슬픈 ② 중요한 ③ 어려운
④ 엉뚱한 ⑤ 부끄러운

3 ㉡의 뜻을 짐작한 것으로 알맞은 것에 ○표 하시오.

(1) 활동에 도움이 되는 것 ( )
(2) 어떤 일을 할 수 있는 능력 ( )
(3) 어떤 물건을 움직이게 하는 작용 ( )

4 귀를 건강하게 하기 위한 방법으로 알맞지 않은 것은 무엇입니까? ( )

① 귀를 건조하게 유지한다.
② 깨끗한 이어폰을 사용한다.
③ 이어폰 사용을 생활화한다.
④ 음향 기기를 하루 2시간 이내로 사용한다.
⑤ 음향 기기의 소리 크기를 60퍼센트로 유지한다.

존경합니다, 선생님

· 퍼트리샤 폴라코

· 글의 종류: 이야기
· 글의 특징: 퍼트리샤가 깐깐하다고 알려진 켈러 선생님의 글쓰기 수업을 들으면서 성장하는 이야기입니다.

미리 보기

깐깐하기로 소문난 켈러 선생님의 수업에서 '나'는 글쓰기 과제에서 나쁜 평가를 받고 상심한 마음을 슐로스 할아버지에게 털어놓습니다. → 켈러 선생님의 글쓰기 훈련은 다양하게 이루어졌고, '나'는 든든한 버팀목이자 다정한 친구였던 슐로스 할아버지의 죽음을 갑자기 접하게 됩니다. → 슐로스 할아버지를 떠나보낸 슬픔과 사랑하는 마음을 쓴 '나'의 글은 켈러 선생님에게서 에이(A)를 받았고, 선생님의 따뜻한 마음을 알게 됩니다. → 시간이 지난 지금도 '나'는 존경하고 사랑하는 슐로스 할아버지와 켈러 선생님을 생각하면 가슴이 벅찰 만큼 갖가지 낱말이 떠오릅니다.

1 글쓰기반 수업 첫날, 켈러 선생님은 아무 ㉠기척
　　　_{일이 일어나 때}
도 없이 교실로 들어와 책상 사이를 왔다 갔다 하며
㉡엄포부터 놓았다.

"오늘부터, 나는 너희 한 사람 한 사람을 완전히 훈련시켜서 진짜 멋진 작가로 만들어 줄 생각이다. 정말 ㉢기적 같겠지? 하지만!"

켈러 선생님은 ㉣특유의 진한 미국 남부 지방 억양으로 말을 이어 나갔다.

"이 수업을 만만하게 생각했다면 지금 당장 저 문으
　글쓰기반 수업
로 나가도록. 보잘것없이 짧은 너희의 인생 경험으로는 상상도 못 할 정도로 힘들 테니까. 아마 이 수업을 끝까지 따라오지 못하는 학생들도 나오겠지."

어쩐지 켈러 선생님이 유독 나만 노려보는 것 같았다.

켈러 선생님은 허리를 꼿꼿이 펴고 똑바로 서 있어서 실제 키보다 더 커 보였다. 특히 교탁에 기대설 때

면, 마치 죽은 나뭇가지에 앉아 금방이라도 사냥감을 휙 낚아챌 듯 노려보는 매처럼 매서워 보였다.
　　　　　　　　　　　　　　_{매우 맵고 사나워}

"첫 번째 과제는 수필이다. 내가 놀라 까무러칠 정도로 재미있는 글을 써 오도록. 내가 너희의 반짝이는 생각에 홀딱 빠질 만큼 대단한 작품을 써 보란 말이다. 너희가 이 수업을 들을 만한 자격이 있는지를 알아보려는 거니까! 주제는? 가족이나, 집에서 일어나는 일상생활에 대한 이야기라면 뭐든지 괜찮아."

우리는 허둥지둥 종이를 꺼내 끼적이기 시작했다.
　　　　　　　　　　　　_{아무렇게나 쓰거나 그리기}

"아니, 아니! 여기서 말고!"

켈러 선생님의 ㉤호통에 우리는 바로 연필을 놓았다.

"숙제란 말이다, 숙제! 세 쪽 가득 채워 오도록. 기한은 내일까지!"

나는 마른침을 꿀꺽 삼켰다.

중심 내용 1 글쓰기반 수업 첫날, 켈러 선생님은 아이들에게 힘든 수업이 될 것이라며 엄포를 놓고 첫 번째 과제로 수필을 써 오라고 하였다.

---

1 이 글에 나타난 켈러 선생님에 대한 설명으로 알맞지 **않은** 것은 무엇입니까?　　　（　　　）

① 글쓰기를 가르친다.
② 부드러운 목소리로 말했다.
③ 허리를 꼿꼿이 펴고 똑바로 서 있었다.
④ 사냥감을 노려보는 매처럼 매서워 보였다.
⑤ 특유의 진한 미국 남부 지방 억양을 가지고 있다.

2 ㉠～㉤ 중 다음의 뜻을 가진 낱말의 기호를 쓰시오.

> 실속 없이 호령이나 위협으로 으르는 짓.

（　　　　）

3 켈러 선생님이 내 준 첫 번째 과제는 무엇을 쓰는 것인지 빈칸에 알맞은 말을 두 글자로 쓰시오.

> 일상생활을 주제로 한 （　　　　）

4★ 다음은 어떤 낱말의 뜻을 짐작한 것이겠는지 이 글에서 찾아 쓰시오.

> 이 낱말 앞부분의 상황에서 켈러 선생님이 호통을 치며 긴장되는 상황을 만들었기 때문에 이 낱말은 긴장했을 때 삼키는 침이라는 뜻 같다.

（　　　　）

2 집으로 돌아오는 내내, 나는 줄곧 숙제 생각만 했다. 진짜 잘 써야 하는데!

가족이나 집에서 일어나는 일상생활에 대한 수필을 쓰는 것

어느덧 언덕길로 접어들어 집이 점점 가까워질 무렵, 옆집에 사는 슐로스 할아버지가 현관 계단에 앉아 있는 모습이 보였다. 슐로스 할아버지는 아내를 먼저 하늘 나라로 보내고, 자식들도 다 커서 떠나 혼자 살고 있었다.

슐로스 할아버지가 나를 보더니, 옆에 앉으라는 듯 계단 옆자리를 탁탁 두드렸다.

"무슨 ㉠안 좋은 일이라도 있었니?"

슐로스 할아버지는 막 구워 낸 쿠키가 담긴 봉지를 호주머니에서 꺼내 나에게 내밀며 물었다. 유명한 제빵사인 슐로스 할아버지는 늘 호주머니에 쿠키가 들어 있었다.

"학교에서 가장 **깐깐한** 선생님한테 배우게 됐어요."

"설마 '마녀 켈러' 말이니?"

슐로스 할아버지가 짐짓 충격받은 척 머리를 감싸며 물었다. 나는 고개를 끄덕였다.

깐깐한 행동이나 성격 따위가 까다로울 만큼 빈틈이 없는. 예 그 가게 할아버지는 깐깐하기로 유명합니다.

"흠, 우리 두 아들놈도 켈러 선생님한테 배웠지. 나중에 그때의 이야기를 좀 해 주마."

할아버지의 두 아들이 켈러 선생님께 배우던 때의 이야기

슐로스 할아버지와 나는 **우두커니** 앉아 거리를 가로지르는 전선에 내려앉은 새들을 쳐다보았다.

진짜 잘 써야 할 텐데!

그날 밤, 나는 책상에 앉아 글을 쓰기 시작했다. 나는 내 방이 정말 좋았다. 하루의 대부분을 내 방에서 보내는 만큼, 방을 쭉 둘러보면서 하나하나 묘사하면 어떨까. 아주 세세히! 그리고 내가 우리 집 고양이와 엄마를 얼마나 사랑하는지, 새로 산 치마가 얼마나 마음에 드는지, 집에서 먹는 아침밥이 얼마나 맛있는지를 보태면……. 와! 내가 쓴 글이지만, 잘 써도 너무 잘 쓴 것 같았다. 지금까지 쓴 글 중에서 최고라는 생각이 들었다.

나는 얼른 교실에서 큰 소리로 발표하고 싶어 몸이 ㉡근질근질했다.

중심 내용 2 '나'는 슐로스 할아버지에게 켈러 선생님에 대해 말하면서도 글을 잘 써야 한다는 생각을 했고, '나'는 그날 밤 글을 다 쓰고는 쓴 글에 엄청 만족해했다.

우두커니 넋이 나간 듯이 가만히 한자리에 서 있거나 앉아 있는 모양. 예 진수는 그 자리에 우두커니 서 있었습니다.

5 '나'는 켈러 선생님이 내 준 숙제에 대해 처음에 어떤 마음을 가졌는지 알맞은 것을 두 가지 고르시오.
( )

① 매우 자신이 있었다.
② 정말 잘하고 싶어 했다.
③ 쓸모없는 숙제라고 여겼다.
④ 대충해 가려고 마음먹었다.
⑤ 잘하고 싶은 마음이 크지만 매우 걱정스러웠다.

6 슐로스 할아버지에 대한 설명으로 알맞은 것을 모두 고르시오. ( )

① '나'의 옆집에 산다.
② 유명한 제빵사이다.
③ 자식이 없어 혼자 살고 있다.
④ 아내가 먼저 하늘 나라로 갔다.
⑤ 켈러 선생님에 대해 전혀 알지 못한다.

7 '나'에게 생긴 ㉠이 어떤 일인지 빈칸에 알맞은 말을 차례대로 쓰시오.

> 글쓰기 수업을 학교에서 가장 ( )
> ( ) 선생님한테 배우게 된 것

8 ㉡'근질근질했다'의 뜻을 짐작한 것으로 가장 알맞은 것은 무엇입니까? ( )

① 비웃는 태도로 놀렸다.
② 근지러운 느낌이 들었다.
③ 생각, 행동 등이 침착하지 못했다.
④ 어떤 일에 크게 놀라 가슴이 내려앉았다.
⑤ 참기 어려울 정도로 어떤 일을 하고 싶어 했다.

3 이튿날 아침, 우리는 한 사람씩 차례로 자기가 써 온 글을 큰 소리로 발표했다. 나는 발표가 두렵지는 않 았지만 무척 떨렸다. 그때 내 이름이 불렸다.

"다음, 퍼트리샤."

나는 우리 가족과 내 일상에 대해 쓴 '걸작'을 읽어 내 려갔다. 내가 우리 가족 모두를 얼마나 사랑하는지 알 면 켈러 선생님도 무척 감동하겠지? / 하지만 내 예상 과는 달리, 켈러 선생님의 숨소리가 점점 거칠어졌다.

"퍼트리샤, 넌 지금 '사랑'이라는 낱말을 고양이에게 도, 치마에도, 이웃에게도, 팬케이크에도……, 심지 어 엄마에게도 사용하고 있어. 엄마에게 느끼는 감 정과 팬케이크에 느끼는 **감정**이 똑같다는 말이니? <u>낱말은 감정을 전해 주지. 하지만 낱말 하나하나가</u> <u>가진 차이를 이해해야 해!</u> 자, 다들 **주목**. 지금 당장
_{켈러 선생님이 글을 쓸 때 중요하게 여기는 것}
종이에 '사랑'을 나타내는 낱말을 쭉 써 봐. 단, '사 랑'이라는 낱말은 빼고."

우리는 모두 끙끙대며 머리를 ㉠짜냈지만 고작 몇 개밖에 쓰지 못했다. / "자, 자, 그만."

켈러 선생님은 교실을 휙 둘러보더니, 포기한 듯 교 탁 앞에 섰다.

"'<u>유의어</u>'의 뜻을 아는 사람? 고대 물고기 이름 따위
_{뜻이 서로 비슷한 말}
가 아니라는 것쯤은 알겠지."

켈러 선생님의 질문에 아무도 대답하지 못했다.

"그럼 이것이 바로 오늘 숙제다. '유의어'의 뜻을 알 아보고, 다음 시간에 '유의어 사전'을 가져와서 '사 랑'이라는 낱말을 찾아보도록."

그날 오후, 집으로 돌아오자마자 곧바로 슐로스 할 아버지를 찾아갔다.

"유의어 사전이라고? 아마 우리 아들들이 켈러 선생 님 수업 시간에 쓰던 것이 아직 어딘가에 있을 거야."

슐로스 할아버지는 웅얼거리며 아들들 방으로 느릿 느릿 걸어갔다.

"아, 그럼 그렇지. 여기 있구나!"

슐로스 할아버지가 책 더미에서 <u>조그마한 종이책 한</u>
<u>권</u>을 끄집어냈다.
_{유의어 사전}

"모든 낱말이 알파벳순으로 정리되어 있구나. 어디 보자. 뒷면에는…… '낱말 15만 개 이상 수록'이라고 적혀 있네. 이 사전이 켈러 선생님 수업에서는 성경
_{유의어 사전}
으로 통하지, 아마?"

> **중심 내용 3** 켈러 선생님은 '나'의 글에서 '사랑'이라는 낱말을 잘못 사용했다고 말하고, '유의어'의 뜻을 알아보고 '유의어 사전'을 가져오라는 숙제를 내 주었다.

감정 어떤 현상이나 일에 대하여 일어나는 마음이나 느끼는 기분.

주목 관심을 가지고 주의 깊게 살핌. 또는 그 시선.

---

9 '나'는 자신이 쓴 글을 무엇이라고 표현하였는지, 다 음의 뜻을 가진 낱말을 글에서 찾아 쓰시오.

> 매우 훌륭한 작품.

( )

10 '내'가 쓴 글을 발표하자, 켈러 선생님은 어떤 반응 을 보였습니까? ( )

① 잘 썼다고 칭찬해 주었다.
② 아무런 말씀을 하지 않았다.
③ 숨소리가 점점 거칠어지면서 화를 냈다.
④ 감정을 전하는 낱말을 잘 사용했다고 하였다.
⑤ '사랑'이라는 낱말을 사용해 다른 글을 써 오라 고 하였다.

11 ㉠'짜냈지만'의 뜻을 짐작하여 쓰고, 그렇게 짐작한
서술형 까닭도 쓰시오.

(1) 짐작한 뜻: ( )

(2) 그렇게 짐작한 까닭: _____

_____

12 글 **3**에서 오늘 켈러 선생님이 내 준 숙제는 무엇인 지 두 가지 고르시오. ( )

① 성경을 읽어 오는 것
② 유의어의 뜻을 알아보는 것
③ '사랑'이라는 낱말의 뜻을 알아보는 것
④ 찾은 낱말을 알파벳순으로 정리해 오는 것
⑤ 다음 시간에 유의어 사전을 가져와서 '사랑'이 라는 낱말을 찾아보도록 하는 것

4 다음 날, 켈러 선생님은 칠판에 '만족스러운', '시원한', '충성스러운' 같은 여러 낱말을 쭉 썼다. 그러고는 우리에게 유의어 사전을 뒤져 각 낱말을 대신할 수 있는 낱말을 최대한 많이 찾아보라고 했다. 낱말을 가장 많이 찾은 사람은 금요일 쪽지 시험이 면제였다.

과연 그 결과는? 내가 낱말을 가장 많이 찾아냈다! 마침내 내가 해낸 것이다. 쪽지 시험 면제라니! 하지만 <u>각 낱말을 대신할 수 있는 낱말을 가장 많이 찾아낸 것</u> 쉬는 시간에 남자아이 두 명이 심술궂게 빈정댔다.

"이제 퍼트리샤가 ㉠마녀의 새 인형이래!"

중심 내용 **4** 켈러 선생님은 우리에게 여러 낱말들의 유의어를 찾아보게 했다.

5 날이 갈수록 켈러 선생님은 온갖 종류의 글쓰기 훈련을 시켰다. 훈련은 다양하게 이루어졌다. 어떤 날은 교실에서, 또 다른 날은 교실 밖에서.

하루는 모두 밖으로 나가 숲속에서 들려오는 소리에 귀를 기울였다. 켈러 선생님은 이 훈련이 우리의 감각을 예민하게 다듬어 줄 것이라고 했다.

점심시간에는 '대화'에 관한 숙제를 하려고 아이들의 말소리에 귀를 쫑긋 세워야 했다. 심지어 색깔을 이해하기 위해 쓰레기장까지 찾아갔다.

그러던 어느 날, 켈러 선생님이 물건 한 무더기를 잔뜩 갖고 와서 탁자 위에 늘어놓았다. 그중에는 자전거 핸들이나 드라이버, 컵도 있었다.

"이 물건들을 하나씩 살펴보고 원래 쓰임새와는 다르게 어떻게 사용할 수 있을지 생각나는 대로 쭉 써 봐."

그날 숙제는 <u>어른 한 명을 인터뷰해서, 그 어른이 집 안에서 가장 소중하게 여기는 물건에 대해 알아 오는</u> <u>것</u>이었다. 켈러 선생님이 내 준 그날의 숙제 예쁜 접시든, 테이블보든 무엇이든 좋았다. 켈러 선생님은 일명 '보물찾기' 숙제라고 했다.

물론 나는 누구를 붙잡고 인터뷰할지 이미 정해 놓고 있었다.

당연히 슐로스 할아버지!

핵심내용 「존경합니다, 선생님」을 읽고 낱말의 뜻을 짐작하는 방법
• 뜻을 잘 모르는 낱말의 ❶ ⬚ㅇ⬚ㄷ 상황을 살펴봄.
• 해당 낱말의 뜻과 비슷하거나 반대인 낱말을 대신 넣어 봄.
• 낱말을 사용한 예를 떠올려 봄.

면제(免 면할 면, 除 덜 제) 책임이나 의무 따위를 면하여 줌.
빈정댔다 남을 은근히 비웃는 태도로 자꾸 놀렸다. ⑳ 수현이는 무엇이 마음에 들지 않았는지 학원을 마치고 집으로 오는 내내 <u>빈정대었습니다</u>.

예민하게 무엇인가를 느끼는 능력이나 분석하고 판단하는 능력이 빠르고 뛰어나게.
무더기 한데 수북이 쌓였거나 뭉쳐 있는 더미나 무리를 세는 단위. ⑳ 한 <u>무더기</u>의 아이들이 몰려오고 있습니다.

13 '내'가 금요일 쪽지 시험에 면제를 받은 까닭은 무엇입니까? ( )

① 유의어의 뜻을 알아 와서
② 반에서 가장 글을 잘 써서
③ 주제에 맞게 글을 잘 써 와서
④ 쉬는 시간에 장난치지 않고 낱말을 찾아서
⑤ 선생님이 칠판에 쓴 각 낱말을 대신할 수 있는 낱말을 가장 많이 찾아서

14 ㉠이 가리키는 사람은 누구입니까? ( )

① 엄마 ② 할머니
③ 교장 선생님 ④ 켈러 선생님
⑤ 슐로스 할아버지

15 켈러 선생님의 글쓰기 훈련에 대한 설명으로 알맞지 않은 것은 무엇입니까? ( )

① 온갖 종류의 훈련을 시켰다.
② 교실 안과 밖에서 다양하게 이루어졌다.
③ 소리를 이해하기 위해 쓰레기장을 찾아갔다.
④ 물건의 원래 쓰임새와는 다른 사용을 생각하여 쓰게 하였다.
⑤ 숲속에서 들려오는 소리에 귀를 기울이는 것도 훈련 중의 하나였다.

16 '나'는 '보물찾기' 숙제를 하기 위해 누구를 인터뷰하기로 했는지 쓰시오.

( )

나는 슐로스 할아버지와 함께 할아버지의 집을 둘러보며 물었다. / "할아버지는 가장 소중한 물건 하나를 고르라면 무엇으로 하실 거예요?"

슐로스 할아버지는 쉽사리 결정을 내리지 못하는 것처럼 보였다. 하지만 잠시 뒤, 벽난로 위에 놓인 아름다운 액자를 가져와 보이며 나직이 입을 열었다.

"이 사랑스러운 여인이 바로 내 아내란다. 난 첫눈에 반했지. 정말 사랑스러운 여자였어. 아내가 방 안에 들어섰을 때 해와 달도 내 아내를 한번 훔쳐보려는 듯 창가를 어른거렸지. 휴, 정말 보고 싶구나."

<u>슐로스 할아버지의 목소리가 흐려졌다.</u> 슐로스 할아
<small>아내 생각에 슐로스 할아버지가 슬픔에 잠김.</small>
버지는 그 뒤로도 아내에 대한 이야기를 한 시간이나 더 들려주었다. 나는 슐로스 할아버지의 집을 나서기 전부터 이미 머릿속으로 글을 쓰고 있었다.

이번에는 켈러 선생님 마음에 쏙 들겠지? 내 마음과 감정을 듬뿍 담아 썼으니까. 나는 당장 켈러 선생님에게 숙제를 보여 주고 싶었다. 그런데 숙제 점수를 받고 보니, 맨 아래에 시(C)라고 적혀 있었다. 또 시(C)라니! 대체 켈러 선생님은 나한테 무엇을 바라는 것일까?

나직이 소리가 꽤 낮게.
어른거렸지 무엇이 보이다 말다 하였지.

중심 내용 5 켈러 선생님은 온갖 종류의 글쓰기 훈련을 시켰고, 숙제로 슐로스 할아버지를 인터뷰하여 쓴 글이 시(C)를 받자 '나'는 화가 났다.

6 그날, 켈러 선생님은 나에게 수업이 끝나고 잠깐 남아 있으라고 했다.

"퍼트리샤, 음, 그러니까 일단 슐로스 할아버지의 아내를 주제로 삼은 점은 적절했단다. 하지만 이 글에서 <u>진실한 감정을 드러내는 낱말이 어디에 있지?</u>"
<small>켈러 선생님이 글쓰기에서 중요하게 생각하는 것</small>
켈러 선생님은 나를 똑바로 보며 말을 이었다.

"<u>글을 읽는 사람이 글쓴이의 '진짜' 감정을 느낄 수 있어야 해.</u> 물론 평범한 방식으로는 절대 안 되지.
<small>켈러 선생님이 글쓰기에서 중요하게 생각하는 것</small>
독자들이 전혀 예상하지 못한 방식으로, 깜짝 놀라도록. 한마디로 독창적이어야 한다는 말이야!"

어느 순간, 켈러 선생님은 내 눈을 뚫어져라 바라보고 있었다.

"퍼트리샤, 넌 이미 낱말을 아주 많이 알고 있어. 이제 그 낱말에 날개를 달아 줄 때란다."

중심 내용 6 켈러 선생님은 '나'에게 글을 읽는 사람이 글쓴이의 '진짜' 감정을 느낄 수 있어야 한다고 말하였다.

> 켈러 선생님이 '나'에게 글을 쓰는 방법에 대해 말한 부분으로, 켈러 선생님이 글쓰기에서 강조하는 것이 무엇인지 묻는 문제가 자주 출제돼.

독창적 다른 것을 모방함이 없이 새로운 것을 처음으로 만들어 내거나 생각해 내는 것.

17 슐로스 할아버지가 가장 소중한 물건으로 고른 것은 무엇입니까? ( )

① 성경책
② 아내의 옷
③ 여러 가지 그릇들
④ 해와 달이 그려진 그림
⑤ 아름다운 액자 속에 있는 아내 사진

18 '내'가 글을 쓰면서 켈러 선생님 마음에 쏙 들 것이라고 생각한 까닭은 무엇인지 빈칸에 알맞은 말을 쓰시오.

> '나'의 ( )과/와 ( )을/를 듬뿍 담아 썼기 때문이다.

19 글 **6**에서 '내'가 이번에 숙제로 쓴 글의 주제로 삼은 것은 무엇인지 쓰시오.

( )

교과서 문제
20 글 **6**의 내용으로 보아, 켈러 선생님이 글쓰기에서 강조하는 것은 무엇입니까? ( )

① 평범하게 글을 쓰는 것
② 일상생활에서 주제를 찾아 글을 쓰는 것
③ 최대한 어려운 낱말을 사용하여 글을 쓰는 것
④ 글을 읽는 사람이 예상할 수 있는 방식으로 글의 내용을 전개하는 것
⑤ 진실한 감정을 드러내는 낱말을 사용하여 자신의 '진짜' 감정이 담긴 글을 쓰는 것

7 켈러 선생님의 수업은 <u>쏜살같이</u> 흘러갔다. 그러나
_{쏜 화살과 같이 매우 빠르게}
한순간도 쉽지는 않았다.

어느 날, 켈러 선생님이 중요한 발표를 했다.

"오늘, 너희에게 무시무시한 기말 과제를 내 줄 거
다. 그동안 너희는 수많은 글쓰기 형식을 배웠어. <u>대</u>
<u>화 글 쓰기나 상황을 묘사하는 글 쓰기, 주장을 펼</u>
_{켈러 선생님의 글쓰기 수업에서 배운 것들}
<u>치는 글 쓰기, 자신이 겪은 일 쓰기 등등.</u> 이 중에서
가장 자신 있는 형식 한 가지를 골라 글을 쓰는 것이
마지막 과제다. 아주 잘 골라야 할 거야. 이 기말 과
제 점수로 합격이 결정되니까!"

역시! 이런 날이 올 줄 알았다. 나는 벌써부터 진땀
이 났다. 엎친 데 덮친 격으로, 켈러 선생님이 할 말이
있다며 따로 남으라고 했다.

"퍼트리샤, 너는 자신이 겪은 일을 써 왔으면 좋겠
다. 솔직히 말해서, 네 글은 여전히 감정이 잘 드러
나지 않고 있으니까."

하지만 아무리 머리를 ㉠<u>쥐어짜도</u>, 켈러 선생님을
감동시킬 만한 주제가 하나도 떠오르지 않았다.

중심 내용 **7** 켈러 선생님은 무시무시한 기말 과제를 내 주었고, '나'에게는 따로 자신
이 겪은 일을 써 오라고 하였다.

8 기말 과제 주제를 제출하기 전 마지막 일요일, 친
구 세 명과 함께 슐로스 할아버지 집에 모였다. 이웃에
사는 할머니가 계단에서 넘어져 뼈가 부러지는 바람
에, 할머니를 돕는 성금 모금 바자회에 내놓을 쿠키를
다 같이 만들기 위해서였다.

"참, 그러고 보니, 전에 이 할아비가 켈러 선생님에
대한 이야기를 해 주겠다고 했었구나!"

슐로스 할아버지가 쿠키 반죽을 넓적하게 밀면서 기
억을 더듬듯 천천히 입을 열었다.

"너희 모두 켈러 선생님이 그저 학생들을 괴롭히는 깐
깐한 선생님이라고만 알고 있겠지. 하지만 말이다, 그
리 오래전 일도 아니지. 예전에 글재주가 뛰어나서
훌륭한 작가로 성장할 만한 학생이 켈러 선생님 눈에
들어왔단다. 켈러 선생님은 그 학생이 쓴 글의 문제점
을 모조리 지적해서 계속 다시 쓰게 했지. 완벽한 글이
될 때까지 몇 번이고 말이야. 단연코 그 학생은 태어나
서 그토록 엄하고 힘든 선생님은 만난 적이 없었어."

"그래서 그 학생은 어떻게 됐어요?"

스튜어트가 물었다.

진땀 몹시 애쓰거나 힘들 때 흐르는 끈끈한 땀.
엎친 데 덮친 어렵거나 나쁜 일이 겹치어 일어난.

엄하고 성격이나 행동이 철저하고 까다롭고. ⑩ 교장 선생님은 매우
<u>엄하신</u> 반면, 교감 선생님은 무척 자상하십니다.

---

21 켈러 선생님이 말한 중요한 발표의 내용은 무엇입
니까? ( )

① 기말 과제 점수를 알려 주겠다는 것
② 수많은 글쓰기 형식을 가르치겠다는 것
③ 다음 학기에서 계속 수업을 하겠다는 것
④ 더 이상 글쓰기 수업을 하지 않겠다는 것
⑤ 기말 과제로 그동안 배운 것 중 가장 자신 있는
형식으로 글을 쓰라는 것

22 ㉠'쥐어짜도'의 뜻을 국어사전에서 찾아 쓰고, ㉠
서술형 을 넣어 짧은 글을 쓰시오.

국어사전에서 찾은 뜻	㉠을 넣은 짧은 글
(1)	(2)

23 켈러 선생님이 '나'에게 어떤 글을 쓰라고 정해 주
었는지 알맞은 것에 ○표 하시오.

(1) 대화 글 ( )
(2) 자신이 겪은 일 ( )
(3) 주장을 펼치는 글 ( )

24 '나'와 친구 세 명이 슐로스 할아버지 집에 모인 까
닭은 무엇입니까? ( )

① 켈러 선생님이 내 준 과제를 하려고
② 켈러 선생님에게 드릴 선물을 만들려고
③ 슐로스 할아버지에게 쿠키 만드는 법을 배우려고
④ 이웃 할머니를 돕는 성금 모금 바자회에 내놓
을 쿠키를 만들려고
⑤ 계단에서 넘어져 뼈가 부러진 이웃 할머니를 도
울 수 있는 방법을 논의하려고

"물론 글 쓰는 사람이 되었지. 시카고에서 가장 큰 신문사에 들어갔단다! 나중에는 워싱턴에서 제일 큰 신문사로 옮겼고, 남아메리카에서 중동, 소련에 이르기까지 두루두루 다니며 기사를 썼지. 그러다가 미국 최고의 권위를 자랑하는 <u>보도</u> 부문 퓰리처상까지 받았단다."

"어쩌면 ㉠그 학생은 켈러 선생님이 아니었더라도 훌륭한 글을 쓰는 사람이 되지 않았을까요?"

"꼭 그렇지만은 않단다, 퍼트리샤. 그 학생의 집은 아이를 대학교에 보낼 여유가 없었지. 켈러 선생님은 <u>그 학생에게 글쓰기를 가르쳤을 뿐만 아니라, 학비</u>

켈러 선생님이 슐로스 할아버지의 아들에게 베푼 선행

<u>까지 손수 마련해서 대학교에 다닐 수 있도록 주선해 주었어.</u> 켈러 선생님이 아니었다면 그 학생은 평생 아버지의 빵집에서 일할 수밖에 없었을 거야."

슐로스 할아버지는 장난스럽게 눈을 찡긋했다.

"그래, 맞아. 그 학생이 바로 우리 아들이란다. 그러니까, 그 사실 하나만으로도, 나는 기 세고 고집 센 켈러 선생님에게 감사하지 않을 수 없지. 마녀 켈러라지만, 켈러 선생님이 없었다면 어떻게 되었을지……."

슐로스 할아버지는 알약을 하나 더 입에 넣었다.

중심 내용 8 슐로스 할아버지는 켈러 선생님 덕분에 할아버지의 아들이 글 쓰는 사람(기자)이 될 수 있었다고 말해 주었다.

9 일주일이 채 지나지 않은 어느 날이었다. 나는 여전히 기말 과제 주제를 정하지 못한 채로 켈러 선생님 수업에 좀 일찍 도착해서 앉아 있었다. 그때, 학교 행정실 직원이 들어와 켈러 선생님에게 쪽지를 전해 주었다.

"퍼트리샤, 지금 행정실로 가 봐야겠구나."

켈러 선생님은 충격을 받아 슬픈 기색이 역력했다.

켈러 선생님과 함께 행정실로 가 보니 엄마가 와 있었다. 엄마는 울고 있었다. 엄마는 아침에 슐로스 할아버지가 돌아가셨다고 했다. <u>갑작스러운 심장 마비로.</u>

슐로스 할아버지가 돌아가신 까닭

엄마와 내가 차고에 들어서자, 슐로스 할아버지의 두 아들이 보였다. 두 사람 다 상심한 얼굴이 말이 아니었다. 나는 마지막으로 한 번만 슐로스 할아버지 집을 구석구석 살펴보고 싶었다. 다행히 허락을 받아, 나는 모든 방을 천천히 둘러보았다. 슐로스 할아버지의 침대에 놓인 베개도 만져 보고, 슐로스 할아버지가 가장 아끼던 의자의 등받이도 쓰다듬었다. 그러다 우리가 함께 쿠키를 만들 때 슐로스 할아버지가 입었던 요리복을

보도(報 갚을 보, 道 길 도) 대중 전달 매체를 통하여 일반 사람들에게 새로운 소식을 알림. 또는 그 소식.

주선해 일이 잘되도록 여러 가지 방법으로 힘써.
역력했다 자취나 기미, 기억 따위가 환히 알 수 있게 또렷했다.

---

25 ㉠'그 학생'에 대한 설명으로 알맞지 <u>않은</u> 것에 ×표 하시오.

(1) 슐로스 할아버지의 아들이다. ( )

(2) 선생님이 아니었더라도 훌륭한 글을 쓰는 사람이 될 수 있었을 것이다. ( )

(3) 켈러 선생님이 학비를 마련하고 주선해 주어 대학교에 다닐 수 있었다. ( )

26* 다음의 뜻을 가진 낱말을 이 글에서 찾아 쓰시오.

> 남의 힘을 빌리지 아니하고 자기 손으로 직접.

( )

27 글 **8**에서 슐로스 할아버지는 켈러 선생님에게 어떤 마음을 가지고 있습니까? ( )

① 화난 마음　　② 죄송한 마음
③ 감사한 마음　　④ 궁금한 마음
⑤ 부끄러운 마음

28 글 **9**에서 '내'가 행정실에서 전해 들은 소식은 무엇입니까? ( )

① 슐로스 할아버지가 돌아가셨다는 것
② 슐로스 할아버지가 크게 다치셨다는 것
③ 켈러 선생님이 다른 학교로 가신다는 것
④ 슐로스 할아버지가 멀리 이사 가신다는 것
⑤ '내'가 살던 곳을 떠나 다른 곳으로 전학 간다는 것

발견했다. 나는 요리복을 덥석 움켜잡았다. 북받쳐 오르는 눈물을 그칠 수가 없었다. 이제는 하늘도 ㉠꼴 보기 싫었다. 슐로스 할아버지 같은 사람이 돌아가셨는데, 어째서 세상은 이리도 멀쩡히 잘 돌아가고 있을까!

그날 밤, 나는 책상에 앉아 정신없이 글을 쓰기 시작했다. 쓰고 또 쓰고, 또 썼다.

㉡슐로스 할아버지의 장례식에는 거의 모든 이웃이 참석한 것 같았다. 켈러 선생님도 보였다. 마을 상점들은 이날 하루 문을 닫기까지 했다. 새삼 모든 것이 낯설게 보였다. 여기저기 마을 곳곳에 슬픔이 묻어났다.

중심 내용 9 어느 날 갑자기 슐로스 할아버지가 돌아가셨고, 슬픔에 잠긴 '나'는 그날 밤 글을 쓰고 또 썼다.

10 기말 과제 제출 날을 훌쩍 넘긴 어느 날, 슐로스 할아버지가 돌아가신 날에 쓴 글을 켈러 선생님 책상에 올려놓았다. 이제는 켈러 선생님이 마음에 들어 하든 말든 전혀 상관없었다. 오로지 슐로스 할아버지를 사랑하는 내 마음이 잘 표현되었기를 바랄 뿐이었다.

며칠 뒤, 나는 분홍색 쪽지를 받았다. 켈러 선생님이 보낸 쪽지였다. 막상 켈러 선생님의 연락을 받자 가슴

이 철렁했다. 이렇게 학기 말에 따로 불러낸다는 것은 좋지 않은 소식을 전하려는 경우가 많았다.

분명 켈러 선생님은 내 글이 마음에 들지 않았던 거야!
_{자신을 따로 불러내는 켈러 선생님의 쪽지 때문에 한 생각}
처음에는 슐로스 할아버지 생각에 눈물이 고였다가, 점점 기말 과제 점수가 걱정되기 시작했다.

합격을 못 하게 되면 어쩌지?

그런데 내가 교실에 들어서자, 켈러 선생님이 내 두 손을 꽉 잡았다.

"우리 퍼트리샤, 상심이 아주 컸구나."

그때, 켈러 선생님 책상 위에 내 기말 과제 종이가 반으로 접혀 있는 것이 눈에 들어왔다.

"점수는 다 매겼단다. 꼭 집에 가서 펼쳐 보도록 해. 알겠지?"

나는 가만히 고개를 끄덕였다.

㉢그 순간, 나는 깜짝 놀랐다. 켈러 선생님이 나를 꽉 끌어안은 것이다.

'마녀 켈러'가 나를 안아 주다니! 그러면서 켈러 선생님은 나직이 속삭였다.

북받쳐 감정이나 힘 따위가 속에서 세차게 치밀어 올라.
묻어났다 말이나 글 따위에서 어떤 분위기나 감정 따위가 드러났다.
철렁했다 뜻밖의 일에 놀라서 걱정되거나 마음이 무거워졌다.

상심(喪 잃을 상, **心** 마음 심) 근심 걱정으로 맥이 빠지고 마음이 산란하여짐. **예** 이번 일로 인해 우리 반 친구들은 <u>상심</u>이 컸지만 다시 힘을 내기로 하였습니다.

---

29 ㉠'꼴'의 뜻으로 알맞은 것에 ○표 하시오.

(1) 말이나 소에게 먹이는 풀. ( )

(2) 사람의 모양새나 형태를 낮잡아 이르는 말. ( )

(3) 서로 갈라지거나 맞서는 것 하나를 가리키는 말. ( )

30 ㉡으로 알 수 있는 사실로 알맞은 것은 무엇입니까? ( )

① '나'는 아무런 상관없이 평소처럼 생활했다.
② 마을 사람들이 할아버지의 죽음을 슬퍼했다.
③ 사람들은 할아버지 죽음을 받아들이지 않았다.
④ 할아버지는 평소 마을 사람들과 사이가 좋지 않았다.
⑤ 마을 사람들과 '나'는 할아버지의 죽음을 예감하고 있었다.

31 '나'는 기말 과제로 쓴 글에 무엇이 잘 표현되기를 바랐는지 빈칸에 알맞은 말을 쓰시오.

( )을/를 사랑하는 마음

32 ㉢의 까닭은 무엇입니까? ( )

① 켈러 선생님이 '나'를 끌어안아서
② 켈러 선생님이 활짝 웃고 있어서
③ 켈러 선생님이 아무 말도 하지 않아서
④ 켈러 선생님이 '나'의 글을 칭찬해 주어서
⑤ 켈러 선생님이 슐로스 할아버지의 사진을 들고 있어서

"퍼트리샤, 슐로스 할아버지에게 바치는 글은 정말 놀라웠다. 자신이 겪은 일 쓰기의 모범으로 삼아도 좋을 만큼 말이다."
어떤 대상을 다른 대상으로 되게 해도

반으로 접힌 기말 과제 종이를 손에 꼭 쥐고 집으로 달려가는 내내, 나는 기대에 ㉠들떠 가슴이 부풀어 올랐다.

언덕길에서는 잠깐 멈추어 서서 슐로스 할아버지의 집을 올려다보았다.

"슐로스 할아버지! 지금은 사랑하는 아내와 함께 계시겠지요?"

나는 거의 속삭이듯 물었다. 이런 생각만으로도 가슴이 따뜻해졌다.

나는 드디어 기말 과제 종이를 펼쳤다. 맨 위쪽 빈 공간에 빨간색 글씨가 가득했다.

'퍼트리샤, 맞춤법은 아직 손보아야 할 곳이 많지만, 낱말에 날개가 달려 있구나, 채점 기준만 고집할 수
낱말에 진실한 감정이 담겨 있어서
없을 정도로. 그래서…… 네게 글쓰기반 최초로 에이(A) 점수를 주마.'

중심 내용 10 켈러 선생님은 '나'를 안아 주며, '나'의 글에 쓰인 낱말에 날개가 달려 있다면서 에이(A) 점수를 주었다.

> 낱말의 뜻과 켈러 선생님이 '나'의 글에 에이(A) 점수를 준 까닭을 묻는 문제가 자주 출제돼.

11 언제나 켈러 선생님을 떠올릴 때면, 내 가슴이 아릿하게 저려 온다.
시간이 흘렀음을 알 수 있음.

훗날, 켈러 선생님은 내가 슐로스 할아버지에게 받은 유의어 사전을 가지고 기말 과제를 썼다는 사실에 굉장히 감동했다고 말했다. 나는 슐로스 할아버지가 유의어 사전 가장자리에 직접 적어 놓은 글들을 여전히 기억한다. 그 글들을 읽을 때마다 슐로스 할아버지가 내 곁에 있는 것만 같았다.

나는 분명히 ㉡'사랑'이라는 낱말을 썼지만, 그 낱말이 빚어낼 수 있는 모든 형태를 마지막 과제에 담았다. 지금도 슐로스 할아버지와 켈러 선생님을 생각하면 가슴이 벅찰 만큼 갖가지 낱말이 떠오른다. 왜냐하면 내가 늘 '존경하고 사랑해 마지않는' 두 분이니까.

중심 내용 11 '나'는 지금도 존경하고 사랑해 마지않는 슐로스 할아버지와 켈러 선생님을 생각하면 가슴이 벅차오른다.

핵심내용 「존경합니다, 선생님」에서 이야기의 주제를 떠올릴 수 있게 하는 질문과 답하기 예

질문	답
❷ ㅋ ㄹ 선생님은 글쓰기에서 무엇을 강조하였나요?	글쓰기를 할 때 상대의 마음에 들려는 글이 아니라, 다양한 낱말을 활용해 자신의 진실한 감정이 담긴 글을 써야 하는 것이 주제입니다.
퍼트리샤에게 켈러 선생님과 슐로스 할아버지는 어떤 존재일까요?	두 사람이 퍼트리샤에게 준 영향을 생각해 보면 깜깜한 바다를 밝혀 주는 등대처럼 삶을 밝혀 준 스승에 대한 감사한 마음을 나타낸 것이 주제입니다.

33 ㉠'들떠'를 넣어 만든 문장으로 알맞은 것은 무엇입니까? ( )

① 얼굴이 누렇게 들떴다.
② 밤새 아파서 들뜬 얼굴이다.
③ 안방 한쪽 벽지가 들떠 있다.
④ 그 집은 오래 되어서 장판이 들떠 있었다.
⑤ 시험에 합격해 기쁨에 들떠 잠을 못 잤다.

34 '나'의 기말 과제에 대한 켈러 선생님의 평가가 어떠했는지 빈칸에 알맞은 말을 차례대로 쓰시오.

> ( )은/는 아직 손보아야 할 곳이 많지만, ( )에 날개가 달려 있어 글쓰기반 최초로 에이(A) 점수를 주겠다.

교과서 문제
35 '나'에게 켈러 선생님과 슐로스 할아버지는 어떤 존재일지 알맞게 말한 친구의 이름을 쓰시오.

> 준성: 깜깜한 바다를 밝혀 주는 등대처럼 '나'의 삶을 밝혀 주는 스승이야.
> 희연: 인생에서 나쁜 사람이 있으면 좋은 사람도 있다는 것을 알게 해 준 두 사람이야.

( )

36 ㉡'사랑'이라는 낱말을 쓰지 않고 사랑의 뜻을 설명할 수 있는 말을 쓰시오.
서술형

_____

_____

식물의 잎차례

• 장 앙리 파브르

• 글의 종류: 설명하는 글
• 글의 특징: 식물이 줄기에 잎을 붙여 나가는 여러 가지 방법에 대해 설명하는 글입니다.

❶ 사람들의 집 짓기와 식물의 집 짓기는 서로 같은 점도 있고 다른 점도 있습니다.

집을 지을 때 건축가들은 설계도를 그린 뒤 그것을 바탕으로 집을 짓습니다. 이때 건축가는 집을 똑바로 세우려고 애씁니다. 사람들이 집을 지을 때 이토록 많은 정성을 기울이고 온갖 기술을 쓰는 일과 마찬가지로 식물도 질서 있게, 그리고 특별한 기술을 바탕으로 잎을 피웁니다.

식물이 특별한 기술을 바탕으로 잎을 피우는 이유는 햇빛과 그림자 문제 때문입니다. 위의 잎이 바로 아래 잎과 겹치면 위에 있는 잎의 그림자 때문에 아래 잎은 햇빛을 받지 못합니다. 식물은 햇빛을 보지 못하면 살 수가 없지요. 그래서 어떻게 잎을 펼쳐야 햇빛을 잘 끌어모을까 고민합니다.

식물이 햇빛을 보지 못하면 살 수가 없기 때문에 하는 고민

중심 내용 ❶ 사람들이 집을 지을 때와 마찬가지로, 식물도 질서 있게 특별한 기술을 바탕으로 잎을 피웁니다.

❷ 그럼 식물이 줄기에 어떤 모양으로 잎을 붙여 나가는지 그 기술을 알아보기로 할까요? 줄기에 차례대로 잎을 붙여 나가는 모양을 '잎차례'라고 합니다.

먼저, 줄기 마디마다 잎을 한 장씩 피우되 서로 어긋나게 피우는 방법이 있습니다. 이것을 '어긋나기'라 합니다. 국수나무처럼 평행하게 어긋나기만 하는 식물이 있는가 하면, 해바라기처럼 소용돌이 모양으로 돌려나면서 어긋나는 식물도 있습니다.

이와는 달리 줄기 한 마디에 잎 두 장이 마주 보는 '마주나기'도 있습니다. 단풍나무나 화살나무는 잎 두 장이 사이좋게 마주 보고 있습니다. 그리고 마주난 잎들이 마디마다 서로 어긋나지 않고 평행합니다.

그런가 하면 한 마디에 잎이 석 장 이상 돌려나는 잎차례가 있습니다. 이런 잎차례를 '돌려나기'라고 합니다. 갈퀴꼭두서니는 마디마다 잎이 여섯 장에서 여덟 장씩 돌려나기로 핍니다.

끝으로 소나무처럼 잎이 한곳에서 모여나는 '모여나기'가 있습니다.

중심 내용 ❷ 식물이 줄기에 잎을 붙여 나가는 모양은 어긋나기, 마주나기, 돌려나기, 모여나기가 있습니다.

소용돌이 바닥이 팬 자리에서 물이 빙빙 돌면서 흐르는 현상. 또는 그런 곳.

평행(平 평평할 평, 行 갈 행)합니다 늘어선 모습이 나란합니다.
예 여러 길들이 평행하게 놓여 있습니다.

---

37 식물이 특별한 기술을 바탕으로 잎을 피우는 이유는 무엇 때문인지 두 가지 고르시오. (   )

① 물   ② 햇빛   ③ 토양
④ 그림자   ⑤ 영양소

38 다음에서 설명하는 것이 무엇인지 알맞은 말을 찾아 쓰시오.

식물이 줄기에 차례대로 잎을 붙여 나가는 모양

(   )

39 다음은 어떤 방법으로 잎을 붙여 나가는 모양인지 글에서 찾아 쓰시오.

한 마디에 잎이 석 장 이상 돌려나는 방법

(   )

40 마주나기의 방법으로 잎이 나는 식물은 무엇입니까?

(   )

① 소나무   ② 국수나무
③ 단풍나무   ④ 해바라기
⑤ 갈퀴꼭두서니

→ 글 **가**~**다**는 세 친구가 「식물의 잎차례」를 읽고 요약한 내용임.

가 집을 지을 때 건축가들은 설계도를 그린 뒤 그것을 바탕으로 집을 짓습니다. 이때 건축가는 집을 똑바로 세우려고 애씁니다. 사람들이 집을 지을 때 이토록 많은 정성을 기울이고 온갖 기술을 쓰는 일과 마찬가지로 식물도 질서 있게, 그리고 특별한 기술을 바탕으로 잎을 피웁니다.

식물은 햇빛을 보지 못하면 살 수가 없지요. 그래서 어떻게 잎을 펼쳐야 햇빛을 잘 끌어모을까 고민합니다.

그럼 식물이 줄기에 어떤 모양으로 잎을 붙여 나가는지 그 기술을 알아보기로 할까요? 먼저, 줄기 마디마다 잎을 한 장씩 피우되 서로 어긋나게 피우는 방법이 있습니다. 이것을 '어긋나기'라 합니다. 국수나무처럼 평행하게 어긋나기만 하는 식물이 있는가 하면, 해바라기처럼 소용돌이 모양으로 돌려나면서 어긋나는 식물도 있습니다.

이와는 달리 줄기 한 마디에 잎 두 장이 마주 보는 '마주나기'도 있습니다. 단풍나무나 화살나무는 잎 두 장이 사이좋게 마주 보고 있습니다. 그리고 마주난 잎들이 마디마다 서로 어긋나지 않고 평행합니다.

그런가 하면 한 마디에 잎이 석 장 이상 돌려나는 잎차례가 있습니다. 이런 잎차례를 '돌려나기'라고 합니다. 갈퀴꼭두서니는 마디마다 잎이 여섯 장에서 여덟 장씩 돌려나기로 핍니다.

끝으로 소나무처럼 잎이 한곳에서 모여나는 '모여나기'가 있습니다.

나 식물이 특별한 기술을 바탕으로 잎을 피우는 이유는 햇빛과 그림자 문제 때문입니다. 위의 잎이 바로 아래 잎과 겹치면 위에 있는 잎의 그림자 때문에 아래 잎은 햇빛을 받지 못합니다.

다 식물의 자람에 영향을 주는 것은 햇빛입니다. 위의 잎이 바로 아래 잎과 겹치면 위에 있는 잎의 그림자 때문에 아래 잎은 햇빛을 받지 못하므로 식물은 다양한 모양으로 잎을 피웁니다. 줄기에 차례대로 잎을 붙여 나가는 모양인 '잎차례'로는 서로 어긋나게 피우는 '어긋나기', 줄기 한 마디에 잎 두 장이 마주 보는 '마주나기'가 있습니다. 한 마디에 잎이 석 장 이상 돌려나는 '돌려나기'도 있고, 잎이 한곳에서 모여나는 '모여나기'도 있습니다.

41 이와 같이 글을 요약하는 까닭으로 알맞은 것을 모두 골라 ○표 하시오.

(1) 주어진 글의 내용을 잘 이해하기 위해서이다. ( )

(2) 글의 전체 내용을 빠짐없이 기억하기 위해서이다. ( )

(3) 주어진 글의 중심 내용을 잘 파악하기 위해서이다. ( )

42★ 글 **가**~**다**는 「식물의 잎차례」를 요약한 글입니다. 다음 설명에 해당하는 글의 기호를 쓰시오.

글의 중요한 내용을 담아 요약한 글이다.

( )

43 글 **가**~**다** 중 중요한 내용을 너무 많이 줄인 글은 어느 것인지 기호를 쓰시오.

( )

교과서 문제
44 글 **가**~**다**를 요약하기 평가 기준을 활용해 알맞게 평가한 것을 찾아 선으로 이으시오.

(1) 글 **가** • • ① 글이 너무 짧아서 중요한 내용이 드러나지 않음.

(2) 글 **나** • • ② 중요한 내용이 잘 드러나게 글을 요약함.

(3) 글 **다** • • ③ 글이 길고 중요하지 않은 내용도 많이 들어가 있음.

가 먼저, 줄기 마디마다 잎을 한 장씩 피우되 서로 어긋나게 피우는 방법이 있습니다. 이것을 '어긋나기'라 합니다. 국수나무처럼 평행하게 어긋나기만 하는 식물이 있는가 하면, 해바라기처럼 소용돌이 모양으로 돌려나면서 어긋나는 식물도 있습니다.

이와는 달리 줄기 한 마디에 잎 두 장이 마주 보는 '마주나기'도 있습니다. 단풍나무나 화살나무는 잎 두 장이 사이좋게 마주 보고 있습니다. 그리고 마주난 잎들이 마디마다 서로 어긋나지 않고 평행합니다.

그런가 하면 한 마디에 잎이 석 장 이상 돌려나는 잎차례가 있습니다. 이런 잎차례를 '돌려나기'라고 합니다. 갈퀴꼭두서니는 마디마다 잎이 여섯 장에서 여덟 장씩 돌려나기로 핍니다.

끝으로 소나무처럼 잎이 한곳에서 모여나는 '모여나기'가 있습니다.

나

- 국수나무
- 단풍나무, 화살나무
- 해바라기
- 어긋나기
- 마주나기
- **잎차례**
- 돌려나기
- 모여나기
- 갈퀴꼭두서니
- 소나무

- **글 가와 나의 특징:** 글 **가**는 여러 식물들의 잎차례에 대해 설명한 글이고, 글 **나**는 글 **가**의 내용을 생각그물 형식으로 알아보기 좋게 요약한 내용입니다.

핵심내용 **글을 요약하는 방법** 예
- 글에서 여러 번 반복되어 나타나는 중심 낱말을 찾아봅니다.
- 나열한 낱말을 찾아 대표하는 낱말로 바꾸어 봅니다.
- 중심 낱말을 활용해 글을 요약할 때 이용할 수 있는 글의 구조 틀을 떠올려 정리합니다. 예 나열, 순서, 비교와 ❸ ㄷ ㅈ , 문제와 해결 구조

45 글 **가**는 무엇에 대해 설명하는 글입니까?
( )

① 여러 식물의 모양
② 여러 식물의 잎차례
③ 계절별로 잘 자라는 식물들
④ 식물들이 꽃을 피우는 시기
⑤ 여러 식물을 잘 키우는 방법

46 다음 설명에 해당하는 잎차례를 골라 ○표 하시오.

> 줄기 한 마디에 잎 두 장이 마주 보고 나는 방법

(어긋나기 , 마주나기 , 돌려나기 , 모여나기)

47 각 식물들의 잎차례 방법에 맞게 선으로 이으시오.

(1) 소나무 • • ① 돌려나기

(2) 갈퀴꼭두서니 • • ② 마주나기

(3) 단풍나무, 화살나무 • • ③ 모여나기

(4) 국수나무, 해바라기 • • ④ 어긋나기

48 **가**의 내용을 **나**처럼 요약하면 좋은 점을 쓰시오.
서술형

_____

_____

한지돌이

• 이종철

• **글의 종류:** 설명하는 글
• **글의 특징:** 종이가 만들어진 까닭, 한지가 만들어지는 과정, 한지의 쓰임새에 대해 설명한 글입니다.

1 옛날 아주 먼 옛날에 사람들은, 오래 기억하고 싶은 일이나 함께 나누고 싶은 생각을 바위와 동굴 벽에 새기고 그렸대. 하지만 그렇게 새기고 그리는 건 쉽지 않았어. 게다가 바위나 동굴은 다른 곳으로 옮길 수도 없잖아. 땅바닥이나 나무토막에 그리기도 했지만 <u>땅바닥에 그린 것은 금방 지워져 버렸고, 나무토막은 잃어버리기 일쑤였지.</u>
땅바닥이나 나무토막에 새기고 그리는 것이 지니는 문제점

그래서 사람들은 좀 더 쓰기 쉽고 그리기 편한 것, 옮기기 쉽고 간직하기 좋은 것을 찾았어. 흙을 빚어 점토판을 만들기도 하고, 나무를 쪼개 엮거나 풀 줄기 안쪽을 얇게 벗겨 겹쳐서 쓰기도 했어. 옷감이나 얇게 편 가죽을 사용하기도 했지. 그러다가 종이를 발명한 거야. <u>쓰고 그리기 쉽고, 가볍고 간직하기 좋은 종이</u>를 말이야.
종이의 특징

중심 내용 1 사람들은 좀 더 쓰고 그리기 쉽고, 가볍고 간직하기 좋은 것을 찾다가 종이를 발명했어.

2 나는 종이 가운데 으뜸인 한국 종이, 한지야! 옛날 중국에서 최고로 친 고려지도, 일본에서 최고로 친 조선종이도 모두 나야. 그런데 내가 어떻게 만들어지는지 아니?

제일 먼저 닥나무를 베어다 푹푹 찐 뒤, 나무껍질을 ㉠훌러덩훌러덩 벗겨서 물에 불려. 그러고는 다시 거칠거칠한 겉껍질을 닥칼로 긁어내고 ㉡보들보들 하얀 속껍질만 모아.
한지를 만드는 재료

이렇게 모은 속껍질은 삶아서 더 보드랍게, 더 하얗게 만들어야 해. 먼저 닥솥에 물을 붓고 속껍질을 담가. 그리고 콩대를 태워 만든 잿물을 붓고 보글보글 부글부글 삶아. 푹 삶은 다음에는 건져 내서 찰찰찰 흐르는 맑은 물에 깨끗이 씻어.

이제 보드랍고 하얗게 바랜 속껍질을 나무판 위에 올려놓고 닥 방망이로 찧어 가닥가닥 곱게 풀어야 해. 쿵쿵 쾅쾅! 솜처럼 풀어진 속껍질은 다시 물에 넣고 잘 풀어지라고 휘휘 저어. 그런 다음 닥풀을 넣고 다시 잘 엉겨 붙으라고 휘휘 저어 주지.

아, 한지를 물들이려면 지금 준비해야 해. 잇꽃으로 물들이면 붉은 한지 되고 치자로 물들이면 노랑, 쪽물은 파랑, 먹으로 물들이면 검은 한지 되지.

---

49 종이가 만들어진 까닭에 대해 알맞게 말한 친구의 이름을 쓰시오.

> **연지:** 나무의 여러 가지 쓰임을 생각하다가 자연스럽게 종이를 만들게 되었어.
> **성준:** 좀 더 쓰기 쉽고 그리기 편하고, 옮기기 쉽고 간직하기 좋은 것을 찾다가 발명했어.

(   )

50★ 글 **2**는 무엇에 대해 설명하고 있습니까? (   )

① 종이의 종류
② 한지의 종류
③ 한지를 만드는 과정
④ 한지를 사용하는 방법
⑤ 한지로 만들 수 있는 여러 가지 것들

51 ㉠과 ㉡의 뜻에 맞게 선으로 이으시오.

(1) ㉠ •

(2) ㉡ •

• ① 살갗에 닿는 느낌이 매우 보드라운 모양.

• ② 잇따라 속의 것이 완전히 벗어지거나 뒤집히는 모양.

52 한지를 다음 색깔로 물들이기 위해 준비해야 하는 재료를 보기 에서 찾아 각각 쓰시오.

> **보기**
> 먹, 잇꽃, 쪽물, 치자

(1) 붉은색: (   ) (2) 검은색: (   )
(3) 파란색: (   ) (4) 노란색: (   )

이번에는 엉겨 붙은 속껍질을 물에서 떠내야 해. 촘촘한 대나무 발을 외줄에 걸어서 앞뒤로 찰방, 좌우로 찰방찰방 건져 올리면 물은 주룩주룩 빠지고 발 위에는 하얀 막만 남아. 젖은 종이처럼 말이야. 이렇게 한 장 한 장 떠서 차곡차곡 쌓은 다음 무거운 돌로 하루 정도 눌러서 남은 물기를 빼.

마지막으로 차곡차곡 눌러둔 걸 한 장 한 장 떼어서 판판하게 말려야 해. 따뜻한 온돌 방바닥이나 판판한 벽에 쫙쫙 펴서 말리면 드디어 숨 쉬는 종이, 한지 완성!

중심 내용 2 종이 가운데 으뜸인 한국 종이인 한지는 여러 과정을 통해 만들어져.

> 한지가 만들어지는 과정을 설명한 부분으로, 이 부분을 어떤 구조로 요약하는 것이 좋은지 묻는 문제가 자주 출제돼.

3 보기 좋게 글씨를 쓰고, 아름다운 그림을 그리는 데는 내가 제일이야! 가볍고 부드러우면서도 질겨서 천년이 가도 변하지 않거든.

나는 숨을 쉬니까 집 단장에도 좋아. 더운 날에는 찬 공기 들여 시원하게 하고, 추운 날에는 더운 공기 잡아 따뜻하게 하지. 또 습한 날은 젖은 공기 머금어 방 안을 보송보송하게 하고, 건조한 날은 젖은 공기 내놓아 방 안을 상쾌하게 하지. 따가운 햇볕을 은은하게 걸러

단장(丹 붉을 단, 粧 단장할 장) 건물, 거리 따위를 손질하여 꾸밈.

주는 건 기본이고말고.

낡은 옷장에 나를 겹겹이 붙이면 새 옷장이 되고, 요리조리 모양 잡으면 안경집, 벼룻집, 갓집이 되지. 바늘, 실, 골무 같은 바느질 도구 넣는 반짇고리도 될 수 있어. 옷 만들 때는 옷본, 버선 만들 때는 버선본이 되고말고. 한겨울 옷 속에 나를 넣어 꿰매면 얼마나 따뜻하다고.

그뿐인가. 여기 보이는 게 전부 나로 만든 물건이야. 한지의 쓰임새가 그만큼 많다는 것을 알 수 있음. 나를 새끼줄처럼 배배 꼬아 종이 노끈으로 만들어 엮으면 신발부터 붓통, 베개, 방석, 망태기가 되지. 옻칠하고 기름 먹이면 물 안 새는 표주박, 항아리, 요강도 되고말고. 저기 보이는 찻상, 구절판, 그릇은 물론이고, 팔랑팔랑 시원한 부채도 돼. 저 위에 걸려 있는 탈도 모두 나로 만든 거라고.

나는 흥겨운 놀이에도 빠지지 않아. 방패연, 가오리연이 되어 하늘을 훨훨 날 수도 있고, 제기가 되어 이리 펄쩍 저리 펄쩍 뛰기도 해. 풍물패 고깔 위에 알록달록 핀 예쁜 꽃도 바로 나야. 나는야 못 하는 게 없는 재주꾼, 한지돌이!

나는 지금도 너희 곁에 있어.

내가 어디에 있는지 알아맞혀 볼래?

중심 내용 3 방 안의 온도와 습도를 조절하고, 각종 생활용품이나 놀이용품의 재료로 사용되는 등 한지는 쓰임새도 많아.

망태기 물건을 담아 들거나 어깨에 메고 다닐 수 있도록 만든 그릇.

---

53 글 **2**의 파란색 낱말 중, 구조를 파악하는 데 도움이 되는 말이 <u>아닌</u> 것은 무엇입니까? ( )

① 먼저   ② 이제   ③ 이번에는
④ 좌우로   ⑤ 마지막으로

54★ 글 **2**의 내용을 요약하기에 알맞은 구조의 틀은 무엇인지 ○표 하시오.

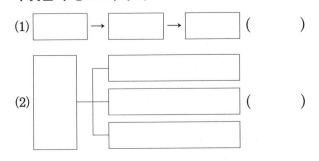

교과서 문제
55 한지를 만드는 마지막 과정은 무엇입니까?
( )

① 눌러둔 것을 한 장씩 떼어서 말린다.
② 속껍질을 나무판 위에 올려놓고 찧는다.
③ 속껍질을 삶아서 더 보드랍고 하얗게 만든다.
④ 닥나무를 푹 찌고, 겉껍질을 긁어내어 속껍질만 모은다.
⑤ 엉겨 붙은 속껍질을 물에서 떠내 한 장씩 쌓고 돌로 눌러둔다.

56 한지로 만들 수 있는 것 중, 흥겨운 놀이에 이용되는 것은 무엇입니까? ( )

① 부채   ② 찻상   ③ 제기
④ 표주박   ⑤ 안경집

낱말의 뜻

1 다음 뜻에 알맞은 낱말을 골라 ○표 하시오.

(1) 건물, 거리 따위를 손질하여 꾸밈.

(주목 , 단장)

(2) 책임이나 의무 따위를 면하여 줌.

(면제 , 보도)

(3) 남을 은근히 비웃는 태도로 자꾸 놀리다.

(빈정대다 , 끼적이다)

(4) 일이 잘되도록 여러 가지 방법으로 힘쓰다.

(역력하다 , 주선하다)

관용어

2 밑줄 친 표현의 뜻으로 알맞은 것은 무엇입니까?

( )

선생님께서 글쓰기 과제를 내 주셨는데 <u>엎친 데 덮친 격</u>으로 나를 따로 불러 자신을 감동시킬 수 있는 글을 써 오라고 하셨다.

① 적극적으로 나선.
② 하던 일을 그만둔.
③ 몹시 지치고 피곤한 상태가 된.
④ 와자지껄하게 떠들어 시끄러운.
⑤ 어렵거나 나쁜 일이 겹치어 일어난.

맞춤법

3 ( ) 안에서 낱말의 표기가 바른 것을 골라 ○표 하시오.

(1) 아버지께서 (나직이 , 나직히) 내 이름을 부르셨다.

(2) 허리를 (꼿꼿이 , 꼿꼿히) 펴고 똑바로 서서 키를 쟀다.

(3) 우리 집 고양이의 모습을 (세세이 , 세세히) 글로 묘사했다.

낱말의 활용

4 밑줄 친 낱말의 쓰임이 알맞으면 ○표, 알맞지 <u>않으면</u> ×표 하시오.

(1) 기차 시간에 늦을 것 같아서 <u>우두커니</u> 서둘렀다. ( )

(2) 은서의 편지에는 진심으로 미안해하는 마음이 <u>묻어났다</u>. ( )

(3) <u>깐깐한</u> 담임 선생님은 숙제 검사를 한 번도 잊은 날이 없다. ( )

(4) 그의 성공에 가장 큰 <u>걸림돌</u>은 언제나 그를 믿고 응원해 주신 부모님이다. ( )

헷갈리기 쉬운 말

5 보기 의 낱말 뜻을 보고, 문장에 알맞은 낱말을 골라 ○표 하시오.

보기
• 붇다: 물에 젖어서 부피가 커지다.
• 붓다: 액체나 가루 따위를 다른 곳에 담다.

(1) 라면을 끓이려고 냄비에 물을 (붇다 , 붓다).
(2) 끓인 지 한참 지난 라면이 (붇다 , 붓다).

띄어쓰기

6 다음 설명을 읽고, 밑줄 친 부분을 바르게 띄어 쓴 것을 모두 고르시오. ( )

• '만큼'과 '뿐'은 사물의 이름을 나타내는 낱말 뒤에서는 붙여 쓴다.
• '만큼'은 형태가 바뀌는 낱말 중 '-은/-는/-을'로 끝나는 말 뒤에서 띄어 쓰고, '뿐'은 '-을' 뒤에서 띄어 쓴다.

① <u>가족만큼</u> 소중한 것은 없다.
② 내 편을 들어주는 사람은 <u>언니 뿐</u>이었다.
③ 이 영화는 세 번이나 <u>볼만큼</u> 감동적이다.
④ 노력한 <u>만큼</u> 성적이 나오지 않아 속상하다.
⑤ 꼬마는 울기만 <u>할 뿐</u> 질문에 대답하지 않았다.

1~2

가 귀가 ㉠<u>어두워</u> 무슨 말을 해도 제대로 알아듣지 못하는 만화 주인공 '사오정'을 아시나요? 만화 주인공 사오정과 비슷한 사람이 우리 주변에 많이 생겨나고 있습니다. 사오정이 ㉡<u>뜬금없는</u> 말로 우리에게 재미와 웃음을 주지만 요즘에 사오정들은 귀 건강을 위협받는 아주 위험한 상황에 놓여 있습니다.

나 우리 귀 건강에 가장 큰 ㉢<u>걸림돌</u>은 '이어폰'입니다. 사람들 대부분이 이어폰으로 음악을 들으면 집중을 잘하기 때문에 학습하는 데 큰 ㉣<u>힘</u>이 될 것이라고 생각합니다. 하지만 이는 사실과 다릅니다. 양쪽 귀 바로 위쪽 부위에는 언어 중추가 있는 뇌 측두엽이 존재하는데 측두엽과 가까운 귀에 이어폰을 꽂으면 언어 중추가 음악 소리에 자극을 받기 때문에 학습 내용이 기억에 잘 남지 않습니다.

1 ㉠~㉣의 뜻을 짐작한 것으로 알맞지 <u>않은</u> 것에 ×표 하시오.

(1) ㉠: 귀가 잘 들리지 않아 ( )

(2) ㉡: 황당한 ( )

(3) ㉢: 평평한 돌 ( )

(4) ㉣: 도움 ( )

2 우리 귀 건강에 가장 큰 걸림돌은 무엇이라고 하였는지 쓰시오.

( )

3 밑줄 친 낱말이 다음의 뜻으로 쓰인 것은 무엇입니까? ( )

> 어떤 것을 대표하는 상징.

① 마스크로 얼굴을 가렸다.
② 동건이는 겁에 질린 얼굴로 쳐다봤다.
③ 우리나라 리듬 체조계에 새 얼굴이 등장했다.
④ 무슨 얼굴로 친구들을 대할지 걱정스러웠다.
⑤ 고려청자는 대한민국의 얼굴이라고 할 만한 대표 국가유산이다.

4 다음 빈칸에 들어갈 낱말은 무엇입니까?( )

> 저는 할아버지의 ▢▢▢ 에서 자랐습니다.

① 귀 ② 발 ③ 손 ④ 눈 ⑤ 병

5~7

가 "이 수업을 만만하게 생각했다면 지금 당장 저 문으로 나가도록. 보잘것없이 짧은 너희의 인생 경험으로는 상상도 못 할 정도로 힘들 테니까. 아마 이 수업을 끝까지 따라오지 못하는 학생들도 나오겠지."
어쩐지 켈러 선생님이 유독 나만 노려보는 것 같았다.

나 우리는 허둥지둥 종이를 꺼내 ㉠<u>끼적이기</u> 시작했다. / "아니, 아니! 여기서 말고!"
켈러 선생님의 호통에 우리는 바로 연필을 놓았다. "숙제란 말이다, 숙제! 세 쪽 가득 채워 오도록. 기한은 내일까지!" / 나는 마른침을 꿀꺽 삼켰다.

5 '내'가 느낀 켈러 선생님의 인상은 어떠했습니까?

( )

① 슬퍼 보였다.
② 자상해 보였다.
③ 보석처럼 빛나 보였다.
④ 유독 자신만 노려보는 것 같았다.
⑤ 앞으로의 수업을 재미있게 이끌 것 같았다.

6 서술형 ㉠'끼적이기'의 뜻을 짐작하여 쓰고 그렇게 짐작한 까닭도 함께 쓰시오.

_____

_____

7 이 글에서 다음의 뜻을 가진 낱말을 찾아 쓰시오.

> 애가 타거나 긴장하였을 때 입 안이 말라 무의식중에 힘들게 삼키는 아주 적은 양의 침.

( )

가 켈러 선생님은 나를 똑바로 보며 말을 이었다.

"글을 읽는 사람이 글쓴이의 '진짜' 감정을 느낄 수 있어야 해. 물론 평범한 방식으로는 절대 안 되지. 독자들이 전혀 예상하지 못한 방식으로, 깜짝 놀라도록. 한마디로 독창적이어야 한다는 말이야!"

나 엎친 데 덮친 격으로, 켈러 선생님이 할 말이 있다며 따로 남으라고 했다.

"퍼트리샤, 너는 자신이 겪은 일을 써 왔으면 좋겠다. 솔직히 말해서, 네 글은 여전히 감정이 잘 드러나지 않고 있으니까."

하지만 아무리 머리를 ㉠쥐어짜도, 켈러 선생님을 감동시킬 만한 주제가 하나도 떠오르지 않았다.

다 '마녀 켈러'가 나를 안아 주다니! 그러면서 켈러 선생님은 나직이 속삭였다.

"퍼트리샤, 슐로스 할아버지에게 바치는 글은 정말 놀라웠다. 자신이 겪은 일 쓰기의 모범으로 ㉡삼아도 좋을 만큼 말이다."

8 켈러 선생님이 '나'에게 자신이 겪은 일을 글로 써 오라고 한 까닭은 무엇인지 쓰시오.

(   )

9 ㉠을 넣어 만든 문장으로 알맞은 것에 ○표 하시오.

(1) 동생은 눈물만 쥐어짜고 있었다. (   )

(2) 엄마는 빨래를 있는 힘껏 쥐어짜셨다. (   )

(3) 우리는 새로운 아이디어를 쥐어짜느라 고생하였다.

(   )

10 글 **다** 에서 '내'가 쓴 글은 어떠하였겠는지, 글 **가** 의
서술형 켈러 선생님의 말을 바탕으로 하여 쓰시오.

_____

_____

11 ㉡의 뜻으로 알맞은 것에 ○표 하시오.

(1) 말이나 행동을 조심하다. (   )

(2) 무엇을 무엇이 되게 하거나 여기다. (   )

훗날, 켈러 선생님은 내가 슐로스 할아버지에게 받은 유의어 사전을 가지고 기말 과제를 썼다는 사실에 굉장히 감동했다고 말했다. 나는 슐로스 할아버지가 유의어 사전 가장자리에 직접 적어 놓은 글들을 여전히 기억한다. 그 글들을 읽을 때마다 슐로스 할아버지가 내 곁에 있는 것만 같았다.

나는 분명히 ㉠'사랑'이라는 낱말을 썼지만, 그 낱말이 빚어낼 수 있는 모든 형태를 마지막 과제에 담았다. 지금도 슐로스 할아버지와 켈러 선생님을 생각하면 가슴이 벅찰 만큼 갖가지 낱말이 떠오른다. 왜냐하면 내가 늘 '존경하고 사랑해 마지않는' 두 분이니까.

12 켈러 선생님이 무엇에 감동했다고 말했는지 알맞은 것에 ○표 하시오.

(1) '내'가 켈러 선생님을 주제로 진실된 감정을 썼다는 사실 (   )

(2) '내'가 사랑이라는 낱말을 다양하게 마지막 과제에 담았다는 사실 (   )

(3) '내'가 슐로스 할아버지에게 받은 유의어 사전으로 기말 과제를 썼다는 사실 (   )

13 '내'가 슐로스 할아버지를 떠올리며 ㉠'사랑'이라는 낱말에 담아냈을 표현으로 알맞지 <u>않은</u> 것은 무엇입니까? (   )

① 내 마음속의 따뜻한 햇살

② 비 오는 날 우산과 같은 존재

③ 복잡한 내 삶을 밝혀 주는 스승

④ 곁에 있으면 짜증 나고 없으면 허전한 사람

⑤ 늘 내 삶에서 위로가 되어 준 어머니 같은 존재

14 지금도 '내'가 슐로스 할아버지와 켈러 선생님을 생각하면 가슴이 벅찰 만큼 갖가지 낱말이 떠오르는 까닭은 무엇인지 쓰시오.

(   )

15~16

가 식물이 특별한 기술을 바탕으로 잎을 피우는 이유는 햇빛과 그림자 문제 때문입니다. 위의 잎이 바로 아래 잎과 겹치면 위에 있는 잎의 그림자 때문에 아래 잎은 햇빛을 받지 못합니다.

나 식물의 자람에 영향을 주는 것은 햇빛입니다. 위의 잎이 바로 아래 잎과 겹치면 위에 있는 잎의 그림자 때문에 아래 잎은 햇빛을 받지 못하므로 식물은 다양한 모양으로 잎을 피웁니다. 줄기에 차례대로 잎을 붙여 나가는 모양인 '잎차례'로는 서로 어긋나게 피우는 '어긋나기', 줄기 한 마디에 잎 두 장이 마주 보는 '마주나기'가 있습니다. 한 마디에 잎이 석 장 이상 돌려나는 '돌려나기'도 있고, 잎이 한 곳에서 모여나는 '모여나기'도 있습니다.

15 「식물의 잎차례」라는 글을 요약한 글 가와 나 중, 다음 설명에 해당하는 글의 기호를 쓰시오.

> 중요한 내용이 잘 드러나게 글을 요약하였다.

( )

16 다음 사진이 나타내는 잎차례는 무엇인지 알맞은 것에 ○표 하시오.

(1) 어긋나기 ( )
(2) 마주나기 ( )
(3) 돌려나기 ( )
(4) 모여나기 ( )

17 ★ 글을 요약하는 방법을 알맞게 말하지 못한 친구의 이름을 쓰시오.

> 나래: 필요 없는 부분을 찾아 삭제해야 해.
> 성훈: 중요한 의미를 나타내는 낱말을 찾아 반복해서 쓰도록 해.

( )

18~20

가 나는 종이 가운데 으뜸인 한국 종이, 한지야!

나 나는 숨을 쉬니까 집 단장에도 좋아. 더운 날에는 찬 공기 들여 시원하게 하고, 추운 날에는 더운 공기 잡아 따뜻하게 하지. 또 습한 날은 젖은 공기 머금어 방 안을 보송보송하게 하고, 건조한 날은 젖은 공기 내놓아 방 안을 상쾌하게 하지. 따가운 햇볕을 은은하게 걸러 주는 건 기본이고말고.
낡은 옷장에 나를 겹겹이 붙이면 새 옷장이 되고, 요리조리 모양 잡으면 안경집, 벼룻집, 갓집이 되지. 바늘, 실, 골무 같은 바느질 도구 넣는 반짇고리도 될 수 있어.

다 나는 흥겨운 놀이에도 빠지지 않아. 방패연, 가오리연이 되어 하늘을 훨훨 날 수도 있고, 제기가 되어 이리 펄쩍 저리 펄쩍 뛰기도 해.

18 글 나는 무엇에 대해 설명하고 있습니까? ( )

① 한지의 단점
② 한지를 만드는 과정
③ 한지의 쓰임새
④ 우리나라 종이의 종류
⑤ 한국 공예품의 우수성

19 이 글에서 알 수 있는 한지의 쓰임새로 알맞지 않은 것은 무엇입니까? ( )

① 집 안의 온도를 조절한다.
② 방 안의 습도를 조절한다.
③ 연이나 제기를 만들 수 있다.
④ 바느질 도구를 만들 수 있다.
⑤ 안경집이나 벼룻집을 만들 수 있다.

20 글 나, 다의 내용을 요약하기에 알맞은 구조의 틀은 무엇인지 ○표 하시오.

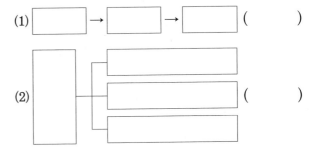

점수

1

먹다

가 한번 먹은 마음 변하지 말고 열심히 공부하자

나 골! 1:0

1단계
낱말
쓰기

그림 **가** 의 '먹다'의 뜻을 짐작하여 쓴 것입니다. 빈칸에 알맞은 말을 쓰시오. [3점]

• 어떤 (   )이나 (   )을 품다.

2단계
문장
쓰기

그림 **나** 의 '먹다'의 뜻을 짐작하여 쓰시오. [5점]

_____

_____

3단계
생각
쓰기

1단계 와 **2단계** 에서 짐작한 뜻을 바탕으로 하여 각 낱말을 넣어 문장을 만들어 쓰시오. [10점]

조건
'먹다'의 형태를 알맞게 바꾸어 쓴다.

	낱말을 넣어 만든 문장
그림 **가**	(1)
그림 **나**	(2)

2~3

사람들은 많은 물건을 한꺼번에 나르려고 바구니를 이용한다. 그렇다면 동물들은 한꺼번에 먹이를 나르려고 무엇을 이용할까?

다람쥐는 볼주머니를 이용한다. 볼주머니는 입 안 좌우에 있는 큰 주머니를 말한다. 다람쥐는 먹이를 입에 넣은 다음 볼에 차곡차곡 담는데 밤처럼 너무 큰 먹이는 이빨로 잘라서 넣기도 한다. 다람쥐의 경우 도토리 같은 열매 열 개 이상을 볼주머니에 잠시 저장할 수 있다.

원숭이도 볼주머니가 있다. 원숭이의 볼주머니에는 사과 한 개 정도가 들어갈 수 있는 공간이 있다. 원숭이는 먹이를 발견하면 대충 씹어 그곳에 잠시 저장한다. 그런 다음 다른 원숭이에게 먹이를 빼앗기지 않으려고 안전한 장소로 이동한 뒤 먹이를 조금씩 꺼내어 먹는다.

2 다음 구조의 틀에 맞게 이 글의 중심 내용을 요약하여 쓰시오. [10점]

(1)	
(2)	(3)

3 〈문제 **2** 번〉에서 정리한 내용을 바탕으로 하여 이 글을 요약하시오. [10점]

수행 평가

7 중요한 내용을 요약해요

학습 제재	존경합니다, 선생님	배점	25점
학습 목표	켈러 선생님이 글쓰기에서 강조한 것을 생각하며 자신의 마음을 전하는 글을 쓸 수 있다.		

● 다음 글을 읽고, 물음에 답하시오.

> 가 "퍼트리샤, 음, 그러니까 일단 슐로스 할아버지의 아내를 주제로 삼은 점은 적절했단다. 하지만 이 글에서 진실한 감정을 드러내는 낱말이 어디에 있지?"
> 켈러 선생님은 나를 똑바로 보며 말을 이었다.
> "글을 읽는 사람이 글쓴이의 '진짜' 감정을 느낄 수 있어야 해. 물론 평범한 방식으로는 절대 안 되지. 독자들이 전혀 예상하지 못한 방식으로, 깜짝 놀라도록. 한마디로 독창적이어야 한다는 말이야!"
> 어느 순간, 켈러 선생님은 내 눈을 뚫어져라 바라보고 있었다.
> "퍼트리샤, 넌 이미 낱말을 아주 많이 알고 있어. 이제 그 낱말에 날개를 달아 줄 때란다."
>
> 나 나는 분명히 '사랑'이라는 낱말을 썼지만, 그 낱말이 빚어낼 수 있는 모든 형태를 마지막 과제에 담았다. 지금도 슐로스 할아버지와 켈러 선생님을 생각하면 가슴이 벅찰 만큼 갖가지 낱말이 떠오른다. 왜냐하면 내가 늘 '존경하고 사랑해 마지않는' 두 분이니까.

1 글 가로 보아, 켈러 선생님이 글쓰기에서 강조한 것은 무엇인지 쓰시오. [5점]

_____

_____

2 자신에게 켈러 선생님과 같은 사람이 있는지 떠올려 보고, 떠올린 사람에게 자신의 마음이 잘 드러나게 글을 쓰시오. [20점]

> **조건**
> • 자신이 존경하고 사랑하는 선생님을 떠올려 본다.
> • 켈러 선생님이 강조한 글쓰기의 요소가 드러나게 쓴다.

우리말 지킴이

→〈생기는 까닭〉• 영어를 쓰면 고급스러워 보인다는 편견 때문임. / • 줄임말을 쓰면 간단하게 표현할
수 있기 때문임. / • 인터넷에서 무분별하게 신조어를 사용하고 있기 때문임.

1 우리말이 훼손되는 사례가 생기는 까닭

① 줄임말을 사용합니다. 예 열공, 삼김

② 외국어를 지나치게 많이 사용합니다. 예 한마음플라워, 펫아이템숍

③ 사물을 높이는 표현을 사용합니다. 예 사과주스 나오셨습니다.

④ 소리 나는 대로 써서 표기법에 맞지 않게 사용합니다. 예 머찌나옷

★★ 2 발표 주제를 생각하며 자료를 조사하고 구성하기

① 조사하고 싶은 주제를 정하고 적절성을 판단합니다.
실제로 조사할 수 있는지, 조사 방법과 기간이 적절한지 등을 생각해요.
② 조사 대상과 조사 방법을 정합니다.

조사 방법	장점	단점
관찰	현장에서 조사 대상을 직접 파악할 수 있음.	시간이 많이 걸림.
설문지	여러 사람을 한꺼번에 조사할 수 있음.	답한 내용 외에는 자세한 내용을 알기 어려움.
면담	자세한 정보를 수집할 수 있음.	시간이 오래 걸리고 원하는 인물과 면담을 하지 못할 수도 있음.
책이나 글	정확하고 다양한 정보를 얻을 수 있음.	내가 찾고 싶은 정보를 쉽게 찾지 못할 수도 있음.

③ 조사 계획에 맞게 조사하고, 조사한 결과와 조사한 뒤에 든 생각이나 느낌을 정리합니다.

④ 모둠별로 발표할 원고를 구성하고 내용을 점검합니다.

시작하는 말	전달하려는 내용	끝맺는 말
모둠 이름, 조사 주제, 발표 제목	자료, 설명하는 말 자료를 제시할 때 저작자나 출처를 밝혀야 해요.	발표한 내용, 모둠의 의견이나 전망

3 여러 사람 앞에서 조사한 내용 발표하기

① 발표할 때와 발표를 들을 때의 주의할 점을 알아봅니다.

발표할 때 주의할 점	• 적당한 크기의 목소리와 속도로 발표해야 함. • 듣는 사람과 눈을 맞추며 발표해야 함. • 바른 자세로 서서 진지하게 발표해야 함.
발표를 들을 때 주의할 점	• 발표 내용이 주제와 관련 있는지 판단하며 들어야 함. • 과장되거나 거짓된 내용은 없는지, 자료는 정확한 것인지 판단하며 들어야 함. • 발표 주제가 무엇인지 알아야 함.

② 발표 자료를 제시하며 발표하는 연습을 하고, 발표를 합니다.

개념 확인하기
정답과 풀이 30쪽

1 다음 중 우리말이 훼손된 사례에 해당하는 것을 모두 찾아 ○표 하시오.

> Book적Book적 , 멋진 옷 ,
> 삼김 , 한마음 꽃집

2 다음의 특징을 가진 조사 방법은 무엇인지 ○표 하시오.

> 자세한 정보를 수집할 수 있지만, 시간이 오래 걸리고 원하는 인물을 조사하지 못할 수도 있음.

(관찰 , 면담 , 설문지)

3 주제에 맞게 자료를 조사하고 발표할 원고를 구성할 때 '시작하는 말'에 들어갈 내용으로 알맞지 **않은** 것에 ×표 하시오.

(1) 조사 주제 (   )

(2) 발표 제목 (   )

(3) 설명하는 말 (   )

4 발표할 때 주의할 점으로 알맞은 것에 모두 ○표 하시오.

(1) 무조건 앞을 보며 발표한다.
(   )

(2) 바른 자세로 서서 진지하게 발표한다. (   )

(3) 적당한 크기의 목소리와 속도로 발표한다. (   )

1 그림 속 할아버지에게 어떤 어려움이 있습니까?
( )

① 가게가 모두 똑같이 생겼다.
② 배가 고픈데 식당을 찾을 수가 없다.
③ 길이 복잡해서 가게를 찾을 수가 없다.
④ 찾으려는 가게 이름이 기억나지 않는다.
⑤ 아이들이 줄임말을 사용해 말하고 있어 아이들의 말을 잘 이해하지 못한다.

2 다음 보기 의 말들에는 어떤 공통점이 있는지 찾아 ○표 하시오.

보기
펫아이템숍, 한마음플라워, 4U음식점

(1) 우리말을 소리 나는 대로 썼다. ( )
(2) 원래 뜻을 알지 못하는 줄임말을 사용하였다.
( )
(3) 같은 의미를 지닌 우리말이 있는데 영어를 그대로 사용하였다. ( )

교과서 문제
3 다음 가게의 간판을 자연스러운 우리말 간판으로 고쳐 쓰시오.

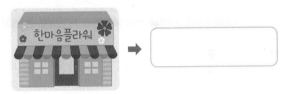 →

4 ㉠, ㉡과 같은 표현을 자주 사용하면 생길 수 있는 문제점을 알맞게 말한 친구의 이름을 쓰시오.

> 미정: 영어를 무분별하게 사용하면 영어를 모르는 사람은 그 뜻을 잘 이해할 수가 없어.
> 주혁: 줄임말은 원래의 뜻을 알지 못하는 사람에게 뜻이 통하지 않을 수 있어.

( )

5 다음 중 자연스러운 표현이 <u>아닌</u> 것에 ×표 하시오.

(1) 노잼이었어. ( )
(2) 주문하신 사과주스 나왔습니다. ( )

1 모둠별로 잘못된 우리말 사용 실태에 대한 조사 주제를 정하려고 할 때, 다음 의견은 어떤 문제가 있는지 알맞게 말한 친구를 찾아 ○표 하시오.

> 우리 지역의 모든 간판을 조사해 잘못된 표현을 찾아보면 좋겠어.

(1) 준서: 조사하려는 내용에 맞지 않는 주제야.
( )

(2) 승아: 실제로 모든 간판을 다 조사할 수 없기 때문에 적절하지 않아. ( )

교과서 문제

3 여진이네 모둠이 조사 대상으로 정한 것은 무엇인지 알맞은 것에 ○표 하시오.

(1) 옷에 새긴 영어 ( )
(2) 방송에서 사용하는 영어 ( )

4 여진이네 모둠이 어떻게 조사 대상을 정했는지 알맞은 것을 두 가지 고르시오. ( )

① 주제에 맞는 대상을 생각했다.
② 쉽게 접할 수 있는 대상을 정했다.
③ 인터넷에서 가장 인기 있는 내용을 찾았다.
④ 아이들에게 영향을 많이 주는 것으로 정했다.
⑤ 어른들과 함께 생각해 볼 수 있는 내용으로 정했다.

교과서 문제

5 다음 조사 방법에는 어떤 장점이 있는지 알맞게 선으로 이으시오.

(1) 관찰 • • ① 정확하고 다양한 정보를 얻을 수 있음.

(2) 면담 • • ② 자세한 정보를 수집할 수 있음.

(3) 설문지 • • ③ 여러 사람을 한꺼번에 조사할 수 있음.

(4) 책이나 글 • • ④ 현장에서 조사 대상을 직접 파악할 수 있음.

2~4

우리 모둠은 '우리말이 있는데도 영어를 사용하는 예'를 조사하기로 했어. 영어를 무분별하게 사용하는 예로 무엇이 있을까? 여진 1

방송에서 영어를 가장 많이 사용하는 것 같아. 영어를 새긴 옷이 너무 많아. 2

이 가운데에서 어떤 것을 조사해 볼까? 옷에 새긴 영어는 조사 대상으로 알맞지 않은 것 같아. 만약 옷이 수입된 것이라면 옷에 영어가 있는 것은 당연할지도 몰라. 3

조사한 결과를 방송사에 알려 주고 영어 사용을 자제해 달라고 요청할 수도 있어. 4

그럼 방송에서 영어를 얼마나 사용하는지 조사해 보자. 5

그럼 방송을 조사해 보면 어떨까? 방송은 아이들에게 영향을 많이 주잖아. 그래. 6

2 여진이네 모둠에서 조사하기로 한 것은 무엇인지 쓰시오.

( )

6 모둠별로 발표할 원고를 구성할 때 원고 구성 방법으로 알맞지 <u>않은</u> 것은 무엇입니까? ( )

① 자료를 사용할 때 저작자나 출처를 표시한다.
② 전달하려는 내용에 '자료, 설명하는 말'을 넣는다.
③ 끝맺는 말에는 '발표한 내용, 모둠의 의견이나 전망'을 넣는다.
④ 시작하는 말에는 '모둠 이름, 조사 주제, 발표 제목'을 넣는다.
⑤ 시선을 집중시킬 수 있는 자료라면 주제에 맞지 않는 내용이라도 사용한다.

• **그림 가~라의 특징**: 여진이가 다른 사람 앞에서 발표하는 모습으로, 발표할 때와 발표를 들을 때 주의할 점에 대해 생각해 볼 수 있습니다.

핵심내용 여진이가 발표하는 모습에서 잘못한 점

• 그림 **가**: 발표 내용만 보면서 읽듯이 발표하고 있음.
• 그림 **나**: 너무 빠른 속도로 발표하고 있음.
• 그림 **다**: 듣는 사람이 알아듣지 못하게 작게 말하고 있음.
• 그림 **라**: 한 ❶ ㅎ ㅁ 에 너무 많은 내용을 제시하고 있음.

---

7 그림 **가**에서 여진이가 발표할 때 잘못한 점은 무엇입니까? ( )

① 말끝을 흐리면서 말하였다.
② 앞만 바라보면서 발표하였다.
③ 너무 작은 목소리로 발표하였다.
④ 똑바로 서지 않고 몸을 흔들었다
⑤ 발표 내용만 보면서 읽듯이 발표하였다.

8 그림 **나**에서 여진이가 발표하는 모습을 보고 발표할 때 주의할 점을 알맞게 말한 친구의 이름을 쓰시오.

> 재욱: 발표를 할 때에는 발표 내용과 관련 있는 자료를 조사해서 말하는 것이 좋아.
> 민영: 너무 빠른 속도로 말하면 듣는 사람이 잘 이해할 수 없으니 적당한 속도로 말해야 해.

( )

9 그림 **라**에서 듣는 사람이 다음과 같은 생각을 하였다면 그 까닭은 무엇인지 알맞은 것에 ○표 하시오.

> • 전하려는 내용이 한눈에 들어오지 않아.
> • 글씨나 그림이 너무 작아서 보이지가 않아.

(1) 한 화면에 너무 많은 내용을 제시하였다.
( )

(2) 발표와 관련 있는 자료나 사진을 제시하지 않고 말로만 설명하였다. ( )

10 발표 자료를 제시하며 발표할 때 주의할 점으로 알맞지 **않은** 것에 ✕표 하시오.

(1) 자료를 보여 주는 화면과 설명하는 말이 어긋나지 않도록 한다. ( )

(2) 자료를 큰 화면으로 보여 주고 바로 끄고 설명하는 말에 집중하게 한다. ( )

• 만화의 특징: 친구들이 줄임말을 사용해서 편의점 주인 아저씨가 잘 알아듣지 못하는 내용으로, 장면에 알맞은 표현과 우리말을 바르게 사용해야 하는 까닭을 알 수 있습니다.

만화를 보고 인물의 표정이나 몸짓을 어떻게 나타냈는지 살펴보고, 자신이 필요한 상황을 떠올려 그때 어떤 표정과 몸짓으로 표현하면 좋을지 표현 방법을 생각해 보면 좋아요.

1 장면 **1**에서 친구들의 대화 태도에 대해 알맞게 말한 것은 무엇입니까? ( )

① 줄임말을 사용하고 있다.
② 바르고 고운 말을 사용하고 있다.
③ 대화할 때 영어를 많이 섞어서 말하고 있다.
④ 일부러 이해하기 어려운 말을 사용하고 있다.
⑤ 상대방의 말에 집중하면서 말하지 않고 있다.

교과서 문제
2 장면 **2**에서 편의점을 발견한 여자아이의 표정이나 몸짓을 어떻게 나타냈습니까? ( )

① 머리를 긁적이는 동작을 그렸다.
② 깜짝 놀라는 표정을 짓는 모습을 그렸다.
③ 손가락을 두 개 펴 보이는 표현을 그렸다.
④ 손으로 편의점을 가리키는 동작을 그렸다.
⑤ 남자아이를 보며 입을 크게 벌리며 웃는 모습을 그렸다.

3 장면 **5**의 다음 상황에서 남자아이의 표정이나 몸짓을 어떻게 나타냈는지 알맞은 것에 모두 ○표 하시오.

줄임말을 사용했다는 것을 느낌.

(1) 뒷머리를 만지는 동작을 그렸다. ( )
(2) 이마에 땀이 맺히는 모습을 그렸다. ( )
(3) 이마 부분에 세로선을 여러 개 그렸다. ( )

4 이 만화를 보고, 우리말 바르게 사용하기를 설명하는 만화를 그리기 위한 주제를 정해 한 가지만 쓰시오.
서술형

_____

_____

낱말의 뜻

1 다음 뜻에 알맞은 낱말을 보기 에서 찾아 기호를 쓰시오.

> **보기**
> ㉮ 자제하다   ㉯ 과장되다
> ㉰ 요청하다   ㉱ 무분별하다

(1) 필요한 어떤 일이나 행동을 청하다. (   )
(2) 사실보다 지나치게 불려서 나타나다.(   )
(3) 세상 물정에 대한 바른 생각이나 판단이 없다.
                                      (   )
(4) 자기의 감정이나 욕망을 스스로 억누르고 다스리다.   (   )

낱말의 활용

2 밑줄 친 낱말의 쓰임이 알맞지 **않은** 것은 무엇입니까? (   )

① 식당에서 김치찌개를 주문했다.
② 환경 오염 실태를 다룬 프로그램을 보았다.
③ 가게 간판의 뜻을 알고 싶어서 사전을 요청했다.
④ 우리는 현장 체험 학습 때 학교 이름을 새긴 티셔츠를 입었다.
⑤ 인터넷 개인 방송의 영향으로 어린이들이 사용하는 말이 거칠어지고 있다.

둘 이상의 낱말이 합쳐진 말

3 다음 낱말은 어떤 말이 합쳐져 이루어진 것인지 보기 와 같이 쓰시오.

> **보기**
> 우리말 → 우리 + 말

(1) 목소리 → (   ) + (   )
(2) 삼각김밥 → (   ) + (   )
(3) 배고프다 → (   ) + (   )

여러 가지 뜻을 지닌 낱말

4 밑줄 친 낱말이 보기 와 같은 뜻으로 쓰인 문장에 ○표 하시오.

> **보기**
> 방송에서 영어를 지나치게 많이 사용하는 예를 조사해 보았다.

(1) 두 사람은 이야기를 나누며 걷다가 목적지를 지나쳐 버렸다.   (   )
(2) 옛이야기에는 지나치게 욕심을 부리다가 벌을 받는 내용이 많다.   (   )
(3) 민아는 매번 약속 시간에 늦는 현우에게 오늘은 그냥 지나칠 수 없다고 화를 냈다. (   )

뜻을 더하는 말

5 다음 설명을 읽고, 밑줄 친 말이 '편의점'의 '점'과 뜻이 **다른** 것을 두 가지 고르시오. (   )

> '편의점'은 하루 24시간 문을 열고 식료품, 생활용품을 파는 가게로, '편의점'의 '–점'은 '가게' 또는 '상점'의 뜻을 더해 주는 말이다.

① 득점   ② 문구점   ③ 음식점
④ 공통점   ⑤ 안경점

맞춤법

6 다음 대화에서 맞춤법이 틀린 말을 바르게 고쳐 쓰시오.

> **엄마**: 우리 까페에 가서 음료 마실까?
> **소라**: 저는 시원한 쥬스를 마실래요.

(1) 까페 → (   )
(2) 쥬스 → (   )

1~3

1 ㉠~㉢의 표현에 대한 설명으로 알맞은 것을 두 가지 고르시오. ( )

① 말을 줄여서 사용하였다.
② 사람이 아닌 사물을 높였다.
③ 우리말을 소리 나는 대로 표기하였다.
④ 이해하기 어려운 한자어를 많이 사용하였다.
⑤ 같은 의미를 지닌 우리말이 있는데도 영어로 표현하였다.

2 ㉡과 ㉢을 바른 우리말로 고쳐 쓰시오.

(1) ㉡: ( )
(2) ㉢: ( )

3 우리 주변에서 ㉠~㉢과 같이 우리말을 바르게 사
서술형 용하지 못한 경우를 생각하여 보기 처럼 한 가지만 쓰시오.

> **보기**
> '심쿵'이라는 말을 친구들이 자주 쓰고 있어.

_____

_____

4 다음 중 바르게 사용하지 못한 우리말 표현을 알맞게 바꾸지 **못한** 것은 무엇입니까? ( )

① 머찌나웃 → 멋진 옷
② 4U음식점 → 포유 음식점
③ sweet카페 → 달콤한 찻집
④ 한마음플라워 → 한마음 꽃집
⑤ 펫아이템숍 → 반려동물 용품 판매점

5 다음과 같이 우리말을 바르게 사용하지 못한 사례를 찾아 ○표 하시오.

(1) 여기 거스름돈이 있으세요. ( )
(2) 반려견이 정말 귀엽습니다. ( )
(3) 휴대 전화가 다 팔렸습니다. ( )

6 우리말이 훼손되는 사례가 **아닌** 것은 무엇입니까?
( )

① 줄임말을 사용한다.
② 영어를 무분별하게 사용한다.
③ 사물을 높이는 표현을 사용한다.
④ 우리말을 소리 나는 대로 표기한다.
⑤ 국적 불문의 신조어를 우리말로 바꾸어 쓴다.

7 우리말을 바르게 사용하지 못하는 현상이 일어나는 까닭에 대해 알맞게 말한 친구의 이름을 모두 쓰시오.

> **연희:** 영어를 쓰면 고급스러워 보인다는 편견 때문이야.
> **효재:** 인터넷에서 무분별하게 신조어를 사용하고 있기 때문일 거야.
> **승현:** 낱말이나 상황을 길고 자세하게 설명하고 싶어 하는 경향 때문이야.

( )

8 잘못된 우리말 사용 실태에 대한 발표 주제를 생각하며 자료 조사 및 구성하기를 할 때의 순서대로 기호를 쓰시오.

> ⑦ 조사 주제 정하기
> ⑭ 조사 계획 세우기
> ⑭ 발표 원고 구성하기
> ⑭ 발표 내용 점검하기
> ⑭ 조사 대상과 조사 방법 정하기
> ⑭ 조사한 결과와 조사한 뒤에 드는 생각이나 느낌 정리하기

( ) → ( ) → ( ) → ( ) → ( ) → ⑭

9 여진이네 모둠이 조사 주제로 정한 것은 무엇입니까? ( )

① 잘못 사용하는 높임 표현
② 인터넷에서 많이 쓰이는 신조어
③ 우리말을 지나치게 줄여서 쓰는 예
④ 우리말이 있는데도 영어를 사용하는 예
⑤ 우리말과 영어를 혼용해서 사용하는 예

10 이 그림은 여진이네 모둠이 무엇을 정하는 과정을 보여 주고 있습니까? ( )

① 조사 주제   ② 조사 대상
③ 조사 방법   ④ 조사 기간
⑤ 발표 방법

11* ㉠으로 알맞지 <u>않은</u> 것은 무엇입니까? ( )

① 심쿵하다   ② 해피 엔딩
③ 올드한 옷   ④ 오픈 마인드
⑤ 엘레강스한 스타일

12 다음은 어떤 조사 방법에 대한 설명입니까? ( )

> • 여러 사람을 한꺼번에 조사할 수 있다.
> • 답한 내용 외에는 자세한 내용을 알기 어렵다.

① 관찰   ② 면담   ③ 토의
④ 설문지   ⑤ 책이나 글

13 조사한 내용으로 발표할 원고를 구성할 때 각 구성 단계에 들어갈 내용에 맞게 선으로 이으시오.

(1) 시작하는 말   •   • ①   자료, 설명하는 말

(2) 전달하려는 내용   •   • ②   발표한 내용, 모둠의 의견이나 전망

(3) 끝맺는 말   •   • ③   모둠 이름, 조사 주제, 발표 제목

14 발표 주제를 조사하여 자료를 잘 활용해 발표 내용을 구성했는지 점검한 내용으로 알맞은 것에 ○표 하시오.

(1) 발표 내용에 알맞은 자료를 적절히 골랐다. ( )

(2) 재미를 위해 사실이 아닌 내용을 적절히 활용하였다. ( )

(3) 출처를 잘 알 수 없는 인터넷에서 찾은 글이나 사진 자료를 그대로 가져다 썼다. ( )

15~16

15 그림 **가**와 **나**에서 여진이가 발표할 때 잘못한 점은 무엇인지 알맞게 선으로 이으시오.

(1) 그림 **가** ·   · ① 너무 빠른 속도로 발표하고 있음.

(2) 그림 **나** ·   · ② 듣는 사람이 알아듣지 못하게 작게 말하였음.

16 다음은 **가**와 **나** 중 여진이의 어떤 모습을 보고 충고한 내용인지 그림의 기호를 쓰시오.

> 다른 사람 앞에서 발표할 때에는 듣는 사람이 잘 알아들을 수 있도록 목소리의 크기를 조절해야 해.

(   )

17★ 모둠별로 발표 자료를 제시하며 발표 연습을 할 때 고려해야 할 점을 알맞게 말하지 <u>못한</u> 친구는 누구입니까? (   )

① 해연: 너무 작은 자료는 모두 볼 수 있게 확대해야겠어.

② 현주: 설명하는 부분에서는 수줍은 표정으로 앞만 바라봐야지.

③ 준호: 자료를 보여 줄 때는 손으로 화면을 가리키면 좋을 것 같아.

④ 수정: 주의 집중이 필요한 부분에서 목소리를 조금 작게 해야겠어.

⑤ 주완: 사진이나 실물은 여러 개 준비해서 모둠원들이 보여 주며 다니게 해야겠어.

18~19

18 남자아이가 삼각김밥을 주문할 때 어떤 표정이나 몸짓으로 나타냈는지 알맞은 것에 ○표 하시오.

(1) 손으로 삼각김밥을 가리키는 동작을 그렸다.
(   )

(2) 눈을 크게 뜨고 뒷짐을 지는 몸짓을 하는 동작을 그렸다.
(   )

(3) 밝은 표정으로 손가락으로 둘을 표시하는 동작을 그렸다.
(   )

19 줄임말을 듣고 당황한 편의점 주인 아저씨의 표정이나 몸짓을 나타낸 방법을 쓰시오.

_____

_____

20 다음 밑줄 친 부분을 올바른 우리말 표현으로 바꾸어 쓰시오.

• 이거 <u>레알</u>? → (   )

1

1단계
낱말 쓰기

그림 **가**에서 간판 "머찌나웃"이 문제가 되는 까닭은 무엇인지 빈칸에 알맞은 말을 쓰시오. [2점]

• (　　　　　)을/를 소리 나는 대로 써서 표기법에 맞지 않기 때문이다.

2단계
문장 쓰기

그림 **가**에서 "머찌나웃"을 바른 표현으로 고쳐 쓰시오. [4점]

머찌나웃	→	

3단계
생각 쓰기

그림 **나**의 밑줄 친 부분과 같이 우리말을 훼손하는 사례를 사용하는 것을 봤거나 사용한 경험을 쓰시오. [7점]

2

발표할 원고를 구성하며 다음과 같이 전달하려는 내용을 썼을 때 어떤 점을 고쳐야 할지 쓰시오. [8점]

자료	방송 프로그램 가운데에서 영어를 지나치게 많이 사용하는 동영상 보여 주기
설명하는 말	이 동영상에서 "김○○ 셰프 출연"이라는 자막이 보입니다. '셰프'는 요리사를 뜻하는 영어입니다. 또 프로그램에 나오는 출연자가 '메인 디시'라는 영어를 지나치게 사용하는데 그것을 편집하지 않고 그대로 방송했습니다.

3

다음 친구가 발표하는 모습을 보고 발표할 때와 발표를 들을 때 주의할 점을 한 가지씩 쓰시오. [10점]

발표할 때 주의할 점	(1)
발표를 들을 때 주의할 점	(2)

8 우리말 지킴이

학습 주제	우리말 바르게 사용하기를 알리는 만화 그리기	배점	40점
학습 목표	우리말 바르게 사용하기에 대한 주제로 만화를 그릴 수 있다.		

1 보기 와 같이 우리말 바르게 사용하기를 알리는 만화를 그리기 위한 주제를 정해 쓰시오. [5점]

> 보기
>
> 외국어를 지나치게 많이 사용하지 말자.

( )

2 주제에 맞는 만화의 내용을 생각해 내용이 이어지도록 장면을 구성해 쓰시오. [10점]

장면 1	
장면 2	
장면 3	
장면 4	
장면 5	

3 〈문제 2번〉의 내용을 바탕으로 하여 만화를 그려 보시오. [25점]

> 조건
>
> 인물의 표정과 몸짓에 어울리게 그리고, 너무 많은 내용을 넣지는 않도록 한다.

1	2
3	4	5

1 다음 빈칸에 알맞은 말을 쓰시오.

(   )하는 대화는 상대의 마음을 이해하고, 상대가 느끼는 감정과 같이 느끼며 귀 기울여 듣고, 상대를 배려하며 말하는 대화를 말한다.

2 공감하며 대화해야 하는 까닭으로 알맞은 것에는 ○표, 알맞지 <u>않은</u> 것에는 ×표 하시오.

(1) 상대의 처지를 이해할 수 있기 때문이다.　　　　　　　　　　　　　(　　)

(2) 대화를 즐겁게 이어 갈 수 있기 때문이다.　　　　　　　　　　　　　(　　)

(3) 대화의 내용을 잘 기억할 수 있기 때문이다.　　　　　　　　　　　　(　　)

3 교과서 34~35쪽의 '현욱이가 쓴 일기'에서 다음 엄마의 말은 어떤 방법으로 공감하며 듣고 말하였는지 알맞게 선으로 이으시오.

(1) "설거지까지? 우리 현욱이 다 컸네." •

(2) "우리 아들이 집안일을 도와주려는 마음으로 설거지를 열심히 했구나." •

• ① 경청하기

• ② 처지를 바꾸어 생각하기

4 (   )은/는 '소셜 네트워크 서비스[SNS]'를 다듬은 말로, 온라인에서 자유롭게 글이나 사진 따위를 올리거나 나누는 것을 말합니다.

5 누리 소통망 대화에서 예절을 지키는 방법으로 알맞은 것을 보기 에서 모두 찾아 기호를 쓰시오.

보기
㉮ 상대의 말에 공감을 표현한다.
㉯ 상대가 지루하지 않게 그림말을 가급적 많이 사용한다.
㉰ 댓글을 달 때에도 고운 말을 쓰고, 자신의 의견만 강요하지 않는다.

(   )

6 「니 꿈은 뭐이가?」에서 '나'의 꿈은 (선생님 , 비행사)입니다.

7 「니 꿈은 뭐이가?」의 내용에 맞게 빈칸에 알맞은 말을 쓰시오.

중국에서 '나'는 열심히 노력했지만 여자는 (   )에 못 간다는 말을 듣고 (   ) 을/를 찾아가서 입학을 부탁하였다.

1~3

가 명준: 지윤아, 안녕? 너를 찾고 있었는데 마침 잘됐다.

지윤: 나를 찾고 있었어? 왜?

명준: 너에게 할 말이 있어. 내 이야기 좀 들어 줄래? 어제 말이야…….

지윤: (말을 하는데 중간에 끊고) 나 지금 바쁜데, 내가 꼭 들어야 하니?

나 명준: 지난번 질서 지키기 그림 대회에서 내가 그린 그림이 뽑히지 않아서 무척 서운했어.

지윤: (시큰둥하게) ㉠그게 그렇게 중요한 일이니?

명준: (화내는 목소리로) 뭐? 네가 내 기분을 어떻게 아니? 너는 친구의 기분은 조금도 생각하지 않니? 어떻게 그렇게 말을 해?

지윤: 왜 그래? 내 생각에는 별것 아닌 것 같아.

1 글 **가** 에서 대화할 때 지윤이에게 필요한 태도는 무엇인지 알맞은 것에 ○표 하시오.

(1) 상대의 말 경청하기 ( )

(2) 자신의 생각 정확히 전달하기 ( )

(3) 자신의 기분을 고려해 말하기 ( )

2 글 **나** 에서 지윤이는 명준이의 말을 듣고 어떻게 했습니까? ( )

① 명준이를 비웃었다.

② 명준이를 배려하며 말했다.

③ 명준이에게 필요한 조언을 해 주었다.

④ 명준이의 기분을 생각하지 않고 말했다.

⑤ 딴생각을 하고 있다가 다시 한 번 말하라고 하였다.

3 ㉠의 지윤이의 말을 서로를 이해하며 말하는 대화로 바꾸어 쓰시오.

서술형

_____

_____

4 공감하며 대화하면 좋은 점으로 알맞은 것을 모두 고르시오. ( )

① 대화를 빨리 끝낼 수 있다.

② 대화하는 상대가 좋아한다.

③ 상대와 사이가 더 좋아진다.

④ 상대의 생각을 쉽게 알 수 있다.

⑤ 자신의 의견을 더 강하게 말할 수 있다.

5~6

"㉠우리 아들이 집안일을 도와주려는 마음으로 설거지를 열심히 했구나. 그렇지만 금속으로 프라이팬 바닥을 긁으면 바닥이 벗겨져서 못 쓰게 된단다."

엄마의 말씀을 듣고 나니 부모님의 일을 도와드렸다는 생각에 뿌듯했던 나는 금세 부끄러워졌다.

"죄송해요, 엄마. 집안일을 도와드리려다가 오히려 프라이팬만 망가뜨렸어요."

엄마는 웃으며 나를 꼭 안아 주셨다.

㉡"미안해하지 않아도 돼. 집안일을 도와주려고 한 현욱이 마음이 엄마는 정말 고마워."

엄마의 말씀을 듣고 내 마음은 한순간에 봄눈 녹듯 풀렸다.

5 '내'가 엄마께 죄송하다고 한 까닭은 무엇입니까? ( )

① 부엌을 어지럽혀서

② 동생을 잘 보살피지 않아서

③ 저녁을 먹고 설거지를 하지 않아서

④ 엄마의 말씀을 제대로 듣지 않아서

⑤ 설거지를 하다가 프라이팬을 망가뜨려서

6 ㉠, ㉡에서 엄마는 어떤 방법으로 공감하는 대화를 하였는지 알맞게 선으로 이으시오.

(1) ㉠ •

(2) ㉡ •

• ① 공감하며 말하기

• ② 처지를 바꾸어 생각하기

7~8

청소 구역을 번갈아 가며 바꾸는 것이 어떨까? 다른 일도 경험하면 좋을 것 같아.

그래. 네 말은 청소 구역을 바꾸자는 의견이구나.

맞아. 내 말을 잘 들어 줘서 고마워.

7 여자아이의 대화로 알 수 있는 공감하며 대화하는 방법은 무엇인지 알맞은 것에 ○표 하시오.

(1) 경청하기 ( )

(2) 공감하며 말하기 ( )

(3) 처지를 바꾸어 생각하기 ( )

8 공감하며 대화할 때 여자아이의 표정이나 행동으로 알맞지 <u>않은</u> 것은 무엇입니까? ( )

① 손뼉을 친다.

② 고개를 끄덕인다.

③ 눈을 맞추고 웃는다.

④ 고개를 돌려 먼 곳을 본다.

⑤ 상황에 맞게 가벼운 손짓을 한다.

9~10

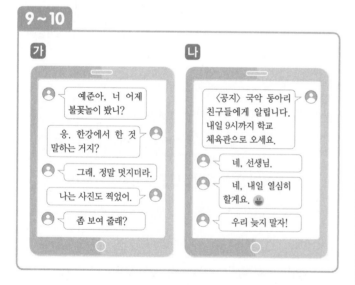

가

예준아, 너 어제 불꽃놀이 봤니?

응. 한강에서 한 것 말하는 거지?

그래. 정말 멋지더라.

나는 사진도 찍었어.

좀 보여 줄래?

나

〈공지〉 국악 동아리 친구들에게 알립니다. 내일 9시까지 학교 체육관으로 오세요.

네, 선생님.

네, 내일 열심히 할게요. 😊

우리 늦지 말자!

9 대화 **가**와 **나** 중 다음과 같은 상황에서 누리 소통망을 사용한 대화는 무엇인지 기호를 쓰시오.

많은 사람에게 알릴 것이 있는 상황

( )

10 대화 **가**와 **나**를 통해 알 수 있는, 누리 소통망 대화의 좋은 점을 모두 고르시오. ( )

① 급한 연락을 쉽게 할 수 있다.

② 만나지 않고도 대화할 수 있다.

③ 말로 가볍게 대화 나눌 수 있다.

④ 많은 사람에게 소식을 전할 수 있다.

⑤ 표정으로 대화 분위기를 느낄 수 있다.

11~12

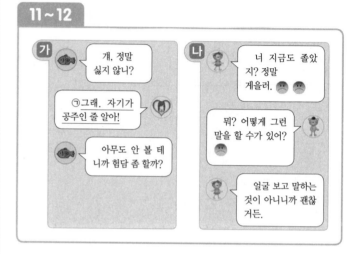

가

개, 정말 싫지 않니?

㉠그래. 자기가 공주인 줄 알아!

아무도 안 볼 테니까 험담 좀 할까?

나

너 지금도 좋았지? 정말 게을러. 😞😞

뭐? 어떻게 그런 말을 할 수가 있어?

얼굴 보고 말하는 것이 아니니까 괜찮거든.

11 누리 소통망 대화 **가**와 **나**에 대해 알맞게 평가한 것은 무엇입니까? ( )

① 예절을 잘 지키며 말하고 있군.

② 줄임말을 쓰지 않도록 해야 해.

③ 느낌을 자세하게 글로 표현하였어.

④ 하고 싶은 말을 정확하게 알도록 해야 해.

⑤ 얼굴이 안 보이기 때문에 더욱 예의 바르게 말하는 것이 필요해.

12 예절을 지키며 누리 소통망 대화를 할 때, ㉠을 알맞게 고쳐 쓰시오.

_{서술형}

_____

_____

13 다음 중 예절을 지키며 누리 소통망에서 대화하는 방법으로 알맞은 것에 ○표 하시오.

(1) 상대의 말에 공감한다는 것을 좋은 댓글 달기 등으로 표현한다. ( )

(2) 상대의 상황과는 상관없이 언제 어디서나 대화하고 싶을 때 말을 건다. ( )

14 ~ 15

14 남자아이가 누리 소통망 대화를 한 까닭은 무엇입니까? ( )

① 선생님을 대신해 전할 말이 있어서
② 병원에 입원하여 학교에 가지 못해서
③ 반 친구들에게 필요한 정보를 알리려고
④ 자신의 마음을 직접 말로 하기 부끄러워서
⑤ 휴일에 선생님께 급히 드릴 말씀이 있어서

15 남자아이의 누리 소통망 대화의 댓글로 달 수 있는 내용으로 알맞지 <u>않은</u> 것의 기호를 쓰시오.

> ㉮ 보고 싶어. 사랑해, 친구야~
> ㉯ 학교도 안 오고 네가 부럽다. ^0^
> ㉰ 얼른 나아서 건강하게 돌아오렴.

( )

16 ~ 17

조그만 내 손으로 조물조물 집안일하고, 공장에서 일해서 쌀을 사 왔네. 동생들 밥을 먹이니 나는 좋은데 어머니는 ㉠마음이 많이 아프다고 하셨어.

나 홀로 한글을 깨쳤어. 어느 날 목사님이 그러셨어. 너는 똑똑하니 학교를 공짜로 보내 주겠다고.

참말로 기뻤어야. 아침밥 짓고 동생을 업고 만날 학교에 나갔네. 일 등을 못 하면 분해서 잠이 안 왔어야.

16 ㉠에 담긴 '나'에 대한 어머니의 마음은 무엇이겠습니까? ( )

① 화남. ② 답답함. ③ 미안함.
④ 외로움. ⑤ 뿌듯함.

17 '나'는 어려운 형편에 어떻게 학교에 다닐 수 있었는지 쓰시오.

( )

18 ~ 20

㉮ 중국의 중학교부터 들어갔어. 2년 반 만에 영어와 중국어를 다 배웠지. 중국의 비행 학교를 찾아갔어.

"여자는 들어올 수 없소!"

여자는 날 수 없다네? 중국에서도.

나는 윈난성의 장군 당계요를 찾아갔어.

㉯ 당 장군은 비행 학교에다 편지를 썼어. 여자가 자기 나라를 되찾으려고 왔으니 꼭 들여보내라고 썼어.

㉰ 드디어 비행 학교 학생이 되었어. 남학생들과 똑같이 훈련했지. 빙글빙글 어지러움을 견디는 훈련, 비행기를 조종하고 고치는 기술까지 배웠어. 너무 힘들고 위험했어야. 학생들이 많이 떠났지만 ㉠나는 하루하루가 행복했어. 내 꿈을 따라서 산다는 게 꿈만 같았거든.

18 이 글의 내용으로 알맞은 것에 ○표 하시오.

(1) '나'는 비행 학교에서 영어와 중국어를 배웠다.
( )

(2) 원래 여자는 중국의 비행 학교에 입학할 수 없었다.
( )

(3) 비행 학교 훈련이 힘들었지만, 아무도 학교를 떠나지 않았다.
( )

19 '내'가 꿈을 이루기 위해 한 노력으로 알맞은 것을 모두 고르시오. ( )

① 열심히 공부하였다.
② 힘든 훈련을 이겨 냈다.
③ 입학금을 모으기 위해 돈을 벌었다.
④ 당계요 장군을 찾아가 도움을 청했다.
⑤ 앞장서 나라를 되찾기 위한 독립운동을 했다.

20 ㉠의 까닭에 맞게 빈칸에 들어갈 말을 쓰시오.

• ( )(이)라는 꿈을 이루기 위한 과정이기 때문에

1 다음 대화에서 지윤이가 명준이에게 자신의 생각을 말하는 태도를 생각하여 ㉠을 공감하며 대화하는 말로 바꾸어 쓰시오. [8점]

> 명준: 지난번 질서 지키기 그림 대회에서 내가 그린 그림이 뽑히지 않아서 무척 서운했어.
> 지윤: ㉠네가 그림을 못 그렸겠지. 그러니까 할 수 없잖아?
> 명준: (화내는 목소리로) 너는 친구에게 어떻게 그런 말을 하니?
> 지윤: 그냥 내 생각을 말한 건데, 왜?
> 명준: (화내는 목소리로) 생각을 말한 것뿐이라고?

_____

_____

2 다음 누리 소통망에서 나눈 대화를 예절에 맞는 대화로 고쳐 빈칸을 모두 완성하시오. [8점]

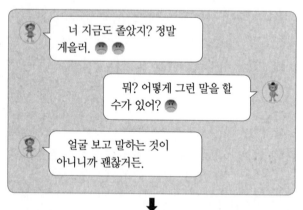

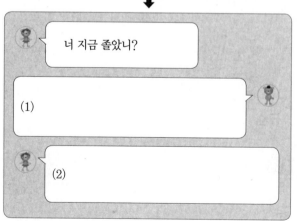

3~4

> **가** "여자는 들어올 수 없소!"
> 여자는 날 수 없다네? 중국에서도.
> 나는 윈난성의 장군 당계요를 찾아갔어.
> 배 타고 기차 타고 걷고 또 걸어갔어야.
> 앞만 바라보며 드넓은 중국 땅을 가로질러 갔어야.
> 당계요 장군은 많이 놀랐지.
> **나** "여자가 어떻게 여기 왔나?"
> "세상을 돌고 돌아 왔어요."
> "여자가 왜 여기 왔나?"
> "하늘을 날고 싶어서요."
> "여자가 왜 비행사가 되려 하나?"
> "내 나라를 빼앗아 간 일본과 싸우려고요!"
> "_____㉠_____"
> **다** 당 장군은 비행 학교에다 편지를 썼어. 여자가 자기 나라를 되찾으려고 왔으니 꼭 들여보내라고 썼어.

3 당계요 장군이 '나'의 말에 공감한 까닭은 무엇일지 생각하여 쓰시오. [5점]

_____

_____

4 당계요 장군과 '나'의 대화 부분인 **나**를 읽고, ㉠에 들어갈 알맞은 내용을 쓰시오. [10점]

> **조건**
> 제시된 두 가지 방법에 알맞은, 공감하며 대화하는 내용을 모두 쓴다.

처지를 바꾸어 생각하기	(1)
공감하며 말하기	(2)

1 지식이나 경험을 떠올려 글을 읽으면 좋은 점은 무엇인지 보기 에서 골라 빈칸에 알맞은 말을 쓰시오.

> 보기
>
> 집중, 이해, 깊이, 비교, 경험, 흥미

(1) 글 내용을 더 쉽게 (　　　　　)할 수 있다.
(2) 글 내용에 (　　　　　)을/를 느낄 수 있다.
(3) 글 내용을 끝까지 (　　　　　)해서 읽을 수 있다.
(4) 이미 아는 내용과 (　　　　　)하며 글을 읽을 수 있다.

2 「줄다리기, 모두 하나 되는 대동 놀이」에서 설명하는 내용에 맞게 빈칸에 들어갈 말을 쓰시오.

> • 줄다리기는 줄을 당길 때보다 줄다리기를 (1) (　　　　　)하는 과정에 더 많은 뜻이 있다.
> • 우리 조상들이 줄다리기를 한 것은 (2) (　　　　　)과/와 관련이 있다.
> • 줄다리기에는 봄기운이 시작되는 정월에 (3) (　　　　　)을/를 기원하고, 큰 행사를 치르면서 마을 사람들의 마음을 한데 모아 무사히 한 해 농사를 지으려는 (4) (　　　　　)이/가 담겨 있다.

3 「조선의 냉장고 '석빙고'의 과학」을 읽으며 떠올린 생각의 항목에 맞게 선으로 이으시오.

(1)　짐작한 것　•

(2)　알고 싶은 것　•

(3)　새롭게 안 것　•

• ①　얼음을 나누어 주는 법이 있었다니 신기해.

• ②　얼음을 장기간 보관할 수 있는 다른 방법에는 무엇이 있을까?

• ③　빙고는 얼음을 보관하는 창고라는 뜻인 것 같아.

4 「조선의 냉장고 '석빙고'의 과학」에서 (　　　　　　　　)에 우리나라에서 얼음을 보관하기 시작했다는 기록이 나타나 있고, 남아 있는 장빙 기술을 활용한 석빙고 중 장빙 기술이 가장 완벽한 것이 (　　　　　　　　)입니다.

5 「조선의 냉장고 '석빙고'의 과학」에서 경주 석빙고의 다음과 같은 구조는 무엇을 나타내는지 알맞은 말에 ○표 하시오.

> • 출입구 동쪽은 담으로 막고 지붕에는 구멍을 뚫었다.
> • 지붕에 잔디를 심었다.
> • 내부 바닥 한가운데에 경사지게 배수로를 팠다.

→ 경주 석빙고는 (전통적 , 과학적 , 자연 친화적)이다.

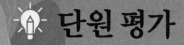
1~4

줄다리기하는 모습을 실제로 본 적 있나요? 줄다리기에 쓰이는 줄은 엄청나게 굵답니다. 옛날에는 어른이 줄 위에 걸터앉으면 발이 땅에 닿지 않을 정도였다고 해요. 요즈음 영산 줄다리기에 쓰는 줄은 예전에 비하여 훨씬 가늘고 짧아졌는데도 굵기가 1.5미터, 길이가 40미터가 넘습니다. 또 암줄, 수줄로 나누어져 있지요.

줄을 다 만들면 여러 마을에서 모인 농악대가 앞장을 서고, 그 뒤로 수백 명의 장정이 줄을 어깨에 메고서 줄다리기할 곳으로 줄을 옮깁니다. 그리고 노인들과 아이들, 여자들이 행렬 끝에 서서 쫓아갑니다. 이렇게 줄을 메고 가는 모습을 멀리서 보면, 마치 ㉠용이 꿈틀거리는 것 같답니다. / 드디어 줄을 당길 장소에 다다르면 양편에서는 상대의 기를 누르려고 있는 힘을 다하여 함성을 질러요.

1 영산 줄다리기에 쓰이는 줄에 대한 설명으로 알맞지 <u>않은</u> 것은 무엇입니까? (   )

① 암줄과 수줄로 나누어져 있다.
② 예전에 쓰이던 줄과 굵기가 동일하다.
③ 굵기가 1.5미터, 길이가 40미터가 넘는다.
④ 요즈음 쓰이는 줄은 옛날보다 길이가 짧다.
⑤ 옛날에 쓰인 줄은 어른이 걸터앉으면 발이 땅에 닿지 않을 정도로 굵었다.

2 줄을 다 만들고 옮길 때, 가장 앞에 서는 무리는 누구입니까? (   )

① 노인들   ② 아이들   ③ 농악대
④ 여자들   ⑤ 장정들

3 ㉠은 무엇을 빗대어 표현한 것인지 빈칸에 알맞은 말을 쓰시오.

• 수백 명의 (   )이/가 (   )을/를 어깨에 메고 가는 모습

4 줄을 당길 장소에 다다르면 양편에서 상대의 기를 누르려고 어떻게 하는지 쓰시오.

(   )

5~7

가 우리 조상들은 왜 줄을 만들어 서로 당기는 놀이를 했을까요? 그것은 농사와 관련이 깊어요. 오랜 세월 동안 농사를 지어 온 우리 조상들의 가장 큰 소망은 풍년이었어요. 농사가 잘되려면 물이 가장 중요하고요. 그런데 우리 조상들은 용이 물을 다스리는 신이라고 생각했답니다. 그래서 용을 닮은 줄을 만들고 흥겹게 줄다리기를 해서 용을 기쁘게 하려고 했어요. 물의 신인 용을 즐겁고 기쁘게 해야 풍년이 들 테니까요.

나 온 마을이 참여해서 집집마다 짚을 거두고 놀이에 필요한 돈과 일손을 내어 줄을 만들어 놀이를 한다는 게 생각처럼 쉬운 일은 아니랍니다. 그런데도 해마다 줄다리기를 거르는 법이 없었어요. 여기에는 봄기운이 시작되는 정월에 풍년을 기원하고, 줄다리기라는 큰 행사를 치르면서 마을 사람들이 마음을 한데 모아 무사히 한 해 농사를 지으려는 지혜가 담겨 있어요.

5 오랜 세월 동안 농사를 지어 온 우리 조상들의 가장 큰 소망은 무엇입니까? (   )

① 풍년   ② 다산   ③ 무사고
④ 가족의 화합   ⑤ 마을의 평화

6 서술형 우리 조상들이 용을 닮은 줄을 만들어 줄다리기를 한 까닭은 무엇인지 쓰시오.

_____

_____

7 줄다리기에 담긴 조상들의 지혜는 무엇인지 두 가지 고르시오. (   )

① 한 해를 즐겁게 시작한다.
② 봄기운이 시작되는 정월에 풍년을 기원한다.
③ 농사를 시작하기 전에 충전의 시간을 갖는다.
④ 힘겨루기를 통해 마을 사람들의 서열을 정리한다.
⑤ 마을 사람들이 마음을 한데 모아 무사히 한 해 농사를 짓는다.

8~10

현대인의 생활필수품인 냉장고는 냉기나 얼음을 인공적으로 만드는 기계 장치이지만, 빙고는 겨울에 보관해 두었던 얼음을 봄·여름·가을까지 녹지 않게 효과적으로 보관하는 냉동 창고이다. 우리나라에서 얼음을 보관하기 시작했다는 기록은 『삼국사기』에 나타난다. 또한 신라 시대 때에는 얼음 창고에 관한 일을 맡아보던 '빙고전'이라는 기관이 있었다고 한다. 고려 시대에 얼음을 보관하여 사용한 기록은 『고려사』에 나타나는데, 음력 4월에 임금에게 얼음을 진상한 기록이 있고 또 법으로 해마다 6월부터 입추까지 신하들에게 얼음을 나누어 준 기록이 있다.

조선 시대에는 서울 한강가에 얼음 창고를 만들었는데, 동빙고와 서빙고를 두었다. 동빙고는 왕실의 제사에 쓰일 얼음을 보관했고, 서빙고는 음식 저장용, 식용, 또는 의료용으로 쓸 얼음을 왕실과 고급 관리들에게 공급했다.

8 다음 빈칸에 들어갈 알맞은 말을 쓰시오.

- (   )은/는 냉기나 얼음을 인공적으로 만드는 기계 장치이고, (   )은/는 겨울에 보관해 두었던 얼음을 봄·여름·가을까지 녹지 않게 효과적으로 보관하는 냉동 창고이다.

9 고려 시대에 얼음을 보관하여 사용한 기록은 어디에 나타나 있는지 알맞은 것에 ○표 하시오.

(1) 『고려사』 (   )
(2) 『삼국사기』 (   )
(3) 『삼국유사』 (   )

10 조선 시대에 다음과 같은 역할을 하던 얼음 창고의 이름을 각각 쓰시오.

(1) 왕실의 제사에 쓰일 얼음을 보관하던 곳:
(   )

(2) 음식 저장용, 식용, 의료용으로 쓸 얼음을 왕실과 고급 관리들에게 공급하던 곳: (   )

11~14

한겨울의 얼음을 보관했다가 쓰는 기술을 장빙이라고 했다. 우리나라는 여름과 겨울의 기온 차가 커서 옛날부터 장빙 기술이 크게 발달했다. 장빙 기술을 활용한 석빙고는 현재 일곱 개가 남아 있는데, 남한에는 경주, 안동, 영산, 창녕, 청도, 현풍에 각각 한 개가, 북한 해주에 한 개가 남아 있다. 그중 가장 완벽한 것이 바로 경주의 석빙고이다.

보물인 경주 석빙고는 1738년에 만들었으며, 입구에서부터 점점 깊어져 창고 안은 길이 14미터, 너비 6미터, 높이 5.4미터이다. 석빙고는 온도 변화가 적은 반지하 구조로 한쪽이 긴 흙무덤 모양이며, 바깥 공기가 들어오지 않도록 출입구의 동쪽은 담으로 막고 지붕에는 구멍을 뚫었다.

11 여름과 겨울의 기온 차가 많이 나는 우리나라에서 옛날부터 크게 발달한 기술은 무엇인지 쓰시오.

(   )

12 경주 석빙고에 대한 설명으로 알맞지 <u>않은</u> 것은 무엇입니까? (   )

① 지붕에 구멍이 뚫려 있다.
② 정사각형 모양의 흙무덤이다.
③ 보물로, 1738년에 만든 것이다.
④ 입구에서부터 점점 깊어지는 구조이다.
⑤ 남아 있는 석빙고 중 가장 완벽한 것이다.

13 경주 석빙고 출입구의 동쪽을 담으로 막은 까닭은 무엇인지 쓰시오.

(   )

14 이 글을 읽으면서 떠올린 생각 중, 새롭게 안 것에 대해 말한 것을 찾아 ○표 하시오.

(1) 석빙고의 구조를 그림으로 설명한 자료가 있으면 좋겠어. (   )
(2) 다른 곳의 석빙고도 경주 석빙고와 비슷한 구조로 되어 있는지 궁금해. (   )
(3) 전기를 이용하지 않고 얼음을 보관할 수 있었다니 우리 조상들의 지혜가 놀라워. (   )

15 지식이나 경험을 활용해 글을 읽는 방법으로 알맞은 것을 모두 고르시오. (   )

① 궁금한 점은 다른 책을 찾아 가며 읽는다.
② 글쓴이가 글을 쓴 장소를 생각하며 읽는다.
③ 글을 읽기 전 떠올렸던 질문을 생각하며 읽는다.
④ 자신이 아는 내용과 책 내용을 비교하며 읽는다.
⑤ 글쓴이의 주장과 그렇게 주장한 까닭을 정리하며 읽는다.

16 체험한 일을 글로 쓰기 전에 해야 할 일에 대한 설명으로 알맞지 <u>않은</u> 것에 ×표 하시오.

(1) 체험한 일은 무엇인지, 그때 들었던 생각이나 느낌은 어떠한지 간단히 정리한다. (   )
(2) 글에 들어갈 내용을 정하고, 글의 처음, 가운데, 끝에 들어갈 내용을 최대한 자세하게 글로 적는다. (   )

17~18

상설 전시실 바로 위에는 '한글 놀이터'와 '한글 배움터' 그리고 '특별 전시실'이 있었다. 아이들이 놀면서 한글을 배울 수 있는 '한글 놀이터', 한글에 익숙하지 않은 사람들을 위해 마련한 '한글 배움터'는 모두 체험과 놀이를 하면서 한글을 이해하도록 만들어졌다는 점이 흥미로웠다. '특별 전시실'에서는 국립한글박물관 개관 기념 특별전을 진행했는데, '세종 대왕, 한글문화 시대를 열다'라는 기획 아래 세종 대왕의 업적과 일대기, 세종 시대의 한글문화, 세종 정신 따위를 주제로 한 전통적인 유물과 이를 현대적으로 해석한 현대 작가의 작품을 만날 수 있었다.

박물관을 관람하면서 책과 화면으로만 봤던 한글 유물을 직접 볼 수 있어서 신기하고 즐거웠다. 그뿐만 아니라 날마다 세 번씩 운영하는 해설이 있는 관람 프로그램을 활용하면 더 많은 지식을 쌓으며 관람할 수 있겠다는 생각이 들었다. 이번 관람으로 국어 시간에 배웠던 한글을 더 생생하고 자세하게 배우는 소중한 기회를 얻어서 무척 뿌듯했다.

17 이 글에서 글쓴이가 체험한 일에는 '체험', 체험한 일에 대한 감상에는 '감상'이라고 쓰시오.

(1) 한글 유물을 직접 볼 수 있어서 신기하고 즐거웠다. (   )
(2) 국립한글박물관의 한글 놀이터, 한글 배움터, 특별 전시실을 관람했다. (   )
(3) 국어 시간에 배웠던 한글을 더 생생하고 자세하게 배우는 소중한 기회를 얻어 뿌듯했다. (   )

18 이 글을 바탕으로 하여 체험한 일을 떠올리며 감상이 드러나는 글을 쓰는 방법을 한 가지만 쓰시오.

서술형

_____

_____

19~20

가 국립한글박물관을 찾았다. 국립한글박물관은 '한글'로만 기록한 한글 자료와 한글을 활용한 작품들을 전시해 놓은 곳이다.
나 처음 발끝이 닿은 장소는 2층 '한글이 걸어온 길' 상설 전시실이었다. 전시실 이름처럼 '한글이 걸어온 길'을 주제로 마련한 상설 전시실은 총3부로 구성되었다. 1부 주제는 '새로 스물여덟 자를 만드니'로, 세종 25년 한글이 그 모습을 드러내던 때를 살펴볼 수 있었고, 2부 주제는 '쉽게 익혀서 편히 쓰니'이며, 마지막으로 3부 주제는 '세상에 널리 퍼져 나아가니'이다.

19 글쓴이가 체험한 곳은 어디인지 쓰시오.

• 국립한글박물관의 (   )

20 다음은 이 글에 대한 의견을 말한 것입니다. 의견에 대해 알맞게 말한 것에 ○표 하시오.

한글을 설명할 때 4학년 1학기 때 배운 『훈민정음해례본』 내용도 함께 설명하면 읽는 사람이 이해하기 쉬울 것 같아.

(1) 겪은 일에 대한 감상을 쓰자고 말했어. (   )
(2) 배운 지식을 활용하자는 의견을 제시했어. (   )

1 보기 는 다음 글을 읽으며 떠올린 과학 시간에 배운 내용입니다. 이 글을 이해할 때 보기 의 내용을 어떻게 활용할 수 있는지 한 가지만 생각하여 쓰시오. [10점]

> 석빙고는 온도 변화가 적은 반지하 구조로 한쪽이 긴 흙무덤 모양이며, 바깥 공기가 들어오지 않도록 출입구의 동쪽은 담으로 막고 지붕에는 구멍을 뚫었다.
>
> 지붕은 이중 구조인데 바깥쪽은 열을 효과적으로 막아 주는 진흙으로, 안쪽은 열전달이 잘되는 화강암으로 만들었다. 천장은 반원형으로 기둥 다섯 개에 장대석이 걸쳐 있고, 장대석을 걸친 곳에는 밖으로 통하는 공기구멍이 세 개가 나 있다. 이 구멍은 아래쪽이 넓고 위쪽은 좁은 직사각형 기둥 모양인데, 이렇게 함으로써 바깥에서 바람이 불 때 빙실 안의 공기가 잘 빠져나온다. 즉, 열로 데워진 공기와 출입구에서 들어오는 바깥의 더운 공기가 지붕의 구멍으로 빠져나가기 때문에 빙실 아래의 찬 공기가 오랫동안 머물 수 있어 얼음이 적게 녹는 것이다. 또한 지붕에는 잔디를 심어 태양열을 차단했고, 내부 바닥 한가운데에 배수로를 5도 경사지게 파서 얼음에서 녹은 물이 밖으로 흘러 나갈 수 있는 구조를 갖추어 과학적이다.

보기

> 〈과학 시간에 배운 '열의 이동'〉
> • 고체: 열이 고체 물질을 따라 온도가 높은 곳에서 낮은 곳으로 이동함.
> • 기체: 주위보다 온도가 높은 기체가 위로 올라가고 온도가 낮은 기체가 아래로 내려오면서 열이 이동함.

> • 석빙고 안쪽의 화강암은 고체로서 주변의 열을 전달하는 역할을 한다.
> • _____
> _____

2~3

가 국립한글박물관을 찾았다. 국립한글박물관은 '한글'로만 기록한 한글 자료와 한글을 활용한 작품들을 전시해 놓은 곳이다. 국립한글박물관은 용산 국립중앙박물관 옆에 있다. 우리 가족은 집 근처에서 지하철을 타고 가서 '박물관 나들길'을 이용해 박물관까지 걸어갔다. 이정표를 따라 걷다 보니 큰 박물관 건물이 눈에 들어왔다.

나 처음 발끝이 닿은 장소는 2층 '한글이 걸어온 길' 상설 전시실이었다. 전시실 이름처럼 '한글이 걸어온 길'을 주제로 마련한 상설 전시실은 총3부로 구성되었다. 1부 주제는 '새로 스물여덟 자를 만드니'로, 세종 25년 한글이 그 모습을 드러내던 때를 살펴볼 수 있었고, 2부 주제는 '쉽게 익혀서 편히 쓰니'이며, 마지막으로 3부 주제는 '세상에 널리 퍼져 나아가니'이다. 상설 전시실의 이름이 한글의 역사를 잘 말해 주는 것 같았다.

2 이 글의 글쓴이가 체험한 일은 무엇인지 쓰시오. [6점]

조건

> 글 가, 나에서 각각 한 가지씩 쓴다.

(1) _____
_____

(2) _____
_____

3 체험한 일에 대한 감상이 드러나게 쓴 이 글을 읽고 고쳐야 할 점을 한 가지만 쓰시오. [8점]

1 다음 장면에서 친구들이 어떤 주제로 토의할지 생각하며 ( ) 안의 내용 중 알맞은 것에 ○표 하시오.

> 오늘은 미세 먼지가 심하니 외부 활동을 자제해 주시길 바랍니다. 체육 수업은 교실에서 하겠습니다.

> 날이 갈수록 심해지는 미세 먼지에 어떻게 대처해야 할까요?

(미세 먼지 , 교통 사고) 문제에 대처하는 방안

2 다음 토의 장면에 나타난 문제는 무엇인지 알맞은 것의 기호를 쓰시오.

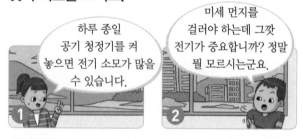

> ① 하루 종일 공기 청정기를 켜 놓으면 전기 소모가 많을 수 있습니다.

> ② 미세 먼지를 걸러야 하는데 그깟 전기가 중요합니까? 정말 뭘 모르시는군요.

㉮ 상대를 무시하는 듯한 말을 했다.
㉯ 토의 주제와 관련 없는 근거를 말했다.
㉰ 문제를 해결하는 데 무관심한 태도를 지녔다.

( )

3 토의에서 의견을 조정해야 하는 까닭을 알맞게 말한 친구의 이름을 쓰시오.

> 현수: 문제를 합리적으로 해결하려면 의견을 조정해야 해.
> 민진: 내 의견을 끝까지 고집해서 상대를 설득해야 하기 때문이야.

( )

4 다음 의견을 조정하는 과정을 보고, 빈칸에 들어갈 알맞은 말을 쓰시오.

> 문제 파악하기→ 의견 실천에 필요한 조건 따지기 → [   ] → 반응 살펴보기

( )

5 눈으로 확인하기 쉬운 보기 자료에는 무엇이 있는지 생각하여 두 가지만 쓰시오.

( )

6 자료로 찾은 책을 읽는 방법에 맞게 순서대로 번호를 쓰시오.

(1) 찾은 책의 차례를 먼저 살펴본다. ( )
(2) 의견을 뒷받침하는 내용을 좀 더 자세히 읽는다. ( )
(3) 내용을 건너뛰며 읽으면서 의견을 뒷받침하는 내용을 찾는다. ( )

7 다음 빈칸에 들어갈 알맞은 말을 쓰시오.

> 찾은 자료를 읽기 쉽게 정리하려면 간단히 읽을 수 있도록 [   ]한다.

( )

8 찾은 자료를 알기 쉽게 표현하려면 무엇을 이용하면 좋을지 한 가지만 쓰시오.

( )

1 다음은 토의할 때 어떤 문제에 해당하는지 기호를 쓰시오.

에이, 그게 말이나 됩니까?

정말 아무것도 모르시는군요.

예? 아, 저는 뭘 하든 상관없습니다.

⑦ 토의 진행과 관련한 문제
⑭ 토의 태도와 관련한 문제
⑮ 의견 및 근거와 관련한 문제

( )

2 의견을 합리적으로 조정하지 않으면 어떤 일이 생
서술형 길 수 있는지 생각하여 쓰시오.

_____

_____

3~5

1 만약 의견을 실천한다면 어떤 결과가 따를까요? 의견대로 실천했을 때 일어날 문제점을 예측해 봅시다.

2 공기 청정기를 설치하는 데 비용이 많이 들 수 있습니다.

3 미세 먼지 마스크는 일회용이라 쓰레기 문제가 일어날 수 있습니다.

4 다른 분들의 생각은 어떠한가요? 어떤 의견이 더 좋나요? 결정한 의견에서 자신이 해야 하는 역할은 무엇일까요?

3 의견을 조정하기 위해 그림 **1**~**3**의 과정에서 할
일은 무엇입니까? ( )

① 자료를 찾아 의견을 뒷받침한다.
② 해결하려는 문제를 정확히 파악한다.
③ 어떤 의견을 더 따르고 싶어 하는지 살펴본다.
④ 문제를 해결하기에 적합한 의견인지 생각한다.
⑤ 의견을 실천했을 때 일어날 수 있는 문제점을
예측해 본다.

4 미세 먼지 마스크는 어떤 문제가 일어날 수 있다고
했습니까? ( )

① 잘 잃어버린다. ② 착용이 불편하다.
③ 비용이 많이 든다. ④ 보기에 좋지 않다.
⑤ 쓰레기 문제가 일어날 수 있다.

5 그림 **4**는 의견을 조정하는 과정 중 무엇에 해당
합니까? ( )

① 문제 파악하기 ② 결과 예측하기
③ 반응 살펴보기 ④ 결정한 의견 따르기
⑤ 의견 실천에 필요한 조건 따지기

6 의견을 조정하는 과정에서 상대를 배려하는 표현
으로 알맞은 것에 모두 ○표 하시오.

(1) "그런 생각은 쓸데없는 생각입니다." ( )
(2) "그 의견도 좋은 생각입니다. 하지만……."
( )
(3) "지금 말씀하신 부분은 저도 동의합니다. 다
만……." ( )

7 의견을 조정하는 과정에서 길러야 할 참여 태도를
서술형 생각하여 한 가지만 쓰시오.

_____

_____

8 의견 조정하기 과정은 토의 절차 중 무엇에 해당하는지 찾아 기호를 쓰시오.

> ㉮ 주제 정하기   ㉯ 의견 모으기
> ㉰ 의견 정하기   ㉱ 의견 마련하기

(   )

9~11

마스크를 쓰고 생활합니다. 이 책을 보면 미세 먼지가 얼마나 몸에 해로운지, 그리고 마스크가 얼마나 효과적으로 미세 먼지를 막아 주는지 잘 알 수 있습니다.

9 이 그림에 대한 설명으로 알맞은 것을 두 가지 고르시오. (   )

① 의견을 말하였다.
② 의견을 말하지 않았다.
③ 자료 없이 의견을 말하였다.
④ 의견에 대한 자신의 경험을 말하였다.
⑤ 의견을 뒷받침하는 근거 자료를 제시하였다.

10 이 그림에서 여자아이가 사용하는 자료의 특징은 무엇입니까? (   )

① 내용을 숨길 수 있다.
② 눈으로 확인하기 쉽다.
③ 정보를 쉽게 찾을 수 있다.
④ 한눈에 전하려는 내용을 알 수 있다.
⑤ 글을 읽어야 상세한 정보를 얻을 수 있다.

11 이와 같이 의견과 함께 읽기 자료를 제시하면 어떤 점이 좋은지 쓰시오.

서술형

_____

_____

12~14

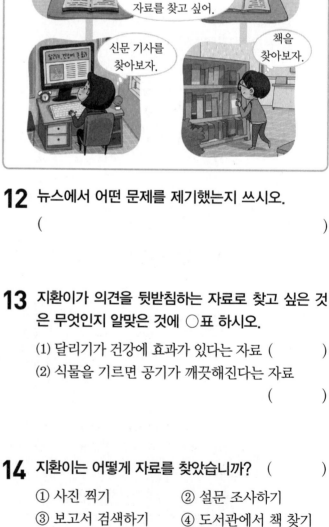

초등학생의 건강 문제를 해결할 방법이 필요합니다.

해결할 문제를 정확하게 파악하기

건강한 학교생활을 하려면 틈새 시간을 어떻게 활용해야 할까요?

건강 달리기를 하면 어떨까?

식물 기르기를 하면 어떨까?

예진   지환

예진

짧은 시간이라도 날마다 달리기를 하면 건강에 효과가 있다는 자료를 찾고 싶어.

지환

교실에서 식물을 기르면 공기가 깨끗해진다 자료를 찾고 싶어

신문 기사를 찾아보자.

책을 찾아보자.

12 뉴스에서 어떤 문제를 제기했는지 쓰시오.

(   )

13 지환이가 의견을 뒷받침하는 자료로 찾고 싶은 것은 무엇인지 알맞은 것에 ○표 하시오.

(1) 달리기가 건강에 효과가 있다는 자료 (   )
(2) 식물을 기르면 공기가 깨끗해진다는 자료

(   )

14 지환이는 어떻게 자료를 찾았습니까? (   )

① 사진 찍기   ② 설문 조사하기
③ 보고서 검색하기   ④ 도서관에서 책 찾기
⑤ 신문 기사 검색하기

15~16

⑦ 찾은 책의 차례를 살펴본다.

⑭ 의견을 뒷받침하는 내용을 좀 더 자세히 읽는다.

⑭ 필요한 내용을 정리하고 책 제목, 글쓴이, 출판사를 쓴다.

⑭ 내용을 건너뛰며 읽으면서 의견을 뒷받침하는 내용을 찾는다.

15 자료로 찾은 책을 읽는 방법에 맞게 순서대로 기호를 쓰시오.

( ) – ( ) – ( ) – ( )

16 ⑦와 같이 하는 까닭은 무엇입니까? ( )

① 책의 제목을 보기 위해서

② 내용을 빠짐없이 읽기 위해서

③ 정확한 자료인지 파악하기 위해서

④ 내용이 믿을 만한지 살펴보기 위해서

⑤ 책의 주요 내용과 흐름을 알 수 있어서

17~19

⑦
요즘 초등학교에서는 건강 달리기에 많은 관심을 보이고 있습니다. ○○○ 기자의 보도입니다.

한 초등학교 체육관에 아침 여덟 시부터 학생 마흔 명이 모여 있습니다. 가벼운 체조로 몸을 푼 뒤 이어지는 달리기 수업, 체육관에서 웃음소리가 끊이지 않습니다.

건강 달리기에 많은 관심 보여

○○초등학교 건강 달리기

아침마다 운동을 하니까 기분이 상쾌해요. 그래서 공부가 더 잘돼요.

이 학교에서는 삼 년 동안 학생 백 명이 꾸준히 건강 달리기를 실시하여 비만 학생이 해마다 열네 명, 아홉 명, 네 명으로 줄어들었다고 합니다.

5학년 ○○○ 어린이

꾸준히 할수록 효과 커

「○○방송 뉴스」

⑭ [건강 달리기를 실천한 예]

• 삼 년 동안 건강 달리기를 실시한 초등학교

• 비만 학생이 해마다 열네 명, 아홉 명, 네 명으로 줄어들었다.

17 ⑦는 무엇에 대한 자료인지 다섯 글자로 쓰시오.

( )

18 ⑦는 어디에서 찾은 자료입니까? ( )

① 백과사전

② 신문 기사

③ 설문 자료

④ 전문가의 책

⑤ 텔레비전 방송 뉴스 보도

19 ⑦와 ⑭에 대해 알맞게 말한 친구의 이름을 쓰시오.

서준: ⑭는 ⑦의 문제점을 정리한 것이야.

동표: ⑭는 ⑦를 읽기 쉽게 요약한 것이야.

( )

20 다음 토의 주제에 대한 의견으로 가장 알맞은 것은 무엇입니까? ( )

모두가 한꺼번에 운동장에 나오니 위험해 보여.

우리도 운동장을 사용하고 싶은데…….

여러 사람이 운동장을 안전하게 사용할 수 있는 방법

① 운동장에 나무를 심자.

② 운동장을 주차장으로 만들자.

③ 운동장에 쓰레기를 버리지 말자.

④ 운동장에 놀이 기구를 모두 없애자.

⑤ 학년별로 운동장 사용 시간을 정하자.

1~2

1 미소는 마스크를 쓰면 어떤 문제점이 있다고 지적했는지 정리하여 쓰시오. [4점]

_____

_____

2 이 토의 과정에 나타난 이슬이의 문제는 무엇인지 파악하여 쓰시오. [4점]

_____

_____

3 신문 기사나 뉴스 자료를 읽는 방법을 생각하여 빈칸에 알맞은 내용을 쓰시오. [4점]

찾고 싶은 자료와 관련한 낱말을 컴퓨터로 검색한다.

↓

↓

의견을 뒷받침하는 기사문이나 보도문을 찾아 자세히 읽는다.

↓

필요한 내용을 정리하고 날짜, 신문 또는 방송 이름을 쓴다.

4 다음 자료에서 전달하려고 하는 내용은 무엇인지 **조건** 에 맞게 쓰시오. [6점]

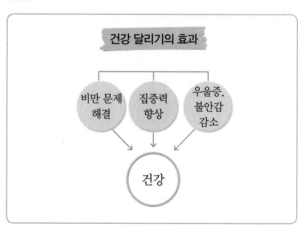

조건

자료의 내용을 파악하여 가장 중요한 내용이 드러나게 쓴다.

_____

_____

1 ㉠~㉢의 문장 성분을 각각 쓰시오.

> ㉠윤서가 ㉡책을 ㉢읽는다.

(1) ㉠: (　　　　　　　)　　　(2) ㉡: (　　　　　　　)　　　(3) ㉢: (　　　　　　　)

2 다음은 「나만 미워해」에서 윤서가 겪은 일을 쓴 것입니다. (　　) 안에 알맞은 말을 쓰시오.

> 동생과 장난치다가 (　　　　　　　)께 혼나고 서러웠지만 금방 마음이 풀렸습니다.

3 밑줄 친 부분을 고친 까닭으로 알맞은 것에 ○표 하시오.

> 우리가 환경을 보호해야 하는 까닭은 그 피해가 결국 우리에게 돌아오는 것이라고 생각한다.
> (→ 돌아오기 때문이다)

(1) 주어와 서술어의 호응 관계가 바르지 않아서　　　　　　　　　　(　　)
(2) 시간을 나타내는 말과 서술어의 호응 관계가 바르지 않아서　　(　　)
(3) 높임의 대상을 나타내는 말과 서술어의 호응 관계가 바르지 않아서　(　　)

4 다음 빈칸에 알맞은 말을 넣어 문장을 완성하시오.

> 나는 결코 (　　　　　　　　　　　　　　　　　　　　　　　)

5 경험과 같이 글을 쓰는 재료가 되는 것을 무엇이라고 하는지 쓰시오.

(　　　　　　　　　　　)

6 다음 (　　) 안에 공통으로 들어갈 말을 쓰시오.

> 글을 시작하는 첫 부분을 (　　　　　　　)(이)라고 합니다. (　　　　　　　)은/는 글의 전체 인상을 만들어 주므로 중요합니다.

(　　　　　　　　　　　)

7 글 모음집을 만들기 전에 미리 결정할 것을 두 가지만 쓰시오.

(　　　　　　　　　　　)

단원 평가

1 문장 성분의 호응 관계에 맞게 밑줄 친 말을 바르게 고쳐 쓰시오.

> 주찬이는 어제 책을 세 시간 동안 <u>읽는다</u>.

(   )

2 ~ 4

"왜 울었어?"
"잘못은 용준이가 했는데 저만 야단맞아서요."
"서러웠니?" / "예."
"윤서가 다 컸다고 아빠가 쉽게 생각했어. 미안하구나." / "……."
"용준이 너 이리 와."
아버지의 호령에 용준이가 똥 마려운 아이처럼 쭈뼛쭈뼛 다가왔다.
"누나……, 미안."
용준이가 씩 웃으며 나를 쳐다보았다. 웃음이 나오려는 것을 참고 아버지 쪽으로 얼굴을 돌렸는데 아버지께서 손으로 하트 모양을 만들고 계셨다. ㉠그만 웃음이 피식 웃어 버렸다. 아버지께서도 웃으셨다. 내 마음이 녹아 버렸다.

2 윤서가 운 까닭은 무엇인지 쓰시오.

(   )

3 윤서의 마음의 변화를 바르게 나타낸 것은 무엇입니까? (   )

① 미안하다.→ 고맙다.
② 고맙다.→ 서운하다.
③ 서운하다. → 화가 난다.
④ 원망스럽다.→ 질투가 난다.
⑤ 화가 난다.→ 마음이 풀리다.

4 ㉠에서 문장 성분의 호응이 바르지 <u>않은</u> 부분을 찾아 고쳐 쓰시오.

(   ) → (   )

5 다음은 「나만 미워해」를 쓰면서 윤서가 생각한 것입니다. 윤서는 어떤 글을 쓰고 싶다고 했는지 알맞은 것을 두 가지 고르시오. (   )

① 상상력을 자극하는 동화
② 상대를 설득하기 위한 글
③ 자신의 경험이 잘 드러난 글
④ 노래하는 듯한 느낌이 드는 시
⑤ 쉽고 재미있게 읽을 수 있는 글

6 〈문제 5번〉에서 윤서가 한 생각은 글쓰기 과정에서 어느 단계에 해당합니까? (   )

① 계획하기
② 표현하기
③ 고쳐쓰기
④ 내용 조직하기
⑤ 내용 생성하기

7
서술형
다음 문장에서 문장 성분의 호응 관계에 주의해야 할 낱말을 찾고, 바른 문장이 되도록 고쳐 쓰시오.

> 선생님 말씀은 전혀 들어 본 내용이었다.

(1) 문장 성분의 호응 관계에 주의해야 할 낱말:

(   )

(2) 바른 문장: _____

_____

8 부정적인 서술어와 호응하는 낱말로 알맞지 <u>않은</u> 것은 무엇입니까? (   )

① 여간   ② 비록   ③ 도저히
④ 그다지   ⑤ 절대로

9 다음 밑줄 친 부분을 바르게 고친 것을 두 가지 고르시오. (   )

> 그림책은 어린아이들이나 읽는 것이라고 생각해서 평소에 <u>별로 읽는 편이다.</u>

① 별로 읽는다
② 별로 읽을 것이다
③ 별로 안 읽는 편이다
④ 별로 읽지 않는 편이다
⑤ 별로 읽지 말아야 한다

10 문장 완성하기 놀이를 할 때, 빈칸에 들어갈 수 있는 내용은 무엇입니까? (   )

> 나는 내일 [   ]

① 숙제를 했다.   ② 체험학습을 갔다.
③ 가방을 챙기셨다.   ④ 축구를 할 것이다.
⑤ 시험을 봤기 때문이다.

11
서술형
겪은 일이 드러나게 자신이 글로 쓰고 싶은 일이나 생각을 떠올려 간단히 쓰시오.

_____

_____

12 다음은 무엇에 대한 설명인지 알맞게 선으로 이으시오.

(1) [글을 쓰는 재료가 되는 것] •

(2) [글로 나타내고 싶은 생각] •

• ① [주제]

• ② [글감]

13 다음 중 겪은 일이 드러나는 글의 글감으로 가장 적절한 것은 무엇입니까? (   )

① 누구나 경험할 수 없는 것
② 주제가 잘 드러나지 않는 것
③ 내용을 자세히 풀어 쓸 수 없는 것
④ 장소나 등장인물의 변화가 너무 많은 것
⑤ 글을 읽는 사람이 흥미를 느끼기 힘든 것

14 글머리를 시작하는 여러 가지 방법 중 다음은 무엇에 해당합니까? (   )

> 10월의 어느 날, 드디어 반 대항 축구 대회가 열리는 날이었다.

① 대화 글로 시작하기
② 날씨 표현으로 시작하기
③ 상황 설명으로 시작하기
④ 속담이나 격언으로 시작하기
⑤ 의성어나 의태어로 시작하기

15~16

문제 파악하기

• 무엇을 결정해야 하나요?

우리 학급에서 사용할 매체입니다.

• 무엇에 활용하려고 하나요?

우리가 쓴 글을 올리고 의견을 주고받을 것입니다.

의견 실천에 필요한 조건 따지기

• 어떤 매체가 있나요?

ㄱ

• 활용할 매체는 어떤 조건을 갖추어야 하나요?

– 반 학생이 모두 사용할 수 있어야 합니다.

– 긴 글을 쉽게 올리고 다 같이 읽어 볼 수 있어야 합니다.

– 학교에서 사용할 수 있어야 합니다.

결과 예측하기

• 어떤 매체를 활용할까요?

단체 대화방입니다.

• 이 매체를 활용했을 때 어떤 문제가 있을까요?

스마트폰이 없는 친구들이 있습니다.

15 ㉠에 알맞은 매체를 생각하여 두 가지만 쓰시오.

( )

16 이 학급에서는 '학급 누리집'을 활용할 매체로 정했습니다. 그 까닭으로 알맞지 <u>않은</u> 것은 무엇입니까? ( )

① 짧은 글만 올릴 수 있다.

② 다 같이 읽어 볼 수 있다.

③ 학교에서 사용할 수 있다.

④ 긴 글을 쉽게 올릴 수 있다.

⑤ 스마트폰이 없는 친구도 사용할 수 있다.

17 매체를 활용해 글을 쓰거나 의견을 나눌 때 주의할 점을 한 가지만 쓰시오.

서술형

( )

18 매체를 활용하여 글을 고쳐 쓰는 방법에 맞게 순서대로 번호를 쓰시오.

(1) 새롭게 고쳐 쓴 글임을 밝힌다. ( )

(2) 처음 썼던 글을 복사해서 붙인다. ( )

(3) 고쳐 쓸 부분을 찾아 고치고 저장한다.

( )

19 다음 글 모음집의 특징으로 알맞은 것을 두 가지 고르시오. ( )

① 컴퓨터로 편집한 것이다.

② 직접 손으로 그린 것이다.

③ 수정하거나 인쇄하기 쉽다.

④ 손으로 직접 써서 정감이 있다.

⑤ 깨끗하게 편집하기가 어려울 수 있다.

20 다음 1, 2, 3에서 한 가지씩 골라 문장 성분이 호응하는 문장을 만들어 쓰시오.

1	준혁이는, 할머니께서, 나는
2	결코, 동생에게, 어제
3	밥을 먹이신다, 숙제를 하지 않았다, 화를 낸 것이 아니다

1~2

가 안방으로 가서 가만히 누워 있는데 내 동생 용준이가 툭툭 치며 장난을 걸어왔다. 나는 용준이가 또 덤빌까 봐 용준이 손을 잡고 안 놓아주었다. 그러다가 그만 내 눈에 쇳덩어리(용준이 머리)가 '쿵' 하고 부딪쳤다.

"아야!"

나 그때였다. 아버지께서 눈을 크게 뜨시며

"진윤서, 너 왜 동생 울려?"

하고 큰소리를 내셨다. 나한테만 뭐라고 하시는 아버지를 이해할 수 없었다. 나는 화가 나서 울며 내 방으로 들어가 침대에 누웠다.

다 "윤서야, 너 좋아하는 연속극 해."

"일기 쓸래요."

㉠그때 안방에서 아버지께서 부르셨다.

"윤서야, 이리 와 봐."

나는 입을 쭉 내밀고 절대 앉기 싫다는 표정으로 아버지 옆에 앉았다.

"왜 울었어?"

"잘못은 용준이가 했는데 저만 야단맞아서요."

"서러웠니?"

"예."

1 자신이 윤서였다면 아버지께 어떻게 행동했을지 생각하여 쓰시오. [4점]

_____

_____

2 ㉠에서 문장 성분의 호응 관계가 바른지 판단하고, 그렇게 생각한 까닭을 쓰시오. [6점]

_____

_____

3 ㉮를 바르게 고쳐 쓰고, 그렇게 고친 까닭을 쓰시오. [6점]

> 선생님께서는 이번 시험 문제가 쉽다고 말씀하셨는데 ㉮전혀 쉬워서 친구들이 모두 놀랐다.

바른 표현	(1)
고친 까닭	(2)

4 겪은 일이 드러나게 글을 쓰고 글 모음집에 실으려고 합니다. 어떤 일을 글로 쓸지 정하여 다음을 완성하시오. [6점]

쓰는 목적	글 모음집에 실으려고
읽는 사람	(1)
글의 주제	(2)
겪은 일	(3)

5 매체를 활용해 의견을 주고받을 때의 좋은 점과 나쁜 점을 생각하여 각각 한 가지씩 쓰시오. [6점]

좋은 점	(1)
나쁜 점	(2)

1 다음 ( ) 안에 들어갈 알맞은 말에 ○표 하시오.

(인쇄 매체 자료 , 영상 매체 자료 , 인터넷 매체 자료)는 장면과 어우러지는 음악이나 연출 기법의 의미를 생각하며 읽어야 합니다.

2 다음 중 인터넷 매체 자료에 해당하는 것을 모두 골라 ○표 하시오.

신문 , 영화 , 누리 소통망[SNS] , 잡지 , 연속극 , 휴대 전화 문자 메시지

3 연속극 「허준」에서 허준은 병을 치료하는 ( )(이)고, ( )(을)를 앞두고 병을 치료해 주기를 바라는 마을 사람들이 많아 고민하는 상황에 놓였습니다.

4 연속극 「허준」에서 다음 인물이 처한 상황을 표현하기 위해 사용한 방법에 ○표 하시오.

인물이 처한 상황	장면
허준이 밤새도록 환자를 치료한다.	

(1) 인물의 속마음을 그대로 들려준다. ( )
(2) 상황을 나타내는 장면을 연달아 보여 준다. ( )

5 인물 김득신에게서 본받을 점으로 알맞은 것의 기호를 쓰시오.

㉮ 자신의 재능을 발견하고 꾸준히 발전시킨 점
㉯ 다른 사람에게 친절하고 나보다 못한 사람도 무시하지 않은 점
㉰ 자기 자신의 부족한 점에 실망하거나 포기하지 않고 꾸준히 노력하는 자세

( )

6 「마녀사냥」에서 인물들이 주로 이야기를 나누는 공간은 (교실 , 인터넷 카페)입니다.

7 「마녀사냥」에서 어떤 사건이 일어났는지 알맞은 것에 ○표 하시오.

(1) 흑설 공주가 핑공 카페에 민서영과 관련한 거짓 글을 올렸다. ( )
(2) 미라가 민서영이 부끄러워하는 가족에 대한 진실을 반 친구들에게 알렸다. ( )

8 대화할 때 지켜야 하는 예절로 맞으면 ○표, 맞지 않으면 ×표 하시오.

(1) 이야깃거리와 관련 있는 내용을 말한다. ( )
(2) 자기가 잘 아는 내용이면 혼자 주제에 대해 길게 말해도 된다. ( )

1~3

1 ㉮를 만든 사람이 우포늪 사진을 글과 함께 제시한 까닭을 두 가지 고르시오. ( )

① 글로는 내용을 다 채우기 힘들어서
② 내용을 좀 더 단순하게 나타내려고
③ 우포늪을 더 구체적으로 설명하려고
④ 보는 사람들의 관심을 더 잘 이끌어 내려고
⑤ 신문은 반드시 사진이 들어가야 하는 매체라서

2 ㉯를 만든 사람이 보는 사람들에게 관심을 끌기 위해 어떤 방법을 사용하였을지 알맞은 것에 ○표 하시오.

(1) 재미있는 그림말을 사용하였다. ( )
(2) 장면에 어울리는 음악을 넣어서 재미와 감동을 느끼도록 하였다. ( )
(3) 전달하는 내용을 모두 화면에 자막으로 넣어 주어 읽을 수 있게 하였다. ( )

3 ㉮와 ㉯에 해당하는 매체 자료는 어떤 방법으로 읽는 것이 좋은지 각각 쓰시오.
서술형

_____

_____

4 다음 중 '영화'와 성격이 비슷한 매체 자료는 무엇입니까? ( )

① 신문 ② 잡지 ③ 연속극
④ 누리 소통망[SNS] ⑤ 휴대 전화 문자 메시지

5~7

1 허준은 시험일이 촉박한데 병을 고쳐 주기를 바라는 마을 사람들을 만나 시간을 쪼개어 병자를 치료하였다.

2 유도지는 높은 벼슬의 양반들을 만나 중요한 시험의 합격을 부탁하며 금덩이를 뇌물로 주었다.

5 장면 1에서 허준이 어떤 상황에 처해 있는지 알맞은 것을 두 가지 고르시오. ( )

① 시험일이 촉박하다.
② 길을 잃어 헤매고 있다.
③ 시험장까지 갈 힘이 없다.
④ 환자들을 치료하다가 쓰러졌다.
⑤ 치료받기 원하는 마을 사람들이 많다.

6 장면 1에서 마을 사람들은 허준에게 어떤 마음이 들었겠습니까? ( )

① 슬픈 마음 ② 귀찮은 마음
③ 서운한 마음 ④ 고마운 마음
⑤ 비웃는 마음

7 장면 2에서 유도지가 사건을 일으키는 인물이라는 것을 나타내기 위해 어떤 표현 방법을 쓰면 좋을지 알맞은 것에 ○표 하시오.

(1) 조용한 배경 음악을 들려주며 일어날 일을 상상하게 한다. ( )
(2) 유도지와 다른 인물들의 모습을 한 번씩 번갈아 가며 보여 준다. ( )
(3) 뇌물을 주는 유도지 쪽으로 카메라를 가까이 대어 인물을 크게 보여 준다. ( )

정삼품 부제학을 지낸 김치의 아들로 태어난 김득신. 태몽으로 노자를 만나 태어나게 된 아이이다.

김득신은 열 살에 처음 글을 배우기 시작했다. 주변에서는 포기하라 했지만 아버지는 그를 대견하게 여겼다.

김득신은 같은 책을 반복해서 여러 번 읽었으나 하인도 외우는 내용을 기억하지 못하는 한계를 드러냈다.

김득신은 자신의 한계를 극복하기 위해 만 번 이상 읽은 책에 대한 기록을 남겼다.

8 ①~④는 친구들이 김득신에 대해 영상 매체 자료를 찾아 정리한 내용입니다. 알맞은 방법으로 매체 자료를 읽은 친구의 이름을 쓰시오.

> 균상: 글과 그림과 사진이 주는 시각 정보에 집중하며 보았어.
> 려원: 장면에서 사용된 음악이 주는 느낌을 생각하며 보았어.

( )

9 이 자료를 보고 김득신에 대해 만들 수 있는 질문거리로 알맞지 않은 것은 무엇입니까? ( )

① 김득신의 아버지는 누구인가?
② 김득신은 언제 글을 배우기 시작했나?
③ 김득신은 어떤 공부 방법을 사용했나?
④ 김득신이 지니는 한계는 어떤 것이었는가?
⑤ 김득신이 글공부를 포기한 까닭은 무엇인가?

10 장면 ③에서 다음의 효과를 주기 위해 사용하기에 알맞은 음악을 골라 ○표 하시오.

> 읽은 내용을 자꾸 잊어버리는 우스꽝스러우면서도 안타까운 김득신의 모습을 강조한다.

(차분한 음악 , 경쾌한 음악 , 슬픈 음악)

가 전학 온 서영이는 성격이 좋아 금세 친구들과 잘 어울렸다. 그런 서영이가 부러운 미라는 핑공 카페에 '흑설 공주'라는 계정으로 서영이와 관련한 거짓 글을 올린다. 아이들은 서영이가 거짓으로 부모님 이야기를 한다는 '흑설 공주'의 글을 읽고 수군대기 시작한다.

나 민주는 떨리는 마음으로 서영이가 올린 글을 읽어 보았다. 흑설 공주에 대한 분노, 엄마 아빠에 대한 자부심과 사랑과 함께 흑설 공주의 글이 모두 사실이 아니라는 걸 당당하게 밝혀 놓은 글이었다.

'역시 민서영이구나.'

민주는 자기 생각을 당당하게 밝힐 줄 아는 서영이의 용기가 몹시 부러웠다. 하지만 핑공 카페에 들어와 서영이가 올린 글을 읽은 아이들은 저마다 자기 의견을 달아 놓았다.

11 미라가 서영이와 관련한 거짓 글을 올린 까닭은 무엇입니까? ( )

① 서영이의 반응이 궁금해서
② 자기보다 민주와 더 친한 것이 샘나서
③ 친구들과 금세 어울리는 서영이가 부러워서
④ 자기와는 잘 놀아 주지 않는 서영이가 미워서
⑤ 부모님에 대해 거짓말을 하고 있는 것이 싫어서

12 미라가 '흑설 공주'라는 계정으로 글을 올린 공간의 이름을 쓰시오.

( )

13 이 글의 내용으로 보아, 〈문제 12번〉에서 답한 공간의 특성은 무엇인지 한 가지만 쓰시오.
서술형

_____

_____

14 글 **나**의 내용에서 알 수 있는 서영이의 성격은 어떠합니까? ( )

① 당차다.　　② 차갑다.　　③ 소심하다.
④ 이기적이다.　⑤ 부끄러움이 많다.

15 ~ 17

가 민주는 숨을 죽인 채 카페에 올라온 글들을 읽고 또 읽었다. 그리고 다음 날 민주는 또다시 자기 눈을 의심하였다. ㉠흑설 공주가 서영이를 공격하는 또 하나의 글이 올라와 있었기 때문이었다. 민주는 덜덜 떨리는 마음으로 흑설 공주가 올린 글을 읽기 시작하였다.

> 민서영, 내가 쓴 글이 사실이 아니라면 그걸 반박할 증거를 내놓아라. 그럴 용기가 없다면 내가 쓴 모든 글이 사실임을 인정해야 할 것이다.

나 이번에는 서영이도 반격을 늦추지 않았다. 지난번처럼 잠자코 있으면 아이들이 흑설 공주의 주장이 사실이라고 받아들일까 봐 두려운 듯 보였다.

다 서영이가 핑공 카페에 아빠가 은좀비 마을에서 의료 봉사를 하는 모습과 엄마가 디자인한 옷을 입고 모델들이 패션쇼를 하는 사진을 올리자, 이번에는 서영이를 응원하는 댓글과 흑설 공주를 비난하는 댓글이 수없이 올라와 있었다.

15 이야기에서 주요 갈등을 겪는 인물은 누구누구인지 쓰시오.

(   )

16 ㉠의 일 다음에 생긴 일은 무엇입니까? (   )

① 서영이가 게임을 포기하였다.
② 서영이가 다른 반으로 옮겨갔다.
③ 흑설 공주가 카페에서 쫓겨났다.
④ 서영이가 바로 반박하는 글을 올렸다.
⑤ 서영이를 비난하는 댓글이 수없이 달렸다.

17 이 글의 주된 사건과 비슷한 현상을 본 경험을 말하고 있는 친구의 이름을 쓰시오.

> 진한: 선생님께서 단체 채팅방에 공지 사항을 올려 확인한 적이 있어.
> 수희: 가짜 뉴스를 접한 적이 있는데, 말도 안 되는 소리 같았는데 믿는 친구들도 있었어.

(   )

18 ~ 20

> 여러분, 민서영은 또 한 번 여러분을 우롱하고 있습니다. 민서영이 내놓은 사진들을 살펴보면 단박에 그걸 알 수 있습니다.
>
> 민서영 아빠가 의료 봉사를 하고 있는 사진은 인터넷 여기저기에서 얼마든지 퍼 올 수 있는 사진들입니다. 사진 속 의사가 민서영 아빠라는 걸 누가 증명해 줄까요?
>
> 또 패션쇼 사진도 마찬가지입니다. 민서영이 마음만 먹으면 다른 디자이너의 패션쇼 사진을 얼마든지 퍼 올 수 있는 게 아닙니까?
>
> 민서영은 교묘한 잔꾀로 우리 모두를 속여 넘기려는 것입니다.

흑설 공주는 마치 먹이를 문 사자처럼 좀처럼 서영이를 잡고 놓아주지 않았다. 그러자 핑공 카페는 점점 더 흑설 공주와 민서영의 싸움을 구경하려는 구경꾼들로 가득 찼다.

18
서술형
흑설 공주가 민서영이 우리를 우롱하고 있다고 말한 까닭이 무엇인지 구체적으로 쓰시오.

_____

_____

19 흑설 공주가 또다시 글을 올리자 어떤 현상이 일어났는지 알맞은 것에 ○표 하시오.

(1) 구경하던 사람들이 하나둘씩 핑공 카페를 떠나갔다. (   )
(2) 서영이가 더 이상 아무 대꾸도 하지 않겠다고 선언했다. (   )
(3) 핑공 카페가 둘 사이의 싸움을 구경하려는 구경꾼들로 가득 찼다. (   )

20 계속해서 서영이를 괴롭히는 흑설 공주를 무엇이라고 표현하였는지 쓰시오.

(   )

1~4

가 서영이가 부러운 미라는 핑공 카페에 '흑설 공주'라는 계정으로 서영이와 관련한 거짓 글을 올린다. 아이들은 서영이가 거짓으로 부모님 이야기를 한다는 '흑설 공주'의 글을 읽고 수군대기 시작한다.

나 민주는 떨리는 마음으로 서영이가 올린 글을 읽어 보았다. 흑설 공주에 대한 분노, 엄마 아빠에 대한 자부심과 사랑과 함께 흑설 공주의 글이 모두 사실이 아니라는 걸 당당하게 밝혀 놓은 글이었다.

'역시 민서영이구나.'

민주는 자기 생각을 당당하게 밝힐 줄 아는 서영이의 용기가 몹시 부러웠다. 하지만 핑공 카페에 들어와 서영이가 올린 글을 읽은 아이들은 저마다 자기 의견을 달아 놓았다.

다 다음 날 민주는 또다시 자기 눈을 의심하였다. 흑설 공주가 서영이를 공격하는 또 하나의 글이 올라와 있었기 때문이었다. (중략)

> 민서영, 내가 쓴 글이 사실이 아니라면 그걸 ㉠반박할 증거를 내놓아라. 그럴 용기가 없다면 내가 쓴 모든 글이 사실임을 인정해야 할 것이다.

라 이번에는 서영이도 반격을 늦추지 않았다. 지난번처럼 잠자코 있으면 아이들이 흑설 공주의 주장이 사실이라고 받아들일까 봐 두려운 듯 보였다.

마 서영이가 핑공 카페에 아빠가 은좀베 마을에서 의료 봉사를 하는 모습과 엄마가 디자인한 옷을 입고 모델들이 패션쇼를 하는 사진을 올리자, 이번에는 서영이를 응원하는 댓글과 흑설 공주를 비난하는 댓글이 수없이 올라와 있었다.

바 하지만 웬걸, 싸움은 그게 끝이 아니었다. 흑설 공주가 곧바로 서영이의 글을 읽고 또 다른 공격을 해 온 것이다.

사 흑설 공주는 마치 먹이를 문 사자처럼 좀처럼 서영이를 잡고 놓아주지 않았다. 그러자 핑공 카페는 점점 더 흑설 공주와 민서영의 싸움을 구경하려는 구경꾼들로 가득 찼다. 흑설 공주와 민서영이 올린 글의 조회 수는 점점 더 올라가고, 모두들 민서영이 어떤 반격을 해 올지 기다리는 눈치였다.

1 이야기의 사건을 파악하여 원인과 결과에 맞게 빈칸을 완성하시오. [6점]

원인
(1)

↓

결과
민서영이 흑설 공주의 글에 대한 반박 글을 올림.

↓ 원인이 되어

결과
카페 가입자들이 흑설 공주를 비난함.

↓ 원인이 되어

결과
(2)

2 이 글의 제목이 「마녀사냥」인 까닭은 무엇일지 쓰시오. [5점]

_____

_____

3 서영이가 ㉠으로 올린 것은 무엇인지 쓰시오. [4점]

_____

_____

4 이 이야기 속 인물의 모습을 현실 세계의 우리 모습과 비교하여 한 가지만 쓰시오. [8점]

1 다음은 일상생활에서 무엇이 필요한 경우인지 쓰시오.

> 쓰레기통 주변이 오히려 더 지저분해 쓰레기통을 없애자는 주제로 이야기할 때

( )

2 면담 자료를 평가하는 기준으로 알맞지 <u>않은</u> 것에 ×표 하시오.

(1) 조사 대상과 범위가 적절한가? ( )
(2) 주장을 뒷받침하는 자료인가? ( )
(3) 믿을 만한 전문가의 의견인가? ( )

3 다음 자료에 대한 설명으로 알맞은 것의 기호를 쓰시오.

초등학생이 희망하는 직업
*단위: 퍼센트
공무원 9
판사/변호사 9
연예인 36
의사/간호사 12
교사 14
운동선수 18

> ㉮ 믿을 수 있는 자료이다.
> ㉯ 조사 내용을 알 수 없다.
> ㉰ 출처가 나와 있지 않다.

( )

4 토론에 필요한 역할 중 빈칸에 들어갈 사람은 누구인지 쓰시오.

> ☐ : 이제 토론의 마지막 단계인 주장 다지기입니다. 먼저 찬성편이 발언해 주시기 바랍니다.

( )

5 다음 ㉠과 ㉡에 들어갈 알맞은 말을 쓰시오.

> 토론에서 주장을 펼칠 때에는 ☐㉠ 을/를 들어 주장을 펼치고, 구체적인 ☐㉡ 을/를 제시한다.

(1) ㉠: ( ) (2) ㉡: ( )

6 다음 빈칸에 들어갈 알맞은 말을 쓰시오.

> 독서 토론을 하며 자신의 의견을 말할 때에는 읽은 책의 내용과 주제를 바르게 이해하고, 토론 주제에 맞는 의견과 의견에 대한 ☐ 을/를 말해야 한다.

( )

1~3

운동장에 왜 이렇게 쓰레기가 많은 거야?

학교 운동장을 외부인에게 개방해서 쓰레기가 더 많아졌어요.

하지만 우리 학교 운동장은 이 지역 사람들이 이용할 수 있는 유일한 운동장이에요.

선생님

1 운동장에 생긴 문제는 무엇입니까? (　　　)

① 땅이 패였다.　　　② 주차장이 생겼다.
③ 쓰레기가 많아졌다.　④ 축구 골대가 없어졌다.
⑤ 놀이 기구가 없어졌다.

2 이 그림에서 문제 상황이 주어진 뒤에 어떤 일이 일어났는지 알맞은 것에 ○표 하시오.

(1) 뜻을 모아 캠페인을 시작했다.　　　(　　　)
(2) 문제에 대해 서로 의견이 나뉘었다.　(　　　)

3 이 그림에 나타난 문제를 바탕으로 하여 토론하려고 합니다. 토론 주제를 정하여 쓰시오.

(　　　　　　　　　　　　　　　)

4 자신의 의견을 상대가 잘 받아들이도록 하기 위해서는 어떻게 말해야 할지 빈칸에 들어갈 알맞은 말을 쓰시오.

> 자신이 옳다고 우기기보다 타당한 [　　　] 을/를 들어 말해야 한다.

(　　　　　　　　　　　　　)

5~7

가 최근 한 매체에서 '연예인'이 초등학생들의 장래 희망 직업 1위를 차지했다는 결과를 발표했다. 초등학생들 사이에서 번진 아이돌 열풍 때문이다. 몇 년 전에는 꿈이 '요리사'인 초등학생이 많았는데, 그 당시에는 요리를 주제로 한 텔레비전 프로그램이 유행했기 때문이다. 게임 산업의 발전에 따라 '프로 게이머'를 희망 직업으로 뽑은 학생이 대다수였을 때도 있었다. 직업은 생활 수단이자 자신의 능력을 발휘하고 꿈을 실현할 수 있는 기회이기도 하다.

나 유행보다는 자신의 흥미나 적성, 특기를 알고, 이것을 바탕으로 하여 직업을 고르려고 노력해야 한다.

5 최근 한 매체에서 발표한 결과에 따르면, 초등학생들의 장래 희망 직업 1위는 무엇인지 쓰시오.

(　　　　　　　　　　　　)

6 직업에 대한 글쓴이의 생각으로 알맞은 것을 두 가지 고르시오.　　　(　　　)

① 생활 수단이다.
② 유행에 따라 결정한다.
③ 사람들에게 인기 있는 것으로 정한다.
④ 돈을 많이 벌 수 있는 직업이 좋은 직업이다.
⑤ 능력을 발휘하고 꿈을 실현할 수 있는 기회이다.

7 서술형 다음을 이 글의 근거 자료로 활용할 수 없는 까닭은 무엇인지 쓰시오.

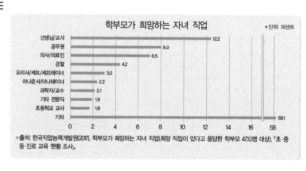

학부모가 희망하는 자녀 직업

＊단위: 퍼센트

선생님/교사	12.2
공무원	8.0
의사/의료인	6.5
경찰	4.2
요리사/셰프/셰프테이너	3.0
아나운서/아나테이너	2.2
과학자/교수	2.1
기타 전문직	1.9
초등학교 교사	1.8
기타	58.1

＊출처: 한국직업능력개발원(2017), 학부모가 희망하는 자녀 직업(희망 직업이 있다고 응답한 학부모 4733명 대상), 「초·중등 진로 교육 현황 조사」.

_____

_____

8~9

이와 같은 현실과 관련해 직업 평론가 ○○○ 씨와 면담한 결과 그는 "자신이 원하는 일이 무엇인지 모르며 사회에 어떤 다양한 직업이 있는지 알아보려고 하지 않는 사실이 문제"라며 우려를 나타냈다. 직업은 미래에 자기 삶을 유지해 줄 수 있는 수단 가운데 하나이다. 직업으로 사람들은 소득을 얻기도 하고, 행복과 보람을 느끼기도 한다. 그러므로 유행보다는 자신의 흥미와 적성, 특기를 알고, 이것을 바탕으로 하여 직업을 고르려고 노력해야 한다.

8 이 글에서는 주장을 뒷받침하는 근거 자료로 무엇을 제시하였는지 쓰시오.

(   )

9 이 글에서 제시한 자료가 타당한지 평가하여 쓰시오.

서술형

_____

_____

10~12

☐ㄱ : 학급 임원 제도는 반드시 필요하다고 할 수 없습니다. 저희는 다음과 같은 까닭으로 "학급 임원은 반드시 필요하다."라는 주제에 반대합니다.

첫째, 학급 임원을 뽑는 기준이 올바르다고 보기 어렵습니다. 한 매체에서 설문 조사를 한 결과에 따르면 70퍼센트 정도의 학생들이 "후보들의 능력보다 친분을 우선으로 투표한 적이 있다."라고 응답했습니다. 이 조사는 정말 우리가 우리를 대표할 수 있는 사람을 학급 임원으로 뽑았는지에 대한 의문을 가지게 합니다. 특히 1학기에는 서로 잘 알지도 못한 채로 학급 임원 선거가 이루어지는 경우도 있습니다. 이와 같은 학급 임원 선출은 인기투표와 다르지 않습니다.

10 ㉠에 들어갈 토론 참여자는 누구입니까? (   )

① 사회자   ② 기록자
③ 자료 조사자   ④ 반대편 토론자
⑤ 찬성편 토론자

11 이 글에서 주장을 뒷받침하는 근거는 무엇인지 쓰시오.

주장	학급 임원이 반드시 필요하지는 않다.
근거	

12 이 글은 토론 절차 중 무엇에 해당하는지 ○표 하시오.

(주장 다지기 , 주장 펼치기)

13~14

찬성편: 반대편은 학급 임원을 뽑는 기준이 올바르지 않은 까닭을 근거로 들었습니다. 하지만 ㉠반대편에서 첫 번째 자료로 제시한 설문 조사 결과는 다른 학교를 조사한 것입니다. 따라서 우리 학교의 상황과 설문 조사 결과가 반드시 같다고는 볼 수 없습니다. 우리 학교 사정을 고려해서 근거를 말씀해 주셔야 하지 않을까요?

13 ㉠은 다음 중 무엇과 관련 있는지 알맞은 것에 ○표 하시오.

⑴ 상대편 토론자의 주장을 요약한다. (   )
⑵ 주장에 대한 근거나 그에 대한 자료가 적절하지 않다는 것을 밝힌다. (   )

14 찬성편이 반대편에게 질문한 까닭으로 알맞은 것은 무엇입니까? (   )

① 궁금한 내용이 있어서
② 보충 설명이 필요한 부분이 있어서
③ 반대편의 주장이 무엇인지 알지 못해서
④ 반대편에 또 다른 자료가 있는지 알고 싶어서
⑤ 반대편이 제시한 자료가 타당하지 않음을 지적하기 위해서

15 ~ 17

찬성편: ⊙학급 임원은 반드시 필요합니다. 공정한 선거로 학생 대표를 뽑고, 그 대표를 도와 학교생활이 잘 이루어지도록 하는 경험을 해 보는 것은 큰 의미가 있습니다. 학급 임원을 뽑는 기준에 문제가 있다면 그 문제를 해결하면 됩니다. 반대편의 대안처럼 할 경우 원하지 않는 학생이 학생 대표를 맡게 되는 또 다른 문제가 발생할 수 있습니다. 공정한 경쟁과 올바른 선택을 거쳐 학급 임원을 뽑는다면 문제를 원만히 해결할 수 있을 것이라고 생각합니다.

15 ⊙은 주장 다지기 방법 중 무엇에 해당합니까?
( )

① 자기편의 주장과 근거를 요약한다.
② 상대편 토론자의 근거를 요약한다.
③ 상대편 주장의 장점을 한 번 더 말한다.
④ 근거와 관련해 구체적인 자료를 제시한다.
⑤ 상대편에서 제기한 반론이 타당하지 않음을 지적한다.

16 이 글에서 찬성편이 자신의 주장을 다지려고 덧붙인 설명을 정리하여 한 가지만 쓰시오.
서술형

_____

_____

17 찬성편은 공정한 경쟁과 올바른 선택을 거쳐 학급 임원을 뽑으면 어떤 장점이 있다고 했습니까?
( )

① 학급 친구 모두가 지도력이 생긴다.
② 문제를 원만히 해결할 수 있을 것이다.
③ 학급 친구들끼리 다투는 일이 없어진다.
④ 학급 친구 모두가 임원을 경험할 수 있다.
⑤ 학급 친구 모두가 책임감을 기를 수 있다.

18 학급 친구들과 함께 토론하고 싶은 주제를 정하여 쓰시오.

( )

19 주제를 정해 토론할 때 사회자의 역할로 알맞은 것을 모두 고르시오. ( )

① 토론을 진행한다.
② 토론 주제 및 규칙을 안내한다.
③ 찬성편과 반대편에 발언권을 준다.
④ 주장과 근거를 마련하여 찬성 의견을 말한다.
⑤ 주장과 근거를 마련하여 반대 의견을 말한다.

20 다음은 시 「기계를 더 믿어요」를 읽고, 친구들과 토론을 준비하는 장면입니다. 그림 **3**의 친구처럼 토론하면 어떤 문제가 생길지 알맞게 말한 것에 ○표 하시오.

이 시는 사람보다 기계를 더 믿는 현실을 비판적으로 바라보는 것 같아.

'시장'과 '은행'을 대비하려고 한 연씩 구성한 점이 시의 주제를 더 잘 드러내.

나는 외삼촌께서 용돈을 주시면 돈을 세어 보지 않고 그냥 지갑에 넣어.

1 **2** **3**

(1) 시의 주제를 잘못 이해하면 토론 주제에 맞지 않는 의견을 말할 수 있다. ( )
(2) 자기 의견만 고집해서 기분이 상하고 다툼이 생겨 토론이 이루어질 수 없다. ( )

1~3

1 여자아이가 ㉠의 인사말을 어색해하는 까닭을 두 가지로 정리하여 쓰시오. [6점]

(1) _____

_____

(2) _____

_____

2 남자아이가 그림 **나**와 같이 대답했을 때 두 사람의 대화는 앞으로 어떻게 이어질지 쓰시오. [4점]

_____

_____

3 이 그림을 보고 토론할 때 주의할 점을 짐작하여 한 가지만 쓰시오. [4점]

_____

_____

4~5

반대편: 찬성편에서는 학급을 위해 봉사하고, 학생 대표가 되어 우리의 뜻을 학교에 전하는 역할을 할 학급 임원이 필요하다고 했습니다. 하지만 학급을 위해 봉사하는 것은 몇 명의 학생이 아니라 전체 학생이 다 할 수 있는 일입니다. 또 요즘은 기술이 발달해서 많은 사람이 동시에 회의에 참여할 수 있습니다. 굳이 학생 대표 한두 명만 회의에 참여하도록 할 필요가 없습니다. 따라서 찬성편의 근거는 학급 임원이 반드시 필요하다는 주장을 뒷받침하는 근거라고 보기 어렵습니다. 오히려 모든 학생이 학급 임원을 경험할 수 있도록 돌아가며 하는 게 좋지 않을까요?

찬성편: 네, 반대편의 반론 잘 들었습니다. 모두가 돌아가면서 학급 임원을 한 번씩 경험해 볼 수도 있습니다. 그러나 말씀드렸다시피 학급 임원은 학급 학생 전체를 대표하는 자리입니다. 학생 대표는 모범적이면서 봉사 정신이 뛰어난 학생이 스스로 참여해야 한다고 생각합니다. 반대편의 반론처럼 모든 학생이 돌아가면서 학급 임원을 맡는다면 그 가운데에는 하고 싶은 마음이 없는 학생이 대표가 될 수 있습니다. 그러면 그 학생에게도 부담이 되는 일입니다.

4 이 글의 내용으로 보아, 찬성편이 한 주장은 무엇인지 쓰시오. [4점]

_____

_____

5 반대편의 반론에 대해 찬성편은 모든 학생이 돌아가면서 학급 임원을 맡으면 어떤 문제가 생긴다고 했는지 쓰시오. [6점]

_____

_____

1 「내 귀는 건강한가요」에 사용된 낱말의 뜻을 짐작한 것으로 알맞은 것에 ○표 하시오.

(1) | 어두워 | (빛이 없어 밝지 않아 , 귀가 잘 들리지 않아)

(2) | 뜬금없는 | (엉뚱한 , 진지한)

(3) | 힘 | (능력 , 도움)

2 「존경합니다, 선생님」에서 이야기의 주제를 파악하는 데 도움이 되는 중요한 인물은 (   )
과/와 (   )입니다.

3 「존경합니다, 선생님」에서 사용된 낱말의 뜻에 알맞게 선으로 이으시오.

(1) | 끼적이기 | •   • ① | 마음이나 분위기가 가라앉지 아니하고 조금 흥분되다. |

(2) | 철렁했다 | •   • ② | 글씨나 그림 따위를 아무렇게나 쓰거나 그리다. |

(3) | 삼아도 | •   • ③ | 뜻밖의 일에 놀라서 걱정되거나 마음이 무거워지다. |

(4) | 들떠 | •   • ④ | 무엇을 무엇이 되게 하거나 여기다. |

4 글을 요약하는 방법으로 알맞은 것을 보기 에서 모두 찾아 기호를 쓰시오.

> 보기
> ㉮ 글의 분량을 짧게 간추린다.
> ㉯ 글의 세부 내용까지 알 수 있도록 내용을 정리한다.
> ㉰ 반복해서 나타나는 낱말을 찾아 전체를 대표하는 낱말로 바꾼다.

(   )

5 「식물의 잎차례」에서 각 식물들의 잎이 어떤 방법으로 나는지 설명하는 부분을 요약하기 위해서는
(   )을/를 활용하는 것이 글의 중요한 내용을 한눈에 파악할 수 있어 좋습니다.

6 「한지돌이」에서 글을 요약하는 방법을 생각하여 빈칸에 알맞은 말을 쓰시오.

> 한지가 만들어지는 과정은 시간의 순서에 따라 설명하는 (   ) 구조에 따라,
> 한지의 쓰임새는 주제에 대해 중요한 내용을 늘어놓는 (   ) 구조에 따라 요약
> 하는 것이 좋다.

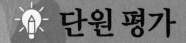

1~3

> 귀를 후비거나 하품하거나 귀에 바람을 넣어 봐도 순간적으로 증상이 호전될 뿐 금세 귀가 먹먹해집니다. 그 밖에도 염증으로 인한 통증과 가려움증 같은 증상이 일어납니다.
>
> 우리 귀 건강에 가장 큰 ㉠걸림돌은 '이어폰'입니다. 사람들 대부분이 이어폰으로 음악을 들으면 집중을 잘하기 때문에 학습하는 데 큰 힘이 될 것이라고 생각합니다.

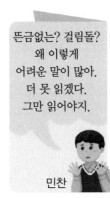

뜬금없는? 걸림돌? 왜 이렇게 어려운 말이 많아. 더 못 읽겠다. 그만 읽어야지.

민찬

1 글을 읽으면서 민찬이와 비슷한 행동을 한 경험을 말한 친구의 이름을 쓰시오.

> 시언: 글에서 모르는 낱말은 건너뛰고 대충 글을 읽었어.
> 경주: 모르는 낱말의 뜻을 짐작하고, 국어사전에서 뜻을 찾아보았어.

( )

2 글을 읽을 때 〈문제 1번〉의 답의 친구처럼 행동하면 어떤 문제가 생길 수 있는지 쓰시오.
서술형

_____

_____

3 ㉠과 바꾸어 쓸 수 있는 말은 무엇입니까? ( )

① 모범   ② 디딤돌   ③ 방해물
④ 본보기   ⑤ 필수품

4 다음 밑줄 친 낱말이 어떤 뜻으로 쓰였는지 알맞은 것에 ○표 하시오.

> 우리나라 리듬 체조계에 새 얼굴이 등장했다.

(1) 어떤 것을 대표하는 상징.   ( )
(2) 어떤 분야에서 활동하는 사람.   ( )

5~7

가 "무슨 안 좋은 일이라도 있었니?"
숄로스 할아버지는 막 구워 낸 쿠키가 담긴 봉지를 호주머니에서 꺼내 나에게 내밀며 물었다. 유명한 제빵사인 숄로스 할아버지는 늘 호주머니에 쿠키가 들어 있었다.
"㉠학교에서 가장 깐깐한 선생님한테 배우게 됐어요."
"설마 '마녀 켈러' 말이니?"

나 나는 우리 가족과 내 일상에 대해 쓴 '걸작'을 읽어 내려갔다. 내가 우리 가족 모두를 얼마나 사랑하는지 알면 켈러 선생님도 무척 감동하겠지?
하지만 내 예상과는 달리, 켈러 선생님의 숨소리가 점점 거칠어졌다.
"퍼트리샤, 넌 지금 '사랑'이라는 낱말을 고양이에게도, 치마에도, 이웃에게도, 팬케이크에도……, 심지어 엄마에게도 사용하고 있어. 엄마에게 느끼는 감정과 팬케이크에 느끼는 감정이 똑같다는 말이니? 낱말은 감정을 전해 주지. 하지만 낱말 하나하나가 가진 차이를 이해해야 해!"

5 ㉠은 누구를 말하는지 글 **나**에서 찾아 쓰시오.

( )

6 ㉠에 쓰인 '깐깐한'의 뜻을 알맞게 짐작한 것은 무엇입니까? ( )

① 얌전하다.
② 이해가 밝고 약다.
③ 기세가 거칠거나 세지 않다.
④ 순진하고 어리석은 데가 있다.
⑤ 행동이나 성격 따위가 까다로울 만큼 빈틈이 없다.

7 이 글에서 켈러 선생님은 글쓰기에서 무엇을 중요하게 생각하였는지 찾아 ○표 하시오.

(1) 글의 주제를 잘 드러내며 글을 써야 한다는 것
( )

(2) 감정을 전해 주는 낱말 하나하나가 가진 차이를 이해하며 글을 써야 한다는 것   ( )

가 그날 숙제는 어른 한 명을 인터뷰해서, 그 어른이 집 안에서 가장 소중하게 여기는 물건에 대해 알아 오는 것이었다. 예쁜 접시든, 테이블보든 무엇이든 좋았다. 켈러 선생님은 일명 '보물찾기' 숙제라고 했다.

나 나는 슐로스 할아버지의 집을 나서기 전부터 이미 머릿속으로 글을 쓰고 있었다.

이번에는 켈러 선생님 마음에 쏙 들겠지? 내 마음과 감정을 듬뿍 담아 썼으니까. 나는 당장 켈러 선생님에게 숙제를 보여 주고 싶었다. 그런데 숙제 점수를 받고 보니, 맨 아래에 시(C)라고 적혀 있었다. 또 시(C)라니! 대체 ㉠켈러 선생님은 나한테 무엇을 바라는 것일까?

다 "퍼트리샤, 음, 그러니까 일단 슐로스 할아버지의 아내를 주제로 삼은 점은 적절했단다. 하지만 이 글에서 진실한 감정을 드러내는 낱말이 어디에 있지?"

켈러 선생님은 나를 똑바로 보며 말을 이었다.

"글을 읽는 사람이 글쓴이의 '진짜' 감정을 느낄 수 있어야 해. 물론 평범한 방식으로는 절대 안 되지. 독자들이 전혀 예상하지 못한 방식으로, 깜짝 놀라도록. 한마디로 독창적이어야 한다는 말이야!"

라 "퍼트리샤, 너는 자신이 겪은 일을 써 왔으면 좋겠다. 솔직히 말해서, 네 글은 여전히 감정이 잘 드러나지 않고 있으니까."

하지만 아무리 머리를 ㉡쥐어짜도, 켈러 선생님을 감동시킬 만한 주제가 하나도 떠오르지 않았다.

마 기말 과제 제출 날을 훌쩍 넘긴 어느 날, 슐로스 할아버지가 돌아가신 날에 쓴 글을 켈러 선생님 책상에 올려놓았다. 이제는 켈러 선생님이 마음에 들어 하든 말든 전혀 상관없었다. 오로지 슐로스 할아버지를 사랑하는 내 마음이 잘 표현되었기를 바랄 뿐이었다.

8 켈러 선생님이 말한 '보물찾기' 숙제는 무엇을 말하는지 이 글에서 찾아 쓰시오.

_____

_____

9 켈러 선생님이 내 준 과제에 대해 '내'가 주제로 삼은 것에 맞게 선으로 이으시오.

(1) '보물찾기' 숙제 ·   · ① 슐로스 할아버지의 아내

(2) 기말 과제 ·   · ② 슐로스 할아버지를 사랑하는 마음

10 ㉠의 답을 알맞게 말한 친구의 이름을 쓰시오.

지은: 글의 주제를 누구나 생각할 수 있는 평범한 것으로 정하기를 원하시는 거야.
정한: 독창적인 방식으로 읽는 사람이 글쓴이의 감정을 느낄 수 있도록 쓰기를 바라시는 거야.

(   )

11 글 라에서 켈러 선생님이 '나'에게 기말 과제로 무엇을 써 오라고 하였는지 쓰시오.

(   )

12 ㉡의 뜻으로 알맞은 것은 무엇입니까? (   )

① 제 뜻대로 다루다.
② 눈물을 찔끔찔끔 흘리다.
③ 억지로 쥐거나 비틀어서 꼭 짜내다.
④ 이리저리 궁리하여 골똘히 생각하다.
⑤ 손가락을 오므려 어떤 물건을 힘 있게 잡다.

13 이 글에서 인물의 생각이나 행동, 가치관을 이해하는 데 도움이 되는 질문 한 가지를 만들어 쓰시오.
서술형

_____

_____

14~15

식물이 줄기에 어떤 모양으로 잎을 붙여 나가는지 그 기술을 알아보기로 할까요? 줄기에 차례대로 잎을 붙여 나가는 모양을 '잎차례'라고 합니다.

먼저, 줄기 마디마다 잎을 한 장씩 피우되 서로 어긋나게 피우는 방법이 있습니다. 이것을 '어긋나기'라 합니다. 국수나무처럼 평행하게 어긋나기만 하는 식물이 있는가 하면, 해바라기처럼 소용돌이 모양으로 돌려나면서 어긋나는 식물도 있습니다.

이와는 달리 줄기 한 마디에 잎 두 장이 마주 보는 '마주나기'도 있습니다. 단풍나무나 화살나무는 잎 두 장이 사이좋게 마주 보고 있습니다.

14 이 글을 다음과 같이 요약했다면 어떤 점에서 요약
서술형 글로 적절하지 않은지 쓰시오.

식물이 줄기에 차례대로 잎을 붙여 나가는 모양을 잎차례라고 합니다.

( )

15 이 글을 다음과 같이 요약할 때 빈칸에 알맞은 말을 쓰시오.

16~17

가 동물들은 한꺼번에 먹이를 나르려고 무엇을 이용할까?

나 다람쥐는 볼주머니를 이용한다. 볼주머니는 입안 좌우에 있는 큰 주머니를 말한다. 다람쥐는 먹이를 입에 넣은 다음 볼에 차곡차곡 담는데 밤처럼 너무 큰 먹이는 이빨로 잘라서 넣기도 한다. 다람쥐의 경우 도토리 같은 열매 열 개 이상을 볼주머니에 잠시 저장할 수 있다.

16 다람쥐는 한꺼번에 먹이를 나르려고 무엇을 이용하는지 쓰시오.

( )

17 글 **나**를 알맞게 요약한 것에 ○표 하시오.

(1) 다람쥐는 너무 큰 먹이는 이빨로 잘라서 볼에 넣는다. ( )

(2) 다람쥐는 도토리 같은 열매 열 개 이상을 볼주머니에 잠시 저장할 수 있다. ( )

18~20

가 제일 먼저 닥나무를 베어다 푹푹 찐 뒤, 나무껍질을 홀러덩홀러덩 벗겨서 물에 불려. 그러고는 다시 거칠거칠한 겉껍질을 닥칼로 긁어내고 보들보들 하얀 속껍질만 모아. / 이렇게 모은 속껍질은 삶아서 더 보드랍게, 더 하얗게 만들어야 해. 먼저 닥솥에 물을 붓고 속껍질을 담가. 그리고 콩대를 태워 만든 잿물을 붓고 보글보글 부글부글 삶아.

나 이제 보드랍고 하얗게 바랜 속껍질을 나무판 위에 올려놓고 닥 방망이로 찧어 가닥가닥 곱게 풀어야 해. 쿵쿵 쾅쾅! 솜처럼 풀어진 속껍질은 다시 물에 넣고 잘 풀어지라고 휘휘 저어. 그런 다음 닥풀을 넣고 다시 잘 엉겨 붙으라고 휘휘 저어 주지.

18 이 글의 중심 내용은 무엇인지 빈칸에 알맞은 말을 쓰시오.

• 한지가 ( )

19 이 글은 어떤 구조로 내용을 요약할 수 있습니까?

( )

① 순서 　　② 나열 　　③ 비교

④ 대조 　　⑤ 문제와 해결

20 한지를 만들 때 가장 먼저 해야 할 일은 무엇입니까?

( )

① 겉껍질을 긁어내어 속껍질만 모은다.

② 속껍질을 더 보드랍고 하얗게 만든다.

③ 속껍질을 나무판 위에 올려놓고 찧는다.

④ 닥나무를 푹 쪄 나무껍질을 벗겨 물에 불린다.

⑤ 풀어진 속껍질을 물에 넣어 젓고, 닥풀을 넣고 다시 젓는다.

1 다음 밑줄 친 낱말의 뜻을 짐작하여 보고, 왜 그렇게 짐작하였는지 쓰시오. [8점]

> 귀가 어두워 무슨 말을 해도 제대로 알아듣지 못하는 만화 주인공 '사오정'을 아시나요? 만화 주인공 사오정과 비슷한 사람이 우리 주변에 많이 생겨나고 있습니다. 사오정이 뜬금없는 말로 우리에게 재미와 웃음을 주지만 요즘에 사오정들은 귀 건강을 위협받는 아주 위험한 상황에 놓여 있습니다.

짐작한 뜻	(1)
그렇게 짐작한 까닭	(2)

2 다음 그림을 보고 '손'의 뜻을 짐작해 '손'을 넣은 문장을 만들어 쓰시오. [6점]

간송 선생, 드디어 이것을 손에 넣으셨군요.

손

---

3 다음 글을 읽고 제시된 틀에 맞게 내용을 요약하시오. [10점]

> 나는 숨을 쉬니까 집 단장에도 좋아. 더운 날에는 찬 공기 들여 시원하게 하고, 추운 날에는 더운 공기 잡아 따뜻하게 하지. 또 습한 날은 젖은 공기 머금어 방 안을 보송보송하게 하고, 건조한 날은 젖은 공기 내놓아 방 안을 상쾌하게 하지. 따가운 햇볕을 은은하게 걸러 주는 건 기본이고말고.
>
> 낡은 옷장에 나를 겹겹이 붙이면 새 옷장이 되고, 요리조리 모양 잡으면 안경집, 벼룻집, 갓집이 되지. 바늘, 실, 골무 같은 바느질 도구 넣는 반짇고리도 될 수 있어. 옷 만들 때는 옷본, 버선 만들 때는 버선본이 되고말고. 한겨울 옷 속에 나를 넣어 꿰매면 얼마나 따뜻하다고.
>
> 그뿐인가. 여기 보이는 게 전부 나로 만든 물건이야. 나를 새끼줄처럼 배배 꼬아 종이 노끈으로 만들어 엮으면 신발부터 붓통, 베개, 방석, 망태기가 되지. 옻칠하고 기름 먹이면 물 안 새는 표주박, 항아리, 요강도 되고말고. 저기 보이는 찻상, 구절판, 그릇은 물론이고, 팔랑팔랑 시원한 부채도 돼. 저 위에 걸려 있는 탈도 모두 나로 만든 거라고.
>
> 나는 흥겨운 놀이에도 빠지지 않아. 방패연, 가오리연이 되어 하늘을 훨훨 날 수도 있고, 제기가 되어 이리 펄쩍 저리 펄쩍 뛰기도 해.

조건

제시된 '내'가 무엇인지 드러나게 요약한다.

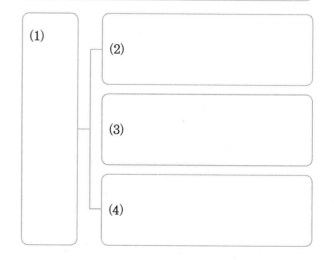

[1~4] 다음 밑줄 친 부분을 자연스러운 표현으로 고쳐 쓴 것에 ○표 하시오.

1

(꽃집 , 가게)

2

(열심히 공부했더니 , 열심히 노력했더니)

3

(재미없었어 , 재미있었어)

4

(나왔어 , 나왔습니다)

5 현장에서 조사 대상을 직접 파악할 수 있지만 시간이 많이 걸리는 조사 방법은 ( )입니다.

6 다음은 어떤 조사 방법에 대한 설명인지 알맞은 것에 ○표 하시오.

> • 장점: 여러 사람을 한꺼번에 조사할 수 있다.
> • 단점: 답한 내용 외에는 자세한 내용을 알기 어렵다.

(관찰 , 면담 , 설문지)

7 발표할 내용과 활용할 자료를 어떤 순서로 구성해 어떤 방법으로 발표할지 미리 글로 작성하면 좋은 점으로 알맞은 것에 ○표 하시오.

(1) 발표할 때 실수를 줄이고 효과적으로 발표할 수 있다. ( )
(2) 오랜 시간 동안 발표할 수 있고 듣는 사람의 마음을 잘 알 수 있다. ( )

8 발표할 때 주의할 점으로 알맞은 것을 모두 찾아 기호를 쓰시오.

> ㉮ 적당한 크기의 목소리로 발표한다.
> ㉯ 듣는 사람과 눈을 맞추며 발표한다.
> ㉰ 한 화면에 가급적 많은 내용을 담아 자료를 제시한다.

( )

단원 평가

1~3

「거북이」라는 영화 봤어?

응, ㉠노잼이었어.

ⓛsweet카페

주문하신 사과주스 ㉢나오셨습니다.

1 ㉠~㉢이 우리말을 바르게 사용하지 못한 부분인 까닭에 맞게 선으로 이으시오.

(1) ㉠ •

(2) ㉡ •

(3) ㉢ •

• ① 사물을 높여서 잘못 표현함.

• ② 우리말 표현 방법이 아닌 영어를 사용함.

• ③ 영어와 우리말을 섞어 만든 국적 불문의 신조어임.

2 ㉡을 바른 우리말 표현으로 고쳐 쓰시오.

(   )

3 ㉠~㉢과 같이 바르지 못한 표현을 계속 사용하면 어떻게 될지 알맞게 말하지 못한 친구의 이름을 쓰시오.

희주: 서로 말하는 뜻이 통하지 않을 수 있어.
승재: 친구들과 즐겁게 대화를 나눌 수 있어.
율희: 아름다운 우리말이 결국에는 사라질 수도 있을 것 같아.

(   )

4 다음 밑줄 친 줄임말을 바르게 고쳐 쓰시오.

(1) 수업 시간에 열공하자.　(　　　　　　　)
(2) 편의점에서 삼김 사 먹자.　(　　　　　　)

5 다음 보기 와 같이 사물을 높여 우리말 규칙에 맞지 않는 표현을 두 가지 고르시오. (　　　　　)

보기

반려견이 정말 귀여우시네요.

① 사이즈가 없으십니다.
② 빨대는 이쪽에 있습니다.
③ 이 제품이 더 좋으십니다.
④ 여기 거스름돈이 있습니다.
⑤ 주문하신 음료 나왔습니다.

6 다음 중 우리 주변에서 우리말을 바르게 사용하지 못한 경험을 떠올린 것이 아닌 것은 무엇입니까? (　　　　　)

① '심쿵'이라는 말을 친구들이 자주 써.
② 난 '요즈음'을 '요즘'이라고 줄여서 사용해.
③ 친구와 '핵사이다'라는 말을 즐겨 쓰는 편이야.
④ 우리 집 근처에 '클린세탁소'라는 가게가 있어.
⑤ "휴대 전화가 고장 나셨습니다."라고 말하는 것을 들은 적이 있어.

7 잘못된 우리말 사용 실태에 대한 조사 주제로 알맞지 않은 것은 무엇입니까? (　　　　　)

① 지나치게 많이 사용하는 영어
② 뜻을 알아들을 수 없는 줄임말
③ 사물을 높이는 잘못된 높임 표현
④ 잘 사용하지 않아 생소한 순우리말
⑤ 인터넷에서 무분별하게 사용되는 신조어

8 여진이네 모둠이 '영어를 무분별하게 사용하는 예'라는 주제로 떠올린 조사 대상은 무엇무엇인지 모두 골라 ○표 하시오.

(1) 옷에 새긴 영어   (   )

(2) 방송에서 사용하는 영어   (   )

(3) 가게 간판에 사용된 영어   (   )

(4) 아이들이 좋아하는 상표에 쓰인 영어 (   )

9 〈문제 8번〉의 답 가운데, 여진이네 모둠이 최종적으로 조사 대상으로 정한 것은 무엇인지 쓰시오.

(   )

10 다음 조사 방법의 장점과 단점은 무엇인지 쓰시오.

서술형

관찰

_____

_____

11 다음 중 책이나 글의 조사 방법의 장점으로 알맞은 것에 ○표 하시오.

(1) 정확하고 다양한 정보를 얻을 수 있다.

(   )

(2) 여러 사람을 한꺼번에 조사할 수 있다.

(   )

12 모둠별로 발표할 원고를 구성하려고 할 때 '시작하는 말'에 들어갈 내용으로 알맞은 것을 두 가지 고르시오. (   )

① 자료   ② 발표 제목

③ 모둠 이름   ④ 발표한 내용

⑤ 모둠의 의견이나 전망

13 다음은 모둠별로 발표할 원고 중 '전달하려는 내용'을 구성한 것입니다. 이 내용을 통해 알 수 있는 원고를 구성할 때 주의할 점에 모두 ○표 하시오.

자료	방송 프로그램 가운데에서 영어를 지나치게 많이 사용하는 동영상 보여 주기(출처: 샛별방송사 「다 같이 요리」 프로그램)
설명하는 말	샛별방송사에서 방송한 「다 같이 요리」 프로그램을 짧게 보여 드리겠습니다. 이 동영상에서 "김○○ 셰프 출연"이라는 자막이 보입니다. '셰프'는 요리사를 뜻하는 영어입니다. 또 프로그램에 나오는 출연자가 '메인 디시'라는 영어를 지나치게 많이 사용하는데 그것을 편집하지 않고 그대로 방송했습니다.

(1) 자료를 제시할 때에는 출처를 밝혀야 한다.

(   )

(2) 조사 주제 또한 '전달하려는 내용'에 소개한다.

(   )

(3) '전달하려는 내용'에는 자료나 설명하는 말이 들어간다.

(   )

14~16

14 그림 **가**에서 여진이가 발표하는 모습을 보고 알 수 있는 발표할 때의 주의할 점은 무엇입니까?
( )

① 큰 목소리로 말한다.
② 장난치지 말고 진지하게 말한다.
③ 주제에 알맞은 내용으로 말한다.
④ 듣는 사람과 눈을 맞추며 말한다.
⑤ 상황에 알맞은 자료를 함께 제시한다.

15 그림 **나**에서 발표하는 여진이가 고쳐야 할 점은 무엇과 관련이 있습니까? ( )

① 말의 속도 ② 발표 자료
③ 발표 내용 ④ 말하는 표정
⑤ 목소리의 크기

16 그림 **가**, **나**에서 알 수 있는 것 외에 발표할 때에
서술형 주의할 점을 한 가지 더 쓰시오.

＿＿＿＿＿＿＿＿＿＿＿＿＿＿＿＿＿＿＿

＿＿＿＿＿＿＿＿＿＿＿＿＿＿＿＿＿＿＿

17 발표를 들을 때 주의할 점으로 알맞지 <u>않은</u> 것은 무엇입니까? ( )

① 발표 주제가 무엇인지 생각한다.
② 자료가 정확한 내용인지 판단하며 듣는다.
③ 발표자가 잘 못하면 지적하거나 충고한다.
④ 발표 내용이 주제와 관련 있는지 판단한다.
⑤ 과장되거나 거짓인 내용은 없는지 생각한다.

18 발표 자료를 제시하며 발표할 때 주의할 점으로 알맞은 것에 ○표 하시오.

(1) 사진이나 실물은 뒤에 있는 사람은 잘 보이지 않으므로 자료로 활용하면 안 된다. ( )
(2) 자료를 보여 주는 화면과 설명하는 말이 어긋나지 않도록 주의를 기울여야 한다. ( )

19~20

19 이 만화에서 우리말을 바르게 사용하지 <u>못한</u> 표현을 모두 찾아 쓰시오.

( )

20 만화에서 인물의 표정이나 몸짓을 어떻게 나타냈는지 알맞게 말한 친구의 이름을 쓰시오.

주연: 여자아이가 편의점을 발견하였을 때 깜짝 놀라는 표정을 그렸어.
윤아: 편의점 주인 아저씨가 줄임말을 듣고 당황했을 때 딱딱한 표정으로 눈썹 사이를 찡그리게 표현했어.
재승: 줄임말을 사용했다는 것을 느낀 남자아이는 울먹이는 표정으로 손가락을 만지작거리는 모습으로 표현했어.

( )

서술형 평가

1 다음 간판 "4U음식점"은 우리말을 바르게 사용하지 못한 표현입니다. 왜 그런지 까닭을 쓰고, 바른 표현으로 고쳐 쓰시오. [8점]

(1) 우리말을 바르게 사용하지 못한 표현인 까닭:

_____

_____

(2) 바른 표현: (   )

2 우리 주변에서 사용하는 우리말 가운데에서 바르지 못한 표현을 각각 찾아 쓰시오. [12점]

무분별한 외국어 사용	(1)
줄임말 사용	(2)
사물을 높이는 표현 사용	(3)
뜻이 잘 통하지 않는 신조어 사용	(4)

3 우리말이 얼마나 잘못 쓰이고 있는지 알아보려고 할 때 보기 와 같이 자신이 조사하고 싶은 주제를 정하고, 조사 대상과 조사 방법을 쓰시오. [9점]

(1) 자신이 조사하고 싶은 주제 :

> 보기
> 우리말이 있는데도 영어를 쓰는 예

(   )

(2) 조사 대상: _____

_____

(3) 조사 방법: _____

_____

4 다음 발표하는 모습을 보고 어떤 점을 고쳐야 하는지 조언하는 말을 각각 쓰시오. [10점]

> 조건
> 각각의 경우에 대해 직접 말하는 듯한 말투로 쓴다.

(1) 그림 가 : _____

_____

(2) 그림 나 : _____

_____

올바른 개념학습,
디딤돌 초등수학 시리즈!

기본부터 심화까지,
개념 연결 학습을 통해
기본기는 강화하고 문제해결력과
사고력을 함께 키워줍니다.

문제해결력 강화 문제유형, 응용

개념 다지기 원리, 기본

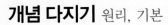

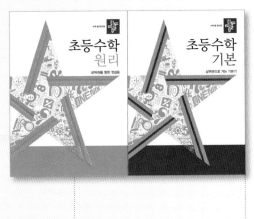

개념 이해 → 개념 응용 → 수학 좀 한다면

개념＋문제해결력 강화를 동시에

기본+유형, 기본+응용

사회 교과 자료분석력 향상

초등 5·2

디딤돌
통합본

사회

디딤돌 통합본 국어·사회·과학 5-2

펴낸날 [개정판 1쇄] 2024년 7월 1일
펴낸이 이기열 | **펴낸곳** (주)디딤돌 교육
주소 (03972) 서울특별시 마포구 월드컵북로 122 청원선와이즈타워
대표전화 02-3142-9000
구입문의 02-322-8451
내용문의 02-323-5489
팩시밀리 02-322-3737
홈페이지 www.didimdol.co.kr
등록번호 제10-718호
사진 북앤포토

• 정답과 풀이는 "디딤돌 교육 홈페이지〉초등〉정답과 해설"에서
  다운로드 받을 수 있습니다.
• 출간 이후 발견되는 오류는 "디딤돌 교육 홈페이지〉초등〉정오표"를 통해
  알려드리고 있습니다.

사회 교과 자료분석력 향상

초등 5·2

디딤돌 통합본

사회

디딤돌

구성과 특징

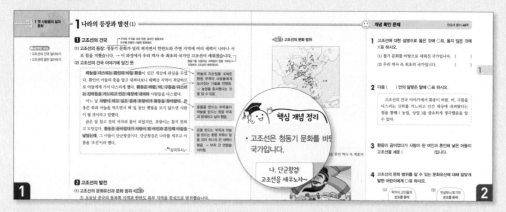
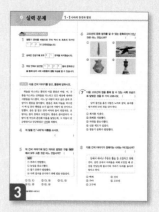
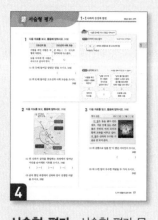

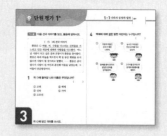

📖 교과개념북 차례

1

옛 사람들의 삶과 문화

1 나라의 등장과 발전(1)

😊 공부할 개념
• 고조선의 건국 알아보기
• 고조선의 발전 알아보기

1 고조선의 건국

→ 구리와 주석을 섞어 만든 금속인 청동으로 도구를 만들어 사용한 문화예요.

(1) 고조선의 등장: 청동기 문화가 널리 퍼지면서 한반도와 주변 지역에 여러 세력이 나타나 서로 힘을 겨뤘습니다. → 이 과정에서 우리 역사 속 최초의 국가인 고조선이 세워졌습니다.

→ 청동기를 사용하는 세력들이 힘을 겨루는 과정에서 고조선이 세워졌어요.

(2) 고조선의 건국 이야기에 담긴 뜻

> 하늘을 다스리는 환인의 아들 환웅이 인간 세상에 관심을 두었다. 환인이 아들의 뜻을 알고 내려다보니 태백산 지역이 적당하므로 아들에게 가서 다스리게 했다. 환웅은 바람, 비, 구름을 다스리는 신하들을 거느리고 인간 세상에 내려와 사람들을 다스렸다.
> 어느 날 사람이 되고 싶은 곰과 호랑이가 환웅을 찾아왔다. 환웅은 쑥과 마늘을 먹으면서 백 일 동안 햇빛을 보지 않으면 사람이 될 것이라고 말했다.
> 곰은 잘 참고 견뎌 여자의 몸이 되었지만, 호랑이는 참지 못하고 도망갔다. 환웅은 곰이었다가 사람이 된 여인과 혼인해 아들을 낳았는데, 그 아들이 단군왕검이다. 단군왕검은 나라를 세우고 이름을 '조선'이라 했다.
>
> — 『삼국유사』 —

- 하늘의 자손임을 내세운 환웅 부족이 사람들에게 농사짓는 기술을 전했음. ➡ 농업을 중시했다는 것을 알 수 있음.

- 동물을 받드는 부족들이 하늘을 받드는 환웅 부족과 함께하고 싶어 했음.

- 곰을 받드는 부족과 하늘을 받드는 환웅 부족이 힘을 모아 하나의 큰 세력이 됐음. ➡ 부족 간 연합을 의미함.

2 고조선의 발전

(1) 고조선의 문화유산과 문화 범위 [자료+1]

① 오늘날 중국의 동북쪽 지역과 한반도 북부 지역을 중심으로 발전했습니다.

② 탁자식 고인돌, •비파형 동검, •미송리식 토기의 분포를 통해 고조선의 문화 범위를 알 수 있습니다.

▲ 탁자식 고인돌

▲ 비파형 동검

▲ 미송리식 토기

★ **(2) 고조선의 사회 모습:** 고조선은 사회 질서를 유지하기 위해 백성이 지켜야 하는 여덟 개의 법 조항(8조법)을 만들었습니다. [자료2] → 8조법 중 오늘날 세 가지 조항이 전해지고 있어요.

고조선의 법		고조선의 사회 모습
사람을 죽인 사람은 사형에 처한다.	➡	큰 죄는 법으로 엄격하게 다스렸다.
남을 다치게 한 사람은 곡식으로 갚아야 한다.	➡	농사를 지었고, 개인의 재산을 인정했다.
남의 물건을 훔친 사람은 노비로 삼되, 용서를 받으려면 50만 전을 내야 한다.	➡	노비가 존재하는 신분제 사회였고, 화폐를 사용했음을 알 수 있다.

용어 사전

• 『삼국유사』 고려 시대 일연이 지은 역사책으로, 고조선부터 후삼국까지 있었던 일을 기록했으며 고조선의 건국 이야기가 실려 있음.

• 비파형 동검 청동기 시대에 사용된 청동검으로, 비파라는 악기를 닮음.

• 미송리식 토기 청동기 시대에 사용된 토기로, 평안북도 의주군 미송리 동굴 유적에서 발견됐음.

자료⁺1 **고조선의 문화 범위**

- ↟ 비파형 동검 분포 지역
- ☖ 탁자식 고인돌 분포 지역
- ⬱ 미송리식 토기 분포 지역
- ▨ 고조선의 문화 범위

자료⁺2 **고조선의 법 중 오늘날 전해지는 세 가지 법 조항을 통해 알 수 있는 고조선의 사회 모습**

사람을 죽인 자는 사형에 처한다!

널 다치게 했으니 곡식으로 갚을게.

이 도둑놈! 노비가 되기 싫으면 돈을 내라!

고조선의 법을 통해 당시 사람들의 생활 모습을 짐작할 수 있습니다.

🎓 **핵심 개념 정리**

- 고조선은 청동기 문화를 바탕으로 세워진 우리 역사 속 최초의 국가입니다.

나, 단군왕검! 고조선을 세우노라~

나를 통해 고조선의 문화 범위를 짐작할 수 있어.

---

1 고조선에 대한 설명으로 옳은 것에 ○표, 옳지 <u>않은</u> 것에 ✕표 하시오.

(1) 철기 문화를 바탕으로 세워진 국가입니다. (   )

(2) 우리 역사 속 최초의 국가입니다.   (   )

2 다음 (   ) 안의 알맞은 말에 ○표 하시오.

> 고조선의 건국 이야기에서 환웅이 바람, 비, 구름을 다스리는 신하를 거느리고 인간 세상에 내려왔다는 점을 통해 (농업, 상업)을 중요하게 생각했음을 알 수 있다.

3 환웅이 곰이었다가 사람이 된 여인과 혼인해 낳은 아들이 고조선을 세운 (   )입니다.

4 고조선의 문화 범위를 알 수 있는 문화유산에 대해 알맞게 말한 어린이에게 ○표 하시오.

(1) 탁자식 고인돌의 분포를 통해 알 수 있어.

(2) 빗살무늬 토기의 분포를 통해 알 수 있어.

(   )   (   )

5 고조선의 법과 사회 모습을 알맞게 선으로 연결하시오.

(1) 남을 다치게 한 사람은 곡식으로 갚아야 한다.	㉠ 신분제 사회였고, 화폐를 사용했음.
(2) 남의 물건을 훔친 사람은 노비로 삼되, 용서를 받으려면 50만 전을 내야 한다.	㉡ 농사를 지었고, 개인의 재산을 인정했음.

1 나라의 등장과 발전 (2)

☺ 공부할 개념
• 삼국의 건국 이야기 알아보기
• 삼국의 성립과 발전 알아보기

1 삼국의 건국 이야기 → 주몽, 온조, 박혁거세는 나라(각각 고구려, 백제, 신라)를 세우고 왕이 되었다는 공통점이 있어요.

고구려	알에서 태어난 주몽은 활을 잘 쏘았다고 전해짐. ➡ 어려움을 피해 도망하던 중 큰 강에서 물고기와 자라가 다리를 놓아주었다고 함. ➡ 이후 무사히 도망쳐 고구려를 세웠다고 전해짐.
백제	고구려를 떠나온 주몽의 아들 비류와 온조가 각각 나라를 세웠음. ➡ 비류가 죽은 후 온조는 그의 신하와 백성을 받아들이고 나라 이름을 백제로 정했음.
신라	큰 알에서 태어났다고 전해진 박혁거세는 이를 신기하게 여긴 주변 사람들이 혁거세가 성장하자 임금으로 모셨음. ➡ 후에 신라를 세웠다고 전해짐.

★ 2 삼국의 성립과 발전 → 삼국은 전성기에 모두 오늘날 서울의 한강 유역을 차지했어요. 이 지역은 한반도의 중심으로 넓은 평야가 있었고, 황해를 통해 다른 나라와 교류하기 유리했어요.

(1) **삼국의 성립 배경**: 철기 문화를 바탕으로 등장한 고구려, 백제, 신라는 왕을 중심으로 나라의 체제를 갖추면서 발전했습니다. → 법과 제도를 정비하여 나라를 안정시켰고, 이웃 나라와 경쟁하고 교류하면서 성장해 나갔습니다.

(2) **백제의 성립과 발전**

성립	• 고구려를 떠난 온조의 세력이 한강 유역에 살던 세력과 힘을 모아 세웠음. • 한강 유역의 넓은 평야를 차지하고 있어 농사짓기에 좋았고, 황해를 통해 중국의 발달한 문화를 쉽게 받아들일 수 있었음. ➡ 가장 먼저 전성기를 맞이할 수 있는 토대가 됐음.
발전 (4세기 전성기)	[근초고왕]: 남해안 지역까지 진출했고, 북쪽의 고구려를 공격하여 황해도 일부 지역까지 영토를 넓혔으며, 바다 건너 주변 나라와 활발하게 교류했음. 자료➊

(3) **고구려의 성립과 발전**

성립	• 부여를 떠난 주몽이 압록강 유역에 살던 세력들과 힘을 모아 세웠음. • 수도를 졸본에서 국내성으로 옮기고, 주변의 작은 나라들을 정복해 세력을 키웠음.
발전 (5세기 전성기)	• [광개토대왕]: 적극적인 정복 활동을 펼쳐 북쪽의 여러 나라를 차지했고, 남쪽으로 백제를 공격해 한강 북쪽까지 영토를 크게 넓혔음. • [장수왕]: 수도를 국내성에서 평양으로 옮긴 후 백제를 공격해 한성을 함락하고 한강 유역을 모두 차지했음. 자료➋

(4) **신라의 성립과 발전**

성립	오늘날 경주 지역에 박혁거세를 중심으로 하는 세력이 세웠음.
발전 (6세기 전성기)	• [지증왕]: 이사부를 보내 우산국을 정복해 영토를 확장했음. ┌울릉도와 독도를 다스리던 나라예요. └신라의 장수였어요. • [법흥왕]: 남쪽으로 가야 지역까지 세력을 넓혔음. • [진흥왕]: 한강 유역 전체를 차지하고, 남아 있던 가야 세력을 완전히 정복했음. 자료➌

3 가야 연맹

(1) 삼국이 세워질 무렵, 낙동강 유역의 작은 나라들이 힘을 합쳐 가야 연맹을 이루었습니다.

(2) 철기 문화가 발달했고, 강과 바다를 통해 다른 나라와 교류하며 성장했으나 신라에 멸망했습니다. → 가야는 철이 많이 났고, 철 다루는 기술이 뛰어났어요.

용어 사전

• **세기**(世 인간 세, 紀 벼리 기) 연대를 세는 단위로 100년을 1세기로 함.
• **전성기**(全 온전할 전, 盛 성할 성, 期 기약할 기) 어느 집단의 힘이 가장 강하던 시기.
• **부여** 고구려 북쪽 지역에 있던 나라.
• **연맹**(聯 연이을 연, 盟 맹세 맹) 서로 돕고 함께 행동할 것을 약속한 나라.

자료1 백제의 전성기(4세기)

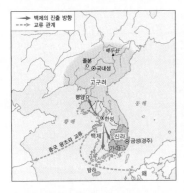

▲ 칠지도

└• 백제가 왜에 보낸 칼이에요.

자료2 고구려의 전성기(5세기)

▲ 광개토대왕릉비

└• 장수왕이 아버지 광개토대왕의 업적을 기록해 세운 비석이에요.

자료3 신라의 전성기(6세기)

▲ 서울 북한산 신라 진흥왕 순수비

진흥왕은 여러 비석을 세워 자신이 정복한 지역의 경계를 알리고자 했어요.

 핵심 개념 정리

• 삼국은 백제, 고구려, 신라 순으로 전성기를 맞이했습니다.
• 가야는 철기 문화가 발달했습니다.

1 삼국과 삼국을 세운 인물을 알맞게 선으로 연결하시오.

(1) 고구려 •   • ㉠ 온조

(2) 백제 •   • ㉡ 주몽

(3) 신라 •   • ㉢ 박혁거세

2 백제는 (   ) 유역의 넓은 평야를 차지하고 있어 농사짓기에 좋았고, 황해를 통해 중국의 문화를 받아들이기 쉬웠습니다.

3 다음 (   ) 안의 알맞은 말에 ○표 하시오.

고구려 장수왕 때 수도를 (평양, 국내성)으로 옮긴 후 백제를 공격해 한성을 함락하고 한강 유역을 차지했다.

4 신라의 발전 과정에 대한 설명으로 옳은 것에 ○표, 옳지 않은 것에 ✕표 하시오.

(1) 법흥왕은 남쪽의 가야 지역까지 세력을 넓혔습니다.
(   )

(2) 진흥왕은 이사부를 보내 우산국을 정복해 영토를 확장했습니다.   (   )

5 다음 (   ) 안의 알맞은 말에 ○표 하시오.

(백제, 고구려, 신라)는 삼국 중 가장 먼저 전성기를 맞이했던 나라이고, 삼국은 전성기에 모두 한강 유역을 차지했다.

1 나라의 등장과 발전 (3)

★ 1 신라의 삼국 통일 과정

(1) 신라와 당의 동맹

① 신라가 한강 유역을 차지한 후 백제의 공격을 받아 어려움을 겪었습니다.

② 신라에서는 김춘추를 당에 보내 동맹을 맺었습니다.

(2) 백제 멸망: 김유신은 신라군을 이끌고 황산벌 전투에서 백제군을 물리쳤고 신라와 당의 연합군이 백제를 공격하여 사비성을 함락했습니다.

(3) 고구려 멸망: 신라 문무왕 때 신라와 당의 연합군이 고구려를 멸망시켰습니다.

(4) 신라와 당의 전쟁: 당이 한반도 전체를 차지하려고 하자 당을 몰아내기 위해 신라는 고구려의 유민들과 힘을 합쳐 전쟁을 벌였습니다.

(5) 신라의 삼국 통일: 신라군은 매소성과 기벌포에서 당의 군대를 격파했고, 신라는 삼국 통일을 이루었습니다. 자료+1

▲ 신라의 삼국 통일 과정

2 발해의 성립과 발전

★ **(1) 발해의 성립:** 고구려 장군 출신이었던 대조영은 당이 정치적으로 혼란한 틈을 타 고구려 *유민과 *말갈족을 이끌고 동모산 일대에 발해를 세웠습니다. ┌─고구려가 멸망한 후 당은 많은 고구려 유민을 끌고 가 지배했어요.

(2) 발해의 발전

① **독자적인 문화:** 발해는 고구려의 문화를 바탕으로 당과 말갈 등 주변의 문화를 받아들여 독자적인 문화를 이뤘습니다. 자료+2

② 발해는 바다 건너 일본과 활발하게 교류했습니다.

③ 9세기에 고구려의 옛 땅을 대부분 회복했습니다.
→ 이후 당에서는 발해를 '바다 동쪽의 융성한 나라'라는 뜻의 '해동성국'이라 불렀습니다.

④ **불교문화의 발달:** *상경성 일대에서 탑, 불상 등의 문화유산이 발견되고 있어 불교문화가 발달했음을 알 수 있습니다.

▲ 발해의 최대 영역(9세기)

〈발해가 고구려를 계승한 나라임을 알 수 있는 역사적 기록〉
• 발해의 왕은 일본에 보낸 문서에 자신은 '고려(고구려) 국왕'이라고 표현했음.
• 일본도 발해를 '고려(고구려)'로 부르기도 했음.
• 중국의 역사책인『구당서』에 대조영이 고구려 사람이고 유민을 이끌었음이 기록되어 있음.

😊 공부할 개념
• 신라의 삼국 통일 과정 알아보기
• 발해의 성립과 발전 알아보기

용어 사전

• **유민**(遺 남길 유, 民 백성 민) 멸망하여 없어진 나라의 남은 백성.
• **말갈족** 6세기부터 7세기까지 만주 북동부와 한반도 북부 지방에 살던 민족. 이후 말갈족 후손을 여진족이라 불렀음.
• **상경성** 발해의 수도.

▲ 상경성 절터의 발해 석등

• **온돌** 철기 시대부터 사용해 온 우리나라 고유의 난방 장치.

자료⁺1 신라의 삼국 통일이 갖는 역사적 의의와 한계

의의	삼국 통일은 신라가 고구려 유민과 힘을 모아 자주적으로 이루었고, 평화를 가져왔음.
한계	삼국 통일 과정에서 당의 도움을 받았고, 대동강 이북의 고구려 영토를 잃었음.

자료⁺2 고구려와 발해 문화의 공통점

온돌 시설

▲ 고구려 온돌　　▲ 발해 온돌

기와

▲ 고구려 기와　　▲ 발해 기와

장신구

▲ 고구려 관　　▲ 발해 관
　장식　　　　　장식

공통점	온돌의 형태, 기와의 문양, 관장식의 재료와 모양이 비슷함.
알 수 있는 점	발해는 고구려의 문화를 이어받은 나라임을 알 수 있음.

핵심 개념 정리

· 신라는 당을 물리치고 삼국을 통일했습니다.
· 발해는 고구려를 계승한 국가임을 내세웠고, 고구려의 옛 땅을 대부분 회복했습니다.

고구려를 계승한 발해!

발해

신라

삼국을 통일한 신라!

---

1 다음 ( ) 안의 알맞은 말에 ○표 하시오.

> 신라는 백제의 공격으로 위기를 맞자 이러한 어려움에서 벗어나기 위해 (김유신, 김춘추)을/를 당에 보내 동맹을 맺었다.

2 신라의 삼국 통일 과정에 대한 설명으로 옳은 것에 ○표, 옳지 않은 것에 ✕표 하시오.

(1) 김유신은 황산벌 전투에서 백제군에게 패배했습니다.
　　　　　　　　　　　　　　　　　　(　　　)

(2) 신라는 당을 몰아내기 위해 고구려의 유민들과 힘을 합쳐 싸웠습니다. 　　　　　　(　　　)

3 다음 ( ) 안의 알맞은 말에 ○표 하시오.

> 고구려, 백제, 신라로 나누어져 있던 삼국을 통일한 나라는 (신라, 발해)이다.

4 발해는 (　　　　　　　)이/가 고구려 유민과 말갈족을 이끌고 동모산 일대에 세운 나라입니다.

5 발해의 발전에 대한 설명으로 옳은 것에 ○표, 옳지 않은 것에 ✕표 하시오.

(1) 발해는 신라의 문화를 계승하여 발전했습니다.
　　　　　　　　　　　　　　　　　　(　　　)

(2) 당은 발해를 '바다 동쪽의 융성한 나라'라는 뜻의 '해동성국'이라 불렀습니다. 　　　(　　　)

1 나라의 등장과 발전 (4)

😊 공부할 개념
• 고구려의 문화유산 알아보기
• 백제의 문화유산 알아보기
• 신라의 문화유산 알아보기

〈삼국의 문화유산〉
• 삼국 시대의 고분에서는 공예품, 벽화 등이 발견되는데 이를 통해 각 나라의 문화를 알 수 있음.
• 삼국은 불교를 받아들여 절, 탑, 불상 등 불교 문화유산을 많이 남김.

★ 1 고구려의 문화유산

장군총	「무용도」	금동 연가 7년명 여래 입상
		◀앞 ▶ 뒤 ◀

연가칠년
'연가'는 고구려에서 연도를 나타내던 이름으로 추측돼요.

무덤 안에서 •고분 벽화가 발견되었음. ➡ 고구려 사람들은 무덤 안에 돌을 쌓아 방을 만들고 벽면과 천장에 의식주, 종교 등 생활 모습과 관련된 벽화를 많이 남겼음.

삼국은 왕의 권위를 높이고 백성의 마음을 하나로 모으고자 불교를 받아들였음. ➡ 고구려는 절을 짓고 금동 연가 7년명 여래 입상 등의 불상을 만들었음. •제작 시기를 알 수 있는 가장 오래된 불상이에요.

★ 2 백제의 문화유산 자료⁺1

•백제의 문화유산에는 서산 용현리 마애 여래 삼존상과 같은 불상도 있어요.

무령왕릉에서 나온 일본 소나무로 만든 관의 일부

무령왕릉	백제 금동 대•향로	익산 미륵사지 석탑

여러 동물과 인물의 모습이 표현된 뚜껑 부분

연꽃이 표현된 몸통 부분

• 매우 정교하게 벽돌을 쌓아 방을 만든 무덤임.
• 무덤 안에서 나온 다양한 문화유산을 통해 당시 백제가 중국, 일본과 활발히 교류했음을 알 수 있음.

• 백제의 뛰어난 공예 기술로 만들었음.
• 산과 동물, 연꽃 등이 정교하게 표현되어 있음.

• 미륵사: 백제에서 가장 큰 절로 알려져 있으며, 오늘날에는 터와 석탑만 전해짐.
• 익산 미륵사지 석탑: 우리나라 석탑 초기의 모습을 잘 보여 줌. •우리나라에 남아 있는 석탑 중 가장 커요.

•무덤 안에서 상상 속 동물을 표현한 석수, 중국 도자기, 일본에서 자라는 소나무로 만들어진 관의 일부 등이 나왔어요.

★ 3 신라의 문화유산 자료⁺2

석굴암은 기둥 없이도 천장이 튼튼하게 유지되도록 만들었고, 석굴 안의 습기가 자동으로 조절되도록 지었어요.

고분에서 출토된 황남 대총 북분 금관

고분	경주 첨성대	불국사	석굴암

용어 사전

• 고분(古 옛 고, 墳 무덤 분)
옛날에 만들어진 무덤.
예 장군총
• 향로(香 향기 향, 爐 화로 로)
향을 피우기 위해 불씨를 담아 놓는 그릇.
• 천체(天 하늘 천, 體 몸 체)
우주에 존재하는 모든 물체

수도였던 경주를 중심으로 고분이 많이 남아 있음. ➡ 출토된 금관, 금장식 등을 통해 뛰어난 금속 공예 기술을 알 수 있음.

농사에 영향을 줬던 •천체의 움직임을 관측했던 곳으로, 신라 사람들이 중요하게 생각하고 관찰했음.

삼국을 통일한 후 신라는 불교문화가 크게 발전했음. ➡ 신라 사람들이 바라는 부처의 나라를 표현한 절임.

돌을 쌓아 동굴처럼 만든 절로, 신라의 우수한 과학 수준과 건축 기술을 잘 보여 줌.

자료➕1 백제 고분

백제 사람들은 초기에 고구려와 비슷하게 돌을 쌓아 올려 무덤을 만들었습니다. 이후 점차 안에 돌, 벽돌을 쌓아 방을 만든 무덤을 만들었습니다.

▲ 서울 석촌동 고분

자료➕2 불국사에 있는 문화유산

경주 불국사 삼층 석탑	경주 불국사 다보탑

간결하고 균형이 잡힌 모습을 보여 줌.	화려한 장식이 정교하게 조각되어 예술성이 돋보임.

무구 정광 대다라니경

경주 불국사 삼층 석탑에서 발견된 불교 경전으로, 오늘날 남아 있는 목판 인쇄물 중 세계에서 가장 오래됐다고 알려져 있음.

신라의 인쇄술이 우수했음을 알 수 있어요. ●

핵심 개념 정리

• 고구려의 고분 벽화를 통해 당시 사람들의 생활 모습을 짐작할 수 있습니다.
• 백제의 문화유산을 통해 뛰어난 공예 기술을 알 수 있습니다.
• 신라의 문화유산을 통해 우수한 건축 기술을 알 수 있습니다.

고구려는 벽화를 많이 남겼지.

벽화를 통해 당시 생활 모습을 알 수 있어요.

---

1 삼국의 문화유산을 알맞게 선으로 연결하시오.

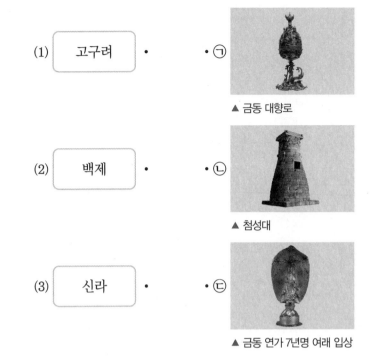

(1) 고구려 •

(2) 백제 •

(3) 신라 •

• ㉠
▲ 금동 대향로

• ㉡
▲ 첨성대

• ㉢
▲ 금동 연가 7년명 여래 입상

2 삼국은 왕의 권위를 높이고 백성의 마음을 하나로 모으고자 ( )을/를 받아들여 절, 탑 등을 만들었습니다.

3 다음 ( ) 안의 알맞은 말에 ○표 하시오.

(백제 금동 대향로, 익산 미륵사지 석탑)에는 산과 동물, 연꽃 등이 정교하게 표현되어 있다.

4 신라의 문화유산에 대한 설명으로 옳은 것에 ○표, 옳지 <u>않은</u> 것에 ✕표 하시오.

(1) 석굴암은 천체의 움직임을 관측하던 곳입니다.
         (   )

(2) 불국사는 신라 사람들이 바라는 부처의 나라를 표현한 절입니다.
         (   )

핵심문장으로 시작하기

1 청동기 문화를 바탕으로 우리 역사 속 최초의 국가인
〔ㄱ〕〔ㅈ〕〔ㅅ〕이 건국되었습니다.

2 삼국은 전성기에 모두 〔ㅎ〕〔ㄱ〕 유역을 차지했습니다.

3 무덤 안에서 발견된 〔ㄱ〕〔ㅂ〕 〔ㅂ〕〔ㅎ〕 등의 문화유산
을 통해 삼국 시대 사람들의 생활 모습을 알 수 있습니다.

4~5 다음 건국 이야기를 읽고, 물음에 답하시오.

　　하늘을 다스리는 환인의 아들 환웅은 바람, 비, 구
름을 다스리는 신하들을 거느리고 인간 세상에 내려와
사람들을 다스렸다. 어느 날 사람이 되고 싶은 곰과 호
랑이가 환웅을 찾아왔다. 환웅은 쑥과 마늘을 먹으면
서 백 일 동안 햇빛을 보지 않으면 사람이 될 것이라고
말했다. 곰은 잘 참고 견뎌 여자의 몸이 되었지만, 호
랑이는 참지 못하고 도망갔다. 환웅은 곰이었다가 사
람이 된 여인과 혼인해 아들을 낳았는데, 그 아들이 단
군왕검이고 단군왕검은 <u>나라</u>를 세웠다.

4 위 밑줄 친 '나라'의 이름을 쓰시오.

（　　　　　）

5 위 건국 이야기에 담긴 의미로 알맞은 것을 〔보기〕
에서 모두 고른 것은 어느 것입니까? （　　　）

〔보기〕
　㉠ 부족이 연합했다.
　㉡ 농업을 중요시했다.
　㉢ 철기 문화가 발달했다.
　㉣ 사회 질서를 유지하기 위해 법을 만들었다.

① ㉠, ㉡　　　② ㉠, ㉣　　　③ ㉡, ㉢
④ ㉡, ㉣　　　⑤ ㉢, ㉣

6 고조선의 문화 범위를 알 수 있는 문화유산이 <u>아닌</u>
것은 어느 것입니까? （　　　）

① 　　②
③ 　　④

7* 다음 고조선의 법을 통해 알 수 있는 사회 모습으
로 알맞은 것을 두 가지 고르시오. （　　　）

　　남의 물건을 훔친 사람은 노비로 삼되, 용서를
받으려면 50만 전을 내야 한다.

① 제사를 지냈다.
② 화폐를 사용했다.
③ 자연을 중요시했다.
④ 신분 제도가 있었다.
⑤ 청동기 문화가 발달했다.

8 다음 건국 이야기가 전해지는 나라는 어디입니까?
（　　　）

　　알에서 태어난 주몽은 활을 잘 쏘았다고 전해
진다. 살던 곳에서 어려움을 피해 도망칠 때 큰
강을 만났는데 물고기와 자라가 다리를 놓아주
었다고 한다.

① 백제　　　　　② 신라
③ 가야　　　　　④ 고조선
⑤ 고구려

9 **서술형** 백제를 세운 온조가 한강 유역에 자리를 잡은 까닭을 쓰시오.

_____

_____

10 근초고왕에 대한 설명으로 알맞은 것을 보기 에서 모두 고른 것은 어느 것입니까? ( )

보기
㉠ 가야를 완전히 정복했다.
㉡ 남해안 지역까지 진출했다.
㉢ 영역을 확장한 후 순수비를 세웠다.
㉣ 고구려를 공격하여 북쪽으로 영토를 넓혔다.

① ㉠, ㉡   ② ㉠, ㉢
③ ㉡, ㉢   ④ ㉡, ㉣
⑤ ㉢, ㉣

11 다음 비석을 세운 왕이 한 일로 알맞은 것을 두 가지 고르시오. ( )

▲ 광개토대왕릉비

① 백제를 공격해 한성을 함락했다.
② 오늘날 경주 지역에서 세력을 키웠다.
③ 수도를 국내성에서 평양으로 옮겼다.
④ 바다 건너 다른 나라와 활발하게 교류했다.
⑤ 낙동강 유역의 작은 나라들과 힘을 합쳤다.

12 신라에 대한 설명으로 알맞은 것은 어느 것입니까? ( )

① 가야와 연맹을 이루었다.
② 진흥왕이 칠지도를 왜에 보냈다.
③ 법흥왕 때 수도를 평양으로 옮겼다.
④ 지증왕 때 이사부를 보내 우산국을 정복했다.
⑤ 압록강 유역에 살던 세력들이 힘을 모아 세운 나라이다.

13 다음과 같이 신라의 영역을 확장하며 6세기에 전성기를 맞이했던 왕은 누구인지 쓰시오.

( )

14 다음 신라의 삼국 통일 과정에서 일어난 주요 사건을 순서대로 기호를 쓰시오.

㉠ 평양성이 함락되었다.
㉡ 사비성이 함락되었다.
㉢ 신라군이 기벌포 전투에서 승리했다.
㉣ 신라군이 매소성 전투에서 승리했다.

( ) → ( ) → ( ) → ( )

15★ 다음 ㉠, ㉡에 들어갈 인물이 알맞게 짝지어진 것은 어느 것입니까? ( )

> 신라는 한강 유역을 차지한 후 백제의 공격으로 어려움을 받자 (㉠)을/를 당에 보내 동맹을 맺었다. 이후 (㉡)은/는 신라군을 이끌고 황산벌 전투에서 백제군을 물리친 후 삼국 통일에 앞장섰다.

	㉠	㉡		㉠	㉡
①	김유신	김춘추	②	김유신	대조영
③	김춘추	김유신	④	김춘추	대조영
⑤	대조영	김유신			

16~17 다음 지도를 보고, 물음에 답하시오.

16 동모산 일대에 세운 위 지도의 ㉠ 나라를 쓰시오.

( )

17 위 **16**번 답의 나라에 대한 설명으로 알맞지 <u>않은</u> 것은 어느 것입니까? ( )

① 불교문화가 발달했다.
② 당에서 해동성국이라 불렀다.
③ 백제의 문화를 바탕으로 발달했다.
④ 9세기에 이르러 고구려의 옛 땅을 대부분 회복했다.
⑤ 주변 나라의 문화를 받아들여 독자적인 문화를 만들어갔다.

18
서술형 다음과 같은 고분 벽화를 통해 알 수 있는 것을 쓰시오.

_____

_____

19 다음과 같은 특징을 가진 백제의 문화유산은 어느 것입니까? ( )

> • 뛰어난 공예 기술을 알 수 있다.
> • 동물, 연꽃 등 다양한 소재가 표현되어 있다.

① ▲ 금동 대향로

②  ▲ 불국사 삼층 석탑

③  ▲ 미륵사지 석탑

④  ▲ 무구 정광 대다라니경

20 불국사에 대한 설명으로 알맞은 것을 보기 에서 두 가지 골라 기호를 쓰시오.

> 보기
> ㉠ 돌을 쌓아 동굴처럼 만든 절이다.
> ㉡ 천체의 움직임을 관측하는 곳이다.
> ㉢ 신라 사람들이 바라는 부처의 나라를 표현한 절이다.
> ㉣ 절 안에 있는 석탑들의 균형감과 예술성이 돋보인다.

( )

1 다음 자료를 보고, 물음에 답하시오. [12점]

고조선의 법	고조선의 사회 모습
사람을 죽인 사람은 사형에 처한다. ➡	큰 죄는 (㉠)(으)로 엄격하게 다스렸다.
남을 다치게 한 사람은 곡식으로 갚아야 한다. ➡	㉡

(1) 위 ㉠에 들어갈 알맞은 말을 쓰시오. [4점]

(　　　　　　)

(2) 위 ㉡에 들어갈 고조선의 사회 모습을 쓰시오. [8점]

_____

_____

서술형 문제를 푸는 방법을 익혀보자!

1단계 단어의 의미 알기　　　'8조법'의 뜻은 무엇일까?

八 條 法 : 8개의 조항으로 된 고조선의 법
└ 여덟 팔　└ 법 법

2단계 생각해 보기　　　8조법을 통해 무엇을 알 수 있을까?

"사람을 죽인 사람은 사형에 처한다." → 엄하게 다스림.

"남을 다치게 한 사람은 곡식으로 갚아야 한다." → ?

"남의 물건을 훔친 사람은 노비로 삼되, 용서를 받으려면 50만 전을 내야 한다." → 신분제 사회, 화폐 사용.

---

2 다음 지도를 보고, 물음에 답하시오. [12점]

- → 당군의 침입로
- ⇢ 신라군의 공격로
- ▨ 통일 후 신라 영토

㉠ 평양성 함락, 고구려 멸망
㉡ 신라군, 매소성 전투 승리
㉢ 신라군, 기벌포 전투 승리
㉣ 사비성 함락, 백제 멸망

(1) 위 신라가 삼국을 통일하는 과정에서 일어난 사건을 순서대로 기호를 쓰시오. [4점]

(　) → (　) → (　) → (　)

(2) 삼국 통일 과정에서 신라와 당이 전쟁한 까닭을 쓰시오. [8점]

_____

3 다음 자료를 읽고, 물음에 답하시오. [12점]

역사 신문　　　　　20○○년 ○○월 ○○일

이 절은 돌을 쌓아 만든 절로, 석굴 안에 있는 본존불은 주변의 여러 조각과 함께 조화를 이루고 있다. 이 절은 신라의 우수한 기술을 잘 보여 준다.

(1) 위 공통으로 밑줄 친 '이 절'은 어디인지 쓰시오. [4점]

(　　　　　)

(2) 위 (1)번 답이 우수한 까닭을 두 가지 쓰시오. [8점]

_____

_____

2 독창적 문화를 발전시킨 고려 (1)

😊 공부할 개념
• 고려의 건국과 후삼국 통일
알아보기
• 태조 왕건의 정책 알아보기
• 거란과 여진의 침입과 대항
알아보기

★ 1 고려의 건국과 후삼국 통일

신라 말의 상황	정치가 혼란스러워지면서 지방에서는 경제력과 군사력을 갖춘 ●호족이 성장했음.
후삼국 등장	견훤은 완산주(전주)에서 후백제를 세웠고, 궁예는 송악(개성)에서 후고구려를 세웠음. ➡ 신라와 함께 후삼국을 이루었음.
고려 건국	송악의 호족이었던 왕건은 궁예의 신하가 된 후 여러 전투에서 활약하여 신하들의 믿음을 얻었음. ➡ 신하들이 궁예를 몰아내고 왕건을 왕으로 세웠음. ➡ 나라 이름을 '고려'라고 했음.
후삼국 통일 과정	후백제의 견훤이 아들에게 왕위를 빼앗기자 고려로 투항해 왕건에게 도움을 요청했음. ➡ 신라는 고려의 힘이 커지자 고려에 나라를 넘겼음. ➡ 고려는 후백제를 물리치고 후삼국을 통일했음. 자료➊

후고구려는 이후 수도를 철원으로 옮겼어요.

2 태조 왕건의 정책

●태조의 뒤를 이은 왕들은 능력 있는 관리를 뽑기 위해 과거제를 실시했고, 지방의 중요한 곳에 관청을 두고 관리를 보내는 등 나라를 다스리는 데 필요한 제도를 갖췄어요.

●태조는 세상을 떠나기 전 훈요 10조를 남겼어요. 이를 통해 고려는 불교를 중요시했고, 고구려의 옛 땅을 찾기 위해 노력했음을 알 수 있어요.

고구려의 옛 땅을 되찾기 위해 평양을 서경으로 정하고 북진 정책을 펼쳤어요.

• ●북진 정책을 펼쳤음.
• 민족을 다시 통합했음. └ 신라, 후백제 백성과 발해 유민을 받아들였어요.
• 호족들과 혼인 관계를 맺었음. └ 호족을 자신의 편으로 만들었어요.
• 불교를 중요하게 여겼음.
• 백성의 생활 안정을 위해 세금을 줄였음.

훈요 10조
제1조 불교의 힘으로 나라를 세웠으므로,
부처의 가르침을 따르도록 할 것.
제5조 서경을 중요하게 여길 것.

★ 3 거란의 침입과 고려의 대항 자료➋

1차 침입	북진 정책을 펼치던 고려는 송과 친밀한 관계를 유지했지만, 거란은 적으로 대함. ➡ 고려와 송의 관계를 끊기 위해 거란이 침입했음. ➡ 서희는 거란의 장수 소손녕과 외교 ●담판을 벌였음. ➡ 고려는 거란과 교류할 것을 약속했고, 그 대신 압록강 동쪽의 강동 6주를 확보했음.

고구려의 옛 땅은 우리 것이오. 또한 우리와 가까운데도 우리가 아닌 송과 교류하고 있으니 정벌하러 온 것이오.

우리는 고구려를 계승했기 때문에 나라 이름도 고려라고 한 것이오. 길을 막고 있는 여진을 쫓아내고 우리의 옛 땅을 회복한다면 어찌 거란과 교류하지 않겠소?

소손녕 / 서희

▲ 서희와 소손녕의 대화

2차 침입	고려가 계속 송과 교류하자 거란이 다시 침입했음. ➡ 한때 개경이 함락됐지만 양규가 이끄는 고려군의 활약으로 물리쳤음.
3차 침입	고려가 강동 6주를 돌려주지 않자 거란이 다시 침입했음. ➡ 강감찬이 이끄는 고려군이 흥화진에서 큰 타격을 주었음. ➡ 물러나는 거란군을 귀주에서 크게 물리쳤음(귀주 ●대첩). ➡ 국경 지역에 천리장성을 쌓아 외세의 침입에 대비했음.

용어 사전

• **호족** 신라 말과 고려 초에 재산이 많고 세력이 강했던 집안.
• **북진**(北 북녘 북, 進 나아갈 진) 북쪽으로 세력을 넓힘.
• **담판**(談 말씀 담, 判 판단할 판) 서로 맞선 관계에 있는 쌍방이 의논하여 옳고 그름을 판단함.
• **대첩**(大 큰 대, 捷 이길 첩) 크게 승리함.

4 여진의 침입과 고려의 대항

동북 지역에 쌓은 9개의 성이에요. 이후 고려는 9성을 여진에게 돌려주었어요.

고려의 북쪽 지역에 흩어져 살았던 여진이 부족을 통합하고 힘을 키워 고려를 침략했음.	➡	윤관은 특별 부대인 별무반을 이끌고 여진을 정벌했음.	➡	동북 9성을 쌓았음.

자료➊ 고려의 건국과 후삼국 통일

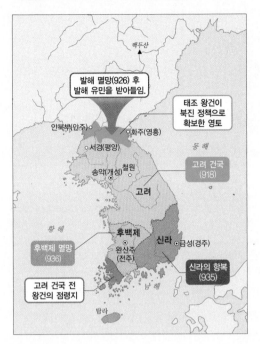

자료➋ 거란의 침입과 고려의 대항

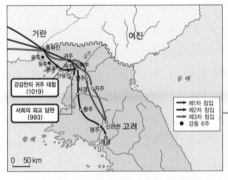

➡ 강동 6주는 고려가 북쪽의 나라들과 교류하거나 침략을 막기 위해 지켜야 하는 중요한 지역이었어요.

핵심 개념 정리

- 태조 왕건은 신라, 후백제 백성과 발해 유민을 받아들여 민족을 다시 통합했습니다.
- 고려는 거란이 침입했을 때 서희, 양규, 강감찬이 활약했고, 여진이 침입했을 때 윤관이 별무반을 이끌고 여진을 정벌했습니다.

---

1 후삼국의 등장에 대해 알맞게 말한 어린이에게 ○표 하시오.

(1) 견훤은 송악에 후고구려를 세웠어.

(2) 후백제, 후고구려는 신라와 함께 후삼국을 이루었어.

(　　　　　)　　　　　（　　　　　）

2 송악의 호족이었던 (　　　　　　　　)을/를 신하들이 고려의 왕으로 세웠습니다.

3 태조 왕건의 정책으로 옳은 것에 ○표, 옳지 않은 것에 ✕표 하시오.

(1) 호족들과 혼인 관계를 맺었습니다. (　　　　)

(2) 백성의 생활을 안정시키기 위해 유교를 중요하게 여겼습니다. (　　　　)

4 거란의 침입에 대항한 고려의 모습과 관련 인물을 알맞게 선으로 연결하시오.

(1) 서희 ・　　・㉠ 귀주에서 거란군을 크게 물리쳤음.

(2) 양규 ・　　・㉡ 한때 개경이 함락됐지만 거란군을 물리쳤음.

(3) 강감찬 ・　　・㉢ 거란의 소손녕과 담판을 벌였음.

5 다음 (　　) 안의 알맞은 말에 ○표 하시오.

여진이 고려를 침략하자 윤관은 별무반을 이끌고 여진을 정벌한 후 (천리장성, 동북 9성)을 쌓았다.

2 독창적 문화를 발전시킨 고려 (2)

😊 공부할 개념
• 몽골의 침입과 대항 알아보기
• 고려청자의 우수성 알아보기

1 몽골의 침입과 고려의 대항

(1) 몽골이 침입한 배경
① 고려의 북쪽에서 여진이 쇠퇴하고 몽골이 힘을 키웠습니다.
② 몽골에 쫓겨 고려에 들어온 거란을 몽골과 함께 물리쳤고, 이를 계기로 몽골과 외교 관계를 맺게 되었습니다.
③ 고려에 온 몽골의 사신이 귀국길에 죽자 이를 구실로 몽골이 고려를 침입했습니다.

★ (2) 몽골의 침입에 대항하는 고려

대항	고려는 수도를 강화도로 옮기고 몽골에 저항했음. ➡ •김윤후와 백성들은 처인성과 충주성에서 몽골군을 물리쳤음. └ 몽골군을 방어하기에 유리했기 때문이에요.

⬇

피해	전쟁이 길어지자 고려 땅은 황폐해졌고, 많은 백성이 죽거나 몽골에 포로로 끌려갔음.

⬇

개경 환도	국력이 약해진 고려는 전쟁을 멈추자는 몽골의 요구를 받아들여 개경으로 돌아갔음. ➡ 고려는 몽골의 정치적 간섭을 받게 되었음.

⬇

•삼별초의 항쟁	고려의 군인들 중 삼별초는 개경으로 돌아가는 것을 반대했고, 근거지를 강화도, 진도, 제주도로 옮기며 계속 항전했으나 진압됐음. 자료⁺1

2 고려청자의 우수성
└ 오늘날 전해지는 고려청자들은 고려의 독창적이고 수준 높은 공예 기술을 잘 보여주고 있어요.

(1) 고려 시대에는 공예품인 청자를 만드는 기술이 발달했습니다.
(2) 처음에는 중국의 기술을 들여와 청자를 만들었으나 고려에서 상감 기법이 활용되면서 중국과 다른 고려만의 청자가 만들어졌습니다.

(3) 상감 기법

의미	공예품의 겉면에 무늬를 새기고 다른 금속이나 다른 색깔의 흙을 채워 넣는 방법임.
활용	금속 공예에 활용되는 기법을 도자기에 적용해 독창적인 청자를 만들어 냈음.

★ (4) 고려청자로 알 수 있는 고려 문화의 우수성 자료⁺2
① 청자의 푸른빛을 내는 방법이 발달했습니다.
② 가마를 만드는 기술, •가마의 불을 조절하고 관리하는 기술이 발달했습니다.
③ 적당한 흙을 고르고 표면에 흙이나 금속을 채워 무늬를 나타내는 상감 기법이 우수합니다.

(5) 고려청자의 용도: •연적, 의자, 향로, 잔 등 주로 생활용품으로 사용했습니다.
└ 왕실과 신분이 높은 지배층이 주로 사용했어요.

용어 사전

• 김윤후 고려의 승려로, 처인성 전투에서 몽골군의 대장 살리타를 사살했다고 알려짐. 충주성에서는 노비들을 일반 백성으로 풀어주고 이들과 함께 몽골군을 물리쳤음.
• 삼별초 무신들이 권력을 지키기 위해 만들었던 부대로, 몽골이 침입했을 때 끝까지 몽골에 저항했음.
• 가마 도자기, 기와 등을 구워 내는 시설.
• 연적(硯 벼루 연, 滴 물방울 적) 벼루에 먹을 갈 때 사용하는 물을 담아 두는 그릇.
• 투각(透 통할 투, 刻 새길 각) 조각에서 묘사할 대상의 윤곽만을 남겨 놓고 나머지 부분은 파서 구멍이 나도록 만들거나 윤곽만을 파서 구멍이 나도록 만드는 기법.

▲ 청자 모자 원숭이 모양 연적

▲ 청자 •투각 고리무늬 의자

▲ 청자 투각 칠보무늬 뚜껑 향로

▲ 청자 잔과 잔 받침

자료⁺1 몽골의 침입과 고려의 대항

→ 몽골군의 침입로
┈┈▶ 삼별초의 이동

삼별초는 근거지를 진도, 제주도(탐라)로 옮기며 대항했지만 고려 정부와 몽골 연합군에 의해 진압되었습니다.

1 고려는 몽골이 침입하자 수도를 (　　　　)(으)로 옮긴 후 저항했습니다.

2 몽골의 침입에 대항하는 고려의 모습으로 옳은 것에 ○표, 옳지 않은 것에 ✕표 하시오.

(1) 김윤후와 백성들은 처인성과 충주성에서 몽골군에게 항복했습니다. 　　　　　　(　　)

(2) 개경으로 돌아가는 것을 반대한 삼별초는 근거지를 옮기며 계속 항전했습니다. 　　　　(　　)

자료⁺2 고려청자의 우수성

▲ 청자 상감 운학무늬 매병

용도	매병은 술이나 물을 담을 때 사용했음.
특징	에스(S)자 모양의 푸른색 도자기로, 화려하고 정교한 구름과 학무늬가 새겨져 있음.
우수성	상감 기법, 푸른빛을 내는 기법 등 뛰어난 기술이 돋보임.

3 다음 (　) 안의 알맞은 말에 ○표 하시오.

　고려청자는 처음에 (몽골, 중국)의 기술을 들여와 청자를 만들었다.

 핵심 개념 정리

• 고려는 몽골이 침입했을 때 김윤후와 백성들이 몽골군을 물리쳤고, 삼별초는 근거지를 옮기며 끝까지 저항했습니다.

4 고려는 도자기 겉면에 무늬를 새기고 다른 금속이나 다른 색깔의 흙을 채워 넣는 (　　　　　　) 기법을 적용해 독창적인 청자를 만들어 냈습니다.

5 고려청자에 대해 알맞게 말한 어린이에게 ○표 하시오.

(1) 고려청자는 주로 생활용품으로 사용했어.

(2) 오늘날 전해지는 고려청자는 없어.

(　　　　)　　(　　　　)

2 독창적 문화를 발전시킨 고려 (3)

😊 공부할 개념

• 팔만대장경의 우수성 알아
보기
• 금속 활자의 우수성 알아보기

1 팔만대장경의 우수성

(1) 대장경의 의미와 만든 까닭 ┌─● 고려 시대에는 대장경을 만들고 불교 서적을 간행하면서 인쇄술이 크게 발전했어요.

의미	불교 ●경전을 모아 놓은 것임.
만든 까닭	거란이 고려를 침입했을 때 거란이 물러가기를 바라는 마음을 담아 ●초조대장경을 만들었음.

★ (2) 팔만대장경 자료 ➊

만든 까닭	몽골이 고려를 침입했을 때 초조대장경이 불타 없어졌음. ➡ 고려 사람들은 다시 부처의 힘으로 몽골을 물리치길 바라는 마음을 담아 대장경(팔만대장경)을 만들었음.	▲ 팔만대장경판
우수성	• 뛰어난 목판 인쇄술: 팔만대장경판에 새겨진 오천만 자가 넘는 글자는 형태가 고르고 잘못된 글자가 거의 없을 만큼 ●정교함. • 우리나라에 남아 있는 가장 오래된 대장경판임.	
보관 자료 ➋	합천 해인사 장경판전에 보관되어 있으며 팔만여 장에 이르는 경판들은 오늘날까지 원래의 모습을 잘 유지하고 있음.	

2 금속 활자의 우수성

(1) 목판 인쇄술과 금속 활자의 비교 → 금속 활자는 목판 인쇄술의 단점을 해결했어요.

목판 인쇄술	• 장점: 같은 책을 여러 권 인쇄하는 데 효율적이었음. • 단점: 다른 책을 만들려면 목판을 새로 만들어야 하는 어려움이 있었음.	
금속 활자	• 글자를 한 자씩 만들어 필요할 때마다 골라 짜 맞춰 여러 종류의 책을 만들어 낼 수 있었음. • 금속 활자판은 목판과 달리 부서지거나 휘어질 걱정 없이 보관할 수 있었음.	▲ 금속 활자

★ (2) 고려 금속 활자 인쇄술의 우수성

① 세계 최초로 금속 활자를 이용해 책을 인쇄했습니다.

② 금속으로 활자를 만들 수 있을 만큼 금속을 다루는 수준이 높았습니다.

(3) 『직지』 ┌─●『직지심체요절』이라고도 불리는 『직지』는 상권, 하권 이었으나 오늘날에는 하권만 전해지고 있어요.

의미	불교의 가르침을 담은 책임.
만들어진 곳	청주 흥덕사
알려지게 된 계기	프랑스 국립 도서관에서 근무하던 박병선의 노력으로 알려졌음.
가치	• 오늘날 전해지는 금속 활자 인쇄본 중 가장 오래되었음. • 고려의 우수한 인쇄술과 문화를 보여 줌.

▲ 『직지』 → 프랑스 국립 도서관에 보관되어 있어요.

용어 사전

• **경전** (經 글 경, 典 법 전) 성현의 말이나 행실을 적은 책.
• **초조대장경** 처음 만든 대장경.
• **정교** (精 정할 정, 巧 정교할 교) 솜씨나 기술 등이 정밀하고 교묘한 것.
• **각목** (角 뿔 각, 木 나무 목) 모서리를 모가 나게 깎은 나무.

자료 1 팔만대장경판을 만드는 과정

❶ 재료가 될 나무를 선택하기

❷ 바닷물에 1~2년 나무를 담가 놓기 ┌ 목판이 뒤틀리지 않기 위해서예요.

❸ 나무를 잘라 소금물에 삶고 말리기 ┌ 벌레 먹는 것과 갈라지는 것을 막을 수 있어요.

❹ 나무를 다듬어 경판으로 만들고 글자를 새기기

❺ 경판에 글자가 제대로 새겨졌는지 한 장씩 찍어 살펴보기

❻ 경판의 양 끝에 두꺼운 ●각목을 붙이고 옻칠하여 완성하기 ┐ 경판이 뒤틀리지● 않기 위해서예요.

자료 2 합천 해인사 장경판전

합천 해인사 장경판전은 조선 시대에 경판을 보관하기 위해 지었습니다. 공기 순환과 습도 유지가 가능한 과학적인 구조를 갖추고 있어 팔만대장경판을 오늘날까지 잘 보존할 수 있었습니다.

핵심 개념 정리

• 고려는 세계 최초로 금속 활자를 이용해 책을 인쇄했고, 금속으로 활자를 만들 수 있을 만큼 금속을 다루는 수준이 높았습니다.

『직지』는 오늘날 남아 있는 세계에서 가장 오래된 금속 활자본이에요.

---

1 대장경과 대장경을 만든 까닭을 알맞게 선으로 연결하시오.

(1) 초조대장경 •　　　• ㉠ 몽골을 물리치기 위해서

(2) 팔만대장경 •　　　• ㉡ 거란을 물리치기 위해서

2 다음 (　　) 안의 알맞은 말에 ○표 하시오.

　(초조대장경, 팔만대장경)은 우리나라에 남아 있는 가장 오래된 대장경판으로, 합천 해인사 장경판전에 보관되어 있다.

3 팔만대장경판을 만드는 과정 중 가장 먼저 해야 할 일을 골라 기호를 쓰시오.

㉠ 경판의 양 끝에 각목을 붙이고 옻칠함.

㉡ 나무를 잘라 소금물에 삶고 말림.

㉢ 나무를 다듬어 경판으로 만들고 글자를 새김.

㉣ 바닷물에 1~2년 나무를 담가 놓음.

(　　　　　　　)

4 다음 (　　) 안의 알맞은 말에 ○표 하시오.

　(목판, 금속 활자)은/는 부서지거나 휘어질 걱정 없이 보관할 수 있다.

5 『직지』에 대한 설명으로 옳은 것에 ○표, 옳지 않은 것에 ✕표 하시오.

(1) 목판 인쇄술을 이용해 만든 책입니다. (　　　)

(2) 고려 사람들이 세계 최초로 금속 활자를 만들어 인쇄했다는 것을 알 수 있습니다. (　　　)

핵심문장으로 시작하기

1 왕건은 고구려를 계승한다는 뜻으로 나라 이름을 '□□'라고 했습니다.

2 고려는 □□이 침입하자 수도를 강화도로 옮긴 후 저항했습니다.

3 □□□□는 고려의 독창적이고 수준 높은 공예 기술을 잘 보여 주는 문화유산입니다.

4 신라 말의 상황으로 알맞은 것을 보기 에서 두 가지 골라 기호를 쓰시오.

보기
ⓐ 왕권이 강화되었다.
ⓑ 정치가 혼란스러웠다.
ⓒ 백성의 생활이 안정되었다.
ⓓ 지방에서 호족이 성장했다.

( )

5 다음 ㉠, ㉡에 들어갈 인물이 알맞게 짝지어진 것은 어느 것입니까? ( )

(㉠)은/는 완산주에서 후백제를 세웠고, (㉡)은/는 송악에서 후고구려를 세워 신라와 함께 후삼국을 이루었다.

	㉠	㉡
①	궁예	견훤
②	궁예	왕건
③	견훤	궁예
④	견훤	왕건
⑤	왕건	궁예

6 고려의 건국과 후삼국 통일 과정에서 발생한 일로 알맞지 않은 것은 어느 것입니까? ( )

① 송악 출신 왕건이 궁예의 신하가 되었다.
② 고려는 후백제를 물리치고 후삼국을 통일했다.
③ 견훤이 왕건에게 왕위를 빼앗기자 고려로 투항했다.
④ 고려의 힘이 커지자 신라는 고려에 나라를 넘겼다.
⑤ 신하들이 궁예를 몰아내고 왕건을 고려의 왕으로 세웠다.

7~8 다음 자료를 읽고, 물음에 답하시오.

훈요 10조
제1조 불교의 힘으로 나라를 세웠으므로, 부처의 가르침을 따르도록 할 것.
제5조 서경을 중요하게 여길 것.

7 위 자료를 남긴 왕은 누구인지 쓰시오.

( )

8 위 7번 답 왕이 추진한 정책을 두 가지 쓰시오.

서술형

_____

_____

9 다음 지도에서 고려를 세 차례 침입했던 ㉠ 나라는 어디인지 쓰시오.

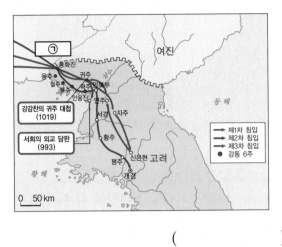

( )

10* 거란의 침입과 고려의 대응 모습으로 알맞은 것을 보기 에서 두 가지 골라 기호를 쓰시오.

보기
㉠ 서희는 외교 담판을 벌였다.
㉡ 양규가 이끄는 고려군이 활약했다.
㉢ 윤관이 특별 부대를 이끌고 거란을 정벌했다.
㉣ 강감찬이 귀주에서 크게 승리한 후 강동 6주를 확보했다.

( )

11 몽골이 고려에 침입한 배경을 알맞게 말한 어린이는 누구입니까? ( )

① 동북 9성을 돌려받기 위해서 침입했어.
② 고려가 송과 친하게 지내서 침입했지.
③ 강동 6주를 돌려주지 않아서 침입했지.
④ 고려에 온 몽골의 사신이 귀국길에 죽게 되자 침입했어.

12 다음 빈칸에 들어갈 인물은 누구입니까? ( )

고려의 승려였던 ( )은/는 처인성, 충주성에서 백성과 함께 몽골군을 물리쳤다.

① 서희 ② 견훤
③ 윤관 ④ 강감찬
⑤ 김윤후

13 다음 지도와 같이 근거지를 옮기며 몽골에 끝까지 저항했던 ㉠ 군인을 쓰시오.

( )

14 고려청자에 대한 설명으로 알맞지 <u>않은</u> 것은 어느 것입니까? ( )

① 상감 기법을 활용해 만들었다.
② 고려만의 독창적인 도자기를 만들었다.
③ 처음에는 중국의 기술을 들여와 만들었다.
④ 오늘날에도 전해지는 수준 높은 공예품이다.
⑤ 주로 장식품이었기 때문에 생활용품으로 사용할 수 없었다.

15 고려청자로 알 수 있는 고려 문화의 우수성으로 알맞은 것을 보기 에서 두 가지 골라 기호를 쓰시오.

> **보기**
> ㉠ 청자의 푸른빛을 내는 방법이 발달했다.
> ㉡ 누구나 쉽게 만들 수 있는 기술로 만들었다.
> ㉢ 가마의 불을 조절하고 관리하는 기술이 발달했다.

(   )

16
서술형
고려 사람들이 다음의 문화유산을 만든 까닭을 쓰시오.

▲ 팔만대장경판

_____

_____

17 ⭐ 다음 팔만대장경판을 만드는 과정에서 (가)에 들어갈 내용으로 알맞은 것은 어느 것입니까? (   )

▲ 재료가 될 나무를 선택함.

(가)

▲ 나무를 잘라 소금물에 삶고 말림.

① 경판에 글자를 새긴다.
② 나무를 다듬어 경판으로 만든다.
③ 바닷물에 1~2년 나무를 담가 놓는다.
④ 경판의 양 끝에 두꺼운 각목을 붙인다.
⑤ 경판에 글자가 제대로 새겨졌는지 한 장씩 찍어본다.

18 다음 장소에 대한 설명으로 알맞은 것을 두 가지 고르시오. (   )

▲ 합천 해인사 장경판전

① 초조대장경이 보관되어 있다.
② 금속 활자판이 보관되어 있다.
③ 몽골이 고려를 침입했을 때 불타 없어졌다.
④ 팔만여 장에 이르는 경판들이 보관되어 있다.
⑤ 공기 순환과 습도 유지가 가능한 과학적인 구조를 갖추고 있다.

19~20 다음 자료를 보고, 물음에 답하시오.

『(   )』은/는 프랑스 국립 도서관에 근무하던 박병선의 노력으로 세상에 알려졌다.

19 위 빈칸에 들어갈 문화유산을 쓰시오.

(   )

20 ⭐ 위 **19**번 답에 대한 설명으로 알맞지 <u>않은</u> 것은 어느 것입니까? (   )

① 청주 흥덕사에서 만들어졌다.
② 불교의 가르침을 담은 책이다.
③ 고려 시대의 우수한 인쇄술과 문화를 보여 준다.
④ 오늘날 전해지는 목판 인쇄본 중 가장 오래된 책이다.
⑤ 고려 사람들이 세계 최초로 금속 활자를 만들어 인쇄했다는 것을 알 수 있다.

1 다음 대화를 읽고, 물음에 답하시오. [12점]

> **소손녕**: 그대의 나라는 옛 신라 땅에서 일어났으니 고구려의 옛 땅은 우리 것이오. 또 우리와 가까운데도 우리가 아닌 송과 교류하고 있으니 정벌하러 온 것이요.
>
> (㉠): 우리는 고구려를 계승했으므로 나라 이름도 고려라 한 것이오. 길을 막고 있는 여진을 쫓아내고 우리의 옛 땅을 회복한다면 어찌 거란과 교류하지 않겠소?

(1) 위 ㉠에 들어갈 인물을 쓰시오. [4점]

(   )

(2) 위 담판의 결과를 쓰시오. [8점]

_____

_____

서술형 문제를 푸는 방법을 익혀보자!

1단계 단어의 의미 알기   '담판'의 뜻은 무엇일까?

담	판
談 말씀 담	判 판단할 판

담판: 서로 맞선 관계에 있는 쌍방이 의논하여 옳고 그름을 판단하는 것.

2단계 생각해 보기   거란과의 외교 담판은 어떻게 진행되었을까?

> 고려와 송의 관계를 끊기 위해 거란이 1차 침입함.

↓

> 고려는 거란 장수 소손녕을 만나 외교 담판을 벌였음.

↓

고려가 얻게 된 것	거란이 얻게 된 것
전쟁 없이 거란군을 돌려보냈고, 강동 6주를 차지하여 영토를 넓힘.	송과 고려의 관계를 끊을 수 있게 됨.

2 다음 자료를 보고, 물음에 답하시오. [12점]

> 몽골이 침입하자 고려는 수도를 (㉠)(으)로 옮기고 저항했음.
>
> ↓
>
> 국력이 약해진 고려는 전쟁을 멈추자는 몽골의 요구를 받아들여 _____㉡_____. 그러나 삼별초는 근거지를 옮기며 계속 항전했으나 진압됐음.

(1) 위 ㉠에 들어갈 지역을 쓰시오. [4점]

(   )

(2) 위 ㉡에 들어갈 고려의 상황을 쓰시오. [8점]

_____

_____

3 다음 고려청자를 보고, 물음에 답하시오. [12점]

▲ 청자 상감 운학무늬 매병

(1) 위 고려청자에 사용한 기법을 쓰시오. [4점]

(   )

(2) 위 고려청자의 우수성을 쓰시오. [8점]

_____

_____

3 민족 문화를 지켜 나간 조선(1)

☺ 공부할 개념
• 고려 말의 상황 알아보기
• 조선의 건국 과정 알아보기
• 조선의 특징 알아보기

1 고려 말의 상황

(1) 외세가 자주 침입하여 나라가 혼란스러웠습니다.

(2) 백성은 •권문세족에게 땅과 곡식을 빼앗겨 살기 어려웠습니다.

(3) •신진 사대부의 성장: 신진 사대부는 외세의 침입을 물리치는 과정에서 이성계 등의 무인들과 손잡고 백성의 어려움을 해결하기 위해 노력했습니다.

★ 2 조선의 건국 과정

위화도 회군	고려는 명이 북쪽의 일부 영토를 요구하자 명과 전쟁을 치르기 위해 이성계를 보냈으나 이성계는 무리한 전쟁이라고 여겨 군대를 돌려 개경으로 돌아왔음.

↓ •백성의 생활을 안정시키기 위해 토지 제도를 개혁했어요.

토지 제도 개혁	이성계와 신진 사대부는 위화도 회군으로 권력을 잡은 후 토지 제도를 개혁해 권문세족이 불법으로 차지한 토지를 거두어 절차에 따라 관리들에게 나눠 주었음.

↓

신진 사대부의 대립	당시 고려의 혼란한 상황을 해결하는 방법을 둘러싸고 의견이 나뉘었음. ➡ 정몽주 등은 고려를 유지하면서 개혁하자고 주장했고, •정도전 등은 고려를 무너뜨리고 새로운 나라를 세우자고 주장했음.

↓

조선 건국	이성계는 새로운 나라를 세우자고 주장한 세력과 함께 새 나라인 조선을 세웠음.

★ 3 조선의 특징

(1) 태조 이성계는 고조선을 잇는다는 뜻에서 나라 이름을 '조선'이라고 했고, 수도를 개경에서 한양으로 옮겼습니다.

(2) 유교를 바탕으로 조선의 기틀을 세웠습니다.

(3) 정도전과 신하들은 유교 사상에 따라 •경복궁, 숭례문, 종묘 등 한양의 주요 건물의 자리와 이름을 정했고, 나라를 운영하는 데 필요한 여러 제도를 마련했습니다. ┌─ 한양 도성의 4대문 이름은 어질고(인), 옳고(의), 예의 바르고(예), 지혜롭다(지)의 의미를 담았어요.

(4) 왕과 신하들은 서로 조화를 이루며 백성을 위한 정치를 하려고 노력했습니다.

▲ 태조 이성계

용어 사전

• **권문세족** 고려 말에 권력을 누리던 지배 세력.
• **신진 사대부** 고려 말에 등장한 새로운 정치 세력으로, 성리학을 공부하고 주로 과거에 합격하여 관리가 된 세력.
• **정도전** 고려 말의 관리로, 조선을 세운 이성계를 도왔고, 경복궁과 도성 안 건물들의 이름을 정함.
• **경복궁** '임금이 덕으로써 나라를 다스려 만 년 동안 큰 복을 누리라'는 의미를 담아 궁궐의 지름을 지었음.

경복궁	숭례문	종묘

조선의 첫 번째 궁궐임.	한양 도성의 정문으로, 남쪽에 있는 문임.	역대 왕과 왕비의 위패를 모시고 제사를 지내던 곳임.

자료¹ 조선의 건국 과정

권문세족이 불법으로 차지한
땅을 돌려줘야 합니다.

개경으로
돌아가자!

▲ 위화도 회군　　　▲ 토지 제도 개혁

고려를 유지
해야 해요!　새 나라를
세워야 해요!

새 나라를
세우노라!

▲ 신진 사대부의 대립　　　▲ 조선 건국

자료² 한양을 도읍으로 정한 까닭

• 나라의 중심에 위치하고 있기 때문에
• 산으로 둘러싸인 넓은 땅이 있기 때문에
• 한강이 흘러 교통이 편리했기 때문에
• 땅이 넓고 평평하여 많은 사람이 모여 살 수 있기 때문에

핵심 개념 정리

• 고려 말 혼란한 상황 가운데 이성계는 신진 사대부와 손잡고 조
선을 건국했습니다.

새로운 나라, 조선을
함께 세웁시다!

신진 사대부　　　이성계

1 다음 (　　) 안의 알맞은 말에 ○표 하시오.

　고려 말 (권문세족, 신진 사대부)은/는 외세의 침
입을 물리치는 과정에서 이성계 등의 무인들과 손잡
고 백성의 어려움을 해결하고자 했다.

2 조선의 건국 과정 중 가장 먼저 일어난 일을 골라 기호를
쓰시오.

㉠	㉡	㉢
권문세족이 불법으로 차지한 토지를 거뒀음.	이성계가 군대를 돌려 개경으로 돌아왔음.	이성계는 신진 사대부와 함께 조선을 세웠음.

(　　　　　)

3 고려 말 신진 사대부와 의견을 알맞게 선으로 연결하시오.

(1) 정도전 •　　• ㉠ 고려를 유지하면서 개혁하자고 주장했음.

(2) 정몽주 •　　• ㉡ 고려를 무너뜨리고 새로운 나라를 세우자고 주장했음.

4 다음 (　　) 안의 알맞은 말에 ○표 하시오.

　태조 이성계는 나라 이름을 '조선'이라고 했고, 수도를
(개경, 한양)으로 정했다.

5 조선은 (　　　　　　　) 사상을 바탕으로 나라의 기틀을
세웠습니다.

3 민족 문화를 지켜 나간 조선(2)

★ 1 세종대왕의 업적 →세종은 집현전을 설치해 학자들이 학문 연구에 집중하도록 했어요.

(1) 훈민정음 *창제

목적	글자를 몰라 어려움을 겪는 백성이 쉽게 글자를 익혀 편하게 쓸 수 있게 하기 위함.
우수성	• 읽고 쓰기에 편리한 과학적이고 독창적인 문자임. • 발음 기관과 하늘, 땅, 사람의 모양을 본떠 과학적으로 만들었음. • 누구나 쉽게 배울 수 있었음.
영향	조선 시대에 민족 문화가 발전하는 밑바탕이 되었음.

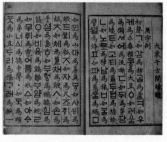
▲ 『훈민정음』 「해례본」

과학 기술의 발달로 사람들은 계절과 시간 등을 정확히 알게 되었고, 이것은 농사에 큰 도움이 되었다.

(2) 과학 기술의 발달 →장영실과 신하들은 세종의 지원을 받아 다양한 과학 기구를 만들었어요.

앙부일구(해시계)	해그림자의 움직임을 이용해 시간을 재는 기구임.
자격루(물시계)	물의 흐름에 따라 스스로 종을 치거나 북소리를 내어 시각을 알리는 기구임.
혼천의	태양, 달 등 천체의 위치와 움직임을 측정하는 기구임.
측우기	비가 내린 양을 재는 기구임. →측우기를 활용해 홍수와 가뭄에 대비했어요.
간의	천체의 움직임과 방위 등을 관찰하는 기구임.

▲ 앙부일구

▲ 자격루

▲ 혼천의

▲ 측우기

(3) 다양한 서적의 편찬 →책이 만들어지는 과정에서 금속 활자가 더욱 정교해지는 등 인쇄술도 발달했어요.

『칠정산』	천체 관측 기록을 바탕으로 조선의 날짜와 계절의 변화를 계산한 내용이 실려 있음. →백성의 농사에 도움을 줄 수 있었던 과학 서적이에요.
『농사직설』	조선에 알맞은 농사법이 실려 있음.
『향약집성방』	조선에서 나는 약재를 이용한 치료 방법이 실려 있음.

(4) 국방 강화 노력

① 화약이 달린 화살인 신기전을 만들었습니다.

② 4군 6진 설치: 북쪽의 여진을 물리친 후, 백성이 옮겨 가서 살도록 했습니다. 자료+1

2 유교 질서 속 조선의 모습

(1) 『삼강행실도』 편찬: 세종은 모범이 될 만한 효자, 충신 등의 이야기를 실어 백성이 일상생활에서 쉽게 *유교 윤리를 실천할 수 있도록 했습니다. →글을 모르는 백성을 위해 그림을 함께 제시했고, 후대에는 한자를 모르는 백성을 위해 훈민정음으로 설명을 추가했어요.

(2) 유교 질서 확립

① 임금, 신하, 부모, 자식 등 각자의 지위에 맞는 역할을 중요하게 생각했습니다.

② 조선의 신분 제도: 법에 따라 *양인과 천인으로 나뉘었으나 실질적으로 양반, 중인, 상민, 천민으로 구분됐습니다. 자료+2 →조선에서 신분 질서가 자리 잡자 양반들이 조선의 사회와 문화를 이끌어 갔어요.

③ 예술 분야에서 주로 양반 남성들이 활약했으나 신사임당과 같은 여성도 활약했습니다.

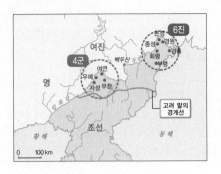

자료➕1 **4군 6진**

자료➕2 **조선의 신분 제도**

양반	유학을 공부하며 관리가 되는 사람이 많았음.
중인	관청에서 병을 치료하거나 통역을 맡는 등 다양한 분야의 일을 했음.
상민	주로 농사를 지었고, 물건을 파는 사람들도 있었음.
천민	대부분 나라나 주인에게 속한 노비였음.

🎓 **핵심 개념 정리**

• 세종 때 훈민정음이 창제되었고, 과학 기술, 문화, 국방 등 여러 분야에서 발전을 이루었습니다.

1 다음 ( ) 안의 알맞은 말에 ○표 하시오.

> (태조, 세종)은/는 학자들이 학문을 연구할 수 있도록 집현전을 설치했고, 백성들을 위해 훈민정음을 창제했으며, 과학 기술의 발달에도 많은 관심을 기울였다.

2 과학 기구와 용도를 알맞게 선으로 연결하시오.

(1) 측우기　•　　•㉠ 천체의 움직임을 측정함.

(2) 혼천의　•　　•㉡ 비가 내린 양을 잼.

(3) 앙부일구　•　　•㉢ 해그림자의 움직임을 이용해 시간을 잼.

3 『( )』은/는 백성의 농사를 돕기 위해 천체 관측 기록을 바탕으로 조선의 날짜와 계절의 변화를 계산한 내용이 실린 책입니다.

4 다음 ( ) 안의 알맞은 말에 ○표 하시오.

> 세종은 『(삼강행실도, 향약집성방)』을/를 편찬해 백성이 일상생활에서 쉽게 유교 윤리를 실천할 수 있도록 했다.

5 유교 질서 속 조선의 모습에 대한 설명으로 옳은 것에 ○표, 옳지 <u>않은</u> 것에 ✕표 하시오.

(1) 조선의 신분은 법에 따라 양반과 천민으로 나뉘었습니다.
(　　)

(2) 예술 분야에서 신사임당과 같은 여성 예술가들이 등장해 시와 그림 등을 남겼습니다. (　　)

3 민족 문화를 지켜 나간 조선(3)

★ 1 임진왜란의 전개와 극복 노력 자료⁺1

임진왜란이 일어나기 전의 상황	• 조선: 관리들이 편을 나눠 권력을 차지하기 위해 다투었고, 전쟁에 대한 대비가 부족했음. • 일본: 도요토미 히데요시가 전국을 통일했음.
임진왜란의 발발	일본이 명을 공격하러 가는 길을 빌려 달라는 구실로 조선을 침략했음. ➡ 부산진과 동래성을 빼앗겼고, 일본군이 한성으로 올라오고 있다는 소식을 듣고 선조는 의주로 *피란했음. ➡ 명에 지원군을 요청했음.
이순신의 노력	• 바다에서 이순신과 수군은 *판옥선, 거북선과 같은 우수한 배와 무기를 이용해 일본군을 크게 무찔렀음. └ 바다를 통해 무기와 식량을 육지의 일본군에게 전달하려던 일본의 계획을 무너뜨렸어요. • 조선 수군은 옥포에서 첫 승리를 거둔 후 사천, 당포, 한산도 등에서 모두 이겼음. • 특히 한산도에서는 일본군을 바다로 유인해 *학익진 전법으로 큰 승리를 거두었음.
*의병과 곽재우, 권율의 노력	• 의병과 곽재우의 노력: 전국 각지에 의병이 일어나 일본군에 맞서 싸웠고, 의병을 이끌던 곽재우는 의령, 함안 일대에서 승리했음. └ 일본군이 전라도 곡창 지대로 진출하는 것을 막았어요. • 명의 지원군이 조선에 도착했고, 조선과 명의 연합군은 일본군을 공격해 평양성을 되찾았음. └ 홍의 장군이라고 불렸어요. • 행주 대첩: 권율을 중심으로 관군과 의병, 백성이 힘을 합해 일본군을 물리쳤음.
정유재란	일본이 조선과 명에 협상을 요청했으나 성과 없이 끝나자 일본이 다시 침입했음.
결과	이순신이 이끄는 수군이 명량과 노량에서 일본군을 물리치면서 전쟁이 끝났음.

└ 정유재란이 일어났을 때 조선은 무기를 재정비하고 성을 고쳐 일본군의 공격을 막을 수 있었어요.

2 광해군의 *중립 외교 정책

(1) 중립 외교 정책

광해군은 전쟁으로 어려워진 조선을 다시 세우기 위해 노력했음.	➡	후금을 세운 여진족이 명을 공격하자 명은 조선에 군사 지원을 요청했음.	➡	광해군은 후금과 명 사이에 중립 외교 정책을 펼쳤음.

(2) 중립 외교 정책에 대한 신하들의 반응: 임진왜란 때 도와준 명을 배신하는 것이라 생각하여 결국 광해군을 내쫓았고, 인조를 왕으로 세웠습니다.

★ 3 정묘호란과 병자호란

정묘호란	• 원인: 인조는 후금을 멀리하는 정책을 펼쳤음. ➡ 조선이 명을 돕자 후금은 조선을 침략했음. • 결과: 후금은 조선과 형제 관계를 맺고 돌아갔음.
병자호란 자료⁺2	• 원인: 후금이 나라 이름을 '청'으로 바꾸고 조선에 임금과 신하의 관계를 요구했음. ➡ 청의 요구를 거절하자 조선을 침략했음. • 과정: 임경업 등이 청에 맞섰고, 인조와 신하들은 남한산성으로 들어갔음. ➡ 남한산성은 전쟁의 준비가 되어 있지 않았고, 신하들은 청과 끝까지 싸우자는 의견과 일단 화해하자는 의견으로 나뉘어 대립함. ➡ 인조는 끝까지 싸우자는 의견에 따라 청에 맞섰지만 성이 고립되어 어려워지자 결국 남한산성에서 나와 *삼전도에서 항복했음. • 결과: 조선과 청은 신하와 임금의 관계를 맺었고, 조선의 두 왕자, 신하들, 많은 백성이 청에 인질로 끌려갔음. └ 병자호란 이후 인질로 끌려갔던 효종이 청을 정벌해 병자호란 때 당한 치욕을 씻고자 했으나 실행하지 못했어요.

자료1 왜란의 전개 과정과 결과

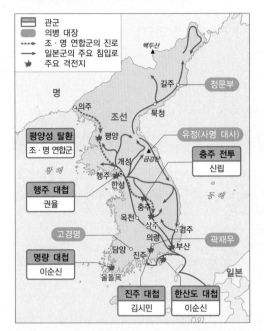

| 관군 |
| 의병 대장 |
| ---- 조·명 연합군의 진로 |
| → 일본군의 주요 침입로 |
| ★ 주요 격전지 |

전쟁 기간 많은 사람이 죽거나 다쳤고, 일본에 포로로 끌려갔습니다. 또한 땅이 황폐해져 농사를 짓지 못해 식량이 부족했고, 많은 문화유산이 불탔거나 일본에 빼앗겼습니다.

자료2 병자호란 당시 서로 다른 신하들의 주장

| 김상헌 | 청은 반드시 우리에게 임금과 신하 관계를 요구할 것이므로 항복하지 말고 청과 끝까지 싸워야 한다고 주장했음. |
| 최명길 | 지금은 조선이 힘이 부족하니 우선 청의 요구를 받아들여 싸움을 멈춰야 한다고 주장했음. |

핵심 개념 정리

• 임진왜란 당시 바다에서 이순신과 조선 수군은 뛰어난 무기와 배를 이용하여 일본군을 크게 물리쳤습니다.

살고자 하면 죽을 것이고, 죽고자 하면 살 것이다! 싸우자!

바다는 나 거북선에게 맡겨!

이순신

1 다음 (　　) 안의 알맞은 말에 ○표 하시오.

(임진왜란, 병자호란)은 일본이 명을 공격하러 가는 길을 빌려 달라는 구실로 조선을 침략한 전쟁이다.

2 임진왜란 당시 활약한 인물과 노력을 알맞게 선으로 연결하시오.

(1) 권율　•　　•㉠ 조선 수군을 이끌고 한산도 등에서 승리함.

(2) 곽재우　•　　•㉡ 관군, 백성을 이끌고 행주산성에서 승리함.

(3) 이순신　•　　•㉢ 의병을 이끌고 의령 등에서 승리함.

3 광해군의 외교 정책에 대해 알맞게 말한 어린이에게 ○표 하시오.

(1) 명과 후금 사이에 중립 외교 정책을 펼쳤어. 　(　　　)

(2) 명을 가까이하고 후금을 멀리하는 정책을 펼쳤어.　(　　　)

4 병자호란이 일어나자 인조는 (　　　　　)(으)로 들어가 청에 맞서 싸웠습니다.

5 병자호란의 결과로 옳은 것에 ○표, 옳지 않은 것에 ✕표 하시오.

(1) 조선은 청과 형제 관계를 맺었습니다. 　(　　)

(2) 조선의 왕자와 신하들, 백성이 청에 인질로 끌려갔습니다. 　(　　)

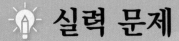

1 이성계는 새로운 나라를 세우자는 신진 사대부와 손잡고 ☐ㅈ ☐ㅅ 을 건국했습니다.

2 ☐ㅎ ☐ㅁ ☐ㅈ ☐ㅇ 은 글자를 몰라 어려움을 겪는 백성을 위해 세종이 창제한 것입니다.

3 이순신, 의병과 곽재우, 권율 그리고 백성이 힘을 모아 ☐ㅇ ☐ㅈ ☐ㅇ ☐ㄹ 을 극복할 수 있었습니다.

4 고려 말의 상황으로 알맞은 것을 보기 에서 두 가지 골라 기호를 쓰시오.

> 보기
> ㉠ 나라가 안정되었다.
> ㉡ 외세가 자주 침입했다.
> ㉢ 권문세족의 횡포로 백성들이 살기 어려웠다.
> ㉣ 이성계 등 무인들은 외세를 물리치는 과정에서 힘이 약화되었다.

(　　　　)

5 신진 사대부에 대해 알맞게 말한 어린이는 누구입니까? (　　　)

① 백성의 곡식과 땅을 빼앗았어.

② 외세의 침입을 물리친 무인들이야.

③ 권문세족과 손잡고 고려 말의 정치를 이끌었지.

④ 고려 말에 등장한 새로운 정치 세력이지.

6~7 다음은 조선의 건국 과정을 나타낸 자료입니다. 물음에 답하시오.

개경으로 돌아가자!

㉠

새 나라를 세우노라!

▲ 위화도 회군　　　　▲ 조선 건국

6 이성계가 위 밑줄 친 '위화도 회군'을 한 까닭을 쓰시오.
서술형

_____

_____

7 위 ㉠에 들어갈 내용으로 알맞은 것을 두 가지 고르시오. (　　　)

① 토지 제도를 개혁했다.
② 수도를 한양으로 옮겼다.
③ 신진 사대부들이 대립했다.
④ 유교를 바탕으로 나라의 기틀을 세웠다.
⑤ 정도전이 한양의 주요 건물 이름을 정했다.

8 다음 빈칸에 들어갈 알맞은 인물은 누구인지 쓰시오.

> (　　)은/는 고조선을 잇는다는 뜻에서 나라 이름을 '조선'이라고 했고, 수도를 개경에서 한양으로 옮겼다.

(　　　　)

9 조선의 특징으로 알맞지 <u>않은</u> 것은 어느 것입니까?

(   )

① 유교를 바탕으로 나라의 기틀을 세웠다.

② 왕은 백성을 위한 정치를 하려고 노력했다.

③ 왕과 신하들은 서로 조화를 이루며 정치하려고 했다.

④ 정몽주는 숭례문, 종묘 등 주요 건물의 이름을 정했다.

⑤ 정도전은 나라를 다스리는 데 필요한 제도를 마련했다.

10 세종이 훈민정음을 창제한 까닭을 쓰시오.

서술형

_____

_____

11 다음의 특징을 가진 조선의 과학 기구는 어느 것입니까?

(   )

- 비가 내린 양을 재는 기구이다.
- 홍수와 가뭄에 대비할 수 있었던 기구이다.

①
▲ 앙부일구

②
▲ 혼천의

③
▲ 자격루

④
▲ 측우기

12 세종 때 과학 기술의 발달이 미친 영향으로 알맞은 것을 보기 에서 두 가지 골라 기호를 쓰시오.

보기

㉠ 농사에 큰 도움을 주었다.

㉡ 계절을 정확히 알게 되었다.

㉢ 유교 윤리가 조선 사회에 보급되었다.

㉣ 조선에서 신분 질서가 자리 잡게 되었다.

(   )

13 다음 ㉠에 들어갈 알맞은 나라는 무엇입니까?

(   )

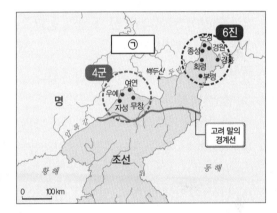

① 청   ② 몽골

③ 여진   ④ 일본

⑤ 거란

14 『삼강행실도』에 대한 설명으로 알맞은 것을 두 가지 고르시오.

(   )

① 조선에 알맞은 농사법을 정리했다.

② 세종 때 유교 윤리를 실천하기 위해 편찬했다.

③ 조선에서 나는 약재와 치료 방법을 소개하고 있다.

④ 조선의 날짜와 계절의 변화를 계산해 놓은 책이다.

⑤ 모범이 될 만한 효자, 충신 등의 이야기를 실은 책이다.

15 유교 질서 속 조선 사회의 모습에 대한 설명으로 알맞은 것을 보기 에서 두 가지 골라 기호를 쓰시오.

> **보기**
> ㉠ 상민들이 조선의 사회와 문화를 이끌었다.
> ㉡ 중인은 나라나 주인에게 속한 노비들이었다.
> ㉢ 신분은 실질적으로 양반, 중인, 상민, 천민으로 나뉘었다.
> ㉣ 양반은 대부분 유학을 공부하고 관리가 되는 사람들이었다.

( )

16 임진왜란이 일어나기 전 조선의 상황으로 알맞은 것은 어느 것입니까? ( )

① 명을 돕기 위해 조선군을 파견했다.
② 많은 백성이 청에 인질로 끌려갔다.
③ 관리들이 권력을 차지하려고 서로 다투고 있었다.
④ 신하들이 광해군을 내쫓고, 인조를 왕으로 세웠다.
⑤ 전국 각지에 의병이 일어나 일본군과 맞서 싸우고 있었다.

17* 다음 임진왜란의 전개 과정에서 ㉠에 들어갈 내용으로 알맞은 것은 어느 것입니까? ( )

| 일본이 조선을 침략했음. | → | ㉠ | → | 조선은 명에 지원군을 요청했음. |

① 선조가 의주로 피란했다.
② 일본이 조선과 명에 협상을 요구했다.
③ 이순신과 수군이 명량에서 일본군을 물리쳤다.
④ 일본에서는 도요토미 히데요시가 전국을 통일했다.
⑤ 조선과 명의 연합군이 일본군을 공격해 평양성을 되찾았다.

18 임진왜란 당시 다음과 같이 활약한 인물은 누구입니까? ( )

> • 바다에서 일본군과 맞서 싸울 때 판옥선, 거북선과 같은 우수한 배와 무기를 이용했다.
> • 옥포를 시작으로 사천, 당포, 한산도, 명량, 노량 등지에서 수군과 함께 일본군을 크게 물리쳤다.

① 권율　　　　　② 이순신
③ 곽재우　　　　④ 김상헌
⑤ 임경업

19 다음 결과를 가져온 사건은 무엇입니까? ( )

> 후금은 조선과 형제 관계를 맺고 돌아갔다.

① 병자호란　　　② 정유재란
③ 임진왜란　　　④ 정묘호란
⑤ 행주 대첩

20 병자호란의 전개 과정을 일어난 순서대로 기호를 쓰시오.

> ㉠ 임경업 등이 청에 맞서 싸웠다.
> ㉡ 조선은 청과 신하와 임금의 관계를 맺었다.
> ㉢ 인조는 남한산성에서 나와 삼전도에서 항복했다.
> ㉣ 후금이 나라 이름을 '청'으로 바꾼 후 조선을 침략했다.

( ) → ( ) → ( ) → ( )

서술형 문제를 푸는 방법을 익혀보자!

1 다음 그림을 보고, 물음에 답하시오. [12점]

(1) 위와 같은 상황에서 중립 외교 정책을 펼친 조선의 왕을 쓰시오. [4점]

(   )

(2) 위 (1)번 답 왕의 정책에 대한 신하들의 반응을 쓰시오. [8점]

_____

_____

1단계 단어의 의미 알기

'중립 외교'의 뜻은 무엇일까?

효 설립
中 가운데 중
중 립 외 교 : 한 나라에 치우치지 않고 각 나라에 같은 비중을 두는 외교 방식.

2단계 생각해 보기

왕이 중립 외교 정책을 펼쳤을 때 신하들의 반응은 어땠을까?

명	후금
임진왜란 때 조선에 지원군을 보냈던 명의 힘이 약해졌음.	여진족이 힘을 키워 후금을 세웠고, 세력을 넓히면서 명을 공격했음.

↓

명이 후금을 물리치기 위해 조선에 군사 지원을 요청했음.

↓

중립 외교 정책을 펼친 광해군이 신하에게 내린 명령

"임진왜란 때 도움을 받았기 때문에 일단 명에 군사를 파견하시오. 하지만 상황에 따라 대처하시오."

↓

이에 대한 신하들의 반응

"임진왜란 때 조선을 도와준 명을 배신하는 것이다."

2 다음 자료를 보고, 물음에 답하시오. [12점]

▲ 측우기   ▲ 「농사직설」

(1) 위 과학 기구와 책을 남긴 조선의 왕을 쓰시오. [4점]

(   )

(2) 위 과학 기구와 책이 조선 사회에 어떤 도움을 주었는지 쓰시오. [8점]

_____

_____

3 다음 자료를 보고, 물음에 답하시오. [12점]

◀ 곽재우

(1) 임진왜란 당시 위 인물이 이끌었던 군대를 무엇이라고 하는지 쓰시오. [4점]

(   )

(2) 위 인물과 (1)번 답 군대의 활약을 쓰시오. [8점]

_____

_____

옛 사람들의 삶과 문화

👁 그림을 보고 배운 개념을 떠올리며 빈칸을 채워 보세요.

개념1 고조선의 건국과 삼국의 발전

(❶   )은 우리 역사 속 최초의 국가로, 비파형 동검, (❷   ), 미송리식 토기를 통해 문화 범위를 알 수 있으며, 사회 질서를 유지하기 위해 8조법을 만들었습니다. 고조선이 멸망한 후 삼국이 성립했습니다. (❸   )는 근초고왕 때, 고구려는 (❹   ), 장수왕 때, (❺   )는 진흥왕 때 전성기를 맞이하며 발전했습니다.

개념2 신라의 삼국 통일과 발해의 발전, 삼국의 문화유산

신라는 백제와 고구려를 멸망시키고, (❻   )을 몰아낸 후 삼국을 통일했습니다. (❼   )를 건국한 대조영은 (❽   ) 문화를 바탕으로 독자적인 문화를 이루었고, 9세기에 '해동성국'이라고 불렸습니다. 그리고 다양한 삼국의 문화유산을 통해 당시 사람들의 (❾   )을 살펴볼 수 있습니다.

개념4 고려 문화유산의 우수성

(⑫   ) 중 상감 청자는 상감 기법을 활용해 새긴 섬세하고 정교한 무늬가 돋보이는 것이 특징입니다. 고려청자는 잔, 의자, 연적 등 다양한 용도로 사용되었습니다. (⑬   )은 부처의 힘으로 몽골의 침입을 물리치고자 만들었고, 팔만여 장의 목판에 글씨가 정교하게 새겨져 있습니다. 또한 고려 문화유산 중 오늘날 남아 있는 세계에서 가장 오래된 금속 활자 인쇄본인 (⑭   )(이)가 있습니다.

개념5 조선의 건국과 세종의 업적

위화도 회군을 통해 권력을 잡은 (⑮   )는 새로운 나라를 세워야 한다고 주장한 신진 사대부와 함께 조선을 건국했고, (⑯   )를 바탕으로 나라의 기틀을 세웠습니다. 이후 왕이 된 세종은 백성을 위해 다양한 업적을 남겼습니다. 백성들 누구나 읽고 쓰기에 편리한 글자인 (⑰   )을 창제했고, 자격루, 앙부일구, 측우기 등 다양한 과학 기구를 제작했으며, 국방 강화를 위해 노력했습니다.

우리나라는 우리 역사 속 최초의 국가인 고조선과 고구려·백제·신라·발해를 거쳐, 독창적인 문화를 발전시킨 고려, 민족 문화를 지켜 나간 조선으로 이어져 문화를 발전시켜 나갔습니다.

정답과 풀이 54쪽

개념3 외세의 침입에 대항한 고려

> 고구려의 옛 땅은 우리 것이오! 또한 우리가 아닌 송과 교류하고 있으니 정벌하러 온 것이오.

> 우리는 고구려를 계승했소. 여진을 쫓아내고 우리 옛 땅을 회복한다면 어찌 거란과 교류하지 않겠소?

소손녕 / 서희

고려가 건국될 무렵, 고려의 북쪽에서는 세력을 넓힌 (⑩　　　)이 고려를 침략했으나, 서희, 강감찬 등의 활약으로 물리쳤습니다. 이후 여진이 침략하자 윤관이 별무반을 이끌고 여진을 정벌했습니다. 이후 (⑪　　　)이 침략하자 김윤후와 백성들이 물리쳤고, 삼별초가 근거지를 옮겨가며 끝까지 저항했습니다.

개념6 왜란과 호란의 극복 노력

> 살고자 하면 죽을 것이고, 죽고자 하면 살 것이다! 싸우자!

> 바다는 나 거북선에게 맡겨!

이순신

(⑱　　　)이 일어나자 이순신, 권율 등이 이끈 관군과 곽재우를 포함한 의병, 백성이 힘을 모아 일본군을 물리쳤습니다. (⑲　　　)가 후금을 멀리하자 정묘호란이 일어났고, 이후 청이 조선을 침략하면서 (⑳　　　)이 일어났습니다. 남한산성에서 청에 맞서 싸웠으나 결국 인조는 청에 항복했고, 많은 백성이 청에 인질로 끌려갔습니다.

옳은 문장에 ○, 틀린 문장에 ✕하세요. 틀린 부분은 밑줄을 긋고 바른 개념으로 고쳐 써 보세요.

1 우리 역사 속 최초의 국가인 고조선을 세운 사람은 환웅입니다.　　　　　　　(　　　)

2 삼국은 백제, 고구려, 신라 순으로 전성기를 맞았으며 삼국은 전성기에 모두 한강 유역을 차지했습니다.　　　　　　　(　　　)

3 김춘추는 신라군을 이끌고 황산벌 전투에서 백제군을 물리쳤습니다.　　　　　　　(　　　)

4 삼국은 왕의 권위를 높이고 백성의 마음을 모으기 위해 불교를 받아들였습니다.　　　　　　　(　　　)

5 서희는 거란 장수와 외교 담판을 벌여 강동 6주를 확보했습니다.　　　　　　　(　　　)

6 삼별초는 강화도로 돌아가는 것을 반대하여 근거지를 옮겨가며 항전했습니다.　　　　　　　(　　　)

7 『직지』는 오늘날 전해지는 목판 인쇄본 중 가장 오래된 책입니다.　　　　　　　(　　　)

8 태조 이성계는 '조선'이라고 나라 이름을 정한 후 수도를 한양으로 옮겼습니다.　　　　　　　(　　　)

9 조선 세종 때 만든 과학 기구 중 혼천의와 간의는 시간을 재는 기구입니다.　　　　　　　(　　　)

10 임진왜란 당시 한산도에서 학익진 전법으로 일본군을 크게 무찔렀습니다.　　　　　　　(　　　)

단원 평가

점수

1 다음 자료를 통해 알 수 있는 것으로 알맞은 것은 어느 것입니까? ( )

▲ 탁자식 고인돌　　　▲ 비파형 동검 ▲ 미송리식 토기

① 고조선의 법을 알 수 있다.
② 고조선의 종교를 알 수 있다.
③ 고조선의 문화 범위를 알 수 있다.
④ 고조선이 멸망한 시기를 알 수 있다.
⑤ 고조선과 주변 나라들의 교류 모습을 알 수 있다.

2 고구려에 대해 알맞게 말한 어린이를 모두 골라 이름을 쓰시오.

> **재민**: 지증왕이 우산국을 정복하고 영토를 확장했어.
> **수영**: 장수왕이 수도를 옮긴 후 한강 유역을 차지했어.
> **희정**: 곰을 믿는 부족이 환웅 부족과 연합하여 세웠어.
> **주환**: 주몽이 압록강 유역에 살던 세력들과 힘을 모아 세웠어.

( )

3 다음과 같이 신라의 전성기를 맞이했던 진흥왕이 여러 지역에 비석을 세운 까닭을 쓰시오.

서술형

_____

_____

4 신라의 삼국 통일 과정에 대한 설명으로 알맞은 것을 보기 에서 모두 고른 것은 어느 것입니까? ( )

> **보기**
> ㉠ 문무왕 때 고구려를 멸망시켰다.
> ㉡ 김유신이 황산벌 전투에서 패했다.
> ㉢ 신라군은 매소성과 기벌포에서 당의 군대를 격파했다.
> ㉣ 김춘추는 당을 몰아내기 위해 고구려와 동맹을 맺었다.

① ㉠, ㉡　　　　　　② ㉠, ㉢
③ ㉡, ㉢　　　　　　④ ㉡, ㉣
⑤ ㉢, ㉣

5 다음 빈칸에 들어갈 알맞은 말을 쓰시오.

> 발해는 9세기 고구려의 옛 땅을 대부분 회복했고, 이후 당에서 '바다 동쪽의 융성한 나라'라는 뜻의 '(   )'(이)라 불렀다.

(   )

6 무령왕릉에 대한 설명으로 알맞은 것은 어느 것입니까? (   )

① 오늘날 경주에 있다.
② 신라의 불교 문화유산이다.
③ 백제에서 가장 큰 절이었다.
④ 무덤에서 무구 정광 대다라니경이 발견되었다.
⑤ 무덤에서 나온 문화유산을 통해 당시 백제가 다른 나라와 교류했음을 알 수 있다.

7 다음 신라 문화유산의 이름을 쓰시오.

> 신라의 문화유산으로, 농사에 영향을 줬던 천체의 움직임을 관측했던 곳이다.

(   )

8 다음 ㉠에 들어갈 내용으로 알맞은 것을 두 가지 고르시오. (   )

| 고려 건국 | ➡ | ㉠ | ➡ | 후삼국 통일 |

① 견훤이 후백제를 세웠다.
② 궁예가 후고구려를 세웠다.
③ 신하들이 궁예를 몰아냈다.
④ 신라는 고려에게 항복했다.
⑤ 견훤이 왕건에게 도움을 요청했다.

9 태조 왕건이 실시한 정책이 <u>아닌</u> 것은 어느 것입니까? (   )

① 호족들과 혼인 관계를 맺었다.
② 절을 짓고 불교 행사를 열었다.
③ 북진 정책을 실시하여 영토를 넓혔다.
④ 백성의 생활 안정을 위해 세금을 줄였다.
⑤ 능력 있는 관리를 뽑기 위해 과거제를 실시했다.

10 다음은 거란이 고려를 침입한 까닭을 정리한 표입니다. 빈칸에 들어갈 알맞은 내용을 쓰시오.

서술형

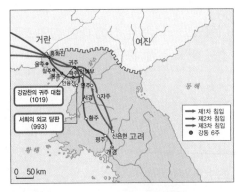

구분	침입한 까닭
1차 침입	
2차 침입	고려가 계속 송과 교류하자 다시 침입했다.
3차 침입	강동 6주를 돌려주지 않자 침입했다.

11 다음 ⊙에 들어갈 군대에 대한 설명으로 알맞은 것은 어느 것입니까? ( )

> (⊙)은/는 강화도, 진도, 제주도로 근거지를 옮기면서 계속 항전했으나 고려와 몽골의 연합군에게 진압되었다.

① 김윤후가 이끌었던 군대이다.
② 고려가 개경으로 돌아가는 것을 반대했다.
③ 처인성과 충주성에서 몽골군을 물리쳤다.
④ 윤관이 별무반과 함께 이끌었던 군대이다.
⑤ 물러나는 거란군을 귀주에서 크게 물리쳤다.

12★ 다음 고려의 문화유산에 대한 설명으로 알맞지 않은 것은 어느 것입니까? ( )

▲ 청자 투각 고리무늬 의자

▲ 청자 투각 칠보무늬 뚜껑 향로

① 주로 생활용품으로 사용했다.
② 푸른빛을 내는 기법으로 만들었다.
③ 처음에 중국의 기술을 들여와 청자를 만들었다.
④ 가마를 만들고 관리하는 기술이 발달했음을 알 수 있다.
⑤ 거란이 침입했을 때 고려 사람들이 거란이 물러가기를 바라는 마음을 담아 만들었다.

13 서술형 다음 장소에서 팔만대장경판을 잘 보존할 수 있었던 까닭을 쓰시오.

▲ 합천 해인사 장경판전

_____

_____

14 조선 건국에 대한 설명으로 알맞지 않은 것은 어느 것입니까? ( )

① 조선을 건국한 왕은 이성계이다.
② 수도를 개경에서 한양으로 옮겼다.
③ 권문세족과 신진 사대부가 함께 세웠다.
④ 유교를 바탕으로 나라의 기틀을 세웠다.
⑤ 고조선을 잇는다는 뜻에서 나라 이름을 조선으로 지었다.

15 세종대왕의 업적으로 알맞은 것을 보기 에서 두 가지 골라 기호를 쓰시오.

> 보기
> ⊙ 4군 6진을 설치했다.
> ⓛ 비의 양을 재기 위해 간의를 만들었다.
> ⓒ 신기전과 같은 새로운 무기를 만들었다.
> ⓔ 조선에 알맞은 농사법을 정리한 『칠정산』을 간행했다.

( )

16 다음 ㉠, ㉡에 들어갈 조선의 신분이 알맞게 짝지어진 것은 어느 것입니까? (   )

㉠	대부분 농사를 지었고, 물건을 파는 사람들도 있었음.
㉡	관청에서 일하며 병을 치료하거나 통역을 맡기도 했음.

　　㉠　　㉡　　　　　㉠　　㉡
① 양반　중인　　② 중인　상민
③ 상민　중인　　④ 상민　천민
⑤ 천민　양반

17 다음과 같은 구실로 일어난 전쟁은 무엇인지 쓰시오.

　　일본을 통일한 도요토미 히데요시가 명을 공격하러 가는 길을 빌려 달라는 구실로 조선을 침략했다.

(　　　　　　　　)

18 의병에 대한 설명으로 알맞은 것은 어느 것입니까? (   )

① 학익진 전법으로 큰 승리를 거두었다.
② 광해군의 중립 외교 정책을 반대했다.
③ 전국 각지에서 일어나 일본군에 맞서 싸웠다.
④ 병자호란이 일어났을 때 청에 맞서 싸운 군대이다.
⑤ 판옥선, 거북선 등과 같은 우수한 배와 무기를 이용해 싸웠다.

19★ 임진왜란의 결과로 알맞은 것을 두 가지 고르시오. (   )

① 명에 지원군을 요청했다.
② 효종이 청을 정벌할 준비를 했다.
③ 많은 문화유산을 일본에 빼앗겼다.
④ 땅이 황폐해져 먹을 식량이 부족했다.
⑤ 4군 6진에 백성이 옮겨 가서 살도록 했다.

20 다음 비석과 관련된 전쟁 상황에 대한 설명으로 알맞지 <u>않은</u> 것은 어느 것입니까? (   )

▲ 삼전도비

① 인조가 남한산성에 고립되자 결국 항복했다.
② 후금과 명 사이에서 중립 외교 정책을 펼쳤다.
③ 청이 임금과 신하의 관계를 요구하자 거절했다.
④ 전쟁의 결과 많은 백성이 청에 인질로 끌려갔다.
⑤ 인조는 청과 끝까지 싸우자는 신하의 의견을 받아들였다.

1-1 나라의 등장과 발전

학습 주제	삼국의 문화유산 알아보기	배점	30점
학습 목표	고구려, 백제, 신라의 문화유산 특징을 설명할 수 있다.		

1~3 다음 삼국의 문화유산을 보고, 물음에 답하시오.

(가)

▲ 익산 미륵사지 석탑

(나)

▲ 불국사

(다)

▲ 금동 연가 7년명 여래 입상

1 위 (가)~(다) 문화유산과 관련된 종교를 쓰시오. [5점]

( )

2 삼국이 위 **1**번 답의 종교를 받아들인 까닭을 쓰시오. [10점]

_____

_____

3 위 (나) 문화유산을 지은 까닭과 우수성을 쓰시오. [15점]

❶ 지은 까닭	
❷ 우수성	

1-2 독창적 문화를 발전시킨 고려

학습 주제	고려 문화유산의 우수성 파악하기	배점	30점
학습 목표	팔만대장경판을 만드는 과정을 통해 고려 문화유산의 우수성을 설명할 수 있다.		

1~3 다음은 팔만대장경판을 만드는 과정을 나타낸 것입니다. 물음에 답하시오.

❶ 재료가 될 나무를 선택하기

❷ 바닷물에 1~2년 나무를 담가 놓기

❸ 나무를 잘라 소금물에 삶고 말리기

❹ 나무를 다듬어 경판으로 만들고 글자를 새기기

❺ 경판에 글자가 제대로 새겨졌는지 한 장씩 찍어 살펴보기

❻ 경판의 양 끝에 두꺼운 각목을 붙이고 옻칠하여 완성하기

1 위 과정을 통해 만든 문화유산은 어떤 나라의 침입을 막기 위한 것인지 쓰시오. [5점]

( )

2 다음 ( ) 안의 알맞은 말에 ○표 하시오. [5점]

> 위 과정을 통해 만들어진 팔만대장경판은 오천만 자가 넘는 글자가 새겨져 있고, 글자의 형태가 고르고 잘못된 글자가 거의 없을 만큼 정교하다. 이를 통해 고려의 뛰어난 (금속 활자 인쇄술, 목판 인쇄술)의 수준을 알 수 있다.

3 위 팔만대장경판을 이용하여 인쇄할 때의 장점을 쓰시오. [20점]

_____

_____

1-3 민족 문화를 지켜 나간 조선

학습 주제	조선의 건국과 특징 알아보기	배점	30점
학습 목표	조선의 건국과 특징을 설명할 수 있다.		

1~4 다음 조선의 건국과 관련된 주요 건물을 보고, 물음에 답하시오.

(가)

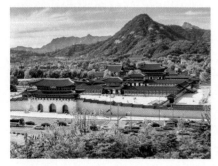

▲ 경복궁

(나)

▲ 숭례문

(다)

▲ 종묘

1 위 (가)~(다) 건물이 있던 조선의 수도를 쓰시오. [5점]

( )

2 위 (가)~(다) 건물의 자리와 이름을 정한 신진 사대부는 누구인지 쓰시오. [5점]

( )

3 다음 ( ) 안의 알맞은 말에 ○표 하시오. [5점]

> 조선은 (유교, 불교)를 바탕으로 나라의 기틀을 세웠고, (유교, 불교) 사상에 따라 (가)~(다) 건물들의 이름과 자리를 정했다.

4 조선의 왕과 신하들은 조선을 어떻게 이끌고자 했는지 쓰시오. [15점]

2

사회의 새로운 변화와 오늘날의 우리

1 새로운 사회를 향한 움직임 (1)

★ 1 영조와 정조의 개혁 정치

영조의 개혁 정치	• 붕당 간에 조화와 왕권을 강화하고 정치를 안정시키기 위해 탕평책을 실시했고, *탕평비를 세웠음. →*탕평책을 널리 알리기 위해 세웠어요. • 백성이 억울한 일을 당하지 않도록 신문고를 다시 설치했음. • 세금을 줄여 백성의 생활을 안정시켰음. • 청계천 바닥을 정비하여 홍수를 대비했음.
정조의 개혁 정치	• 영조의 탕평책을 이어 가면서 더욱 적극적으로 개혁을 실시했음. • 규장각을 설치하여 관리들을 길러 냈음. →* 조선의 왕실 도서관으로 역대 왕의 글이나 글씨를 보관하고 나랏일을 연구하던 곳이에요. • 신분 때문에 능력을 발휘하지 못하던 인재를 뽑아 썼음. • 왕을 지키는 새로운 부대를 만들었음. • 여러 상인들이 자유롭게 장사를 할 수 있도록 했음. • 노비에 대한 차별을 줄이고, 도망간 노비를 찾아내 가혹하게 처벌하는 것을 금지했음. • 수원에 화성을 건설하여 정치, 군사, 경제 중심지로 삼으려고 했음.┐

• 수원 화성은 정조의 개혁 정치를 뒷받침하는 계획 도시였어요.

2 실학

등장	임진왜란과 병자호란 이후 백성의 생활은 더욱 어려워지자 백성의 생활을 돕고 현실 문제를 해결하기 위해 실학이 등장했음.
실학자들의 주장과 연구	• 유형원, 정약용: 토지 제도를 개혁하여 농민의 생활을 안정시키려고 했음. 자료⁺1 • 박지원, 박제가: 청의 문물을 받아들이고 상업과 공업을 발달시키려고 했음. • 우리나라의 역사, 지리, 언어 등을 연구했음. ──▶실학자들은 중국이 세상의 중심이라는 생각에서 벗어나 우리의 언어, 역사, 지리 등을 연구했어요. 　– 유득공: 발해가 고구려를 이은 나라임을 밝혔음. 　– 김정호: 우리나라 지리를 연구하여 *『대동여지도』를 만들었음.

3 서민 문화의 발달

★ (1) **발달한 배경**: 농업과 상공업이 발달하여 경제적으로 여유가 생긴 사람들이 늘어났고, 이들이 문화와 예술에 관심을 갖게 되면서 서민 문화가 발달했습니다.

(2) **서민 문화의 특징** 자료⁺2

한글 소설	• 다양한 신분의 인물들이 주인공으로 등장하여 사회의 잘못된 점을 비판하거나 서민들의 감정을 그대로 표현했음. • 『홍길동전』, 『흥부전』, 『춘향전』, 『심청전』 등이 있음.
민화	• 주로 이름이 알려지지 않은 화가들이 그렸음. • 해, 달, 동물, 식물 등 그림의 소재가 다양했음. 예 「호랑이와 까치」 • 장수, 복, 효 등의 의미를 담아 주로 집 안을 장식하는 데 쓰였음.
풍속화	주로 전문적인 화가들이 서민들의 일상적인 모습을 그렸음. 예 김홍도의 「서당도」
판소리	• 소리꾼이 *고수의 북장단에 맞추어 노래와 말, 몸동작으로 이야기를 풀어 갔음. • 소리꾼이 이야기를 더하거나 뺄 수 있고, 구경하는 사람들도 함께 어울릴 수 있어서 인기가 많았음. • 「춘향가」, 「심청가」, 「흥보가」 등이 있음.
탈춤	• 탈을 쓰고 추는 춤이나 연극으로, 사람이 많이 모이는 곳에서 주로 공연됐음. • 양반을 비꼬거나 사회의 잘못된 점을 비판하는 내용이 많았고, 재미난 동작과 춤이 어우러져 시민들에게 인기가 많았음.

자료 1 정약용의 업적

정약용은 백성의 생활에 도움을 주기 위해 정치, 경제, 농업 등 다양한 분야를 연구했고, 이를 정리해 『목민심서』, 『경세유표』 등 많은 책을 썼습니다. 또한 수원 화성을 설계했고, 거중기를 개발했습니다. → 정조가 수원 화성을 이동하기 쉽도록 한강에 배다리를 설치하기도 했어요.

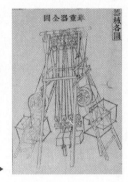

거중기 ▶

자료 2 서민 문화

▲ 한글 소설(『홍길동전』)

▲ 민화(『호랑이와 까치』)

▲ 풍속화(『서당도』)

▲ 판소리(『평양도 병풍 일부』)

▲ 탈춤(하회 별신굿 탈놀이)

조선 후기에 한글 소설, 민화, 풍속화, 판소리, 탈춤 등의 서민 문화가 발달했습니다. 서민 문화를 통해 당시 사람들의 생활 모습이나 생각을 알 수 있습니다.

핵심 개념 정리

• 조선 후기 서민 문화를 통해 당시 사람들의 생활 모습을 알 수 있습니다.

풍속화를 그려요.

얼쑤!

---

1 다음 (　　) 안의 알맞은 말에 ○표 하시오.

> (영조, 정조)는 붕당 간에 조화를 이루어 왕권을 강화하고 정치를 안정시키기 위해 탕평책을 실시한 후, 탕평비를 세웠다.

2 정조의 개혁 정치로 옳은 것에 ○표, 옳지 <u>않은</u> 것에 ✕표 하시오.

(1) 왕권 강화를 위해 왕을 지키는 부대를 새로 만들었습니다. 　　　　　　　　　　　　　　　　　　(　　　)

(2) 신문고를 다시 설치하여 백성이 억울한 일을 당하지 않도록 했습니다. 　　　　　　　　　　　　(　　　)

3 실학자와 그의 주장 및 연구를 알맞게 선으로 연결하시오.

(1) 유형원 •	• ㉠ 상업과 공업을 발달시키려고 했음.
(2) 박지원 •	• ㉡ 토지 제도를 개혁하여 농민 생활을 안정시키려고 했음.
(3) 김정호 •	• ㉢ 우리나라의 산, 강, 길 등을 자세히 표시한 지도를 만들었음.

4 조선 후기에 농업과 상공업이 발달하여 경제적으로 여유가 생긴 사람들이 늘어나고 이들이 문화와 예술에 관심을 갖게 되면서 (　　　　　　　　)이/가 발달했습니다.

5 다음 (　　) 안의 알맞은 말에 ○표 하시오.

> (민화, 풍속화)는 주로 이름이 알려지지 않은 화가들이 그린 그림으로 장수, 복, 효 등 서민의 소망이 담겨 있다.

1 새로운 사회를 향한 움직임 (2)

☺ 공부할 개념
• 세도 정치에 대해 알아보기
• 흥선 대원군의 정책 알아보기
• 강화도 조약 알아보기

1 세도 정치

(1) **의미**: 왕실과 외척들이 권력을 잡고 나랏일을 마음대로 운영하는 정치입니다.

(2) **세도 정치 시기의 문제점**: 세도 가문은 돈을 받고 벼슬을 팔거나, 정해진 세금보다 더 많은 세금을 거둬들였습니다. ➡ 나라 정치가 어지러워지고, 부정부패가 심했으며, 백성의 생활이 어려웠습니다. 자료¹

2 흥선 °대원군의 정책

(1) 고종이 어린 나이에 왕이 되자, 아버지인 흥선 대원군이 고종을 대신하여 나라를 다스렸습니다.

★ (2) **흥선 대원군이 실시한 정책** →흥선 대원군은 세도 정치의 문제점을 바로잡고 왕권을 강화하고자 정책을 실시했어요.

인재 등용	세도 가문을 억누르고 인재를 고루 뽑았음.
세금 부과	양반에게도 세금을 내게 했음.
서원 정리	전국에 있는 서원을 정리했음. →서원은 세금을 면제받고 부당하게 재산을 쌓았기 때문에 정리했어요.
경복궁 중건	왕실의 권위를 높이기 위해 임진왜란 때 불탄 경복궁을 다시 지었음. ➡ 경복궁을 다시 짓는 공사에 백성을 동원하고, 강제로 돈을 거둬들여 백성의 불만이 커졌음.

▲ 흥선 대원군

(3) **서양 세력의 °통상 요구** →프랑스와 미국의 침략으로 조선은 많은 사람이 죽거나 다치고 문화유산을 빼앗겼어요.

병인양요	• 프랑스가 통상을 요구하며 강화도를 침략했음. • 프랑스군이 물러가면서 『의궤』 등 문화유산을 빼앗아 갔음.
신미양요	• 미군이 군함을 이끌고 통상을 요구하며 강화도를 침략했음. • 미군이 물러가면서 수자기 등 문화유산을 빼앗아 갔음.

(4) **통상 수교 거부 정책의 강화**: 두 양요 이후 흥선 대원군은 전국에 척화비를 세워 서양과 교류하지 않겠다는 의지를 널리 알렸습니다. 자료²

3 강화도 조약 →흥선 대원군이 물러나고 고종이 직접 나라를 다스리면서 외국과 교류하며 새로운 문물을 받아들이자는 의견이 많아지게 되었어요.

(1) **강화도 조약을 맺게 된 과정**

일본이 강화도를 침입해 무력으로 조선에 통상을 요구했음.	➡	조선은 일본과 강화도 조약을 맺은 후 °개항했음. 자료³

★ (2) **강화도 조약의 특징**: 외국과 맺은 최초의 근대적 조약이자 조선에 불리한 불평등 조약이었습니다.

<강화도 조약(일부)>

조항	내용
제1조	조선은 자주국이며, 일본과 평등한 권리를 가진다.
제4조	조선은 부산 이외에 두 곳의 항구를 개항하고 일본인이 통상하는 것을 허가한다.
제7조	일본이 조선의 해안을 자유롭게 °측량하는 것을 허가한다. →일본이 조선을 쉽게 침략할 수 있기 때문에 불평등 조약이에요.
제10조	조선의 항구에서 죄를 지은 일본인은 일본 관리가 심판한다. →일본인의 범죄를 조선 스스로 막을 수 없기 때문에 불평등 조약이에요.

용어 사전
• **대원군** 왕에게 대를 이을 자식이 없어 왕족이 왕위를 이어 받았을 때 새 왕의 아버지를 높여 부르는 말.
• **통상**(通 통할 통, 商 장사 상) 나라들 사이에 물건을 사고파는 것.
• **개항**(開 열 개, 港 항구 항) 항구를 열어 외국의 배, 사람, 물건 등이 들어오는 것.
• **측량**(測 잴 측, 量 헤아릴 량) 기기를 써서 물건의 높이, 넓이, 방향 등을 잼.

자료1 세도 정치 시기 백성의 어려운 생활

너희 옆집의 세금은 네가 내거라!

도망간 옆집 사람들의 세금을 왜 제가 냅니까?

지난번에 빌린 곡식을 이자까지 쳐서 갚아라!

지난번에 빌린 곡식에는 모래와 곡식 껍질이 더 많아 먹을 수 없었습니다.

자료2 척화비에 적힌 내용

서양 오랑캐가 침범했는데 싸우지 않는 것은 곧 나라를 팔아먹는 것이다.

▲ 척화비

흥선 대원군은 프랑스와 미국의 침략을 물리친 후 전국에 척화비를 세웠습니다. 척화비는 서양과 교류하지 않겠다는 의지를 널리 알리기 위해 세운 것입니다.

자료3 강화도 조약 체결

강화도 조약은 조선의 입장을 충분히 반영하지 않았고, 일본에 일방적으로 유리한 내용을 담은 불평등한 조약이었습니다.

▲ 강화도 조약 체결 모습

 핵심 개념 정리

• 흥선 대원군은 세도 정치의 문제점을 바로잡고 왕권을 강화하기 위해 여러 가지 정책을 실시했습니다.

나라의 재정을 위해 서원을 몇 개만 남기고 정리하자!

으하하…

1 (　　　　　)은/는 왕실과 외척들이 권력을 잡고 나랏일을 마음대로 운영하는 정치입니다.

2 흥선 대원군이 실시한 정책으로 옳은 것에 ○표, 옳지 않은 것에 ×표 하시오.

(1) 왕실의 권위를 높이기 위해 서원을 지었습니다.
(　　　)

(2) 세도 가문을 억누르기 위해 인재를 고루 뽑았습니다.
(　　　)

3 다음 (　　) 안의 알맞은 말에 ○표 하시오.

(병인양요, 신미양요)는 프랑스가 조선에 통상을 요구하며 강화도를 침략한 사건이다.

4 흥선 대원군은 병인양요와 신미양요 이후 서양과 교류하지 않겠다는 의지를 널리 알리기 위해 (　　　　) 을/를 세웠습니다.

5 강화도 조약에 대한 설명으로 옳은 것에 ○표, 옳지 않은 것에 ×표 하시오.

(1) 우리나라가 외국과 맺은 최초의 근대적 조약이자 불평등 조약이었습니다. (　　　)

(2) 조선은 일본과 강화도 조약을 맺은 후 통상 수교 거부 정책을 펼쳤습니다. (　　　)

1 새로운 사회를 향한 움직임 (3)

😊 공부할 개념

• 임오군란 알아보기
• 갑신정변 알아보기
• 동학 농민 운동 알아보기

1 임오군란

(1) 개항 이후 상황
① 개화 정책을 추진하기 위한 기구를 설치했습니다.
② 신식 군대를 만들었습니다.

(2) 임오군란
① 구식 군인들이 신식 군대에 비해 차별 대우를 받아 분노하여 난을 일으켰습니다.
② 청의 군대가 난을 진압했고, 청이 조선의 정치에 간섭하게 됐습니다.

(3) 조선의 개화 정책에 대한 의견 대립 자료+1

김홍집의 의견	청과의 관계를 유지하면서 서양의 기술만을 받아들여야 함.
김옥균의 의견	청의 간섭을 물리치고 서양의 기술, •사상, 제도까지 받아들여야 함.

2 갑신•정변

★ (1) **전개 과정**: 김옥균 등은 조선에 영향력을 확대하려던 일본의 지원을 약속받고 우정총국 개국 축하 잔치에서 정변을 일으켰습니다. ➡ 새로운 정부를 구성하고, 개혁안을 발표했습니다. 자료+2

(2) **결과**: 청군의 개입으로 3일 만에 실패로 끝났습니다.

(3) **한계**: 일본의 힘에 의지하고 많은 사람의 지지를 얻지 못했습니다.

(4) **의의**: 국가의 제도를 바꿔 자주적인 나라를 세우고자 했던 개혁 운동이었습니다.

▲ 우정총국 → 우정총국은 우리나라 최초의 우체국이에요.

용어 사전

• **사상**(思 생각 사, 想 생각 상) 구체적인 사고나 생각.
• **정변**(政 정사 정, 變 변할 변) 비합법적인 방법으로 일어난 정치적 변화.
• **동학** 최제우가 서학(천주교)에 대응하여 만든 종교로, 민간 신앙과 다른 종교의 장점을 모아 만듦.
• **횡포**(橫 가로 횡, 暴 사나울 포) 제멋대로 굴며 몹시 난폭함.
  ⑩ 전라도 고부 군수의 횡포: 백성에게 강제로 보(물을 저장하는 시설임.)를 짓게 하고, 세금을 많이 걷었음.
• **전봉준** 동학 농민 운동을 이끈 지도자로, 운동에서 패한 후 체포되어 처형됐음.

3 •동학 농민 운동

(1) 개항 이후 농민들의 생활
① 개항 이후 일본 상인들이 조선의 곡식을 대량으로 사 가면서 곡식의 가격이 오르고 식량 사정이 어려워졌습니다.
② 일부 양반과 지방 관리가 농민을 수탈했습니다.
③ 사람은 모두 평등하다고 주장하는 동학이 농민들 사이에 퍼져 나갔습니다.

★ (2) **동학 농민 운동의 전개 과정**

| 전라도 고부 군수의 •횡포에 맞서 •전봉준을 중심으로 한 농민들이 봉기했음(동학 농민 운동). | ➡ | 전봉준은 농민군을 조직하여 관군을 물리친 후 전라도 일대를 장악하고 전주성을 점령했음. | ➡ | 조선 정부가 청의 도움을 요청하자 청이 조선에 군대를 보냈고, 일본도 조선에 군대를 보냈음. | ➡ |

| 동학 농민군은 조선 정부와 개혁안을 약속받고 전주성에서 물러난 후 개혁을 추진했음. 자료+3 | ➡ | 일본이 경복궁을 점령하고 조선의 정치에 간섭한 후 청의 군대를 공격했음(청일 전쟁). | ➡ | 동학 농민군은 일본군을 물리치기 위해 다시 봉기했으나 공주 우금치에서 관군과 일본군에 패했음. |

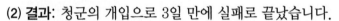

↳ 외국 군대가 개입하는 것을 막기 위해서였어요.

↳ 전봉준도 체포되어 처형됐어요.

(3) 동학 농민 운동의 의의: 부패를 없애고 외세에 저항하려는 운동이었습니다.

자료+1 조선의 개화 정책에 대한 서로 다른 의견

> 청과의 관계를 유지하면서 서양의 기술을 받아들이는 개화가 필요합니다.

> 청의 간섭을 물리치고 서양의 기술, 사상, 제도까지 받아들여 개화해야 합니다.

▲ 김홍집

▲ 김옥균

청이 조선의 정치에 간섭하고 있는 가운데 개화 정책을 둘러싸고 서로 의견이 나뉘었고, 조선은 개화 정책을 제대로 추진하지 못했습니다.

자료+2 갑신정변의 개혁안(일부)

┌ 청에 예물을 바치던 일이에요.

- 청에 대한 조공을 폐지한다.
- 문벌을 폐지하고 백성들이 평등한 권리를 갖는 제도를 마련한다.
- 세금 제도를 고쳐 관리의 부정을 막는다.
- 부정한 관리를 처벌한다.

– 김옥균, 「갑신일록」

자료+3 동학 농민군의 개혁안(일부)

- 탐관오리를 징계하고 쫓아낼 것
- 세금은 공평하게 부과하고 마구 거두지 말 것
- 각국 상인은 각 항구에서만 물건을 사고팔 것

– 정교, 「대한계년사」

 핵심 개념 정리

- 외세의 침략과 지방 관리들의 수탈로 생활이 어려워진 농민들은 전국 각지에서 봉기했습니다.

1 다음 ( ) 안의 알맞은 말에 ○표 하시오.

> (임오군란, 갑신정변)은 구식 군인들이 신식 군대에 비해 차별 대우를 받아 분노하여 일어났다.

2 조선의 개화 정책에 대한 의견과 인물을 알맞게 선으로 연결하시오.

(1) "청과의 관계를 유지하면서 서양의 기술만을 받아들여야 합니다." · · ㉠ 김옥균

(2) "청의 간섭을 물리치고 서양의 기술, 사상, 제도까지 받아들여야 합니다." · · ㉡ 김홍집

3 갑신정변의 전개 과정 중 가장 먼저 일어난 일을 골라 기호를 쓰시오.

㉠ 청의 군대가 개입하면서 3일 만에 실패로 끝났음.

㉡ 새로운 정부를 구성하고 개혁안을 발표했음.

㉢ 김옥균 등은 우정총국 개국 축하 잔치에서 정변을 일으켰음.

㉣ 김옥균 등은 조선에서 영향력을 확대하려던 일본의 지원을 약속받았음.

(　　　　)

4 (　　　　　　)은/는 농민군을 조직하여 동학 농민 운동을 이끌었던 지도자입니다.

5 동학 농민 운동에 대한 설명으로 옳은 것에 ○표, 옳지 않은 것에 ✕표 하시오.

(1) 부패를 없애고 외세에 저항하려는 운동이었습니다.
(　　)

(2) 국가의 제도를 바꿔 자주적인 나라를 세우고자 했던 개혁 운동이었습니다.
(　　)

1 영조와 정조는 □□□ 을 펼쳐 정치를 안정시키고 왕권을 강화했습니다.

2 □□□□□ 은 외국과 맺은 최초의 근대적 조약이자 불평등 조약이었습니다.

3 □□□□□□ 은 전봉준과 농민들이 전라도 고부 군수의 횡포에 맞서 일어났습니다.

4~5 다음 자료를 보고, 물음에 답하시오.

두루 사귀면서 편을 가르지 않는 것이 군자의 공정한 마음이요, 편을 가르고 두루 사귀지 않는 것은 소인의 사사로운 마음이다.

4 위와 같은 내용이 적힌 비석을 세운 왕은 누구인지 쓰시오.

(   )

5 위 **4**번 답의 왕이 비석을 세운 까닭으로 알맞은 것을 보기 에서 두 가지 골라 기호를 쓰시오.

보기
㉠ 서양과 교류하지 않기 위해서
㉡ 세도 가문을 억누르기 위해서
㉢ 붕당 간에 조화를 이루기 위해서
㉣ 왕권을 강화하고 정치를 안정시키기 위해서

(   )

6 정조의 개혁 정치에 대한 설명으로 알맞지 <u>않은</u> 것은 어느 것입니까? (   )

① 국왕을 지키는 새로운 부대를 만들었다.
② 왕권을 강화하기 위해 탕평책을 실시했다.
③ 백성이 억울한 일을 당하지 않도록 신문고를 설치했다.
④ 정치, 군사, 경제의 중심지로 삼고자 수원 화성을 건설했다.
⑤ 개혁 정치를 뒷받침할 관리를 기르기 위해 규장각을 설치했다.

7 다음 실학자의 주장으로 알맞은 것을 보기 에서 두 가지 골라 기호를 쓰시오.

보기
㉠ 토지 제도를 바꿔야 한다!
㉡ 청의 문물이 들어오는 것을 막아야 한다!
㉢ 중국이 세상의 중심이라는 생각에서 벗어나야 한다!
㉣ 상업과 공업은 조선의 현실 문제를 해결하지 못한다!

(   )

8 정약용에 대한 설명으로 알맞지 <u>않은</u> 것은 어느 것입니까? (   )

① 조선 후기 실학자이다.
② 『목민심서』, 『경세유표』 등 많은 책을 썼다.
③ 수원 화성을 설계하고, 거중기를 개발했다.
④ 백성의 생활에 도움을 주기 위해 다양한 분야를 연구했다.
⑤ 우리나라의 산, 강, 길 등을 자세히 표시한 『대동여지도』를 만들었다.

9 서민 문화가 발달한 배경으로 알맞은 것은 어느 것입니까? (   )

① 붕당 간에 대립이 심했다.
② 외국과 조약을 맺고 개항했다.
③ 흥선 대원군이 나라를 다스렸다.
④ 동학이 농민들 사이에 퍼져 나갔다.
⑤ 경제적으로 여유가 생긴 사람들이 늘어났다.

10 다음에서 설명하는 서민 문화를 쓰시오.

고수의 북장단에 맞춰 소리꾼이 노래, 말, 몸동작으로 이야기를 풀어 가는 음악이다.

(   )

11 세도 정치 시기에 나타난 문제점을 잘못 말한 어린이는 누구입니까? (   )

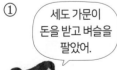
① 세도 가문이 돈을 받고 벼슬을 팔았어.

② 나라 안에 부정부패가 심했어.

③ 정해진 세금보다 더 많은 세금을 거둬들였어.

④ 구식 군인들이 차별 대우를 받았어.

12 흥선 대원군이 실시한 정책으로 알맞지 <u>않은</u> 것은 어느 것입니까? (   )

① 인재를 고루 뽑았다.
② 양반에게도 세금을 내게 했다.
③ 서원을 일부만 남기고 정리했다.
④ 임진왜란 때 불탄 경복궁을 다시 지었다.
⑤ 왕실과 혼인 관계를 맺은 몇몇 가문과 함께 나라를 다스렸다.

13 다음 두 사건의 공통점으로 알맞은 것을 [보기]에서 두 가지 골라 기호를 쓰시오.

• 병인양요   • 신미양요

[보기]
㉠ 강화도를 침략했다.
㉡ 조선에 통상을 요구했다.
㉢ 서양 세력과 조약을 맺고 개항했다.
㉣ 흥선 대원군이 물러나고 고종이 나라를 직접 다스렸을 때 일어났다.

(   )

14 흥선 대원군이 다음 내용이 적힌 비석을 세운 까닭을 쓰시오.
서술형

서양 오랑캐가 침범했는데 싸우지 않는 것은 곧 나라를 팔아먹는 것이다.

▲ 척화비

15 조선이 강화도 조약을 맺게 된 과정으로 알맞은 것을 보기 에서 모두 고른 것은 어느 것입니까?
(　　　)

> **보기**
> ㉠ 신식 군대를 만들었다.
> ㉡ 개화 정책을 추진하기 위해 기구를 설치했다.
> ㉢ 조선에서 외국과 통상을 하자는 의견이 많아졌다.
> ㉣ 일본이 강화도를 침입해 무력으로 조선에 통상을 요구했다.

① ㉠, ㉡　　　　② ㉠, ㉢
③ ㉡, ㉢　　　　④ ㉡, ㉣
⑤ ㉢, ㉣

16 다음 (가)에 들어갈 조선의 상황으로 알맞은 것은 어느 것입니까? (　　　)

> 강화도 조약 체결 ➡ **(가)** ➡ 갑신정변

① 임오군란이 일어났다.
② 청일 전쟁이 일어났다.
③ 동학 농민 운동이 일어났다.
④ 프랑스가 『의궤』를 빼앗아 갔다.
⑤ 흥선 대원군이 척화비를 세웠다.

17★ 조선의 개화 정책을 둘러싸고 다음과 같이 주장한 인물은 누구입니까? (　　　)

> 청과의 관계를 유지하면서 서양의 기술만 받아들여 조선을 개화해야 한다.

① 전봉준　　　② 김옥균
③ 김홍집　　　④ 유형원
⑤ 정약용

18 갑신정변에 대한 설명으로 알맞지 않은 것은 어느 것입니까? (　　　)

① 김옥균 등이 일으켰다.
② 많은 사람의 지지를 받았던 사건이다.
③ 청의 군대가 개입하면서 실패로 끝났다.
④ 국가의 제도를 바꿔 자주적인 나라를 세우고자 했다.
⑤ 일본의 지원을 약속받고 우정총국 개국 축하 잔치에서 일으켰다.

19~20 다음은 동학 농민 운동의 전개 과정을 나타낸 것입니다. 물음에 답하시오.

> <u>전봉준</u>을 중심으로 한 농민들이 봉기했음.
> ↓
> 동학 농민군은 전라도 일대를 장악하고 전주성을 점령했음.
> ↓
> 조선 정부가 청의 도움을 요청하자 청이 조선에 군대를 보냈고, 일본도 조선에 군대를 보냈음.
> ↓
> 동학 농민군은 조선 정부와 개혁안을 약속받고 전주성에서 물러난 후 개혁을 추진했음.
> ↓
> 일본이 경복궁을 점령하고 청군을 공격했음.
> ↓
> 동학 농민군이 다시 봉기했으나 관군과 일본군에 패했음.

19 위 밑줄 친 '전봉준'이 농민들과 봉기한 까닭으로 알맞은 것은 어느 것입니까? (　　　)

① 조선이 개항했기 때문에
② 청의 간섭이 심했기 때문에
③ 서양이 강화도를 침략했기 때문에
④ 일본과 불평등한 조약을 맺었기 때문에
⑤ 전라도 고부 군수의 횡포가 심했기 때문에

20 위와 같이 전개된 동학 농민 운동의 의의를 쓰시오.
 서술형

_____

_____

1 다음 자료를 보고, 물음에 답하시오. [12점]

제1조	조선은 자주국이며, 일본과 평등한 권리를 가진다.
제4조	조선은 부산 이외에 두 곳의 항구를 개항하고 일본인이 통상하는 것을 허가한다.
제7조	일본이 조선의 해안을 자유롭게 측량하는 것을 허가한다.
제10조	조선의 항구에서 죄를 지은 일본인은 일본 관리가 심판한다.

(1) 위와 같은 내용으로 일본과 맺은 조약은 무엇인지 쓰시오. [4점]

(   )

(2) 위 (1)번 답 조약의 특징을 쓰시오. [8점]

_____

_____

서술형 문제를 푸는 방법을 익혀보자!

1단계 단어의 의미 알기

'조약'의 뜻은 무엇일까?

조 약 : 나라와 나라 사이에 맺은 약속

2단계 생각해 보기

'조선과 일본 사이에 맺은 조약의 특징은 무엇일까?

일본이 강화도를 무력으로 침입함.

↓

조선에 통상을 요구함.

↓

조선과 일본 사이에 '강화도 조약'이 체결됨.

↓   ↓

근대적 조약   불평등 조약

↓   ↓

조선은 일본과 조약을 맺은 후 개항했음.   조선에 불리하고 일본에 유리한 내용이 제7조와 제10조에 담겨 있음.

2 다음 문화유산을 보고, 물음에 답하시오. [12점]

▲ 수원 화성

(1) 위 문화유산을 건설한 왕은 누구인지 쓰시오. [4점]

(   )

(2) (1)번 답의 왕이 위 문화유산을 건설한 까닭을 쓰시오. [8점]

_____

_____

3 다음 신문 기사를 읽고, 물음에 답하시오. [12점]

역사 신문	1884년 ○○월 ○○일

(   ) 이/가 일어나다!

조선이 개화 정책을 제대로 추진 못하자 김옥균 등은 일본의 지원을 약속받고 우정총국 개국 축하 잔치에서 정변을 일으켰다. 이어 새로운 정부를 구성하고 개혁안을 발표했다.

(1) 위 빈칸에 들어갈 알맞은 사건을 쓰시오. [4점]

(   )

(2) 위 (1)번 답 사건의 의의를 쓰시오. [8점]

_____

_____

2 일제의 침략과 광복을 위한 노력 (1)

1 을미사변

(1) **청일 전쟁 이후 조선의 상황:** 청일 전쟁에서 승리한 일본이 조선의 정치에 깊이 간섭하게 됐습니다.

★ (2) **을미사변의 원인과 결과**

원인	• 고종과 명성황후는 러시아를 이용하는 등 외교적 노력을 통해 일본을 견제하려고 했음. • 일본은 조선을 빼앗는 데 명성황후가 걸림돌이라고 생각했음.
결과	위협을 느낀 일본이 경복궁에 침입하여 명성황후를 시해했음(을미사변).

▲ 명성황후가 시해된 경복궁 옥호루

(3) **아관 파천:** 을미사변 이후 고종은 일본의 위협에서 벗어나기 위해 러시아 공사관으로 피신해 머물렀습니다. ➡ 러시아를 비롯한 여러 나라의 간섭이 심해졌습니다.

2 『독립신문』의 발간과 독립 협회의 노력 ┌─ 조선의 자주독립 정신을 일깨우고 국민의 단결을 위해 노력했어요.

『독립신문』 발간	• 서재필이 정부의 지원을 받아 발간했음. 자료＋1 • 한글로 작성해 누구나 읽기 쉽도록 했음. • 자주독립을 강조하고, 나라 안팎의 소식을 백성들에게 알렸음.
독립 협회의 노력	• 서재필은 정부의 관료, 개화파 지식인 등과 함께 독립 협회를 만들었음. • 중국 사신을 맞이하던 영은문이 있던 자리 부근에 독립문을 세워 자주독립 의지를 드러내고자 했음. • 만민 공동회를 열어 누구나 사회 문제에 대해 자신의 생각을 말할 수 있도록 했음.

3 대한 제국 수립과 근대화를 위한 노력

(1) **대한 제국 수립 배경:** 고종은 러시아 공사관에 머문 지 1년 만에 경운궁(덕수궁)으로 돌아왔습니다.

★ (2) **대한 제국 수립 선포:** 고종은 환구단에서 황제로 즉위했으며, 대한 제국 수립을 선포했습니다.

(3) **대한 제국이 추진한 근대 개혁**

① 전차, 철도, 전화 등 교통·통신 시설을 갖추었습니다. 자료＋2

② 공장, 회사, 은행의 설립을 지원했습니다.

③ 인재를 기르기 위해 학교를 세우고 외국에 유학생을 보내 기술을 배우게 했습니다.

용어 사전

• **시해**(弑 윗사람 죽일 시, 害 해할 해) 임금 등 윗사람을 죽임.
• **서재필** 갑신정변을 일으켰던 인물로, 정변이 실패하자 일본을 거쳐 미국으로 떠났음. 고국으로 돌아온 후 자주독립 국가를 수립하기 위해 많은 노력을 했음.
• **공사관**(公 공평할 공, 使 하여금 사, 館 집 관) 공사가 주재지에서 사무를 보는 곳.

▲ 고종

환구단
▲ 환구단

• 환구단은 하늘에 제사를 지내던 곳임.
• 고종은 우리나라가 황제국임을 널리 알리고, 대한 제국이 자주독립 국가임을 보여 주기 위해 환구단에서 황제로 즉위했음. ┌─ 대한 제국이 중국과의 사대 관계를 청산하고 자주독립 국가임을 상징적으로 보여 주기 위해서예요.

자료 1 『독립신문』의 발간과 독립 협회의 노력

▲ 『독립신문』

독립문
▲ 독립문

서재필은 『독립신문』을 발간하고 여러 사람과 함께 독립 협회를 설립했습니다. 독립 협회에서는 독립문을 세워 자주독립 의지를 드러냈습니다.

자료 2 새로운 문물과 그로 인해 달라진 생활 모습

▲ 전차

▲ 서양 옷을 입은 사람들

개항 이후 서양식 건물과 옷, 음식, 전차와 철도, 전화 등 서양 문물이 들어오면서 사람들의 일상생활에 큰 변화가 생겼습니다.

핵심 개념 정리

• 일본과 서양의 침탈 속에서 대한 제국은 자주독립과 근대화를 위해 노력했습니다.

나, 고종 황제! 대한 제국 수립을 선포하노라~

1 다음 ( ) 안의 알맞은 말에 ○표 하시오.

> 일본이 경복궁에 침입해 명성황후를 시해한 사건을 (을미사변, 아관 파천)이라고 한다.

2 서재필은 『( )』을/를 발간해 나라 안팎의 소식을 백성들에게 알렸습니다.

3 독립 협회의 노력으로 옳은 것에 ○표, 옳지 <u>않은</u> 것에 ✕표 하시오.

(1) 자주독립 의지를 드러내고자 영은문을 세웠습니다.
( )

(2) 누구나 사회 문제에 대해 자신의 생각을 말할 수 있도록 만민 공동회를 열었습니다. ( )

4 다음 ( ) 안의 알맞은 말에 ○표 하시오.

> 고종은 (경운궁, 환구단)에서 황제로 즉위한 후 대한 제국 수립을 선포했다.

5 대한 제국이 추진한 개혁으로 옳은 것에 ○표, 옳지 <u>않은</u> 것에 ✕표 하시오.

(1) 학교를 세워 인재를 길렀습니다. ( )

(2) 러시아를 이용하는 등 외교적 노력을 통해 일본을 견제했습니다. ( )

2 일제의 침략과 광복을 위한 노력 (2)

😊 공부할 개념

• 을사늑약 체결과 우리 민족의 저항 알아보기
• 항일 의병 운동 알아보기
• 나라를 지키기 위한 안중근의 노력 알아보기

★ 1 을사늑약 체결과 우리 민족의 저항

체결 과정	일본은 한반도를 둘러싸고 러시아와 벌인 전쟁에서 승리했음. ➡ 고종이 동의하지 않았음에도 불구하고 을사늑약을 체결했음. 자료1
결과	을사늑약의 체결로 일본이 대한 제국의 외교권을 빼앗았음.
우리 민족의 저항	• 신문에 을사늑약이 무효임을 주장하는 글들을 실었음. • 민영환은 을사늑약의 부당함을 알리고자 스스로 목숨을 끊었음. • 고종은 네덜란드 헤이그에서 열린 평화 회의에 특사를 파견해 을사늑약이 무효임을 국제 사회에 알리려고 했으나 일본의 방해로 실패했음. 자료2

2 항일 의병 운동

(1) **의병**: 백성들이 스스로 조직한 군대입니다.

★ (2) 항일 의병 운동의 전개 과정

을미사변과 단발령 실시 이후

• 을미사변과 단발령에 반발하여 유생들이 의병을 일으켰음.
• 고종이 단발령을 취소하고 해산을 권하자 스스로 해산했음.

⬇

을사늑약 체결 이후

• 을사늑약에 반발하여 의병 운동이 본격적으로 펼쳐졌음.
• 양반뿐만 아니라 신돌석과 같은 평민 출신 의병장도 활약했음. 자료3

⬇

대한 제국의 군대 해산 이후

고종이 강제로 물러나고 대한 제국 군대가 해산된 후 군인들이 의병 활동에 참여했음. → 의병의 전투력이 크게 강화됐음.

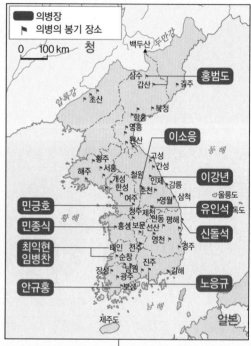

▲ 항일 운동의 전개

일본의 침략에 맞서 나라를 지키기 위해 항일 의병 운동이 전국으로 일어났음을 알 수 있어요.

(3) **일본의 의병 운동 탄압**

① 일본이 대규모 부대를 동원해 의병 운동을 탄압했습니다.

② 국내에서 활동이 어려워진 의병들은 만주나 연해주로 이동해 독립군이 되어 항일 투쟁을 이어 갔습니다.

3 나라를 지키기 위한 안중근의 노력
→ 안중근은 이토 히로부미가 대한 제국을 일본의 식민지로 만드는 데 앞장선 인물이라고 여겼기에 처단했어요.

국내 활동	계몽 운동가이자 독립군 대장이었던 안중근은 을사늑약 체결 이후 민족의 힘과 실력을 키우고자 학교를 세웠음.
국외 활동	• 고종이 강제로 물러나게 되자 연해주로 가서 의병을 모아 국내 진입 작전을 펼쳤음. • 을사늑약을 강제로 맺게 한 이토 히로부미를 하얼빈역에서 처단했음. ➡ 붙잡힌 안중근은 재판 과정에서 일제의 죄를 꾸짖고 동양 평화를 지키기 위해 독립운동을 펼쳤다고 이야기했음.

▲ 안중근

법정에서 사형 선고를 받고 뤼순 감옥에서 순국했어요.

용어 사전

• **늑약**(勒 굴레 늑, 約 맺을 약) 억지로 맺은 조약.

• **특사**(特 특별할 특, 使 하여금 사) 특별한 임무를 띠고 파견하는 사절.

• **단발령**(斷 끊을 단, 髮 터럭 발, 令 하여금 령) 성인 남자들의 상투를 없애고 머리카락을 짧게 자르게 한 명령.

• **처단**(處 곳 처, 斷 끊을 단) 결단을 내려 처치함.

자료➊ 을사늑약(일부)

조항	내용
제1조	일본 정부는 대한 제국의 외교에 관한 모든 사무를 지휘하고 감독한다.
제2조	대한 제국은 일본 정부를 거치지 않고 외국과의 조약을 맺지 않기로 약속한다.

대한 제국은 을사늑약 체결로 더 이상 주체적으로 다른 나라와 교류를 할 수 없게 됐습니다.

자료➋ 헤이그 특사

헤이그 특사 파견을 구실로 일본은 고종을 강제로 물러나게 하고 대한 제국의 군대도 해산시켰습니다.

이준　이상설　이위종

자료➌ 의병장 신돌석의 활동

• 신돌석을 '태백산 호랑이'라고 불렀습니다.
• 신돌석이 이끌었던 의병 부대는 경상도와 강원도 일대에서 일본군을 크게 물리쳤습니다.

신돌석 ▶

핵심 개념 정리

• 고종 황제가 동의하지 않았음에도 불구하고 일본은 억지로 을사늑약을 체결했고, 이에 우리 민족은 다양한 방법으로 저항했습니다.

---

1 (   )은/는 일본이 대한 제국의 외교권을 빼앗기 위해 억지로 맺은 조약입니다.

2 을사늑약 체결에 대한 우리 민족의 저항 모습으로 옳은 것에 ○표, 옳지 **않은** 것에 ✕표 하시오.

(1) 고종은 황제의 자리에서 물러났습니다.   (   )

(2) 민영환은 을사늑약의 부당함을 알리기 위해 스스로 목숨을 끊었습니다.   (   )

3 항일 의병 운동의 전개 시기와 활동을 알맞게 선으로 연결하시오.

(1) 을미사변과 단발령 이후	•	• ㉠	대한 제국 군대가 의병 활동에 참여했음.
(2) 을사늑약 체결 이후	•	• ㉡	신돌석과 같은 평민 출신 의병장도 활약했음.
(3) 대한 제국 군대 해산 이후	•	• ㉢	양반 유생들을 중심으로 의병이 일어났음.

4 다음 (   ) 안의 알맞은 말에 ○표 하시오.

대한 제국 군대가 해산된 이후 의병의 전투력이 크게 (강화됐다, 약화됐다).

5 나라를 지키기 위한 안중근의 노력을 알맞게 말한 어린이에게 ○표 하시오.

(1) 을사늑약에 반발하여 경상도와 강원도 일대에서 일본군을 크게 물리쳤어.

(2) 우리나라 침략에 앞장선 이토 히로부미를 하얼빈역에서 처단했어.

(   )   (   )

2 일제의 침략과 광복을 위한 노력 (3)

1 일제의 식민 통치와 우리 민족의 고통

(1) 일제의 식민 통치 → 일제는 1910년 대한 제국의 국권을 빼앗았어요.

조선 총독부 설치	일제가 우리 민족을 지배하기 위해 설치했음.
헌병 경찰제 실시	우리 민족을 감시하고 독립운동을 탄압하기 위해 실시했음.
토지 조사 사업 시행	일제가 우리나라 토지의 소유자를 확인하기 위해 시행했음. 자료1

▲ 일본 헌병 경찰

(2) 나라를 되찾기 위한 우리 민족의 노력
┌ 일제의 강압 통치로 국내에서 살기 어려워진 사람들은 만주와 연해주 등 국외로 옮겨 살았고, 독립운동을 펼쳐 나갔어요.

안창호	• 평양에 대성 학교를 세워 인재를 길렀음. • 미국에 흥사단을 세워 우리 민족의 실력을 기르는 활동에 앞장섰음.
이회영	만주에 신흥 강습소(이후 신흥 무관 학교로 이름이 바뀜.)를 세워 많은 독립운동가와 독립군을 키워 냈음. 자료2

★ 2 3·1 운동

(1) 배경
① 제1차 세계 대전이 끝나고 전쟁에서 진 나라들의 식민지들이 독립하자 우리 민족도 독립에 대한 희망을 갖게 됐습니다.
② 종교계 대표들과 학생들은 고종의 장례식을 계기로 만세 시위를 벌일 것을 계획했습니다.

(2) 전개 과정
① 1919년 3월 1일, 서울에서 민족 대표들이 독립 선언식을 했습니다.
② 같은 시각 학생들과 시민들은 탑골 공원에서 독립 선언서를 낭독하고 만세 시위를 벌였습니다. 자료3
③ 전국으로 만세 시위는 퍼져 나갔고, 국외에서도 만세 시위가 일어났습니다. ┐경기도 화성 제암리에서는 사람들을 교회에 모이게 한 후 총을 쏘고 불을 질러 죽이기도 했어요.
④ 유관순은 천안에서 만세 시위를 주도하다 체포되어 감옥에서 순국했습니다.

(3) 의미: 우리 민족의 독립에 대한 열망과 의지를 전 세계에 알리는 계기가 되었습니다.

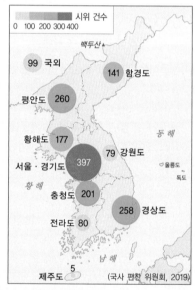
▲ 3·1 운동이 일어난 지역

★ 3 대한민국 임시 정부의 수립과 활동
┌ 중국 상하이는 일본의 영향력이 미치지 않았고, 각 나라의 외교 기관이 모여 있어 외교 활동을 펼치기 유리했어요.

수립	• 3·1 운동 전후로 나라 안팎에서 임시 정부가 수립 됐음. ➡ 3·1 운동을 계기로 독립운동을 위한 힘을 하나로 모으기 위해 통합 정부를 수립하고자 했음. • 중국 상하이에서 대한민국 임시 정부가 수립됐음.
활동	• 국내외 독립운동을 지휘하기 위해 비밀 연락망을 만들고 독립운동 자금을 모았음. • 우리 민족의 독립 의지를 널리 알리기 위해 외교 활동을 펼쳤음.

▲ 대한민국 임시 정부 지도

😊 공부할 개념

• 일제의 식민 통치와 우리 민족의 고통 알아보기
• 3·1 운동 알아보기
• 대한민국 임시 정부의 수립과 활동 알아보기

용어 사전
• **대성 학교** 안창호가 평양에 세운 교육 기관으로, 독립 정신과 실력을 갖춘 인재를 기르고자 했음.

• **제1차 세계 대전** 1914~1918년에 일어난 세계적 규모의 전쟁.

• **유관순** 3·1 운동을 주도했던 독립운동가로, 이화 학당이 만세 시위로 휴교하자 고향인 충청남도 천안으로 내려가 만세 시위했음.

자료⁺1 토지 조사 사업

이 땅에서 농사짓고 싶으면 우리의 허가를 받아야 하오.

조상 대대로 농사짓던 땅인데 이런 법이 어디 있소?

일제의 토지 조사 사업으로 농민들은 농사지을 땅을 잃거나 불리한 조건으로 새로 계약을 맺어야 했습니다.

자료⁺2 신흥 무관 학교

신흥 무관 학교에서는 주로 군사 교육을 했고, 우리 역사와 국어, 지리를 가르쳤습니다.

자료⁺3 3·1 독립 선언서

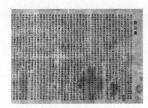

우리는 이에 우리 조선이 독립한 나라임과 조선 사람이 자주적인 민족임을 선언한다. ……

핵심 개념 정리

• 우리 민족의 독립에 대한 열망과 의지를 담아 전국은 물론 국외에서도 3·1 운동이 일어났습니다.

일제로부터 빼앗긴 우리나라를 반드시 되찾겠다! 대한 독립 만세!

1 일제의 식민 통치에 대한 설명으로 옳은 것에 ○표, 옳지 않은 것에 ✕표 하시오.

(1) 대한 제국의 국권을 빼앗은 일제는 우리 민족을 지배하기 위해 조선 총독부를 설치했습니다.　（　　　）

(2) 일제는 우리나라의 토지를 일본 사람들에게 나누어주기 위해 토지 조사 사업을 시행했습니다.　（　　　）

2 나라를 되찾기 위해 노력한 독립운동가와 활동을 알맞게 선으로 연결하시오.

(1) 이회영　•

(2) 안창호　•

• ㉠ 대성 학교와 흥사단을 세웠음.

• ㉡ 신흥 강습소(이후 신흥 무관 학교로 이름이 바뀜.)를 세웠음.

3 3·1 운동에 대한 설명으로 옳은 것에 ○표, 옳지 않은 것에 ✕표 하시오.

(1) 1919년 3월 1일, 민족 대표들과 학생들이 주도하여 일어났습니다.　（　　　）

(2) 중국 상하이에서 독립 선언서를 낭독하고 만세 시위를 벌였습니다.　（　　　）

4 （　　　　　　　　）은/는 3·1 운동을 계기로 독립운동을 위한 힘을 하나로 모으기 위해 수립됐습니다.

5 대한민국 임시 정부의 활동을 알맞게 말한 어린이에게 ○표 하시오.

(1) 비밀 연락망을 만들고 독립운동 자금을 모았어.

(2) 헌병 경찰제를 실시했어.

（　　　）　　　（　　　）

2 일제의 침략과 광복을 위한 노력 (4)

😊 공부할 개념

• 3·1 운동 이후 국내외 독립
운동 알아보기

• 나라를 되찾기 위한 다양한
노력 알아보기

1 3·1 운동 이후 국내외 독립운동

(1) 3·1 운동 이후 일제가 실시한 식민 통치: 우리 민족을 분열시키기 위해 친일 세력을 늘리고, 식민 지배에 대한 우리 민족의 저항 의지를 약화하려고 했습니다.

★ **(2) 우리 민족의 대응**

① 3·1 운동 이후 국외의 독립운동 _{자료 1}

봉오동 전투	봉오동에서 홍범도를 중심으로 한 여러 독립군 부대가 일본군을 무찔렀음.
청산리 대첩	청산리 일대에서 김좌진과 홍범도 등이 이끄는 여러 독립군 부대가 일본을 크게 무찔렀음.

② 3·1 운동 이후 국내의 독립운동 → 6·10 만세 운동과 광주 학생 운동은 학생들이 중심이 되어 일어난 독립운동이에요.

6·10 만세 운동	• 전개 과정: 학생들이 ●순종의 장례식을 계기로 대규모 만세 시위를 계획했으나 사전에 발각됐음. ➡ 일부 학생들이 예정대로 만세 시위를 벌였음. • 의의: 학생들이 독립운동을 이끄는 주인공으로서 적극적인 역할을 하는 계기가 됐음.
광주 학생 항일 운동	• 전개 과정: 광주 지역 한국인 학생들과 일본인 학생들이 통학 열차 안에서 충돌이 있었음. • 의의: 민족 차별에 대한 분노와 반일 감정이 폭발하면서 일어났음. ➡ 전국적인 항일 민족 운동으로 발전했음.

2 나라를 되찾기 위한 다양한 노력

(1) 일제가 우리 민족을 억압한 방법

① 전국에 세워진 ●신사에 절을 하도록 강요했습니다.

② 일본식으로 성과 이름을 바꾸도록 했습니다.

③ 우리 민족에게 일본어를 쓰도록 강요했습니다.

④ 전쟁에 필요한 사람과 물자를 우리나라에서 강제로 동원했고, 이때 끌려간 많은 여성이 ●일본군 '위안부'로 고통을 당했습니다.

★ **(2) 우리말과 글, 우리 역사를 지키기 위한 노력** _{자료 2}

조선어 학회	• 우리말과 글을 지키기 위해 한글 보급 운동을 펼쳤음. • 『우리말큰사전』을 편찬하기 위해 노력했음.
신채호	• 우리 민족의 애국심을 드높이기 위해 을지문덕, 이순신 등 나라를 구한 영웅들의 전기를 썼음. • 일제에 나라를 빼앗긴 후에는 우리나라 역사를 새롭게 연구했음.

(3) 김구와 대한민국 임시 정부의 노력 _{자료 3}

→ 고조선과 고구려, 발해 등에 관한 역사책을 써서 우리 역사가 자주적으로 발전했음을 강조했어요.

한인 애국단	• 김구가 임시 정부의 활동에 활기를 불어넣기 위해 조직했음. • 일제의 주요 인물을 처단하는 활동을 했음. • 단원이었던 윤봉길은 상하이 훙커우 공원에서 일왕의 생일을 기념하기 위해 모인 일본 장군들에게 폭탄을 던졌음.
한국광복군	• 대한민국 임시 정부가 창설했음. • 일본과 전쟁을 치를 준비를 했음. • ●태평양 전쟁이 일어나자 일본에 선전 포고를 했음. ➡ 연합국의 일원으로 일본군에 맞서 싸웠음.

용어 사전

• **순종** 대한 제국의 마지막 황제.

• **신사**(神 귀신 신, 社 모일 사) 일본에서 왕실의 조상이나 고유의 신앙 대상인 신 또는 국가에 공로가 큰 사람을 신으로 모신 사당.

▲ 신사에 절하는 모습: 일본인처럼 신사에 절을 해야 했음.

• **일본군 '위안부'** 일제에 강제 동원되어 성폭력과 인권 침해를 당한 여성.

• **태평양 전쟁** 제2차 세계 대전 당시 일제 미국 하와이를 기습 공격한 전쟁.

자료⁺1 봉오동 전투와 청산리 대첩이 발생한 지역

봉오동 전투와 청산리 대첩은 우리 민족에게 독립에 대한 용기와 희망을 심어 주었습니다.

자료⁺2 우리말과 글, 우리 역사를 지키기 위한 노력

▲ 조선어 학회 회원들

▲ 신채호

자료⁺3 대한민국 임시 정부의 활동

▲ 한인 애국단원으로 활동했던 윤봉길

▲ 한국광복군 창설

핵심 개념 정리

• 3·1 운동 이후 국내외에서 독립운동이 활발하게 전개됐고, 나라를 되찾기 위해 우리 민족은 끊임없이 노력했습니다.

개념 확인 문제

정답과 풀이 **58**쪽

1 3·1 운동 이후 국외의 독립운동과 활동을 알맞게 선으로 연결하시오.

(1) 봉오동 전투 ·

· ㉠ 김좌진과 홍범도 등이 이끄는 여러 독립군 부대가 일본군을 무찔렀음.

(2) 청산리 대첩 ·

· ㉡ 홍범도를 중심으로 한 독립군 부대가 일본군을 무찔렀음.

2 다음 ( ) 안의 알맞은 말에 ○표 하시오.

대한 제국의 마지막 황제인 순종의 장례식을 계기로 (광주 학생 항일 운동, 6·10 만세 운동)이 일어났다.

3 일제가 우리 민족을 억압한 방법에 대한 설명으로 옳은 것에 ○표, 옳지 않은 것에 ✕표 하시오.

(1) 신사에 절을 하도록 강요했습니다. ( )

(2) 일본말을 사용하지 못하도록 했습니다. ( )

4 다음 ( ) 안의 알맞은 말에 ○표 하시오.

(한인 애국단, 조선어 학회)은/는 우리말과 글을 지키기 위해 한글 보급 운동을 펼쳤다.

5 대한민국 임시 정부가 창설한 ( )은/는 연합군의 일원으로 일본에 맞서 싸웠습니다.

2. 사회의 새로운 변화와 오늘날의 우리 **65**

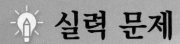

핵심문장으로 시작하기

1 서재필 등이 설립한 ⬚ㄷ⬚ㄹ⬚ㅎ⬚ㅎ⬚ 는 조선의 자주 독립 정신을 일깨우고 국민을 단결하기 위해 노력했습니다.

2 일본은 고종이 동의하지 않았음에도 불구하고 대한 제국의 외교권을 빼앗는 조약인 ⬚ㅇ⬚ㅅ⬚ㄴ⬚ㅇ⬚ 을 체결했습니다.

3 ⬚ㅅ⬚ㅊ⬚ㅎ⬚ 는 나라를 구한 영웅들의 전기를 썼고, 우리 역사가 자주적으로 발전했음을 강조했습니다.

4 다음 밑줄 친 부분의 사건을 무엇이라고 하는지 쓰시오.

> 일본이 청일 전쟁에서 승리한 후 조선의 정치에 깊이 간섭하자 고종과 명성황후는 러시아를 이용하여 일본을 견제하려고 했다. 이에 일본은 경복궁을 습격하여 명성황후를 시해했다.

( )

5 다음 (가)에 들어갈 내용으로 알맞은 것을 보기 에서 모두 고른 것은 어느 것입니까? ( )

조사 보고서
주제: 독립 협회의 활동
내용: _____(가)_____

보기
㉠ 독립문을 세웠다.
㉡ 헤이그에 특사를 파견했다.
㉢ 대한 제국 수립을 선포했다.
㉣ 만민 공동회를 열어 사회 문제에 대해 자신의 생각을 말할 수 있게 했다.

① ㉠, ㉡　　　　② ㉠, ㉣
③ ㉡, ㉢　　　　④ ㉡, ㉣
⑤ ㉢, ㉣

6 대한 제국이 추진한 개혁으로 알맞지 **않은** 것은 어느 것입니까? ( )

① 『독립신문』을 발간했다.
② 교통·통신 시설을 갖추었다.
③ 공장과 회사 설립을 지원했다.
④ 인재를 기르기 위해 학교를 세웠다.
⑤ 외국에 유학생을 보내 기술을 배우게 했다.

7~8 다음 지도를 보고, 물음에 답하시오.

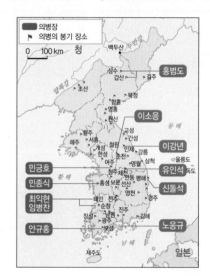

7 위 지도와 같이 의병들이 활약한 운동으로 알맞은 것은 어느 것입니까? ( )

① 3·1 운동
② 봉오동 전투
③ 청산리 대첩
④ 항일 의병 운동
⑤ 6·10 만세 운동

8 위 **7**번 답의 운동이 일어난 배경으로 알맞지 **않은** 것은 어느 것입니까? ( )

① 을미사변에 반발했다.
② 단발령 실시에 반발했다.
③ 고종이 강제로 물러났다.
④ 대한 제국의 군대가 해산됐다.
⑤ 일본이 헌병 경찰제를 실시하여 독립운동을 탄압했다.

9 다음 인물이 나라를 지키기 위해 한 일을 쓰시오.

▲ 안중근

12~13 다음 지도를 보고, 물음에 답하시오.

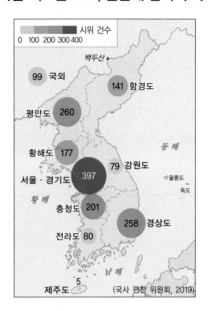

12 위 지도와 관련된 독립운동을 쓰시오.

( )

10 일제의 식민 통치에 대한 설명으로 알맞은 것을 보기 에서 모두 고른 것은 어느 것입니까?

( )

보기

㉠ 토지 조사 사업을 시행했다.
㉡ 조선 총독부를 설치하여 우리 민족을 지배했다.
㉢ 우리 민족을 만주나 연해주 등 국외로 옮겨 가 살게 했다.
㉣ 우리 민족의 독립운동을 지휘하기 위해 비밀 연락망을 만들었다.

① ㉠, ㉡   ② ㉠, ㉢
③ ㉡, ㉢   ④ ㉡, ㉣
⑤ ㉢, ㉣

13 위 **12**번 답의 운동에 대한 설명으로 알맞지 **않은** 것은 어느 것입니까? ( )

① 민족 대표들이 독립 선언식을 했다.
② 일제는 만세 시위를 잔인하게 진압했다.
③ 학생들과 시민들이 탑골 공원에서 독립 선언문을 낭독했다.
④ 고종의 장례식을 계기로 만세 시위를 벌일 것을 계획했다.
⑤ 일제의 탄압으로 만세 시위는 전국으로 퍼져 나가지 못했다.

11 독립을 위한 안창호의 노력을 두 가지 고르시오.

( )

① 만세 운동을 계획했다.
② 자주독립을 위해 독립 협회를 설립했다.
③ 평양에 대성 학교를 세워 인재를 길렀다.
④ 미국에 흥사단을 세워 민족의 실력을 키웠다.
⑤ 무력으로 일제에 저항하기 위해 한인 애국단을 조직했다.

14 다음 밑줄 친 '이 인물'은 누구인지 쓰시오.

이 인물은 이화 학당이 만세 시위로 휴교하게 되자 고향인 충청남도 천안으로 내려가 만세 시위를 계획했다. 천안 아우내 장터에서 많은 사람과 만세 시위를 벌이다 주동자로 체포되어 감옥에서 순국했다.

( )

15 대한민국 임시 정부의 활동으로 알맞은 것을 보기 에서 두 가지 골라 기호를 쓰시오.

> **보기**
> ㉠ 조선어 학회를 설립했다.
> ㉡ 한인 애국단을 조직했다.
> ㉢ 봉오동 전투와 청산리 대첩을 준비했다.
> ㉣ 독립 의지를 널리 알리기 위해 외교 활동을 펼쳤다.

( )

16 다음 지도의 ㉠ 지역에서 일어난 전투에서 활약한 인물을 두 명 고르시오. ( )

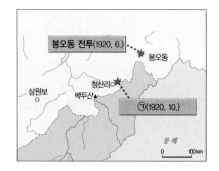

① 김좌진 ② 이회영
③ 안창호 ④ 홍범도
⑤ 신채호

17 다음 독립운동의 공통점으로 알맞은 것은 어느 것입니까? ( )

> • 6·10 만세 운동 • 광주 학생 항일 운동

① 학생들이 중심이 되어 일어났다.
② 대한민국 임시 정부에서 주도한 운동이다.
③ 3·1 운동 이후 국외에서 전개된 운동이다.
④ 고종이 근대적 개혁을 추진하는 과정에서 일어났다.
⑤ 일본이 대한 제국의 외교권을 빼앗은 계기로 일어났다.

18 서술형 일제가 우리의 민족정신을 없애기 위해 한 일을 두 가지 쓰시오.

_____

_____

19 우리의 민족정신을 지키기 위한 신채호의 노력을 알맞게 말한 어린이는 누구입니까? ( )

① 『우리말큰사전』을 편찬하기 위해 노력했어.
② 우리말과 글을 지키기 위해 한글 보급 운동을 펼쳤어.
③ 연합국의 일원으로 일본군에 맞서 싸웠어.
④ 역사책을 써서 우리 역사가 자주적으로 발전했음을 강조했어.

20 한국광복군에 대한 설명으로 알맞은 것을 보기 에서 두 가지 골라 기호를 쓰시오.

> **보기**
> ㉠ 독립운동 자금을 모았다.
> ㉡ 김구와 윤봉길이 활약했다.
> ㉢ 대한민국 임시 정부에서 창설했다.
> ㉣ 태평양 전쟁이 일어나자 일본에 선전 포고를 했다.

( )

1 다음 지도를 보고, 물음에 답하시오. [12점]

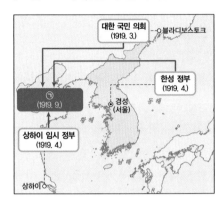

(1) 위 ㉠에 들어갈 통합 정부의 이름을 쓰시오. [4점]

(   )

(2) 위 (1) 답의 정부가 상하이에 수립된 까닭을 쓰시오. [8점]

_____

_____

서술형 문제를 푸는 방법을 익혀보자!

1단계 단어의 의미 알기   '임시 정부'의 뜻은 무엇일까?

| 임 | 시 | 정 | 부 | : 정식 정부를 수립하기 위한 준비 정부를 가리킴.

2단계 생각해 보기   임시 정부는 어디에 수립됐을까?

3·1 운동 전후로 나라 안팎에 임시 정부가 수립됐음.

↓

블라디보스토크의 대한 국민 의회 | 경성(서울)의 한성 정부 | 상하이의 상하이 임시 정부

↓

3·1 운동을 계기로 통합 정부의 필요성을 느꼈음.

↓

중국 상하이에 대한민국 임시 정부가 수립됐음.

---

2 다음 지도를 보고, 물음에 답하시오. [12점]

(1) 위 지도의 학교를 세운 인물을 쓰시오. [4점]

(   )

(2) 위 지도의 학교에서 한 일을 보기 의 단어를 넣어 쓰시오. [8점]

> **보기**
> • 우리 역사, 국어, 지리, 군사
> • 독립군, 독립운동가

_____

_____

3 다음 자료를 읽고, 물음에 답하시오. [12점]

김구가 조직한 단체의 단원이었던 윤봉길은 일본군의 상하이 점령 축하 기념행사가 열리는 홍커우 공원에 폭탄을 던졌다.

(1) 위 밑줄 친 '단체'는 무엇인지 쓰시오. [4점]

(   )

(2) 위 (1)번 답의 단체는 어떤 활동을 했는지 쓰시오. [8점]

_____

_____

3 대한민국 정부의 수립과 6·25 전쟁 (1)

★ 1 8·15 •광복

(1) **광복:** 1945년 8월 15일, 우리 민족은 광복을 맞이했습니다. ➡ 독립을 위한 우리 민족의 끊임없는 노력이자 •제2차 세계 대전에서 연합국이 승리한 결과이기도 했습니다.

(2) **광복을 맞이한 사람들의 모습** 자료1

① 많은 사람이 태극기를 들고 거리로 나와 만세를 불렀습니다.

② 감옥에 갇혔던 독립운동가들이 풀려났습니다.

③ 중국, 일본, 미국 등에 머물던 동포들과 일제에 강제로 끌려갔던 많은 사람이 국내로 돌아왔습니다.

④ 미국에서 활동하던 이승만과 중국에서 대한민국 임시 정부를 이끌던 김구 등 독립운동가들도 귀국했습니다.

⑤ 광복 전부터 자주적인 정부를 수립하기 위해 노력했습니다. ➡ 사람들의 생각이 서로 다르고 사회가 혼란스러워 어려움을 겪었습니다.

(3) **광복으로 달라진 사람들의 생활 모습** ┌● 일본인 교사들은 일본으로 돌아갔고, 어린이들은 우리나라 선생님들에게 우리말과 글로 배울 수 있게 되었어요.

① 우리말과 우리글을 자유롭게 사용하게 되었습니다.

② 학교에서는 한글로 된 교과서로 우리말과 우리의 역사를 가르쳤습니다.

▲ 일본의 항복

▲ 광복을 맞이한 사람들의 모습

▲ 광복 이후 사용한 교과서

2 38도선 설치

★ (1) **38도선을 설치한 까닭:** 미국과 소련은 한반도에 일본군의 •무장 해제를 이유로 군대를 보냈습니다.

(2) 38도선을 기준으로 남쪽에 미군이, 북쪽에 소련군이 각각 주둔했습니다.

▲ 38도선을 경계로 나뉜 마을

3 모스크바 3국 외상 회의의 개최

(1) **모스크바 3국 외상 회의**

개최	미국, 영국, 소련의 외무 장관이 모스크바에 모여 한반도의 문제를 해결하기 위해 회의를 했음.
내용	임시 민주 정부 수립, 미소 공동 위원회 구성, 최고 5년간 •신탁 통치 등을 결정했음.
결과	한반도에 임시 민주 정부 수립을 논의하기 위해 미소 공동 위원회가 열렸음. ➡ 미국과 소련의 의견 차이로 성과 없이 끝났음. ➡ 미국은 한반도 문제를 •국제 연합(UN)에 넘겼음.

(2) **신탁 통치 결정에 우리 민족이 보인 반응:** ┌● 식민 지배와 같다고 생각했기 때문에 반대했어요. 신탁 통치를 반대하는 사람들과 모스크바 3국 외상 회의의 결정을 지지하는 사람들 간에 갈등이 일어났습니다. 자료2

😊 **공부할 개념**

• 8·15 광복 알아보기

• 38도선 설치 알아보기

• 모스크바 3국 외상 회의의 개최 알아보기

용어 사전

• **광복** (光 빛 광, 復 돌아올 복) 다른 나라에 뺏긴 땅과 주권을 도로 찾음. 일본에 빼앗겼던 우리나라를 다시 찾았다는 의미.

• **제2차 세계 대전** 1939~1945년까지 독일, 이탈리아, 일본을 중심으로 연합국 사이에 벌어진 대규모 세계 전쟁.

• **무장 해제** (武 군사 무, 裝 꾸밀 장, 解 풀 해, 除 없앨 제) 항복한 군인이나 포로의 무기를 빼앗는 일.

• **신탁 통치** (信 믿을 신, 託 부탁할 탁, 統 거느릴 통, 治 다스릴 치) 특정 국가가 다른 나라의 일정 지역을 대신 통치함.

• **국제 연합(UN)** 제2차 세계 대전 후 전쟁 방지와 세계 평화 유지를 위해 설치한 국제기구.

자료 1 「귀국선」

돌아오네 돌아오네 고국산천 찾아서

얼마나 그렸던가 무궁화꽃을

얼마나 외쳤던가 태극기 깃발을

갈매기야 울어라 파도야 춤춰라

귀국선 뱃머리에 희망도 크다

– 정경은, 「한국 현대 민중가요사」

광복을 맞이하여 그립던 조국에 돌아오게 되어 기쁘고 행복한 마음을 노랫말에서 느낄 수 있습니다.

자료 2 신탁 통치 결정에 우리 민족이 보인 반응

▲ 신탁 통치 반대 집회   ▲ 모스크바 3국 외상 회의 결정 지지 집회

다른 나라가 우리나라를 다스리는 신탁 통치에 반대하는 사람들과 빨리 자주적인 정부를 세우기 위해 모스크바 3국 외상 회의 결정을 지지하는 사람들로 나뉘었습니다.

 핵심 개념 정리

• 1945년 8월 15일, 광복은 우리 민족 전체의 기쁨이었습니다. 독립을 위한 끊임없는 우리 민족의 노력의 결과였습니다.

---

1 ( )은/는 국내외 독립운동가의 끊임없는 노력과 연합국의 승리로 이루어낸 결과입니다.

2 광복을 맞이한 사람들의 모습으로 옳은 것에 ○표, 옳지 않은 것에 ✕표 하시오.

(1) 외국에서 활동했던 독립운동가들은 국내로 돌아올 수 없었습니다. ( )

(2) 자주적인 정부 수립에 대한 사람들의 생각이 서로 달라서 어려움을 겪었습니다. ( )

3 38도선을 설치한 까닭을 알맞게 말한 어린이에게 ○표 하시오.

(1) 일본군의 무장 해제를 위해서야.

(2) 임시 민주 정부를 수립하기 위해서지.

( )   ( )

4 다음 ( ) 안의 알맞은 말에 ○표 하시오.

(미소 공동 위원회, 모스크바 3국 외상 회의)는 한반도의 문제를 해결하기 위해 열린 회의로, 최고 5년간 신탁 통치 등을 결정했다.

5 미소 공동 위원회가 성과 없이 끝나자 미국은 한반도의 문제를 ( )에 넘겼습니다.

3 대한민국 정부의 수립과 6·25 전쟁 (2)

용어 사전

● **호소**(呼 부를 호, 訴 호소할 소)
억울하거나 딱한 사정을 남에게 간곡히 알림.
● **제헌 국회**(制 지을 제, 憲 법 헌, 國 나라 국, 會 모일 회)
헌법을 만든 우리나라 최초의 국회.
● **공포**(公 공평할 공, 布 펼 포)
대중에게 알림.

1 국제 연합의 남한 총선거 결정

남북한 총선거 결정
국제 연합은 남북한 총선거를 통해 정부 수립을 결정했으나 소련과 북한이 거부했음.

⬇

대한민국 정부 수립 과정에서 나온 서로 다른 주장
남한만이라도 총선거를 하여 정부를 수립하자는 주장과 통일 정부를 수립해야 한다는 주장이 대립했음.

우리 남쪽만이라도 임시 정부 또는 위원회 같은 것을 조직해 북한을 점령한 소련이 물러나도록 세계 여론에 ●호소해야 합니다.

남북이 함께 총선거에 참여하여 통일된 독립 국가를 만들어야 합니다. 남한만의 정부를 수립하면 북한도 자기들만의 정부를 수립할 것이고 그러면 남북 분단이 더 확실해질 것입니다.

▲ 남한만이라도 정부를 수립하자고 주장했던 이승만

▲ 통일 정부 수립을 주장했던 김구

└●김구는 북한 측의 지도자를 만나 통일 문제 등을 논의하기 위해 38도선을 넘었어요.

⬇

남한만의 총선거 결정
국제 연합은 선거가 가능한 남한에서만 총선거를 하기로 결정했음.

▲ 5·10 총선거

⬇

▲ 제헌 국회 개원

⬇

▲ 이승만 초대 대통령 취임

⬇

▲ 대한민국 정부 수립 축하식

★ 2 대한민국 정부 수립 과정

1 5·10 총선거 **자료⁺1**

실시	남한에서는 1948년 5월 10일, 국회 의원을 뽑는 총선거가 실시됐음.
의의	우리나라 역사에서 처음으로 민주적인 절차에 따라 치러진 선거였음.

2 제헌 국회 구성 **자료⁺2**

① 나라 이름을 '대한민국'으로 정했습니다. ●대한민국은 민주 공화국이고, 대통령이 중심이 되어 나라를 운영하는 대통령제를 채택한다는 등의 내용을 담았어요.

② 우리나라 최초의 헌법인 제헌 헌법을 제정하고 ●공포했습니다.

3 대통령 선출 제헌 국회 의원들은 헌법에 따라 이승만을 대한민국 첫 번째 대통령으로 선출했습니다.

4 대한민국 정부 수립 1948년 8월 15일, 이승만 대통령은 대한민국 정부 수립을 선포했습니다.

★ 3 대한민국 정부 수립의 의미

(1) 3·1 운동으로 세워진 대한민국 임시 정부의 전통을 이었습니다.

(2) 우리 민족의 오랜 소원이었던 독립된 정부를 수립했다는 점에서 역사적 의미가 있습니다.

(3) 북한은 1948년 9월에 조선 민주주의 인민 공화국이라는 이름으로 별도의 정권이 수립됐습니다.

자료⁺1　5·10 총선거

→ 글을 읽지 못하는 사람들이 많아 후보 번호 대신 막대기를 그려서 표시했어요.

▲ 5·10 총선거에서 투표하고 있는 사람들

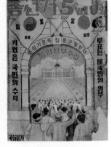

▲ 5·10 총선거 참여 독려 포스터

1948년 5·10 총선거는 국민이 헌법을 만들 국회의원을 뽑는 선거로 우리나라 역사상 최초의 민주 선거였습니다. 만 21세 이상이면 모든 국민이 투표할 수 있었습니다. 오늘날은 만 18세 이상의 모든 국민이 투표를 할 수 있습니다.

자료⁺2　제헌 헌법(일부)

→ 대한민국 임시 정부의 뜻을 이어받았음을 알 수 있어요.

유구한 역사와 전통에 빛나는 우리들 대한 국민은 기미 3·1 운동으로 대한민국을 건립하여 세계에 선포한 위대한 독립 정신을 계승하여 이제 민주 독립 국가를 재건함에 있어서 …… 단기 4281년 7월 12일 이 헌법을 제정한다.
제1조 대한민국은 민주 공화국이다.
제2조 대한민국의 주권은 국민에게 있고 모든 권력은 국민으로부터 나온다.

– 『대한민국 관보 제1호』

제헌 헌법을 통해 대한민국 정부는 3·1 운동으로 세워진 대한민국 임시 정부의 전통을 이었고, 대한민국 주권은 국민에게 있는 나라라는 것을 알 수 있습니다.

핵심 개념 정리

· 대한민국 정부 수립 방법을 두고 서로 의견이 달랐습니다. 결국 선거가 가능한 남한에서만 총선거를 하기로 결정했습니다.

1 대한민국 정부 수립 과정에서 나온 주장을 알맞게 선으로 연결하시오.

(1)　김구　·　　　·㉠　통일 정부를 수립해야 한다고 주장했음.

(2)　이승만　·　　　·㉡　남한만이라도 총선거를 하여 정부를 수립하자고 주장했음.

2 다음 (　　) 안의 알맞은 말에 ○표 하시오.

소련과 북한이 국제 연합의 결정을 거부하자 국제 연합은 (남한만, 남북한) 총선거를 하기로 결정했다.

3 5·10 총선거에 대해 알맞게 말한 친구에게 ○표 하시오.

(1) 첫 번째 대통령을 선출하는 총선거가 실시됐어.

(2) 우리나라 역사상 처음으로 민주적인 절차에 따라 선거가 치러졌어.

(　　　　　　　)　(　　　　　　　)

4 (　　　　　　　　)에서는 나라 이름을 '대한민국'으로 정하고 헌법을 공포했습니다.

5 다음 (　　) 안의 알맞은 말에 ○표 하시오.

대한민국 정부 수립은 (3·1 운동, 8·15 광복)으로 세워진 대한민국 임시 정부의 전통을 이었다.

3 대한민국 정부의 수립과 6·25 전쟁 (3)

😊 공부할 개념
• 6·25 전쟁의 전개 과정 알아
보기
• 6·25 전쟁의 피해 알아보기

1 6·25 전쟁의 전개 과정 자료⁺1

북한의 남침

• 1950년 6월 25일, 북한군은 한반도를 무력으로 통일하기 위해 소련의 도움을 받아 군사력을 키운 후 38도선을 넘어 남한을 쳐들어왔음.
• 3일 만에 서울이 함락됐고, 국군은 낙동강 부근까지 후퇴했음.

국군·국제 연합군의 ●반격

• 국제 연합은 북한의 남한 침략을 불법적 행위로 판단하고 16개국으로 구성된 국제 연합군을 남한에 파견했음.
• 인천 상륙 작전에 성공하여 전쟁이 일어난 지 3개월 만에 서울을 되찾았음.

중국군의 개입

• 국군과 국제 연합군은 38도선을 넘어 압록강 근처까지 올라갔음.
• 중국군이 북한을 돕기 위해 전쟁에 개입하면서 국군과 연합군은 후퇴했음.

정전 협정 체결

• 38도선 부근에서 치열한 전투가 벌어졌고, 한편에서는 ●정전 협상이 진행됐음.
• 1953년 7월 정전 협정이 체결됐고, 정전 협정에 따라서 ●휴전선이 설정됐음.

└─ 일시적으로 전쟁을 멈추기로 약속했어요.

2 6·25 전쟁의 피해와 영향

(1) 6·25 전쟁의 피해

인적 피해	• 많은 군인과 민간인이 죽거나 다쳤음. 자료⁺2 • 이리저리 흩어져서 서로 소식을 모르는 이산가족과 부모를 잃은 전쟁고아가 많이 생겨났음.
물적 피해	• 국토가 황폐해졌음. • 많은 산업 시설과 건물, 문화유산 등이 파괴됐음.

▲ 전쟁고아

(2) 6·25 전쟁의 영향

① 남한과 북한은 서로를 적으로 여기는 감정이 깊어진 채 분단 상황이 이어지고 있습니다.
② 이산가족은 헤어진 가족을 그리워하며 살아가고 있습니다.

▲ 파괴된 문화유산

용어 사전

• 반격(反 돌이킬 반, 擊 칠 격) 쳐들어오는 적을 되받아 공격함.
• 정전 협상(停 머무를 정, 戰 싸움 전, 協 화합할 협, 商 헤아릴 상) 전쟁 당사자들이 전쟁을 멈추려고 의논함.
• 휴전선(休 쉴 휴, 戰 싸움 전, 線 줄 선) 한반도의 가운데를 가로질러 설정된 군사 경계선.

자료⁺1 6·25 전쟁의 전개 과정

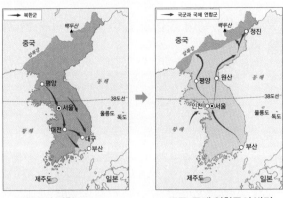

▲ 북한군의 남침   ▲ 국군·국제 연합군의 반격

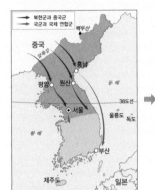 

▲ 중국군의 개입   ▲ 정전 협정 체결

자료⁺2 6·25 전쟁의 인명 피해

많은 사람이 죽거나 다쳤습니다. 군인뿐만 아니라 민간인도 많이 희생당했습니다. 중국군과 국제 연합군의 사상자도 많았습니다.

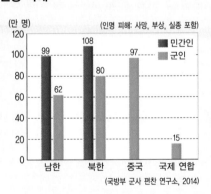

(인명 피해: 사망, 부상, 실종 포함)

■ 민간인 ■ 군인

	남한	북한	중국	국제 연합
민간인	99	108	97	
군인	62	80		15

(국방부 군사 편찬 연구소, 2014)

핵심 개념 정리

• 6·25 전쟁은 남한과 북한 모두에게 큰 피해와 고통을 남겼으며 오늘날에도 분단 상황이 이어지고 있습니다.

이렇게 살아있다니, 그동안 보고 싶었어요.

곧 다시 헤어질 텐데, 통일 되어 꼭 만납시다.

---

1 다음 ( ) 안의 알맞은 말에 ○표 하시오.

> 6·25 전쟁은 (북한, 소련)이 한반도를 무력으로 통일하기 위해 38도선을 넘어 남한을 쳐들어오면서 시작됐다.

2 국군과 국제 연합군은 ( )의 성공을 계기로 전쟁이 일어난 지 3개월 만에 서울을 되찾았습니다.

3 압록강 근처까지 올라간 국군과 국제 연합군이 다시 후퇴하게 된 까닭을 알맞게 말한 어린이에게 ○표 하시오.

(1) 중국군이 전쟁에 개입했기 때문이야.

(2) 국제 연합이 전쟁에 개입했기 때문이야.

(   )   (   )

4 1953년 7월, 2년여의 긴 협상 끝에 일시적으로 전쟁을 멈추기로 약속한 ( )이/가 체결됐습니다.

5 6·25 전쟁의 피해를 알맞게 선으로 연결하시오.

| (1) | 인적 피해 | • | | • | ㉠ | 건물, 다리 등이 파괴됐음. |
| (2) | 물적 피해 | • | | • | ㉡ | 이산가족과 전쟁고아가 많이 생겼음. |

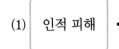

핵심문장으로 시작하기

1 1945년 8월 15일, 우리 민족의 끊임없는 노력의 결과로 ⎡ㄱ⎤⎡ㅂ⎤을 맞이했습니다.

2 ⎡ㄷ⎤⎡ㅎ⎤⎡ㅁ⎤⎡ㄱ⎤⎡ㅈ⎤⎡ㅂ⎤는 3·1 운동으로 세워진 대한민국 임시 정부의 전통을 이어서 수립됐습니다.

3 6·25 전쟁은 ⎡ㅂ⎤⎡ㅎ⎤이 남한을 침략하여 일어난 사건입니다.

4 우리나라가 광복을 맞이할 수 있었던 배경으로 알맞은 것을 보기 에서 두 가지 골라 기호를 쓰시오.

> **보기**
> ㉠ 일본군이 무장 해제를 했다.
> ㉡ 끊임없는 우리 민족의 노력이 있었다.
> ㉢ 우리 민족이 자주적인 정부를 수립했다.
> ㉣ 제2차 세계 대전에서 연합국이 승리했다.

( )

5 광복을 맞이한 사람들의 모습을 <u>잘못</u> 말한 어린이는 누구입니까? ( )

①  감옥에 갇혔던 독립운동가들이 풀려났어.

② 태극기를 들고 거리로 나와 만세를 불렀어.

③ 일제에 강제로 끌려갔던 사람들은 귀국하지 못했어.

④  우리말과 글을 자유롭게 사용하게 되었어.

6 광복 후 남과 북이 다음과 같이 나누어지게 된 까닭을 쓰시오.
서술형

▲ 38도선을 경계로 나뉜 마을

_____

_____

7~8 다음 글을 읽고, 물음에 답하시오.

> 미국, 영국, 소련의 외무 장관은 모스크바에 모여 한반도의 문제를 해결하기 위해 <u>회의</u>를 했다.

7 위 밑줄 친 '회의'는 무엇인지 쓰시오.

( )

8 위 7번 답의 회의에서 결정한 내용으로 알맞은 것을 두 가지 고르시오. ( )

① 임시 민주 정부를 수립한다.
② 남한만의 총선거를 실시한다.
③ 최고 5년간 신탁 통치를 실시한다.
④ 국제 연합이 한반도의 문제를 해결한다.
⑤ 미군과 소련이 남과 북에 각각 주둔한다.

9 다음 빈칸에 들어갈 알맞은 말을 쓰시오.

> 모스크바 3국 외상 회의의 결과 우리나라에서는 ( )을/를 반대하는 사람들과 모스크바 3국 외상 회의의 결정을 지지하는 사람들 간에 갈등이 일어났다.

( )

10⭐ 미소 공동 위원회에서 한 일로 알맞은 것은 어느 것입니까? ( )

① 제헌 헌법을 제정했다.
② 초대 대통령을 선출했다.
③ 남북한 총선거를 결정했다.
④ 국내에 건국을 준비하는 단체를 만들었다.
⑤ 한반도에 임시 민주 정부 수립을 논의했다.

11 대한민국 정부 수립 방법을 두고 다음과 같이 말한 인물은 누구입니까? ( )

> 남북이 함께 총선거에 참여하여 통일된 독립 국가를 만들어야 합니다. 남한만의 정부를 수립하면 북한도 자기들만의 정부를 수립할 것이고 그러면 남북 분단이 더 확실해질 것입니다.

① 김구   ② 이승만
③ 홍범도   ④ 신채호
⑤ 윤봉길

12 5·10 총선거에 대한 설명으로 알맞지 <u>않은</u> 것은 어느 것입니까? ( )

① 국회 의원을 뽑았다.
② 남북한이 함께 실시했다.
③ 선거를 통해 제헌 국회가 구성됐다.
④ 만 21세 이상 모든 국민이 참여할 수 있었다.
⑤ 우리나라 역사에서 처음으로 민주적인 절차에 따라 치러졌다.

13 5·10 총선거의 의의를 쓰시오.
서술형

_____

_____

14 제헌 국회에서 한 일로 알맞은 것을 두 가지 고르시오. ( )

① 헌법을 공포했다.
② 남한만의 총선거를 결정했다.
③ 나라 이름을 '대한민국'으로 정했다.
④ 한반도의 문제를 국제 연합에 넘겼다.
⑤ 남한에 국제 연합군의 파견을 요청했다.

15 다음 대한민국 정부 수립 과정을 순서대로 기호를 쓰시오.

> ㉠ 제헌 헌법 공포
> ㉡ 5·10 총선거 실시
> ㉢ 첫 번째 대통령 선출
> ㉣ 대한민국 정부의 수립 선포

( ) → ( ) → ( ) → ( )

16~17 다음 지도는 6·25 전쟁의 전개 과정을 나타낸 것입니다. 물음에 답하시오.

▲ 중국군의 개입

▲ 북한군의 남침

▲ 정전 협정 체결

▲ 국군·국제 연합군의 반격

16 위 지도를 전쟁이 일어난 순서대로 기호를 알맞게 나열한 것은 어느 것입니까? ( )

① ㉠ → ㉢ → ㉣ → ㉡
② ㉡ → ㉣ → ㉠ → ㉢
③ ㉡ → ㉣ → ㉢ → ㉠
④ ㉢ → ㉠ → ㉣ → ㉡
⑤ ㉢ → ㉣ → ㉡ → ㉠

17★ 위 지도에서 ㉠과 같은 상황이 나타난 까닭으로 알맞은 것은 어느 것입니까? ( )

① 정전 협정이 체결됐기 때문에
② 소련이 전쟁에 개입했기 때문에
③ 인천 상륙 작전을 실시했기 때문에
④ 국제 연합군이 한반도에 파견됐기 때문에
⑤ 중국군이 북한군을 돕기 위해 전쟁에 개입했기 때문에

18 다음 빈칸에 들어갈 알맞은 말은 어느 것입니까? ( )

> 국군과 국제 연합군은 서울을 다시 되찾은 후 38도선 부근에서 치열한 전투를 벌였다. 한편에서는 국제 연합군을 대표한 미국, 북한, 중국이 전쟁을 멈추기 위해 ( )을/를 진행했다.

① 남침   ② 총선거
③ 정전 협상   ④ 신탁 통치
⑤ 통일 정부 수립

19 다음은 6·25 전쟁의 피해를 나타낸 그래프입니다. 이를 통해 알 수 있는 것을 두 가지 고르시오. ( )

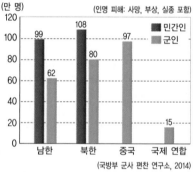

(국방부 군사 편찬 연구소, 2014)

① 국토가 황폐해졌다.
② 전쟁고아가 많이 생겼다.
③ 많은 건물과 문화유산 등이 파괴됐다.
④ 중국군과 국제 연합군이 많이 희생되었다.
⑤ 군인뿐만 아니라 많은 민간인이 죽거나 다쳤다.

20 다음 빈칸에 들어갈 알맞은 말을 쓰시오.

> 6·25 전쟁 중에 가족이 서로 헤어져 생사조차 알 수 없는 ( )이/가 많이 생겼다. 이들은 서로를 그리워하며 오랫동안 힘든 생활을 해야 했다.

( )

1 다음 자료를 보고, 답하시오. [12점]

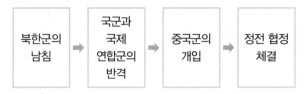

북한군의 남침 → 국군과 국제 연합군의 반격 → 중국군의 개입 → 정전 협정 체결

(1) 위와 같은 전개 과정으로 일어난 전쟁을 쓰시오. [4점]

( )

(2) 위 (1)번 답의 전쟁이 일어난 까닭을 쓰시오. [8점]

_____

서술형 문제를 푸는 방법을 익혀보자!

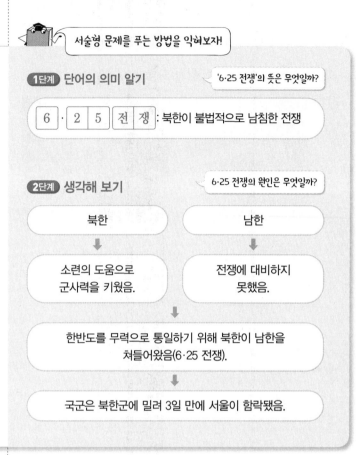

1단계 단어의 의미 알기 '6·25 전쟁'의 뜻은 무엇일까?

6 · 2 5 전 쟁 : 북한이 불법적으로 남침한 전쟁

2단계 생각해 보기 6·25 전쟁의 원인은 무엇일까?

북한	남한
↓	↓
소련의 도움으로 군사력을 키웠음.	전쟁에 대비하지 못했음.

↓

한반도를 무력으로 통일하기 위해 북한이 남한을 쳐들어왔음(6·25 전쟁).

↓

국군은 북한군에 밀려 3일 만에 서울이 함락됐음.

2 다음 자료를 보고, 물음에 답하시오. [12점]

역사 신문 19○○년 ○○월 ○○일

남한만이라도 총선거를 해야 합니다.
▲ 이승만

통일 정부를 수립해야 합니다.
▲ 김구

대한민국 정부 수립 과정에서 남한만의 단독 선거를 반대하는 주장과 통일 정부를 수립해야 한다는 주장이 대립했다. 결국 (㉠)은/는 선거가 가능한 _____㉡_____

(1) 위 ㉠에 들어갈 국제기구를 쓰시오. [4점]

( )

(2) 위 (1)번 답 기구에서 내린 결정으로 ㉡에 들어갈 알맞은 내용을 쓰시오. [8점]

_____

_____

3 다음 글을 읽고, 물음에 답하시오. [12점]

이승만 대통령은 1948년 8월 15일에 ( ) 수립을 선포했다. 한편 북한에서는 1948년 9월에 조선 민주주의 인민 공화국이라는 이름으로 별도의 정권이 수립됐다.

(1) 위 빈칸에 들어갈 알맞은 말을 쓰시오. [4점]

( )

(2) 위 (1)번 답의 정부 수립이 갖는 역사적 의미를 쓰시오. [8점]

_____

_____

👁 그림을 보고 배운 개념을 떠올리며 빈칸을 채워 보세요.

개념1 조선 후기 서민 생활의 모습

조선 후기에는 다양한 서민 문화가 발달했습니다. 서민들의 생활 모습을 엿볼 수 있는 민화와 (❶   )가 있고, 북장단에 맞춰 소리꾼이 이야기하는 (❷   )가 있습니다. 또한 탈을 쓰고 춤이나 연극을 하는 (❸   )과 서민들의 감정을 글로 표현하는 (❹   ) 등이 있습니다.

개념2 흥선 대원군의 정책과 동학 농민 운동

흥선 대원군은 (❺   )의 잘못된 점을 고치고, 왕권을 강화하기 위해 (❻   )을 정리했고, (❼   )도 세금을 내게 했으며 불탄 경복궁을 다시 지었습니다. 개항 이후 농민들의 생활은 더욱 어려워졌고, 지방 관리의 수탈이 심해지자 전봉준을 중심으로 농민들이 (❽   )을 일으켰습니다.

개념4 일제로부터 나라를 되찾기 위한 노력

일제로부터 빼앗긴 나를 되찾기 위해 (⓫   )이 일어났습니다. 국내외로 퍼진 만세 시위는 독립에 대한 열망과 의지를 전 세계에 알리는 계기가 됐습니다. 3·1 운동 이후 국외에서도 독립운동이 활발하게 전개됐습니다. 특히 만주에서 일본군을 물리친 홍범도의 (⓬   )와 김좌진, 홍범도의 (⓭   )은 우리 민족에게 독립에 대한 용기와 희망을 심어 주었습니다.

개념5 광복과 대한민국 정부 수립 과정

우리 민족은 1945년 8월 15일에 (⓮   )을 맞이했습니다. 이후 대한민국 정부를 수립하기 위해 다양한 노력이 있었습니다. (⓯   )(UN)에서 남북한의 총선거를 결정했으나 북한의 반대로 (⓰   )에서만 총선거가 실시됐습니다. 5·10 총선거를 통해 구성된 제헌 국회에서 헌법을 공포했으며 1948년 8월 15일에 대한민국 정부가 수립됐습니다.

조선 후기 새로운 사회를 향한 움직임이 나타났고, 일제의 침략에 맞서 우리 민족은 다양한 노력을 했습니다. 대한민국 정부의 수립과 6·25 전쟁 등도 새로운 변화를 가져온 역사적 사건입니다.

개념3 대한 제국 수립과 일본의 침략

고종 황제는 (❾   ) 수립을 선포하여 자주적인 근대 국가를 세우고 여러 분야에 걸쳐 근대적인 개혁을 추진했습니다. 그러나 일본은 고종이 동의하지 않았음에도 불구하고 (❿   )을 체결하여 대한 제국의 외교권을 빼앗았습니다. 고종, 헤이그 특사, 의병, 안중근 등은 일본의 침략에 맞서 나라를 지키기 위해 싸웠습니다.

개념6 6·25 전쟁의 과정과 결과

1950년 6월 25일, (⓱   )이 38도선을 넘어 남한에 쳐들어오면서 전쟁이 시작됐습니다. 한반도에서는 밀고 밀리는 전투가 계속되었습니다. 1953년 7월 (⓲   )이 체결되면서 전쟁이 일시적으로 멈추었습니다. 전쟁으로 많은 사람들이 죽거나 다쳤고, 헤어진 가족을 그리워하며 살아가고 있는 (⓳   )과 전쟁고아가 생겨났으며, 전 국토가 황폐해졌습니다.

옳은 문장에 ○, 틀린 문장에 ✕하세요. 틀린 부분은 밑줄을 긋고 바른 개념으로 고쳐 써 보세요.

1 영조는 붕당과 관계없이 능력에 따라 인재를 고르게 뽑아 쓰는 탕평책을 실시했습니다.   (   )

2 양반들이 경제적으로 여유가 생기고 문화와 예술에 관심을 갖게 되면서 서민 문화가 발달했습니다.
    (   )

3 흥선 대원군은 왕권을 강화하기 위해 세도 정치를 실시했습니다.   (   )

4 동학 농민 운동은 부패를 없애고 외세에 저항하려는 운동이었습니다.   (   )

5 러시아 공사관에서 돌아온 흥선 대원군은 황제로 즉위하고 대한 제국 수립을 선포했습니다.   (   )

6 3·1 운동을 계기로 대한민국 임시 정부가 수립됐습니다.
    (   )

7 신채호는 한인 애국단을 조직하여 일제의 주요 인물을 처단했습니다.   (   )

8 독립을 위한 우리 민족의 노력으로 1945년 8월 15일에 광복을 맞이했습니다.   (   )

9 중국군이 38도선을 넘어 남한을 쳐들어오면서 6·25 전쟁이 시작됐습니다.   (   )

10 6·25 전쟁으로 많은 산업 시설과 건물, 문화유산이 파괴됐습니다.   (   )

1 다음 글을 비석에 새긴 왕에 대한 설명으로 알맞지 <u>않은</u> 것은 어느 것입니까? (   )

> 두루 사귀면서 편을 가르지 않는 것이 군자의 공정한 마음이요. 편을 가르고 두루 사귀지 않는 것은 소인의 사사로운 마음이다.

① 탕평책을 실시했다.
② 백성의 세금을 줄였다.
③ 신문고를 다시 설치했다.
④ 규장각을 설치하여 관리들을 길러 냈다.
⑤ 세금을 줄여 백성들의 생활을 안정시켰다.

2 정조가 다음 도시를 건설한 목적으로 알맞은 것은 어느 것입니까? (   )

[수원 화성 건설]

① 세도 정치를 억누르기 위해서
② 전국의 서원을 정리하기 위해서
③ 청의 문물을 받아들이기 위해서
④ 정치, 군사, 경제의 중심지로 만들기 위해서
⑤ 서양과 교류하지 않겠다는 의지를 널리 알리기 위해서

3 서술형 다음 실학자들이 현실 문제를 해결하기 위해 주장한 내용을 쓰시오.

> • 유형원   • 정약용

_____

_____

4 서민 문화에 대한 설명으로 알맞은 것을 보기 에서 모두 고른 것은 어느 것입니까? (   )

> **보기**
> ㉠ 민화 – 서민의 소망을 담아 주로 전문적인 화가들이 그렸다.
> ㉡ 탈춤 – 재미난 동작과 춤이 어우러져 서민들에게 인기가 많았다.
> ㉢ 한글 소설 – 주로 양반이 주인공으로 등장하여 사회의 잘못된 점을 비판했다.
> ㉣ 판소리 – 소리꾼이 고수의 북장단에 맞춰 노래와 말, 몸동작으로 이야기를 풀어 갔다.

① ㉠, ㉡   ② ㉠, ㉢
③ ㉡, ㉢   ④ ㉡, ㉣
⑤ ㉢, ㉣

5 다음과 같은 정책을 추진한 인물은 누구인지 쓰시오.

> • 통상 수교 거부 정책을 펼쳤다.
> • 세도 가문을 억누르고 인재를 고루 뽑았다.
> • 왕의 권위를 높이기 위해 임진왜란 때 불에 탔던 경복궁을 다시 지었다.

(   )

6 다음 개혁안을 발표한 인물에 대한 설명으로 알맞은 것은 어느 것입니까? (　　)

> • 청에 대한 조공을 폐지한다.
> • 문벌을 폐지하고 백성들이 평등한 권리를 갖는 제도를 마련한다.
> • 세금 제도를 고쳐 관리의 부정을 막는다.
> • 부정한 관리를 처벌한다.
> 　　　　　　　　　　 – 김옥균, 『갑신일록』

① 전국에 척화비를 세웠다.
② 고부 군수의 횡포에 맞서 싸웠다.
③ 구식 군인과 함께 임오군란을 일으켰다.
④ 전국의 서원을 일부만 남기고 모두 정리했다.
⑤ 일본의 지원을 약속받고 우정총국 개국 축하 잔치에서 정변을 일으켰다.

7* 다음 ㉠에 들어갈 동학 농민 운동의 전개 과정으로 알맞지 <u>않은</u> 것은 어느 것입니까? (　　)

| 고부 군수의 횡포에 맞서 농민들이 봉기했음. | → | | → | 공주 우금치에서 농민군들이 패했음. |

① 청일 전쟁이 일어났다.
② 동학 농민군이 개혁안을 추진했다.
③ 조선 정부가 청에게 도움을 요청했다.
④ 전라도 일대를 장악하고 전주성을 점령했다.
⑤ 청의 군대 개입으로 3일 만에 실패로 끝났다.

8 일본이 명성황후를 시해한 까닭을 쓰시오.

서술형

_____

_____

9 다음 장소에서 고종이 황제 즉위식을 연 까닭으로 알맞은 것을 두 가지 고르시오. (　　)

① 러시아의 도움을 받기 위해서
② 을사늑약의 부당함을 알리기 위해서
③ 일제에 빼앗긴 외교권을 되찾기 위해서
④ 우리나라가 황제국임을 널리 알리기 위해서
⑤ 자주적인 근대 국가임을 상징적으로 보여 주기 위해서

10 다음 조약이 체결된 이후 우리 민족의 모습으로 알맞지 <u>않은</u> 것은 어느 것입니까? (　　)

조항	내용
제1조	일본 정부는 대한 제국의 외교에 관한 모든 사무를 지휘하고 감독한다.
제2조	대한 제국은 일본 정부를 거치지 않고 외국과의 조약을 맺지 않기로 약속한다.

① 의병 운동이 전국으로 일어났다.
② 을사늑약이 무효임을 주장하는 글을 신문에 실었다.
③ 안중근은 민족의 실력을 키우기 위해 학교를 세웠다.
④ 을사늑약의 부당함을 알리기 위해 민영환은 스스로 목숨을 끊었다.
⑤ 고종은 직접 평화 회의에 참석해 을사늑약이 무효임을 국제 사회에 알렸다.

11 다음 빈칸에 공통으로 들어갈 인물은 누구입니까?
( )

> 을사늑약에 반발하여 의병 운동이 본격적으로 펼쳐졌다. 양반뿐만 아니라 ( )와/과 같은 평민 출신 의병장도 활약했다. ( )이/가 이끌었던 의병 부대는 경상도와 강원도 일대에서 일본군을 크게 물리쳤다.

① 신돌석　　　② 홍범도
③ 김좌진　　　④ 안창호
⑤ 이회영

12 다음 학교를 세운 인물의 활동으로 알맞은 것은 어느 것입니까?
( )

▲ 대성 학교

① 만민 공동회를 개최했다.
② 흥사단을 세워 우리 민족의 실력을 길렀다.
③ 『독립신문』을 발간했고, 독립 협회를 세웠다.
④ 영은문이 있던 자리 부근에 독립문을 세웠다.
⑤ 형제들과 함께 만주로 건너가 신흥 강습소를 세웠다.

13 다음 빈칸에 들어갈 알맞은 말을 쓰시오.

> 1919년 3월 1일, 서울에서 민족 대표들이 독립 선언식을 했고, 같은 시각 탑골 공원에서는 학생들과 시민들이 ( )을/를 낭독하고 만세 시위를 벌였다.

( )

14 중국 상하이에 대한민국 임시 정부가 수립된 까닭을 쓰시오.
서술형

_____

_____

15 대한민국 임시 정부의 활동을 알맞게 말한 어린이를 모두 골라 이름을 쓰시오.

> **기영:** 중국 상하이에서 외교 활동을 펼쳤어.
> **수지:** 한국광복군을 창설하여 일본군에 맞서 싸웠어.
> **예준:** 만세 시위가 전국으로 퍼져 나가도록 지휘했어.
> **세혁:** 조선어 학회를 만들어 한글 보급 운동을 펼쳤어.

( )

16 다음 ㉠, ㉡에 들어갈 운동 이름을 알맞게 짝지은 것은 어느 것입니까? ( )

㉠	통학 열차 안에서 광주 지역 한국인 학생들과 일본인 학생들 사이에 다툼이 있었음.
㉡	순종의 장례식을 계기로 학생들이 만세 시위를 계획했으나 발각됐음.

<table>
<tr><td></td><td>㉠</td><td>㉡</td></tr>
<tr><td>①</td><td>3·1 운동</td><td>6·10 만세 운동</td></tr>
<tr><td>②</td><td>동학 농민 운동</td><td>광주 학생 항일 운동</td></tr>
<tr><td>③</td><td>6·10 만세 운동</td><td>동학 농민 운동</td></tr>
<tr><td>④</td><td>광주 학생 항일 운동</td><td>6·10 만세 운동</td></tr>
<tr><td>⑤</td><td>항일 의병 운동</td><td>3·1 운동</td></tr>
</table>

17 다음 자료를 일어난 순서대로 기호를 쓰시오.

㉠
▲ 신탁 통치 반대 집회

㉡
▲ 38도선 설정

㉢
▲ 대한민국 정부 수립

㉣
▲ 광복

( ) → ( ) → ( ) → ( )

18 다음 빈칸에 들어갈 알맞은 말을 쓰시오.

5·10 총선거로 구성된 ( )에서는 나라 이름을 '대한민국'으로 정하고 헌법을 공포했다.

( )

19 ★ 다음 ㉠에 들어갈 전쟁의 전개 과정으로 알맞은 것을 두 가지 고르시오. ( )

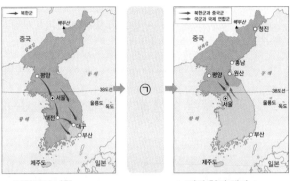
▲ 북한군의 남침　　　　▲ 정전 협정 체결

① 중국군이 개입했다.
② 제헌 국회가 구성됐다.
③ 인천 상륙 작전을 펼쳤다.
④ 첫 번째 대통령이 선출됐다.
⑤ 모스크바 3국 외상 회의가 열렸다.

20 다음 빈칸에 들어갈 알맞은 말을 쓰시오.

6·25 전쟁으로 가족이 서로 헤어진 이산가족과 부모를 잃은 ( )이/가 많이 생겨났으며, 전 국토가 황폐해졌다. 전쟁 이후 남한과 북한은 서로를 적으로 여기는 감정이 깊어진 채 분단 상황이 이어지고 있다.

( )

2-1 새로운 사회를 향한 움직임

학습 주제	서민 문화에 나타난 사람들의 생활 모습 알아보기	배점	30점
학습 목표	조선 후기 서민 문화가 발달한 배경과 특징을 설명할 수 있다.		

1~3 다음은 조선 후기 문화와 관련된 사진입니다. 물음에 답하시오.

(가)	(나)	(다)	(라)	(마)

▲ 한글 소설 　　▲ 민화 　　▲ 풍속화 　　▲ 판소리 　　▲ 탈춤

1 위와 같은 문화를 무엇이라고 하는지 쓰시오. [5점]

(　　　　　　　　　　　　)

2 위 **1**번 답의 문화가 발달하게 된 배경을 쓰시오. [10점]

_____

_____

3 위 **1**번 답 문화의 특징을 쓰시오. [15점]

(가)	다양한 (　　　　　　　　　　)의 인물들이 주인공으로 등장하여 사회의 잘못된 점을 비판하거나 서민들의 감정을 그대로 표현했다.
(나)	• 주로 이름이 알려지지 않은 화가들이 그렸다. • 장수, 복, 효 등 서민들의 _____
(다)	주로 _____ 그렸다.
(라)	(　　　　　　　　　　)이/가 이야기를 더하거나 뺄 수 있었고, 구경하는 사람들도 함께 어울릴 수 있어 인기가 많았다.
(마)	탈을 쓰고 추는 춤이나 연극으로 _____ 내용이 많았다.

수행 평가

2-2 일제의 침략과 광복을 위한 노력

학습 주제	나라를 되찾기 위한 다양한 노력 파악하기	배점	30점
학습 목표	일제의 침략에 맞서 나라를 되찾기 위한 다양한 노력을 설명할 수 있다.		

1~3 다음은 나라를 되찾기 위한 노력과 관련된 사진입니다. 물음에 답하시오.

(가)   (나)   (다)   (라)

▲ 김구와 윤봉길   ▲ 조선어 학회 회원들   ▲ 신채호   ▲ 한국광복군

1 대한민국 임시 정부의 활동과 관련된 사진을 모두 골라 기호를 쓰시오. [5점]

(   )

2 우리나라 역사를 지키기 위한 노력과 관련된 사진을 골라 기호를 쓰시오. [5점]

(   )

3 일제로부터 나라를 되찾기 위해 우리 민족이 어떤 노력을 했는지 쓰시오. [20점]

(가)	• 김구는 한인 애국단을 조직하여 일제의 주요 인물을 처단했다. • 단원이었던 윤봉길은 _____ _____
(나)	조선어 학회는 우리글을 지키기 위해 _____
(다)	신채호는 _____ _____
(라)	한국광복군은 _____ _____

2-3 대한민국 정부의 수립과 6 · 25 전쟁

학습 주제	6·25 전쟁의 과정과 결과, 영향 알아보기	배점	30점
학습 목표	6·25 전쟁의 과정과 결과, 영향을 설명할 수 있다.		

1~3 다음 6·25 전쟁의 전개 과정을 나타낸 지도를 보고, 물음에 답하시오.

▲ 정전 협정 체결

▲ 북한군의 남침

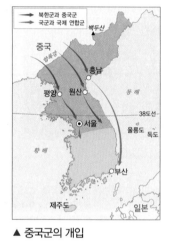
▲ 중국군의 개입

▲ 국군과 국제 연합군의 반격

1 위 (가)~(라)를 전쟁이 일어난 순서대로 기호를 쓰시오. [5점]

(   ) → (   ) → (   ) → (   )

2 위와 같은 전쟁 당시 국제 연합이 남한에 국제 연합군의 파견을 결정한 까닭을 쓰시오. [10점]

3 위와 같이 전개된 6·25 전쟁의 결과 어떤 피해를 입었는지 쓰시오. [15점]

❶ 인적 피해	
❷ 물적 피해	

① 나라의 등장과 발전

1 고조선의 건국과 발전

건국	고조선은 우리 역사 속 최초의 국가임.
발전	• 문화 범위: 탁자식 고인돌, 비파형 동검, 미송리식 토기 분포를 통해 알 수 있음. • 사회 질서를 유지하기 위해 8조법을 만듦.

2 삼국의 성립과 발전

백제	• 성립: 온조가 한강 유역에 세웠음. • 발전: 근초고왕 때 전성기를 맞이했음.
고구려	• 성립: 주몽이 졸본에 세웠음. • 발전: 광개토대왕, 장수왕 때 전성기를 맞이했음.
신라	• 성립: 박혁거세가 경주 지역에 세웠음. • 발전: 진흥왕 때 전성기를 맞이했음.

3 신라의 삼국 통일과 발해

삼국 통일	신라가 당과 연합한 후 백제와 고구려를 무너뜨렸음. → 신라가 당을 몰아내고 삼국을 통일했음.
발해	• 성립: 대조영이 동모산에 세웠음. • 발전: 고구려 문화를 바탕으로 독자적인 문화를 이루었음. → '해동성국'이라 불렸음.

4 삼국의 문화유산

• 고구려: 고분 벽화, 금동 연가 7년명 여래 입상
• 백제: 무령왕릉, 익산 미륵사지 석탑, 백제 금동 대향로
• 신라: 경주 첨성대, 불국사, 석굴암

② 독창적 문화를 발전시킨 고려

1 고려 건국과 후삼국 통일

고려 건국	후삼국 성립 → 궁예를 몰아낸 왕건이 왕이 된 후 고려를 세웠음.
후삼국 통일	신라 항복 → 후백제 멸망, 후삼국 통일

2 거란과 몽골의 침입과 대항

거란	• 서희: 외교 담판으로 강동 6주를 확보했음. • 강감찬: 흥화진, 귀주에서 승리했음.
몽골	김윤후가 처인성, 충주성에서 몽골군을 물리쳤음. → 삼별초가 몽골에 끝까지 저항했음.

3 고려 문화유산의 우수성

고려청자	상감 기법을 활용해 독창적인 청자를 만듦.
팔만대장경	부처의 힘으로 몽골의 침입을 물리치고자 만들었음. → 글씨가 목판에 정교하게 새겨짐.
금속 활자	오늘날 세계에서 가장 오래된 금속 활자 인쇄본인『직지』가 남아 있음.

③ 민족 문화를 지켜 나간 조선

1 조선의 건국과 특징

건국 과정	위화도 회군 → 토지 제도 개혁 → 신진 사대부의 대립 → 이성계의 조선 건국
특징	유교를 바탕으로 나라를 세웠음.

2 세종대왕의 업적

훈민정음 창제	백성이 쉽게 글자를 쓸 수 있도록 하기 위함. → 민족 문화가 발전하는 바탕이 되었음.
과학 기술	혼천의, 간의, 앙부일구, 자격루, 측우기 등
서적 편찬	『칠정산』,『농사직설』,『향약집성방』 등
국방 강화	신기전 개발, 4군 6진 설치

3 유교 질서 속 조선의 모습

•『삼강행실도』편찬: 일상생활에서 유교 윤리를 실천함.
• 신분 질서: 양반, 중인, 상민, 천민으로 구분됨.

4 임진왜란과 병자호란

임진왜란	• 이순신과 수군이 옥포, 한산도, 명량, 노량 등지에서 승리했음. • 곽재우를 비롯한 의병, 권율이 이끄는 관군, 백성이 힘을 모아 전쟁을 극복했음.
중립 외교 정책	광해군이 명과 후금 사이에서 실시했음.
병자호란	조선이 신하와 임금의 관계를 거절하자 청이 다시 침입했음. → 남한산성에서 청에 맞서 싸웠으나 삼전도에서 항복했음.

1 우리 역사 속 최초의 국가는 무엇입니까?

2 (8조법, 탁자식 고인돌), 비파형 동검, 미송리식 토기 등을 통해 고조선의 문화 범위를 알 수 있습니다.

3 온조가 한강 유역에 세웠고, 근초고왕 때 전성기를 맞이했던 나라는 어디입니까?

4 (장수왕 , 광개토대왕)은 수도를 평양으로 옮긴 후 백제를 공격하여 한성을 함락 하고 한강 유역을 모두 차지했습니다.

5 신라 6세기 한강 유역 전체를 차지하고, 남아 있던 가야 세력을 완전히 정복하며 전성기를 맞이했던 왕은 누구입니까?

6 신라 (김춘추, 김유신)은/는 신라군을 이끌고 황산벌 전투에서 백제군을 물리쳐 삼국 통일에 앞장섰습니다.

7 고구려의 장군 출신 대조영이 고구려 유민과 말갈족을 이끌고 동모산 근처에 세운 나라는 어디입니까?

8 금동 연가 7년명 여래 입상은 (백제, 고구려)의 불교 문화유산입니다.

9 백제의 공예품으로 산, 동물, 연꽃 등이 정교하게 표현된 문화유산은 무엇입니까?

10 (석굴암, 불국사)은/는 돌을 쌓아 동굴처럼 만든 절로, 신라의 과학 수준과 건축 기술의 우수성을 보여 주고 있습니다.

1~2 다음 건국 이야기를 읽고, 물음에 답하시오.

> **(㉠)의 건국 이야기**
> 환웅은 ㉡ 바람, 비, 구름을 다스리는 신하들을 거느리고 인간 세상에 내려와 사람들을 다스렸다. 어느 날 사람이 되고 싶은 곰과 호랑이가 환웅을 찾아왔다. 환웅은 쑥과 마늘을 먹으면서 백 일 동안 햇빛을 보지 않으면 사람이 될 것이라고 말했다. …… 환웅은 곰이었다가 사람이 된 여인과 혼인해 아들을 낳았는데, 그 아들이 단군왕검이다.

1 위 ㉠에 들어갈 나라 이름은 무엇입니까?
( )

① 고려   ② 백제
③ 신라   ④ 가야
⑤ 고조선

2 위 ㉡에 담긴 의미를 쓰시오.
서술형

_____

_____

3 다음 빈칸에 들어갈 알맞은 말을 쓰시오.

> 고조선이 만든 여덟 개의 법 조항 중 '도둑질한 사람은 노비로 삼되 용서받으려면 50만 전을 내야 한다.'는 내용을 통해 고조선은 (   )의 차이가 있었고, 화폐를 사용했음을 알 수 있다.

( )

4 백제에 대해 <u>잘못</u> 말한 어린이는 누구입니까?
( )

① 주몽의 아들인 온조가 세운 나라야.

② 농사짓기에 좋은 한강 유역에 자리 잡았어.

③ 황해를 통해 중국의 발달한 문화를 받아들였어.

④ 고구려를 공격한 후 광개토대왕릉비를 세웠어.

5 광개토대왕에 대한 설명으로 알맞은 것을 보기에서 모두 고른 것은 어느 것입니까? ( )

> **보기**
> ㉠ 고구려의 왕이다.
> ㉡ 가야 세력을 완전히 정복했다.
> ㉢ 삼국 중 가장 먼저 전성기를 맞이한 왕이다.
> ㉣ 백제를 공격해 한강 북쪽까지 영토를 크게 넓혔다.

① ㉠, ㉡   ② ㉠, ㉣
③ ㉡, ㉢   ④ ㉡, ㉣
⑤ ㉢, ㉣

6 신라의 성립과 발전 과정에 대한 설명으로 알맞지 <u>않은</u> 것은 어느 것입니까? ( )

① 경주 지역에서 성장했다.
② 전성기에 한강 유역을 차지했다.
③ 지증왕은 이사부를 보내 우산국을 정복했다.
④ 법흥왕은 남쪽으로 가야 지역까지 세력을 넓혔다.
⑤ 진흥왕은 압록강 유역에 살던 세력들과 힘을 모아 신라를 세웠다.

7 다음 ㉠에 들어갈 내용으로 알맞은 것을 두 가지 고르시오. ( )

| 신라가 한강 유역을 차지한 후 백제의 공격을 받았음. | → | ㉠ | → | 신라가 삼국 통일을 이루었음. |

① 김춘추는 당과 동맹을 맺었다.
② 수도를 졸본에서 국내성을 옮겼다.
③ 박혁거세를 중심으로 한 세력이 성장했다.
④ 김유신이 황산벌 전투에서 백제군을 물리쳤다.
⑤ 문무왕은 영역을 확장한 기념으로 순수비를 세웠다.

8 대조영에 대한 설명으로 알맞은 것은 어느 것입니까? ( )

① 신라의 장군 출신이다.
② 삼국을 통일시킨 인물이다.
③ 동모산 일대에 발해를 세웠다.
④ 백제군을 물리친 후 사비성을 함락시켰다.
⑤ 고구려 유민들과 힘을 합쳐 당을 몰아내기 위해 전쟁을 벌였다.

9 백제의 문화유산이 <u>아닌</u> 것은 어느 것입니까? ( )

①
▲ 금동 대향로

②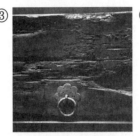
▲ 미륵사지 석탑

③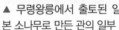
▲ 무령왕릉에서 출토된 일본 소나무로 만든 관의 일부

④
▲ 금동 연가 7년명 여래 입상

10 다음 빈칸에 들어갈 알맞은 말을 쓰시오.

( )은/는 신라 사람들이 바라는 부처의 나라를 표현한 절이다. 절 안에 있는 삼층 석탑은 간결하고 균형 잡힌 모습을 보여 주며, 다보탑은 화려한 장식이 정교하게 조각되어 예술성이 돋보인다.

( )

1 고조선에 대한 설명으로 알맞지 <u>않은</u> 것은 어느 것입니까? (   )

① 환웅이 세웠다.
② 농업을 중요시했다.
③ 부족 간의 연합으로 세운 나라이다.
④ 청동기 문화를 바탕으로 한 나라이다.
⑤ 사회 질서를 유지하기 위해 여덟 개의 법 조항을 만들었다.

2 고조선의 문화 범위를 짐작할 수 있는 문화유산을 두 가지 고르시오. (   )

① ▲ 무구 정광 대다라니경

② ▲ 탁자식 고인돌

③ ▲ 비파형 동검

④ ▲ 석등

3 다음과 같은 법 조항을 만든 나라는 어디입니까? (   )

• 사람을 죽인 사람은 사형에 처한다.
• 남을 다치게 한 사람은 곡식으로 갚아야 한다.
• 남의 물건을 훔친 사람은 노비로 삼되, 용서를 받으려면 50만 전을 내야 한다.

① 백제   ② 발해
③ 고려   ④ 고조선
⑤ 고구려

4 다음 (가) 나라의 전성기를 이끌었던 왕이 한 일을 보기 에서 두 가지 골라 기호를 쓰시오.

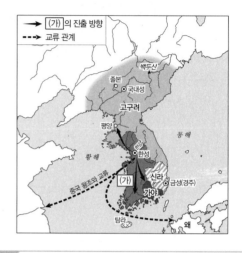

보기
㉠ 우산국을 정복했다.
㉡ 고구려를 멸망시켰다.
㉢ 남해안 지역까지 영역을 넓혔다.
㉣ 바다 건너 주변 나라와 활발하게 교류했다.

(   )

5 다음 빈칸에 들어갈 문화유산은 무엇입니까? (   )

신라 진흥왕은 (   )을/를 통해 자신이 정복한 지역의 경계를 알리고자 했다.

① ▲ 광개토대왕릉비

② ▲ 북한산 순수비

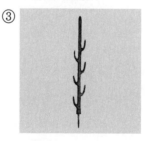
③ ▲ 칠지도

④ ▲ 첨성대

6 가야에 대한 설명으로 알맞은 것을 두 가지 고르시오.
( )

① 신라에 멸망당했다.
② 철기 문화가 발달했다.
③ 삼국과 연맹을 이루었다.
④ 백제를 공격해 한강 북쪽까지 영토를 크게 넓혔다.
⑤ 적극적인 정복 활동을 펼쳐 북쪽의 여러 나라를 차지했다.

7 다음은 신라의 삼국 통일 과정에서 일어난 주요 사건입니다. ㉠, ㉡에 들어갈 나라를 쓰시오.

┌─────────────────────────────┐
│ 사비성 함락, (㉠) 멸망 │
└─────────────────────────────┘
              ↓
┌─────────────────────────────┐
│ 평양성 함락, (㉡) 멸망 │
└─────────────────────────────┘
              ↓
┌─────────────────────────────┐
│ 신라군, 매소성 전투 승리 │
└─────────────────────────────┘
              ↓
┌─────────────────────────────┐
│ 신라군, 기벌포 전투 승리 │
└─────────────────────────────┘

㉠: ( ) ㉡: ( )

8 발해 문화의 특징을 쓰시오.

_____

_____

9 다음 문화유산에 대한 설명으로 알맞은 것은 어느 것입니까? ( )

① 신라의 문화유산이다.
② 석탑 속에서 발견되었다.
③ 부처의 나라를 표현했다.
④ 일본과 활발하게 교류했음을 알 수 있다.
⑤ 당시 사람들의 생활 모습을 짐작할 수 있다.

10 다음 문화유산을 통해 알 수 있는 점으로 알맞은 것은 어느 것입니까? ( )

① 천체의 움직임을 알 수 있다.
② 우리나라 석탑 초기의 모습을 알 수 있다.
③ 서역의 문화유산이 신라에 전해졌음을 알 수 있다.
④ 신라의 우수한 과학 수준과 건축 기술을 알 수 있다.
⑤ 고구려 문화를 바탕으로 독자적인 문화를 이루었음을 알 수 있다.

1 다음 지도를 보고, 물음에 답하시오. [12점]

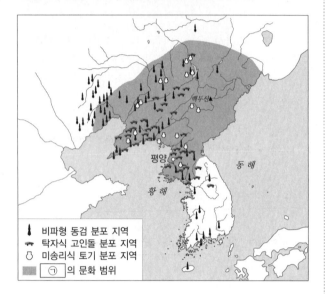

- 비파형 동검 분포 지역
- 탁자식 고인돌 분포 지역
- 미송리식 토기 분포 지역
- ▨ ㉠ 의 문화 범위

(1) 위 ㉠에 들어갈 나라 이름을 쓰시오. [4점]

( )

(2) 위 지도의 유물 분포를 통해 알 수 있는 점을 쓰시오. [8점]

_____

_____

2 다음 자료를 보고, 물음에 답하시오. [12점]

▲ 광개토대왕릉비

(1) 위 비석을 세운 고구려의 왕을 쓰시오. [4점]

( )

(2) 위 (1)번 답의 왕이 한 일을 쓰시오. [8점]

_____

_____

3 다음 자료를 보고, 물음에 답하시오. [12점]

▲ 고구려 기와 　　　 ▲ 발해 기와

(1) 다음 ( ) 안의 알맞은 말에 ○표 하시오. [4점]

> 고구려와 발해 기와의 모양이 (다르다, 비슷하다)는 것을 알 수 있다.

(2) 위 자료를 통해 알 수 있는 점을 쓰시오. [8점]

_____

_____

4 다음 신라의 삼국 통일이 갖는 역사적 의의와 한계를 쓰시오. [8점]

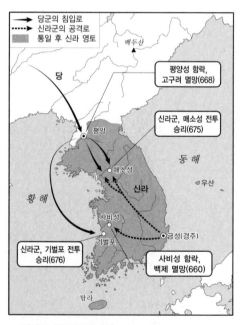

- → 당군의 침입로
- ┅➤ 신라군의 공격로
- ▨ 통일 후 신라 영토

평양성 함락, 고구려 멸망(668)

신라군, 매소성 전투 승리(675)

신라군, 기벌포 전투 승리(676)

사비성 함락, 백제 멸망(660)

▲ 신라의 삼국 통일 과정

(1) 의의	
(2) 한계	

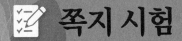
1 신라 말 호족 중 완산주에서 견훤이 세운 나라는 어디입니까?

2 (왕건, 궁예)은/는 고려를 세운 후 신라의 항복을 받고 후백제를 멸망시킨 이후 후삼국을 통일했습니다.

3 거란이 침입했을 때 거란의 소손녕과 외교 담판을 벌여 강동 6주를 확보한 인물은 누구입니까?

4 거란이 다시 침입했을 때, (강감찬, 양규)이/가 이끄는 고려군이 흥화진과 귀주에서 거란을 크게 물리쳤습니다.

5 윤관은 별무반을 이끌고 (몽골, 여진)을 정벌한 후 동북 9성을 쌓았습니다.

6 몽골이 침입했을 때 고려는 수도를 개경에서 (강화도, 제주도)로 옮기고 저항했습니다.

7 (김윤후, 삼별초)는 개경으로 돌아가는 것에 반대해 근거지를 옮기며 계속 몽골에 맞서 싸웠습니다.

8 공예품의 겉면에 무늬를 새기고 다른 금속이나 다른 색깔의 흙을 채워 넣는 방법으로, 고려청자를 만들 때 활용했던 기법은 무엇입니까?

9 고려 사람들이 부처의 힘으로 몽골의 침입을 물리치기를 바라는 마음을 담아 만든 것은 무엇입니까?

10 『직지』는 오늘날 남아 있는 세계에서 가장 오래된 (목판, 금속 활자) 인쇄본입니다.

1 고려 건국 전의 상황으로 알맞지 <u>않은</u> 것은 어느 것입니까? ( )

① 견훤이 후백제를 세웠다.
② 백성의 삶이 안정되었다.
③ 신라 말 정치가 혼란스러웠다.
④ 궁예가 수도를 송악에서 철원으로 옮겼다.
⑤ 경제력과 군사력을 갖춘 호족이 성장했다.

2 왕건에 대해 알맞게 말한 어린이는 누구입니까? ( )

① 후고구려를 세웠어.
② 나라 이름을 '고려'라고 정했어.
③ 8조법을 만들었어.
④ 궁예와 함께 후삼국을 통일했어.

3 다음 ㉠에 들어갈 알맞은 말을 이어 쓰시오.

서술형

고려에서는 후삼국 통일 후에도 각 지방 호족들의 힘이 강했는데 태조는 이들을 자신의 편으로 만들기 위해 _____㉠_____

_____

_____

4 거란의 1차 침입에 대한 설명으로 알맞은 것을 보기 에서 두 가지 골라 기호를 쓰시오.

보기
㉠ 개경이 함락되었다.
㉡ 천리장성을 쌓아 거란의 침입에 대비했다.
㉢ 고려가 거란을 적으로 대하자 쳐들어왔다.
㉣ 서희가 거란의 장수와 외교 담판을 벌였다.

( )

5 다음 빈칸에 들어갈 인물은 누구입니까? ( )

거란이 강동 6주를 돌려 달라고 요구했으나 고려가 들어주지 않자 또다시 침입했다. 전쟁에 대비하고 있었던 ( )은/는 고려군을 이끌고 흥화진에서 거란군에게 큰 타격을 주었고, 고려에서 물러나는 거란군을 귀주에서 크게 물리쳤다.

① 윤관   ② 견훤
③ 소손녕   ④ 김윤후
⑤ 강감찬

6~7 다음 자료를 보고, 물음에 답하시오.

> 고려는 수도를 (㉠)(으)로 옮기고 몽골에 저항했음.

↓

> 김윤후와 백성들은 충주성에서 몽골군을 물리쳤음.

↓

> 국력이 약해진 고려는 전쟁을 멈추자는 몽골의 요구를 받아들여 개경으로 돌아갔음.

↓

> (㉡)은/는 개경으로 돌아가는 것을 반대하며 항전했으나 진압됐음.

6 위 ㉠에 들어갈 수도를 쓰시오.

( )

7 위 ㉡에 들어갈 군대에 대한 설명으로 알맞은 것은 어느 것입니까? ( )

① 처인성에서 몽골군을 물리쳤다.
② 근거지를 옮기며 계속 항전했다.
③ 김윤후와 함께 몽골군을 물리쳤다.
④ 윤관이 만든 고려의 특별 부대였다.
⑤ 고려와 여진 연합군에 의해 진압되었다.

8 상감 기법이 사용된 고려 문화유산은 무엇입니까? ( )

①  ②

③  ④

9 팔만대장경의 우수한 점으로 알맞은 것을 보기 에서 모두 고른 것은 어느 것입니까? ( )

> **보기**
> ㉠ 푸른빛을 내고 있다.
> ㉡ 글자의 형태가 고르다.
> ㉢ 잘못된 글자가 거의 없을 정도로 정교하다.
> ㉣ 글자를 한 자씩 만들어 필요할 때마다 골라 짜 맞춰 여러 종류의 책을 만들어 낼 수 있었다.

① ㉠, ㉡　　　　　② ㉠, ㉢
③ ㉡, ㉢　　　　　④ ㉡, ㉣
⑤ ㉢, ㉣

10 『직지』에 대한 설명으로 알맞지 않은 것은 어느 것입니까? ( )

① 불교의 가르침을 담은 책이다.
② 합천 해인사 장경판전에 보관되어 있다.
③ 오늘날 전해지는 금속 활자 인쇄본 중 가장 오래되었다.
④ 고려의 우수한 인쇄술과 문화를 보여 주는 문화유산이다.
⑤ 프랑스 국립 도서관에서 근무하던 박병선의 노력으로 알려졌다.

1 다음 후삼국의 통일 과정에서 일어난 일 중 가장 먼저 일어난 일을 찾아 기호를 쓰시오.

> ㉠ 견훤이 아들에게 왕위를 빼앗기자 고려로 투항했다.
> ㉡ 고려는 힘이 약해진 후백제를 물리치고 후삼국을 통일했다.
> ㉢ 신라는 더 이상 나라를 유지하기 어렵다고 생각하고 고려에 나라를 넘겼다.

( )

2 태조의 정책으로 알맞은 것은 어느 것입니까?

( )

① 호족들을 배척했다.
② 불교를 중요하게 생각했다.
③ 나라의 안정을 위해 세금을 늘렸다.
④ 한양을 서경으로 정하고 북진 정책을 펼쳤다.
⑤ 신라, 후백제 백성과 발해 유민을 나라 밖으로 쫓아냈다.

3 다음 글의 빈칸에 공통으로 들어갈 장소는 어디입니까?

( )

> 서희는 거란의 장수 소손녕과의 외교 담판에서 고려가 거란과 교류할 것을 약속했고, 그 대신 압록강 동쪽의 ( )을/를 확보했다. 그러나 이후 거란은 ( )을/를 돌려 달라고 요구했다.

① 송악   ② 서경
③ 강화도   ④ 동북 9성
⑤ 강동 6주

4 여진의 침입에 대한 고려의 대항으로 알맞은 것을 두 가지 고르시오. ( )

① 윤관이 동북 9성을 쌓았다.
② 특별 부대인 별무반을 만들었다.
③ 수도를 국내성에서 평양으로 옮겼다.
④ 강감찬이 귀주에서 여진을 크게 물리쳤다.
⑤ 매소성과 기벌포에서 여진의 군대를 격파했다.

5 다음 ㉠이 고려에 침입한 까닭을 쓰시오.

서술형

_____

_____

6 몽골의 침입에 대항한 모습으로 알맞은 것은 어느 것입니까? ( )

① 거란에 도움을 요청했다.
② 국경 지역에 천리장성을 쌓았다.
③ 수도를 강화도로 옮겨 몽골에 저항했다.
④ 한때 함락되었던 개경을 양규의 활약으로 되찾았다.
⑤ 고려군은 흥화진에서 몽골군에게 큰 타격을 주었다.

7 다음과 같은 용도와 우수성을 가진 고려의 문화유산에 대한 설명으로 알맞은 것은 어느 것입니까? ( )

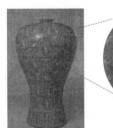

▲ 청자 상감 운학무늬 매병

용도	매병은 술이나 물을 담을 때 사용했음.
우수성	상감 기법, 푸른빛을 내는 기법 등 뛰어난 기술이 돋보임.

① 오늘날에는 남아 있지 않다.
② 주로 생활용품으로 사용했다.
③ 고려의 뛰어난 인쇄술을 알 수 있다.
④ 불교의 가르침을 도자기 표면에 새겼다.
⑤ 금속을 다루는 수준이 뛰어났음을 알 수 있다.

8~9 다음 자료를 보고, 물음에 답하시오.

▲ 팔만대장경판

8 위 문화유산에 대한 설명으로 알맞은 것을 두 가지 고르시오. ( )

① 초기에 중국의 기술을 받아들여 만들었다.
② 몽골이 고려에 침입했을 때 불타 없어졌다.
③ 몽골을 물리치기 위한 마음을 담아 만들었다.
④ 고려의 뛰어난 목판 인쇄술 수준을 알 수 있다.
⑤ 가마의 불을 조절하고 관리하는 기술이 필요하다.

9 위 문화유산을 만드는 과정에서 가장 마지막에 할 일을 보기 에서 골라 기호를 쓰시오.

> **보기**
> ㉠ 나무를 잘라 소금물에 삶고 말린다.
> ㉡ 바닷물에 1~2년 나무를 담가 놓는다.
> ㉢ 나무를 다듬어 경판으로 만들고 글자를 새긴다.
> ㉣ 경판의 양 끝에 두꺼운 각목을 붙이고 옻칠한다.

( )

10 고려 시대 금속 활자에 대한 설명으로 알맞은 것을 두 가지 고르시오. ( )

① 부서지거나 휘어질 수 있었다.
② 목판보다 오래 보관할 수 없었다.
③ 금속을 이용해 한 글자씩 만들었다.
④ 합천 해인사 장경판전에 보관되어 있다.
⑤ 금속 활자를 이용해 세계 최초로 책을 인쇄했다.

1 다음은 고려의 후삼국 통일 과정을 나타낸 지도입니다. 물음에 답하시오. [12점]

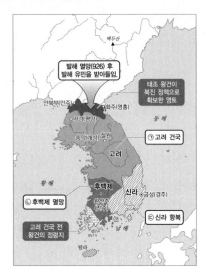

(1) 위 고려의 후삼국 통일 과정을 순서대로 기호를 쓰시오. [4점]

(   ) → (   ) → (   )

(2) 왕건이 나라 이름을 고려라고 한 까닭을 쓰시오.
[8점]

_____

2 다음 지도를 보고, 물음에 답하시오. [12점]

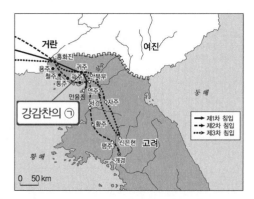

(1) 위 ㉠에 들어갈 전투를 쓰시오. [4점]

(   )

(2) 위 (1)번 답의 전투가 일어난 까닭을 쓰시오. [8점]

_____

3 다음 자료를 보고, 물음에 답하시오. [12점]

❶ 재료가 될 나무를 선택하기   ❷ 바닷물에 1~2년 나무를 담가 놓기   ❸ 나무를 잘라 소금물에 삶고 말리기

❹ 나무를 다듬어 경판으로 만들고 글자를 새기기   ❺ 경판에 글자가 제대로 새겨졌는지 한 장씩 찍어 살펴보기   ❻ 경판의 양 끝에 두꺼운 각목을 붙이고 옻칠하여 완성하기

(1) 위 과정을 통해 만든 고려의 문화유산을 쓰시오.
[4점]

(   )

(2) 위 (1)번 답 문화유산이 오늘날까지 잘 보존될 수 있었던 까닭을 쓰시오. [8점]

_____

_____

4 다음 고려 문화유산의 가치를 쓰시오. [8점]

▲ 『직지』

_____

_____

1 태조 이성계가 고조선을 잇는다는 뜻에서 나라 이름을 무엇이라고 지었습니까?

2 정도전은 (유교, 불교) 사상에 따라 수도 한양의 건물 자리와 이름을 정했습니다.

3 누구나 쉽게 배울 수 있도록 세종이 만든 과학적이고 독창적인 문자는 무엇입니까?

4 세종 때 장영실을 비롯한 신하들이 천체를 관측하고 계절 변화를 관찰하기 위해 과학 기구인 (혼천의, 자격루)를 만들었습니다.

5 세종 때 편찬되었던 『(칠정산, 향약집성방)』은 조선에서 나는 약재와 이를 이용한 치료 방법을 소개한 책입니다.

6 세종 때 국방을 튼튼히 하기 위해 만든 화약이 달린 화살은 무엇입니까?

7 세종 때 모범이 될 만한 효자, 충신 등의 이야기를 실어 편찬한 책은 무엇입니까?

8 임진왜란 때 (이순신, 곽재우)은/는 의병을 이끌어 일본군이 전라도의 곡창 지대로 진출하는 것을 막았습니다.

9 명과 후금 사이에서 중립 외교 정책을 펼쳤던 왕은 누구입니까?

10 (정묘호란, 병자호란)의 결과 조선은 청과 신하와 임금의 관계를 맺었고, 많은 백성이 청에 인질로 끌려갔습니다.

1~2 다음 자료를 보고, 물음에 답하시오.

> 고려는 명이 북쪽의 일부 영토를 요구하자 명과 전쟁을 치르기 위해 (㉠)을/를 보냈으나 위화도에서 회군을 했음.

↓

> 권력을 잡은 신진 사대부와 무인들은 토지 제도를 개혁해 권문세족이 불법으로 차지한 토지를 거두어 절차에 따라 관리들에게 나눠 주었음.

↓

> 고려를 유지하면서 개혁하자고 주장하는 세력과 고려를 무너뜨리고 새로운 나라를 세우자고 주장하는 세력이 대립했음.

↓

> (㉠)은/는 새로운 나라를 세우자고 주장한 세력과 손잡고 조선을 세웠음.

1 위 ㉠에 공통으로 들어갈 인물은 누구입니까?
( )

① 정몽주 　　② 정도전
③ 이성계 　　④ 장영실
⑤ 신사임당

2 위 **1**번 답의 인물이 나라 이름을 '조선'이라고 지은 까닭을 쓰시오.
서술형

_____

_____

3 세종대왕의 업적으로 알맞지 <u>않은</u> 것은 어느 것입니까? ( )

① 훈민정음을 창제했다.
② 여진을 물리친 후 4군 6진을 설치했다.
③ 화약이 달린 화살인 신기전을 만들었다.
④ 천체의 움직임과 방위를 관찰하는 간의를 만들었다.
⑤ 일상생활에서 쉽게 유교 윤리를 실천할 수 있도록 『칠정산』을 편찬했다.

4 천체의 위치와 움직임을 측정하는 과학 기구는 어느 것입니까? ( )

①
▲ 측우기

②
▲ 혼천의

③
▲ 자격루

④
▲ 앙부일구

5 유교 질서 속 조선의 모습에 대한 설명으로 알맞은 것을 보기 에서 두 가지 골라 기호를 쓰시오.

> **보기**
> ㉠ 여성들은 예술 활동을 할 수 없었다.
> ㉡ 양반들이 조선의 사회와 문화를 이끌었다.
> ㉢ 신분은 유교 사상에 따라 양반, 중인, 상민, 천민으로 나뉘었다.
> ㉣ 임금, 신하, 부모, 자식 등 각자의 지위에 맞는 역할을 중요하게 생각했다.

( )

6 임진왜란이 일어나기 전 국내외 상황을 알맞게 말한 친구는 누구입니까? ( )

① 조선은 건국 이후 큰 전쟁이 계속 일어났어.

② 조선은 전쟁에 대한 대비가 철저했어.

③ 후금이 나라 이름을 '청'으로 바꾸었어.

④ 일본에서 도요토미히데요시가 전국을 통일했어.

7 임진왜란 당시 활약했던 의병에 대한 설명으로 알맞은 것은 어느 것입니까? ( )

① 양반은 의병에 참여할 수 없었다.
② 명량과 노량에서 큰 승리를 거두었다.
③ 백성이 스스로 자기 고장을 지키기 위해 일어났다.
④ 권율은 의병의 힘만으로 행주 대첩을 승리로 이끌었다.
⑤ 판옥선, 거북선과 같은 우수한 배와 무기를 이용해 일본군을 크게 무찔렀다.

8 다음 과정 이후 다시 일어난 전쟁은 무엇인지 쓰시오.

> 행주 대첩에서 패배한 일본이 조선과 명에 협상을 요구했다. 그러나 이 협상은 성과 없이 끝났고, 일본은 조선을 다시 침략했다.

( )

9 다음 밑줄 친 '인조'가 추진한 정책으로 알맞은 것은 어느 것입니까? ( )

> 일부 신하들이 광해군을 내쫓고 인조를 새로운 왕으로 세웠다.

① 청 정벌을 주장했다.
② 후금과 형제 관계를 맺었다.
③ 새로운 무기를 만들도록 지원했다.
④ 후금을 멀리하고 명을 가까이했다.
⑤ 명과 후금 사이에서 중립 외교 정책을 펼쳤다.

10 병자호란 당시 다음 장소에서의 상황으로 알맞은 것을 두 가지 고르시오. ( )

▲ 남한산성

① 삼전도비를 세웠다.
② 성안에 먹을 것이 풍족했다.
③ 청과 전쟁할 준비가 되어 있지 않았다.
④ 성안에서 조선은 청과 신하와 임금의 관계를 맺었다.
⑤ 청과 끝까지 싸워야 한다는 주장과 일단 화해해 싸움을 멈춰야 한다는 주장이 대립했다.

1~2 다음 자료를 보고, 물음에 답하시오.

(가)

▲ 경복궁

(나)

▲ 종묘

1 위 (가), (나) 건축물이 있는 조선의 수도 이름을 쓰시오.

( )

2 위 (가), (나)에 대한 설명으로 알맞지 <u>않은</u> 것을 보기 에서 골라 기호를 쓰시오.

보기
㉠ (가) – '임금이 덕으로써 나라를 다스려 만 년 동안 큰 복을 누리라'는 의미를 담아 궁궐의 이름을 지었다.
㉡ (나) – 역대 왕과 왕비의 위패를 모시고 제사를 지내던 곳이다.
㉢ (가), (나) – 정몽주가 유교 사상에 따라 건물의 자리와 이름을 정했다.

( )

3 훈민정음에 대한 설명으로 알맞은 것을 두 가지 고르시오. ( )

① 과학적이고 독창적인 문자이다.
② 양반들만 배울 수 있는 글이었다.
③ 국방을 튼튼히 하기 위해 만들었다.
④ 민족 문화가 발전하는 밑바탕이 되었다.
⑤ 양반이 조선의 사회와 문화를 이끄는 데 영향을 주었다.

4 다음에서 설명하는 책은 어느 것입니까? ( )

천체 관측 기록을 바탕으로 조선의 날짜와 계절의 변화를 계산한 내용이 실려 있다.

① 『칠정산』
② 『농사직설』
③ 『삼강행실도』
④ 『향약집성방』
⑤ 『훈민정음』「해례본」

5 다음 지도와 관련된 세종의 업적을 쓰시오.

서술형

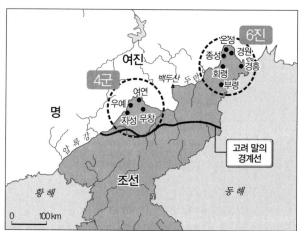

_____

_____

6 다음 조선의 신분과 하는 일을 알맞게 선으로 연결하시오.

(1) 천민 •

(2) 상민 •

(3) 중인 •

(4) 양반 •

• ㉠ 유학을 공부하며 관리가 되는 사람이 많았음.

• ㉡ 주로 농사를 지었고, 물건을 팔기도 했음.

• ㉢ 관청에서 다양한 분야의 일을 했음.

• ㉣ 대부분 주인이나 나라에 속한 노비였음.

8 다음 지도의 ㉠, ㉡에 들어갈 인물을 각각 쓰시오.

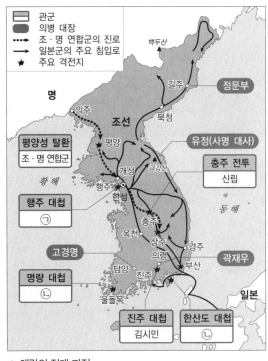

▲ 왜란의 전개 과정

㉠: (   ) ㉡: (   )

7 임진왜란에 대한 설명으로 알맞은 것을 보기에서 모두 고른 것은 어느 것입니까? (   )

보기
㉠ 명에 지원군을 요청했으나, 지원군이 오지 않았다.
㉡ 곽재우와 권율이 싸웠던 육지에서는 일본군에 계속 패배했다.
㉢ 일본이 명을 공격하러 가는 길을 빌려 달라는 구실로 침략했다.
㉣ 바다에서는 이순신과 조선 수군이 일본군과 싸워 모두 승리했다.

① ㉠, ㉡   ② ㉠, ㉢
③ ㉡, ㉢   ④ ㉡, ㉣
⑤ ㉢, ㉣

9 다음 밑줄 친 '이 왕'은 누구입니까? (   )

명이 후금을 물리치기 위해 조선에 군사 지원을 요청하자, 조선의 이 왕은 강한 나라로 성장한 후금과 충돌하지 않기 위해 중립 외교 정책을 펼쳤다.

① 태조   ② 세종
③ 선조   ④ 인조
⑤ 광해군

10 병자호란의 결과로 알맞은 것을 두 가지 고르시오.
(   )

① 인조가 남한산성에 갇혔다.
② 경복궁과 불국사 등이 불에 탔다.
③ 일본이 도자기, 서적 등을 빼앗아 갔다.
④ 조선의 두 왕자가 청에 인질로 끌려갔다.
⑤ 조선의 항복을 받은 청 황제가 삼전도비를 세웠다.

1 다음 자료를 보고, 물음에 답하시오. [12점]

(1) 위 조선의 건국 과정을 순서대로 기호를 쓰시오.
[4점]

(　) → (　) → (　) → (　)

(2) 위 (1)번 답과 같은 과정으로 건국된 조선의 특징을 쓰시오. [8점]

―――――――――――――――――――

―――――――――――――――――――

2 다음 자료를 보고, 물음에 답하시오. [12점]

(1) 위 ㉠, ㉡ 과학 기구의 이름을 쓰시오. [4점]

㉠: (　　　　) ㉡: (　　　　)

(2) 위 (1)번 답 과학 기구를 만든 까닭을 쓰시오. [8점]

―――――――――――――――――――

―――――――――――――――――――

3 다음 자료를 보고, 물음에 답하시오. [12점]

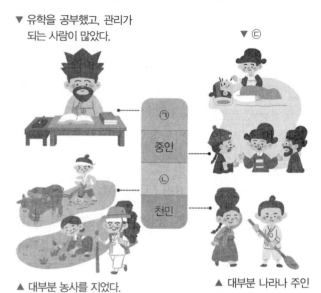

▼ 유학을 공부했고, 관리가 되는 사람이 많았다.

▼ ㉢

중인

천민

▲ 대부분 농사를 지었다.

▲ 대부분 나라나 주인에 속한 노비였다.

(1) 위 ㉠, ㉡에 들어갈 신분을 쓰시오. [4점]

㉠: (　　　　) ㉡: (　　　　)

(2) 위 ㉢에 들어갈 중인의 생활 모습을 쓰시오. [8점]

―――――――――――――――――――

4 다음 그림을 보고, 물음에 답하시오. [8점]

◀ 학익진 전법

(1) 임진왜란 당시 위 전법으로 일본군을 물리친 전투를 쓰시오. [4점]

(　　　　)

(2) 위와 같은 이순신과 조선 수군의 활약이 일본군에게 미친 영향을 쓰시오. [8점]

―――――――――――――――――――

① 새로운 사회를 향한 움직임

1 영조와 정조의 개혁 정치

영조	탕평책 실시, 신문고 다시 설치, 세금을 줄였음.
정조	탕평책 실시, 규장각 설치, 새로운 부대 설치, 수원 화성 건설, 자유롭게 장사할 수 있게 했음.

2 실학과 서민 문화의 발달

실학 발달	백성들의 현실 문제를 해결하기 위해 등장 → 농업, 상업, 공업, 우리의 것을 연구했음.
서민 문화 발달	경제적으로 여유가 생긴 사람들이 늘어났음. → 한글 소설, 민화, 풍속화, 판소리, 탈춤 등 서민 문화가 발달했음.

3 흥선 대원군의 정책과 강화도 조약 체결

흥선 대원군의 정책	인재 등용, 양반에게 세금 부과, 서원 정리, 경복궁 중건, 통상 수교 거부 정책 실시
강화도 조약 체결	외국과 맺은 최초의 근대적 조약이자 조선에 불리한 불평등 조약임.

4 갑신정변과 동학 농민 운동

갑신정변	김옥균 등이 우정총국 개국 축하 잔치에서 일으켰음. → 청의 군대 개입으로 실패로 끝났음.
동학 농민 운동	전라도 고부 군수의 횡포 → 전봉준과 농민들의 봉기 → 전주성 점령 → 청과 일본의 군대 파견 → 동학 농민군 개혁안 발표 → 청일 전쟁 → 농민군들은 일본을 몰아내려고 다시 봉기했음. → 관군과 일본군에게 패했음.

② 일제의 침략과 광복을 위한 노력

1 을미사변: 일본이 명성황후를 시해했습니다.

2 독립 협회와 대한 제국 수립

독립 협회 설립	서재필 등이 만든 단체로, 독립문을 세우고 만민 공동회를 열었음.
대한 제국 수립	고종이 환구단에 황제로 즉위한 후 선포했음. → 여러 분야에서 근대적 개혁을 추진했음.

3 을사늑약 체결과 우리 민족의 저항

을사늑약 체결	일본이 대한 제국의 외교권을 강제로 빼앗기 위해 체결했음.
우리 민족의 저항	헤이그 특사 파견, 전국 각지 의병 활동 전개, 안중근의 이토 히로부미 처단

4 3·1 운동과 대한민국 임시 정부 수립

3·1 운동	독립 선언서 낭독 → 전국으로 만세 시위 전개, 국외에서도 전개
3·1 운동 이후 독립운동	홍범도의 봉오동 전투, 김좌진과 홍범도의 청산리 대첩, 6·10 만세 운동, 광주 학생 항일 운동
대한민국 임시 정부 수립	중국 상하이에 수립됨. → 비밀 연락망 조직, 독립운동 자금 모금, 외교 활동

5 나라를 되찾기 위한 다양한 노력

조선어 학회 활동(한글 보급), 신채호의 활동(역사 연구), 한인 애국단 활동(일제 주요 인물 처단), 한국광복군 활동(일제와 전쟁 치를 준비를 했음.)

③ 대한민국 정부의 수립과 6·25 전쟁

1 8·15 광복과 대한민국 정부 수립 과정

8·15 광복	1945년 8월 15일, 연합국의 승리와 민족의 노력으로 광복을 맞이했음.
대한민국 정부 수립 과정	38도선 설치 → 모스크바 3국 외상 회의 개최 → 미소 공동 위원회 개최 → 국제 연합의 남한만의 총선거 결정 → 남한의 5·10 총선거 실시 → 제헌 헌법 공포 → 이승만 대통령 당선 → 1948년 8월 15일, 대한민국 정부 수립

2 6·25 전쟁의 전개 과정과 피해

전개 과정	1950년 6월 25일, 북한군의 남침 → 국군과 국제 연합군의 반격(인천 상륙 작전) → 중국군의 개입 → 정전 협정 체결
피해	• 많은 민간인과 군인이 죽거나 다쳤음. • 이산가족과 전쟁고아가 생겨났음. • 전 국토가 황폐해졌고, 많은 시설이 파괴됐음.

1 영조가 붕당 간의 조화와 왕권 강화를 위해 실시한 정책은 무엇입니까?

2 정조가 정치, 군사, 경제 중심지로 삼으려고 건설한 계획도시는 무엇입니까?

3 양난 이후 생활이 어려워진 백성들을 돕고 현실 문제를 해결하기 위해 등장한 학문은 무엇입니까?

4 서민 문화 중 (탈춤, 판소리)은/는 소리꾼이 이야기를 더하거나 뺄 수 있고, 구경하는 사람도 함께 어울릴 수 있어서 인기가 많았습니다.

5 세도 정치의 문제점을 해결하기 위해 서원을 정리하거나 양반에게도 세금을 내게하는 등의 정책을 펼친 인물은 누구입니까?

6 강화도 조약은 조선에 (불평등, 평등)한 조약이자, 외국과 맺은 최초의 근대적 조약입니다.

7 (김옥균, 전봉준) 등이 일본의 지원을 약속받고 우정총국 개국 축하 잔치에서 정변을 일으켰습니다.

8 (임오군란, 갑신정변)은 청의 군대가 개입하여 3일 만에 실패로 끝났으나 자주적인 나라를 세우고자 했던 개혁 운동이었습니다.

9 전라도 고부 군수의 횡포를 계기로 시작된 운동은 무엇입니까?

10 청일 전쟁이 일어난 이후 동학 농민군은 (청, 일본)을 몰아내기 위해 다시 봉기했습니다.

단원 평가 1회

1 영조가 탕평책을 실시한 까닭으로 알맞은 것은 어느 것입니까?   (   )

① 세도 정치의 문제점을 해결하기 위해서
② 우리의 역사, 지리, 언어 등을 연구하기 위해서
③ 개혁 정치를 뒷받침할 계획도시를 만들기 위해서
④ 외국과 교류하며 새로운 문물을 받아들이기 위해서
⑤ 붕당 간에 조화를 이루어 왕권을 강화하고 정치를 안정시키기 위해서

2 다음 빈칸에 들어갈 왕을 쓰시오.

> 탕평책을 적극적으로 실시했던 (   )은/는 규장각을 설치하여 자신의 개혁 정치를 뒷받침할 관리들을 길러 냈다. 특히 신분 때문에 능력을 발휘하지 못하던 인재를 뽑아 썼다.

(   )

3 조선 후기에 실학이 등장하게 된 배경을 쓰시오.

서술형
_____
_____
_____

4 다음 서민 문화의 특징으로 알맞은 것을 두 가지 고르시오.   (   )

▲ 한글 소설

① 서민들의 감정을 그대로 표현하고 있다.
② 소리꾼이 이야기를 더하거나 뺄 수 있었다.
③ 주로 양반이 소설의 주인공으로 등장하고 있다.
④ 사회의 잘못된 점을 비판하는 내용을 담고 있다.
⑤ 서민들의 소망이었던 장수, 복, 효 등의 의미가 그림에 담겨 있다.

5 흥선 대원군이 실시했던 정책으로 알맞은 것을 보기에서 모두 고른 것은 어느 것입니까?   (   )

> 보기
> ㉠ 신문고를 다시 설치했다.
> ㉡ 양반도 세금을 내게 했다.
> ㉢ 서원을 정리하여 일부만 유지했다.
> ㉣ 국왕을 지키는 새로운 부대를 만들었다.

① ㉠, ㉡   ② ㉠, ㉣
③ ㉡, ㉢   ④ ㉡, ㉣
⑤ ㉢, ㉣

6 다음 빈칸에 공통으로 들어갈 나라는 어디입니까?
( )

> 흥선 대원군이 나라를 다스리고 있을 때 서양 세력이 조선이 해안에 자주 나타나 통상을 요구했다. 특히 ( )은/는 강화도를 침략했고, 조선의 끈질긴 저항으로 조선에서 물러갔다. ( )이/가 물러가면서 『의궤』 등을 빼앗아 갔다.

① 청　　　　　　② 일본
③ 미국　　　　　④ 프랑스
⑤ 러시아

7 다음 내용으로 일본과 맺은 조약 이름을 쓰시오.

제1조	조선은 자주국이며, 일본과 평등한 권리를 가진다.
제4조	조선은 부산 이외에 두 곳의 항구를 개항하고 일본인이 통상하는 것을 허가한다.
제7조	일본이 조선의 해안을 자유롭게 측량하는 것을 허가한다.
제10조	조선의 항구에서 죄를 지은 일본인은 일본 관리가 심판한다.

( )

8 임오군란에 대한 설명으로 알맞지 <u>않은</u> 것은 어느 것입니까? ( )

① 조선 정부는 청의 도움을 요청했다.
② 청의 군대가 파견되어 난을 진압했다.
③ 개혁 세력이 새로운 정부를 구성하고, 개혁안을 발표했다.
④ 이를 계기로 청이 조선의 정치에 깊숙이 간섭하게 되었다.
⑤ 구식 군인들이 신식 군대에 비해 차별 대우를 받아 일어났다.

9 다음은 갑신정변의 전개 과정을 나타낸 자료입니다. 빈칸에 들어갈 인물은 누구입니까? ( )

> 청의 간섭이 심해지자 개혁 정책이 제대로 추진되지 못했음.

↓

> ( ) 등이 일본의 지원을 약속받고 우정총국 개국 축하 잔치에서 정변을 일으켰음.

↓

> 3일 만에 실패로 끝났음.

① 박제가　　　　② 김옥균
③ 김홍집　　　　④ 박지원
⑤ 정약용

10 다음과 같은 개혁안을 발표했던 운동에 대한 설명으로 알맞지 <u>않은</u> 것은 어느 것입니까? ( )

> • 탐관오리를 징계하고 쫓아낼 것
> • 세금은 공평하게 부과하고 마구 거두지 말 것
> • 각국 상인은 각 항구에서만 물건을 사고팔 것
> 　　　　　　　　　　　　　　– 정교, 『대한계년사』

① 동학 농민군은 전라도 일대를 장악했다.
② 공주 우금치에서 동학 농민군의 승리로 끝났다.
③ 전봉준을 중심으로 한 농민들이 일으킨 운동이다.
④ 동학 농민군은 일본군을 몰아내기 위해 다시 봉기했다.
⑤ 동학 농민군을 진압하는 데 어려움을 겪은 조선 정부는 청에 도움을 요청했다.

1 다음 정책을 추진했던 왕은 누구인지 쓰시오.

> • 탕평책을 실시하여 정치를 안정시키고자 했다.
> • 백성의 생활을 안정시키기 위해 세금을 줄였다.
> • 신문고를 다시 설치하여 백성이 억울한 일을 당하지 않도록 했다.

(   )

2 다음 문화유산이 건설된 까닭으로 알맞은 것은 어느 것입니까? (   )

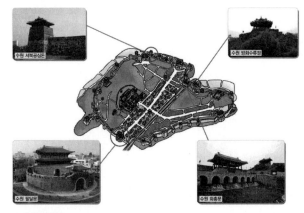

▲ 수원 화성

① 탕평책을 널리 알리기 위해서
② 세도 가문을 억누르기 위해서
③ 붕당 간에 조화를 이루기 위해서
④ 서양의 통상 요구를 거절하기 위해서
⑤ 정조의 개혁 정치를 뒷받침하기 위해서

3 다음 ㉠, ㉡에 들어갈 알맞은 말이 짝 지어진 것은 어느 것입니까? (   )

> 농업에 관심을 두었던 실학자는 (㉠) 제도를 개혁하여 농촌 사회를 안정시키려고 했다. 그리고 상업과 공업에 관심을 두었던 실학자는 (㉡)의 발달된 문물을 받아들여 백성의 삶을 풍요롭게 하는 데 이용하자고 했다.

	㉠	㉡		㉠	㉡
①	토지	청	②	토지	일본
③	토지	발해	④	신분	청
⑤	신분	일본			

4 다음에서 설명하는 지도를 만든 인물은 누구입니까? (   )

> 우리나라의 산, 강, 길 등을 자세히 표시한 『대동여지도』를 만들었다.

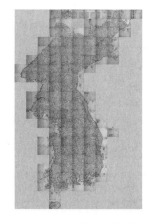

① 김정호   ② 유형원
③ 정약용   ④ 박지원
⑤ 유득공

5 다음에서 설명하는 서민 문화는 무엇입니까? (   )

> 양반을 비꼬거나 사회의 잘못된 점을 비판하는 내용을 담아 재미난 동작과 춤이 어우러져 공연했다.

①
▲ 민화

②
▲ 탈춤

③
▲ 풍속화

④
▲ 판소리

6 흥선 대원군이 나라를 다스린 까닭으로 알맞은 것은 어느 것입니까? ( )

① 지방 관리의 수탈이 심했기 때문에
② 청이 조선의 정치에 깊이 간섭했기 때문에
③ 아들 고종이 어린 나이에 왕이 됐기 때문에
④ 일본이 강화도를 무력으로 침입했기 때문에
⑤ 구식 군인들이 신식 군대에 비해 차별 대우를 받았기 때문에

7 흥선 대원군이 다음 내용을 적어 전국에 세운 비석 이름을 쓰시오.

'서양 오랑캐가 침범했는데 싸우지 않는 것은 곧 나라를 팔아먹는 것이다.'

( )

8 강화도 조약에 대한 설명으로 알맞지 <u>않은</u> 것은 어느 것입니까? ( )

① 일본과 맺은 조약이다.
② 조선에 불리한 불평등 조약이다.
③ 조약을 맺은 후 조선은 개항했다.
④ 외국과 맺은 최초의 근대적 조약이다.
⑤ 신분 제도 폐지, 탐관오리 처벌의 내용이 담겨 있다.

9 다음 장소에서 일어난 정변의 한계를 쓰시오.

<small>서 술 형</small>

▲ 우정총국

_____

_____

10 동학 농민 운동이 일어난 배경으로 알맞은 것을 두 가지 고르시오. ( )

① 조선에서 청일 전쟁이 일어났다.
② 양반과 지방 관리의 수탈이 심했다.
③ 미국과 프랑스 등 서양 세력이 강화도에 침략했다.
④ 경복궁을 다시 짓기 위해 강제로 돈을 거둬들여 백성의 불만이 컸다.
⑤ 사람은 모두가 평등하다고 주장하는 동학이 사람들 사이에 퍼져 나갔다.

1 다음 자료를 보고, 물음에 답하시오. [12점]

▲ 탕평비

(1) 영조가 위 비석을 세우며 추진한 정책을 쓰시오. [4점]

(　　　　　　　　　)

(2) 위 (1)번 답 정책의 의미를 쓰시오. [8점]

_____

_____

2 다음 자료를 보고, 물음에 답하시오. [12점]

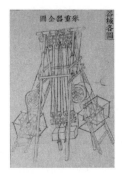

▲ 거중기

(1) 위 기구를 만든 인물을 쓰시오. [4점]

(　　　　　　　　　)

(2) 위 (1)번 답 인물의 업적을 쓰시오. [8점]

_____

3 다음 자료를 보고, 물음에 답하시오. [12점]

▲ 민화　　　　　　　▲ 판소리

▲ 탈춤　　　　　　　▲ 한글 소설

(1) 위와 같은 문화를 무엇이라고 하는지 쓰시오. [4점]

(　　　　　　　　　)

(2) 위 (1)번 답의 문화가 발달한 배경을 쓰시오. [8점]

_____

_____

4 다음 밑줄 친 부분과 같이 동학 농민군이 다시 봉기한 까닭을 쓰시오. [8점]

> 동학 농민군은 조선 정부와 개혁안을 약속받고 물러났음.
>
> ↓
>
> 청일 전쟁이 일어났음.
>
> ↓
>
> 동학 농민군이 다시 봉기했으나 우금치에서 관군과 일본군에게 패했음.

_____

_____

1 일본이 경복궁에 침입해 명성황후를 시해한 사건은 무엇입니까?

2 『독립신문』을 발간하고, 여러 사람과 함께 독립 협회를 설립한 인물은 누구입니까?

3 황제로 즉위한 후 대한 제국 수립을 선포하여 근대적인 개혁을 추진했던 인물은 누구입니까?

4 일본이 대한 제국의 외교권을 빼앗기 위해 강제로 맺은 조약은 무엇입니까?

5 (안중근, 헤이그 특사)은/는 우리나라를 침략하는 데 앞장선 이토 히로부미를 하얼빈역에서 처단했습니다.

6 (이회영, 안창호)은/는 평양에 대성 학교를 세워 인재를 길렀고, 미국에 흥사단을 세워 민족의 실력을 기르는 활동에 앞장섰습니다.

7 1919년 3월 1일, 학생들과 시민들이 탑골 공원에서 독립 선언서를 낭독하고 벌인 만세 시위는 무엇입니까?

8 홍범도, 김좌진 등이 이끄는 여러 독립군 부대가 일본군을 청산리 일대에서 크게 무찔렀던 전투는 무엇입니까?

9 3·1 운동을 계기로 중국 상하이에 수립된 정부는 무엇입니까?

10 (한인 애국단, 한국광복군)은 김구가 조직했고, 일제의 주요 인물을 처단하는 활동을 했습니다.

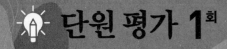

1 을미사변에 대한 설명으로 알맞은 것은 어느 것입니까? ( )

① 청일 전쟁이 일어나게 된 사건이다.
② 일본이 명성황후를 시해한 사건이다.
③ 고종이 러시아 공사관으로 피신한 사건이다.
④ 일본이 대한 제국의 국권을 빼앗은 사건이다.
⑤ 사건을 계기로 일본은 조선에 조선 총독부를 설치했다.

2 『독립신문』에 대해 <u>잘못</u> 말한 어린이는 누구입니까? ( )

① 서재필이 발간했어.

② 한글로 작성해 누구나 읽기 쉽도록 했지.

③ 나라 안팎의 소식을 백성들에게 알려줬어.

④ 대한 제국이 수립한 이후 발간된 신문이야.

3 독립 협회의 활동을 쓰시오.

서술형

_____

_____

4 헤이그 특사 사건을 구실로 일본이 한 일로 알맞은 것을 두 가지 고르시오. ( )

① 단발령을 취소했다.
② 헌병 경찰제를 실시했다.
③ 토지 조사 사업을 시행했다.
④ 고종을 강제로 물러나게 했다.
⑤ 대한 제국의 군대가 해산했다.

5 다음 ㉠에 공통으로 들어갈 의병은 누구인지 쓰시오.

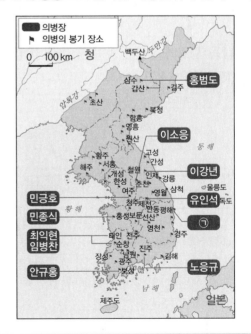

(㉠)은/는 평민 출신 의병장으로, 경상도와 강원도 일대에서 일본군을 크게 물리쳤다.

( )

6 다음 ㉠에 대한 설명으로 알맞지 <u>않은</u> 것은 어느 것입니까? ( )

① ㉠은 이회영이 세웠다.
② 이전의 이름은 신흥 강습소이다.
③ 많은 독립운동가와 독립군을 키워 냈다.
④ 주로 군사 교육을 했고, 우리 역사와 국어 등을 가르쳤다.
⑤ 우리 민족의 독립 의지를 널리 알리기 위해 외교 활동을 펼쳤다.

7 다음 자료와 관련된 운동에 대한 설명으로 알맞은 것을 두 가지 고르시오. ( )

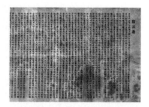

> 우리는 이에 우리 조선이 독립한 나라임과 조선 사람이 자주적인 민족임을 선언한다. ……

① 대한민국 임시 정부가 지휘했던 독립운동이다.
② 순종의 장례식을 계기로 만세 시위를 계획했다.
③ 탑골 공원에서 학생들과 시민들이 만세 시위했다.
④ 유관순은 만세 시위를 주도하다가 체포되어 감옥에서 순국했다.
⑤ 통학 열차 안에서 한국인 학생들과 일본인 학생들 사이에 다툼이 계기가 되어 일어났다.

8 다음 ㉠ 지역에서 독립군을 이끌며 활약했던 인물은 누구인지 쓰시오.

( )

9 조선어 학회의 활동으로 알맞은 것을 보기 에서 모두 고른 것은 어느 것입니까? ( )

보기
㉠ 한글 보급 운동을 펼쳤다.
㉡ 우리나라 역사를 새롭게 연구했다.
㉢ 나라를 구한 영웅들의 전기를 썼다.
㉣ 『우리말큰사전』을 편찬하기 위해 노력했다.

① ㉠, ㉡   ② ㉠, ㉣
③ ㉡, ㉢   ④ ㉡, ㉣
⑤ ㉢, ㉣

10 한인 애국단에 대한 설명으로 알맞은 것은 어느 것입니까? ( )

① 신채호가 조직한 단체이다.
② 청산리 일대에서 일본군을 크게 물리쳤다.
③ 일제의 주요 인물을 처단하는 활동을 했다.
④ 단원이었던 안중근이 이토 히로부미를 처단했다.
⑤ 태평양 전쟁이 일어났을 때 일본에 선전 포고를 했다.

1 다음 빈칸에 공통으로 들어갈 나라는 어디인지 쓰시오.

> 을미사변 이후 고종은 일본의 위협에서 벗어나기 위해 (　　　) 공사관으로 피신해 머물렀다. 고종이 (　　　) 공사관에 머무는 동안 여러 나라의 간섭이 심해졌다.

(　　　　　　　　)

2 서재필에 대한 설명으로 알맞은 것을 두 가지 고르시오. (　　　)

① 독립 협회를 설립했다.
②『독립신문』을 발간했다.
③ 대한 제국 수립을 선포했다.
④ 인재를 기르기 위해 학교를 설립했다.
⑤ 외국에 유학생을 보내 기술을 배우게 했다.

3 다음 인물이 근대화를 위해 추진한 일로 알맞은 것은 어느 것입니까? (　　　)

▲ 고종 황제

① 한국광복군을 창설했다.
② 비밀 연락망을 만들었다.
③ 독립운동 자금을 모았다.
④ 한글 보급 운동을 펼쳤다.
⑤ 공장과 회사 설립을 지원했다.

4 다음 항일 의병 운동이 일어난 순서대로 기호를 알맞게 나열한 것은 어느 것입니까? (　　　)

> ㉠ 을사늑약에 반발하여 의병 운동이 본격적으로 펼쳐졌다.
> ㉡ 을미사변과 단발령에 반발하여 유생들이 의병을 일으켰다.
> ㉢ 고종이 강제로 물러나고 대한 제국 군대가 해산되자 해산된 군인들이 의병 활동에 참여했다.

① ㉠ → ㉡ → ㉢
② ㉠ → ㉢ → ㉡
③ ㉡ → ㉠ → ㉢
④ ㉡ → ㉢ → ㉠
⑤ ㉢ → ㉠ → ㉡

5 다음 인물에 대한 설명으로 알맞지 <u>않은</u> 것은 어느 것입니까? (　　　)

▲ 안중근

① 네덜란드 헤이그에 특사로 파견되었다.
② 하얼빈역에서 이토 히로부미를 처단했다.
③ 민족의 힘과 실력을 키우기 위해 학교를 세웠다.
④ 연해주에서 의병을 모아 국내 진입 작전을 펼쳤다.
⑤ 의거 후 사형 선고를 받고 뤼순 감옥에서 순국했다.

6 **서술형** 일제가 우리나라를 지배하기 위해 어떻게 했는지 ㉠에 들어갈 내용을 두 가지 쓰시오.

> 1910년에 국권을 빼앗은 일제가 우리 민족을 지배하기 위해 _____ ㉠

8 다음 ㉠에 공통으로 들어갈 정부의 이름을 쓰시오.

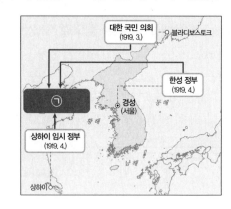

> (㉠)은/는 3·1 운동을 계기로 독립운동을 위한 힘을 하나로 모으기 위해 통합 정부를 수립하자는 움직임이 일어났고, 그 결과 중국 상하이에 세워졌다.

( )

9 일제가 우리 민족정신을 없애기 위해 한 일이 <u>아닌</u> 것은 어느 것입니까? ( )

① 신사에 절하도록 했다.
② 일본어를 쓰도록 강요했다.
③ 성과 이름을 일본식으로 바꾸었다.
④ 우리 역사를 배우지 못하도록 했다.
⑤ 우리 민족을 만주와 연해주로 옮겨 가 살도록 했다.

7 다음 학교를 세운 인물의 활동으로 알맞은 것은 어느 것입니까? ( )

▲ 대성 학교

① 독립문을 세웠다.
② 만민 공동회를 열었다.
③ 만주에 신흥 강습소를 세웠다.
④ 고종의 장례식에 만세 시위할 것을 계획했다.
⑤ 미국에 흥사단을 세워 우리 민족의 실력을 기르고자 했다.

10 다음과 같이 활동했던 인물은 누구입니까? ( )

> 한인 애국단원으로, 일본군의 상하이 점령 축하 기념행사가 열리는 훙커우 공원에서 일본군에 폭탄을 던졌다.

① 김구 ② 윤봉길
③ 이회영 ④ 홍범도
⑤ 김좌진

1 다음 자료를 보고, 물음에 답하시오. [12점]

(1) 위 장소에서 황제로 즉위한 인물을 쓰시오. [4점]

( )

(2) 위 장소에서 (1)번 답의 인물이 황제 즉위식을 연 까닭을 쓰시오. [8점]

_____

_____

2 다음 신문 기사를 보고, 물음에 답하시오. [12점]

역사 신문	19○○년 ○○월 ○○일

일본이 러시아와 벌인 전쟁에서 승리하자 본격적으로 대한 제국의 주권을 침탈하기 시작했다. 이후 고종이 동의하지 않았음에도 불구하고 ( )을/를 강제로 체결했다.

(1) 위 빈칸에 들어갈 알맞은 말을 쓰시오. [4점]

( )

(2) 위 (1)번 답을 체결한 후 우리 민족의 저항 모습을 두 가지 쓰시오. [8점]

_____

_____

3 다음 지도를 보고, 물음에 답하시오. [12점]

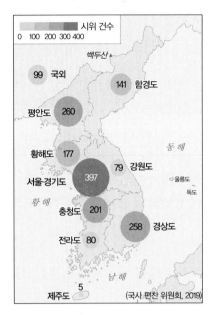

(1) 위와 같이 1919년에 전국으로 퍼져 나갔던 만세 시위는 무엇인지 쓰시오. [4점]

( )

(2) 위 (1)번 답이 갖는 역사적 의미를 쓰시오. [8점]

_____

_____

4 다음 인물이 우리의 민족정신을 지키기 위해 한 일을 쓰시오. [8점]

▲ 신채호

_____

_____

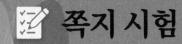
1 1945년 독립을 위한 우리 민족의 끊임없는 노력과 연합국의 승리로 맞이한 것은 무엇입니까?

2 일본군의 무장 해제를 이유로 한반도에 38도선을 경계로 북쪽에는 (미군, 소련군)이, 남쪽에는 (미군, 소련군)이 주둔했습니다.

3 (미소 공동 위원회, 모스크바 3국 외상 회의)는 미국, 영국, 소련의 외무 장관이 모여 한반도의 문제를 해결하기 위해 개최한 회의입니다.

4 선거가 가능한 남한에서만 총선거를 하기로 결정했던 국제기구는 무엇입니까?

5 1948년에 우리나라 역사에서 처음으로 민주적인 절차에 따라 치러진 선거는 무엇입니까?

6 제헌 국회에서 선출된 우리나라 첫 번째 대통령은 누구입니까?

7 소련의 도움을 받아 군사력을 키운 북한이 한반도를 무력으로 통일하기 위해 일으킨 전쟁은 무엇입니까?

8 6·25 전쟁이 일어난 지 3개월 만에 서울을 되찾게 된 것은 어떤 작전의 성공 때문입니까?

9 1953년 남한과 북한 사이에 휴전선을 설정하고 일시적으로 전쟁을 멈추기로 하면서 체결된 협정은 무엇입니까?

10 6·25 전쟁 중에 서로 헤어져 생사조차 알 수 없는 가족을 무엇이라고 합니까?

1 다음 빈칸에 들어갈 알맞은 말을 쓰시오.

> 1945년 8월 15일, (   )은/는 독립을 위한 우리 민족의 끊임없는 노력의 결과이자 제2차 세계 대전에서 연합국이 승리한 결과이다.

(   )

2 다음과 같이 38도선의 경계가 생긴 까닭으로 알맞은 것은 어느 것입니까? (   )

① 북한군이 남침했기 때문에
② 중국군이 전쟁에 개입했기 때문에
③ 남한만의 총선거가 실시됐기 때문에
④ 38도선 설치를 국제 연합에서 결정했기 때문에
⑤ 일본군의 무장 해제를 위해 38도선 경계로 미군과 소련군이 각각 주둔했기 때문에

3 모스크바 3국 외상 회의에서 결정한 내용으로 알맞은 것을 두 가지 고르시오. (   )

① 제헌 국회를 구성했다.
② 남북한의 총선거를 결정했다.
③ 첫 번째 대통령을 뽑기로 했다.
④ 최고 5년간의 신탁 통치를 결정했다.
⑤ 미소 공동 위원회의 구성을 결정했다.

4 미소 공동 위원회에 대한 설명으로 알맞은 것은 어느 것입니까? (   )

① 한반도의 문제를 모스크바 3국 외상 회의에 넘겼다.
② 한반도에 임시 민주 정부 수립을 논의하기 위해 열렸다.
③ 미국, 영국, 소련의 외무 장관이 모스크바에 모여 한 회의이다.
④ 한반도에 주둔하고 있던 미군과 소련군이 철수하기 위해 열렸다.
⑤ 제2차 세계 대전 이후 전쟁 방지와 세계 평화 유지를 위해 설립한 국제기구이다.

5 서술형 대한민국 정부 수립 방법을 두고 다음 인물이 펼친 주장을 각각 쓰시오.

(1) 이승만 주장	
(2) 김구 주장	

6 5·10 총선거에 대해 알맞게 말한 어린이는 누구입니까? ( )

① 남북한이 함께 실시한 선거였어.

② 국회 의원을 뽑는 선거였어.

③ 헌법을 만들기 위해 실시했어.

④ 우리나라 첫 번째 대통령을 뽑는 선거였어.

7 다음 ㉠에 들어갈 내용으로 알맞지 <u>않은</u> 것은 어느 것입니까? ( )

5·10 총선거가 실시됐음. ➡ ㉠ ➡ 대한민국 정부 수립 선포

① 제헌 국회가 구성됐다.
② 제헌 헌법이 공포됐다.
③ 이승만이 대통령으로 선출됐다.
④ 나라 이름을 '대한민국'으로 정했다.
⑤ 국제 연합이 남한에서만 총선거를 하기로 했다.

8 다음 빈칸에 들어갈 알맞은 말을 쓰시오.

> 1948년 8월 15일에 수립된 ( )은/는 3·1 운동으로 세워진 대한민국 임시 정부의 전통을 이었고, 독립된 정부를 수립했다는 점에서 역사적 의미가 있다.

( )

9 6·25 전쟁의 과정에 대한 설명으로 알맞지 <u>않은</u> 것은 어느 것입니까? ( )

① 북한군의 남침으로 시작됐다.
② 북한군을 도와 중국군이 전쟁에 참여했다.
③ 정전 협정이 체결되어 남북한이 통일됐다.
④ 전쟁이 일어나자 국제 연합이 남한에 도움을 주었다.
⑤ 인천 상륙 작전이 성공하여 북한군에 빼앗겼던 서울을 되찾았다.

10 6·25 전쟁의 피해와 영향으로 알맞은 것을 두 가지 고르시오. ( )

① 전 국토가 황폐해졌다.
② 많은 전쟁고아가 생겨났다.
③ 민간인들은 죽거나 다치지 않았다.
④ 문화유산은 파괴되지 않아 잘 보존할 수 있었다.
⑤ 전쟁 이후 누구나 남북한에 오가며 평화롭게 지내고 있다.

1 광복을 맞이한 날은 언제입니까? ( )

① 1945년 8월 15일 ② 1948년 5월 10일
③ 1948년 7월 17일 ④ 1948년 8월 15일
⑤ 1950년 6월 25일

2 광복을 맞이한 사람들의 모습으로 알맞지 않은 것은 어느 것입니까? ( )

① 감옥에 갇혔던 독립운동가들은 풀려났다.
② 태극기를 들고 거리로 나와 만세를 불렀다.
③ 외국에 머물렀던 동포들은 국내로 돌아왔다.
④ 학교에서는 일본어로 된 교과서를 사용했다.
⑤ 자주적인 정부 수립을 위해 노력했으나 서로의 생각이 달랐다.

3 다음 빈칸에 공통으로 들어갈 알맞은 말을 쓰시오.

> 1945년에 열린 모스크바 3국 외상 회의에서 최고 5년간 ( )이/가 결정됐다. 이 소식을 들은 우리나라에서는 ( )을/를 반대하는 사람들과 모스크바 3국 외상 회의의 결정을 지지하는 사람들 간에 갈등이 일어났다.

( )

4 국제 연합에서 한 일로 알맞은 것을 보기 에서 모두 고른 것은 어느 것입니까? ( )

> **보기**
> ㉠ 38도선을 설치했다.
> ㉡ 미소 공동 위원회를 구성했다.
> ㉢ 남북한 총선거를 통해 정부 수립을 결정했다.
> ㉣ 선거가 가능한 남한에서만 총선거를 하기로 결정했다.

① ㉠, ㉡ ② ㉠, ㉢
③ ㉡, ㉢ ④ ㉡, ㉣
⑤ ㉢, ㉣

5 다음 인물에 대한 설명으로 알맞은 것을 두 가지 고르시오. ( )

▲ 이승만

① 제헌 헌법을 공포했다.
② 우리나라 첫 번째 대통령이다.
③ 남한만의 단독 선거를 반대했다.
④ 한반도의 문제를 국제 연합에 넘겼다.
⑤ 남한만이라도 총선거를 하여 정부를 수립하자고 주장했다.

6 다음 밑줄 친 '이 헌법'을 무엇이라고 하는지 쓰시오.

> 유구한 역사와 전통에 빛나는 우리들 대한 국민은 기미 3·1 운동으로 대한민국을 건립하여 세계에 선포한 위대한 독립 정신을 계승하여 이제 민주 독립 국가를 재건함에 있어서 …… 단기 4281년 7월 12일 이 헌법을 제정한다.
> 제1조 대한민국은 민주 공화국이다.
> 제2조 대한민국의 주권은 국민에게 있고 모든 권력은 국민으로부터 나온다.

( )

7 광복 이후부터 대한민국 정부 수립까지의 과정을 일어난 순서대로 기호를 알맞게 나열한 것은 어느 것입니까? ( )

> ㉠ 제헌 국회 구성
> ㉡ 5·10 총선거 실시
> ㉢ 대한민국 정부 수립 선포
> ㉣ 모스크바 3국 외상 회의 개최

① ㉠ → ㉡ → ㉢ → ㉣
② ㉡ → ㉠ → ㉣ → ㉢
③ ㉡ → ㉣ → ㉠ → ㉢
④ ㉣ → ㉠ → ㉢ → ㉡
⑤ ㉣ → ㉡ → ㉠ → ㉢

8~9 다음은 6·25 전쟁의 과정을 나타낸 사진입니다. 물음에 답하시오.

▲ 북한군 남침

▲ 국군과 국제 연합군의 반격

▲ (㉠)의 개입

▲ 정전 협정 체결

8 위와 같은 과정으로 일어난 전쟁의 배경으로 알맞은 것을 두 가지 고르시오. ( )

① 휴전선이 설정됐다.
② 북한은 한반도의 무력 통일을 준비하고 있었다.
③ 국제 연합이 한반도에 국제 연합군을 파견했다.
④ 미국, 북한, 중국이 정전 협상을 진행하고 있었다.
⑤ 북한이 소련의 도움으로 군사력을 키우고 있었다.

9 위 ㉠에 들어갈 알맞은 말은 어느 것입니까? ( )

① 미군
② 영국군
③ 중국군
④ 소련군
⑤ 국제 연합군

10 오늘날까지 6·25 전쟁이 주고 있는 영향을 쓰시오.

서술형

_____

_____

1 다음은 광복부터 대한민국 정부 수립까지의 과정을 나타낸 사진입니다. 물음에 답하시오. [12점]

▲ 광복

▲ 대한민국 정부 수립

▲ 5·10 총선거

▲ 38도선 설치

(1) 위 과정을 순서대로 기호를 쓰시오. [4점]

( ) → ( ) → ( ) → ( )

(2) 위 ㉠과 같이 광복을 맞이하게 된 까닭을 쓰시오. [8점]

_____

_____

2 다음 글을 읽고, 물음에 답하시오. [12점]

> 1948년에 5·10 총선거를 통해 ( )이/가 구성됐다. 헌법에 따라 제헌 국회 의원들은 이승만을 첫 번째 대통령으로 선출했다.

(1) 위 빈칸에 들어갈 알맞은 말을 쓰시오. [4점]

( )

(2) 위 (1)번 답의 기관에서 한 일을 쓰시오. [8점]

_____

_____

3 다음은 6·25 전쟁의 과정을 나타낸 지도입니다. 물음에 답하시오. [12점]

(1) 위 ㉠에 들어갈 군대를 쓰시오. [4점]

( )

(2) 국군과 위 (1)번 답의 군대가 서울을 되찾을 수 있었던 까닭을 쓰시오. [8점]

_____

_____

4 다음 6·25 전쟁의 피해를 나타낸 그래프를 보고, 알 수 있는 점을 쓰시오. [8점]

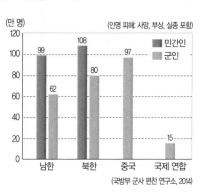

_____

_____

상위권의 기준!

똑같은 DNA를 품은 최상위지만,
심화문제 접근 방법에 따른 구성 차별화!

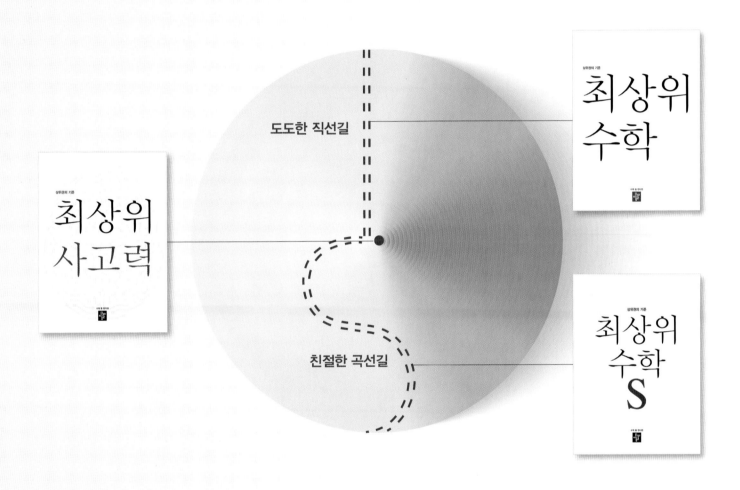

최상위 사고력

도도한 직선길

최상위 수학

친절한 곡선길

최상위 수학 S

최상위를 위한
심화 학습 서비스 제공!

문제풀이 동영상 ➕ 상위권 학습 자료
(QR 코드 스캔 혹은 디딤돌 홈페이지 참고)

과학 교과 탐구이해력 향상

초등 5·2

디딤돌 통합본

과학

디딤돌 통합본 국어·사회·과학 5-2

펴낸날 [개정판 1쇄] 2024년 7월 1일
펴낸이 이기열 | **펴낸곳** (주)디딤돌 교육
주소 (03972) 서울특별시 마포구 월드컵북로 122 청원선와이즈타워
대표전화 02-3142-9000
구입문의 02-322-8451
내용문의 02-323-5489
팩시밀리 02-322-3737
홈페이지 www.didimdol.co.kr
등록번호 제10-718호
사진 북앤포토

• 정답과 풀이는 "디딤돌 교육 홈페이지〉초등〉정답과 해설"에서
  다운로드 받을 수 있습니다.
• 출간 이후 발견되는 오류는 "디딤돌 교육 홈페이지〉초등〉정오표"를 통해
  알려드리고 있습니다.

과학 교과 탐구이해력 향상

초등 5·2

디딤돌 통합본

과학

구성과 특징

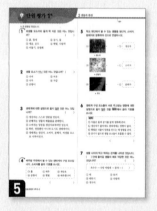
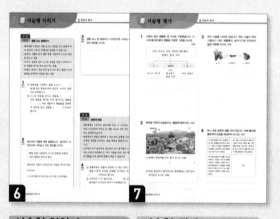

교과개념북 차례

1

과학 탐구

1 탐구 문제를 정하고 탐구 계획 세우기

1 탐구 문제 정하기

(1) 탐구 문제를 정하는 방법

① 궁금한 주제 중에서 간단한 검색 또는 조사로 해결하지 못하는 주제, 그리고 스스로 탐구할 수 있는 문제를 탐구 문제로 정합니다.

② 탐구할 대상과 탐구할 내용이 명확한지, 범위가 너무 넓거나 좁지 않은지 생각하며 정합니다.

예 '어떤 모양의 기둥이 더 무거운 물체를 떠받칠 수 있을까?', '외래 동식물은 우리나라 환경에 어떤 피해를 줄까?' 등

(2) 탐구 문제가 적절한지 확인하는 방법

① 탐구하고 싶은 내용이 탐구 문제에 분명하게 드러나 있는지 확인합니다.

② 탐구 대상이 명확하게 나타나 있는지 확인합니다.

③ 친구들과 함께 직접 탐구할 수 있는 문제인지 확인합니다.

2 ˙탐구 계획 세우기

(1) 탐구 계획을 세울 때 생각해야 할 것

① 탐구 문제를 해결할 수 있는 탐구 방법을 생각합니다.

② 탐구에서 다르게 해야 할 것과 같게 해야 할 것을 정합니다.

③ 탐구에서 관찰하거나 측정해야 할 것을 정합니다.

④ 탐구하는 데 필요한 준비물, 탐구 순서, 예상 결과, 모둠원의 역할 분담 등을 생각합니다.

⑤ 안전 수칙 등을 포함하여 탐구할 때 주의할 점을 생각합니다.

(2) 탐구 계획이 적절한지 확인하는 방법

① 우리 스스로 실행 가능한 탐구 계획인지 확인합니다.

② 탐구에 필요한 준비물을 모두 사용했는지 확인합니다.

③ 탐구 순서를 구체적으로 세웠는지 확인합니다.

④ 모둠원의 역할 분담을 적절하게 했는지 확인합니다.

⑤ 탐구를 할 때 주의할 점을 생각했는지 확인합니다.

사이드바

- **문제 인식과 가설 설정**
  - 자연 현상을 관찰하여 탐구할 문제를 찾아 나타내는 것을 문제 인식이라고 합니다.
  - 문제를 인식하여 탐구 문제를 정하고 탐구를 시작합니다.
  - 탐구 문제에 대하여 옳다고 생각한 답을 정하는 것을 가설 설정이라고 합니다.
  - 가설을 세울 때에는 탐구를 하여 알아보려는 내용이 드러나야 합니다.

- **탐구 계획을 세울 때 주의할 점**
  - 탐구에서 다르게 해야 할 것, 같게 해야 할 것을 먼저 정합니다.
  - 탐구를 하면서 관찰하거나 측정해야 할 것을 포함해 구체적으로 계획을 세워야 합니다.
  - 준비물을 정할 때에는 개수와 크기뿐만 아니라 어떻게 준비할 것인지까지 고려하여 자세히 계획을 세우는 것이 좋습니다.
  - 탐구 순서를 계획할 때에는 다른 사람이 보고 그대로 따라할 수 있을 정도로 구체적으로 세워야 합니다.
  - 탐구를 수행한 뒤 실제 결과와 비교할 수 있게 예상 결과와 그 까닭을 미리 생각해 봅니다.

😊 개념 확인 문제

정답과 풀이 **75**쪽

1 탐구 문제가 적절한지 확인하는 방법에 맞게 (   ) 안의 알맞은 말에 ○표 하시오.

> 탐구 내용이 분명하게 드러나 (있는, 있지 않은) 탐구 문제인지, 스스로 해결할 수 (있는, 없는) 탐구 문제인지 확인해야 한다.

2 탐구 계획을 세울 때 포함되어야 할 내용으로 옳지 <u>않은</u> 것은 어느 것입니까? (   )

① 준비물   ② 탐구 순서
③ 탐구 기간   ④ 탐구 결과
⑤ 주의할 점

2 탐구를 실행하고 탐구 결과를 정리하기

1 탐구 실행하기

(1) 탐구를 실행할 때 유의해야 할 점

① 역할 분담 결과에 따라 자신이 맡은 역할을 잘 실행하고 있는지 확인합니다.

② 탐구 계획에 따라 변인이 통제되고 있는지 확인합니다.

③ 탐구 결과를 사실대로 빠짐없이 기록해야 합니다.

(2) 탐구 계획대로 바르게 실행했는지 확인하는 방법

① 탐구 계획에 따라 실행했는지 확인합니다.

② 탐구 결과를 사실대로 기록했는지 확인합니다.

③ 안전에 주의하며 탐구를 실행했는지 검토합니다.

④ 맡은 역할을 잘 실행했는지 되돌아봅니다.

2 탐구 결과 정리하기

(1) 탐구 결과를 정리하는 방법

① 탐구를 마치면 탐구를 수행한 결과를 바탕으로 알게 된 사실을 정리합니다.

② 탐구에서 얻은 자료를 표와 그래프, 그림 등으로 자료를 변환하면 탐구 결과를 쉽게 해석할 수 있습니다.

③ 자료를 변환할 때에는 자료의 특징을 가장 적절하게 나타낼 수 있는 형태로 바꾸어야 합니다.

(2) 탐구 보고서 작성하기

① 탐구 보고서는 탐구 문제, 탐구 동기, 준비물, 역할 분담, 탐구 기간, 탐구 결과 예상, 탐구 방법, 탐구 결과, 결론, 느낀 점 등을 정리하여 작성합니다.

② 탐구 결과가 예상한 내용과 일치하는지 확인하고 결론을 이끌어 냅니다.

(3) 탐구 결과를 바르게 정리했는지 확인하는 방법

① 탐구 결과를 그래프로 적절하게 •변환했는지 확인합니다.

② 자료를 해석하여 결론을 바르게 이끌어 냈는지 확인합니다.

③ 탐구 과정과 결과가 잘 나타나도록 정리했는지 확인합니다.

- **탐구를 실행하는 방법**
  탐구 계획에 따라 탐구를 실행하며 탐구 과정과 결과를 빠짐없이 사실대로 기록합니다.
- **자료 변환**
  - 자료 변환이란 관찰이나 측정으로 얻은 자료를 해석할 수 있도록 표나 그래프 등으로 변환하는 활동입니다.
  - 자료를 변환하는 방법은 표, 그래프, 사진, 그림, 기호, 흐름도 등 여러 가지 형태가 있습니다.

😊 개념 확인 문제

정답과 풀이 75쪽

1 •탐구를 실행하다가 문제점을 발견하면 어떻게 해야 합니까? ( )

① 다른 탐구 문제를 찾는다.

② 탐구를 계획한대로 실행한다.

③ 탐구 결과를 그대로 정리한다.

④ 탐구 결과를 발표할 자료를 만든다.

⑤ 개선 방법을 찾고 다시 탐구를 실행한다.

2 다음은 무엇에 대한 설명인지 쓰시오.

> 관찰한 내용이나 측정한 결과에서 얻은 자료를 표나 그래프 등으로 바꾸어 나타내는 것이다.

( )

3 탐구 결과를 발표하고 새로운 탐구 시작하기

1 탐구 결과 발표하기

(1) 탐구 결과를 발표하는 방법

① 탐구 결과를 발표할 때에는 탐구 과정과 결과를 잘 설명할 수 있는 방법을 선택합니다.

② 친구들과 역할을 나누어 발표합니다.

③ 친구들의 발표를 들을 때에는 발표 내용 중에서 질문할 내용을 정리하면서 듣고, 발표가 모두 끝난 뒤에 질문을 합니다.

(2) 발표 자료에 들어가야 할 내용

① 우리 모둠의 탐구 문제, 준비물, 탐구 순서, 예상 결과, 탐구 결과, 탐구를 통해 알게 된 것 등이 들어가야 합니다.

② 탐구를 하면서 느낀 점을 쓸 수 있습니다.

③ 더 탐구하고 싶은 것을 쓸 수 있습니다.

(3) 탐구 발표 자료와 발표 내용이 적절했는지 확인하는 방법

① 탐구 문제, 탐구한 사람, 탐구한 때와 장소, 준비물, 탐구 순서, 탐구 결과, 탐구를 하여 알게 된 점 등이 적절히 들어갔는지 확인합니다.

② 탐구 결과가 잘 드러나고 쉽게 이해할 수 있는 자료인지 확인합니다.

2 새로운 탐구 시작하기

(1) 새로운 탐구 문제를 정하는 방법

① 지난 시간에 했던 탐구 활동 과정에서 추가로 궁금한 것을 떠올려 봅니다.

② 내가 좋아하는 것이 무엇인지 생각해 보고, 내 경험을 바탕으로 궁금한 것을 찾아봅니다.

③ 교과서에서 배운 내용 중 더 알고 싶은 것을 생각해 봅니다.

④ 과학 이외의 다른 분야에서도 궁금한 것을 생각해 봅니다.

(2) 새로운 탐구 문제가 적절한지 확인하는 방법

① 탐구하고 싶은 내용이 분명히 드러나 있어야 합니다.

② 탐구를 하여 검증 가능한 문제이어야 합니다.

③ 탐구 문제가 호기심을 해결할 수 있어야 합니다.

- **탐구 결과를 발표하는 여러 가지 방법**
  - 역할극으로 발표하면 재미있게 표현할 수 있습니다.
  - 프레젠테이션 도구를 활용하여 발표하면 사진과 표, 그래프를 이용할 수 있어서 듣는 사람이 이해하기 쉽게 체계적으로 발표할 수 있습니다.
  - 포스터 형식으로 발표하면 탐구 과정과 결과를 한눈에 알아보기 쉽습니다.

- **스스로를 탐구하는 방법**

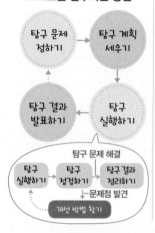

😊 개념 확인 문제

정답과 풀이 75쪽

1 탐구 결과를 발표하는 방법에 대한 설명으로 옳지 <u>않은</u> 것은 어느 것입니까? (   )

① 발표 방법에는 포스터 발표, 전시회 등이 있다.

② 발표를 마친 다음에는 친구들의 질문에 대답한다.

③ 탐구 내용을 전달하기에 적절한 방법으로 탐구 결과를 발표해야 한다.

④ 발표 자료에는 탐구 문제, 탐구 기간, 탐구 순서 등이 들어가야 한다.

⑤ 탐구 결과를 발표할 때에는 되도록 자세하게 모든 내용을 포함하여 발표한다.

2* 다음은 새로운 문제를 정하여 스스로 탐구하는 방법을 나타낸 것입니다. (   ) 안에 들어갈 알맞은 말을 쓰시오.

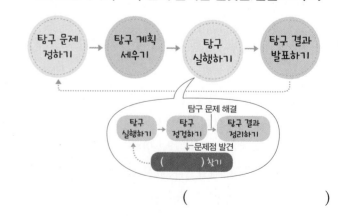

(   )

2
생물과 환경

1 생태계

1 생태계의 구성 요소

(1) 생태계

① **생태계:** 어떤 장소에서 살아가는 생물과 생물을 둘러싸고 있는 환경이 서로 영향을 주고 받는 것

② **•생태계의 종류:** 학교 화단, 공원, 연못처럼 비교적 작은 규모부터 숲, 하천, •갯벌, 바다 처럼 큰 규모에 이르기까지 생태계의 종류는 다양합니다.

> 지구상의 생물은 다양한 환경에서 다른 생물과 함께 살고 있습니다.

(2) 생태계를 이루는 요소: 생물 요소와 비생물 요소가 있습니다.

① **생물 요소:** 동물이나 식물 등과 같이 살아 있는 것

② **비생물 요소:** 햇빛, 공기, 물, 흙 등과 같이 살아 있지 않은 것

(3) 생태계의 구성 요소 분류하기

> 우리 주변에는 동물과 식물 외에도 버섯, 곰팡이, 세균, 짚신벌레, 해캄 등과 같은 다양한 생물이 살고 있습니다.

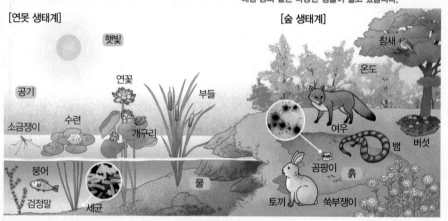

생물 요소	개구리, 연꽃, 부들, 소금쟁이, 수련, 세균, 검정말, 붕어, 곰팡이, 토끼, 여우, 뱀, 참새, 버섯, 쑥부쟁이 등
비생물 요소	햇빛, 공기, 물, 온도, 흙 등

2 생물 요소와 비생물 요소가 서로 주고받는 영향 +1 +2

(1) 생물 요소가 비생물 요소에 영향을 주는 경우

지렁이의 배설물은 땅의 양분이 됩니다.

갈대가 물을 깨끗하게 합니다.

은행나무가 공기를 깨끗하게 합니다.

낙엽이 쌓여 분해되면 흙에 양분을 제공합니다.

(2) 비생물 요소가 생물 요소에 영향을 주는 경우

햇빛이 비추는 쪽으로 강낭콩이 굽어 자랍니다.

차가운 바닷물을 따라 명태가 이동합니다.

따뜻한 봄에 옥수수의 새 싹이 돋아납니다.

건조한 곳에 사는 선인장은 잎이 가시 모양입니다.

• 생태계의 종류
사막 생태계, 호수 생태계, 강 생태계, 습지 생태계, 갯벌 생태계, 극지 생태계, 도시 생태계, 공원 생태계 등 지구에는 다양한 종류와 규모의 생태계가 있습니다.

• 갯벌 생태계에서 생물 요소와 비생물 요소를 찾아 분류해 보기
• 생물 요소: 예 가리맛조개, 바지락, 짱뚱어, 게, 갈매기, 마도요 등
• 비생물 요소: 햇빛, 공기, 물, 흙 등

+1 **생물 요소와 비생물 요소가 서로 주고받는 영향**

- 생물 요소 중 나무와 같은 식물은 비생물 요소인 공기를 맑게 해 줍니다.
- 생물 요소인 식물은 비생물 요소인 햇빛이 있어야 잘 자랍니다.
- 생물 요소인 동물은 비생물 요소인 공기가 없으면 숨을 쉴 수 없습니다.
- 생물 요소인 동물과 식물은 비생물 요소인 물이 없으면 살기 어렵습니다.
- 생물 요소인 동물의 배출물은 비생물 요소인 토양을 비옥하게 해 줍니다.

+2 **생물 요소와 생물 요소가 서로 주고받는 영향**

- 식물(생물 요소)을 먹는 생물(생물 요소)이 있습니다.
- 생물(생물 요소) 사이에는 먹고 먹히는 관계가 있습니다.

핵심 개념 정리

- 어떤 장소에서 서로 영향을 주고받는 생물과 생물 주변의 환경 전체를 생태계라고 합니다.
- 생태계는 생물 요소와 비생물 요소로 이루어져 있습니다.
- 우리 주변에서 살아 있는 것은 생물 요소라 하고, 살아 있지 않은 것은 비생물 요소라고 합니다.
- 생태계는 화단, 연못, 숲, 바다 등 종류와 규모가 다양합니다.

생태계는 생물 요소, 비생물 요소가 모두 있어야 해.

1 다음은 무엇에 대한 설명인지 쓰시오.

> 어떤 장소에서 살아가는 생물과 생물을 둘러싸고 있는 환경이 서로 영향을 주고받는 것

(   )

2 생물 요소가 <u>아닌</u> 것은 어느 것입니까? (   )

① 흙   ② 나비
③ 토끼   ④ 세균
⑤ 민들레

3 생태계에 대한 설명으로 옳은 것은 ○표, 옳지 <u>않은</u> 것은 ×표 하시오.

(1) 생태계를 구성하는 요소 중 살아 있는 것은 생물 요소입니다.   (   )

(2) 동물도 식물도 아닌 곰팡이는 생태계의 구성 요소가 아닙니다.   (   )

(3) 생태계는 화단 생태계, 바다 생태계 등 종류와 규모가 다양합니다.   (   )

4 연못 생태계의 모습을 보고 생태계의 구성 요소를 분류한 것입니다. ㉠과 ㉡에 들어갈 알맞은 말을 쓰시오.

(㉠)	개구리, 연꽃, 부들, 소금쟁이, 수련, 세균, 검정말, 붕어
(㉡)	햇빛, 공기, 물

㉠: (   ), ㉡: (   )

2 생태계에서 생물 요소 분류하기

1 °생태계에서 생물 요소 분류하기

예 배추밭 주변

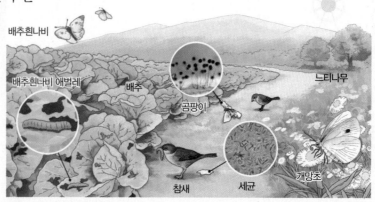

양분을 얻는 방법	햇빛 등을 이용하여 양분을 스스로 만든다.	다른 생물을 먹이로 하여 양분을 얻는다.	죽은 생물이나 °배출물을 분해하여 양분을 얻는다.
생물 요소	배추, 느티나무, 개망초	배추흰나비 애벌레, 배추흰나비, 참새	곰팡이, 세균

└ 생산자   └ 소비자   └ 분해자

2 양분을 얻는 방법에 따라 생물 요소 분류하기

생태계를 구성하는 생물 요소는 양분을 얻는 방법에 따라 생산자, 소비자, 분해자로 분류할 수 있습니다. +1

생산자	식물과 같이 햇빛 등을 이용하여 스스로 양분을 만드는 생물
소비자	동물과 같이 스스로 양분을 만들지 못하여 다른 생물을 먹이로 하여 살아가는 생물
분해자	곰팡이, 세균 등과 같이 주로 죽은 생물이나 배출물을 분해하여 양분을 얻는 생물

생산자
민들레나 토끼풀은 햇빛 등을 이용하여 스스로 양분을 만든다.

◀ 토끼풀
△ 민들레

소비자
참새나 나방 애벌레는 다른 생물을 먹어 양분을 얻는다.

▼ 참새
▼ 나방 애벌레

분해자
버섯과 세균은 죽은 생물이나 배출물 등을 분해하여 양분을 얻는다.

▲ 버섯

버섯은 생산자가 아니라 분해자입니다.

△ 세균(2500배)

• 학교 화단의 생물 요소 분류하기

생산자	감나무, 느티나무, 민들레, 등나무, 괭이밥 등
소비자	공벌레, 개미, 비둘기, 참새, 고양이 등
분해자	곰팡이, 세균, 버섯

• 배출
안에서 밖으로 밀어 내보냄.

+1 생물 요소의 역할

| 생산자가 없어진다면 생태계에는 어떤 일이 일어날까? | 분해자가 없어진다면 생태계에는 어떤 일이 일어날까? |

- 생산자인 식물이 없어진다면 식물을 먹는 소비자는 먹이가 없어서 죽게 될 것이다.
- 그 다음 단계의 소비자도 먹이가 없어서 죽게 될 것이다.
  ⇨ 결국 생태계의 모든 생물이 멸종할 것이다.

죽은 생물과 생물의 배출물이 분해되지 않아서 우리 주변이 죽은 생물과 생물의 배출물로 가득 차게 될 것이다.

핵심 개념 정리

- 생물 요소는 생물이 양분을 얻는 방법에 따라 생산자, 소비자, 분해자로 분류할 수 있습니다.
- 살아가는 데 필요한 양분을 스스로 만드는 생물을 생산자, 다른 생물을 먹이로 하여 살아가는 생물을 소비자라고 합니다.
- 죽은 생물이나 배출물을 분해하여 양분을 얻는 생물을 분해자라고 합니다.

난, 생산자 / 난, 소비자 / 분해자도 있어야지.

---

1 생산자를 두 가지 골라 기호를 쓰시오.

㉠
▲ 배추흰나비

㉡
▲ 배추

㉢
▲ 감나무

㉣
▲ 참새

(,   )

2 ( ) 안에 들어갈 알맞은 말을 쓰시오.

(   )은/는 스스로 양분을 만들지 못하고 다른 생물을 먹이로 하여 살아가는 생물이다.

(   )

3 생물 요소에 대한 설명으로 옳은 것은 ○표, 옳지 않은 것은 ×표 하시오.

(1) 스스로 양분을 만들어 살아가는 생물만 있습니다.

(   )

(2) 사람에게 필요한 동물과 식물만을 말합니다.

(   )

(3) 생산자, 소비자, 분해자로 분류할 수 있습니다.

(   )

4 죽은 생물이나 배출물을 분해하여 양분을 얻는 생물은 어느 것입니까? (   )

①
▲ 민들레

②
▲ 세균

③
▲ 비둘기

④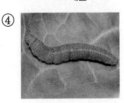
▲ 배추흰나비 애벌레

3 생태계에서 생물 요소의 먹이 관계

1 생물 사이의 먹고 먹히는 관계 +1

(1) 생태계에서 생물 요소는 서로 먹고 먹히는 관계에 있습니다.

(2) 생물 사이의 먹고 먹히는 관계에는 먹이 °사슬과 먹이 그물로 나타낼 수 있습니다.

2 °먹이 사슬 +2

(1) °메뚜기는 벼를 먹고, 개구리는 메뚜기를 먹습니다.

(2) **먹이 사슬**: 생물들의 먹고 먹히는 관계가 사슬처럼 연결한 것

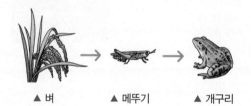

▲ 벼   ▲ 메뚜기   ▲ 개구리

생산자인 벼가 영양 단계의 기초를 담당하고, 소비자인 메뚜기는 벼로부터 에너지를 얻으며, 소비자인 개구리는 메뚜기로부터 에너지를 얻습니다.

3 먹이 그물 +3

(1) 생태계에서 생물은 여러 생물을 먹이로 하고, 또 여러 생물에게 잡아먹힙니다.

(2) **먹이 그물**: 여러 개의 먹이 사슬이 얽혀 그물처럼 연결되어 있는 것

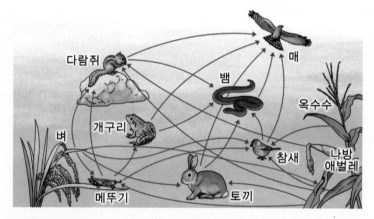

한 종이 여러 종을 먹거나 여러 종에게 먹힐 때, 또는 한 종이 여러 영양 단계에 속할 때 형성됩니다.

* **사슬**
  쇠로 만든 고리를 여러 개 죽 이어서 만든 줄

* **다양한 먹이 사슬**
  * 벼 → 메뚜기 → 개구리 → 올빼미
  * 콩 → 메뚜기 → 쥐 → 족제비
  * 민들레 → 나비 → 직박구리 → 수리부엉이
  * 토끼풀 → 메뚜기 → 참새 → 올빼미

* **벼 → 메뚜기 → 개구리 먹이 사슬에서 개구리 이후의 먹이 관계**
  * 벼 → 메뚜기 → 개구리 → 뱀
  * 벼 → 메뚜기 → 개구리 → 매
  * 벼 → 메뚜기 → 개구리 → 뱀 → 매

4 생물 사이의 먹고 먹히는 관계를 먹이 그물로 나타내기 예

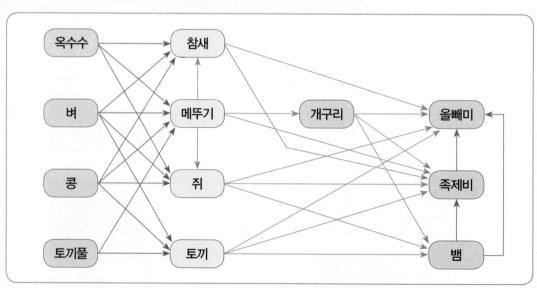

＋1 생물의 먹고 먹히는 관계 나타내는 방법
- 먹히는 쪽에서 먹는 쪽으로 화살표를 그어 표현합니다.
- 사슬과 같이 한 줄로 나열한 뒤 연결합니다.
- 예 벼 → 메뚜기 → 개구리 → 올빼미
  콩 → 메뚜기 → 쥐 → 족제비

＋2 먹이 사슬의 단계
먹이 사슬에서 선으로 연결된 각 단계를 영양 단계라고 합니다. 벼 → 메뚜기 → 쥐 → 뱀의 관계는 하나의 먹이 사슬이며, 영양 단계로 보면 생산자(벼) → 1차 소비자(메뚜기) → 2차 소비자(쥐) → 3차(최종) 소비자(뱀)의 관계가 됩니다.

＋3 먹이 그물이 먹이 사슬보다 생태계에서 생물들이 살아가기에 유리한 까닭
- 먹이 그물은 생물의 먹고 먹히는 관계가 여러 방향으로 연결되어 있기 때문에 먹이를 다양하게 먹을 수 있어 먹이 한 종류가 없어져도 다른 종류의 먹이를 먹을 수 있어 영향을 덜 받을 수 있습니다.
- 먹이 사슬에서는 먹을 수 있는 먹이가 하나 밖에 없습니다. 때문에 만약 그 먹이가 사라진다면 그 먹이를 먹는 생물도 머지않아 사라지게 될 것입니다.

핵심 개념 정리

- 생물의 먹이 관계가 사슬처럼 연결되어 있는 것을 먹이 사슬이라고 합니다.
- 여러 개의 먹이 사슬이 얽혀 그물처럼 연결되어 있는 것을 먹이 그물이라고 합니다.
- 먹이 사슬은 한 방향으로만 연결되었지만, 먹이 그물은 여러 방향으로 복잡하게 연결되었습니다.

생태계의 생물은 먹고 먹히는 관계에 있어.

1 먹이 사슬의 연결이 옳게 된 것은 어느 것입니까?

(   )

① 옥수수 → 매 → 나방 애벌레 → 참새
② 옥수수 → 나방 애벌레 → 참새 → 매
③ 나방 애벌레 → 참새 → 옥수수 → 매
④ 참새 → 옥수수 → 나방 애벌레 → 매
⑤ 매 → 참새 → 나방 애벌레 → 옥수수

2~3 어떤 생태계의 먹고 먹히는 관계를 나타낸 것입니다. 물음에 답하시오.

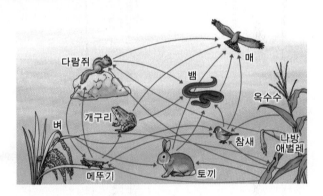

2 위와 같이 여러 개의 먹이 사슬이 얽혀 그물처럼 연결되어 있는 것을 무엇이라고 하는지 쓰시오.

(   )

3 위 먹이 관계에 대한 설명으로 옳지 <u>않은</u> 것은 어느 것입니까? (   )

① 개구리는 메뚜기를 먹는다.
② 매는 여러 종류의 먹이를 먹는다.
③ 먹이 관계가 복잡하게 얽혀 있다.
④ 먹이 관계가 한 방향으로 연결되어 있다.
⑤ 개구리가 없어져도 뱀은 다른 먹이를 먹고 살 수 있다.

4 생태계 평형

1 생태계 평형

(1) 생태계 *평형: 어떤 지역에 사는 생물의 종류와 수 또는 양이 균형을 이루며 안정된 상태를 유지하는 것

(2) *특정 생물의 수나 양이 갑자기 늘어나거나 줄어들면 생태계 평형이 깨어지기도 합니다.

2 어느 섬의 생물 이야기에서 생태계 평형 알아보기 +1

식물이 무성하게 자라고 있는 어느 섬에 물사슴 무리가 헤엄쳐 건너와 정착했다.

몇 년 뒤, 물사슴의 수가 많아지고 물사슴의 먹이인 식물이 줄어들어 섬이 황폐해졌다.

물사슴의 수는 줄고 식물이 다시 많아졌다. 이후 식물과 물사슴, 늑대의 수가 균형을 이루었다.

겨울에 물이 얼면서 늑대 무리가 섬에 들어와 물사슴을 잡아먹기 시작했다.

생물이 안정하게 살 수 있는 상태는 생물의 수가 균형을 이룬 상태입니다.

3 생태계 평형이 깨어지는 원인

(1) 산불, 홍수, 지진 등과 같은 자연재해가 일어나거나 사람들이 댐, 도로 등을 건설하면서 자연을 파괴하면 생태계 평형이 깨지기도 합니다.

(2) 생태계 평형이 깨지면 회복하는 데 시간이 오래 걸리고 노력이 많이 필요합니다.

▲ 산불

▲ 홍수

▲ 도로 건설

• **평형**
사물이 한쪽으로 기울지 않고 안정해 있음.

• **소비자의 수가 갑자기 늘어났을 때 생태계 평형에 미치는 영향**
• 소비자에 의해 생산자의 수가 줄어들어 소비자의 먹이가 부족해집니다.
• 먹이 사슬을 따라 다른 생물에 영향을 미쳐 생태계 평형이 깨질 수 있습니다.

＋1 어느 국립 공원의 생물 이야기

국립 공원에 사는 늑대들은 사슴 등의 동물을 잡아먹으며 살아갔다. 그런데 수년에 걸쳐 인간들이 무분별하게 늑대들을 사냥하면서 국립 공원에 사는 늑대는 모두 사라지게 되었다.

↓

사슴의 수는 빠르게 늘어났다. 사슴은 강가에 머물며 풀과 나무 등을 닥치는 대로 먹었다. 그 결과 풀과 나무가 제대로 자라지 못하였고, 나무로 집을 짓고 나뭇가지 등을 먹는 비버가 국립 공원에서 거의 사라졌다.

↓

국립 공원에서는 늑대를 다시 풀어놓았다. 늑대는 사슴 등 동물을 사냥하기 시작했고, 사슴의 수는 조금씩 줄어들게 되었다. 사슴들은 늑대를 피하기 위하여 강가가 아닌 보다 높은 지역에서 대부분의 시간을 보내게 되었고, 강가의 식물들이 다시 자라났다.

↓

오랜 시간에 걸쳐 국립 공원의 생태계는 점점 평형을 되찾았다. 늑대와 사슴의 수는 적절하게 유지되고, 강가의 풀과 나무도 잘 자라게 되었다. 그 결과 비버의 수도 늘어나게 되었다.

🎓 핵심 개념 정리

• 생태계를 구성하고 있는 생물의 수 또는 양이 균형을 이루며 안정된 상태를 유지하는 것을 생태계 평형이라고 합니다.

• 생태계 평형이 깨어지는 원인에는 산불, 홍수, 가뭄, 지진 등의 자연재해와 도로나 댐 건설 등 사람에 의한 자연 파괴 등이 있습니다.

> 먹고 먹히는 생물의 종류와 수가 균형을 이루어야 해.

---

1 다음은 무엇에 대한 설명인지 쓰시오.

> 어떤 지역에 살고 있는 생물의 종류와 수 또는 양이 균형을 이루며 안정된 상태를 유지하는 것

(   )

2 식물, 물사슴, 늑대가 사는 생태계에서 늑대가 모두 사라진 뒤 일어나는 현상이 <u>아닌</u> 것을 보기 에서 골라 기호를 쓰시오.

보기
⊙ 물사슴의 수가 빠르게 늘어난다.
ⓒ 식물의 수가 많아진다.
ⓒ 생태계 평형이 깨진다.

(   )

3 생태계 평형이 깨지는 원인과 관계 <u>없는</u> 것은 어느 것입니까? (   )

① 댐을 건설하였다.
② 산에 나무를 심었다.
③ 가뭄이 계속 되었다.
④ 큰 산불이 발생하였다.
⑤ 사람들이 연못에 있는 붕어를 모두 잡았다.

1 생태계의 구성 요소를 다음과 같이 분류한 기준은 어느 것입니까? ( )

붕어, 검정말, 수련, 세균	공기, 물, 햇빛, 흙

① 식물과 동물
② 생산자와 소비자
③ 분해자와 생물 요소
④ 생물 요소와 비생물 요소
⑤ 1차 소비자와 최종 소비자

2 공원 생태계에서 비생물 요소에 해당하는 것은 어느 것입니까? ( )

① 개
② 벌
③ 햇빛
④ 사람
⑤ 나무

3 생태계에 대한 설명으로 옳은 것은 어느 것입니까? ( )

① 바다도 하나의 생태계이다.
② 어떤 장소에서 모든 비생물 요소만을 말한다.
③ 생태계를 이루는 생물은 생산자와 소비자로만 구성된다.
④ 어떤 장소에서 살아가는 생물 요소들이 영향을 주고받는 것만 해당된다.
⑤ 곰팡이는 스스로 양분을 만들지 못하기 때문에 생태계에 포함되지 않는다.

4 다음은 생물 요소를 무엇에 따라 분류한 것입니까? ( )

생산자	소비자	분해자

① 생물의 크기
② 생물의 색깔
③ 살아가는 기간
④ 양분을 얻는 방법
⑤ 잡아먹는 먹이의 양

5 배추밭 주변의 생태계에 대한 설명으로 옳지 않은 것은 어느 것입니까? ( )

① 세균과 같은 분해자가 없다.
② 배추, 개망초 등의 생산자가 있다.
③ 햇빛, 공기 등의 비생물 요소가 있다.
④ 배추흰나비, 참새 등의 소비자가 있다.
⑤ 배추흰나비 애벌레는 배춧잎 등을 먹이로 하여 살아가는 소비자이다.

6 분해자에 대한 설명으로 옳은 것은 어느 것입니까? ( )

① 비생물 요소에 포함된다.
② 개미, 비둘기 등이 해당한다.
③ 다른 생물을 먹이로 하여 살아간다.
④ 죽은 생물이나 배출물을 분해하여 살아간다.
⑤ 분해자가 사라져도 생태계에는 영향을 미치지 않는다.

7 햇빛 등을 이용하여 살아가는 데 필요한 양분을 스스로 만드는 생물을 무엇이라고 하는지와 그 예를 옳게 짝 지은 것은 어느 것입니까? ( )

① 생산자 – 세균
② 생산자 – 민들레
③ 소비자 – 공벌레
④ 소비자 – 비둘기
⑤ 분해자 – 등나무

8 다음 생물들의 먹이 관계를 순서대로 기호를 쓰시오.

> ㉠ 옥수수 ㉡ 매 ㉢ 참새 ㉣ 나방 애벌레

( ) → ( ) → ( ) → ( )

9 다음과 같이 생물 카드를 연결하여 생물의 먹고 먹히는 관계를 알아보았습니다. ㉠에 들어갈 알맞은 생물은 어느 것입니까? ( )

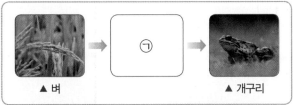

▲ 벼   ㉠   ▲ 개구리

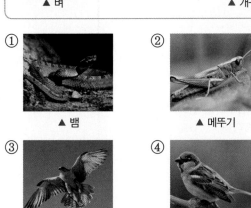

① ▲ 뱀
② ▲ 메뚜기
③ ▲ 매
④ ▲ 참새

10 먹이 그물에 대한 설명으로 옳지 <u>않은</u> 것은 어느 것입니까? ( )

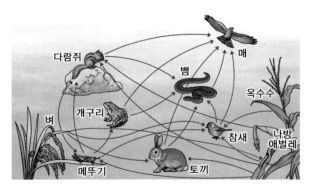

① 벼는 생산자이다.
② 매는 최종 소비자이다.
③ 뱀은 한 가지 먹이만 먹고 산다.
④ 여러 개의 먹이 사슬이 얽혀 있다.
⑤ 참새는 메뚜기의 수가 줄어도 다른 먹이를 먹고 살 수 있다.

11 어느 국립 공원의 생물 이야기입니다. 만약 늑대를 다시 풀어놓지 않았다면 일어날 수 있는 일은 어느 것입니까? ( )

> • 인간들이 무분별하게 늑대들을 사냥하면서 국립 공원에 사는 늑대는 모두 사라지게 되었고, 사슴의 수는 빠르게 늘어났다.
> • 사슴은 강가에 머물며 풀과 나무 등을 닥치는 대로 먹어 나무로 집을 짓고 나뭇가지 등을 먹는 비버가 국립 공원에서 거의 사라졌다.
> • 다시 늑대를 풀어놓은 뒤에 오랜 시간에 걸쳐 생태계는 점점 평형을 되찾았다.

① 늑대의 수가 많아진다.
② 사슴의 수는 변화가 없다.
③ 비버의 수는 더 줄어든다.
④ 생태계 평형이 잘 유지된다.
⑤ 사슴이 먹는 풀과 나무가 무성하게 자란다.

12 어떤 생태계에서 특정 생물의 수나 양이 갑자기 늘어나거나 줄어드는 요인으로 옳지 <u>않은</u> 것은 어느 것입니까? ( )

① 가뭄   ② 산불   ③ 햇빛
④ 도로 건설   ⑤ 건물 건설

5 비생물 요소가 생물에 미치는 영향

1 햇빛과 물이 콩나물의 자람에 미치는 영향 알아보기 +1

탐구 과정	① 자른 페트병 네 개의 입구 부분을 거꾸로 하여 탈지면을 깔고 굵기와 길이가 비슷한 콩나물을 같은 양씩 담는다. 잘라 낸 페트병의 나머지 부분은 물받침대로 사용한다. ② 페트병 두 개는 햇빛이 잘 드는 곳에 두고, 그중 하나의 페트병에만 물을 자주 준다. 물이 콩나물이 자라는 데 미치는 영향을 알아보는 실험 설계입니다. ③ 나머지 페트병 두 개는 어둠상자로 덮어 햇빛을 가린 다음에 그중 하나의 페트병에만 물을 자주 준다. ④ 콩나물이 자라는 모습을 일주일 이상 관찰한다.		
탐구 결과 우리가 먹는 콩나물은 떡잎이 노란색이며 떡잎 아래 몸통이 곧고 길쭉한 것으로 보아 햇빛을 받지 못하고 물을 준 조건에서 키운 것입니다.	**햇빛이 잘 드는 곳에 놓아둔 콩나물**	물을 준 것	• 떡잎이 초록색으로 변했다. • 떡잎 아래 몸통이 길고 굵어졌다. • 초록색 본잎이 나왔다.
		물을 주지 않은 것	• 떡잎이 연한 초록색으로 변했다. • 떡잎 아래 몸통이 가늘어지고 시들었다.
	어둠상자로 덮어 놓은 콩나물	물을 준 것	• 떡잎이 노란색이다. • 떡잎 아래 몸통이 곧고 길게 자랐다. • 노란색 본잎이 나왔다.
		물을 주지 않은 것	• 떡잎이 노란색이다. • 떡잎 아래 몸통이 매우 가늘어지고 시들었다.
알 수 있는 사실	• 햇빛이 잘 드는 곳에서 물을 준 콩나물이 가장 잘 자란다. • 콩나물이 자라는 데 햇빛과 물이 영향을 준다.		

옆 메모
• 햇빛과 물이 콩나물의 자람에 미치는 영향 알아보는 실험 장치

▲ 햇빛 ○, 물 ○　　▲ 햇빛 ○, 물 ×

▲ 햇빛 ×, 물 ○　　▲ 햇빛 ×, 물 ×

• 물이 콩나물이 자라는 데 미치는 영향을 알아보는 실험 설계
  • 같게 해야 할 조건: 자른 페트병의 크기, 콩나물의 양, 콩나물 길이와 굵기, 콩나물이 받는 햇빛의 양 등
  • 다르게 해야 할 조건: 콩나물에 주는 물의 양

• 햇빛이 콩나물이 자라는 데 미치는 영향을 알아보는 실험 설계
  • 같게 해야 할 조건: 자른 페트병의 크기, 콩나물의 양, 콩나물 길이와 굵기, 물의 양, 물을 주는 횟수 등
  • 다르게 해야 할 조건: 콩나물이 받는 햇빛의 양

• 비생물 요소가 생물에 미치는 영향
  공기는 생물이 숨을 쉴 수 있게 해 주고, 흙은 생물이 살아가는 장소를 제공해 줍니다.

2 비생물 요소가 생물에 미치는 영향 +2

비생물 요소 중 공기가 없으면 사람은 숨을 쉴 수 없으며 흙이 없으면 식물이 잘 자라지 못합니다.

비생물 요소	미치는 영향
온도	• 추운 계절이 다가오면 개나 고양이는 털갈이를 한다. • 철새는 먹이를 구하거나 새끼를 기르기에 적절한 장소를 찾아 이동한다. • 식물의 잎에 단풍이 들거나 낙엽이 진다.
햇빛	• 식물이 스스로 양분을 만드는 데 꼭 필요하다. • 동물이 물체를 보는 데 필요하다. • 식물의 꽃이 피는 시기와 동물의 번식 시기에도 영향을 준다.
물	• 식물은 물이 없으면 말라 죽고, 물고기는 물이 없으면 살 수 없다. • 물이 부족한 사막에서 사는 생물은 물의 손실을 최소화하여 살아간다.

물은 생물이 생명을 유지하는 데 반드시 필요합니다.

+1 **햇빛, 물의 조건을 다르게 하여 청경채 모종 키우기**

조건	화분①	화분②	화분③	화분④
햇빛	○	○	×	×
물	○	×	○	×
실험 결과	잎이 초록색으로 잘 자람	잎이 연갈색으로 변하고 완전히 시듦	잎이 노란색으로 변하고 조금 시듦	잎이 연갈색으로 변하고 완전히 시듦

+2 **아프리카의 초원에 사는 뿔말이 매 계절마다 무리 지어 먼 길을 이동하는 까닭**

• 사는 곳의 온도가 높아지고 비가 내리지 않으면 뿔말이 살기 어려워지므로 살기 적당한 장소를 찾아 떼를 지어 이동합니다.
• 초원의 풀이 말라서 먹을 것이 부족해지면 먹을 것을 찾아 먼 길을 이동합니다.
• 온도가 적당하고 물이 풍부한 곳을 찾아 먼 길을 이동합니다.

▲ 뿔말이 무리 지어 이동하는 모습

🎓 **핵심 개념 정리**

• 햇빛이 잘 드는 곳에서 물을 준 콩나물이 초록색으로 잘 자랐습니다.
• 콩나물이 자라는 데 햇빛과 물이 영향을 줍니다.
• 철새는 먹이를 구하거나 번식하기에 온도가 적절한 곳으로 이동합니다.
• 햇빛은 식물이 양분을 만드는 데 필요하고, 동물의 번식 시기에 영향을 줍니다.
• 물은 생물이 생명을 유지하는 데 반드시 필요합니다.

1 콩나물의 자람에 대한 설명으로 옳은 것은 ○표, 옳지 <u>않은</u> 것은 ×표 하시오.

(1) 물을 주지 않은 콩나물은 떡잎 아래 몸통이 가늘어지고 시들었습니다.   (   )

(2) 햇빛이 잘 드는 곳에서 자란 콩나물은 떡잎이 노란색입니다.   (   )

(3) 콩나물이 잘 자라는 데에는 햇빛만 영향을 줍니다.   (   )

2 다음과 같이 페트병 두 개에 콩나물을 넣고 한쪽에만 어둠 상자를 씌운 후, 양쪽에 똑같이 물을 주어 콩나물이 자라는 모습을 관찰하였습니다. 다르게 한 조건은 어느 것입니까?
     (   )

① 콩나물의 양
② 페트병의 크기
③ 콩나물의 길이
④ 물을 주는 횟수
⑤ 콩나물이 받는 햇빛의 양

3 햇빛이 잘 드는 곳에 두고 물을 주어 자란 콩나물 모습의 기호를 쓰시오.

   ㉠      ㉡

(   )

4 다음 설명과 관계있는 비생물 요소는 무엇인지 쓰시오.

> • 추운 계절이 다가오면 개나 고양이는 털갈이를 한다.
> • 식물의 잎에 단풍이 들거나 낙엽이 진다.

(   )

6 다양한 환경에 적응한 생물

1 적응

(1) 생물은 다양한 환경의 서식지에서 양분을 얻고 번식하며 살아갑니다.

(2) **적응**: 생물이 오랜 기간에 걸쳐 특정한 서식지에서 살아가기에 적합한 생김새와 생활 방식을 갖게 되는 것

2 다양한 환경에 적응한 생물

(1) 다양한 환경과 생물이 살아남기 위해 필요한 것 알아보기

환경	환경의 특징	환경에 살아남기 위해 필요한 것
사막	사막은 비가 거의 오지 않고 낮에는 온도가 매우 높다.	몸속에 물을 저장할 수 있고, 열을 몸 밖으로 내보낼 수 있는 생물이 살아남을 수 있다.
극지방	극지방은 온도가 매우 낮고 먹이가 부족하다.	몸에 털이 있어 추운 날씨에도 잘 견딜 수 있는 생물이 살아남을 수 있다.
동굴	동굴은 햇빛이 잘 들지 않아 어둡다.	• 눈보다 더듬이 같은 다른 감각 기관이 발달한 생물이 살아남을 수 있다. • 먹이를 찾기 힘들기 때문에 적은 양의 먹이로도 오랫동안 살아갈 수 있어야 한다.

(2) •다양한 환경에 적응한 생물의 종류 +1

환경	적응한 생물
사막	• 선인장: 잎이 가시 모양이고, 두꺼운 줄기에 물을 많이 저장하여 뜨겁고 건조한 사막에서도 살아갈 수 있다. • 사막여우: 모래와 털 색깔이 비슷하고 귀가 커서 열을 내보내기에 유리하다. └ 다른 곳에 사는 여우보다 몸집이 작습니다.
극지방	• 북극곰: 온몸이 두꺼운 털로 덮여 있고, 지방층이 두꺼워 추운 극지방에서 살아갈 수 있다. • 북극여우: 눈과 털 색깔이 비슷하며 귀가 작고 털이 풍성해 열을 보존하기에 유리하다.
동굴	박쥐: 나쁜 시력 대신 초음파를 들을 수 있는 귀로 빛이 없는 곳에서도 먹잇감을 찾아내며, 장애물을 피해 빠르게 날아다닐 수 있다.

3 환경에 적응한 생물의 특징

오리	발가락 사이에 물갈퀴가 있어서 물속에서 헤엄치기에 유리하다.
개구리	겨울에는 사는 곳의 온도가 낮고, 먹이를 구하기 어렵기 때문에 •겨울잠을 잔다. 곰이나 뱀도 겨울잠을 잡니다.
부엉이	낮에 활동하는 생물보다 밤에 사물을 잘 볼 수 있고 작은 소리도 잘 들을 수 있으며, 소리 없이 날 수 있어 어두운 곳에서 사냥을 하기에 유리하다.

철새가 계절에 따라 이동하는 것은 온도가 살기에 적당한 곳으로 옮기는 것입니다.

• 다양한 환경에 적응한 생물

• 대벌레: 가늘고 길쭉한 생김새를 통해 나뭇가지가 많은 환경에서 몸을 숨기기 유리하게 적응되었습니다.

▲ 대벌레의 몸

• 밤송이: 가시를 통해 밤을 먹으려고 하는 적에게서 밤을 보호하기 유리하게 적응되었습니다.

▲ 밤송이의 가시

• 다람쥐: 겨울잠을 자는 행동을 통해 몸에 저장된 양분을 천천히 사용하여 추운 겨울을 지내기 유리하게 적응되었습니다.

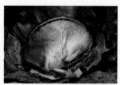

▲ 겨울잠을 자는 다람쥐

• 공벌레: 오므리는 행동을 통해 적의 공격에서 몸을 보호하기 유리하게 적응되었습니다.

▲ 몸을 오므리는 공벌레

• 겨울잠

겨울이 되면 동물이 활동을 중단하고 땅속 등에서 겨울을 보내는 일

+1 생물이 환경에 적응한 사례

겨울철의 뇌조

온도가 낮은 겨울철 뇌조의 깃털이 하얀색을 띤다.

여름철의 뇌조

온도가 높은 여름철 뇌조의 깃털이 얼룩덜룩한 색을 띤다.

사막여우

북극여우

서식지의 환경과 털 색깔이 비슷해 적으로부터 몸을 숨기거나 먹잇감에 접근하기 유리하다.

1 ( ) 안에 공통으로 들어갈 알맞은 말을 쓰시오.

> • 특정한 서식지에서 오랜 기간에 걸쳐 살아남기에 유리한 특징을 갖게 되는 것을 ( )(이)라고 한다.
> • 생물은 생김새와 생활 방식을 통해 환경에 ( )된다.

( )

2 오른쪽과 같이 얼음과 눈이 많은 서식지에서 동물이 살아남기에 유리한 털 색깔은 어느 것입니까?

( )

① 갈색 ② 회색
③ 하얀색 ④ 검은색
⑤ 노란색

핵심 개념 정리

• 특정한 서식지에서 오랜 기간에 걸쳐 살아남기에 유리한 특징을 갖게 되는 것을 적응이라고 합니다.
• 선인장의 굵은 줄기와 뾰족한 가시, 사막여우와 북극여우의 털색과 귀의 크기는 생김새를 통해 환경에 적응한 것입니다.
• 겨울잠을 자는 개구리, 밤에 사냥하는 부엉이의 행동은 생활 방식을 통해 환경에 적응한 것입니다.

사막의 모래와 털 색깔이 비슷해.

흰 눈처럼 털 색깔이 하얗지.

▲ 사막여우

▲ 북극여우

3 서식지의 환경과 그 서식지에서 살아남기에 유리한 동물을 선으로 연결하시오.

(1)  • • ㉠

(2)  • • ㉡

7 환경 오염이 생물에 미치는 영향

1 환경 오염이 생물에 미치는 영향

(1) **환경 오염**: 사람들의 활동으로 자연환경이나 생활 환경이 더럽혀지거나 훼손되는 현상

(2) •환경 오염의 원인과 환경 오염이 생물에 미치는 영향

대기 오염 (공기 오염)	원인	자동차나 공장의 매연 등
	생물에 미치는 영향	• 오염된 공기 때문에 동물의 호흡 기관에 이상이 생기거나 동물이 병에 걸린다. • 자동차의 배기가스는 생물의 성장에 피해를 주기도 한다. • 이산화 탄소 등이 많이 배출되어 지구의 평균 온도가 높아지면 동식물의 서식지가 파괴된다.
수질 오염 (물 오염)	원인	폐수의 배출, 가정의 생활 하수, 기름 유출 등
	생물에 미치는 영향	• 물이 더러워지고 악취가 나며 그곳에 사는 물고기는 산소가 부족하여 죽기도 한다. • 유조선의 기름이 유출되어 생물의 서식지가 파괴된다.
토양 오염 (흙 오염)	원인	쓰레기 배출, 농약이나 비료의 지나친 사용 등
	생물에 미치는 영향	• 쓰레기를 매립하면 토양이 오염되어 주변에 악취가 난다. • 토양이 사막화되면 식물이 잘 자라지 못하거나 죽기도 한다.

└ 지하수를 오염시켜 동물에게 질병을 일으키고,
식물이 잘 자라지 못하게 합니다.

2 환경 오염의 결과

(1) •환경이 오염되면 그곳에 살고 있는 생물의 종류와 수가 줄어들거나 심지어 생물이 멸종되기도 합니다.

(2) 도로를 만들거나 건물을 지으면서 생물의 서식지를 파괴하기도 합니다. 생태계 평형이 깨지게 되므로 개발과 생태계 보존 사이의 균형과 조화가 필요합니다.

(3) 무분별한 개발로 훼손된 자연환경은 생태계에 해로운 영향을 줍니다.

(4) 환경을 보호하는 것은 생태계를 보전하는 데 도움이 됩니다. +1

• **환경 오염의 원인**

▲ 기름 유출로 파괴되는 생물 서식지

▲ 쓰레기 매립으로 악화되는 생활 환경

• **우리 생활로 환경이 오염되어 생물에 해로운 영향을 주는 일**

샴푸 등 합성 세제 사용, 음식물 남기기, 길거리에 쓰레기 버리기, 일회용품 사용, 과도한 난방 및 냉방 등이 있습니다.

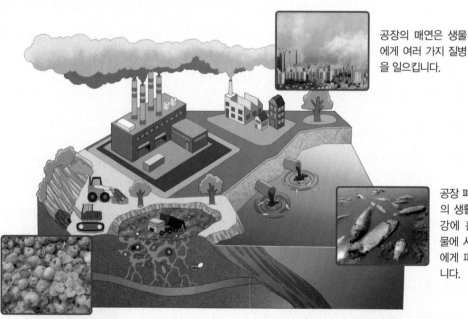

공장의 매연은 생물에게 여러 가지 질병을 일으킵니다.

공장 폐수, 가정의 생활 하수가 강에 흘러들어 물에 사는 생물에게 피해를 줍니다.

땅에 묻은 쓰레기는 농작물에 피해를 줍니다.

▲ 환경 오염이 생물에 미치는 영향

+1 생태계 보전을 위해서 우리가 할 수 있는 일

· 국가나 사회는 생태계를 보전할 수 있는 규정을 만듭니다.
· 보호가 필요한 생물이나 환경을 관리합니다.
· 개인은 일회용품의 사용을 줄이고, 가까운 거리는 걷거나 자전거로 이동하는 등 생태계를 보전하기 위해 노력해야 합니다.
· 나무를 이용해 만드는 각종 종이를 아껴 씁니다.
· 집에서 나온 쓰레기를 철저히 분리해 버립니다.
· 물티슈나 휴지 대신 행주나 수건을 사용합니다.

---

1 다음은 무엇에 대한 설명인지 쓰시오.

> 사람들의 활동으로 자연환경이나 생활 환경이 더럽혀지거나 훼손되는 현상이다.

(   )

2 다음과 관련 있는 환경 오염의 종류를 보기에서 골라 기호를 쓰시오.

> **보기**
> ㉠ 대기 오염   ㉡ 수질 오염   ㉢ 토양 오염

(1) 공장의 매연, 자동차의 배기가스 (   )
(2) 쓰레기 배출, 농약이나 비료의 지나친 사용
                                   (   )
(3) 유조선의 기름 유출, 폐수 배출 (   )

핵심 개념 정리

· 사람들의 활동으로 자연환경이나 생활 환경이 더럽혀지거나 훼손되는 현상을 환경 오염이라고 합니다.
· 환경 오염의 종류에는 대기 오염, 수질 오염, 토양 오염 등이 있습니다.
· 환경 오염은 생물의 생활과 생존에 해로운 영향을 줍니다.
· 쓰레기나 폐수의 배출, 자동차나 공장의 매연, 기름 유출, 농약이나 비료의 지나친 사용 등은 환경 오염의 원인이 됩니다.

3 환경 오염의 원인이 아닌 것은 어느 것입니까? (   )

① 폐수를 많이 배출한다.
② 쓰레기를 많이 버린다.
③ 공장에서 매연이 나온다.
④ 합성 세제 사용을 줄인다.
⑤ 농약이나 비료를 지나치게 사용한다.

황사, 미세 먼지와 같은 오염된 공기로 질병이 증가해.

4 생태계 보전을 위해 실천할 수 있는 방법으로 옳은 것의 기호를 쓰시오.

㉠    ㉡    ㉢

▲ 짧은 거리는 걷기   ▲ 일회용품 사용하기   ▲ 물을 많이 쓰기

(   )

1~3 비생물 요소가 콩나물의 자람에 미치는 영향을 알아보는 실험입니다. 물음에 답하시오.

> ㈎ 자른 페트병 네 개의 입구 부분을 거꾸로 하여 탈지면을 깔고 굵기와 길이가 비슷한 콩나물을 각각 같은 양으로 담는다.
> ㈏ 페트병 두 개는 햇빛이 잘 드는 곳에 두고, 그중 하나의 페트병에만 물을 자주 준다.
> ㈐ 나머지 페트병 두 개는 어둠상자로 덮어 햇빛을 가린 다음에 그중 하나의 페트병에만 물을 자주 준다.

1 위 ㈏에서 다르게 한 조건은 어느 것입니까?
( )

① 물의 양 　　② 흙의 양
③ 공기의 양 　　④ 햇빛의 양
⑤ 온도의 차이

2 위 ㈐에서 햇빛을 가리고 물을 자주 준 콩나물이 자란 모습에 해당하는 것의 기호를 쓰시오.

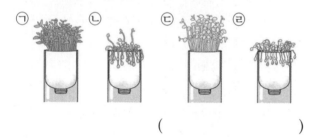

㉠　　㉡　　㉢　　㉣

( )

3 위 실험을 통해 알 수 있는 사실로 옳은 것은 어느 것입니까? ( )
① 식물은 물과 햇빛에 상관 없이 잘 자란다.
② 식물이 자라는 데에는 햇빛만 영향을 준다.
③ 식물이 자라는 데에는 공기만 영향을 준다.
④ 식물이 자라는 데에는 물과 햇빛이 영향을 준다.
⑤ 식물이 자라는 데에는 비생물 요소의 영향을 받지 않는다.

4 생물에 다음과 같은 영향을 주는 비생물 요소는 어느 것입니까? ( )

> • 식물이 양분을 만드는 데 꼭 필요하다.
> • 식물의 꽃이 피는 시기와 동물의 번식 시기에도 영향을 준다.

① 물 　　② 흙
③ 햇빛 　　④ 공기
⑤ 온도

5 사람이 숨을 쉴 수 있게 해 주는 비생물 요소는 어느 것입니까? ( )
① 물 　　② 흙
③ 공기 　　④ 온도
⑤ 햇빛

6 생물이 환경에 적응한 예에 대한 설명으로 옳은 것에는 ○표, 옳지 않은 것에는 ✕표 하시오.
⑴ 개구리는 겨울잠을 자는 행동을 통해 추운 겨울을 지냅니다. ( )
⑵ 대벌레는 오므리는 행동을 통해 적의 공격에서 몸을 보호합니다. ( )
⑶ 밤송이는 가시를 통해 밤을 먹으려는 적에게서 밤을 보호합니다. ( )

7 오른쪽과 같은 상아색의 모래로 뒤덮여 있는 사막의 환경에서 잘 살아남을 수 있는 여우의 기호를 쓰시오.

ㄱ 　ㄴ 　ㄷ

(　　　　)

10 오른쪽은 강물이 오염되어 죽은 물고기의 모습입니다. 이와 같이 물을 오염시키는 직접적인 원인을 두 가지 고르시오.

(　 , 　)

① 공장 매연
② 공장 폐수
③ 지나친 비료 사용
④ 자동차의 배기가스
⑤ 해상 사고로 인한 기름 유출

8 생활 방식을 통해 환경에 적응한 생물을 보기 에서 모두 골라 기호를 쓰시오.

보기
㉠ 대벌레의 몸
㉡ 선인장의 뾰족한 가시
㉢ 공벌레의 오므리는 행동
㉣ 철새의 다른 지역으로의 이동

(　　　　)

11 사람들의 활동이 자연환경에 미치는 영향에 대한 설명으로 옳지 <u>않은</u> 것은 어느 것입니까?

(　　)

① 자동차의 사용으로 공기가 깨끗해진다.
② 합성 세제의 사용으로 환경이 오염된다.
③ 건물을 지으면서 생물의 서식지가 파괴된다.
④ 지나친 난방으로 생물에게 해로운 영향을 준다.
⑤ 화학 물질이 많이 배출되어 생물의 종류가 줄어들기도 한다.

9 선인장이 환경에 적응한 것에 대한 설명입니다. ( ) 안에 들어갈 알맞은 말을 쓰시오.

선인장의 굵은 줄기와 뾰족한 가시는 ( )이/가 부족한 환경에 적응한 결과이다.

(　　　　)

12 대기 오염이 생물에게 미치는 영향으로 옳은 것을 보기 에서 골라 기호를 쓰시오.

보기
㉠ 동물의 호흡 기관에 이상이 생긴다.
㉡ 토양 주변에 심각한 악취를 풍긴다.
㉢ 물이 더러워져 그곳에 사는 물고기는 산소가 부족하여 죽는다.

(　　　　)

2 생물과 환경

👁 그림을 보고 배운 개념을 떠올리며 (   ) 안에 알맞은
말을 써 보세요.

개념1 생태계에서 생물 요소 분류하기

어떤 장소에서 살아가는 생물과 생물을 둘러싸고 있
는 환경이 서로 영향을 주고받는 것을 (❶   )
라고 하며, 생물 요소는 생물이 (❷   )을/를
얻는 방법에 따라 생산자, 소비자, (❸   )
(으)로 분류할 수 있습니다.

개념2 생태계에서 생물 요소의 먹이 관계

생물의 먹이 관계를 사슬처럼 연결한 것을
(❹   )(이)라 하고, 여러 개의 먹이 사슬이
얽혀 그물처럼 연결되어 있는 것을 (❺   )
(이)라고 합니다.

👁 그림을 보고 배운 개념을 떠올리며 (   ) 안에 알맞은
말을 써 보세요.

개념4 비생물 요소가 생물에 미치는 영향

(❼   )은/는 식물이 양분을 만들고 동물이
성장하며 생활하는 데 필요합니다. (❽   )
은/는 식물이 자라는 정도나 동물의 생활 방식에 영
향을 줍니다. 또 (❾   )은/는 생물이 생명
을 유지하는 데 필요합니다.

개념5 다양한 환경에 적응한 생물

생물이 오랜 기간에 걸쳐 특정한 서식지에서
살아가기에 적합한 특징을 갖게 되는 것을
(❿   )이라고 합니다. 생물은 다양한 생김
새와 생활 방식으로 환경에 적응해 살아갑니다.

생태계에는 다양한 생물이 비생물 요소와 서로 영향을 주고받으며 살아가고, 생물의 종류와 수가 균형을 이루며 삽니다. 생물은 사막, 극지방 등 다양한 환경에서 적응해 살아가지만 환경이 오염되면 더 이상 살아가기 힘들어집니다.

정답과 풀이 78쪽

개념3 생태계 평형

먹고 먹히는 생물의 종류와 수가 균형을 이루어야 해.

어떤 지역에 사는 생물의 종류와 수 또는 양이 균형을 이루며 안정된 상태를 유지하는 것을 (❻   )(이)라고 합니다.

개념6 환경 오염이 생물에 미치는 영향

황사, 미세 먼지와 같은 오염된 공기로 질병이 증가해.

켁켁

무분별한 쓰레기 배출, 농약이나 비료의 지나친 사용, 공장의 매연, 가정의 생활 하수 등은 (⓫   )의 원인이 됩니다. 환경이 오염되면 그곳에 사는 생물의 종류와 수가 줄어들고, 심지어 생물이 멸종되기도 합니다.

 옳은 문장에 ○, 틀린 문장에 ×하세요. 틀린 부분은 밑줄을 긋고 바른 개념으로 고쳐 써 보세요.

1 어떤 장소에서 살아가는 생물과 생물을 둘러싸고 있는 환경이 서로 영향을 주고받는 것을 생태계라고 합니다.
(   )

2 생태계를 이루는 요소 중 동물이나 식물 등과 같이 살아 있는 것을 비생물 요소라고 합니다. (   )

3 생태계를 구성하는 생물 요소는 양분을 얻는 방법에 따라 생산자, 소비자, 분해자로 분류할 수 있습니다.
(   )

4 생물의 먹고 먹히는 관계가 사슬처럼 연결되어 있는 것을 먹이 그물이라고 합니다. (   )

5 어떤 지역에 사는 생물의 종류와 수 또는 양이 균형을 이루며 안정된 상태를 유지하는 것을 생태계 평형이라고 합니다. (   )

6 물은 식물이 양분을 만들 때 필요할 뿐만 아니라 꽃이 피는 시기와 동물의 번식 시기에도 영향을 줍니다.
(   )

7 철새가 이동하고 나뭇잎에 단풍이 들며 낙엽이 지는 것은 온도의 영향입니다. (   )

8 사막여우와 북극여우의 털색, 귀의 크기 등은 생김새가 서식지 환경에 적응한 것입니다. (   )

9 선인장은 잎이 가시 모양이고 두꺼운 줄기에 물을 많이 저장하기 때문에 뜨겁고 건조한 사막에서 살아갈 수 있습니다. (   )

10 무분별한 쓰레기 배출, 자동차나 공장의 매연, 가정의 생활 하수 등은 환경 오염의 원인이 됩니다. (   )

점수

※ 한 문항당 5점입니다.

1 비생물 요소끼리 옳게 짝 지은 것은 어느 것입니까?   (   )

① 흙, 참새   ② 공기, 물
③ 세균, 온도   ④ 햇빛, 다람쥐
⑤ 비둘기, 공벌레

2 생물 요소가 <u>아닌</u> 것은 어느 것입니까? (   )

① 나비   ② 여우
③ 나무   ④ 자갈
⑤ 곰팡이

3 생태계에 대한 설명으로 옳지 <u>않은</u> 것은 어느 것입니까?   (   )

① 생산자는 스스로 양분을 만든다.
② 분해자는 생물의 배출물을 분해한다.
③ 소비자는 양분을 생산자로부터만 얻는다.
④ 화단, 연못뿐만 아니라 도시도 생태계이다.
⑤ 생태계는 생산자, 소비자, 분해자, 비생물 요소로 이루어진다.

4 배추밭 주변에서 볼 수 있는 생태계의 구성 요소입니다. 소비자를 골라 기호를 쓰시오.

㉠ 흙	㉡ 배추	㉢ 개망초
㉣ 곰팡이	㉤ 햇빛	㉥ 배추흰나비

(   )

5 학교 화단에서 볼 수 있는 생물을 생산자, 소비자, 분해자로 분류하여 선으로 연결하시오.

(1)
▲ 등나무 •

   • ㉠   생산자

(2)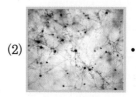
▲ 곰팡이 •

   • ㉡   소비자

(3)
▲ 개미 •

   • ㉢   분해자

6 생태계 구성 요소들이 서로 주고받는 영향에 대한 설명으로 옳지 <u>않은</u> 것을 보기 에서 골라 기호를 쓰시오.

보기
㉠ 식물은 물과 공기를 맑게 정화해 준다.
㉡ 생산자가 없어져도 생태계에는 영향이 없다.
㉢ 햇빛은 식물이 양분을 만드는 데 영향을 준다.
㉣ 공기가 없으면 생물 요소들이 호흡할 수 없다.

(   )

7 생물 사이의 먹고 먹히는 관계를 나타낸 것입니다. (   ) 안에 들어갈 생물의 예로 적당한 것은 어느 것입니까?   (   )

옥수수 → 나방 애벌레 → 참새 → (   )

① 매   ② 토끼
③ 메뚜기   ④ 다람쥐
⑤ 개구리

8
서술형
생물의 먹이 관계를 나타낸 것입니다. 이와 같이 생물의 먹고 먹히는 관계가 서로 얽혀 있으면 유리한 점을 쓰시오.

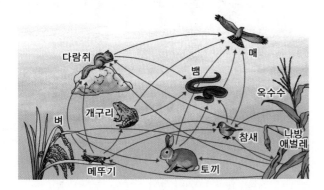

_____

_____

9 다음 생물들에 대한 설명으로 옳은 것은 어느 것입니까? ( )

▲ 벼   ▲ 개구리

① 모두 생산자이다.
② 모두 2차 소비자이다.
③ 벼는 스스로 양분을 만든다.
④ 개구리는 항상 최종 소비자이다.
⑤ 벼는 비생물 요소이고, 개구리는 생물 요소이다.

10★ 생물이 안정하게 살아갈 수 있는 상태에 대한 설명으로 옳은 것을 두 가지 고르시오. (,)

① 모든 생물의 수가 달라야 한다.
② 특정한 생물의 수가 급격히 변해야 한다.
③ 생물의 종류와 수가 균형을 이루어야 한다.
④ 모든 생물이 잘 살아가도록 사람이 생물의 수를 조절해야 한다.
⑤ 가뭄, 홍수와 같은 자연재해는 생물의 균형을 깨뜨릴 수 있다.

11 생태계 평형이 깨지는 원인 중 인위적인 요인은 어느 것입니까? ( )

① 가뭄   ② 홍수
③ 태풍   ④ 지진
⑤ 도로 건설

12~13 다음과 같이 콩나물을 넣은 두 개의 페트병을 햇빛이 잘 드는 곳에 두고 한쪽에만 어둠상자를 덮었습니다. 물음에 답하시오.

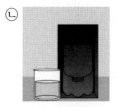

12 위 실험에서 다르게 한 조건은 어느 것입니까? ( )

① 콩나물의 수
② 자른 페트병의 크기
③ 콩나물의 길이와 굵기
④ 콩나물에 주는 물의 양
⑤ 콩나물이 받는 햇빛의 양

13 위 콩나물을 일주일 뒤에 관찰했을 때 다음과 같은 특징을 나타내는 것의 기호를 쓰시오.

> • 떡잎이 노란색이다.
> • 떡잎 아래 몸통이 곧고 길게 자랐다.

( )

14 온도가 생물에게 미치는 영향으로 옳은 것은 어느 것입니까? ( )

① 동물이 물체를 보는 데 필요하다.
② 생물이 숨을 쉬기 위해 있어야 한다.
③ 생물이 생명을 유지하는 데 필요하다.
④ 식물이 자랄 수 있는 양분을 제공한다.
⑤ 식물의 잎이 단풍이 들고 낙엽이 진다.

15 오른쪽 식물이 말라 죽은 모습은 어떤 비생물 요소가 생물에게 영향을 미치는 것입니까? ( )

① 물 ② 흙
③ 햇빛 ④ 공기
⑤ 온도

16 여우의 하얀색 털 색깔이 얼음과 눈이 많은 지역에서 잘 살아남기에 유리한 까닭을 쓰시오.
서술형

17 ( ) 안에 공통으로 들어갈 알맞은 말을 쓰시오.

철새가 다른 지역으로 이동하는 행동은 ( ) 이/가 살기에 적당한 곳으로 이동하는 것으로 ( )에 적응한 결과이다.

( )

18 다음과 관계 있는 비생물 요소는 어느 것입니까? ( )

- 쓰레기 배출, 농약이나 비료의 지나친 사용이 오염의 원인이다.

- 오염되면 주변에 심각한 악취가 나고, 식물이 잘 자라지 못하거나 죽기도 한다.

① 물 ② 공기
③ 토양 ④ 나무
⑤ 햇빛

19 사람들이 생태계에 해로운 영향을 미치는 경우가 아닌 것은 어느 것입니까? ( )

①
▲ 산을 깎아 건물을 짓는다.

②
▲ 나무를 심는다.

③
▲ 음식물을 남긴다.

④
▲ 난방을 지나치게 한다.

20 생태계 보전을 위해 실천할 수 있는 방법으로 옳은 것은 어느 것입니까? ( )

① 쓰레기 배출을 줄인다.
② 냉장고를 자주 열고 닫는다.
③ 샴푸를 많이 사용하여 머리를 감는다.
④ 짧은 거리는 자동차를 타고 이동한다.
⑤ 공장에서 나오는 매연의 양은 제한하지 않는다.

점수

※ 한 문항당 5점입니다.

1 생태계를 구성하는 생물 요소는 어느 것입니까?
( )

① 흙   ② 물
③ 공기   ④ 세균
⑤ 바위

2 배추밭 생태계에서 비생물 요소에 해당하는 것은 어느 것입니까? ( )

①
▲ 배추

②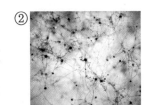
▲ 곰팡이

③
▲ 햇빛

④
▲ 배추흰나비

3 생물 요소 중 무엇에 관한 설명인지 쓰시오.

• 세균, 버섯, 곰팡이가 있다.
• 이것이 없다면 죽은 생물과 배출물이 분해되지 않아 우리 주변은 죽은 생물과 배출물로 가득 차게 될 것이다.

( )

4 생물이 양분을 얻는 방법이 나머지와 다른 하나는 어느 것입니까? ( )

① 참새   ② 토끼
③ 개미   ④ 고양이
⑤ 감나무

5 연못 생태계에서 살아가는 데 필요한 양분을 스스로 만드는 생물은 어느 것입니까? ( )

① 수련   ② 붕어
③ 세균   ④ 개구리
⑤ 소금쟁이

6~7 여러 가지 생물을 보고, 물음에 답하시오.

㉠
▲ 매

㉡
▲ 나방 애벌레

㉢
▲ 옥수수

㉣
▲ 참새

6 위 생물들에 대한 설명으로 옳지 <u>않은</u> 것은 어느 것입니까? ( )

① ㉠은 소비자이다.
② ㉡은 분해자이다.
③ ㉢은 생산자이다.
④ 서로 영향을 주고받는다.
⑤ 모두 생태계의 생물 요소이다.

7 위 생물들을 먹이 관계에 맞게 기호를 쓰시오.

( ) → ( ) → ( ) → ( )

8~9 어느 생태계의 먹이 관계를 나타낸 것입니다. 물음에 답하시오.

벼 → 메뚜기 → 개구리

▲ 먹이 사슬

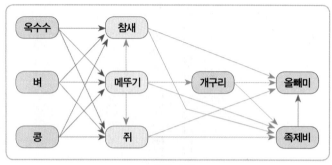

▲ 먹이 그물

8 위 먹이 사슬과 먹이 그물 중 생태계에서 생물이 살아가기에 더 유리한 것은 무엇인지 쓰시오.

( )

9 위 먹이 관계에 대한 설명으로 옳은 것은 어느 것입니까? ( )

① 먹이 단계의 마지막 단계는 식물이다.
② 생물 요소 사이에는 먹고 먹히는 관계가 있다.
③ 먹이 사슬에서 하나의 생물은 먹을 수 있는 먹이가 다양하다.
④ 실제 생태계에서의 먹이 관계는 먹이 그물보다 먹이 사슬의 형태로 나타난다.
⑤ 먹이 사슬은 여러 방향으로 먹이 관계가 연결되지만, 먹이 그물은 한 방향으로만 먹이 관계가 연결된다.

10 ( ) 안에 들어갈 알맞은 말을 쓰시오.

어떤 지역에 살고 있는 생물의 종류와 수 또는 양이 ( )을/를 이루며 안정된 상태를 유지하는 것을 생태계 평형이라고 한다.

( )

11 식물이 무성했던 섬에 물사슴이 들어온 후, 늑대가 들어왔습니다. 이 섬에서 일어난 일을 생물의 수 변화와 균형으로 쓰시오.

서술형

_____

_____

_____

12 다음에서 이것은 생물에 영향을 주는 비생물 요소 중 무엇에 대한 것입니까? ( )

• 이것은 생물이 생명을 유지하는 데 반드시 필요하다.
• 이것이 부족한 사막에서 사는 생물은 이것의 손실을 최소화하여 살아간다.

① 물   ② 흙
③ 온도   ④ 공기
⑤ 햇빛

13 오른쪽의 콩나물을 일주일 동안 조건을 다르게 하여 콩나물의 자람을 관찰한 결과입니다. 햇빛 이외에 어떤 비생물 요소가 콩나물의 자람에 영향을 준 것인지 쓰시오.

• 떡잎이 연한 초록색으로 변했다.
• 떡잎 아래 몸통이 가늘어지고 시들었다.

( )

14 사람이 숨을 쉴 수 있게 해 주는 비생물 요소는 어느 것입니까? ( )

① 물   ② 흙
③ 공기   ④ 온도
⑤ 햇빛

15 비생물 환경 요인이 생물에 미치는 영향을 옳게 설명한 것은 어느 것입니까? ( )

① 햇빛은 식물이 양분을 만드는 데 필요하다.
② 햇빛을 받은 콩나물은 잎이 노란색으로 변한다.
③ 온도는 동물의 생활 방식에 영향을 주지 않는다.
④ 물을 주지 않은 콩나물은 잎이 초록색으로 변한다.
⑤ 온도는 빛이나 물에 비해 생물에게 주는 영향이 적다.

16 적응에 대한 설명으로 옳은 것은 어느 것입니까? ( )

① 생태계에서의 먹이 관계를 말한다.
② 생물에 영향을 주는 비생물 요소를 말한다.
③ 생물이 서로 영향을 주고받으며 살아가는 것이다.
④ 생물과 비생물이 서로 영향을 주고받는 모든 것이다.
⑤ 특정한 서식지에서 오랜 기간에 걸쳐 살아남기에 유리한 특징을 갖게 된 것이다.

17⭐ 생물이 환경에 적응한 모습에 대한 설명으로 옳지 않은 것은 어느 것입니까? ( )

① 선인장: 잎이 가시 모양이고, 줄기가 두껍다.
② 밤송이: 가시를 통해 건조한 환경에 적응되었다.
③ 개구리: 춥고 먹을 것이 부족한 겨울이 되면 겨울잠을 잔다.
④ 뇌조: 사는 곳의 온도에 따라 깃털의 색깔이 변한다.
⑤ 대벌레: 나뭇가지와 비슷한 모습이어서 적의 눈에 잘 띄지 않는다.

18 대기 오염의 원인이 되는 것은 어느 것입니까? ( )

①
▲ 쓰레기 매립

②
▲ 공장의 매연

③
▲ 폐수

④
▲ 지나친 비료 사용

19⭐ 환경 오염이 생물에 미치는 영향으로 옳지 않은 것은 어느 것입니까? ( )

① 바다에 기름이 유출되어 많은 물고기가 죽는다.
② 자동차의 배기가스로 식물이 잘 자라지 못한다.
③ 황사, 미세 먼지로 호흡기 질병에 많이 걸린다.
④ 쓰레기 매립으로 악취가 나서 생활 환경이 나빠진다.
⑤ 지나친 농약 사용으로 토양이 기름져 식물이 잘 자란다.

20 생태계를 보전하기 위한 방법으로 옳은 것을 두 가지 고르시오. (,)

① 쓰레기를 분리 배출한다.
② 자동차 이용을 많이 한다.
③ 샴푸 사용을 줄여서 물 사용량을 줄인다.
④ 도로를 건설하거나 큰 건물을 많이 짓는다.
⑤ 빨대, 종이컵 등 일회용품을 자주 사용한다.

1~3

개념1 생물 요소 분류하기

- 생태계를 구성하는 생물 요소는 양분을 얻는 방법에 따라 생산자, 소비자, 분해자로 분류할 수 있습니다.
- 생산자: 식물과 같이 햇빛 등을 이용하여 스스로 양분을 만드는 생물
- 소비자: 동물과 같이 스스로 양분을 만들지 못하여 다른 생물을 먹이로 하여 살아가는 생물
- 분해자: 곰팡이, 세균 등과 같이 주로 죽은 생물이나 배출물을 분해하여 양분을 얻는 생물

1
빈칸
쓰기

① 생태계를 구성하는 생물 요소는 (　　　　)을/를 얻는 방법에 따라 생산자, 소비자, 분해자로 분류합니다.

② 스스로 양분을 만드는 생물을 (　　　　), 다른 생물을 먹이로 하여 살아가는 생물을 (　　　　), 죽은 생물이나 배출물을 분해하여 양분을 얻는 생물을 (　　　　)(이)라고 합니다.

2
문장
쓰기

생산자의 역할에 대한 설명입니다. 생산자가 사라진다면 나타날 수 있는 현상을 쓰시오.

> 햇빛 등을 이용하여 스스로 양분을 만들며, 다른 생물의 먹이가 된다.

생산자인 식물이 사라진다면 식물을 먹이로 하는 소비자가 ＿＿＿＿＿＿＿＿＿＿＿＿,

그 소비자를 먹이로 하는 또 다른 소비자들도 ＿＿＿＿＿＿＿＿＿＿＿＿.

3
서술
완성

생물 요소 중 분해자가 사라진다면 나타날 수 있는 현상을 쓰시오.

＿＿＿＿＿＿＿＿＿＿＿＿＿＿＿＿＿＿＿＿

＿＿＿＿＿＿＿＿＿＿＿＿＿＿＿＿＿＿＿＿

＿＿＿＿＿＿＿＿＿＿＿＿＿＿＿＿＿＿＿＿

＿＿＿＿＿＿＿＿＿＿＿＿＿＿＿＿＿＿＿＿

4~6

개념2 생태계 평형

- 생태계에서 소비자는 생산자를 먹고, 그 소비자는 또 다른 소비자에게 먹히는 등 생물 요소는 서로 먹고 먹히는 관계에 있습니다.
- 생태계에서 생물의 종류와 수 또는 양이 균형을 이루며 안정된 상태를 유지하는 것을 생태계 평형이라고 합니다.
- 소비자의 수가 늘어나면 생산자의 수가 줄어들어 소비자의 먹이가 부족해지고, 먹이 사슬을 따라 다른 생물에 영향을 미쳐 생태계 평형이 깨질 수 있습니다.

4
빈칸
쓰기

① 생태계에서 생물의 종류와 수 또는 양이 균형을 이루며 안정된 상태를 유지하는 것을 (　　　　)(이)라고 합니다.

② 소비자의 수가 늘어나면 (　　　　)의 수가 줄어들어 소비자의 먹이가 부족해집니다.

5
문장
쓰기

소비자의 수가 늘어나면 생태계 평형에 어떤 영향을 미치는지 쓰시오.

소비자의 수가 늘어나면 _____

소비자의 먹이가 부족해지고, 먹이 사슬을 따라

다른 생물에 영향을 미쳐 _____

_____ .

6
서술
완성

다음과 같은 섬에 염소가 들어가게 되면 생태계에 어떤 변화가 생길지 쓰시오.

여러 종류의 나무가 자라고 비둘기가 둥지를 짓고 살아가는 생태계가 안정된 상태를 유지하는 섬에 사람들이 염소를 키우기 시작하였다.

_____

_____

7
빈칸
쓰기

① 식물이 양분을 만들고, 동물의 번식 시기에 영향을 미치는 비생물 요소는 (   )입니다.

② 나무에서 낙엽이 떨어지거나 동물이 겨울잠을 자는 데 영향을 미치는 비생물 요소는 (   )입니다.

8
문장
쓰기

식물이 살아가는 데 비생물 요소인 햇빛, 온도, 물이 어떤 영향을 미치는지 쓰시오.

식물이 살아가려면 _____

_____ 유지되어야 합니다.

9
서술
완성

굵기와 길이가 비슷한 콩나물을 햇빛이 잘 드는 곳에 두고, 그중 하나의 콩나물에만 물을 주었습니다. 이 탐구 활동으로 알아보려고 하는 것은 무엇인지 쓰시오.

▲ 햇빛 ○, 물 ○   ▲ 햇빛 ○, 물 ×

_____

_____

7~9

개념3 **비생물 요소가 생물에 미치는 영향**

• 햇빛은 식물이 양분을 만들 때 필요할 뿐만 아니라 꽃이 피는 시기와 동물의 번식 시기에도 영향을 줍니다.

• 물은 생물이 생명을 유지하는 데 꼭 필요합니다.

• 온도는 동물의 털갈이와 겨울잠, 식물의 낙엽 등 생물의 생활 방식에 영향을 줍니다.

• 공기는 생물이 숨을 쉴 수 있게 해 줍니다.

• 흙은 생물이 살아가는 장소를 제공해 줍니다.

1 다음과 같이 생물을 세 가지로 구분했습니다. ㉠, ㉡에 들어갈 말과 생물을 구분한 기준을 쓰시오.

[8점]

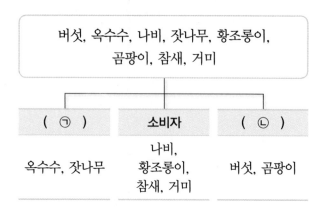

3 먹이 사슬을 나타낸 것입니다. 먹이 사슬이 먹이 그물보다 여러 생물들이 살아가기에 유리하지 <u>않은</u> 까닭을 쓰시오. [8점]

▲ 벼　　　▲ 메뚜기　　　▲ 개구리

2 배추밭 주변의 모습입니다. 물음에 답하시오. [12점]

(1) 위에서 생산자를 모두 찾아 쓰시오. [4점]

(　　　　　　　　　　　)

(2) 만일 생산자가 없어진다면 생태계에는 어떤 일이 일어날지 쓰시오. [8점]

4 어느 국립 공원의 생물 이야기입니다. ㈐에 들어갈 생태계의 모습을 예상하여 쓰시오. [8점]

㈎ 국립 공원에 사는 늑대들은 사슴 등의 동물을 잡아먹으며 살았다. 그런데 인간들이 무분별하게 늑대들을 사냥하면서 국립 공원에 사는 늑대가 모두 사라졌다.	㈏ 사슴의 수는 빠르게 늘어났고 사슴은 강가에 머물며 풀과 나무 등을 닥치는 대로 먹어 나무로 집을 짓고 나뭇가지 등을 먹는 비버가 국립 공원에서 거의 사라졌다.
㈐ 국립 공원에서 늑대를 다시 풀어놓았다. 늑대는 사슴 등 동물을 사냥하기 시작했고, 사슴의 수는 조금씩 줄어들었다. 사슴들은 늑대를 피하기 위하여 강가가 아닌 높은 지역에서 대부분의 시간을 보내게 되었다.	㈑

5 오른쪽과 같이 콩나물을 어둠상자로 덮고 물을 자주 주었다면 일주일 정도 지난 뒤 떡잎과 떡잎 아래 몸통의 모습을 쓰시오. [8점]

_____

_____

6 철새가 먹이를 구하거나 새끼를 기르기에 적절한 장소를 찾아 먼 거리를 이동하는 모습입니다. 물음에 답하시오. [12점]

(1) 위 철새의 이동에 영향을 미치는 비생물 요소를 쓰시오. [4점]

(   )

(2) 위 (1) 답의 비생물 요소가 철새의 이동 외에 생물에 영향을 주는 예를 한 가지 쓰시오. [8점]

_____

7 대벌레가 어떻게 환경에 적응되었는지 쓰시오.
[8점]

_____

_____

8 대기 오염의 원인이 되는 모습입니다. 물음에 답하시오. [12점]

(1) 위 공장의 매연 외에 대기 오염의 원인을 한 가지 쓰시오. [4점]

(   )

(2) 대기 오염이 생물에게 미치는 영향을 한 가지 쓰시오. [8점]

_____

_____

2

2 생물과 환경

과제명	생태계의 구성 요소 알아보기	배점	20점
성취 목표	생태계가 생물 요소와 비생물 요소로 이루어져 있으며, 서로 영향을 주고받음을 설명할 수 있다.		

1~4 연못 생태계와 숲 생태계의 모습입니다. 물음에 답하시오.

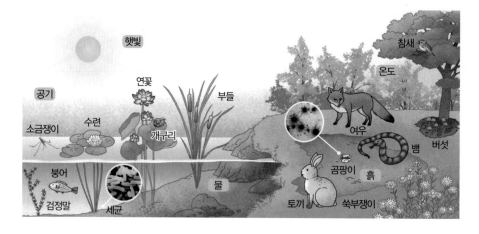

1 위 생태계에서 비생물 요소를 모두 찾아 쓰시오. [2점]

( )

2 위 연못 생태계에서 생물 요소를 다음과 같이 분류하였습니다. 분류한 기준을 쓰시오. [4점]

생산자	소비자	분해자
검정말, 수련, 연꽃, 부들	붕어, 개구리, 소금쟁이	세균

( )

3 위 생태계에서 공기는 생물 요소에 어떤 영향을 주는지 쓰시오. [6점]

4 생태계에서 분해자인 세균이나 곰팡이가 없어진다면 생태계에 어떤 일이 일어날지 쓰시오. [8점]

2 생물과 환경

과제명	비생물 요소가 생물에 미치는 영향 알아보기	배점	20점
성취 목표	햇빛과 물이 콩나물의 자람에 미치는 영향을 설명할 수 있다.		

1~4 비생물 요소가 콩나물의 자람에 미치는 영향을 실험하여 결과를 정리한 것입니다. 물음에 답하시오.

햇빛이 잘 드는 곳에 놓아둔 콩나물		어둠상자로 덮어 놓은 콩나물	
물을 준 것	물을 주지 않은 것	물을 준 것	물을 주지 않은 것
• 떡잎이 초록색으로 변했다. • 떡잎 아래 몸통이 길고 굵어졌다. • 초록색 본잎이 나왔다.	• 떡잎이 연한 초록색으로 변했다. • 떡잎 아래 몸통이 가늘어지고 시들었다.	• 떡잎이 노란색이다. • 떡잎 아래 몸통이 곧고 길게 자랐다. • 노란색 본잎이 나왔다.	• 떡잎이 노란색이다. • 떡잎 아래 몸통이 매우 가늘어지고 시들었다.

1 위 실험 결과를 보고, 콩나물의 떡잎 색깔을 노란색에서 초록색으로 변하게 한 비생물 요소는 무엇인지 쓰시오. [2점]

(   )

2 위 실험 결과를 보고, 우리가 먹는 콩나물은 떡잎이 노란색이며 떡잎 아래 몸통이 곧고 길쭉한 것으로 보아 어떤 조건에서 키운 것임을 유추할 수 있는지 쓰시오. [6점]

_____

_____

3 위 실험 결과를 통하여 알 수 있는 점을 쓰시오. [6점]

_____

_____

4 햇빛이 생물에게 영향을 주는 예를 한 가지 쓰시오. [6점]

_____

_____

2 생물과 환경

과제명	환경에 적응하여 사는 생물	배점	20점
성취 목표	생물이 환경에 어떻게 적응하며 살아가고 있는지 설명할 수 있다.		

1~3 환경에 적응하여 살아가는 여러 가지 생물입니다. 물음에 답하시오.

▲ 박쥐

▲ 선인장

▲ 북극여우

1 박쥐, 선인장, 북극여우가 살아가기에 알맞은 환경을 쓰시오. [3점]

_____

_____

2 선인장이 환경에 적응하여 살아가기에 유리한 특징을 쓰시오. [8점]

_____

_____

3 북극여우가 환경에 적응하여 살아가기에 유리한 특징을 사막여우와 비교하여 쓰시오. [9점]

_____

_____

3

날씨와 우리 생활

1 습도가 우리에게 미치는 영향

1 습도

(1) **습도**: 공기 중에 수증기가 포함된 정도

(2) 건습구 습도계나 디지털 습도계를 사용하여 측정합니다.

2 건습구 습도계로 습도 측정하기 +1

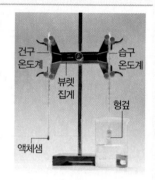

우리 생활에서 사용되는 온도는 건구 온도를 의미합니다.

탐구 과정	① 알코올 온도계 두 개 중 하나는 액체샘을 헝겊으로 감싼 뒤 고무줄로 묶는다. 이때 헝겊의 한쪽 끝이 액체샘 위로 2~3 cm 정도 올라오도록 한다. ② 스탠드와 뷰렛 집게를 사용해 온도계 두 개를 설치한다. ③ 헝겊으로 감싼 온도계 아래에 물이 담긴 비커를 놓고 헝겊의 아랫부분이 물에 잠기도록 한다. ④ 10분이 지난 뒤 건구 온도계와 습구 온도계의 온도를 각각 측정해 본다. ⑤ 습도표를 읽는 방법을 알아보고, 현재 습도를 구해 본다.

탐구 결과

습도표를 읽는 방법

• 건구 온도: 16 ℃, 습구 온도: 14 ℃일 때 (단위: %)

건구 온도(℃)	건구 온도와 습구 온도의 차(℃)				
	0	1	**2**		
14	100	90	79		
15	100	90	80	71	
16	100	90	**81**		
17	100	90	81	72	

1 건구 온도에 해당하는 16 ℃를 세로줄에서 찾아 표시합니다.

2 건구 온도와 습구 온도의 차 (16 ℃-14 ℃=2 ℃)를 구하고 그 값을 가로줄에서 찾아 표시합니다.

3 **1** 과 **2** 가 만나는 지점이 현재 습도를 나타냅니다. 현재 습도는 81 %입니다.

3 습도가 우리에게 미치는 영향 +2

(1) 습도가 적절할 때는 생활하기 좋으며, 습도가 너무 낮거나 높으면 여러 가지 문제가 발생합니다.

(2) **습도가 높을 때** 비가 오거나 눈이 오는 날, 장마철에 습도가 높습니다.

　① 빨래가 잘 마르지 않습니다.

　② 곰팡이가 잘 피고, 음식물이 부패하기 쉽습니다.

(3) **습도가 낮을 때** 맑은 날이 지속되거나 난방 기구를 많이 사용하는 겨울철에 실내 습도가 낮습니다.

　① 빨래가 잘 마르고, 피부가 건조해집니다.

　② 산불이 발생하기 쉽고, 감기와 같은 호흡기 질환이 생기기 쉽습니다.

4 습도를 조절하는 방법

(1) **습도를 낮추는 방법**: 장마철에 제습기 사용하기, 마른 숯이나 소금을 실내에 놓아두기, 요리할 때 환기팬을 사용하기, 보일러를 켜기 등

(2) **습도를 높이는 방법**: 겨울철에 가습기 사용하기, 물을 끓이기, 젖은 빨래를 실내에 널어두기, 어항을 놓아두기 등

• **건습구 습도계의 원리**

• 습구 온도계를 감싸고 있는 젖은 헝겊의 물이 온도계 주위의 에너지를 흡수하여 수증기로 상태가 변하기 때문에 습구 온도계의 온도가 낮아집니다. 공기가 건조할수록 젖은 헝겊이 더 빨리 마르고 습구 온도계의 온도도 더 낮아집니다.

• 건구 온도와 습구 온도의 차가 작은 것은 습도가 낮다는 것이며, 반대로 차가 클수록 습도가 높다는 것입니다.

+1 다양한 장소의 습도

• 운동장 한가운데나 운동장 쪽 창가와 같이 햇볕에 의해 물의 증발이 잘 일어나는 곳은 습도가 낮습니다.

• 화장실의 세면대나 식당과 같이 물을 사용하는 곳은 물의 증발이 계속 일어나 습도가 높습니다.

+2 습도가 우리 생활에 미치는 영향

▲ 음식물 부패(습도가 높을 때)

▲ 산불 발생(습도가 낮을 때)

핵심 개념 정리

• 공기 중에 수증기가 포함된 정도를 습도라고 합니다.

• 건습구 습도계와 습도표를 이용하여 현재 습도를 구할 수 있습니다.

• 습도가 높으면 빨래가 잘 마르지 않고, 음식물이 부패하기 쉽습니다.

• 습도가 낮으면 빨래가 잘 마르고, 산불이 발생하기 쉽고, 감기에 걸리기 쉽습니다.

습도가 낮으면
빨래가 잘 말라.

---

1 습도에 대한 설명으로 옳은 것에는 ○표, 옳지 <u>않은</u> 것에는 ×표 하시오.

(1) 공기 중에 수증기가 포함된 정도를 습도라고 합니다.
(　　　)

(2) 건습구 습도계를 이용하여 습도를 측정할 수 있습니다.
(　　　)

(3) 습도는 우리 생활에 영향을 미치지 않습니다. (　　　)

2~3 다음은 습도를 측정하기 위한 장치입니다. 물음에 답하시오.

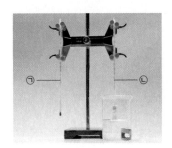

2 위 ㉠과 ㉡ 중 습구 온도계의 기호를 쓰시오.

(　　　　　　　)

3 위 실험에서 ㉠의 온도는 29 ℃, ㉡의 온도는 23 ℃입니다. 습도표를 이용하여 현재 습도를 구하시오.

건구 온도 (℃)	건구 온도와 습구 온도의 차(℃)			
	4	5	6	7
28	72	65	59	53
29	72	66	60	54
30	72	67	61	55

(　　　　　　) %

4 습도가 우리 생활에 미치는 영향으로 옳지 <u>않은</u> 것은 어느 것입니까? (　　　)

① 습도가 낮으면 빨래가 잘 마른다.
② 습도가 높으면 곰팡이가 잘 핀다.
③ 습도가 낮으면 감기에 걸리기 쉽다.
④ 습도가 높으면 산불이 발생하기 쉽다.
⑤ 습도가 높으면 음식물이 부패하기 쉽다.

2 이슬과 안개, 구름

1 이슬과 안개 발생 실험하기

탐구 과정	**[이슬 발생 실험]** ① 집기병에 물과 조각 얼음을 $\frac{2}{3}$ 정도 넣는다. ② 집기병 표면을 마른 수건으로 닦은 뒤, 집기병 표면에서 나타나는 변화를 관찰한다. **[안개 발생 실험]** ① 조각 얼음을 페트리 접시에 담는다. ② 집기병에 따뜻한 물을 가득 넣어 집기병 안을 데운 뒤에 물을 버린다. ③ 향에 불을 붙이고 집기병에 향을 넣었다가 뺀다. ④ 조각 얼음이 담긴 페트리 접시를 집기병 위에 올려놓고, 집기병 안에서 나타나는 변화를 관찰한다.
탐구 결과	• 이슬 발생 실험: 집기병 바깥에 있는 공기 중 수증기가 응결해 집기병 표면에 물방울로 맺힌다. • 안개 발생 실험: 집기병 안이 조각 얼음 때문에 차가워져 집기병 안의 수증기가 응결하여 뿌옇게 흐려진다. ▲ 이슬 발생 실험 결과　　▲ 안개 발생 실험 결과
알 수 있는 사실	• 물과 조각 얼음을 넣었던 집기병 표면에서 나타난 변화와 비슷한 자연 현상: 이슬 • 집기병 안을 데운 뒤 조각 얼음이 담긴 페트리 접시를 올린 집기병 안에서 나타난 변화와 비슷한 자연 현상: 안개

2 이슬과 안개, 구름 ＋1

새벽이나 이른 아침에 주로 볼 수 있습니다.

(1) **이슬**: 밤에 차가워진 나뭇가지나 풀잎 표면 등에 수증기가 응결해 물방울로 맺히는 것

(2) **안개**: 밤에 지표면 근처의 공기가 차가워지면 공기 중 수증기가 응결해 작은 물방울로 떠 있는 것

(3) **구름**: 공기가 지표면에서 하늘로 올라가면서 부피는 점점 커지고 온도는 점점 낮아지는데, 이때 공기 중 수증기가 응결해 물방울이 되거나 얼음 알갱이 상태로 변해 하늘에 떠 있는 것

• **우리 생활에서 차가운 물체 표면에 수증기가 응결해 물방울로 맺히는 현상**
• 목욕탕 거울이 뿌옇게 흐려집니다.
• 아이스크림이 든 포장지에 물방울이 맺힙니다.
• 추운 날, 실내로 들어왔을 때 차가운 안경알 표면이 뿌옇게 흐려집니다.
• 냉장고에서 꺼낸 음료수병의 표면에 물방울이 생깁니다.

3 이슬, 안개, 구름의 공통점과 차이점

구분		이슬	안개	구름
공통점		수증기가 응결해 나타나는 현상이다.		
차이점	만들어지는 과정	밤에 차가워진 나뭇가지나 풀잎 등에 공기 중 수증기가 응결한다.	밤에 지표면 근처의 공기가 차가워지면 공기 중 수증기가 응결한다.	공기가 위로 올라가 차가워지면 공기 중 수증기가 응결하거나 얼음 알갱이로 변한다.
	만들어지는 위치	물체 표면에 맺힌다.	지표면 근처에 떠 있다.	높은 하늘에 떠 있다.

➕1 이슬과 안개, 구름을 본 경험

• 이른 아침 풀잎에 맺힌 이슬을 보았습니다.

• 거미줄에 이슬이 맺힌 것을 본 적이 있습니다.

• 체험 학습을 갔을 때 숲에 낀 안개를 본 적이 있습니다.

• 캠핑을 갔다가 호수 위에 있는 안개를 본 적이 있습니다.

• 할머니 집에 갔을 때 논 위에 자욱하게 낀 안개를 본 적이 있습니다.

• 비가 내리는 날의 구름은 짙은 회색이었습니다.

• 하늘을 보았을 때 솜사탕처럼 생긴 구름을 보았습니다.

▲ 이슬

▲ 안개

▲ 구름이 많이 낀 모습

핵심 개념 정리

• 이슬은 밤에 차가워진 나뭇가지나 풀잎 표면 등에 공기 중 수증기가 응결해 물방울로 맺히는 것입니다.

• 안개는 밤에 지표면 근처의 공기가 차가워지면 공기 중 수증기가 응결해 작은 물방울로 떠 있는 것입니다.

• 구름은 공기 중의 수증기가 응결해 물방울이 되거나 수증기가 얼음 알갱이 상태로 변해 하늘에 떠 있는 것입니다.

우린 수증기가 응결한 거야.

---

1 오른쪽과 같이 집기병에 물과 조각 얼음을 넣었습니다. 집기병 표면에서 나타나는 현상과 관계 있는 것은 어느 것입니까?
( )

① 증발   ② 응결   ③ 끓음

④ 녹음   ⑤ 얼음

2~3 다음 실험을 보고, 물음에 답하시오.

> ㈎ 집기병에 따뜻한 물을 가득 넣어 집기병 안을 데운 뒤에 물을 버린다.
>
> ㈏ 향에 불을 붙이고 집기병에 향을 넣었다가 뺀다.
>
> ㈐ 조각 얼음이 담긴 페트리 접시를 집기병 위에 올려놓는다.

2 위 실험 결과 집기병 안에서 나타나는 변화를 보기 에서 골라 기호를 쓰시오.

보기
㉠ 얼음이 생긴다.
㉡ 물로 가득 찬다.
㉢ 뿌옇게 흐려진다.
㉣ 아무 변화가 없다.

( )

3 위 실험 결과 집기병 안에서 나타난 변화와 비슷한 자연 현상은 어느 것입니까? ( )

① 비   ② 눈   ③ 안개

④ 이슬   ⑤ 바람

4 다음에서 설명하는 것은 무엇인지 쓰시오.

> 공기가 위로 올라가 차가워지면 공기 중 수증기가 응결해 물방울이 되거나 얼음 알갱이 상태로 변해 하늘에 떠 있는 것이다.

( )

3 비와 눈이 내리는 과정

1 비의 생성 과정 모형실험하기 +1

탐구 과정	① 잘게 부순 얼음과 찬물을 둥근바닥 플라스크에 절반 정도 넣고 겉면을 마른 수건으로 닦는다. ② 비커에 뜨거운 물을 절반 정도 넣는다. ③ 스탠드에 비커를 놓고, 둥근바닥 플라스크를 비커 위에서 약간 떨어뜨려 고정한다. ④ 둥근바닥 플라스크 아랫면에 어떤 변화가 생기는지 관찰한다. 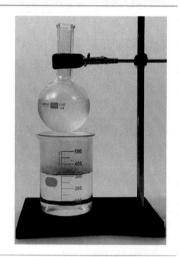
탐구 결과	작은 물방울이 생기고, 이 물방울들이 합쳐지면서 점점 커지고 무거워져 아래로 떨어진다.
알 수 있는 사실	플라스크 아래에 생긴 작은 물방울들이 합쳐지면서 점점 커지고 무거워져 떨어진 것처럼, 구름을 이루는 작은 물방울들이 합쳐져 무거워지면 떨어지면서 비가 된다.

2 비와 눈이 내리는 과정

(1) 비가 내리는 과정

① 구름 속에 있는 작은 물방울들이 합쳐지면서 커지고 무거워지므로 떨어집니다.

② 구름 속 얼음 알갱이가 무거워져 떨어질 때 녹아서 빗방울이 되기도 합니다.

(2) **눈이 내리는 과정**: 구름 속 얼음 알갱이가 커지면서 무거워져 녹지 않은 채 떨어지면 눈이 됩니다. +2

• 비와 눈

▲ 비

▲ 눈

▲ 비가 내리는 과정

커진 물방울

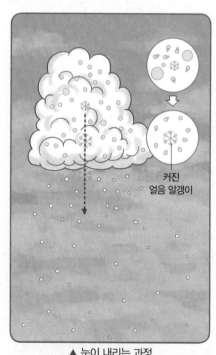

▲ 눈이 내리는 과정

커진 얼음 알갱이

+1 비가 내리는 과정 실험

[실험 방법]

투명한 플라스틱 원통에 스펀지를 올려놓고 분무기로 물을 계속 뿌리면서 스펀지 속과 원통 안에서 나타나는 현상을 관찰합니다.

[실험 결과]

물방울이 스펀지 구멍에 모여서 합쳐지고, 합쳐져서 커진 물방울이 아래로 떨어집니다.

+2 여름에 눈이 내리지 않는 까닭

눈이 내리려면 구름을 이루는 얼음 알갱이가 떨어질 때 녹지 않아야 합니다. 하지만 기온이 높은 여름에는 얼음 알갱이가 떨어질 때 녹아서 비가 되기 때문에 눈이 내리지 않습니다.

핵심 개념 정리

• 구름 속 작은 물방울이 무거워져 떨어지거나, 얼음 알갱이의 크기가 커지면서 무거워져 떨어질 때 기온이 높은 지역을 지나면 녹아서 비가 됩니다.

• 구름 속 얼음 알갱이의 크기가 커져 무거워져 떨어질 때 녹지 않은 채로 떨어지면 눈이 됩니다.

구름에서 비와 눈이 내려.

---

1 비의 생성 과정 모형실험에서 비에 해당하는 부분은 어느 것입니까?   (   )

2 비에 대한 설명으로 옳은 것에는 ○표, 옳지 <u>않은</u> 것에는 ×표 하시오.

(1) 구름 속의 작은 물방울이 떨어지면서 언 것입니다.
    (   )

(2) 구름 속에서 커진 얼음 알갱이가 떨어지면서 녹은 것입니다.   (   )

(3) 구름 속의 작은 물방울들이 합쳐지면서 커지고 무거워져 떨어진 것입니다.   (   )

3 구름 속 얼음 알갱이의 크기가 점점 커지고 무거워져 떨어질 때 녹지 않은 채로 떨어지는 것의 기호를 쓰시오.

▲ 비   ▲ 고드름   ▲ 눈

(   )

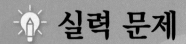
1~2 다음 습도표를 보고, 물음에 답하시오.

건구 온도 (℃)	건구 온도와 습구 온도의 차(℃)					
	0	1	2	3	4	5
27	100	92	85	78	71	65
28	100	93	85	78	72	65
29	100	93	86	79	72	66
30	100	93	86	79	73	67

1 위 습도표에서 건구 온도가 28 ℃이고, 습도가 78 %일 때 습구 온도는 몇 ℃입니까? ( )

① 23 ℃   ② 25 ℃
③ 28 ℃   ④ 30 ℃
⑤ 31 ℃

2 다음에서 빨래가 가장 잘 마르는 경우는 어느 것입니까? ( )

	건구 온도(℃)	건구 온도와 습구 온도의 차 (℃)
①	27	5
②	28	4
③	29	4
④	30	3
⑤	30	2

3 습도가 높을 때 우리 생활에 미치는 영향으로 옳은 것을 두 가지 고르시오. (,)

① 곰팡이가 잘 핀다.
② 산불이 쉽게 발생한다.
③ 피부가 쉽게 건조해진다.
④ 음식물이 쉽게 부패한다.
⑤ 감기와 같은 호흡기 질환이 생기기도 한다.

4 습도가 낮을 때 습도를 조절하는 방법으로 옳지 않은 것의 기호를 쓰시오.

ⓐ ▲ 젖은 빨래를 넌다.   ⓑ ▲ 제습제를 사용한다.   ⓒ ▲ 가습기를 사용한다.

( )

5~6 다음 실험을 보고, 물음에 답하시오.

ⓐ 집기병에 물과 조각 얼음을 $\frac{2}{3}$ 정도 넣는다.
ⓑ 집기병 표면을 마른 수건으로 닦은 뒤, 집기병 표면에서 나타나는 변화를 관찰한다.

5 다음은 위 실험 결과 집기병 표면에서 변화가 나타나는 까닭을 설명한 것입니다. ( ) 안에 들어갈 알맞은 말을 쓰시오.

집기병 바깥에 있는 공기 중 수증기가 ( )해 집기병 표면에서 물방울로 맺히기 때문이다.

( )

6 위 실험 결과 집기병 표면에서 나타나는 변화와 비슷한 자연 현상은 어느 것입니까? ( )

① ▲ 비

② ▲ 눈

③ ▲ 안개

④ ▲ 이슬

7 차가운 물체 표면에 수증기가 응결해 물방울이 맺히는 현상과 관련이 <u>없는</u> 것은 어느 것입니까?

( )

① 목욕탕 거울이 뿌옇게 흐려진다.
② 비가 온 뒤 유리창에 물방울이 맺혀 있다.
③ 아이스크림이 든 포장지에 물방울이 맺힌다.
④ 냉장고에서 꺼낸 음료수 병의 표면에 물방울이 맺힌다.
⑤ 추운 날, 실내로 들어왔을 때 차가운 안경알 표면이 뿌옇게 흐려진다.

8 다음은 무엇이 생성되는 과정인지 쓰시오.

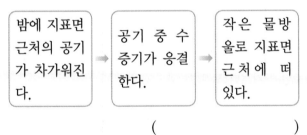

| 밤에 지표면 근처의 공기가 차가워진다. | → | 공기 중 수증기가 응결한다. | → | 작은 물방울로 지표면 근처에 떠 있다. |

( )

9 다음은 구름이 만들어지는 과정을 순서 없이 나타낸 것입니다. 순서대로 기호를 쓰시오.

ㄱ 공기가 지표면에서 하늘로 올라간다.
ㄴ 물방울이 되거나 얼음 알갱이 상태로 변해 하늘에 떠 있다.
ㄷ 공기의 부피가 점점 커지고 온도는 점점 낮아져 공기 중 수증기가 응결한다.

( ) → ( ) → ( )

10~11 다음은 어떤 날씨 현상이 생기는 과정을 알아보는 실험입니다. 물음에 답하시오.

10 위 실험 결과로 옳은 것은 어느 것입니까?

( )

① 얼음물이 언다.
② 비커에 금이 간다.
③ 따뜻한 물이 끓는다.
④ 얼음물의 양이 줄어든다.
⑤ 플라스크 아랫면에 수증기가 응결된다.

11 위 실험 결과 플라스크 아랫부분에서 관찰할 수 있는 변화와 관련이 있는 날씨 현상을 쓰시오.

( )

12 다음은 구름에서 일어나는 현상에 대한 설명입니다. ( ) 안에 들어갈 알맞은 말을 옳게 짝 지은 것은 어느 것입니까? ( )

구름을 이루는 작은 물방울이 서로 합쳐지면서 크기가 커져 떨어지면 (㉠)이/가 된다. 또, 구름을 이루는 얼음 알갱이가 커져서 떨어질 때 녹으면 (㉠)이/가 되고, 녹지 않고 그대로 떨어지면 (㉡)이/가 된다.

	㉠	㉡
①	눈	비
②	눈	이슬
③	비	눈
④	비	이슬
⑤	비	안개

4 고기압과 저기압

1 기온에 따른 공기의 무게 비교하기 +1

탐구 과정	① 플라스틱 통을 세우고, 머리말리개로 차가운 공기를 약 20초 동안 넣은 뒤 뚜껑을 닫는다. 그리고 플라스틱 통의 무게를 전자저울로 측정한다. ② 플라스틱 통을 뒤집고, 머리말리개로 따뜻한 공기를 약 20초 동안 넣은 뒤, 통을 뒤집은 채로 뚜껑을 닫는다. 그리고 플라스틱 통의 무게를 전자저울로 측정한다. ③ 차가운 공기와 따뜻한 공기의 무게를 서로 비교한다.  ▲ 차가운 공기를 넣고 무게 측정하기  ▲ 따뜻한 공기를 넣고 무게 측정하기

탐구 결과	구분	차가운 공기를 넣은 플라스틱 통	따뜻한 공기를 넣은 플라스틱 통
	무게(g)	278.0	277.3

⇨ 차가운 공기가 따뜻한 공기보다 무겁다.

알 수 있는 사실	일정한 부피에서 차가운 공기가 따뜻한 공기보다 무거운 까닭: 차가운 공기는 따뜻한 공기보다 일정한 부피에 공기 알갱이가 더 많기 때문이다.

2 고기압과 저기압

(1) **기압**: 공기의 무게로 생기는 누르는 힘

(2) 일정한 부피에 공기 알갱이가 많을수록 공기는 무거워지며 기압은 높아집니다.

① 고기압: 상대적으로 공기가 무거운 것

② 저기압: 상대적으로 공기가 가벼운 것

③ 같은 부피에서 차가운 공기가 따뜻한 공기보다 기압이 높습니다. 따라서 고기압은 공기의 온도가 낮고, 저기압은 공기의 온도가 높습니다.

● 기압의 차이

공기가 가열되거나 냉각되면 공기의 무게가 달라져 기압의 차이가 생기기 때문에 지구 표면에서 기압은 시간과 장소에 따라 달라집니다.
예를 들어 여름철 햇빛이 내리쬐는 한낮에 복도와 운동장 중 복도 공기의 온도가 운동장 공기의 온도보다 더 낮기 때문에 복도가 운동장보다 기압이 높습니다.

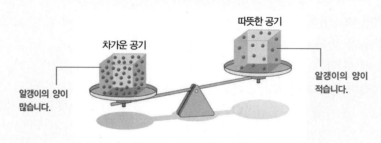

차가운 공기

따뜻한 공기

알갱이의 양이 많습니다.

알갱이의 양이 적습니다.

▲ 고기압과 저기압의 무게 비교

+1 기온에 따른 공기의 무게 비교하기

[실험 과정]

① 수조 하나에는 따뜻한 물을, 다른 하나에는 얼음물을 절반 정도 채웁니다.

② 두 플라스틱 통의 뚜껑을 열고, 수조에 각각 넣은 뒤 통을 누릅니다.

③ 5분 후 두 플라스틱 통의 뚜껑을 동시에 닫고 수조에서 꺼내 물기를 모두 닦습니다.

④ 두 플라스틱 통의 무게를 각각 측정해 봅시다.

▲ 따뜻한 물과 얼음물이 든 수조에 플라스틱 통 넣기

▲ 플라스틱 통 무게 측정하기

[실험 결과]

구분	따뜻한 물에 넣은 플라스틱 통	얼음물에 넣은 플라스틱 통
처음 무게(g)	285.6	285.6
5분 후 무게(g)	285.3	285.9

따뜻한 물에 넣은 플라스틱 통보다 얼음물에 넣은 플라스틱 통의 무게가 더 무겁습니다. 이를 통해 따뜻한 공기보다 차가운 공기가 더 무겁다는 것을 알 수 있습니다.

핵심 개념 정리

· 차가운 공기는 따뜻한 공기보다 무겁습니다.

· 공기의 무게로 생기는 누르는 힘을 기압이라고 합니다.

· 상대적으로 공기가 무거운 것을 고기압, 공기가 가벼운 것을 저기압이라고 합니다.

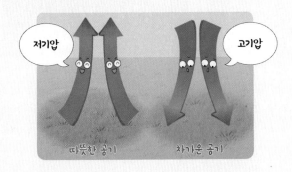

---

1 공기의 온도에 따른 공기의 무게를 선으로 연결하시오.

(1)  ·

▲ 따뜻한 공기를 넣은 통

· ㉠

(2) ·

▲ 차가운 공기를 넣은 통

· ㉡

2 공기의 무게로 생기는 누르는 힘을 무엇이라고 합니까?

(　　　　)

① 기온　　　　　② 기압

③ 습도　　　　　④ 바람

⑤ 날씨

3 공기의 양이 더 많은 것을 골라 기호를 쓰시오.

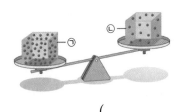

(　　　　　　　)

4 다음 (　　) 안에 들어갈 알맞은 말을 순서대로 쓰시오.

> 상대적으로 공기가 무거워 기압이 높은 것을 (　　　　)(이)라고 하고, 상대적으로 공기가 가벼워 기압이 낮은 것을 (　　　　)(이)라고 한다.

(　　　，　　　)

5 바람이 부는 까닭

1 바람 발생 모형실험하기

탐구 과정	① 지퍼 백에 비슷한 양의 따뜻한 물과 얼음물을 넣는다. ② 투명한 상자 한쪽에는 따뜻한 물이 든 지퍼 백을 넣고, 다른 쪽에는 얼음물이 든 지퍼 백을 넣는다. ③ 고무찰흙에 향을 꽂아 두 지퍼 백 사이에 놓는다. ④ 1분 정도 기다린 뒤 향에 불을 붙이고 향 연기의 움직임을 관찰한다. ⑤ 향 연기가 움직이는 방향을 기압과 관련지어 본다. 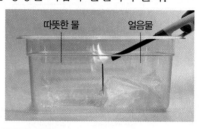
탐구 결과	• 따뜻한 물 위의 공기가 얼음물 위의 공기보다 온도가 높으므로 따뜻한 물 위가 저기압, 얼음물 위가 고기압이다. • 향 연기는 고기압인 얼음물이 든 지퍼 백에서 저기압인 따뜻한 물이 든 지퍼 백 쪽으로 움직인다. 
알 수 있는 사실	향 연기의 움직임은 투명한 상자 속 공기의 움직임을 나타내며, 향 연기의 움직임에 해당하는 자연 현상은 바람이다.

2 바람 바람의 방향은 바람이 불어오는 방향을 말합니다.

(1) 두 지점 사이에 기압 차가 생기면 공기는 고기압에서 저기압으로 이동합니다. 이와 같이 •기압 차로 공기가 이동하는 것을 바람이라고 합니다.

(2) **바닷가에서 낮과 밤에 부는 바람** +1

구분	낮에 부는 바람(해풍)	밤에 부는 바람(육풍)
바닷가의 모습		
바람이 부는 방향	육지 ⇦ 바다	육지 ⇨ 바다
바람이 부는 까닭	낮에는 육지가 바다보다 온도가 높으므로 육지 위는 저기압, 바다 위는 고기압이 된다.	밤에는 바다가 육지보다 온도가 높으므로 바다 위는 저기압, 육지 위는 고기압이 된다.

• **기압과 바람의 관계 알아보기**
 • 공기를 가득 넣어 부풀어 오른 비치볼 내부와 외부의 기압 비교: 비치볼 내부는 외부보다 공기 알갱이가 더 많으므로 비치볼 내부는 고기압, 외부는 저기압이 됩니다.
 • 공기가 가득 찬 비치볼에 구멍이 났을 때 일어나는 현상: 비치볼 내부에서 외부로 공기가 빠져나갑니다.
  ⇨ 이것으로 공기는 고기압에서 저기압으로 이동함을 알 수 있습니다.

+1 하루 동안 육지와 바다의 기온 변화

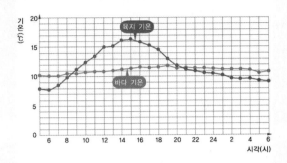

- 육지의 기온이 바다의 기온보다 높을 때: 8시 30분~ 20시 30분
- 바다의 기온이 육지의 기온보다 높을 때: 20시 30분~ 8시 30분
- 육지는 바다보다 빨리 데워지며, 하루 동안 기온 변화는 육지가 바다보다 더 큽니다.
  ⇨ 낮에는 기온이 낮은 바다가 기온이 높은 육지보다 기압이 높습니다. 밤에는 기온이 낮은 육지가 기온이 높은 바다보다 기압이 높습니다.

🎓 핵심 개념 정리

- 두 지점 사이의 기압 차로 공기가 이동하는 것을 바람이라고 합니다.
- 낮에는 바다 위가 고기압이 되고, 밤에는 육지 위가 고기압이 되어 바람의 방향이 바뀝니다.
- 낮에는 바다에서 육지로 바람이 불며, 밤에는 육지에서 바다로 바람이 붑니다.

1~2 다음과 같이 투명한 상자에 따뜻한 물과 얼음물이 든 지퍼 백을 넣고, 향에 불을 붙였습니다. 물음에 답하시오.

1 위 실험에서 어느 지퍼 백 위의 공기가 고기압이 되는지 골라 ○표 하시오.

　(따뜻한 물 , 얼음물)을 넣은 지퍼 백 위의 공기

2 위 실험 결과 향 연기가 움직이는 방향을 (　　) 안에 화살표로 나타내시오.

　따뜻한 물 (　　　　　　) 얼음물

3 여름철 맑은 날 바닷가에서 나타나는 현상으로 옳은 것에는 ○표, 옳지 않은 것에는 ×표를 하시오.

(1) 낮에는 육지 위가 바다 위보다 기온이 높습니다.
　　　　　　　　　　　　　　　　(　　)

(2) 육지가 바다보다 온도가 높으면 바다 위는 고기압이 됩니다.　　　　　　　　　　　(　　)

(3) 육지가 바다보다 온도가 높을 때 육지에서 바다로 바람이 붑니다.　　　　　　　　　(　　)

4 바닷가에서 밤에 부는 바람의 방향은 ㉠과 ㉡ 중 어느 것인지 기호를 쓰시오.

　　　　　　　　　(　　　　　)

6 우리나라의 계절별 날씨의 특징

1 공기 덩어리의 특성 ➕1

(1) 대륙이나 바다와 같이 넓은 곳을 덮고 있는 공기 덩어리가 한 지역에 오랫동안 머물게 되면 공기 덩어리는 그 지역의 온도나 습도와 비슷한 성질을 갖게 됩니다.

(2) **대륙에서 이동해 오는 공기 덩어리**: 건조합니다.

(3) **바다에서 이동해 오는 공기 덩어리**: 습합니다.

(4) **북쪽에서 이동해 오는 공기 덩어리**: 차갑습니다.

(5) **남쪽에서 이동해 오는 공기 덩어리**: 따뜻합니다.

2 우리나라의 계절별 날씨와 공기 덩어리의 성질

(1) **우리나라의 계절별 날씨에 영향을 미치는 공기 덩어리의 성질**: 한 지역에 새로운 공기 덩어리가 이동해 오면 그 지역의 온도와 습도는 새롭게 이동해 온 공기 덩어리의 영향을 받습니다.

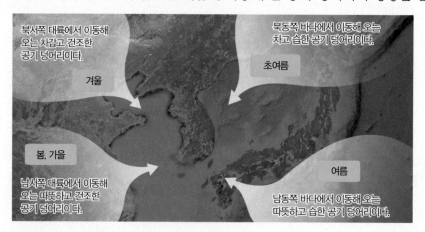

북서쪽 대륙에서 이동해 오는 차갑고 건조한 공기 덩어리이다.

북동쪽 바다에서 이동해 오는 차고 습한 공기 덩어리이다.

초여름

겨울

봄, 가을

남서쪽 대륙에서 이동해 오는 따뜻하고 건조한 공기 덩어리이다.

남동쪽 바다에서 이동해 오는 따뜻하고 습한 공기 덩어리이다.

여름

(2) **우리나라의 계절별 날씨의 특징**: 우리나라의 날씨는 주변 지역에서 이동해 오는 공기 덩어리 영향으로 계절별로 서로 다른 특징이 있습니다.

계절	날씨의 특징
봄, 가을	남서쪽 대륙에서 이동해 오는 따뜻하고 건조한 공기 덩어리의 영향으로 날씨가 따뜻하고 건조하다.
•초여름	북동쪽 바다에서 이동해 오는 차고 습한 공기 덩어리의 영향으로 차고 습하다.
여름	남동쪽 바다에서 이동해 오는 온도가 높고 수증기가 많은 공기 덩어리의 영향으로 날씨가 덥고 습하다.
겨울	북서쪽 대륙에서 이동해 오는 온도가 낮고 수증기를 적게 포함한 공기 덩어리의 영향으로 날씨가 춥고 건조하다.

• **우리나라 동해안의 초여름 날씨 특징**

초여름에는 짧은 기간 동안 북동쪽 바다에 있는 온도가 낮고 수증기를 많이 포함한 공기 덩어리의 영향을 받아 동해안에 서늘하고 습한 날이 자주 나타납니다.

+1 공기 덩어리의 특성

- 공기 덩어리가 차가운 대륙 위에 오랫동안 머무르면 대륙의 차갑고 건조한 성질을 따라 공기 덩어리도 차고 건조해집니다.
- 공기 덩어리가 따뜻한 바다 위에 오랫동안 머무르면 바다의 따뜻하고 습한 성질을 따라 공기 덩어리도 따뜻하고 습해집니다.

차고 건조한 성질의 공기 덩어리
▲ 춥고 건조한 지역

따뜻하고 습한 성질의 공기 덩어리
▲ 따뜻하고 습한 지역

핵심 개념 정리

- 공기 덩어리가 넓은 지역에 오랫동안 머무르면 공기 덩어리는 그 지역의 온도나 습도와 비슷한 성질을 갖게 됩니다.
- 우리나라의 여름은 남동쪽 바다에서 이동해 오는 따뜻하고 습한 공기 덩어리의 영향으로 덥고 습합니다.
- 우리나라의 겨울은 북서쪽 대륙에서 이동해 오는 차갑고 건조한 공기 덩어리의 영향으로 춥고 건조합니다.

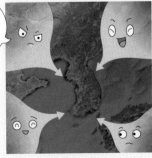
공기 덩어리의 성질에 따라 날씨가 달라져.

---

1 다음 ( ) 안에 들어갈 알맞은 말을 순서대로 쓰시오.

> 대륙이나 바다와 같이 넓은 곳을 덮고 있는 공기 덩어리가 한 지역에 오랫동안 머물게 되면 공기 덩어리는 그 지역의 ( )(이)나 ( )과/와 비슷한 성질을 가지게 된다.

(,)

2 우리나라의 봄, 가을 날씨에 영향을 미치는 공기 덩어리의 기호를 쓰시오.

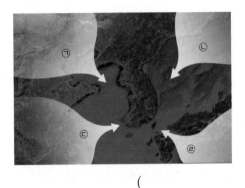

( )

3 따뜻하고 습한 공기 덩어리가 우리나라의 날씨에 영향을 주는 계절은 언제입니까? ( )

① 봄 ② 여름
③ 가을 ④ 겨울
⑤ 초여름

4 우리나라의 겨울 날씨로 옳은 것을 보기 에서 골라 기호를 쓰시오.

> **보기**
> ㉠ 춥고 습하다.
> ㉡ 덥고 습하다.
> ㉢ 춥고 건조하다.
> ㉣ 따뜻하고 건조하다.

( )

1 공기의 무게와 기압에 대한 설명으로 옳지 <u>않은</u> 것은 어느 것입니까? ( )

① 공기의 양이 많을수록 무겁다.
② 기압은 공기의 무게로 생기는 누르는 힘이다.
③ 차가운 공기는 따뜻한 공기보다 기압이 더 낮다.
④ 상대적으로 공기가 무거운 것을 고기압이라고 한다.
⑤ 상대적으로 공기가 가벼운 것을 저기압이라고 한다.

2 플라스틱 통의 무게를 측정한 뒤 머리말리개로 따뜻한 공기를 넣고 무게를 측정했습니다. 이 실험에 대한 설명으로 옳은 것은 어느 것입니까?
( )

① 공기의 온도에 따른 공기의 무게를 비교하는 실험이다.
② 플라스틱 통 안 공기의 온도가 높아지면 공기의 무게는 늘어난다.
③ 이 실험으로 공기의 온도가 높으면 공기의 무게는 무겁다는 것을 알 수 있다.
④ 머리말리개로 따뜻한 공기를 넣은 뒤 플라스틱 통의 무게는 늘어난다.
⑤ 머리말리개로 따뜻한 공기를 넣기 전 플라스틱 통의 무게가 더 가볍다.

3 일정한 부피에 들어 있는 공기 알갱이의 양에 따른 무게가 다음과 같을 때 고기압에 해당하는 것의 기호를 쓰시오.

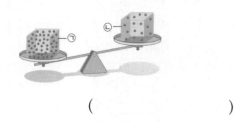

( )

4 다음과 같이 투명한 상자에 따뜻한 물과 얼음물이 든 지퍼 백을 넣고, 향에 불을 붙였습니다. 향 연기가 움직이는 까닭으로 옳은 것은 어느 것입니까?
( )

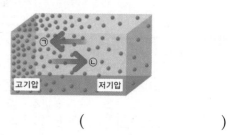

① 주변이 따뜻하기 때문이다.
② 향 연기가 무겁기 때문이다.
③ 따뜻한 물과 얼음물의 양이 차이가 나기 때문이다.
④ 따뜻한 물과 얼음물의 온도가 차이가 나기 때문이다.
⑤ 따뜻한 물과 얼음물의 무게가 차이가 나기 때문이다.

5 다음 공기 알갱이의 모습에서 공기가 이동하는 방향으로 옳은 것의 기호를 쓰시오.

( )

6 육지와 바다의 하루 동안 기압을 비교하여 ( ) 안에 >, =, <를 쓰시오.

- 낮: 육지 ( ) 바다
- 밤: 육지 ( ) 바다

7 다음과 같이 바닷가에서 바람 자루가 펄럭이고 있습니다. 이때 부는 바람의 이름을 쓰시오.

(   )

8 육풍에 대한 설명으로 옳은 것을 두 가지 고르시오.   (,   )

① 바닷가에서 낮에 부는 바람이다.
② 바다에서 육지로 부는 바람이다.
③ 육지에서 바다로 부는 바람이다.
④ 바다 위가 고기압이 되어 부는 바람이다.
⑤ 바다가 육지보다 온도가 높을 때 부는 바람이다.

9 다음은 우리나라에 영향을 주는 공기 덩어리를 나타낸 것입니다. ㉠ 공기 덩어리의 영향을 받는 계절에 대한 설명으로 옳은 것은 어느 것입니까?

(   )

① 덥고 습하다.
② 춥고 건조하다.
③ 따뜻하고 건조하다.
④ 반팔, 반바지를 입는다.
⑤ 따뜻한 긴팔, 긴 바지를 입고 두꺼운 겉옷을 입는다.

10 우리나라의 가을 날씨가 따뜻하고 건조한 까닭은 어느 것입니까?   (   )

① 낮에 바다에서 불어오는 해풍 때문이다.
② 삼면이 바다로 둘러싸인 지형 때문이다.
③ 북동쪽 바다에서 이동해 오는 공기 덩어리 때문이다.
④ 남서쪽 대륙에서 이동해 오는 공기 덩어리 때문이다.
⑤ 북서쪽 대륙에서 이동해 오는 공기 덩어리 때문이다.

11 우리나라의 여름 날씨에 영향을 미치는 공기 덩어리와 관계 있는 것을 두 가지 고르시오.

(,   )

① 바다   ② 육지
③ 남동쪽   ④ 북서쪽
⑤ 남서쪽

12 우리나라 계절별 날씨의 특징으로 옳지 <u>않은</u> 것을 보기 에서 골라 기호를 쓰시오.

> **보기**
> ㉠ 초여름에는 북동쪽에 있는 공기 덩어리의 영향을 받아 차고 습하다.
> ㉡ 겨울에는 북서쪽에 있는 공기 덩어리의 영향을 받아 춥고 건조하다.
> ㉢ 봄에는 주로 남서쪽에 있는 공기 덩어리의 영향을 받아 따뜻하고 습하다.

(   )

3 날씨와 우리 생활

이슬, 안개, 구름은 수증기가 응결하여 만들어집니다. 바람은 고기압에서 저기압으로 불며, 우리나라의 계절별 날씨는 이동해 오는 공기 덩어리의 영향을 받아 달라집니다.

👁 그림을 보고 배운 개념을 떠올리며 (　) 안에 알맞은 말을 써 보세요.

개념1 습도가 우리에게 미치는 영향

> 습도가 낮으면 빨래가 잘 말라.

습도는 공기 중에 (❶　　　　)이/가 포함되어 있는 정도입니다. 습도가 (❷　　　　) 곰팡이가 잘 생기고 음식물이 쉽게 부패합니다.

개념2 이슬과 안개, 구름

> 우린 수증기가 응결한 거야.

(❸　　　　)은/는 지표면 근처에서 공기 중의 수증기가 차가운 물체에 닿아 응결하여 물방울로 맺힌 것이며, (❹　　　　)은/는 지표면 근처에서 공기 중의 수증기가 응결하여 작은 물방울로 떠 있는 것입니다. 이슬, 안개, 구름은 모두 공기 중의 수증기가 (❺　　　　)하여 만들어집니다.

👁 그림을 보고 배운 개념을 떠올리며 (　) 안에 알맞은 말을 써 보세요.

개념4 고기압과 저기압

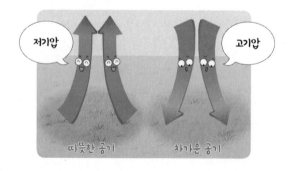

> 저기압
> 고기압
> 따뜻한 공기
> 차가운 공기

상대적으로 공기가 (❽　　　　) 것을 고기압, 공기가 (❾　　　　) 것을 저기압이라고 합니다. 상대적으로 차가운 공기는 (❿　　　　)이/가 되고, 따뜻한 공기는 (⓫　　　　)이/가 됩니다.

개념5 바람이 부는 까닭

> 낮에는 해풍이 불어!
> 밤에는 육풍이 불지!

바람은 (⓬　　　　)기압에서 (⓭　　　　)기압으로 공기가 이동하는 것입니다. (⓮　　　　)에는 바다 위가 고기압이 되고, (⓯　　　　)에는 육지 위가 고기압이 되어 바람의 방향이 바뀝니다.

개념3 비와 눈이 내리는 과정

구름에서 비와 눈이 내려.

(❻) 속 작은 물방울이 합쳐지면서 커지고 무거워져 떨어지면 비가 됩니다. 구름 속 (❼)의 크기가 커지면서 무거워져 떨어질 때 녹지 않은 채로 떨어지면 눈이 됩니다.

개념6 우리나라의 계절별 날씨 특징

공기 덩어리의 성질에 따라 날씨가 달라져.

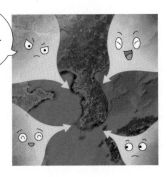

우리나라는 계절에 따라 서로 다른 성질을 가진 (⑯)의 영향을 받아 날씨가 다르게 나타납니다. 겨울에는 차갑고 (⑰) 날씨이며, 여름에는 덥고 (⑱) 날씨입니다.

옳은 문장에 ○, 틀린 문장에 ✕하세요. 틀린 부분은 밑줄을 긋고 바른 개념으로 고쳐 써 보세요.

1 습도가 낮으면 산불이 나기 쉽고 빨래가 잘 마릅니다.
( )

2 습도가 높을 때에 습도를 낮추려면 실내에 가습기를 사용하고, 보일러를 켭니다. ( )

3 안개는 공기가 위로 올라가면서 온도가 낮아지면 공기 중의 수증기가 응결해 물방울이 되거나 더 낮은 온도에서 얼음 알갱이가 되어 하늘에 떠 있는 것입니다.
( )

4 구름 속 얼음 알갱이가 크고 무거워져 떨어지면서 녹으면 눈이 됩니다. ( )

5 상대적으로 주위보다 공기의 양이 많으면 기압이 높아집니다. ( )

6 같은 부피라면 차가운 공기가 따뜻한 공기보다 가볍습니다. ( )

7 저기압에서 고기압으로 공기가 이동하여 바람이 붑니다.
( )

8 낮에는 바다에서 육지로 바람이 붑니다.
( )

9 우리나라의 겨울에는 북서쪽 대륙에서 이동해 오는 공기 덩어리의 영향으로 춥고 건조합니다. ( )

10 봄과 가을에는 남서쪽 대륙에서 이동해 오는 있는 공기 덩어리의 영향으로 매우 덥고 습합니다. ( )

※ 한 문항당 5점입니다.

1 다음은 건습구 습도계로 습도를 측정하는 방법을 순서 없이 나타낸 것입니다. 순서대로 기호를 쓰시오.

> ㉠ 두 온도계의 온도를 각각 측정한다.
> ㉡ 습도표를 이용하여 현재 습도를 구한다.
> ㉢ 알코올 온도계 두 개 중 하나는 액체샘을 헝겊으로 감싼다.
> ㉣ 헝겊을 감싼 온도계 아래에 물이 담긴 비커를 놓고 헝겊의 아랫부분이 물에 잠기도록 한다.

(   ) → (   ) → (   ) → (   )

2★ 다음 습도표를 이용하여 건구 온도가 16 ℃이고, 습구 온도가 13 ℃인 날의 습도를 구하시오.

건구 온도 (℃)	건구 온도와 습구 온도의 차(℃)			
	0	1	2	3
14	100	90	79	70
15	100	90	80	71
16	100	90	81	71

(   )

3★ 습도가 낮을 때 우리 생활에 미치는 영향으로 옳은 것을 두 가지 고르시오. (,   )

① 곰팡이가 잘 핀다.
② 피부가 건조해진다.
③ 산불이 발생하기 쉽다.
④ 음식물이 쉽게 부패한다.
⑤ 빨래가 잘 마르지 않는다.

4 일상생활에서 습도를 낮출 수 있는 방법을 두 가지 고르시오. (,   )

①
▲ 실내에 빨래를 넌다.

②
▲ 제습제를 사용한다.

③
▲ 가습기를 사용한다.

④
▲ 마른 숯을 놓아둔다.

5 서술형 오른쪽과 같이 집기병에 물과 조각 얼음을 넣었습니다. 집기병 표면에서 나타나는 현상과 비슷한 자연 현상을 쓰고, 이러한 현상이 나타나는 까닭을 쓰시오.

_____

_____

6★ 이슬과 안개의 공통점으로 옳은 것은 어느 것입니까? (   )

① 주로 맑은 날 한낮에 볼 수 있다.
② 물이 고체 상태로 존재하는 것이다.
③ 작은 물방울이 공중에 떠 있는 현상이다.
④ 공기 중 수증기가 응결해 나타나는 현상이다.
⑤ 공기 중 수증기가 증발해 지표면 가까이에 떠 있는 현상이다.

7 다음에서 설명하는 자연 현상은 무엇인지 쓰시오.

> 밤에 지표면 근처의 공기가 차가워지면 공기 중 수증기가 응결해 작은 물방울로 떠 있는 것이다.

(   )

8 구름에 대한 설명으로 옳지 <u>않은</u> 것은 어느 것입니까? ( )

① 높은 하늘에 떠 있다.
② 지표면 근처에서 볼 수 있다.
③ 공기 중 수증기가 응결해 나타나는 현상이다.
④ 작은 물방울이나 얼음 알갱이 상태로 떠 있는 것이다.
⑤ 구름 속 얼음 알갱이의 크기가 커지면서 무거워지면 떨어진다.

9 안개와 구름의 차이점을 만들어지는 위치로 쓰시오.

서술형

_____

_____

10 오른쪽과 같이 장치하고 모형실험을 하였습니다. 이에 대한 설명으로 옳지 <u>않은</u> 것을 보기 에서 골라 기호를 쓰시오.

보기

㉠ 비커 속의 따뜻한 수증기가 위로 올라가 플라스크 아랫면에서 응결해 작은 물방울로 맺힌다.
㉡ 플라스크 아래의 작은 물방울들은 점점 커진다.
㉢ 맺힌 물방울이 떨어지는 것이 자연에서의 눈을 나타낸다.

( )

11 구름 속 얼음 알갱이의 크기가 커지면서 무거워져 떨어지는 것을 모두 골라 기호를 쓰시오.

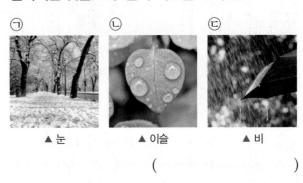

| ㉠ | ㉡ | ㉢ |

▲ 눈   ▲ 이슬   ▲ 비

( )

12 다음과 같이 플라스틱 통에 차가운 공기와 따뜻한 공기를 각각 넣고 무게를 측정하였습니다. 이에 대한 설명으로 옳은 것은 어느 것입니까? ( )

▲ 차가운 공기   ▲ 따뜻한 공기

① ㉠과 ㉡의 무게는 같다.
② ㉠과 ㉡의 기압은 같다.
③ ㉠을 저기압에 비유할 수 있다.
④ ㉡에 더 많은 양의 공기 알갱이가 있다.
⑤ 공기의 온도에 따른 공기의 무게를 알아보는 실험이다.

13 기압에 대한 설명으로 옳지 <u>않은</u> 것은 어느 것입니까? ( )

① 공기의 무게로 가하는 힘이다.
② 상대적으로 차가운 공기가 따뜻한 공기보다 무겁다.
③ 어떤 지역의 공기가 주위의 다른 공기보다 무거운 것을 고기압이라고 한다.
④ 어떤 지역의 공기가 주위의 다른 공기보다 가벼운 것을 저기압이라고 한다.
⑤ 고기압과 저기압 사이에서 공기는 저기압에서 고기압 쪽으로 이동한다.

14 두 지점 간의 기압 차이로 공기가 이동하는 것을 무엇이라고 합니까? ( )

① 바람
② 응결
③ 이슬
④ 물안개
⑤ 눈과 비

15 투명한 상자에 따뜻한 물과 얼음물이 든 지퍼 백을 넣고, 향을 피워 향 연기의 움직임을 관찰하였습니다. 이에 대한 설명으로 옳지 <u>않은</u> 것을 보기 에서 골라 기호를 쓰시오.

> 보기
> ㉠ 따뜻한 물 쪽이 저기압, 얼음물 쪽이 고기압이다.
> ㉡ 향 연기는 따뜻한 물 쪽에서 얼음물 쪽으로 움직인다.
> ㉢ 향 연기의 움직임은 투명 상자 속 공기의 움직임이다.

( )

16 맑은 날 낮의 바닷가에 대한 설명으로 옳은 것은 어느 것입니까? ( )

① 육지가 바다보다 온도가 낮다.
② 바람은 바다에서 육지로 분다.
③ 육지 위는 바다 위보다 기압이 높다.
④ 육지 위 공기의 온도는 바다 위 공기의 온도보다 낮다.
⑤ 같은 크기의 공간에 있는 공기의 무게를 비교했을 때 육지 위의 공기가 바다 위의 공기보다 무겁다.

17 바닷가에서 바람이 육지에서 바다로 불고 있습니다. 이때 육지와 바다의 온도와 기압을 각각 비교해 더 높은 곳에 ○표 하시오.

구분	육지	바다
온도		
기압		

18 우리나라의 여름 날씨에 영향을 주는 공기 덩어리에 대한 설명으로 옳은 것은 어느 것입니까? ( )

① 차갑고 습하다.
② 따뜻하고 습하다.
③ 따뜻하고 건조하다.
④ 육지에서 이동하여 온다.
⑤ 북서쪽에서 이동하여 온다.

19 다음은 우리나라의 계절별 날씨에 영향을 주는 공기 덩어리를 나타낸 것입니다. ㉠ 공기 덩어리의 영향을 받는 계절의 날씨로 옳은 것은 어느 것입니까? ( )

① 춥고 습하다.
② 춥고 건조하다.
③ 무덥고 건조하다.
④ 따뜻하고 습하다.
⑤ 따뜻하고 건조하다.

20 우리나라 계절별 날씨의 특징에 대한 설명으로 옳은 것은 어느 것입니까? ( )

① 봄에는 남서쪽 대륙에서 이동해 오는 따뜻하고 건조한 공기 덩어리의 영향을 받는다.
② 초여름에는 차고 건조한 공기 덩어리의 영향으로 비가 자주 내린다.
③ 여름에는 남서쪽 대륙에서 이동해 오는 공기 덩어리의 영향으로 따뜻하고 건조하다.
④ 가을에는 기온이 높고 습하며 장마가 자주 발생한다.
⑤ 겨울에는 북동쪽 대륙에서 이동해 오는 차갑고 습한 공기 덩어리의 영향을 받는다.

점수

※ 한 문항당 5점입니다.

1 습도에 대한 설명으로 옳은 것은 어느 것입니까?
( )

① 습도의 단위는 ℃이다.
② 습도는 언제나 일정하다.
③ 공기의 차고 따뜻한 정도를 말한다.
④ 공기 중에 수증기가 포함된 정도이다.
⑤ 공기 중에 수증기량이 많으면 습도가 낮다.

2 다음은 알코올 온도계 두 개를 사용하여 습도를 측정하는 장치입니다. ㉠과 ㉡ 온도계를 무엇이라고 하는지 쓰시오.

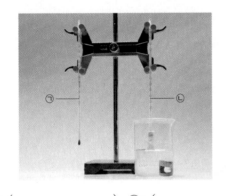

㉠: ( ), ㉡: ( )

3 다음은 습도표를 이용하여 현재 습도를 구하는 방법을 설명한 것입니다. ( ) 안에 들어갈 알맞은 말을 순서대로 짝 지은 것은 어느 것입니까?
( )

> 습도표에서 세로줄의 ( )와 가로줄의
> ( )가 만나는 지점의 숫자가 현재 습도를
> 나타낸다.

① 습구 온도, 건구 온도
② 습구 온도, (건구 온도 − 습구 온도)
③ 건구 온도, (건구 온도 − 습구 온도)
④ 습구 온도, (건구 온도 + 습구 온도)
⑤ (건구 온도 − 습구 온도), (건구 온도 + 습구 온도)

4 곰팡이가 잘 피는 날에 습도를 조절하는 방법으로 옳은 것을 보기 에서 모두 골라 기호를 쓰시오.

> **보기**
> ㉠ 제습제를 사용한다.
> ㉡ 가습기를 사용한다.
> ㉢ 마른 숯을 실내에 놓아둔다.
> ㉣ 실내에 젖은 수건을 걸어 둔다.

( )

5 이슬이 생기는 현상과 관련이 없는 것은 어느 것입니까?
( )

① 여름철 운동장에 뿌린 물방울
② 이른 아침 거미줄에 맺힌 물방울
③ 얼음을 넣은 물이 담긴 컵 표면의 물방울
④ 냉장고에서 꺼내 놓은 음료수 병에 맺힌 물방울
⑤ 추운 날, 실내에 들어 왔을 때 뿌옇게 흐려진 안경알

6 다음에서 안개는 어느 것입니까? ( )

① 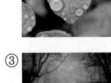   ②

③ 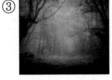   ④

7 다음은 구름, 이슬, 안개의 공통점을 설명한 것입니다. ( ) 안에 들어갈 알맞은 말을 쓰시오.

> 구름, 이슬, 안개는 모두 공기 중 수증기가
> ( )해 나타나는 현상이다.

( )

8 비에 대한 설명으로 옳은 것은 어느 것입니까?
( )

① 구름 속 물방울에서 증발이 일어난 것이다.
② 수증기가 높은 하늘에서 응결해 떠 있는 것이다.
③ 구름 속 물방울들이 커지고 무거워져 떨어지는 것이다.
④ 차가워진 나뭇가지에 수증기가 응결해 물방울이 맺힌 것이다.
⑤ 구름 속 얼음 알갱이의 크기가 커지면서 무거워져 녹지 않은 채로 떨어지는 것이다.

9 다음 ( ) 안에 들어갈 알맞은 말은 어느 것입니까? ( )

( )은/는 구름 속에서 크기가 커진 얼음 알갱이가 무거워져 떨어질 때 녹지 않은 채로 떨어지는 것이다.

① 비   ② 눈   ③ 안개
④ 황사   ⑤ 바람

10 다음 ㉠과 ㉡에 들어갈 알맞은 말을 쓰시오.

공기는 (㉠)이/가 있으며, 공기의 (㉠)(으)로 생기는 누르는 힘을 (㉡)(이)라고 한다.

㉠: (   ), ㉡: (   )

11 기압과 바람에 대한 설명으로 옳은 것을 두 가지 고르시오. (,)

① 바람은 고기압에서 저기압으로 분다.
② 공기가 많을수록 공기의 무게가 더 가볍다.
③ 바람은 기압 차로 공기가 수평으로 이동하는 것이다.
④ 상대적으로 주위보다 공기가 가벼운 것을 고기압이라고 한다.
⑤ 고기압은 공기의 온도가 높고, 저기압은 공기의 온도가 낮다.

[12~14] 다음은 따뜻한 물과 얼음물 사이에 향을 피워 향 연기의 움직임을 알아보는 실험입니다. 물음에 답하시오.

12 위 실험 결과에 대한 설명으로 옳은 것을 보기 에서 모두 고른 것은 어느 것입니까? ( )

보기
㉠ 얼음물 위의 공기가 고기압이 된다.
㉡ 따뜻한 물 위의 공기가 고기압이 된다.
㉢ 얼음물 위의 공기가 저기압이 된다.
㉣ 따뜻한 물 위의 공기가 저기압이 된다.
㉤ 따뜻한 물 위와 얼음물 위의 기압은 변화가 없다.

① ㉠, ㉢   ② ㉠, ㉣   ③ ㉡, ㉢
④ ㉡, ㉣   ⑤ ㉤

13 위 실험에서 따뜻한 물 위와 얼음물 위에서 나타나는 공기의 이동 방향으로 옳은 것을 고르시오.

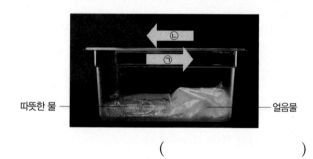

(   )

14 위 실험에서 향 연기의 움직임이 나타내는 공기의 수평적인 이동은 실제 자연에서 무엇을 나타냅니까? ( )

① 눈   ② 안개   ③ 구름
④ 바람   ⑤ 이슬

15 오른쪽 일기 예보의 모습에서 우리나라에 부는 바람의 방향을 예상하여 화살표로 그리고, 그렇게 예상한 까닭을 쓰시오.

서술형

_____

_____

16 다음 그래프는 바닷가에서 하루 동안 측정한 육지와 바다의 기온을 나타낸 것입니다. 이에 대한 설명으로 옳지 <u>않은</u> 것은 어느 것입니까? (   )

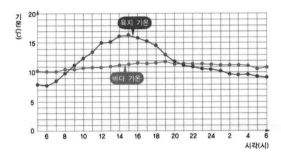

① 육지는 바다보다 빨리 데워진다.
② 낮에는 육지가 바다보다 기온이 높다.
③ 밤에는 바다가 육지보다 기온이 높다.
④ 하루에 두 번 육지와 바다의 기온이 같아진다.
⑤ 바다가 육지보다 하루 동안 기온 변화가 더 크다.

17* 해풍에 대한 설명으로 옳은 것을 두 가지 고르시오. (,   )

① 바닷가에서 밤에 부는 바람이다.
② 바다에서 육지로 부는 바람이다.
③ 육지에서 바다로 부는 바람이다.
④ 육지 위가 고기압이 되어 부는 바람이다.
⑤ 육지가 바다보다 온도가 높을 때 부는 바람이다.

18 다음에서 설명하는 <u>이것</u>은 무엇인지 쓰시오.

> 대륙이나 바다와 같이 넓은 곳을 덮고 있는 <u>이것</u>이 한 지역에 오랫동안 머물게 되면 <u>이것</u>은 그 지역의 온도나 습도와 비슷한 성질을 갖게 된다.

(   )

19* 다음은 우리나라의 계절별 날씨에 영향을 주는 공기 덩어리의 성질입니다. (   ) 안에 들어갈 알맞은 말을 옳게 짝 지은 것은 어느 것입니까?

(   )

> • 여름은 (㉠)에서 이동해 오는 (㉡) 공기 덩어리의 영향을 받는다.
> • 겨울은 (㉢)에서 이동해 오는 (㉣) 공기 덩어리의 영향을 받는다.

① ㉠ – 북서쪽 대륙
② ㉡ – 따뜻하고 습한
③ ㉢ – 남동쪽 대륙
④ ㉢ – 북서쪽 바다
⑤ ㉣ – 차갑고 습한

20 우리나라의 봄과 가을에 영향을 주는 공기 덩어리와 그 성질을 옳게 짝 지은 것은 어느 것입니까?

(   )

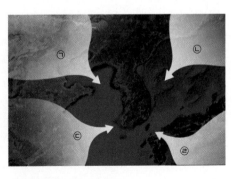

① ㉠, 따뜻하고 건조하다.
② ㉡, 차갑고 건조하다.
③ ㉢, 덥고 습하다.
④ ㉢, 따뜻하고 건조하다.
⑤ ㉣, 차갑고 습하다.

1~3

개념1　습도

- 습도가 높으면 음식이 상하기 쉽고, 빨래가 잘 마르지 않습니다. 제습기를 사용하거나 보일러를 켜서 습도를 낮출 수 있습니다.
- 습도가 낮으면 산불이 나기 쉽고, 피부가 쉽게 건조해집니다. 가습기를 사용하거나 실내에 젖은 빨래를 널어 두면 습도를 높일 수 있습니다.

▲ 음식물 부패(습도가 높을 때)　　▲ 산불 발생(습도가 낮을 때)

1
빈칸
쓰기

① 습도가 높으면 음식이 (　　　　) 쉽고, 빨래가 잘 마르지 않습니다.

② 습도가 낮으면 산불이 나기 쉽고, 피부가 쉽게 (　　　　)해집니다.

2
문장
쓰기

다음은 습도가 어떠할 때 우리 생활에 영향을 미치는 모습인지 쓰고, 이때 습도를 조절하는 방법을 쓰시오.

▲ 음식물 부패　　　▲ 빨래가 잘 마르지 않음

습도가 _____ 음식물이 상하기 쉽고,

빨래가 잘 마르지 않습니다. 습도를 _____

제습기를 사용하거나 _____ .

3
서술
완성

건조한 날씨가 계속되면 피부가 쉽게 건조해지고 산불이 나기 쉽습니다. 건조한 날씨가 계속될 때 생활 속에서 습도를 조절하는 방법을 두 가지 쓰시오.

_____

_____

4~6

개념2　이슬, 안개, 구름

- 이슬, 안개, 구름은 수증기가 물방울로 변하는 응결 현상으로 만들어집니다.
- 공기가 지표면에서 하늘로 올라가면 온도가 낮아지면서 공기 중의 수증기가 응결하여 물방울이 되거나 더 낮은 온도에서는 얼음 알갱이가 되어 하늘에 떠 있게 되는데, 이를 구름이라고 합니다.
- 이슬은 물체 표면에 맺혀 있고, 안개는 지표면 근처에 떠 있으며, 구름은 높은 하늘에 떠 있습니다.

▲ 이슬　　　　　▲ 안개

▲ 구름

4
빈칸
쓰기

① 이슬과 안개는 공기 중의 (   )이/가 응결하여 생기는 것입니다.

② 이슬, 안개, 구름은 만들어지는 (   )이/가 다릅니다.

5
문장
쓰기

이슬과 안개의 차이점을 쓰시오.

이슬은 공기 중의 수증기가 찬 물체의 표면에 닿아 _____

_____ 현상입니다. 안개는 공기 중의 수증기가 _____

_____ .

6
서술
완성

이슬, 안개, 구름이 만들어지는 곳을 쓰시오.

_____

_____

_____

7~9

개념3 **우리나라 계절별 날씨의 특징**

• 공기 덩어리가 그 지역에 오랫동안 머물게 되면 공기 덩어리는 그 지역의 온도나 습도와 비슷한 성질을 가지게 됩니다.

• 우리나라에 영향을 주는 공기 덩어리와 계절별 날씨의 특징

7
빈칸
쓰기

① 우리나라의 날씨가 계절별로 서로 다른 것은 계절에 따라 성질이 다른 (   )의 영향을 받기 때문입니다.

② 따뜻하고 습한 공기 덩어리의 영향을 받는 계절은 (   )입니다.

8
문장
쓰기

대륙과 바다에서 이동해 오는 공기 덩어리의 성질과 북쪽과 남쪽에서 이동해 오는 공기 덩어리의 성질을 각각 비교하여 쓰시오.

대륙에서 이동해 오는 공기 덩어리는 _____ ,

바다에서 이동해 오는 공기 덩어리는 _____ .

북쪽에서 이동해 오는 공기 덩어리는 _____ ,

남쪽에서 이동해 오는 공기 덩어리는 _____ .

9
서술
완성

다음은 우리나라에 영향을 주는 공기 덩어리의 성질을 나타낸 것입니다. (가)~(다) 중에서 봄에 영향을 주는 공기 덩어리를 골라 기호를 쓰고, 공기 덩어리의 성질과 관련지어 봄의 날씨를 쓰시오.

공기 덩어리	온도	습도
(가)	차갑다.	건조하다.
(나)	따뜻하다.	건조하다.
(다)	덥다.	습하다.

_____

_____

_____

1 다음은 어머니와 태경이가 나눈 대화입니다. 물음에 답하시오. [12점]

> **태경:** 엄마, 어제부터 목이 아프고 콧물이 나요. 감기에 걸린 것 같아요.
> **어머니:** 며칠 째 습도가 (   )은 날씨가 계속 되더니 그런가 보다.

(1) 위에서 (   ) 안에 들어갈 알맞은 말을 쓰시오. [2점]

(   )

(2) 위 (1)의 답과 같은 날일 때 습도를 조절할 수 있는 방법을 두 가지 쓰시오. [10점]

_____

_____

2 다음 구름이 만들어지는 과정을 보기 의 낱말을 모두 사용하여 쓰시오. [8점]

> **보기**
> 수증기   물방울   얼음 알갱이   온도   응결

_____

_____

3 다음 실험과 관련된 자연 현상과 해당 자연 현상이 일어나는 과정을 실험 결과와 관련지어 쓰시오. [12점]

> ㉠ 잘게 부순 얼음과 찬물을 둥근바닥 플라스크에 절반 정도 넣고 겉면을 마른 수건으로 닦는다.
> ㉡ 비커에 뜨거운 물을 절반 정도 넣는다.
> ㉢ 스탠드에 비커를 놓고, 둥근바닥 플라스크를 비커 위에서 약간 떨어뜨려 고정한다.
> ㉣ 둥근바닥 플라스크 아랫면에 어떤 변화가 생기는지 관찰한다.

(1) 자연 현상 [2점]

(   )

(2) 일어나는 과정 [10점]

_____

_____

4 다음에 나타난 자연 현상을 무엇이라고 하는지 쓰고, 이 자연 현상이 일어나는 과정을 쓰시오. [8점]

_____

_____

5 다음과 같이 플라스틱 통에 차가운 공기와 따뜻한 공기를 각각 넣고 무게를 측정하였습니다. 물음에 답하시오. [12점]

 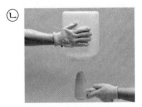

▲ 차가운 공기　　　　▲ 따뜻한 공기

(1) 위 실험 결과 두 플라스틱 통 중 더 무거운 것의 기호를 쓰고, 그 까닭을 쓰시오. [10점]

_____

_____

(2) 위 ㉠과 ㉡에 해당하는 기압을 고기압과 저기압으로 구분하시오. [2점]

㉠: (　　　　　　　), ㉡: (　　　　　　　)

6 다음은 따뜻한 물과 얼음물 사이에 향을 피워 향 연기의 움직임을 화살표로 나타낸 것입니다. 투명한 상자 속에서 향 연기가 화살표 방향으로 움직이는 까닭을 기압과 관련지어 쓰시오. [8점]

따뜻한 물　　　　　　　　얼음물

_____

7 다음은 바닷가에서 낮과 밤의 모습입니다. 물음에 답하시오. [12점]

(1) 위 바닷가에서 낮과 밤에 부는 바람의 방향을 (　　) 안에 화살표로 나타내시오. [2점]

• 낮 : 육지 (　　　　　　　) 바다

• 밤 : 육지 (　　　　　　　) 바다

(2) 낮과 밤에 바닷가에서 부는 바람의 방향이 바뀌는 까닭을 온도와 기압과 관련지어 쓰시오. [10점]

_____

_____

8 다음은 우리나라의 계절별 날씨에 영향을 주는 공기 덩어리의 모습입니다. 물음에 답하시오. [12점]

(1) 위에서 여름에 우리나라로 이동해 오는 공기 덩어리의 기호를 쓰시오. [2점]

(　　　　　　　　　　)

(2) 우리나라의 여름 날씨의 특징을 위 (1)의 답에 해당하는 공기 덩어리의 성질과 관련지어 쓰시오.

[10점]

_____

3 날씨와 우리 생활

과제명	이슬과 안개가 만들어지는 과정 알아보기	배점	20점
성취 목표	이슬과 안개가 만들어지는 과정을 알고, 이슬과 안개의 공통점과 차이점을 설명할 수 있다.		

1~3 다음 실험을 보고, 물음에 답하시오.

[실험 1]
㉠ 집기병에 물과 조각 얼음을 $\frac{2}{3}$ 정도 넣는다.
㉡ 집기병 표면을 마른 수건으로 닦은 뒤, 집기병 표면에서 나타나는 변화를 관찰한다.

[실험 2]
㉠ 조각 얼음을 페트리 접시에 담는다.
㉡ 집기병에 따뜻한 물을 가득 넣어 집기병 안을 데운 뒤에 물을 버린다.
㉢ 향에 불을 붙이고 집기병에 향을 넣었다가 뺀다.
㉣ 조각 얼음이 담긴 페트리 접시를 집기병 위에 올려놓고, 집기병 안에서 나타나는 변화를 관찰한다.

1 위 [실험 1]의 집기병 표면과 [실험 2]의 집기병 안에서 나타나는 변화를 각각 쓰시오. [6점]

(1) [실험 1] 집기병 표면: _____

(2) [실험 2] 집기병 안: _____

2 [실험 1]과 [실험 2]에서 나타나는 변화와 비슷한 자연 현상을 선으로 연결하시오. [2점]

(1) [실험 1] 집기병 표면 •   • 안개

(2) [실험 2] 집기병 안   •   • 이슬

3 이슬과 안개의 공통점과 차이점을 쓰시오. [6점]

(1) 공통점: _____

(2) 차이점: _____

4 우리 생활에서 차가운 물체 표면에 수증기가 응결해 물방울로 맺히는 현상에는 무엇이 있는지 두 가지 쓰시오. [6점]

_____

_____

수행 평가

3 날씨와 우리 생활

과제명	기온에 따른 공기의 무게 비교하기	배점	20점
성취 목표	기온에 따른 공기의 무게를 비교하고 고기압과 저기압이 무엇인지 설명할 수 있다.		

1~3 다음 실험을 읽고, 물음에 답하시오.

① 플라스틱 통을 세우고, 머리말리개로 차가운 공기를 약 20초 동안 넣은 뒤 뚜껑을 닫는다. 그리고 플라스틱 통의 무게를 전자저울로 측정한다.

② 플라스틱 통을 뒤집고, 머리말리개로 따뜻한 공기를 약 20초 동안 넣은 뒤, 통을 뒤집은 채로 뚜껑을 닫는다. 그리고 플라스틱 통의 무게를 전자저울로 측정한다.

③ 차가운 공기와 따뜻한 공기의 무게를 서로 비교한다.

 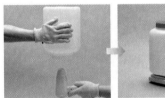

▲ 차가운 공기를 넣고 무게 측정하기　　　　　▲ 따뜻한 공기를 넣고 무게 측정하기

1 위 실험 결과 두 플라스틱 통의 무게를 서로 비교하여 쓰시오. [6점]

_____

_____

2 위 1의 답과 같이 나오는 까닭을 쓰시오. [7점]

_____

_____

3 위 실험 결과로 알 수 있는 공기의 무게와 기압의 관계를 쓰시오. [7점]

_____

_____

3 날씨와 우리 생활

과제명	바람이 부는 방향 알아보기	배점	20점
성취 목표	기압과 관련지어 바람이 부는 까닭을 설명할 수 있다.		

1~4 다음은 투명한 상자에 따뜻한 물이 든 지퍼 백과 얼음물이 든 지퍼 백을 넣고 향을 피워 향 연기의 움직임을 관찰하는 실험입니다. 물음에 답하시오.

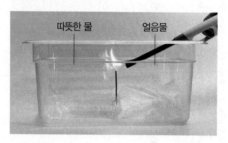

1 위 실험에서 향 연기의 움직임이 나타내는 것은 무엇인지 쓰시오. [4점]

_____

_____

2 투명한 상자 속 향 연기의 움직임을 그림의 빈칸에 화살표로 나타내고, 그렇게 움직이는 까닭을 쓰시오. [7점]

_____

_____

3 향 연기의 움직임은 실제 자연 현상에서 무엇에 해당하는지 쓰시오. [2점]

(   )

4 위 실험을 통해 알 수 있는 하루 동안 바닷가에서 부는 바람의 방향에 대해 쓰시오. [7점]

(1) 낮: _____

(2) 밤: _____

4

물체의 운동

1 물체의 운동 나타내기

1 물체의 운동을 나타내는 방법 +1

(1) °물체가 운동한다는 것의 의미: 시간이 지남에 따라 물체의 위치가 변할 때 물체가 운동한다고 합니다.

(2) 운동하지 않은 물체: 시간이 지나도 물체의 위치가 변하지 않은 물체입니다.

(3) 물체의 운동을 나타내는 방법: 물체가 이동하는 데 걸린 시간과 이동 거리로 나타냅니다.

예 2초 동안 4 m를 이동한 자전거의 운동 나타내기

> 자전거는 1초 동안 2 m를 이동했다.

2 운동한 물체와 운동하지 않은 물체

- **운동한 물체의 공통점**
  운동하지 않은 물체는 위치가 변하지 않지만, 운동한 물체는 위치가 변했습니다.

- **운동한 물체와 운동하지 않은 물체 구별하기**
  - 운동한 물체: 승강기, 구름, 걷는 사람, 하늘을 나는 비둘기, 떨어지는 낙엽, 공을 차는 아이, 국기 게양대에서 내려지고 있는 국기, 달리는 자동차, 하늘을 나는 비행기, 달리는 육상 선수 등
  - 운동하지 않은 물체: 교문, 육교, 건물, 버스 정류장, 가로수, 가로등, 동상, 연못, 국기 게양대, 음수대, 주차된 자동차, 탑승객이 내리고 있는 비행기, 출발 신호를 기다리는 육상 선수 등

(1) °운동한 물체와 운동하지 않은 물체 찾아보기

같은 물체라도 시간에 따라 위치가 바뀌었는지 아닌지에 따라 운동한 물체가 되거나 운동하지 않은 물체가 될 수 있습니다.

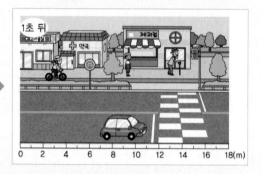

운동한 물체	운동하지 않은 물체
자동차, 자전거, 할아버지	남자아이, 나무, 신호등, 도로 표지판, 건물

(2) 물체의 운동을 걸린 시간과 이동 거리로 나타내기: 자전거는 1초 동안 2 m를 이동했고, 자동차는 1초 동안 7 m를 이동했고, 할아버지는 1초 동안 1 m를 이동했습니다.

물체가 이동한 거리를 측정할 때에는 앞쪽 끝부분을 기준으로 표시된 거리를 활용하면 편리합니다.

▲ 국기 게양대에서 내려지고 있는 국기(운동하는 물체)

▲ 국기 게양대(운동하지 않은 물체)

3 우리 주변에 있는 여러 가지 물체의 운동 나타내기

(1) 우리 주변에 있는 운동한 물체와 운동하지 않은 물체

시간이 지나도 위치가 변하지 않은 물체

운동한 물체	운동하지 않은 물체
하늘을 나는 비둘기, 하늘을 나는 비행기, 걷는 사람, 헤엄 치는 수영 선수 등	건물, 동상, 연못, 국기 게양대, 출발 신호를 기다리는 수영 선수 등

▲ 하늘을 나는 비둘기

▲ 동상

(2) 집에서 버스 정류장까지 이동하는 동안의 나의 운동 나타내기

① 집에서 버스 정류장까지 2분 동안 200 m를 이동했습니다.

② 집에서 버스 정류장까지의 거리가 200 m인데 걸어서 5분이 걸렸습니다.

+1 시간에 따라 위치가 변한 물체(○)와 시간에 따라 위치가 변하지 않은 물체(△) 찾기

처음

1초 뒤

핵심 개념 정리

- 시간이 지남에 따라 물체의 위치가 변할 때 물체가 운동한다고 합니다.
- 달리는 자동차, 달리는 자전거, 걸어가는 할아버지는 운동하는 물체입니다.
- 나무, 신호등, 도로 표지판은 운동하지 않은 물체입니다.
- 물체의 운동은 물체가 이동하는 데 걸린 시간과 이동 거리로 나타냅니다.

나는 위치가 변하지 않아.

나는 위치가 변하니 운동하는 물체이지.

1 물체가 운동할 때 시간이 지남에 따라 변하는 것은 어느 것입니까? (   )

① 무게   ② 위치
③ 길이   ④ 모양
⑤ 색깔

2 다음 거리의 모습에서 1초 동안에 운동한 물체를 보기 에서 모두 골라 쓰시오.

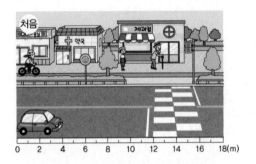

처음

1초 뒤

보기
약국, 자전거, 나무, 자동차, 남자아이, 할아버지, 도로 표지판

(   )

3 물체의 운동을 나타낸 것으로 옳지 <u>않은</u> 것은 어느 것입니까? (   )

① 자전거는 1초 동안 2 m를 이동했다.
② 자동차는 1초 동안 7 m를 이동했다.
③ 수현이는 학교까지 10 m를 이동했다.
④ 기차는 2시간 동안 250 km를 이동했다.
⑤ 육상 선수는 2시간 동안 40 km를 달렸다.

2 여러 가지 물체의 운동

1 여러 가지 물체의 운동 비교하기

(1) 여러 가지 물체의 *빠르기 비교하기

① 치타가 펭귄보다 빠르고, 펭귄은 치타보다 느립니다.

② 비행기는 컬링 스톤보다 빠르고, 컬링 스톤은 비행기보다 느립니다.

(2) 여러 가지 물체의 운동을 관찰한 후 빠르기가 변하는 운동과 빠르기가 일정한 운동으로 분류해 보기

▲ 배드민턴공　　　▲ 비행기　　　▲ 스키장 승강기　　　▲ 자동길

▲ 치타　　　▲ 컬링 스톤　　　▲ 케이블카　　　▲ 펭귄

빠르기가 변하는 운동을 하는 물체	빠르기가 일정한 운동을 하는 물체
배드민턴공, 비행기, 치타, 컬링 스톤, 펭귄	스키장 승강기, 자동길, 케이블카

└ 운동하는 동안 빠르기가 점점 빨라지거나 점점 느려집니다.

└ 물체의 위치가 변할 때 일정한 간격으로 변합니다.

2 운동하는 물체의 빠르기

(1) 물체의 빠르기가 변한다는 뜻

① 물체가 운동하는 동안 점점 빨라지면 빠르기가 변합니다.

② 물체가 운동하는 동안 점점 느려지면 빠르기가 변합니다.

③ 멈추어 있다가 움직이거나 움직이다가 멈추는 물체는 빠르기가 변합니다.

④ 물체가 운동하는 동안 빠르기가 빨라지거나 느려진다는 뜻입니다.

(2) *빠르기가 변하는 운동을 하는 물체와 일정한 운동을 하는 물체 관찰하기

바이킹	위로 올라갈 때에는 점점 느리게 운동하다가 최고 높이에서 잠시 멈추고 아래로 내려올 때에는 점점 빠르게 운동한다.
범퍼카	출발하면서 점점 빨라졌다가 다른 차와 부딪치면서 느려진다.
비행기	이륙할 때 점점 빨라지면서 하늘로 날아간다.
롤러코스터	내리막길에서는 점점 빨라지고, 오르막길에서 점점 느려진다.
*자동계단	빠르기가 *일정한 운동을 한다.

우리 생활에서 빠르게 운동하는 물체와 느리게 운동하는 물체
1초에 약 0.1 cm를 이동합니다.
• 로켓은 달팽이보다 빠르게 운동하고, 달팽이는 로켓보다 느리게 운동합니다.
• 자동차는 자전거보다 빠르게 운동하고, 자전거는 자동차보다 느리게 운동합니다.

놀이공원에서 운동하는 물체
• 레일 바이크는 발판을 빠르게 돌리면 빠르게 운동하고, 발판을 느리게 돌리면 느리게 운동합니다.
• 회전목마는 빠르기가 일정한 운동을 합니다.

자동계단의 운동
자동계단은 위층이나 아래층으로 이동하는 동안 빠르기가 일정한 운동을 합니다.

• 일정
어떤 것의 양, 성질, 상태, 계획 등이 달라지지 아니하고 한결같음.

+1 빠르기가 일정한 운동의 예와 변하는 운동의 예

▲ 빠르기가 일정한 운동을 하는 달　간격이 일정합니다.

▲ 빠르기가 변하는 운동을 하는 새　간격이 점점
　　　　　　　　　　　　　　　　　　줄어듭니다.

핵심 개념 정리

· 물체의 빠르기가 변한다는 것은 물체가 점점 느려지는 것, 물체
가 점점 빨라지는 것, 물체가 빨라지거나 느려지는 것을 뜻합
니다.

· 우리 생활에는 빠르게 운동하는 물체와 느리게 운동하는 물체가
있습니다.

· 롤러코스터는 내리막길에서 점점 빨라지고 오르막길에서 점점
느려집니다.

· 자동계단이나 회전목마는 빠르기가 일정한 운동을 합니다.

바르게 운동하는
물체이지.

느~~~리~~게
운동하는 물체야.

1 다음 두 물체의 빠르기를 비교하여 (　　) 안에 >, =,
<를 쓰시오.

(1)

(　　　　)

▲ 비행기　　　　　　　　　　　　　▲ 컬링 스톤

(2)

(　　　　)

▲ 자전거　　　　　　　　　　　　　▲ 자동차

2 빠르기가 일정한 운동을 하는 물체는 어느 것입니까?
(　　　　)

① 치타　　　　　　　　② 펭귄
③ 비행기　　　　　　　④ 자동계단
⑤ 컬링 스톤

3 물체의 운동에 대한 설명으로 옳은 것은 어느 것입니까?
(　　　　)

① 물체의 빠르기는 조절할 수가 없다.
② 컬링 스톤은 빠르기가 일정한 운동을 한다.
③ 배드민턴공은 빠르기가 변하는 운동을 한다.
④ 치타는 하늘을 나는 비행기보다 빠르게 운동한다.
⑤ 우리 생활에서 모든 물체는 점점 빨라지거나 점점 느려
지는 운동만 한다.

3 같은 거리를 이동한 물체의 빠르기 비교하기

1 같은 거리를 이동한 물체의 빠르기 비교하기

탐구 과정	① 운동장에 50 m 경주로를 그리고 출발 신호에 따라 모둠별로 달리기를 합니다. ② 각 모둠에서 결승선에 가장 먼저 도착한 친구가 달리는 데 걸린 시간을 기록해 봅시다. ③ 가장 빠르게 달린 친구를 어떻게 알 수 있는지 이야기해 봅시다. 

탐구 결과

① 각 모둠에서 결승선에 가장 먼저 도착한 친구가 달리는 데 걸린 시간

모둠	이름	시간	모둠	이름	시간
1	정원	8초 55	2	연희	9초 34
3	경희	8초 43	4	정현	9초 54
5	성은	9초 12	6	정민	8초 77

② 가장 빠르게 달린 친구를 알 수 있는 방법: 결승선까지 달리는 데 가장 짧은 시간이 걸린 친구가 가장 빠릅니다. — 경희>정원>정민>성은>연희>정현 의 순서로 빠릅니다.

알 수 있는 사실	같은 거리를 이동하는 데 짧은 시간이 걸린 물체가 긴 시간이 걸린 물체보다 더 빠릅니다.

물체의 빠르기는 같은 거리를 이동하는 데 걸린 시간을 비교하여 설명합니다. 예를 들어 100 m 달리기에서 결승선에 먼저 도착한 친구가 가장 빠르다고 말합니다. 왜냐하면 같은 거리를 이동하는 시간이 가장 짧았기 때문입니다.

2 °같은 거리를 이동한 물체의 빠르기를 비교하는 방법 +1

(1) 같은 거리를 이동한 물체의 빠르기는 물체가 이동하는 데 걸린 시간으로 비교할 수 있습니다.

(2) 같은 거리를 이동하는 데 시간이 짧게 걸린 물체가 시간이 길게 걸린 물체보다 더 빠릅니다.

(3) **같은 거리를 이동하는 데 걸린 시간을 측정해 빠르기를 비교하는 운동 경기:** 마라톤, °수영 경기, 쇼트 트랙, 알파인 스키, 100 m 달리기, 사이클 경기, 카약, 카누, 자동차 경주 등

▲ 알파인 스키

▲ 사이클 경기

▲ 카약

• **400m 달리기 경기에서 결승선의 위치는 같지만 출발선의 위치가 선수마다 다른 까닭**

곡선 구간에서는 바깥쪽에 위치할수록 레인의 길이가 길어서 맨 앞에서 출발하며, 안쪽에 위치할수록 레인의 길이가 짧아 맨 뒤에서 출발해야 모든 선수가 같은 거리를 달릴 수 있기 때문입니다.

• **수영 경기에서 가장 빠른 선수를 정하는 방법**

선수들이 같은 출발선에서 동시에 출발했다면 결승선까지 이동하는 데 가장 짧은 시간이 걸린 선수가 가장 빠릅니다.

+1 같은 거리를 이동한 장난감 자동차의 빠르기 비교하기

① 색 테이프로 출발선과 결승선을 표시한 후 장난감 자동차를 출발선에 놓고 신호에 맞춰 동시에 출발시킵니다.

② 출발선에서 결승선까지 걸린 시간을 측정합니다.

이름	민수	수지	경일	인경
걸린 시간	10초	9초	7초	8초

③ 걸린 시간 측정 결과 경일의 장난감 자동차가 결승선까지 오는 데 걸린 시간이 가장 짧습니다.

④ 걸린 시간이 가장 짧은 경일의 장난감 자동차가 가장 **빠릅니다.**

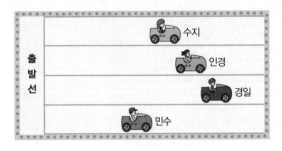

1~2 다음은 모둠별로 50 m 달리기를 하여 각 모둠에서 결승선에 가장 먼저 도착한 친구가 달리는 데 걸린 시간을 나타낸 것입니다. 물음에 답하시오.

모둠	이름	시간	모둠	이름	시간
1	정원	8초 55	2	연희	9초 34
3	경희	8초 43	4	정현	9초 54
5	성은	9초 12	6	정민	8초 77

1 위에서 결승선까지 달리는 데 가장 긴 시간이 걸린 친구와 가장 짧은 시간이 걸린 친구의 이름을 각각 쓰시오.

(1) 가장 긴 시간이 걸린 친구: (   )

(2) 가장 짧은 시간이 걸린 친구: (   )

2 위 50 m 달리기에서 가장 빠르게 달린 친구의 이름을 쓰시오.

(   )

3 같은 거리를 이동하는 데 걸린 시간을 측정해 빠르기를 비교하는 운동 경기가 <u>아닌</u> 것은 어느 것입니까?

(   )

① ▲ 쇼트 트랙

② ▲ 조정

③ ▲ 100 m 달리기

④ ▲ 농구

⑤ ▲ 마라톤

 **핵심 개념 정리**

· 같은 거리를 이동한 물체의 빠르기는 물체가 이동하는 데 걸린 시간으로 비교합니다.

· 같은 거리를 이동하는 데 짧은 시간이 걸린 물체가 긴 시간이 걸린 물체보다 빠릅니다.

· 같은 거리를 이동하는 데 걸린 시간을 측정해 빠르기를 비교하는 운동 경기에는 수영, 조정, 마라톤, 쇼트 트랙, 100 m 달리기 등이 있습니다.

먼저 도착한 사람이 더 빨라.

4 같은 시간 동안 이동한 물체의 빠르기 비교하기

1 같은 시간 동안 이동한 물체의 빠르기 비교하기

탐구 과정	① 장난감 자동차를 출발선에 놓고, 출발 신호에 맞춰 부채질하면서 장난감 자동차를 출발시킨다. ② 10초일 때 장난감 자동차의 위치에 붙임쪽지를 붙인다. ③ 출발선에서 붙임쪽지까지의 거리를 줄자로 측정한다.  초시계 붙임쪽지 줄자
탐구 결과	① 10초 동안 장난감 자동차가 이동한 거리 | 이름 | 민수 | 수지 | 경일 | 인경 | |---|---|---|---|---| | 이동한 거리 | 135 cm | 146 cm | 128 cm | 109 cm | ② 가장 빠른 장난감 자동차: 10초 동안 이동한 거리가 가장 긴 수지가 만든 장난감 자동차가 가장 빠르다.
알 수 있는 사실	같은 시간 동안 운동한 물체의 빠르기는 이동한 거리가 길수록 더 빠르다.

같은 시간 동안 출발선으로부터 멀리 놓여 있을수록 이동한 거리가 긴 것이므로 빠른 장난감 자동차입니다.

탐구 결과 표

이름	민수	수지	경일	인경
이동한 거리	135 cm	146 cm	128 cm	109 cm

2 같은 시간 동안 이동한 물체의 빠르기를 비교하는 방법 +1

(1) 같은 시간 동안 이동한 물체의 빠르기는 물체가 이동한 거리로 비교할 수 있습니다.

(2) 같은 시간 동안 긴 거리를 이동한 물체가 짧은 거리를 이동한 물체보다 더 빠릅니다.

(3) 1시간 동안 여러 교통수단이 이동한 거리 비교하기

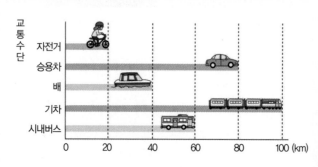

1시간 동안 시내버스는 60 km를 이동하고, 기차는 100 km를 이동합니다.

▲ 1시간 동안 여러 교통수단이 이동한 거리

① 1시간 동안 여러 교통수단이 이동한 거리를 나타낸 그래프를 보면 막대가 길수록 빠르다는 것을 알 수 있습니다.

② 그래프에서 1시간 동안 100 km를 이동한 기차가 같은 시간 동안 60 km를 이동한 시내버스보다 더 빠르다고 할 수 있습니다.

• 이동 거리가 다른 자동차와 기차

서울

• 민준이와 시안이는 자동차와 기차를 타고 동시에 서울을 출발했습니다. 두 시간 뒤 민준이와 시안이는 각각 다른 장소에 도착했습니다.

• 자동차와 기차 중 더 빠르게 운동한 물체는 기차입니다.

• 같은 시간 동안 이동한 거리로 빠르기를 비교하는 운동

스피드 스케이팅의 경기 종목 중 하나인 팀 추월 경기는 두 팀이 서로 상대방의 뒤를 쫓는 경기입니다. 개인이나 각 3 명으로 구성된 두 팀이 경주로의 반대편에서 동시에 출발해 상대 팀을 추월하면 승리하는 경기입니다. 즉, 같은 시간 동안 더 먼 거리를 이동한 팀이 승리합니다.

+1 1초 동안 여러 동물이 이동한 거리 비교하기

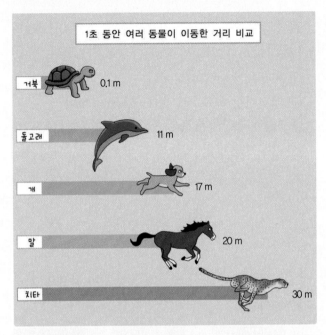

1초 동안 여러 동물이 이동한 거리를 나타낸 그래프를 보면 막대가 길수록 빠르다는 것을 알 수 있습니다. 그래프에서 1초 동안 30 m를 이동한 치타가 같은 시간 동안 20 m를 이동한 말보다 더 빠르다고 할 수 있습니다.

1~2 다음은 세 가지 종이 자동차가 2초 동안 이동한 거리를 나타낸 것입니다. 물음에 답하시오.

구분	이동 거리(cm)
빨간색 종이 자동차	98
파란색 종이 자동차	90
초록색 종이 자동차	88

1 위 표에서 2초 동안 가장 긴 거리를 이동한 종이 자동차와 가장 짧은 거리를 이동한 종이 자동차를 각각 쓰시오.

(1) 가장 긴 거리를 이동한 종이 자동차:

(   )

(2) 가장 짧은 거리를 이동한 종이 자동차:

(   )

2 위 표에서 가장 빠른 종이 자동차를 쓰시오.

(   )

🎓 **핵심 개념 정리**

• 같은 시간 동안 이동한 물체의 빠르기는 물체가 이동한 거리로 비교합니다.

• 같은 시간 동안 긴 거리를 이동한 물체가 짧은 거리를 이동한 물체보다 빠릅니다.

3 같은 시간 동안 이동한 물체의 빠르기는 무엇으로 비교합니까? (   )

① 물체의 무게로 비교한다.

② 출발한 순서로 비교한다.

③ 물체의 크기로 비교한다.

④ 물체가 이동한 거리로 비교한다.

⑤ 이동하는 데 걸린 시간으로 비교한다.

1 물체가 운동한다는 것의 의미에 대한 설명으로 옳은 것은 어느 것입니까? ( )

① 시간에 따라 물체의 위치가 변한다.
② 시간에 따라 물체의 위치가 변하지 않는다.
③ 시간에 따라 물체의 상태가 변한다.
④ 시간에 따라 물체의 상태가 변하지 않는다.
⑤ 시간에 따라 물체의 위치와 상태가 변한다.

2 다음 그림의 강아지, 여자, 남자, 자동차 중 2초 동안 운동하지 <u>않은</u> 물체를 쓰시오.

( )

3 운동하는 물체가 <u>아닌</u> 것은 어느 것입니까?
( )

① 버스 정류장
② 떨어지는 낙엽
③ 걷는 할아버지
④ 달리는 육상 선수
⑤ 하늘을 나는 비행기

4 물체의 운동을 나타낸 것으로 옳은 것은 어느 것입니까? ( )

① 지우는 2 m를 이동했다.
② 태경이는 동쪽으로 100 m를 이동했다.
③ 자동차는 1시간 동안 80 km를 이동했다.
④ 자전거를 타고 30분 동안 공원을 돌아다녔다.
⑤ 현준이는 집에서 학교까지 가는 데 10분이 걸렸다.

5 다음 물체에서 가장 빠르게 운동하는 물체의 기호를 쓰시오.

ⓐ ▲ 로켓   ⓑ ▲ 달팽이   ⓒ ▲ 컬링 스톤

( )

6 빠르기가 변하는 운동을 하는 물체로 옳은 것은 어느 것입니까? ( )

① ▲ 자동길   ② ▲ 배드민턴공

③ ▲ 회전목마   ④ ▲ 자동계단

⑤ ▲ 케이블카

7~8 다음은 50 m 달리기를 하는 모습입니다. 물음에 답하시오.

7 위 달리기에서 가장 빠른 친구의 이름을 쓰시오.

( )

8 문제 **7**의 답과 같이 생각한 까닭으로 옳은 것은 어느 것입니까? ( )

① 같은 시간 동안에 이동한 거리가 같기 때문이다.
② 같은 시간 동안에 가장 긴 거리를 이동했기 때문이다.
③ 같은 시간 동안에 가장 짧은 거리를 이동했기 때문이다.
④ 같은 거리를 이동하는 데 걸린 시간이 가장 짧기 때문이다.
⑤ 같은 거리를 이동하는 데 걸린 시간이 가장 길기 때문이다.

9 같은 거리를 이동하는 데 걸린 시간을 측정해 빠르기를 비교하는 운동 경기는 어느 것입니까?

( )

① 야구
② 씨름
③ 수영
④ 태권도
⑤ 테니스

10 다음은 여러 동물들이 5분 동안 이동한 거리입니다. 가장 빠른 동물은 어느 것입니까? ( )

① 개: 5 km
② 여우: 6 km
③ 치타: 10 km
④ 타조: 8 km
⑤ 고양이: 4 km

11 다음은 4초 동안 종이 자동차가 이동한 거리를 나타낸 표입니다. 이에 대한 설명으로 옳지 <u>않은</u> 것은 어느 것입니까? ( )

구분	민준이가 만든 자동차	서현이가 만든 자동차	시안이가 만든 자동차
이동 거리(cm)	120	80	60

① 민준이가 만든 자동차가 가장 빠르다.
② 시안이가 만든 자동차가 가장 느리다.
③ 같은 시간 동안에 긴 거리를 이동할수록 빠르다.
④ 민준이가 만든 자동차>서현이가 만든 자동차>시안이가 만든 자동차 순으로 빠르다.
⑤ 서현이가 만든 자동차는 민준이가 만든 자동차보다 빠르고, 시안이가 만든 자동차보다 느리다.

12 다음은 1시간 동안 여러 교통수단이 이동한 거리를 나타낸 그래프입니다. 시내버스보다 빠른 교통수단을 모두 찾아 쓰시오.

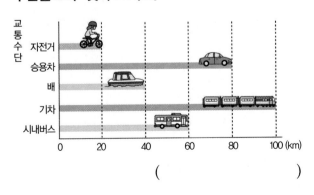

( )

5 물체의 빠르기를 속력으로 나타내기

1 물체의 ˚속력 +1

(1) 물체가 이동하는 데 걸린 시간과 이동 거리가 모두 다른 물체의 빠르기는 속력으로 나타내 비교합니다.

(2) **속력의 뜻**: 1초, 1분, 1시간 등과 같은 단위 시간 동안 물체가 이동한 거리

(3) **속력을 구하는 방법**: 물체가 이동한 거리를 걸린 시간으로 나누어 구합니다.

(4) **속력의 의미와 읽는 방법** 걸린 시간의 단위에는 시간(h)이나 초(s) 등이 있고, 속력의 단위에는 km/h, m/s 등이 있습니다.

구분	3시간 동안 240 km를 이동한 자동차	1초 동안 13 m를 이동한 바람
속력 구하기	(자동차의 속력) = (이동 거리) ÷ (걸린 시간) = 240 km ÷ 3 h = 80 km/h	(바람의 속력) = (이동 거리) ÷ (걸린 시간) = 13 m ÷ 1 s = 13 m/s
속력의 의미	80 km/h는 1시간 동안 80 km를 이동한 물체의 속력	13 m/s는 1초 동안에 13 m를 이동한 물체의 속력
읽는 방법	'팔십 킬로미터 매 시' 또는 '시속 팔십 킬로미터'	'십삼 미터 매 초' 또는 '초속 십삼 미터'

(5) **속력이 빠르다는 뜻**: 같은 시간 동안 더 긴 거리를 이동한다는 뜻이며, 같은 거리를 이동하는 데 더 짧은 시간이 걸린다는 뜻입니다. 단위가 같은 경우 속력이 클수록 물체가 더 빠릅니다.

2 여러 가지 물체의 속력 알아보기 +2 +3

(1) 그림에서 ˚교통수단 두 가지를 골라 속력 비교해 보기

- **˚속력 표시를 볼 수 있는 예**
교통수단의 빠르기, 야구 공의 빠르기, 바람의 빠르기, 어린이 보호 구역의 자동차 속력 등

- **교통수단의 속력 비교해 보기**
  - 배의 속력은 40 km/h이고, 자전거의 속력은 18 km/h이므로 배가 더 빠릅니다.
  - 달리는 사람의 속력은 10 km/h이고, 강아지의 속력은 4 km/h이므로 달리는 사람이 더 빠릅니다.

① 기차의 속력은 140 km/h이고, 헬리콥터의 속력은 250 km/h로 헬리콥터가 기차보다 더 빠릅니다.

② 승용차의 속력은 80 km/h이고, 버스의 속력은 60 km/h로 승용차가 버스보다 더 빠릅니다.

(2) **일기 예보 중 속력을 사용한 예**: 오전 9시에 바람이 8 m/s 속력으로 불겠습니다.

+1 여러 가지 운동 경기에서 물체의 빠르기를 속력으로 나타낸 예

• 야구 경기에서 투수가 던진 공의 속력이 150 km/h였습니다.

• 양궁 화살의 속력은 240 km/h입니다.

• 테니스 경기에서 선수가 서브를 넣으면 화면에 공의 속력이 200 km/h라고 나타납니다.

+2 여러 가지 동물의 빠르기를 속력으로 나타낸 예

• 치타의 속력은 120 km/h입니다.

• 제비의 비행 속력은 100 km/h입니다.

• 말은 67 km/h로 달립니다.

• 톰슨가젤의 속력은 80 km/h입니다.

+3 우리 생활에서 물체의 빠르기를 속력으로 나타낸 예

• 빛의 속력은 약 300000 km/s입니다.

• 태풍은 중심 부근 최대 풍속이 17.2 m/s 이상입니다.

• 소리의 속력은 340 m/s입니다.

핵심 개념 정리

• 물체가 이동하는 데 걸린 시간과 이동 거리가 모두 다른 물체의 빠르기는 속력으로 나타내 비교합니다.

• 속력은 단위 시간 동안 물체가 이동한 거리를 말합니다.

• 속력은 이동 거리를 걸린 시간으로 나누어 구합니다.

• 속력의 단위에는 km/h, m/s 등이 있습니다.

• 단위가 같은 경우, 속력이 큰 물체가 더 빠릅니다.

1 다음은 속력을 구하는 방법을 나타낸 것입니다. ㉠과 ㉡에 들어갈 알맞은 말을 쓰시오.

$$(속력) = (\quad ㉠ \quad) ÷ (\quad ㉡ \quad)$$

㉠: (   ), ㉡: (   )

2 다음 두 물체의 빠르기를 비교하여 ( ) 안에 >, <를 쓰시오.

| 물체의 속력 10 km/h | (   ) | 물체의 속력 4 km/h |

3~4 다음은 자동차의 빠르기를 나타낸 것입니다. 물음에 답하시오.

3 위 자동차의 속력을 옳게 나타낸 것은 어느 것입니까?

(   )

① 3 km/h

② 80 km/s

③ 80 km/h

④ 240 km/s

⑤ 240 km/h

4 다음은 위 자동차의 속력에 대한 설명입니다. ( ) 안에 들어갈 알맞은 말을 쓰시오.

위 자동차는 1시간 동안 (   ) km를 이동하는 속력으로 움직인다.

(   )

6 속력과 관련된 안전장치와 안전 사항

1 교통안전 장치 조사하기

(1) **자동차에 설치된 안전장치와 그 기능** 차간 거리 유지 장치, 자동 긴급 제동 장치도 있습니다.

안전장치	기능
안전띠	긴급 상황에서 탑승자의 몸을 고정한다.
에어백	충돌 사고에서 탑승자의 몸에 가해지는 충격을 줄여준다.

(2) **도로에 설치된 안전장치와 그 기능** 교통 표지판, 횡단보도도 있습니다.

안전장치	기능
과속 방지 턱	자동차의 속력을 줄여서 사고를 막는다.
어린이 보호 구역 표지판	학교 주변 도로에서 자동차의 속력을 제한해 어린이들의 교통 안전사고를 막는다.

(3) **우리 생활에서 교통 안전사고가 일어나지 않도록 노력하는 사람들 찾아보기**

사람들	설명
교통경찰	교통 안전사고가 일어나지 않도록 자동차 운전자나 보행자가 교통 법규를 잘 지키는지 단속한다.
녹색 학부모	학교 주변에서 어린이들이 안전하게 등교하거나 하교하도록 돕는다.

2 속력과 관련된 안전 사항

- **자동차의 속력이 클 때 자동차 탑승자와 보행자에게 생기는 위험**
  - 자동차의 속력이 클수록 충돌할 때 큰 충격이 가해져 탑승자와 보행자가 크게 다칠 수 있습니다.
  - 보행자가 빠르게 접근하는 자동차를 쉽게 피할 수 없어 자동차와 부딪힐 수 있습니다.
  - 자동차 운전자가 제동 장치를 밟더라도 자동차를 바로 멈출 수 없어 위험합니다.

- **탑승자**
  배, 비행기, 기차 등에 타고 있는 사람

- **과속**
  자동차 등의 달리는 속력이 정해진 빠르기를 넘음.

(1) **학교 앞 도로 주변에서 안전하게 행동하는 어린이(○)와 위험하게 행동하는 어린이(△) 찾기**

바퀴 달린 신발은 안전한 장소에서 탑니다.

무단횡단을 하지 않아야 합니다.

(2) **위험한 행동에서 바뀌어야 할 행동**

위험한 행동	안전한 행동
• 횡단보도를 건널 때 스마트 기기를 본다. • 버스를 기다릴 때 차도로 내려간다. • 도로 주변에서 공놀이를 한다.	• 횡단보도에서 좌우를 살피며 건넌다. • 버스는 인도에서 기다린다. • 도로 주변에서 공은 공 주머니에 넣는다.

(3) **도로 주변에서 어린이가 지켜야 할 교통안전 수칙 +1**

① 길을 건너기 전에 자동차가 멈췄는지 확인합니다.

② 횡단보도에서는 자전거에서 내려 자전거를 끌고 길을 건넙니다.

③ 초록색 신호등이 켜지고 조금 지난 뒤에 횡단보도를 건넙니다.

+1 우리가 지켜야 할 교통안전 수칙

• 찻길 근처에서 공놀이를 하거나 장난치지 않습니다.

• 주차된 자동차 주변에서 놀지 않습니다.

• 횡단보도의 신호등이 바뀌기를 기다릴 때에는 차도에서 한 발 뒤로 물러섭니다.

• 횡단보도 신호가 초록불로 바뀌면 좌우를 살피고 건넙니다.

• 횡단보도에서 뛰지 않고 천천히 건넙니다.

• 휴대 전화를 보면서 걷지 않습니다.

• 골목길 교차로의 좌우를 살핍니다.

• 자전거를 탈 때에는 자전거 도로를 이용합니다.

• 자전거를 탈 때에는 안전모, 무릎 보호대, 팔꿈치 보호대 등을 착용합니다.

• 인도와 횡단보도에서는 자전거에서 내린 뒤 자전거를 끌고 갑니다.

---

1 자동차에 설치된 속력과 관련된 안전장치는 어느 것입니까?   (   )

① 신호등

② 안전띠

③ 횡단보도

④ 교통 표지판

⑤ 어린이 보호 구역 표지판

---

2 다음은 도로에 설치된 안전장치에 대한 설명입니다. 무엇인지 쓰시오.

> 도로에 만들어 자동차의 속력을 줄여서 사고를 막는다.
>
>

(   )

핵심 개념 정리

• 속력과 관련된 안전장치 중 자동차에는 안전띠, 에어백 등이 있습니다.

• 속력과 관련된 안전장치 중 도로에는 과속 방지 턱, 어린이 보호 구역 표지판, 신호등 등이 있습니다.

• 교통안전 수칙은 도로 주변에서 안전을 위해 지켜야 하는 규칙입니다.

• 초록색 신호등이 켜지고 조금 지난 뒤에 횡단보도를 건넙니다.

• 버스에서 내린 뒤 급하게 길을 건너지 않습니다.

• 도로 주변에서는 공을 공 주머니에 넣고 다닙니다.

교통안전 수칙을 잘 지켜 안전하게 다니자.

---

3 학교 주변에서 안전하게 행동한 사람은 ○표, 위험하게 행동한 사람은 △표 하시오.

(1) 횡단보도를 건널 때 스마트 기기를 봅니다. (   )

(2) 버스가 정류장에 도착할 때까지 인도에서 기다립니다.
                                                    (   )

(3) 도로 주변에서 공놀이를 합니다.   (   )

(4) 길을 건너기 전에 자동차가 멈췄는지 확인합니다.
                                                    (   )

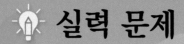
1 물체의 빠르기를 비교하는 방법으로 옳지 <u>않은</u> 것을 보기 에서 골라 기호를 쓰시오.

> **보기**
>
> ㉠ 같은 거리를 이동한 물체의 빠르기는 물체가 이동하는 데 걸린 시간으로 비교한다.
> ㉡ 물체의 빠르기는 시간에 관계없이 이동 거리로 비교할 수 있다.
> ㉢ 같은 시간 동안 이동한 물체의 빠르기는 물체가 이동한 거리로 비교한다.
> ㉣ 이동하는 데 걸린 시간과 이동 거리가 모두 다른 물체의 빠르기는 속력으로 나타내어 비교한다.

( )

2 속력을 구하는 방법으로 옳은 것은 어느 것입니까? ( )

① 걸린 시간을 이동한 거리로 나누어 구한다.
② 걸린 시간과 이동한 거리를 더하여 구한다.
③ 걸린 시간에서 이동한 거리를 빼서 구한다.
④ 이동한 거리와 걸린 시간을 곱하여 구한다.
⑤ 이동한 거리를 걸린 시간으로 나누어 구한다.

3 속력에 대한 설명으로 옳지 <u>않은</u> 것은 어느 것입니까? ( )

① 물체의 빠르기를 나타낸다.
② 속력이 작은 물체가 더 빠르다.
③ 단위로는 m/s, km/h 등을 사용한다.
④ 단위 시간 동안에 물체가 이동한 거리를 말한다.
⑤ 속력의 크기와 속력의 단위를 함께 써서 나타낸다.

4 다음 속력에 대한 설명으로 옳은 것은 어느 것입니까? ( )

> 7 m/s

① '시속 칠 미터'라고 읽는다.
② '칠 미터 매 초'라고 읽는다.
③ 1초 동안에 7 mm를 이동한 물체의 속력이다.
④ 1초 동안에 5 m를 이동하는 물체보다 느리다.
⑤ 1분 동안에 7 m를 이동하는 빠르기를 의미한다.

5 속력이 나머지와 <u>다른</u> 하나는 어느 것입니까? ( )

① 2초에 10 m를 가는 자전거
② 5초에 25 m를 가는 강아지
③ 10초에 50 m를 가는 종이 자동차
④ 11초에 110 m를 가는 장난감 곰
⑤ 20초에 100 m를 가는 장난감 비행기

6~7 다음을 보고, 물음에 답하시오.

6 위 교통수단의 속력을 옳게 나타낸 것은 어느 것입니까? ( )

① 헬리콥터: 250 km/s
② 승용차: 80 m/h
③ 버스: 60 km/h
④ 기차: 280 km/h
⑤ 자전거: 2 m/s

7 앞 교통수단에서 기차, 헬리콥터, 버스의 빠르기를 비교하여 빠른 순서대로 쓰시오.

( ) → ( ) → ( )

8 속력과 관련된 안전장치 중 도로에 설치되어 있는 것을 두 가지 고르시오. (,)

▲ 안전띠

▲ 에어백

▲ 과속 방지 턱

▲ 어린이 보호 구역 표지판

▲ 차간 거리 유지 장치

9 다음은 어린이 보호 구역 표지판의 기능에 대한 설명입니다. ( ) 안에 들어갈 알맞은 말을 쓰시오.

학교 주변 도로에서 자동차의 ( )을/를 제한해서 어린이들의 교통 안전사고를 예방한다.

( )

10 안전하게 행동한 사람은 누구입니까? ( )

① 영주: 자동계단에서는 뛰면서 이동했어.
② 태경: 버스에서 내리자마자 바로 길을 건넜어.
③ 유현: 스마트 기기를 보면서 횡단보도를 건넜어.
④ 형수: 가게에서는 장보기 수레를 세게 밀면서 이동했어.
⑤ 동환: 회전문에서 순서를 기다려 천천히 밀고 지나갔어.

11 도로 주변에서 어린이가 지켜야 할 교통안전 수칙으로 옳은 것은 어느 것입니까? ( )

① 급할 때에는 도로를 무단횡단한다.
② 자전거를 탄 채로 횡단보도를 건넌다.
③ 도로 주변에서 공을 공 주머니에 넣고 다닌다.
④ 버스가 정류장에 도착할 때까지 차도에서 기다린다.
⑤ 초록색 신호등이 켜지자마자 바로 횡단보도를 건넌다.

12 학교나 생활 주변에서 어린이 교통안전을 위해 어른들이 지켜야 할 교통안전 수칙으로 가장 적당한 것은 어느 것입니까? ( )

① 인도에서 빨리 걷는다.
② 자동차에서 내릴 때에는 빨리 내린다.
③ 학교 앞 길가에 자동차를 주차해 둔다.
④ 학교 주변에서 자동차를 운전할 때에는 속력을 줄이지 않는다.
⑤ 어린이가 통행하는 장소에서 어린이가 길을 건널 때까지 기다린다.

4 물체의 운동

👁 그림을 보고 배운 개념을 떠올리며 (　) 안에 알맞은 말을 써 보세요.

개념1 물체의 운동 나타내기

시간이 지남에 따라 물체의 (❶　　　)이/가 변할 때 물체가 운동한다고 합니다. 물체의 운동은 이동하는 데 걸린 시간과 (❷　　　)(으)로 나타냅니다.

개념2 여러 가지 물체의 운동

우리 주변에는 빠르게 운동하는 물체도 있고 느리게 운동하는 물체도 있습니다. 또 우리 주변에는 빠르기가 (❸　　　) 운동을 하는 물체도 있고, 빠르기가 (❹　　　) 운동을 하는 물체도 있습니다.

👁 그림을 보고 배운 개념을 떠올리며 (　) 안에 알맞은 말을 써 보세요.

개념4 같은 시간 동안 이동한 물체의 빠르기 비교하기

같은 시간 동안 이동한 물체의 빠르기는 물체가 (❽　　　)(으)로 비교할 수 있습니다. 같은 시간 동안 (❾　　　) 거리를 이동한 물체가 (❿　　　) 거리를 이동한 물체보다 더 빠릅니다.

개념5 물체의 빠르기를 속력으로 나타내기

속력은 1초, 1분, 1시간 등과 같은 단위 시간 동안 물체가 (⓫　　　)(으)로, 물체가 이동한 거리를 (⓬　　　)(으)로 나누어 구합니다.

시간이 지남에 따라 물체의 위치가 변할 때 물체가 운동한다고 하며, 물체의 운동은 물체가 이동한 거리를 걸린 시간으로 나눈 속력으로 쉽게 비교할 수 있습니다.

정답과 풀이 92쪽

개념3 같은 거리를 이동한 물체의 빠르기 비교하기

먼저 도착한 사람이 더 빨라.

같은 거리를 이동한 물체의 빠르기는 물체가 이동하는 데 (❺   )(으)로 비교합니다. 같은 거리를 이동하는 데 (❻   ) 시간이 걸린 물체가 (❼   ) 시간이 걸린 물체보다 더 빠릅니다.

개념6 속력과 관련된 안전장치와 안전 사항

교통안전 수칙을 잘 지켜 안전하게 다니자.

차가 지나가지 않는 (⓭   )(으)로 걸어 다닙니다. (⓮   )을/를 건널 때에는 초록색 불이 켜진 후 좌우를 살피고 건넙니다.

옳은 문장에 ○, 틀린 문장에 ✕하세요. 틀린 부분은 밑줄을 긋고 바른 개념으로 고쳐 써 보세요.

1 시간이 지남에 따라 물체의 위치가 변하지 않는 것을 물체가 운동한다고 합니다. (   )

2 비행기는 빠르기가 일정한 운동을 합니다. (   )

3 위층으로 올라가는 자동계단은 빠르기가 변하는 운동을 합니다. (   )

4 같은 거리를 이동한 물체의 빠르기는 물체가 이동하는 데 걸린 시간으로 비교합니다. (   )

5 같은 거리를 이동하는 데 걸린 시간이 길수록 더 빠른 물체입니다. (   )

6 같은 시간 동안 이동한 물체의 빠르기는 물체가 이동하는 데 걸린 시간으로 비교합니다. (   )

7 같은 시간 동안 긴 거리를 이동한 물체가 짧은 거리를 이동한 물체보다 더 빠른 물체입니다. (   )

8 속력은 물체가 이동한 거리를 걸린 시간으로 나누어 구합니다. (   )

9 운전자는 어린이 보호 구역에서 속력을 줄여야 합니다. (   )

10 길을 건널 때에는 신호등을 확인하고, 횡단보도로 건너야 합니다. (   )

점수

※ 한 문항당 5점입니다.

1 운동하지 <u>않는</u> 물체는 어느 것입니까? (　　　)

① 승강기
② 공원에 서 있는 나무
③ 달리고 있는 육상 선수
④ 1층에서 올라가고 있는 승강기
⑤ 국기 게양대에서 내려지고 있는 국기

4 _{서술형} 오른쪽 하늘을 나는 비행기를 운동하는 물체로 구분하는 까닭을 쓰시오.

_____

_____

2 시간이 지남에 따라 위치가 변하는 물체는 어느 것입니까? (　　　)

①
▲ 연못

②
▲ 동상

③
▲ 하늘을 나는 새

④
▲ 주차된 자동차

5 자동차의 운동을 옳게 나타낸 것은 어느 것입니까? (　　　)

① 자동차는 7 m를 이동했다.
② 자동차는 빠르게 이동했다.
③ 자동차는 1초 동안 이동했다.
④ 자동차는 1초 동안 7 m를 이동했다.
⑤ 자동차는 횡단보도 쪽으로 7 m를 이동했다.

3 다음 자전거의 운동을 나타내는 방법을 옳게 말한 친구의 이름을 쓰시오.

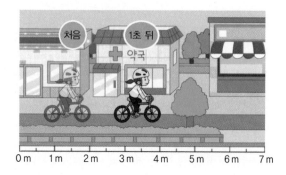

> 은경: 자전거의 색깔과 모양으로 나타내지.
> 창수: 옆에 있는 건물의 크기로 나타낼 수 있어.
> 인나: 자전거가 이동하는 데 걸린 시간과 이동 거리로 나타내면 돼.

(　　　)

6 다음에서 빠르기가 일정한 운동을 하는 물체는 어느 것입니까? (　　　)

①
▲ 자동길

②
▲ 레일 바이크

③
▲ 배드민턴공

④
▲ 펭귄

7 여러 가지 물체의 운동에 대한 설명으로 옳지 <u>않은</u> 것은 어느 것입니까? ( )

① 치타는 빠르기가 변하는 운동을 한다.
② 자동차는 자전거보다 느리게 운동한다.
③ 회전목마는 빠르기가 일정한 운동을 한다.
④ 롤러코스터는 내리막길에서 점점 빨라지는 운동을 한다.
⑤ 우리 주변에는 빠르게 운동하는 물체도 있고, 느리게 운동하는 물체도 있다.

8 물체의 빠르기를 비교할 때 살펴보아야 할 것을 두 가지 고르시오. (,)

① 물체의 무게   ② 물체의 색깔
③ 물체의 모양   ④ 물체가 이동한 거리
⑤ 물체가 이동하는 데 걸린 시간

9 50 m 달리기를 할 때 가장 빠른 사람은 누구입니까? ( )

① 출발하지 않은 사람
② 결승선에 가장 먼저 도착한 사람
③ 결승선에 가장 늦게 도착한 사람
④ 출발선에서 가장 먼저 출발한 사람
⑤ 출발선에서 가장 늦게 출발한 사람

10★ 주운이네 모둠 친구들이 50 m 달리기를 했습니다. 친구들 중에서 주운이가 가장 느릴 때, 주운이의 기록을 보기 에서 골라 기호를 쓰시오.

> **보기**
> ㉠ 8초 55   ㉡ 8초 43
> ㉢ 9초 54   ㉣ 9초 12

( )

11 같은 거리를 이동하는 데 걸린 시간을 측정해 빠르기를 비교하는 운동 경기를 두 가지 고르시오. (,)

① 양궁   ② 축구
③ 쇼트 트랙   ④ 배드민턴
⑤ 사이클 경기

12 다음은 여러 가지 색깔의 종이 자동차가 3초 동안 이동한 거리를 나타낸 것입니다. 가장 느린 종이 자동차를 쓰시오.

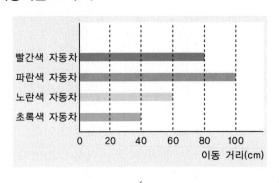

( )

13★ 다음은 같은 시간 동안 이동한 여러 가지 장난감의 이동 거리를 나타낸 것입니다. 가장 빠른 장난감의 기호와 고른 까닭을 옳게 짝 지은 것은 어느 것입니까? ( )

장난감	이동 거리(cm)
㈎	120
㈏	150
㈐	90
㈑	60

① ㈎, 걸린 시간이 가장 짧기 때문에
② ㈏, 가장 긴 거리를 이동했기 때문에
③ ㈐, 걸린 시간이 가장 길기 때문에
④ ㈑, 가장 짧은 거리를 이동했기 때문에
⑤ 이 자료로는 알 수 없다.

14 서술형 이동하는 데 걸린 시간과 이동 거리가 모두 다른 두 물체의 빠르기를 비교하는 방법을 쓰시오.

_____

_____

15 다음은 세 가지 달리기 종목의 10초 동안 이동한 거리를 나타낸 것입니다. 이에 대한 설명으로 옳지 <u>않은</u> 것은 어느 것입니까? (　　)

종목	한 발로 뛰기	양발 이어 걷기	2인 3각 걷기
이동 거리(m)	25	6	15

① 세 종목의 빠르기는 다르다.
② 가장 빠른 종목은 한 발로 뛰기이다.
③ 가장 느린 종목은 양발 이어 걷기이다.
④ 걸린 시간을 비교하면 가장 빠른 종목을 알 수 있다.
⑤ 같은 시간 동안 이동한 거리가 가장 긴 종목이 가장 빠르다.

16 ★ 속력에 대한 설명으로 옳은 것은 어느 것입니까? (　　)

① 3 km/h는 '초속 삼 킬로미터'라고 읽는다.
② 13 m/s는 '미터 매 초 십삼'이라고 읽는다.
③ 물체가 이동하는 데 걸린 시간을 이동 거리로 나누어 구한다.
④ 속력의 단위 m/s에서 m는 시간을, s는 이동 거리를 나타낸다.
⑤ 80 km/h는 1시간 동안 80 km를 이동한 물체의 속력이다.

17 다음에서 가장 느린 물체는 어느 것입니까? (　　)

① 10초 동안 36 m를 이동하는 물체
② 30초 동안 90 m를 이동하는 물체
③ 100 m를 50초 동안 이동하는 물체
④ 12초 동안 120 m를 이동하는 물체
⑤ 160 m를 20초 동안 이동하는 물체

18 다음은 여러 가지 물체의 속력을 나타낸 것입니다. 이에 대한 설명으로 옳지 <u>않은</u> 것은 어느 것입니까? (　　)

구분	이동 거리(m)	걸린 시간(초)
자전거	50	10
바퀴 달린 신발	20	5
뛰는 사람	15	5

① 자전거의 속력은 5 m/s이다.
② 뛰는 사람의 속력은 3 m/s이다.
③ 바퀴 달린 신발의 속력은 4 m/s이다.
④ 가장 빠르게 이동하는 물체는 자전거이다.
⑤ 단위 시간 동안에 이동한 거리가 가장 긴 물체는 바퀴 달린 신발이다.

19 ★ 다음 도로 주변의 모습에서 안전하게 행동한 경우는 어느 것입니까? (　　)

① 차도에서 버스 기다리기
② 도로 주변에서 공놀이하기
③ 좌우를 살피며 횡단보도 건너기
④ 횡단보도가 아닌 곳에서 길 건너기
⑤ 스마트 기기를 보면서 횡단보도 건너기

20 우리 생활에서 교통사고가 일어나지 않게 하기 위한 어른들의 노력으로 옳지 <u>않은</u> 것은 어느 것입니까? (　　)

① 도로에 과속 방지 턱을 설치한다.
② 정해진 장소에 자동차를 주차한다.
③ 자동차 운전자가 교통 법규를 잘 지키는지 단속한다.
④ 어린이들이 안전하게 등교하거나 하교하도록 돕는다.
⑤ 학교 주변에서 자동차의 속력을 크게 하여 지나간다.

점수

※ 한 문항당 5점입니다.

1 운동하는 물체는 어느 것입니까? (   )

① ▲ 육교
② ▲ 구름
③ ▲ 음수대
④ ▲ 가로등

2 다음에서 운동한 물체가 <u>아닌</u> 것을 두 가지 고르시오. (,   )

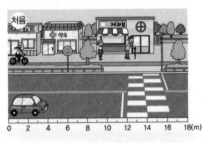

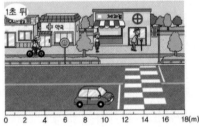

① 나무
② 자전거
③ 자동차
④ 할아버지
⑤ 남자아이

3 다음에서 운동한 친구의 이름을 쓰시오.

> **웅주**: 공원에서 10분 동안 제자리에 서서 친구를 기다렸어.
> **채연**: 1분 동안에 교문에서 운동장 놀이터까지 걸어갔어.
> **준현**: 의자에 앉아 1시간 동안 숙제를 했어.

(   )

4 물체의 운동을 나타낼 때 포함되어야 할 요소를 보기 에서 모두 골라 기호를 쓰시오.

> **보기**
> ㉠ 이동 방향   ㉡ 이동 거리
> ㉢ 물체의 모양 변화   ㉣ 걸린 시간

(   )

5 여러 가지 물체의 운동에 대한 설명으로 옳지 <u>않은</u> 것은 어느 것입니까? (   )

① 땅 위에서 치타가 펭귄보다 빠르다.
② 날고 있는 비행기는 컬링 스톤보다 빠르다.
③ 컬링 스톤은 빠르기가 변하는 운동을 한다.
④ 펭귄은 물속에서 빠르기가 일정한 운동을 한다.
⑤ 탑승객이 내리고 있는 비행기는 운동하지 않는다.

6 롤러코스터와 자동길의 운동을 비교하여 쓰시오.

서술형

_____

_____

7 다음 50 m 달리기의 결승선 모습에서 50 m를 달리는 데 시간이 가장 짧게 걸린 사람의 기호를 쓰시오.

(   )

8 다음은 50 m 달리기에서 결승선까지 달리는 데 걸린 시간을 나타낸 것입니다. 이에 대한 설명으로 옳은 것은 어느 것입니까? ( )

이름	정원	경희	정민	성은	태경
걸린 시간	8초 55	8초 43	8초 77	9초 12	9초 54

① 경희가 가장 느리게 달렸다.
② 정민이가 가장 빠르게 달렸다.
③ 태경이가 가장 빠르게 달렸다.
④ 성은이와 태경이는 빠르기가 같다.
⑤ 걸린 시간이 짧을수록 빨리 달린 것이다.

9 다음은 여러 가지 장난감이 3 m를 이동하는 데 걸린 시간을 나타낸 것입니다. 장난감 강아지의 속력이 장난감 비행기보다 느리고 장난감 기차보다 빠르다면, 장난감 강아지가 3 m를 이동하는 데 걸린 시간으로 알맞은 것은 어느 것입니까? ( )

장난감	비행기	기차	버스	자전거
걸린 시간	13초	15초	16초	19초

① 11초 　　　　② 13초
③ 14초 　　　　④ 17초
⑤ 19초

10 _{서술형} 다음은 수영 경기 중 남자 자유형 200 m 기록입니다. 가장 빠른 사람은 누구인지와 그렇게 생각한 까닭을 쓰시오.

11~12 다음은 4초 동안 이동한 종이 자동차의 위치를 표시한 것입니다. 물음에 답하시오.

11 위 종이 자동차의 빠르기를 빠른 순서대로 기호를 쓰시오.

( ) → ( ) → ( ) → ( )

12 위 결과를 보고 알 수 있는 사실로 옳은 것은 어느 것입니까? ( )

① 같은 시간 동안 물체의 빠르기는 같다.
② 같은 시간 동안에 긴 거리를 이동한 물체가 빠르다.
③ 같은 시간 동안에 짧은 거리를 이동한 물체가 빠르다.
④ 같은 거리를 이동하는 데 긴 시간이 걸린 물체가 더 빠르다.
⑤ 같은 거리를 이동하는 데 짧은 시간이 걸린 물체가 더 빠르다.

13★ 다음 3시간 동안 여러 교통수단이 이동한 거리를 나타낸 그래프에 대한 설명으로 옳은 것은 어느 것입니까? ( )

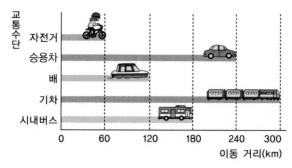

① 배는 승용차보다 빠르다.
② 자전거는 배보다 빠르다.
③ 기차는 승용차보다 빠르다.
④ 배는 시내버스보다 빠르다.
⑤ 시내버스는 승용차보다 빠르다.

14 기환이는 자전거를 타고 20초 동안 140 m를 달렸습니다. 이 자전거의 속력은 얼마입니까?

( )

① 2 m/s ② 7 m/s
③ 10 m/s ④ 20 m/s
⑤ 140 m/s

15 [★] 20 m/s에 대한 설명으로 옳은 것은 어느 것입니까?

( )

① 30 m/s보다 빠르다.
② 20초 동안 이동한 거리이다.
③ '시속 이십 미터 매 초'라고 읽는다.
④ 1초 동안 20 m를 이동한 물체의 속력이다.
⑤ 10초 동안 2 m를 이동한 물체의 속력이다.

16 가장 빠른 사람은 누구입니까? ( )

① 5초 동안 30 m를 이동한 사람
② 5초 동안 50 m를 이동한 사람
③ 3초 동안 21 m를 이동한 사람
④ 10초 동안 50 m를 이동한 사람
⑤ 15초 동안 45 m를 이동한 사람

17 서술형 다음에서 승용차와 버스 중 더 빠른 것을 쓰고, 그렇게 생각한 까닭을 쓰시오.

2시간 동안 120 km를 이동했어.

3시간 동안 240 km를 이동했어.

18 다음은 우리나라 바다의 일기 예보입니다. 바람이 가장 빠르게 불 것으로 예상되는 바다는 어디인지 쓰시오.

해상 날씨

동해 파고 1.5~3.5 m 풍속 15~16 m/s

서해 파고 1.0~2.0 m 풍속 8~12 m/s

남해 파고 1.0~2.5 m 풍속 10~12 m/s

제주 파고 1.5~3.0 m 풍속 12~13 m/s

( )

19 [★] 안전하게 행동한 어린이의 기호를 쓰시오.

▲ 스마트 기기를 보며 횡단보도 건너기

▲ 도로 주변에서 공을 공 주머니에 넣고 다니기

▲ 차도에서 버스 기다리기

▲ 좌우를 살피지 않고 바퀴 달린 신발을 신고 가기

( )

20 사람들이 교통 안전사고가 일어나지 않도록 하기 위하여 노력하는 모습과 거리가 <u>먼</u> 것은 어느 것입니까? ( )

① 안전띠는 필요할 때만 한다.
② 도로에 과속 방지 턱을 설치한다.
③ 교통 표지판을 설치하여 규칙을 알려준다.
④ 자동차에 에어백과 같은 안전장치를 설치한다.
⑤ 도로마다 일정한 속력 이상으로 달리지 못하도록 제한한다.

1~3

개념1 같은 거리를 이동한 물체의 빠르기 비교하기

- 같은 거리를 이동한 물체의 빠르기는 물체가 이동하는 데 걸린 시간으로 비교합니다.
- 같은 거리를 이동하는 데 짧은 시간이 걸린 물체가 긴 시간이 걸린 물체보다 더 빠릅니다.
- 스피드 스케이팅, 쇼트 트랙, 마라톤, 카누 등과 같은 운동 경기에서도 같은 거리를 이동하는 데 걸린 시간을 측정해 빠르기를 비교합니다.

▲ 쇼트 트랙

▲ 마라톤

1
빈칸
쓰기

① 같은 거리를 이동한 물체의 빠르기는 물체가 이동하는 데 (   )(으)로 비교합니다.

② 같은 거리를 이동하는 데 (   ) 시간이 걸린 물체가 (   ) 시간이 걸린 물체보다 더 빠릅니다.

2
문장
쓰기

다음은 민수네 모둠 친구들이 20 m를 이동하는 데 걸린 시간을 기록한 것입니다. 가장 빠른 친구의 이름과 그렇게 생각한 까닭을 쓰시오.

- 민수: 7초 96
- 수지: 10초 23
- 자윤: 6초 78
- 경일: 8초 02

_____ 가 20 m를 이동하는 데 가장 _____ 이

걸렸기 때문에 가장 빠릅니다.

3
서술
완성

쇼트 트랙 운동 경기에서 빠르기를 비교하는 방법을 쓰시오.

_____

_____

_____

_____

4~6

개념2 물체의 속력

- 이동 거리와 이동하는 데 걸린 시간이 모두 다른 물체의 빠르기는 속력으로 나타내 비교할 수 있습니다.
- 속력은 1초, 1분, 1시간 등과 같은 단위 시간 동안 물체가 이동한 거리로, 물체가 이동한 거리를 걸린 시간으로 나누어 구합니다.

> (속력) = (이동 거리) ÷ (걸린 시간)

4
빈칸
쓰기

① 이동 거리와 이동하는 데 걸린 시간이 모두 다른 물체의 빠르기는 (   )을/를 구해 비교할 수 있습니다.

② 속력은 물체가 이동한 거리를 (   )(으)로 나누어 구합니다.

5
문장
쓰기

다음과 같이 이동한 자전거의 속력을 구하시오.

> 민수는 자전거를 타고 2초 동안 10 m를 이동하였다.

속력은 ＿＿＿＿＿을/를 ＿＿＿＿＿(으)로 나누어 구하므로, 자전거의 이동 거리 10 m를 걸린 시간인 2초로 나누면 ＿＿＿＿＿ ÷ ＿＿＿＿＿ = ＿＿＿＿＿가 됩니다. 따라서 자전거의 속력은 ＿＿＿＿＿입니다.

6
서술
완성

다음 두 교통수단의 속력을 구해, 빠르기를 비교해 보시오.

> • 3시간 동안 120 km를 이동한 버스
> • 2시간 동안 100 km를 이동한 승용차

＿＿＿＿＿＿＿＿＿＿＿＿＿＿＿＿

＿＿＿＿＿＿＿＿＿＿＿＿＿＿＿＿

7~9

개념3 **속력과 관련된 안전 사항**

• 횡단보도를 건널 때 휴대 전화를 보지 않아야 합니다.
• 횡단보도를 건널 때 초록불이 켜진 후 좌우를 살피고 건너야 합니다.
• 버스를 기다릴 때 차도로 내려오지 않아야 하고, 차도 근처에서는 공놀이 등을 하지 않아야 합니다.

▲ 좌우를 살피고 횡단보도 건너기

▲ 버스가 정류장에 도착할 때까지 인도에서 기다리기, 도로 주변에서 공놀이하지 않기

7
빈칸
쓰기

① 횡단보도를 건널 때 ( )을/를 보지 않아야 하고, ( )이/가 켜진 후 건너야 합니다.
② 버스를 기다릴 때 ( )(으)로 내려오지 않아야 하고, ( ) 근처에서는 공놀이를 하지 않아야 합니다.

8
문장
쓰기

횡단보도를 건널 때 주의해야 할 점을 쓰시오.

횡단보도를 건널 때 ＿＿＿＿＿＿＿＿

＿＿＿＿＿＿＿＿＿＿＿＿＿＿＿＿

9
서술
완성

다음은 횡단보도를 건너는 모습입니다. 잘못된 행동을 하는 사람을 찾아 ○표를 하고, 잘못된 행동을 어떻게 고쳐야 하는지 쓰시오.

＿＿＿＿＿＿＿＿＿＿＿＿＿＿＿＿

＿＿＿＿＿＿＿＿＿＿＿＿＿＿＿＿

1 다음에서 운동하는 자동차의 기호와 그렇게 생각한 까닭을 쓰시오. [8점]

_____

_____

2 다음은 여러 가지 물체입니다. 물음에 답하시오.

[12점]

| 자동계단 | 회전목마 |
| 배드민턴공 | 레일 바이크 |

(1) 위 물체를 빠르기가 일정한 운동을 하는 물체와 빠르기가 변하는 운동을 하는 물체로 분류하여 쓰시오. [6점]

㉠ 빠르기가 일정한 운동을 하는 물체	㉡ 빠르기가 변하는 운동을 하는 물체

(2) 위 (1)의 답에서 빠르기가 변하는 운동을 하는 물체를 한 가지 선택하여 관찰한 내용을 쓰시오. [6점]

_____

_____

3 다음 자전거의 운동을 걸린 시간과 이동 거리로 나타내시오. [8점]

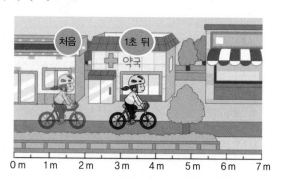

_____

4 다음 운동 경기를 보고, 물음에 답하시오. [12점]

▲ 100 m 달리기　　　　　　▲ 조정

(1) 위 운동 경기에서 선수들의 빠르기를 비교하는 공통적인 방법을 쓰시오. [8점]

_____

_____

(2) 위 (1)번 답과 같은 방법으로 빠르기를 비교하는 운동 경기를 두 가지 쓰시오. [4점]

(　　　　　　　　　)

5 다음은 세 가지 달리기 종목의 10초 동안 이동한 거리를 나타낸 것입니다. 물음에 답하시오. [12점]

종목	한 발로 뛰기	양발 이어 걷기	2인 3각 걷기
이동 거리(m)	25	6	15

(1) 위 세 가지 달리기 종목 중 가장 빠른 달리기 종목을 쓰시오. [4점]

(   )

(2) 위 (1)의 답과 같이 생각한 까닭을 쓰시오. [8점]

_____

_____

6 다음은 3시간 동안 여러 교통수단이 이동한 거리를 나타낸 그래프입니다. 물음에 답하시오. [12점]

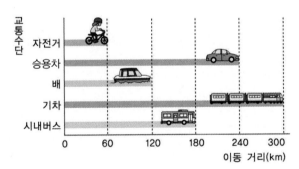

(1) 3시간 동안 가장 멀리 이동한 교통수단을 쓰시오. [2점]

(   )

(2) 위 (1)에서 답한 교통수단의 빠르기를 다른 교통수단과 비교하여 어떠한지 쓰시오. [10점]

_____

7 다음 도로 주변의 모습에서 위험하게 행동한 경우가 있습니다. 두 가지를 찾아 행동을 어떻게 고쳐야 하는지 쓰시오. [8점]

_____

_____

8 다음은 학교 앞 도로에 설치된 안전장치인 과속 방지 턱과 어린이 보호 구역 표시입니다. 각각 어떤 기능을 하는지 쓰시오. [8점]

_____

_____

4 물체의 운동

과제명	물체의 빠르기 비교하기	배점	20점
성취 목표	빠르기가 일정한 운동과 빠르기가 변하는 운동을 관찰하고 빠르기를 설명할 수 있다.		

1~4 다음과 같이 바람으로 움직이는 종이 자동차 경주를 하였습니다. 물음에 답하시오.

[경주 규칙 1]
출발선에서 동시에 출발하여 2 m 거리에 있는 결승선까지 경주한다.

[경주 규칙 2]
출발 신호를 보내면 종이 자동차를 출발시켜 3초 동안 이동한 거리를 측정한다.

1 위 [경주 규칙 1]에서는 어떤 종이 자동차가 이기는 경기인지 쓰시오. [5점]

_____

_____

2 위 [경주 규칙 2]에서는 어떤 종이 자동차가 이기는 경기인지 쓰시오. [5점]

_____

_____

3 같은 거리를 이동한 물체의 빠르기를 비교하는 방법을 쓰시오. [5점]

_____

_____

4 같은 시간 동안 이동한 물체의 빠르기를 비교하는 방법을 쓰시오. [5점]

_____

_____

4 물체의 운동

과제명	물체의 속력 구하기	배점	20점
성취 목표	물체의 이동 거리와 걸린 시간을 이용해 속력을 구할 수 있다.		

1~3 다음 모습을 보고, 물음에 답하시오.

1 속력의 뜻을 쓰고, 속력을 구하는 방법을 쓰시오. [5점]

_____

_____

2 위 자전거의 속력 18 km/h가 의미하는 것이 무엇인지 쓰시오. [5점]

_____

_____

3 위 기차, 버스, 배, 승용차 중에서 두 가지를 골라 속력을 구하고 빠르기를 비교하시오. [10점]

교통수단	이동 거리	걸린 시간	속력
( )	( )	( )	( )
( )	( )	( )	( )

빠르기 비교: _____

_____

4 물체의 운동

과제명	속력과 관련된 안전장치와 안전 사항 알아보기	배점	20점
성취 목표	일상생활에서 속력과 관련된 안전장치와 안전 사항의 예를 찾아 설명할 수 있다.		

1~3 다음은 속력과 관련된 안전장치 중 에어백과 어린이 보호 구역 표지판입니다. 물음에 답하시오.

▲ 에어백

▲ 어린이 보호 구역 표지판

1 에어백과 어린이 보호 구역 표지판의 역할을 쓰시오. [5점]

_____

_____

2 어린이 보호 구역에서 자동차의 속력을 제한하는 까닭을 쓰시오. [5점]

_____

_____

3 횡단보도를 건너려는 사람이 지켜야 할 안전 사항을 쓰시오. [10점]

_____

_____

5

산과 염기

1 여러 가지 용액 분류하기

1 여러 가지 용액 관찰하기 ➕1

용액의 냄새를 맡을 때에는 손으로 바람을 일으켜 간접적으로 냄새를 맡아야 합니다.

구분	색깔	투명한 정도	냄새	거품(3초 이상)
식초	연한 노란색	투명하다.	냄새가 난다.	거품이 유지되지 않는다.
레몬즙	연한 노란색	불투명하다.	냄새가 난다.	거품이 유지되지 않는다.
탄산수	무색	투명하다.	냄새가 나지 않는다.	거품이 유지되지 않는다.
빨랫비누 물	하얀색	불투명하다.	냄새가 난다.	거품이 유지된다.
제빵 소다 용액	무색	투명하다.	냄새가 나지 않는다.	거품이 유지되지 않는다.
표백제	무색	투명하다.	냄새가 난다.	거품이 유지된다.

- **제빵 소다**
  빵, 과자 등을 구울 때에 넣는, 부풀게 하는 데 쓰는 가루

- **겉보기 성질만으로 용액을 분류하였을 때의 어려운 점**
  - 무색이고, 투명한 용액은 쉽게 구분되지 않아 분류하기 어렵습니다.
  - 어떤 용액들은 냄새를 맡기 어려워 분류하기 어렵습니다.

- **분류 기준으로 '흔들었을 때 생긴 거품이 유지되는가?'를 정했을 때 분류하기**

분류 기준: 흔들었을 때 생긴 거품이 유지되는가?

그렇다.	그렇지 않다.
빨랫비누 물, 표백제	식초, 레몬즙, 탄산수, 제빵 소다 용액

2 여러 가지 용액 분류하기 ➕2

(1) **용액을 효과적으로 분류할 수 있는 기준**: 색깔이 있는가?, 투명한가?, 냄새가 나는가? 등

(2) **분류 기준에 따라 용액 분류하기**

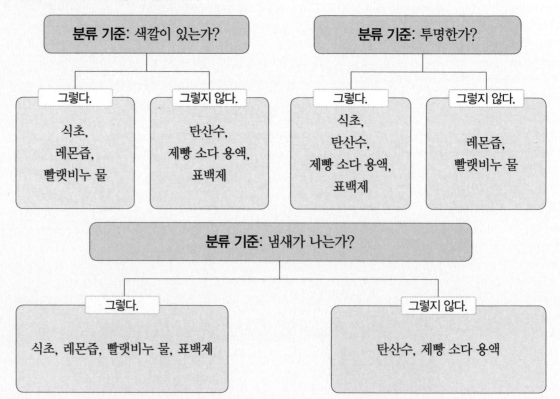

분류 기준: 색깔이 있는가?
- 그렇다. → 식초, 레몬즙, 빨랫비누 물
- 그렇지 않다. → 탄산수, 제빵 소다 용액, 표백제

분류 기준: 투명한가?
- 그렇다. → 식초, 탄산수, 제빵 소다 용액, 표백제
- 그렇지 않다. → 레몬즙, 빨랫비누 물

분류 기준: 냄새가 나는가?
- 그렇다. → 식초, 레몬즙, 빨랫비누 물, 표백제
- 그렇지 않다. → 탄산수, 제빵 소다 용액

+1 여러 가지 용액 관찰하기

구분	색깔	투명한 정도	냄새	거품 (3초 이상)
석회수	무색	투명하다.	냄새가 나지 않는다.	거품이 유지되지 않는다.
유리 세정제	연한 푸른색	투명하다.	냄새가 난다.	거품이 유지된다.
묽은 염산	무색	투명하다.	냄새가 난다.	거품이 유지되지 않는다.
묽은 수산화 나트륨 용액	무색	투명하다.	냄새가 나지 않는다.	거품이 유지되지 않는다.

+2 여러 가지 용액 분류하기

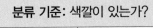

분류 기준: 색깔이 있는가?

그렇다.
식초, 레몬즙, 유리 세정제, 빨랫비누 물

그렇지 않다.
탄산수, 석회수, 묽은 염산, 묽은 수산화 나트륨 용액

분류 기준: 투명한가?

그렇다.
식초, 유리 세정제, 탄산수, 석회수, 묽은 염산, 묽은 수산화 나트륨 용액

그렇지 않다.
레몬즙, 빨랫비누 물

핵심 개념 정리

· 용액은 색깔, 냄새, 투명한 정도 등의 성질이 다릅니다.
· 용액의 공통점과 차이점에 따라 분류 기준을 세우면 여러 가지 용액을 분류할 수 있습니다.
· 용액은 색깔이 있는 것과 색깔이 없는 것, 냄새가 있는 것과 냄새가 없는 것, 투명한 것과 투명하지 않은 것 등 다양한 기준으로 분류할 수 있습니다.

여러 가지 용액을 '투명한가?', '색깔이 있는가?' 등으로 분류할 수 있어.

투명한 용액   투명하지 않은 용액

1~3 다음 여러 가지 용액을 보고, 물음에 답하시오.

식초   탄산수   제빵 소다 용액   표백제   레몬즙   빨랫비누 물

1 색깔이 있는 용액을 두 가지 고르시오. (,   )

① 레몬즙
② 탄산수
③ 표백제
④ 빨랫비누 물
⑤ 제빵 소다 용액

2 불투명한 용액끼리 옳게 짝 지은 것은 어느 것입니까?
(   )

① 식초, 레몬즙
② 레몬즙, 빨랫비누 물
③ 탄산수, 빨랫비누 물
④ 탄산수, 제빵 소다 용액
⑤ 표백제, 제빵 소다 용액

3 용액을 분류할 수 있는 기준으로 알맞은 것을 두 가지 고르시오. (,   )

① 투명한가?
② 색깔이 있는가?
③ 먹을 수 있는가?
④ 눈으로 볼 수 있는가?
⑤ 모양이 변하지 않는가?

2 지시약을 이용해 여러 가지 용액 분류하기

1 지시약

(1) 어떤 용액을 만났을 때 그 용액의 성질에 따라 색깔 변화가 나타나는 물질을 지시약이라고 합니다.

(2) 지시약의 종류로는 •리트머스 종이, 페놀프탈레인 용액 등이 있습니다.

리트머스 종이와 페놀프탈레인 용액은 지시약입니다.

2 •리트머스 종이와 페놀프탈레인 용액으로 용액 분류하기 +1

(1) 여러 가지 용액을 리트머스 종이에 떨어뜨렸을 때의 색깔 변화

구분	식초	레몬즙	유리 세정제	탄산수	빨랫 비누 물	제빵 소다 용액	묽은 염산	묽은 수산화 나트륨 용액
푸른색 리트머스 종이	붉은색	붉은색	변화 없음.	붉은색	변화 없음.	변화 없음.	붉은색	변화 없음.
붉은색 리트머스 종이	변화 없음.	변화 없음.	푸른색	변화 없음.	푸른색	푸른색	변화 없음.	푸른색

(2) 페놀프탈레인 용액을 여러 가지 용액에 떨어뜨렸을 때의 색깔 변화

구분	식초	레몬즙	유리 세정제	탄산수	빨랫 비누 물	제빵 소다 용액	묽은 염산	묽은 수산화 나트륨 용액
페놀프탈레인 용액	변화 없음.	변화 없음.	붉은색	변화 없음.	붉은색	붉은색	변화 없음.	붉은색

(3) 리트머스 종이와 페놀프탈레인 용액의 색깔 변화에 따라 용액 분류하기

구분	리트머스 종이의 색깔 변화		페놀프탈레인 용액의 색깔 변화	
	푸른색 → 붉은색	붉은색 → 푸른색	변화가 없다.	붉은색
용액	식초, 레몬즙, 탄산수, 묽은 염산	유리 세정제, 빨랫비누 물, 제빵 소다 용액, 묽은 수산화 나트륨 용액	식초, 레몬즙, 탄산수, 묽은 염산	유리 세정제, 빨랫비누 물, 제빵 소다 용액, 묽은 수산화 나트륨 용액

리트머스 종이의 색깔 변화에 따라 용액을 분류한 결과와 페놀프탈레인 용액의 색깔 변화에 따라 용액을 분류한 결과가 서로 일치합니다.

3 산성 용액과 염기성 용액

산성 용액	푸른색 리트머스 종이를 붉은색으로 변하게 하고, 페놀프탈레인 용액의 색깔을 변화시키지 않는 용액 ⓔ 식초, 레몬즙, 탄산수, 묽은 염산 등
염기성 용액	붉은색 리트머스 종이를 푸른색으로 변하게 하고, 페놀프탈레인 용액의 색깔을 붉은색으로 변하게 하는 용액 ⓔ 유리 세정제, 빨랫비누 물, 제빵 소다 용액, 묽은 수산화 나트륨 용액 등

4 욕실과 주방에서 사용하는 용액을 산성 용액과 염기성 용액으로 분류해 보기

산성 용액	섬유 유연제, 탄산수, 과일 주스 등
염기성 용액	물비누, 구강 청정제, 표백제, 하수구 세정제 등

• 리트머스 종이
리트머스이끼를 갈아서 색소를 추출한 것을 여과지에 적신 후 말려서 만듭니다.

• 리트머스 종이와 페놀프탈레인 용액으로 용액을 분류하기 위한 장치

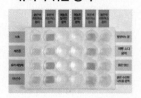

+1 여러 가지 용액을 리트머스 종이와 페놀프탈레인 용액에 떨어뜨렸을 때의 결과

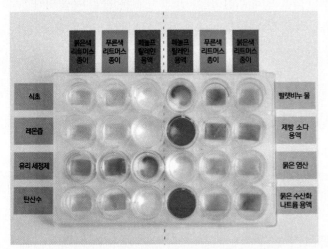

• 식초, 레몬즙, 탄산수, 묽은 염산은 산성 용액입니다.
• 유리 세정제, 빨랫비누 물, 제빵 소다 용액, 묽은 수산화 나트륨 용액은 염기성 용액입니다.

핵심 개념 정리

• 푸른색 리트머스 종이를 붉은색으로 변하게 하고, 페놀프탈레인 용액의 색깔을 변화시키지 않는 용액은 산성 용액입니다.
• 붉은색 리트머스 종이를 푸른색으로 변하게 하고, 페놀프탈레인 용액의 색깔을 붉은색으로 변하게 하는 용액은 염기성 용액입니다.

1~2 다음과 같이 리트머스 종이와 페놀프탈레인 용액을 이용해 여러 가지 용액을 분류해 보았습니다. 물음에 답하시오.

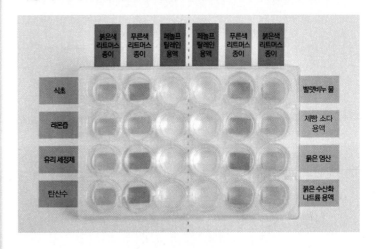

1 위 실험에서 푸른색 리트머스 종이를 붉은색으로 변하게 하는 용액은 어느 것입니까?   (   )

① 묽은 염산   ② 유리 세정제
③ 빨랫비누 물   ④ 제빵 소다 용액
⑤ 묽은 수산화 나트륨 용액

2 위 실험에서 페놀프탈레인 용액을 떨어뜨렸을 때 붉은색으로 변하는 용액은 어느 것입니까?   (   )

① 식초   ② 레몬즙
③ 탄산수   ④ 묽은 염산
⑤ 빨랫비누 물

3 산성 용액에 대한 설명으로 옳지 <u>않은</u> 것은 어느 것입니까?   (   )

① 푸른색 리트머스 종이를 붉은색으로 변하게 한다.
② 식초, 레몬즙, 탄산수, 묽은 염산은 산성 용액이다.
③ 페놀프탈레인 용액의 색깔을 붉은색으로 변하게 한다.
④ 붉은색 리트머스 종이에 떨어뜨려도 아무 변화가 없다.
⑤ 리트머스 종이와 페놀프탈레인 용액을 이용해 산성 용액을 구별할 수 있다.

3 지시약을 만들어 여러 가지 용액 분류하기

1 붉은 양배추 지시약 만들기

(1) 붉은 양배추를 가위로 잘라 비커에 담고, 붉은 양배추가 잠길 만큼 뜨거운 물을 붓습니다.

(2) 물 색깔이 변하면 비커를 충분히 식힌 뒤, 작은 삼각 플라스크에 필요한 양만큼 옮겨 담습니다.

2 붉은 양배추 지시약으로 용액 분류하기 ＋1

탐구 과정	① 24 홈 판에 각각 식초, 레몬즙, 유리 세정제, 탄산수, 빨랫비누 물, 제빵 소다 용액, 묽은 염산, 묽은 수산화 나트륨 용액을 반 정도씩 넣는다. ② 각 용액에 붉은 양배추 지시약을 떨어뜨린 후 색깔 변화를 관찰한다.
탐구 결과	• 식초, 레몬즙, 탄산수, 묽은 염산에 붉은 양배추 지시약을 떨어뜨렸더니 붉은 색 계열의 색깔로 변했다. • 유리 세정제, 빨랫비누 물, 제빵 소다 용액, 묽은 수산화 나트륨 용액에 붉은 양배추 지시약을 떨어뜨렸더니 푸른색이나 노란색 계열의 색깔로 변했다. 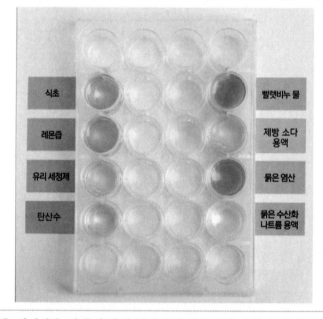
알 수 있는 사실	붉은 양배추 지시약을 산성 용액에 떨어뜨리면 붉은색 계열의 색깔로 변하고, 염기성 용액에 떨어뜨리면 푸른색이나 노란색 계열의 색깔로 변한다.

3 붉은 양배추 지시약의 성질 및 이용 ＋2

(1) 붉은 양배추 지시약은 산성 용액에서는 붉은색으로, 염기성 용액에서는 푸른색이나 노란색으로 변합니다.

(2) 붉은 양배추 지시약은 산성 용액과 염기성 용액에서 서로 다른 색깔로 변하므로 산성 용액과 염기성 용액을 분류하는 데 이용할 수 있습니다.

• 붉은 양배추 지시약
붉은 양배추즙은 산성 용액과 염기성 용액에서 다른 색깔을 나타내므로 지시약으로 사용할 수 있습니다. 포도, 검은콩 등도 지시약으로 사용할 수 있는 천연 재료입니다.

• 여러 가지 용액을 분류할 때 지시약을 사용하면 좋은 점
색깔이나 냄새 등 겉으로 보이는 성질로 분류할 수 없는 용액도 분류할 수 있습니다.

+1 붉은 양배추 지시약으로 용액을 분류한 결과와 리트머스 종이, 페놀프탈레인 용액으로 용액을 분류한 결과 비교하기

• 푸른색 리트머스 종이를 붉은색으로 변하게 하고, 페놀프탈레인 용액의 색깔을 변화시키지 않는 용액에서 붉은 양배추 지시약이 붉은색 계열의 색깔로 변합니다. → 산성 용액

• 붉은색 리트머스 종이를 푸른색으로 변하게 하고, 페놀프탈레인 용액의 색깔을 붉은색으로 변하게 하는 용액에서 붉은 양배추 지시약이 푸른색이나 노란색 계열의 색깔로 변합니다. → 염기성 용액

+2 여러 가지 용액에 붉은 양배추 지시약을 넣었을 때와 페놀프탈레인 용액을 넣었을 때 다른 점

• 산성 용액에서 붉은 양배추 지시약은 붉은색으로 변하고, 페놀프탈레인 용액은 색깔이 변하지 않습니다.

• 염기성 용액에서 붉은 양배추 지시약은 여러 가지 색깔이 나타나고, 페놀프탈레인 용액은 한 가지 색깔이 나타납니다.

🎓 **핵심 개념 정리**

• 여러 가지 용액에 붉은 양배추 지시약을 떨어뜨리면 용액의 성질에 따라 색깔이 다르게 나타납니다.

• 붉은 양배추 지시약을 산성 용액에 떨어뜨리면 붉은색 계열의 색깔로 변하고, 염기성 용액에 떨어뜨리면 푸른색이나 노란색 계열의 색깔로 변합니다.

산성인지, 염기성인지 알아내는 것은 나한테 맡기라고!

붉은 양배추 지시약

1 붉은 양배추 지시약에 대한 설명으로 옳은 것을 보기 에서 골라 기호를 쓰시오.

보기
㉠ 여러 가지 용액의 성질에 따라 붉은 양배추 지시약의 색깔이 달라진다.
㉡ 여러 가지 용액에 붉은 양배추 지시약을 떨어뜨려도 색깔이 변하지 않는다.
㉢ 붉은 양배추 지시약의 색깔 변화는 용액에 떨어뜨리는 순서에 따라 달라진다.

(   )

2 다음 ( ) 안에 들어갈 알맞은 말을 쓰시오.

제빵 소다 용액에 붉은 양배추 지시약을 떨어뜨렸더니 색깔이 ( )으로 변했다.

(   )

3 붉은 양배추 지시약을 떨어뜨렸을 때 색깔이 비슷하게 변한 용액끼리 분류하였습니다. 잘못 분류한 용액의 이름을 쓰시오.

붉은색 계열	묽은 염산, 식초, 레몬즙, 탄산수, 제빵 소다 용액
푸른색이나 노란색 계열	유리 세정제, 빨랫비누 물, 묽은 수산화 나트륨 용액

(   )

1~3 다음 여러 가지 용액을 보고, 물음에 답하시오.

1 위 여러 가지 용액을 옳게 관찰한 것을 두 가지 고르시오. (,)

① 탄산수는 연한 노란색이다.
② 레몬즙은 투명하고 연한 노란색을 띤다.
③ 묽은 수산화 나트륨 용액은 무색투명하다.
④ 빨랫비누 물은 불투명하고 하얀색을 띤다.
⑤ 묽은 염산은 불투명하고 흔들면 거품이 생긴다.

2 위 묽은 수산화 나트륨 용액에 대한 설명으로 옳지 않은 것을 보기 에서 골라 기호를 쓰시오.

> **보기**
> ㉠ 색깔이 없고 투명하다.
> ㉡ 냄새가 나며 잘 흔들린다.
> ㉢ 흔들어도 거품이 유지되지 않는다.

( )

3 위 용액을 다음과 같이 분류한 기준으로 옳은 것은 어느 것입니까? ( )

① 투명한가?
② 색깔이 있는가?
③ 냄새가 나는가?
④ 먹을 수 있는가?
⑤ 흔들면 거품이 3초 이상 유지되는가?

4 여러 가지 용액을 다음과 같이 분류하였을 때, 잘못 분류한 용액의 이름을 쓰시오.

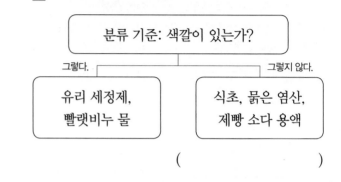

( )

5 다음과 같이 겉보기 성질만으로 용액을 분류하기 어렵기 때문에 이용하는 물질은 무엇인지 쓰시오.

> 무색이고 투명한 용액은 쉽게 구분되지 않고, 어떤 용액들은 냄새를 맡기 어려워 분류하기 어렵다.

( )

6 위 **5**의 답에 해당하는 물질을 두 가지 고르시오. (,)

① 식초　　　　　② 탄산수
③ 이온 음료　　　④ 리트머스 종이
⑤ 페놀프탈레인 용액

7 푸른색 리트머스 종이를 붉은색으로 변하게 하는 용액을 두 가지 고르시오. (,)

① 탄산수 ② 묽은 염산
③ 유리 세정제 ④ 빨랫비누 물
⑤ 제빵 소다 용액

8 페놀프탈레인 용액을 떨어뜨렸을 때의 변화에 맞게 보기 의 용액을 분류하여 기호를 쓰시오.

보기
㉠ 식초 ㉡ 탄산수
㉢ 묽은 염산 ㉣ 빨랫비누 물
㉤ 제빵 소다 용액 ㉥ 묽은 수산화 나트륨 용액

(1) 변화가 없다.	(2) 붉은색으로 변한다.

9 염기성 용액에 대한 설명으로 옳은 것을 보기 에서 모두 골라 기호를 쓰시오.

보기
㉠ 푸른색 리트머스 종이를 붉은색으로 변하게 한다.
㉡ 붉은색 리트머스 종이를 푸른색으로 변하게 한다.
㉢ 페놀프탈레인 용액을 떨어뜨려도 아무 변화가 없다.
㉣ 페놀프탈레인 용액을 떨어뜨리면 붉은색으로 변한다.

( )

[10~11] 다음은 여러 가지 용액에 붉은 양배추 지시약을 몇 방울 떨어뜨린 모습입니다. 물음에 답하시오.

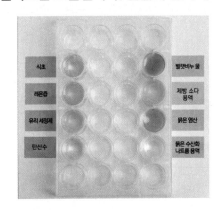

10 붉은 양배추 지시약을 떨어뜨렸을 때 푸른색이나 노란색 계열의 색깔로 변하는 용액은 어느 것입니까? ( )

① 식초 ② 레몬즙
③ 탄산수 ④ 묽은 염산
⑤ 제빵 소다 용액

11 붉은 양배추 지시약이 붉은색 계열의 색깔로 변하는 용액은 산성과 염기성 중 어느 것에 해당하는지 쓰시오.

( )

12 다음 용액의 공통된 성질로 옳은 것을 보기 에서 모두 골라 기호를 쓰시오.

식초, 레몬즙, 탄산수, 묽은 염산

보기
㉠ 푸른색 리트머스 종이를 붉은색으로 변하게 한다.
㉡ 붉은색 리트머스 종이를 푸른색으로 변하게 한다.
㉢ 페놀프탈레인 용액을 떨어뜨리면 붉은색으로 변한다.
㉣ 붉은 양배추 지시약을 떨어뜨리면 붉은색 계열의 색깔로 변한다.
㉤ 붉은 양배추 지시약을 떨어뜨리면 푸른색 계열의 색깔로 변한다.

( )

4 산성 용액과 염기성 용액의 성질

1 산성 용액과 염기성 용액에 달걀 껍데기, 삶은 달걀 흰자를 넣고 변화 관찰하기 +1

구분	달걀 껍데기		삶은 달걀 흰자	
묽은 염산 묽은 염산은 산성 용액이고, 묽은 수산화 나트륨 용액은 염기성 용액입니다.	묽은 염산 + 달걀 껍데기	기포가 발생하며, 달걀 껍데기가 녹는다.	묽은 염산 + 삶은 달걀 흰자	변화가 없다.
묽은 수산화 나트륨 용액	묽은 수산화 나트륨 용액 + 달걀 껍데기	변화가 없다.	묽은 수산화 나트륨 용액 + 삶은 달걀 흰자	흐물흐물해지며, 뿌옇게 흐려진다.

• **대리암**
석회암이 높은 온도와 높은 압력을 받아 성질이 변한 돌

• **서울 원각사지 십층 석탑에 유리 보호 장치를 한 까닭**
• 서울 원각사지 십층 석탑은 대리암이기 때문에 산성을 띤 빗물에 의해 훼손될 수 있기 때문입니다.
• 석탑에 새의 배설물 같은 산성 물질이 닿으면 녹을 수 있기 때문입니다.

▲ 서울 원각사지 십층 석탑

• **염기성 용액을 손으로 만지면 미끌미끌한 까닭**
염기성 용액을 손으로 만지면 미끌미끌한 까닭은 염기성 용액이 손에 묻어 있던 때의 물질인 단백질, 지방 등을 녹이기 때문입니다.

2 산성 용액과 염기성 용액에 *대리암 조각, 두부를 넣고 변화 관찰하기

구분	대리암 조각		두부	
묽은 염산	묽은 염산 + 대리암 조각	기포가 발생하며, 대리암 조각이 녹는다.	묽은 염산 + 두부	변화가 없다.
묽은 수산화 나트륨 용액	묽은 수산화 나트륨 용액 + 대리암 조각	변화가 없다.	묽은 수산화 나트륨 용액 + 두부	흐물흐물해지며, 뿌옇게 흐려진다.

3 산성 용액과 염기성 용액의 성질

(1) *산성 용액에 달걀 껍데기 또는 대리암 조각을 넣으면 기포가 발생하면서 녹습니다.

(2) 삶은 달걀 흰자와 두부는 산성 용액에서 아무런 변화가 없습니다.

(3) *염기성 용액에 삶은 달걀 흰자 또는 두부를 넣으면 녹아 흐물흐물해지며, 용액이 뿌옇게 흐려집니다.

(4) 달걀 껍데기와 대리암 조각은 염기성 용액에서 아무런 변화가 없습니다.

➕1 산성 용액과 염기성 용액에 탄산 칼슘 가루, 조개껍데기, 메추리알 껍데기, 삶은 메추리알 흰자, 삶은 닭 가슴살을 넣었을 때의 변화 관찰하기

구분	묽은 염산	묽은 수산화 나트륨 용액
탄산 칼슘 가루	기포가 발생한다.	변화가 없다.
조개껍데기	기포가 발생하며, 조개껍데기가 녹는다.	변화가 없다.
메추리알 껍데기	기포가 발생하며, 메추리알 껍데기가 녹는다.	변화가 없다.
삶은 메추리알 흰자	변화가 없다.	흐물흐물해지며, 뿌옇게 흐려진다.
삶은 닭 가슴살	변화가 없다.	흐물흐물해지며, 뿌옇게 흐려진다.

1 묽은 염산과 묽은 수산화 나트륨 용액에 각각 삶은 달걀 흰자를 넣었을 때의 결과에 맞게 선으로 연결하시오.

(1) 묽은 염산 ·

(2) 묽은 수산화 나트륨 용액 ·

· ㉠ 흐물흐물해진다.

· ㉡ 아무런 변화가 없다.

🎓 **핵심 개념 정리**

• 산성 용액에 달걀 껍데기, 대리암 조각을 넣으면 기포가 발생하면서 녹습니다. 하지만, 삶은 달걀 흰자와 두부는 산성 용액에서 아무런 변화가 없습니다.

• 염기성 용액에 삶은 달걀 흰자, 두부를 넣으면 녹아 흐물흐물해지며, 시간이 지나면 용액이 뿌옇게 흐려집니다. 하지만, 달걀 껍데기와 대리암 조각은 염기성 용액에서 아무런 변화가 없습니다.

산성 용액에 달걀 껍데기를 넣으면 기포가 발생하면서 녹아.

산성 용액

2~3 다음은 산성 용액과 염기성 용액에 달걀 껍데기, 삶은 달걀 흰자, 대리암 조각, 두부를 넣은 모습입니다. 물음에 답하시오.

㉠ 달걀 껍데기 ㉡ 삶은 달걀 흰자

㉢ 대리암 조각 ㉣ 두부

▲ 기포가 발생함. ▲ 변화 없음. ▲ 변화 없음. ▲ 뿌옇게 흐려짐.

2 위 ㉠~㉣에서 산성 용액이 들어 있는 비커를 모두 찾아 기호를 쓰시오.

(　　　　　)

3 위 ㉢ 용액에 달걀 껍데기를 넣으면 어떻게 되는지에 대한 설명에 맞게 ( ) 안의 알맞은 말에 ○표 하시오.

달걀 껍데기와 대리암 조각은 이루고 있는 물질이 (비슷하기, 다르기) 때문에 ㉢ 용액에 달걀 껍데기를 넣으면 (기포가 발생할, 아무 변화가 없을) 것이다.

5 산성 용액과 염기성 용액 섞어 보기

1 산성 용액에 염기성 용액을 넣으면서 지시약의 색깔 변화 관찰하기 +1

탐구 과정	① 삼각 플라스크에 묽은 염산 20 mL를 넣고, 붉은 양배추 지시약을 열 방울 떨어뜨린다. ② ①의 삼각 플라스크에 묽은 수산화 나트륨 용액을 5 mL씩 여섯 번 넣으면서 지시약의 색깔 변화를 관찰한다.
탐구 결과	• 처음에 붉은색이었다가 분홍색, 보라색을 거쳐 청록색으로 변한다. • 묽은 염산에 묽은 수산화 나트륨 용액을 넣을수록 점차 붉은색 계열의 색깔에서 푸른색 계열의 색깔로 변한다.
알 수 있는 사실	묽은 염산에 묽은 수산화 나트륨 용액을 넣으면 묽은 염산의 성질이 약해진다.

2 염기성 용액에 산성 용액을 넣으면서 지시약의 색깔 변화 관찰하기

탐구 과정	① 삼각 플라스크에 묽은 수산화 나트륨 용액 20 mL를 넣고, 붉은 양배추 지시약을 열 방울 떨어뜨린다. ② ①의 삼각 플라스크에 묽은 염산을 5 mL씩 여섯 번 넣으면서 지시약의 색깔 변화를 관찰한다.
탐구 결과	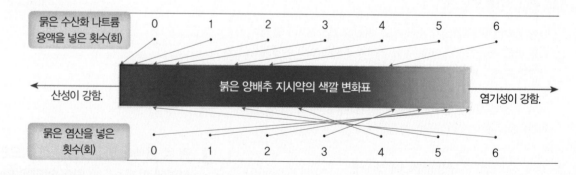 0회　　2회　　4회　　6회 • 처음에 노란색이었다가 청록색, 보라색을 거쳐 붉은색으로 변한다. • 묽은 수산화 나트륨 용액에 묽은 염산을 넣을수록 점차 노란색 계열의 색깔에서 붉은색 계열의 색깔로 변한다.
알 수 있는 사실	묽은 수산화 나트륨 용액에 묽은 염산을 넣으면 묽은 수산화 나트륨 용액의 성질이 약해진다.

• 붉은 양배추 지시약을 떨어뜨린 묽은 염산에 묽은 수산화 나트륨 용액을 조금씩 떨어뜨렸을 때의 색깔 변화

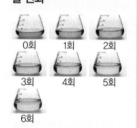
0회　1회　2회
3회　4회　5회
6회

• 염산 누출 사고에 •소석회를 사용하는 까닭
염산은 산성 용액이므로 염기인 소석회를 뿌리면 산성인 염산의 성질이 점점 약해지기 때문입니다.

• 소석회
석고나 시멘트의 성분으로 쓰이는 하얀색 가루로, 소석회가 물에 약간 녹은 용액을 석회수라고 함.

3 ①과 ② 실험에서 나타난 지시약의 색깔 변화를 붉은 양배추 지시약의 색깔 변화표와 비교하기

묽은 수산화 나트륨 용액을 넣은 횟수(회)　0　1　2　3　4　5　6

붉은 양배추 지시약의 색깔 변화표

← 산성이 강함.　　　　　　　　　　염기성이 강함. →

묽은 염산을 넣은 횟수(회)　0　1　2　3　4　5　6

4 •산성 용액과 염기성 용액을 섞었을 때의 변화

(1) 산성 용액에 염기성 용액을 넣을수록 산성이 점점 약해집니다.

(2) 염기성 용액에 산성 용액을 넣을수록 염기성이 점점 약해집니다. ─ 산성 용액과 염기성 용액을 섞으면 산성을 띠는 물질과 염기성을 띠는 물질이 서로 짝을 맞추면서 각각의 성질을 잃어버립니다.

(3) 산성 용액과 염기성 용액을 섞으면 용액 속의 산성을 띠는 물질과 염기성을 띠는 물질이 섞이면서 용액의 성질이 변하기 때문입니다.

+1 산성 용액과 염기성 용액을 섞을 때 지시약 BTB 용액의 색깔 변화 관찰하기

[탐구 과정]

① 삼각 플라스크에 묽은 염산을 10 mL 넣고 BTB 용액을 열 방울 떨어뜨린 후, 묽은 수산화 나트륨 용액을 5 mL씩 넣으면서 지시약의 색깔 변화를 관찰합니다.

② 삼각 플라스크에 묽은 수산화 나트륨 용액을 10 mL 넣고 BTB 용액을 열 방울 떨어뜨린 후, 묽은 염산을 5 mL씩 넣으면서 지시약의 색깔 변화를 관찰합니다.

[탐구 결과]

• 묽은 염산과 묽은 수산화 나트륨 용액에 각각 BTB 용액을 넣었을 때의 색깔: 묽은 염산(산성) → 노란색, 묽은 수산화 나트륨 용액(염기성) → 파란색

• 과정 ①에서 노란색이던 용액이 초록색을 거쳐 파란색으로 변하고, 과정 ②에서 파란색이던 용액이 초록색을 거쳐 노란색으로 변합니다.

⇨ 산성 용액과 염기성 용액을 섞으면 성질이 약해지다가 변한다는 것을 알 수 있습니다.

핵심 개념 정리

• 산성 용액에 염기성 용액을 넣을수록 산성이 점점 약해집니다.

• 염기성 용액에 산성 용액을 넣을수록 염기성이 점점 약해집니다.

• 그 까닭은 산성 용액과 염기성 용액을 섞으면 용액 속의 산성을 띠는 물질과 염기성을 띠는 물질이 섞이면서 용액의 성질이 변하기 때문입니다.

묽은 염산 > 묽은 수산화 나트륨 용액

→ 산성 용액

묽은 염산 < 묽은 수산화 나트륨 용액

→ 염기성 용액

---

1 붉은 양배추 지시약을 떨어뜨린 묽은 염산에 어떤 용액을 조금씩 계속 넣어야 청록색으로 변합니까? 　(　　)

① 식초　　　　　　　　② 레몬즙

③ 사이다　　　　　　　④ 묽은 염산

⑤ 묽은 수산화 나트륨 용액

2~3 다음은 붉은 양배추 지시약을 열 방울 떨어뜨린 묽은 수산화 나트륨 용액 20 mL가 들어 있는 삼각 플라스크에 ㈎ 용액을 5 mL씩 6회 넣었을 때의 모습입니다. 물음에 답하시오.

2 위 실험에서 삼각 플라스크에 넣은 ㈎ 용액을 **보기**에서 골라 기호를 쓰시오.

> **보기**
> ㉠ 석회수　　　　　　 ㉡ 묽은 염산
> ㉢ 유리 세정제　　　　 ㉣ 빨랫비누 물

　　　　　　　　　　　　　　　　(　　　　　　)

3 다음은 위 실험으로 알 수 있는 사실을 정리한 것입니다. ( ) 안의 알맞은 말에 ○표 하시오.

> 염기성 용액에 산성 용액을 넣을수록 (산성, 염기성)이 점점 약해진다.

6 산성 용액과 염기성 용액의 이용

1 제빵 소다와 구연산이 우리 생활에 어떻게 이용되는지 알아보기

(1) 제빵 소다와 구연산의 성질 알아보기

① 제빵 소다와 구연산을 물에 녹인 용액을 리트머스 종이에 묻혀 색깔 변화를 관찰합니다.

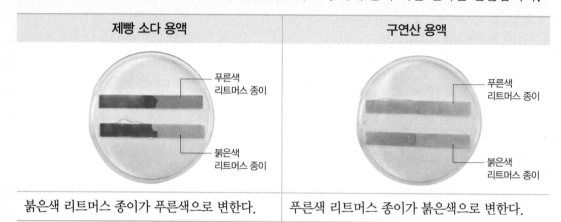

제빵 소다 용액	구연산 용액
붉은색 리트머스 종이가 푸른색으로 변한다.	푸른색 리트머스 종이가 붉은색으로 변한다.

② 제빵 소다 용액은 염기성이고, 구연산 용액은 산성입니다.

(2) 제빵 소다와 구연산이 우리 생활에 이용되는 예

제빵 소다	• 염기성인 제빵 소다는 주방용품에 묻은 기름때, 과일이나 채소에 남아 있는 농약의 산성 부분을 제거하는 데 이용된다. • 악취의 주성분인 산성을 약하게 해 냄새를 없애는 데 이용된다.
구연산	산성인 구연산은 물에 섞어 뿌리면 세균의 번식을 막아 주고, 그릇에 남아 있는 염기성인 세제 성분을 없애는 데에도 이용된다.

2 일상생활에서 산성 용액과 염기성 용액이 이용되는 예 ➕1

- **생선을 손질한 도마를 닦을 때 식초를 사용하는 까닭**
  생선에서 나는 비린내는 염기성을 띠는 물질이므로 산성인 식초를 사용해 도마를 닦으면 비린내를 없앨 수 있기 때문입니다.

- **속이 쓰릴 때 ●제산제를 먹는 까닭**
  위산은 산성을 띠므로 속이 쓰릴 때 염기성인 제산제를 먹으면 속 쓰림이 없어지기 때문입니다.

- **제산제**
  위에 산성 용액인 위액이 많이 나와 속이 쓰릴 때 먹는 약

식초로 도마를 소독합니다.

구연산 용액으로 씽크대를 소독하고, 냄새를 없앱니다.

표백제로 욕실의 찌든 때를 없애고 세균을 없앱니다.

치약으로 충치를 만드는 입안의 산성 물질을 없앱니다.

제산제로 속을 쓰리게 하는 산성 물질의 성질을 약하게 합니다.

+1 일상생활에서 산성 용액과 염기성 용액을 이용하는 예

산성 용액을 이용하는 예

• 변기를 청소할 때 변기용 세제를 사용한다.
• 귤의 속껍질을 염산을 이용해 벗겨 통조림을 만든다.
• 식초에 달걀을 넣어 초란을 만든다.

염기성 용액을 이용하는 예

• 유리창을 청소할 때 유리 세정제를 사용한다.
• 하수구가 막히면 하수구 세정제를 부어 놓는다.
• 벌레에 물렸을 때 바르는 약은 염기성을 띤다.
• 산성인 토양에 염기성인 석회 가루를 뿌린다.
• 산성인 신 김치에 염기성인 제빵 소다를 뿌린다.

1~2 다음은 제빵 소다를 녹인 용액과 구연산을 녹인 용액을 각각 푸른색 리트머스 종이와 붉은색 리트머스 종이에 묻힌 모습입니다. 물음에 답하시오.

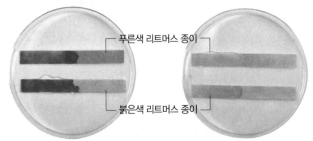

┌ 푸른색 리트머스 종이
└ 붉은색 리트머스 종이

▲ 제빵 소다 용액을 리트머스 종이에 묻힌 모습

▲ 구연산 용액을 리트머스 종이에 묻힌 모습

1 위 리트머스 종이의 색깔 변화로 보아, 제빵 소다와 구연산은 각각 산성인지 염기성인지 쓰시오.

(1) 제빵 소다: (   )
(2) 구연산: (   )

2 다음은 제빵 소다의 이용에 대한 설명입니다. (   ) 안의 알맞은 말에 ○표 하시오.

제빵 소다는 주방용품에 묻은 기름때, 과일이나 채소에 남아 있는 농약의 (산성, 염기성) 부분을 제거하는 데 이용된다.

🎓 핵심 개념 정리

• 생선을 손질한 도마를 식초로 닦아 내고, 변기를 청소할 때 변기용 세제를 사용하는 것은 산성 용액을 이용하는 경우입니다.

• 속이 쓰릴 때 제산제를 먹고, 욕실을 청소할 때 표백제를 사용하는 것은 염기성 용액을 이용하는 경우입니다.

생선을 손질한 도마는 산성인 식초로 닦아 내요.

속이 쓰릴 때에는 염기성인 제산제를 먹어요.

3 생선을 손질한 도마를 식초로 닦는 까닭으로 옳은 것은 어느 것입니까? (   )

① 산성인 비린내를 없애기 위해서
② 염기성인 비린내를 없애기 위해서
③ 산성인 비린내를 더 강하게 하기 위해서
④ 염기성인 비린내를 더 강하게 하기 위해서
⑤ 염기성인 비린내를 더 오래 유지하기 위해서

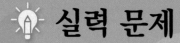
1 묽은 염산에 달걀 껍데기를 넣었더니 다음과 같이 기포가 발생하며 녹았습니다. 달걀 껍데기 대신 넣어도 같은 결과가 나타나는 물질은 어느 것입니까? ( )

① 두부
② 대리암 조각
③ 삶은 달걀 흰자
④ 플라스틱 조각
⑤ 삶은 달걀 노른자

2 묽은 수산화 나트륨 용액에 넣었을 때 흐물흐물해지고, 시간이 지남에 따라 용액이 뿌옇게 흐려지는 것을 골라 기호를 쓰시오.

ㄱ ▲ 두부   ㄴ ▲ 달걀 껍데기

( )

3 삶은 달걀 흰자를 묽은 염산에 넣었을 때의 결과로 옳은 것은 어느 것입니까? ( )

① 흐물흐물해진다.
② 기포가 발생한다.
③ 돌처럼 단단해진다.
④ 아무런 변화가 없다.
⑤ 용액과 반응하여 붉은색으로 변한다.

4 오른쪽과 같이 서울 원각사지 십층 석탑에 유리 보호 장치를 한 까닭으로 옳은 것을 두 가지 고르시오. (,)

① 산성을 띤 빗물에 의해 훼손될 수 있기 때문이다.
② 바람에 의해 석탑의 표면이 조금씩 깎이기 때문이다.
③ 염기성을 띤 미세 먼지에 의해 훼손될 수 있기 때문이다.
④ 산성을 띤 비둘기 등의 배설물에 의해 훼손될 수 있기 때문이다.
⑤ 염기성을 띤 자동차 배기 가스에 의해 훼손될 수 있기 때문이다.

5~6 다음은 삼각 플라스크에 담겨 있는 묽은 염산의 모습입니다. 물음에 답하시오.

묽은 염산

5 위 묽은 염산이 들어 있는 삼각 플라스크에 붉은 양배추 지시약 몇 방울을 떨어뜨리면 어떤 색깔로 변하는지 쓰시오.

( )

6 위 5에서 붉은 양배추 지시약을 떨어뜨린 묽은 염산에 묽은 수산화 나트륨 용액을 계속 넣으면 어떻게 되는지 옳게 말한 친구의 이름을 쓰시오.

> 석주: 용액이 붉은색으로 변해.
> 경일: 용액이 푸른색으로 변하지.
> 희경: 용액의 양이 점점 줄어들어.

( )

7 묽은 수산화 나트륨 용액 20 mL에 붉은 양배추 지시약을 열 방울 떨어뜨리고, 묽은 염산을 5 mL씩 여섯 번 넣었습니다. 이에 대한 설명으로 옳은 것을 두 가지 고르시오.　　　　(　, 　)

① 산성이 점점 강해진다.
② 산성이 점점 약해진다.
③ 염기성이 점점 강해진다.
④ 염기성이 점점 약해진다.
⑤ 아무런 변화가 없다.

8 다음은 붉은 양배추 지시약을 넣은 ㉠ 용액에 ㉡ 용액을 조금씩 넣었을 때의 색깔 변화를 나타낸 것입니다. 이에 대한 설명에 맞게 ( ) 안의 알맞은 말에 ○표 하시오.

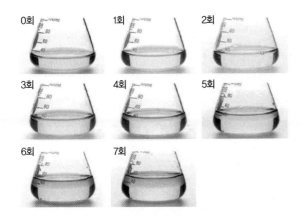

붉은 양배추 지시약의 색깔 변화로 보아, ㉠ 용액은 (산성, 염기성) 용액이고, ㉡ 용액은 (산성, 염기성) 용액이다.

9 리트머스 종이에 구연산 용액을 묻혔을 때의 결과로 옳은 것의 기호를 쓰시오.

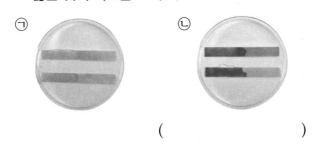

　　　　　　　(　　　　　)

10 제빵 소다 용액을 담은 비커에 페놀프탈레인 용액을 떨어뜨렸더니 다음과 같이 붉은색으로 변했습니다. 이것으로 보아 제빵 소다 용액은 산성인지 염기성인지 쓰시오.

　　　　　　　(　　　　　)

11 다음은 속이 쓰릴 때 제산제를 먹는 까닭에 대한 설명입니다. ㉠과 ㉡에 들어갈 알맞은 말을 쓰시오.

속이 쓰린 까닭은 (㉠)인 위액이 지나치게 많이 분비되어 위를 자극하기 때문이다. 이때 (㉡)인 제산제를 먹어서 (㉠)을/를 약하게 한다.

㉠: (　　　　), ㉡: (　　　　)

12 우리 생활에서 산성 용액이나 염기성 용액을 이용하는 예로 옳지 <u>않은</u> 것을 보기 에서 골라 기호를 쓰시오.

보기
㉠ 변기를 청소할 때 변기용 세제를 사용한다.
㉡ 생선을 손질한 도마를 닦을 때 식초를 사용한다.
㉢ 운동을 해서 땀을 많이 흘릴 때 물을 많이 마신다.

　　　　　　　(　　　　　)

5 산과 염기

👁 그림을 보고 배운 개념을 떠올리며 (　) 안에 알맞은 말을 써 보세요.

개념1 여러 가지 용액 분류하기

용액은 투명한 것과 투명하지 않은 것, 색깔이 있는 것과 색깔이 없는 것, 냄새가 있는 것과 냄새가 없는 것 등 다양한 기준으로 (❶　　　)할 수 있습니다.

개념2 지시약을 이용해 여러 가지 용액 분류하기

(❷　　　) 용액은 푸른색 리트머스 종이를 붉은색으로 변하게 하고, 페놀프탈레인 용액을 떨어뜨렸을 때 색깔이 변하지 않습니다. (❸　　　) 용액은 붉은색 리트머스 종이를 푸른색으로 변하게 하고, 페놀프탈레인 용액을 떨어뜨리면 붉은색으로 변합니다.

👁 그림을 보고 배운 개념을 떠올리며 (　) 안에 알맞은 말을 써 보세요.

개념4 산성 용액과 염기성 용액의 성질

(❻　　　) 용액에 달걀 껍데기나 대리암 조각을 넣으면 기포가 발생하면서 녹습니다. (❼　　　) 용액에 삶은 달걀 흰자나 두부를 넣으면 녹아 흐물흐물해지고, 시간이 지나면서 용액이 뿌옇게 흐려집니다.

개념5 산성 용액과 염기성 용액 섞어 보기

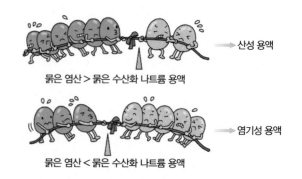

산성 용액에 염기성 용액을 넣을수록 (❽　　　)이/가 약해지면서 용액의 성질이 변합니다. 또 염기성 용액에 산성 용액을 넣을수록 (❾　　　)이/가 약해지면서 용액의 성질이 변합니다.

리트머스 종이, 페놀프탈레인 용액, 붉은 양배추 지시약과 같은 지시약을 이용하여 산성 용액과
염기성 용액을 분류할 수 있으며, 산성 용액과 염기성 용액을 섞으면 용액의 성질이 변합니다.

정답과 풀이 98쪽

개념3 지시약을 만들어 여러 가지 용액 분류하기

산성인지, 염기성인지
알아내는 것은 나한테
맡기라고!

붉은
양배추 지시약

붉은 양배추 지시약을 (❹　　　　) 용액
에 떨어뜨리면 붉은색 계열의 색깔로 변하고,
(❺　　　　) 용액에 떨어뜨리면 푸른색이
나 노란색 계열의 색깔로 변합니다.

개념6 산성 용액과 염기성 용액의 이용

생선을 손질한
도마는 산성인
식초로 닦아 내요.

속이 쓰릴 때에는
염기성인 제산제를
먹어요.

생선을 손질한 도마에서 나는 냄새를 식초로
닦아 내는 것은 (❿　　　　) 용액을 이용
하는 예이고, 속이 쓰릴 때 제산제를 먹는 것
은 (⓫　　　　) 용액을 이용하는 예입니다.

옳은 문장에 ○, 틀린 문장에 ╳하세요. 틀린 부분
은 밑줄을 긋고 바른 개념으로 고쳐 써 보세요.

1 여러 가지 용액의 색깔, 투명한 정도, 냄새 등을 관찰하
면 공통점과 차이점을 찾을 수 있습니다. (　　　　)

2 푸른색 리트머스 종이를 붉은색으로 변하게 하는 용액
을 산성 용액이라고 합니다. 　　　　(　　　　)

3 페놀프탈레인 용액을 넣었을 때 붉은색으로 변하는 용액
은 염기성 용액입니다. 　　　　(　　　　)

4 붉은 양배추 지시약은 염기성 용액에서 붉은색으로 변합
니다. 　　　　(　　　　)

5 붉은 양배추 지시약의 색깔 변화를 이용하면 여러 가지
용액을 산성 용액과 염기성 용액으로 분류할 수 있습니다.
(　　　　)

6 산성 용액에 대리암 조각을 넣으면 거품이 발생하면서
대리암 조각이 녹아 점점 작아집니다. 　(　　　　)

7 염기성 용액에 두부를 넣으면 거품이 발생하면서 녹습
니다. 　　　　(　　　　)

8 묽은 수산화 나트륨 용액에 묽은 염산의 양을 늘려 가면
서 넣으면 염기성이 약해지다가 용액의 성질이 산성으로
변화합니다. 　　　　(　　　　)

9 산성 용액과 염기성 용액을 서로 섞어도 용액의 성질이
변하지 않습니다. 　　　　(　　　　)

10 산성인 위액 때문에 속이 쓰릴 때에는 염기성인 제산제
를 먹습니다. 　　　　(　　　　)

5

점수

※ 한 문항당 5점입니다.

1 불투명하고, 연한 노란색을 띠는 용액은 어느 것입니까? (　　　)

① 레몬즙
② 탄산수
③ 묽은 염산
④ 빨랫비누 물
⑤ 제빵 소다 용액

[2~3] 다음 여러 가지 용액을 보고, 물음에 답하시오.

2 위 용액 중 흔들었을 때 거품이 3초 이상 유지되는 용액을 두 가지 골라 이름을 쓰시오.

(　　　,　　　)

3 위 용액을 분류할 수 있는 기준을 두 가지 쓰시오.

서술형
_____

_____

4* 여러 가지 용액을 다음과 같이 분류하였을 때의 분류 기준으로 옳은 것은 어느 것입니까? (　　　)

① 투명한가?
② 단맛이 나는가?
③ 색깔이 있는가?
④ 붉은색 계열의 색깔을 띠는가?
⑤ 흔들었을 때 거품이 3초 이상 유지되는가?

5 푸른색 리트머스 종이와 붉은색 리트머스 종이에 레몬즙을 떨어뜨렸을 때의 결과로 옳은 것의 기호를 쓰시오.

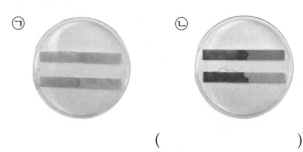

(　　　　　　)

6* 페놀프탈레인 용액을 붉은색으로 변화시키는 용액끼리 옳게 짝 지은 것은 어느 것입니까? (　　　)

① 식초, 빨랫비누 물
② 탄산수, 유리 세정제
③ 레몬즙, 제빵 소다 용액
④ 유리 세정제, 빨랫비누 물
⑤ 탄산수, 묽은 수산화 나트륨 용액

7 다음은 붉은 양배추 지시약에 대한 설명입니다. (　　) 안의 알맞은 말에 ○표 하시오.

붉은 양배추 지시약은 (산성, 염기성) 용액에서 붉은색 계열의 색깔로 변하고, (산성, 염기성) 용액에서 푸른색이나 노란색 계열의 색깔로 변한다.

8 붉은 양배추 지시약을 각 용액에 떨어뜨렸을 때의 색깔 변화를 잘못 짝 지은 것은 어느 것입니까?
( )

① 식초 – 붉은색
② 탄산수 – 연한 붉은색
③ 유리 세정제 – 푸른색
④ 제빵 소다 용액 – 푸른색
⑤ 묽은 수산화 나트륨 용액 – 붉은색

9
서술형
여러 가지 용액을 산성 용액과 염기성 용액으로 분류할 수 있는 방법을 쓰시오.

_____

_____

10~12 다음과 같이 묽은 염산과 묽은 수산화 나트륨 용액에 각각 대리암 조각과 삶은 달걀 흰자를 넣었습니다. 물음에 답하시오.

⑦ 묽은 염산 + 대리암 조각

⑥ 묽은 수산화 나트륨 용액 +삶은 달걀 흰자

10 위 ⑦에서 나타나는 현상을 옳게 설명한 것은 어느 것입니까? ( )

① 기포가 발생한다.
② 대리암 조각이 뭉친다.
③ 대리암 조각이 커진다.
④ 대리암 조각이 흐물흐물해진다.
⑤ 대리암 조각이 점점 차가워진다.

11 앞의 ⑦에서 묽은 염산 대신 넣어도 같은 결과가 나오는 물질을 보기 에서 골라 기호를 쓰시오.

보기
⑦ 식초   ⑥ 빨랫비누 물
ⓒ 유리 세정제   ⓔ 제빵 소다 용액
ⓜ 묽은 수산화 나트륨 용액

( )

12 하루가 지난 뒤 앞의 ⑥에서 관찰할 수 있는 변화로 옳은 것은 어느 것입니까? ( )

① 기포가 발생한다.
② 아무런 변화가 없다.
③ 용액이 뿌옇게 흐려진다.
④ 용액의 색깔이 푸른색으로 변한다.
⑤ 용액의 색깔이 붉은색으로 변한다.

13 다음은 서울 원각사지 십층 석탑에 유리 보호 장치를 한 까닭에 대한 설명입니다. ( ) 안의 알맞은 말에 ○표 하시오.

• 서울 원각사지 십층 석탑은 대리암으로 만들어져서 (산성, 염기성)을 띤 빗물에 의해 훼손될 수 있기 때문이다.
• 새의 배설물 등 (산성, 염기성)을 띤 물질로부터 석탑을 보호하기 위해서이다.

14~15 다음은 삼각 플라스크에 묽은 염산 20 mL와 붉은 양배추 지시약을 열 방울 넣은 다음, 묽은 수산화 나트륨 용액의 양을 다르게 하여 넣은 모습입니다. 물음에 답하시오.

㉠　　　㉡　　　㉢

14 위 ㉠~㉢ 중 묽은 수산화 나트륨 용액을 가장 많이 넣은 것의 기호를 쓰시오.

(　　　　　)

15 위 실험으로 알 수 있는 사실을 보기 에서 골라 기호를 쓰시오.

> 보기
> ㉠ 산성 용액에 염기성 용액을 넣을수록 산성이 점점 약해진다.
> ㉡ 산성 용액에 염기성 용액을 넣을수록 산성이 점점 강해진다.
> ㉢ 염기성 용액에 산성 용액을 넣을수록 산성이 점점 약해진다.
> ㉣ 염기성 용액에 산성 용액을 넣을수록 염기성이 점점 강해진다.

(　　　　　)

16 다음은 붉은 양배추 지시약의 색깔 변화표입니다.

서술형 붉은 양배추 지시약을 몇 방울 떨어뜨린 묽은 수산화 나트륨 용액에 묽은 염산을 점점 많이 넣을 때, 지시약의 색깔이 변하는 방향의 기호와 그렇게 생각한 까닭을 쓰시오.

㉠　　　　　　　　　　　　　　　　　　㉡

_____

_____

17 다음은 제빵 소다 용액과 구연산 용액이 각각 담긴 비커에 페놀프탈레인 용액을 떨어뜨린 모습입니다. 구연산 용액이 담긴 비커의 기호를 쓰시오.

㉠　　　　　　　　　　㉡

▲ 아무런 변화가 없다.　　　▲ 붉은색으로 변한다.

(　　　　　)

18★ 제빵 소다 용액에 대한 설명으로 옳은 것을 보기 에서 골라 기호를 쓰시오.

> 보기
> ㉠ 푸른색 리트머스 종이를 붉은색으로 변하게 한다.
> ㉡ 페놀프탈레인 용액을 떨어뜨려도 색깔이 변하지 않는다.
> ㉢ 붉은 양배추 지시약을 떨어뜨리면 푸른색으로 변한다.

(　　　　　)

19 물에 녹인 제산제를 붉은색 리트머스 종이에 묻혔더니 푸른색으로 변했습니다. 제산제를 녹인 물에 페놀프탈레인 용액을 떨어뜨리면 무슨 색깔로 변하는지 쓰시오.

(　　　　　)

20 다음은 생선을 손질한 도마를 닦을 때 식초를 사용하는 까닭에 대한 설명입니다. ( ) 안에 들어갈 알맞은 말을 쓰시오.

> 생선 비린내는 ( )을/를 띠고 있어서 산성인 식초로 닦으면 생선 비린내가 없어지기 때문이다.

(　　　　　)

점수

※ 한 문항당 5점입니다.

1 설탕물, 소금물, 오렌지주스에 대한 설명으로 옳은 것은 어느 것입니까? ( )

① 설탕물과 소금물은 색깔이 있다.
② 오렌지주스는 투명하고 냄새가 없다.
③ 소금물과 오렌지주스는 색깔이 같다.
④ 오렌지주스는 노란색이며, 설탕물은 투명하다.
⑤ 설탕물은 마실 수 있지만, 오렌지주스는 마실 수 없다.

2~4 다음 여러 가지 용액을 보고, 물음에 답하시오.

2 다음과 같은 특징이 있는 용액은 어느 것입니까? ( )

> 불투명하고, 흔들었을 때 거품이 3초 이상 유지된다.

① 식초   ② 레몬즙
③ 탄산수   ④ 빨랫비누 물
⑤ 제빵 소다 용액

3* 위 용액을 다음 분류 기준에 따라 분류하였을 때, '그렇지 않다.'로 분류할 수 있는 용액을 두 가지 쓰시오.

> 분류 기준: 냄새가 나는가?

(,)

4 앞 용액을 다음과 같이 분류하였을 때의 분류 기준을 쓰시오.

서술형

_____

_____

5 다음 ( ) 안에 들어갈 수 <u>없는</u> 물질은 어느 것입니까? ( )

> ( )처럼 어떤 용액을 만났을 때 그 용액의 성질에 따라 눈에 띄는 변화가 나타나는 물질을 지시약이라고 한다.

① 페놀프탈레인 용액
② 붉은 양배추 지시약
③ 푸른색 리트머스 종이
④ 붉은색 리트머스 종이
⑤ 묽은 수산화 나트륨 용액

6* 리트머스 종이에 여러 가지 용액을 떨어뜨렸을 때의 색깔 변화로 옳지 <u>않은</u> 것을 보기 에서 골라 기호를 쓰시오.

> **보기**
>
> ㉠ 푸른색 리트머스 종이에 식초를 떨어뜨리면 붉은색으로 변한다.
> ㉡ 푸른색 리트머스 종이에 유리 세정제를 떨어뜨리면 아무 변화가 없다.
> ㉢ 붉은색 리트머스 종이에 묽은 염산을 떨어뜨리면 푸른색으로 변한다.
> ㉣ 붉은색 리트머스 종이에 묽은 수산화 나트륨 용액을 떨어뜨리면 푸른색으로 변한다.

( )

7 다음은 여러 가지 용액에 페놀프탈레인 용액을 떨어뜨린 결과를 표로 나타낸 것입니다. 잘못 나타낸 용액의 이름을 쓰시오.

(붉은색으로 변한 경우: ●, 색깔 변화가 없는 경우: ○)

구분	페놀프탈레인 용액	구분	페놀프탈레인 용액
묽은 염산	○	탄산수	●
식초	○	제빵 소다 용액	●
레몬즙	○	빨랫비누 물	●

(   )

8* 다음과 같이 어떤 용액에 페놀프탈레인 용액을 떨어뜨렸더니 붉은색으로 변하였습니다. 이에 대한 설명에 맞게 (   ) 안의 알맞은 말에 ○표 하시오.

이 용액을 붉은색 리트머스 종이에 떨어뜨리면 (푸른색, 붉은색)으로 변하며, 따라서 이 용액은 (산성, 염기성) 용액이다.

9 산성 용액과 염기성 용액에서 붉은 양배추 지시약의 색깔이 어떻게 변화하는지 쓰시오.
서술형

_____

_____

10~11 산성 용액과 염기성 용액의 성질을 알아보기 위해 다음과 같이 실험을 하였습니다. 물음에 답하시오.

㉠ 묽은 염산과 묽은 수산화 나트륨 용액에 각각 달걀 껍데기와 삶은 달걀 흰자를 넣고 변화를 관찰한다.
㉡ 묽은 염산과 묽은 수산화 나트륨 용액에 각각 대리암 조각과 두부를 넣고 변화를 관찰한다.

10* 위 ㉠의 실험 결과로 옳은 것을 두 가지 고르시오.
(,   )

① 묽은 염산에 넣은 달걀 껍데기는 표면에서 기포가 발생한다.
② 묽은 수산화 나트륨 용액에 넣은 달걀 껍데기는 표면에서 기포가 발생한다.
③ 묽은 염산에 넣은 삶은 달걀 흰자는 아무런 변화가 없다.
④ 묽은 염산에 넣은 삶은 달걀 흰자는 흐물흐물해지며 녹는다.
⑤ 묽은 수산화 나트륨 용액에 넣은 삶은 달걀 흰자는 아무런 변화가 없다.

11 위 ㉡의 실험 결과, 각 용액에서 대리암 조각과 두부는 어떻게 되는지 쓰시오.
서술형

_____

_____

12 염기성 용액에 넣었을 때 녹는 물질을 두 가지 고르시오.
(,   )

① 두부   ② 조개껍데기
③ 달걀 껍데기   ④ 대리암 조각
⑤ 삶은 달걀 흰자

13 서울 원각사지 십층 석탑에 유리 보호 장치를 하지 않으면 어떻게 될지 ( ) 안의 알맞은 말에 ○표 하시오.

> 서울 원각사지 십층 석탑은 대리암으로 만들어 졌기 때문에 (산성, 염기성)을 띤 빗물이나 새 의 배설물에 의해 훼손될 것이다.

14 다음은 염기성 용액에 산성 용액을 점점 많이 넣 었을 때의 붉은 양배추 지시약의 색깔 변화입니다. 산성 용액을 가장 적게 넣은 것의 기호를 쓰시오.

( )

15 위 **14**의 ㉠ 용액과 ㉡ 용액에 각각 두부를 넣으면 어떻게 되는지 쓰시오.

서술형

_____

_____

16 산성 용액에 염기성 용액을 계속 넣을 때 일어나는 변화에 대한 설명으로 옳은 것을 보기 에서 골라 기호를 쓰시오.

> 보기
> ㉠ 산성이 점점 강해진다.
> ㉡ 산성이 점점 약해진다.
> ㉢ 염기성이 점점 약해진다.
> ㉣ 아무런 변화가 없다.

( )

17 다음은 구연산 용액과 제빵 소다 용액을 리트머스 종이에 묻혀 본 결과입니다. 구연산과 제빵 소다 중 염기성인 것은 어느 것인지 쓰시오.

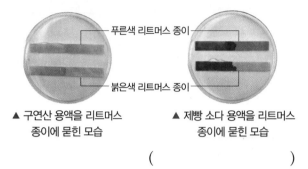

▲ 구연산 용액을 리트머스 종이에 묻힌 모습

▲ 제빵 소다 용액을 리트머스 종이에 묻힌 모습

( )

18 우리 생활에서 구연산을 이용하는 예에 대한 설명 으로 옳지 **않은** 것을 보기 에서 골라 기호를 쓰 시오.

> 보기
> ㉠ 물에 섞어 뿌리면 세균의 번식을 막아 준다.
> ㉡ 그릇에 남아 있는 염기성 세제 성분을 없애 는 데 이용된다.
> ㉢ 악취의 주성분인 산성을 약하게 해 냄새를 없애는 데 이용된다.

( )

19~20 다음은 우리 생활 속에서 산성 용액과 염기성 용액을 이용하는 예입니다. 물음에 답하시오.

> ㉠ 표백제로 욕실 청소를 한다.
> ㉡ 변기를 청소할 때 변기용 세제를 사용한다.
> ㉢ 하수구가 막혔을 때 하수구 세정제를 사용한다.
> ㉣ 생선을 손질한 도마를 닦을 때 식초를 사용한다.

19 위 ㉠~㉣ 중 산성 용액을 이용하는 경우를 모두 골라 기호를 쓰시오.

( )

20 위 ㉠~㉣ 중 염기성 용액을 이용하는 경우를 모두 골라 기호를 쓰시오.

( )

1~3

개념1 지시약을 이용한 용액의 분류

- 어떤 용액을 만났을 때 용액의 성질에 따라 색깔 변화가 나타나는 물질을 지시약이라고 하며, 지시약에는 리트머스 종이, 페놀프탈레인 용액 등이 있습니다.
- 식초, 레몬즙, 탄산수, 묽은 염산과 같은 산성 용액에서 푸른색 리트머스 종이는 붉은색으로 변하고, 페놀프탈레인 용액을 떨어뜨렸을 때 아무 변화가 없습니다.
- 유리 세정제, 제빵 소다 용액, 빨랫비누 물과 같은 염기성 용액에서 붉은색 리트머스 종이는 푸른색으로 변하고, 페놀프탈레인 용액을 떨어뜨리면 붉은색으로 변합니다.

1
빈칸
쓰기

① 식초, 레몬즙, 탄산수, 묽은 염산은 (   ) 용액입니다.

② 유리 세정제, 제빵 소다 용액, 빨랫비누 물은 (   ) 용액입니다.

2
문장
쓰기

산성 용액과 염기성 용액에서 리트머스 종이와 페놀프탈레인 용액의 변화를 쓰시오.

산성 용액에서 푸른색 리트머스 종이는 _____ 으로 변하고, 페놀프탈레인 용액을 떨어뜨렸을 때 _____. 염기성 용액에서 붉은색 리트머스 종이는 _____으로 변하고, 페놀프탈레인 용액을 떨어뜨리면 _____ _____.

3
서술
완성

여러 가지 용액을 다음과 같이 분류했을 때의 분류 기준을 두 가지 이상 쓰시오.

식초, 레몬즙, 탄산수, 묽은 염산	유리 세정제, 제빵 소다 용액, 빨랫비누 물

_____

_____

_____

_____

4~6

개념2 산성 용액과 염기성 용액의 성질

- 산성 용액에 달걀 껍데기, 메추리알 껍데기, 대리암 조각을 넣으면 기포가 발생하면서 달걀 껍데기, 메추리알 껍데기, 대리암 조각이 녹습니다.
- 염기성 용액에 삶은 달걀 흰자, 삶은 메추리알 흰자, 삶은 닭 가슴살을 넣으면 시간이 지나면서 흐물흐물해지고, 용액이 뿌옇게 흐려집니다.

4
빈칸
쓰기

① 산성 용액에 달걀 껍데기, 대리암 조각을 넣으면 (   )이/가 발생하면서 녹습니다.

② 염기성 용액에 삶은 달걀 흰자, 삶은 닭 가슴살을 넣으면 흐물흐물해지고, 용액이 (   ) 흐려집니다.

5
문장
쓰기

다음과 같이 메추리알 껍데기를 묽은 염산과 묽은 수산화 나트륨 용액에 넣었을 때 관찰할 수 있는 모습을 쓰시오.

▲ 묽은 염산에
넣었을 때

▲ 묽은 수산화 나트륨 용액에
넣었을 때

메추리알 껍데기를 묽은 염산에 넣으면 _____

_____, 묽은 수산화 나트륨

용액에 넣으면 _____.

6
서술
완성

다음과 같이 두 가지 실험을 해 보았습니다. 실험 결과를 각각 쓰시오.

❶ 삶은 달걀을 묽은 염산에 30분 담가 놓은 후, 묽은 수산화 나트륨 용액에 30분 담가 놓는다.
❷ 삶은 달걀을 묽은 수산화 나트륨 용액에 30분 담가 놓은 후, 묽은 염산에 30분 담가 놓는다.

_____

_____

7~9

개념3 **산성 용액과 염기성 용액을 섞었을 때의 변화**

• 산성 용액에 염기성 용액을 넣을수록 산성이 약해지면서 용액의 성질이 변합니다.
• 염기성 용액에 산성 용액을 넣을수록 염기성이 약해지면서 용액의 성질이 변합니다.
• 산성 용액과 염기성 용액을 섞으면 용액 속의 산성을 띠는 물질과 염기성을 띠는 물질이 섞이면서 용액의 성질이 변하기 때문입니다.

7
빈칸
쓰기

① 산성 용액에 염기성 용액을 넣을수록 (   )이/가 약해집니다.
② 염기성 용액에 산성 용액을 넣을수록 (   )이/가 약해집니다.

8
문장
쓰기

산성 용액과 염기성 용액을 섞었을 때 변화가 생기는 까닭을 쓰시오.

용액 속에서 _____와/과

_____이/가

섞이면서 용액의 성질이 변하기 때문입니다.

9
서술
완성

염산이 새어 나오는 사고가 발생했을 때 피해를 줄이기 위해 염기성을 띤 물질을 뿌리는 까닭을 쓰시오.

_____

_____

_____

1 다음 여러 가지 용액을 보고, 물음에 답하시오. [12점]

(1) 위 용액 중 '불투명한 용액인가?'를 분류 기준으로 분류할 때 '그렇다.'로 분류할 수 있는 용액을 모두 찾아 이름을 쓰시오. [4점]

(   )

(2) 위 여러 가지 용액을 분류할 수 있는 분류 기준을 두 가지 쓰시오. [8점]

_____

_____

2 다음은 지시약의 한 종류인 리트머스 종이입니다. 물음에 답하시오. [12점]

(1) 탄산수를 붉은색 리트머스 종이에 묻혔을 때의 결과를 쓰시오. [4점]

_____

_____

(2) 리트머스 종이를 이용해 산성 용액과 염기성 용액을 분류하는 방법을 쓰시오. [8점]

_____

_____

3 다음과 같은 여러 가지 용액에 페놀프탈레인 용액을 몇 방울씩 떨어뜨렸습니다. 물음에 답하시오.
[12점]

> ㉠ 식초   ㉡ 유리 세정제   ㉢ 레몬즙
> ㉣ 탄산수   ㉤ 제빵 소다 용액   ㉥ 묽은 염산
> ㉦ 빨랫비누 물 ◎ 묽은 수산화 나트륨 용액

(1) 위 ㉠~◎ 용액 중 페놀프탈레인 용액을 떨어뜨렸을 때 붉은색으로 변하는 용액을 모두 골라 기호를 쓰시오. [4점]

(   )

(2) 위 (1)의 답으로 알 수 있는 페놀프탈레인 용액의 성질을 쓰시오. [8점]

_____

_____

4 다음은 여러 가지 용액에 붉은 양배추 지시약을 떨어뜨린 모습입니다. 물음에 답하시오. [12점]

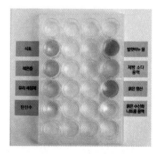

(1) 붉은 양배추 지시약을 떨어뜨렸을 때 붉은색 계열의 색깔로 변하는 용액의 이름을 모두 쓰시오.
[4점]

(   )

(2) 붉은 양배추 지시약을 염기성 용액에 떨어뜨렸을 때의 색깔 변화를 쓰시오. [8점]

_____

_____

5 다음은 묽은 염산에 달걀 껍데기, 삶은 달걀 흰자, 대리암 조각, 두부를 넣은 모습입니다. 물음에 답하시오. [12점]

(1) 묽은 염산에 넣었을 때 기포가 발생하며 녹는 물질을 두 가지 쓰시오. [4점]

(,   )

(2) 대리암으로 만든 서울 원각사지 십층 석탑에 유리 보호 장치를 한 까닭을 쓰시오. [8점]

_____

_____

6 다음은 붉은 양배추 지시약을 떨어뜨린 묽은 수산화 나트륨 용액에 묽은 염산을 조금씩 넣으면서 지시약의 색깔 변화를 관찰한 것입니다. 삼각 플라스크 속 용액의 색깔 변화로 알 수 있는 사실을 쓰시오. [8점]

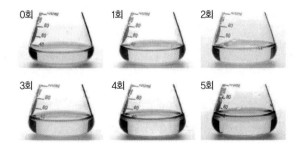

_____

_____

7 다음은 구연산 용액과 제빵 소다 용액을 리트머스 종이에 묻힌 결과입니다. 물음에 답하시오. [12점]

▲ 구연산 용액을 리트머스 종이에 묻힌 모습   ▲ 제빵 소다 용액을 리트머스 종이에 묻힌 모습

(1) 구연산과 제빵 소다는 각각 산성인지 염기성인지 쓰시오. [4점]

_____

_____

(2) 그릇에 남아 있는 세제 성분을 없애는 데 구연산을 이용하는 까닭을 쓰시오. [8점]

_____

_____

8 다음과 같이 생선을 손질한 도마를 식초로 닦아 내는 까닭을 쓰시오. [8점]

5 산과 염기

과제명	지시약을 이용해 여러 가지 용액 분류하기	배점	20점
성취 목표	지시약을 이용하여 여러 가지 용액을 산성 용액과 염기성 용액으로 분류할 수 있다.		

1~3 다음과 같이 24 홈 판을 이용해 여러 가지 용액의 성질을 알아보았습니다. 물음에 답하시오.

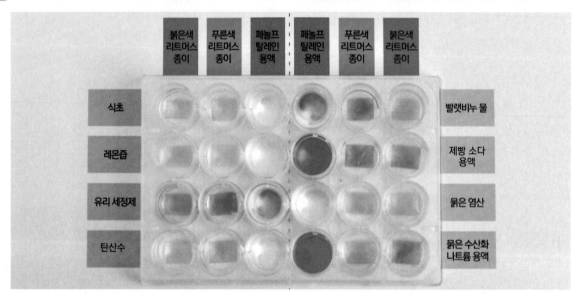

1 여러 가지 용액을 리트머스 종이에 떨어뜨렸을 때의 색깔 변화에 맞게 용액의 이름을 쓰시오. [5점]

(1) 푸른색 리트머스 종이 → 붉은색	
(2) 붉은색 리트머스 종이 → 푸른색	

2 여러 가지 용액에 페놀프탈레인 용액을 떨어뜨렸을 때의 색깔 변화에 맞게 용액의 이름을 쓰시오. [5점]

(1) 아무런 변화가 없다.	
(2) 붉은색으로 변한다.	

3 위 **1**과 **2**의 답을 참고해서 리트머스 종이와 페놀프탈레인 용액을 이용해 여러 가지 용액을 산성 용액과 염기성 용액으로 분류할 수 있는 방법을 쓰시오. [10점]

5 산과 염기

과제명	산성 용액과 염기성 용액에 여러 가지 물질 넣어 보기	배점	20점
성취 목표	산성 용액과 염기성 용액의 여러 가지 성질을 비교할 수 있다.		

1~3 다음은 묽은 염산과 묽은 수산화 나트륨 용액에 각각 달걀 껍데기, 삶은 달걀 흰자, 대리암 조각, 두부를 넣은 모습입니다. 물음에 답하시오.

1 달걀 껍데기, 삶은 달걀 흰자, 대리암 조각, 두부를 각 용액에 넣었을 때, 기포가 발생하는 경우는 '기포', 흐물흐물 녹는 것은 '흐물흐물', 아무런 변화가 없는 것은 '변화 없음.'이라고 쓰시오. [5점]

구분	달걀 껍데기	삶은 달걀 흰자	대리암 조각	두부
묽은 염산				
묽은 수산화 나트륨 용액				

2 위 실험으로 알 수 있는 산성 용액과 염기성 용액의 성질을 쓰시오. [5점]

_____

_____

3 오른쪽과 같이 야외에 있는 대리암으로 만든 조각은 시간이 흐르면 다른 재료로 만든 조각보다 쉽게 훼손되는 까닭을 쓰시오. [10점]

_____

_____

5 산과 염기

과제명	산성 용액과 염기성 용액의 이용 알아보기	배점	20점
성취 목표	우리 생활에서 산성 용액과 염기성 용액을 이용하는 예를 찾아 설명할 수 있다.		

1~3 다음은 일상생활에서 산성 용액과 염기성 용액이 이용되는 예를 나타낸 것입니다. 물음에 답하시오.

구연산 용액으로 씽크대를 소독하고, 냄새를 없앱니다.

제산제로 속을 쓰리게 하는 산성 물질의 성질을 약하게 합니다.

치약으로 충치를 만드는 입안의 산성 물질을 없앱니다.

표백제로 찌든 때를 없애고 세균을 없앱니다.

1 위 ㉠과 ㉡에 들어갈 알맞은 말을 쓰시오. [5점]

㉠: (   ), ㉡: (   )

2 위 ㉢은 일상생활에서 식초를 어떻게 이용하는 모습인지 쓰시오. [5점]

_____

_____

3 치약으로 충치를 예방할 수 있는 원리를 쓰시오. [10점]

_____

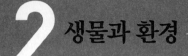

1 생태계

•**생태계**: 어떤 장소에서 살아가는 생물과 생물을 둘러싸고 있는 환경이 서로 영향을 주고받는 것

•**생태계의 구성 요소**

① 생물 요소: 살아 있는 것 ⑩ 개구리, 연꽃, 부들, 세균 등

② 비생물 요소: 살아 있지 않은 것 ⑩ 햇빛, 공기, 물, 온도, 흙 등

2 생태계에서 생물 요소 분류하기

•**양분을 얻는 방법에 따른 생물 요소의 분류**

생산자	햇빛 등을 이용하여 살아가는 데 필요한 양분을 스스로 만드는 생물 ⑩ 배추, 느티나무 등
소비자	스스로 양분을 만들지 못하고 다른 생물을 먹이로 하여 살아가는 생물 ⑩ 메뚜기, 참새, 매 등
분해자	주로 죽은 생물이나 배출물을 분해하여 양분을 얻는 생물 ⑩ 곰팡이, 세균 등

3 생태계에서 생물 요소의 먹이 관계

•**먹이 사슬**

① 생물의 먹이 관계가 사슬처럼 연결되어 있는 것

② 한 방향으로만 연결되어 있습니다.

•**먹이 그물**

① 여러 개의 먹이 사슬이 얽혀 그물처럼 연결되어 있는 것

② 여러 방향으로 연결되어 있습니다.

➪ 먹이 그물에서는 어느 한 종류의 먹이가 부족해지더라도 다른 먹이를 먹고 살 수 있으므로 여러 생물들이 함께 살아가기에 유리합니다.

4 생태계 평형

•**생태계 평형**: 어떤 지역에 살고 있는 생물의 종류와 수 또는 양이 균형을 이루며 안정된 상태를 유지하는 것

•**생태계 평형이 깨지는 원인**: 가뭄, 홍수, 태풍, 지진, 산불과 같은 자연재해나 댐, 도로, 건물 건설 등 사람에 의한 요인이 있습니다.

5 비생물 요소가 생물에 미치는 영향

•**햇빛과 물이 콩나물의 자람에 미치는 영향**

햇빛이 잘 드는 곳에 놓아둔 콩나물		어둠상자로 덮어 놓은 콩나물	
물○	물×	물○	물×
초록색으로 잘 자람	연한 초록색으로 가늘어지고 시듦	노란색이고, 잘 자람	노란색이고, 가늘어지고 시듦

•**비생물 요소가 생물에 미치는 영향**

① 온도: 개나 고양이의 털갈이, 개구리의 겨울잠, 철새의 이동, 단풍과 낙엽 등에 영향을 준다.

② 햇빛: 양분을 만들 때 필요하고, 꽃이 피는 시기와 동물의 번식 시기에 영향을 준다.

③ 물: 생물이 생명을 유지하는 데 반드시 필요하다.

6 다양한 환경에 적응한 생물

•**적응**: 특정한 서식지에서 오랜 기간에 걸쳐 살아남기에 유리한 특징을 갖게 되는 것

사막	•선인장: 잎이 가시 모양이고 두꺼운 줄기에 물을 저장하여 건조한 사막에서 살아갈 수 있다. •사막여우: 모래와 털 색깔이 비슷하고 귀가 커서 열을 내보내기에 유리하다.
극지방	•북극곰: 온몸이 털로 덮여 있고 지방층이 두꺼워 추운 극지방에서 살아갈 수 있다. •북극여우: 눈과 털 색깔이 비슷하며 귀가 작고 털이 풍성해 열을 보존하기에 유리하다.
동굴	박쥐: 나쁜 시력 대신 초음파를 들을 수 있는 귀로 먹잇감을 찾고 장애물을 피해 날아다닐 수 있다.

7 환경 오염이 생물에 미치는 영향

•**환경 오염의 원인**

① 대기 오염의 원인: 자동차나 공장의 매연 등

② 수질 오염의 원인: 폐수의 배출, 기름 유출 등

③ 토양 오염의 원인: 쓰레기 배출, 농약이나 비료의 지나친 사용 등

•**환경 오염의 결과**: 생물의 종류와 수가 줄어들거나 생물이 멸종되기도 합니다.

1 어떤 장소에서 살아가는 생물과 생물을 둘러싸고 있는 환경이 서로 영향을 주고받는 것을 무엇이라고 합니까?

2 햇빛 등을 이용하여 살아가는 데 필요한 양분을 스스로 만드는 생물을 무엇이라고 합니까?

3 주로 죽은 생물이나 배설물을 분해하여 양분을 얻는 생물을 두 가지 쓰시오.

4 생태계에서 여러 개의 먹이 사슬이 얽혀 그물처럼 연결되어 있는 것을 무엇이라고 합니까?

5 먹이 사슬과 먹이 그물 중 생물이 함께 살아가기에 알맞은 형태는 무엇입니까?

6 어떤 지역에 살고 있는 생물의 종류와 수 또는 양이 균형을 이루며 안정된 상태를 유지하는 것을 무엇이라고 합니까?

7 콩나물이 잘 자라는 데 영향을 주는 비생물 요소를 두 가지 쓰시오.

8 개구리는 겨울에 먹을 것이 없고 온도가 낮기 때문에 ( )을/를 잡니다.

9 사람들의 활동으로 자연환경이나 생활 환경이 더럽혀지거나 훼손되는 현상을 무엇이라고 합니까?

10 자동차나 공장의 매연 배출 등으로 ( )이/가 오염됩니다.

※ 점수 표시가 없는 문항은 8점입니다.

1 숲 생태계의 구성 요소를 다음과 같이 분류할 때 분류 기준은 어느 것입니까? (   )

| 여우, 토끼, 뱀, 버섯, 쑥부쟁이, 곰팡이, 참새 | 햇빛, 온도, 공기, 흙 |

① 생태계와 환경
② 생물과 분해자
③ 생산자와 소비자
④ 1차 소비자와 2차 소비자
⑤ 생물 요소와 비생물 요소

2 생태계에 대한 설명으로 옳지 <u>않은</u> 것은 어느 것입니까? (   )

① 물, 돌은 비생물 요소이다.
② 화단 같은 작은 규모는 생태계가 아니다.
③ 살아 있지 않은 것은 비생물 요소라고 한다.
④ 붕어, 개구리, 수련, 곰팡이는 생물 요소이다.
⑤ 어떤 장소에서 서로 영향을 주고받는 생물 요소와 비생물 요소를 말한다.

3 곰팡이와 세균이 없어진다면 생태계에는 어떤 일이 일어날지 옳게 예상한 것은 어느 것입니까? (   )

① 생산자가 더 많아질 것이다.
② 생태계 평형이 유지될 것이다.
③ 생태계의 종류가 더 많아질 것이다.
④ 소비자의 먹이가 모두 없어질 것이다.
⑤ 우리 주변이 죽은 생물로 가득 차게 될 것이다.

4 살아가는 데 필요한 양분을 얻는 방법이 나머지와 <u>다른</u> 하나는 어느 것입니까? (   )

①
▲ 참새

②
▲ 개구리

③
▲ 고양이

④
▲ 배추

⑤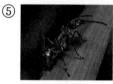
▲ 개미

5 다음에서 먹이 사슬의 가장 처음에 위치하는 생물은 어느 것입니까? (   )

① 벼   ② 매   ③ 뱀
④ 참새   ⑤ 메뚜기

6 다음과 같이 먹이 그물이 나타나는 까닭으로 옳은 것은 어느 것입니까? (   )

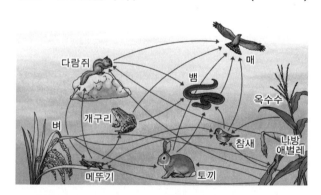

① 생산자의 수가 가장 많기 때문에
② 생물이 한 가지 생물에게만 먹히기 때문에
③ 동물은 여러 종류의 생물을 먹이로 하기 때문에
④ 먹이 사슬의 단계가 올라갈수록 생물의 수는 적어지기 때문에
⑤ 한 종류의 먹이가 부족해지면 다른 먹이를 먹을 수 없기 때문에

7 어느 섬에서 있었던 일입니다. ( ) 안의 알맞은 말을 순서대로 나열한 것은 어느 것입니까?

( )

> 식물이 무성하게 자란 섬에 물사슴 무리가 건너와 정착했다. 물사슴의 수가 많아지자 물사슴의 먹이인 식물이 ( ). 겨울에 물이 얼면서 늑대 무리가 섬에 들어와 물사슴을 잡아먹기 시작해 물사슴의 수는 줄고 식물은 다시 ( ).

① 늘어났다, 늘어났다
② 늘어났다, 줄어들었다
③ 줄어들었다, 늘어났다
④ 줄어들었다, 줄어들었다
⑤ 줄어들었다, 변하지 않았다

8 생태계 평형이 깨지는 원인 중 사람에 의한 것은 어느 것입니까? ( )

① 지진   ② 가뭄   ③ 홍수
④ 산불   ⑤ 도로 건설

9 다음과 같이 페트병 두 개에 콩나물을 넣고 하나에만 어둠상자를 씌운 후, 두 개에 똑같이 물을 주었습니다. 일주일 후 ㉠과 ㉡ 콩나물의 떡잎과 떡잎 아래 몸통의 모습을 각각 쓰시오. [10점]

서술형

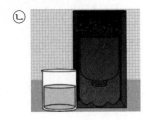

10 생물이 환경에 적응한 예로 알맞지 <u>않은</u> 것은 어느 것입니까? ( )

① 철새가 이동한다.
② 다람쥐는 겨울잠을 잔다.
③ 민들레는 흙이 있어야 잘 자란다.
④ 선인장은 굵은 줄기를 가지고 있다.
⑤ 박쥐는 시력이 나빠 귀로 초음파를 듣는다.

11 환경 오염과 그 원인을 옳게 짝 지은 것은 어느 것입니까? ( )

① 대기 오염 – 공장의 폐수
② 수질 오염 – 공장의 매연
③ 수질 오염 – 기름의 유출
④ 토양 오염 – 자동차 배기가스
⑤ 대기 오염 – 생활 하수의 배출

12 다음과 같이 일회용품 사용을 줄이는 것은 생태계 보전을 위해 우리가 실천할 수 있는 방법입니다. 이 외에 생태계 보전을 위해 우리가 실천할 수 있는 방법을 세 가지 쓰시오. [10점]

서술형

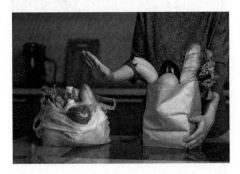

서술형 평가 1회

1 생태계 구성 요소에 대한 친구들의 대화입니다. 물음에 답하시오. [12점]

> • 인경: 생태계 구성 요소에는 비생물 요소와 생물 요소가 있어.
> • 석주: 비생물 요소에는 햇빛, 물, 공기, 곰팡이 등이 있어.
> • 경일: 생태계를 구성하는 생물 요소는 양분을 얻는 방법에 따라 생산자, 소비자, 분해자로 분류할 수 있어.

(1) 생태계 구성 요소에 대해 <u>틀리게</u> 말한 친구의 이름을 쓰시오. [2점]

(   )

(2) (1)의 답에 해당하는 친구의 말이 틀린 까닭을 쓰시오. [10점]

_____

_____

2 조건을 다르게 한 뒤 청경채 모종이 자라는 모습을 관찰한 결과입니다. 이 실험 결과로 알 수 있는 식물이 자라는 데 영향을 주는 비생물 요소와 그렇게 생각한 까닭을 쓰시오. [8점]

물을 충분히 주고 빛이 잘 드는 곳에 둔 청경채 모종	잎이 초록색을 띠며 길이가 크게 자랐다.
물을 충분히 주고 어둠상자로 덮은 청경채 모종	잎이 연한 연두색이나 노란색을 띠며 시들시들하고 잘 자라지 않았다.
물을 주지 않고 빛이 잘 드는 곳에 둔 청경채 모종	완전히 시들었다.

_____

_____

3 뇌조는 사는 곳의 환경에 따라 깃털 색깔이 변합니다. 이러한 특징은 뇌조가 살아가기에 어떤 점이 좋을지 쓰시오. [8점]

_____

_____

4 다음과 같은 토양 오염이 생태계에 미치는 영향을 두 가지 쓰시오. [8점]

_____

_____

※ 점수 표시가 없는 문항은 8점입니다.

1 비생물 요소를 보기 에서 골라 기호를 쓰시오.

> **보기**
> ㉠ 참새   ㉡ 붕어
> ㉢ 수련   ㉣ 세균
> ㉤ 공기   ㉥ 소금쟁이

(   )

2 분해자에 해당하는 것을 두 가지 고르시오.

(,   )

① ▲ 곰팡이

② ▲ 까치

③ ▲ 세균

④ ▲ 개구리

⑤ ▲ 수련

3 생태계를 구성하는 생물 요소를 세 가지로 분류할
서술형 수 있습니다. 어떻게 분류할 수 있는지 그 기준과
함께 쓰시오. [10점]

_____

_____

4 생태계 구성 요소 사이의 주고받는 영향에 대한 설명으로 옳은 것은 어느 것입니까?　(   )

① 뱀은 토끼풀에서 양분을 얻는다.
② 나무가 자라는 데 햇빛은 중요하지 않다.
③ 죽은 배추흰나비는 배추에 의해 분해된다.
④ 공기가 없으면 생물 요소들이 호흡할 수가 없다.
⑤ 물이 없으면 동물은 살 수 없지만 식물은 살 수 있다.

5 다음과 같이 먹이 관계가 한 방향으로만 연결된 것을 무엇이라고 하는지 쓰시오.

▲ 벼　▲ 메뚜기　▲ 개구리　▲ 뱀　▲ 매

(   )

6 먹이 관계가 먹이 그물의 형태처럼 서로 얽혀서 유리한 점은 어느 것입니까?　(   )

① 생산자의 수가 늘어난다.
② 소비자의 수가 줄어든다.
③ 생태계에서 분해자가 사라진다.
④ 새로운 종류의 생물이 나타난다.
⑤ 어느 한 종류의 먹이가 없어지더라도 다른 먹이를 먹고 살 수 있다.

7 생태계 평형에 대한 설명으로 옳은 것을 보기 에서 골라 기호를 쓰시오.

> **보기**
> ㉠ 건물을 지으면 생태계가 잘 유지된다.
> ㉡ 생태계 평형은 절대로 깨지지 않는다.
> ㉢ 생산자가 멸종해도 소비자의 수는 유지된다.
> ㉣ 어떤 지역에서 생물의 종류와 수가 균형을 이루는 것을 말한다.

( )

8 햇빛과 물이 콩나물의 자람에 미치는 영향을 알아보는 실험입니다. 일주일 뒤 콩나물에 대한 설명으로 옳지 <u>않은</u> 것은 어느 것입니까? ( )

햇빛이 잘 드는 곳에 놓아둔 콩나물	어둠상자로 덮어 놓은 콩나물
㉠ 물을 준 것 ㉡ 물을 주지 않은 것	㉢ 물을 준 것 ㉣ 물을 주지 않은 것

① ㉠과 ㉡은 떡잎이 초록색으로 변했다.
② ㉢과 ㉣은 떡잎이 노란색이다.
③ ㉡과 ㉣은 떡잎 아래 몸통이 가늘어지고 시들었다.
④ ㉠은 떡잎 아래 몸통이 길고 굵으며, 노란색 본잎이 나왔다.
⑤ ㉢은 떡잎 아래 몸통이 곧고 길게 자랐다.

9 비생물 요소가 생물에 미치는 영향을 나타낸 것입니다. ( ) 안에 공통으로 들어갈 비생물 요소를 쓰시오.

식물은 ( )을/를 이용해 양분을 만들어요.

책을 보는 데 ( )이/가 필요해요.

( )

10 생김새가 환경에 적응한 예로 옳은 것을 두 가지 고르시오. (,)

① 대벌레의 몸
② 철새의 이동
③ 다람쥐의 겨울잠
④ 선인장의 굵은 줄기
⑤ 밤에 주로 사냥하는 부엉이

11 강물이 오염된 모습입니다. 물의 오염이 생물에 미치는 영향을 두 가지 쓰시오. [10점]

서술형

_____

_____

12 다음과 같은 자동차의 배기가스나 공장의 매연은 어떤 오염의 원인이 되는지 쓰시오.

( )

1 학교 화단에서 볼 수 있는 생물 요소를 나타낸 것입니다. 물음에 답하시오. [12점]

> 민들레, 공벌레, 개미, 진달래, 까치

(1) 생물 요소를 생산자와 소비자로 분류하시오. [4점]

생산자	소비자

(2) 위 (1)의 답과 같이 분류한 까닭을 쓰시오. [8점]

_____

_____

2 식물만 무성하던 어떤 섬에 물사슴과 늑대가 들어왔을 때 일어난 일입니다. (가)에 들어갈 알맞은 내용을 쓰시오. [8점]

> 식물만 무성했던 섬에 물사슴 무리가 정착했다.
>
> ⬇
>
> 몇 년 뒤, 물사슴의 수가 많아져 식물이 줄어들어 섬이 황폐해졌다.
>
> ⬇
>
> 늑대 무리가 섬에 들어와 물사슴을 잡아 먹기 시작했다.
>
> ⬇
>
> (가)

_____

_____

3 다음과 같이 페트병 두 개에 콩나물을 각각 넣은 후 햇빛이 잘 드는 곳에 두고 하나의 페트병에만 물을 자주 주었습니다. 물음에 답하시오. [12점]

(1) 위 실험은 콩나물의 자람에 어떤 비생물 요소가 미치는 영향을 알아보는 것인지 쓰시오. [2점]

(   )

(2) 일주일이 지난 뒤 두 콩나물의 떡잎과 자란 정도를 쓰시오. [10점]

물을 준 콩나물은 _____

_____

물을 주지 않은 콩나물은 _____

_____

4 오른쪽의 다람쥐가 추운 겨울을 지내기에 유리하게 어떻게 적응되었는지 쓰시오.

[8점]

_____

3 날씨와 우리 생활

1 습도가 우리에게 미치는 영향

- 습도: 공기 중에 수증기가 포함된 정도
- 습도와 우리 생활

구분	습도가 높을 때	습도가 낮을 때
우리 생활에 미치는 영향	• 곰팡이가 잘 핀다. • 음식물이 쉽게 부패한다. • 빨래가 잘 마르지 않는다.	• 산불이 나기 쉽다. • 피부가 쉽게 건조해진다. • 빨래가 잘 마른다.
습도를 조절하는 방법	• 제습기를 사용한다. • 숯이나 소금을 놓아 둔다.	• 가습기를 사용한다. • 젖은 수건을 널어 둔다.

2 이슬과 안개, 구름

- 이슬: 공기 중의 수증기가 차가운 물체에 닿아 응결하여 물방울로 맺힌 것
- 안개: 지표면 근처에서 공기 중의 수증기가 응결하여 작은 물방울로 떠 있는 것
- 이슬과 안개 발생 실험

구분	차가운 물과 조각 얼음을 넣은 집기병 표면	집기병 안을 데운 뒤 조각 얼음이 담긴 페트리 접시를 올린 집기병 안
변화	집기병 표면에 작은 물방울이 맺힌다. ⇨ 이슬	집기병 안이 뿌옇게 흐려진다. ⇨ 안개
까닭	집기병 바깥에 있는 공기 중 수증기가 응결해 집기병 표면에 물방울로 맺히기 때문이다.	집기병 안이 조각 얼음 때문에 차가워져 집기병 안의 수증기가 응결하기 때문이다.

- 구름: 공기가 위로 올라가면서 온도가 낮아지면 공기 중의 수증기가 응결해 물방울이 되거나 더 낮은 온도에서 얼음 알갱이가 되어 하늘에 떠 있는 것
- 이슬, 안개, 구름의 공통점과 차이점
① 공통점: 공기 중의 수증기가 응결하여 만들어집니다.
② 차이점: 이슬은 물체 표면에 맺혀 있고, 안개는 지표면 근처에 떠 있으며, 구름은 높은 하늘에 떠 있습니다.

3 비와 눈이 내리는 과정

- 비가 내리는 과정
① 구름 속 작은 물방울이 합쳐지면서 커지고 무거워져 떨어지면 비가 됩니다.
② 구름 속 얼음 알갱이의 크기가 커지면서 무거워져 떨어질 때 기온이 높은 지역을 지나면 녹아서 빗방울이 됩니다.
- 눈이 내리는 과정: 구름 속 얼음 알갱이가 커지면서 무거워져 녹지 않은 채 떨어지면 눈이 됩니다.

4 고기압과 저기압

- 고기압: 주위보다 상대적으로 기압이 높은 곳
- 저기압: 주위보다 상대적으로 기압이 낮은 곳
- 기온에 따른 공기의 무게 비교: 차가운 공기는 따뜻한 공기보다 무겁습니다. 즉, 차가운 공기가 따뜻한 공기보다 기압이 높습니다.

5 바람이 부는 까닭

- 바람: 고기압에서 저기압으로 공기가 이동하는 것
- 바닷가에서 낮과 밤에 부는 바람의 방향

구분	낮에 부는 바람(해풍)	밤에 부는 바람(육풍)
바람이 부는 방향	육지 ← 바다	육지 → 바다
바람이 부는 까닭	낮에는 육지가 바다보다 온도가 높으므로 육지 위는 저기압, 바다 위는 고기압이 된다.	밤에는 바다가 육지보다 온도가 높으므로 바다 위는 저기압, 육지 위는 고기압이 된다.

6 우리나라의 계절별 날씨의 특징

봄, 가을	남서쪽의 대륙에서 이동해 오는 공기 덩어리의 영향으로 따뜻하고 건조하다.
초여름	북동쪽의 바다에서 이동해 오는 공기 덩어리의 영향으로 차고 습하다.
여름	남동쪽의 바다에서 이동해 오는 공기 덩어리의 영향으로 덥고 습하다.
겨울	북서쪽의 대륙에서 이동해 오는 공기 덩어리의 영향으로 차고 건조하다.

1 공기 중에 수증기가 포함된 정도를 무엇이라고 합니까?

2 습도가 높은 날과 낮은 날 중 빨래가 잘 마르는 날은 언제입니까?

3 밤에 지표면 근처의 공기가 차가워져 공기 중의 수증기가 응결하여 작은 물방울로 떠 있는 것을 무엇이라고 합니까?

4 ( ) 속의 작은 물방울이 합쳐지면서 무거워져 떨어지면 비가 됩니다.

5 공기의 무게로 생기는 누르는 힘을 무엇이라고 합니까?

6 상대적으로 공기가 무거운 것을 ( )(이)라고 하고, 상대적으로 공기가 가벼운 것을 ( )(이)라고 합니다.

7 어느 두 지점 사이에 기압 차이가 생기면 공기는 (저기압, 고기압)에서 (저기압, 고기압)으로 이동합니다.

8 바닷가에서 낮에 바다에서 육지로 부는 바람을 무엇이라고 합니까?

9 우리나라의 날씨는 주변 지역에서 이동해 오는 ( )의 영향으로 계절별로 서로 다른 특징이 있습니다.

10 쪽리나라의 여름 날씨는 ( )쪽 ( )에서 이동해 오는 공기 덩어리의 영향으로 덥고 습합니다.

※ 점수 표시가 없는 문항은 8점입니다.

1 다음 건습구 습도계에서 ㉠의 온도는 25 ℃, ㉡의 온도는 22 ℃였습니다. 습도표를 이용하여 현재 습도를 구하시오.

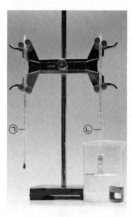

(단위 : %)

건구 온도 (℃)	건구 온도와 습구 온도의 차(℃)			
	0	1	2	3
22	100	92	83	76
23	100	92	84	76
24	100	92	84	77
25	100	92	84	77
26	100	92	85	78

(   )

2 습도가 높을 때에 나타날 수 있는 현상은 어느 것입니까? (   )

① 빨래가 잘 마른다.
② 곰팡이가 잘 핀다.
③ 피부가 건조해진다.
④ 산불이 발생하기 쉽다.
⑤ 감기와 같은 호흡기 질환에 걸리기 쉽다.

3 이슬에 대한 설명으로 옳은 것은 어느 것입니까? (   )

① 맑은 날 한낮에 볼 수 있다.
② 공기의 습한 정도를 나타낸다.
③ 수증기가 응결해 지표면 근처에 작은 물방울이 떠 있는 것이다.
④ 구름 속 얼음 알갱이의 크기가 커지면서 무거워져 떨어지는 것이다.
⑤ 밤에 기온이 낮아지면 나뭇가지나 풀잎 표면 등에 수증기가 응결해 물방울로 맺히는 것이다.

4 오른쪽은 따뜻한 물로 데운 집기병 안에 향 연기를 넣은 후 조각 얼음이 담긴 페트리 접시를 집기병 위에 올려놓은 것입니다. 실험 결과 집기병 안에서 나타나는 현상에 대한 설명으로 옳은 것을 보기 에서 모두 골라 기호를 쓰시오.

보기
㉠ 얼음이 생긴다.
㉡ 뿌옇게 흐려진다.
㉢ 온도가 높아진다.
㉣ 수증기의 응결 현상이 일어난다.

(   )

5 다음 두 자연 현상에서 공통적으로 나타나는 현상은 어느 것입니까? (   )

▲ 안개   ▲ 구름

① 물이 언다.   ② 얼음이 녹는다.
③ 수증기가 언다.   ④ 수증기가 응결한다.
⑤ 공기가 뜨거워진다.

6 구름 속 얼음 알갱이가 비와 눈이 되어 내리는 과정을 쓰시오. [10점]

서술형

_____

_____

7 기압에 대한 설명으로 옳지 <u>않은</u> 것은 어느 것입니까? (   )

① 공기의 양이 많을수록 무겁다.
② 저기압은 주위보다 공기의 양이 적다.
③ 고기압은 상대적으로 기압이 높은 곳이다.
④ 차가운 공기는 따뜻한 공기보다 기압이 높다.
⑤ 따뜻한 공기는 차가운 공기보다 일정한 부피에 들어 있는 공기 알갱이가 많아 무겁다.

8 다음과 같이 따뜻한 물과 얼음물 사이에 향을 피웠습니다. 이 실험에 대한 설명으로 옳은 것을 두 가지 고르시오. (,   )

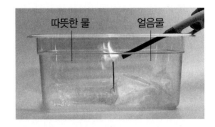

① 얼음물 위는 저기압이 된다.
② 따뜻한 물 위는 고기압이 된다.
③ 얼음물 위와 따뜻한 물 위의 기압은 서로 같다.
④ 향 연기의 움직임으로 공기의 이동을 알 수 있다.
⑤ 향 연기는 얼음물 위에서 따뜻한 물 위로 이동한다.

9 바닷가에서 부는 바람에 대한 설명으로 옳지 <u>않은</u> 것은 어느 것입니까? (   )

① 낮에 부는 바람은 해풍이다.
② 육지와 바다의 기온 차이는 항상 일정하다.
③ 육지와 바다의 기압 차이가 바람을 일으킨다.
④ 바닷가에서는 낮과 밤에 부는 바람의 방향이 다르다.
⑤ 육지 위와 바다 위에서 고기압과 저기압의 위치가 서로 바뀌면 바람의 방향이 달라진다.

10 다음은 바닷가에서 낮의 모습을 나타낸 것입니다. <u>틀리게</u> 나타낸 곳의 기호를 쓰시오.

(   )

11 남쪽 대륙에서 이동해 오는 공기 덩어리의 성질로 옳은 것은 어느 것입니까? (   )

① 차갑고 습하다.
② 차갑고 건조하다.
③ 따뜻하고 습하다.
④ 선선하고 습하다.
⑤ 따뜻하고 건조하다.

12 다음은 우리나라의 계절별 날씨에 영향을 미치는 공기 덩어리를 나타낸 것입니다. ㉠ 공기 덩어리의 성질을 쓰고, 우리나라의 계절에 어떤 영향을 주는지 쓰시오. [10점]

서술형

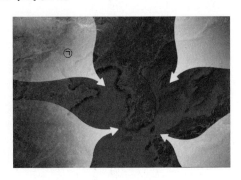

1 비가 자주 오는 여름 장마철에는 다음과 같이 음식물이 부패하기 쉽습니다. 물음에 답하시오. [12점]

— 곰팡이

(1) 위와 같이 음식이 부패하기 쉬운 날은 습도가 낮은지 높은지 쓰시오. [2점]

습도가 ( ).

(2) 위 (1)의 답과 같은 날 우리 생활에서 습도를 조절하는 방법을 두 가지 쓰시오. [10점]

_____

_____

2 집기병을 데운 뒤 향 연기를 넣고 집기병 위에 조각 얼음이 담긴 페트리 접시를 올렸더니 집기병 안이 뿌옇게 흐려졌습니다. 뿌옇게 흐려지는 까닭을 쓰시오. [8점]

_____

_____

3 오른쪽은 공기를 가득 넣어 부풀어 오른 비치볼입니다. 물음에 답하시오. [12점]

(1) 비치볼 내부와 외부를 고기압과 저기압으로 구분하시오. [2점]

비치볼 내부: ( ), 비치볼 외부: ( )

(2) 비치볼에 구멍이 난다면 공기는 어떻게 이동하는지 ( ) 안에 들어갈 알맞은 말을 순서대로 쓰시오. [2점]

> 비치볼 ( )에서 ( )(으)로 공기가 빠져 나간다.

(,)

(3) 위 (1)과 (2)의 답으로 알 수 있는 공기의 이동을 기압과 관련지어 쓰시오. [8점]

_____

_____

4 우리나라가 계절에 따라 날씨가 달라지는 까닭을 다음 그림과 관련지어 쓰시오. [8점]

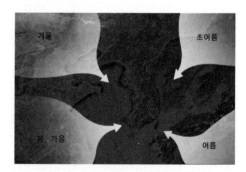

_____

_____

단원 평가 2회

※ 점수 표시가 없는 문항은 8점입니다.

1 건습구 습도계로 측정한 건구 온도가 15 ℃이고, 습구 온도가 13 ℃일 때 습도표를 이용하여 현재 습도를 구하는 방법으로 옳지 <u>않은</u> 것을 보기 에서 골라 기호를 쓰시오.

> 보기
> ㉠ 습도표의 세로줄에서 15 ℃를 찾아 표시한다.
> ㉡ 건구 온도와 습구 온도를 더한 숫자를 가로줄에서 찾아 표시한다.
> ㉢ 습도는 숫자에 단위 %를 붙여 읽는다.

( )

2 피부가 건조해지기 쉬운 날에 집 안의 습도를 조절하는 방법으로 옳은 것을 두 가지 고르시오.

(,)

① 제습제를 사용한다.
② 가습기를 사용한다.
③ 난방기를 사용한다.
④ 실내에 마른 숯을 놓아둔다.
⑤ 실내에 젖은 빨래를 널어둔다.

3 다음은 무엇에 대한 설명인지 쓰시오.

> • 냉장고에서 꺼낸 음료수병의 표면에 물방울이 생기는 현상과 같다.
> • 밤에 차가워진 나뭇가지나 풀잎 표면 등에 수증기가 응결해 물방울로 맺히는 것이다.

( )

4 다음은 무엇이 만들어지는 과정인지 쓰시오.

> 공기가 지표면에서 하늘로 올라간다. → 공기 중 수증기가 응결해 물방울이 되거나 얼음 알갱이가 되어 하늘에 떠 있다. → 얼음 알갱이의 크기가 커지면서 무거워진다. → 떨어질 때 녹지 않은 채로 떨어진다.

( )

5 공기 중 수증기가 응결해 지표면 가까이에 떠 있는 것은 어느 것입니까? ( )

①
▲ 이슬

②
▲ 구름

③
▲ 비

④
▲ 안개

6 다음에서 설명하는 날씨 현상으로 옳은 것은 어느 것입니까? ( )

> 구름 속 작은 물방울이 합쳐지면서 무거워져 떨어지거나, 구름 속 작은 얼음 알갱이가 커지면서 무거워져 떨어질 때 녹은 것이다.

① 눈   ② 비   ③ 이슬
④ 안개   ⑤ 바람

7

서술형

다음은 똑같은 플라스틱 통 두 개에 차가운 공기와 따뜻한 공기를 각각 넣고 무게를 측정한 결과입니다. 이와 같은 결과가 나타난 까닭을 쓰시오. [10점]

구분	차가운 공기를 넣은 플라스틱 통	따뜻한 공기를 넣은 플라스틱 통
무게(g)	278.0	277.3

8 기압과 바람에 대한 설명으로 옳지 **않은** 것은 어느 것입니까? ( )

① 기압은 공기의 무게로 가하는 힘이다.
② 공기는 저기압에서 고기압으로 이동한다.
③ 기압 차로 공기가 이동하는 것이 바람이다.
④ 일정한 부피에서 공기 알갱이가 많을수록 기압이 높다.
⑤ 공기가 상대적으로 무거운 것을 고기압, 공기가 상대적으로 가벼운 것을 저기압이라고 한다.

9 다음 그래프는 바닷가에서 하루 동안 측정한 육지와 바다의 기온을 나타낸 것입니다. 이에 대한 설명으로 옳은 것은 어느 것입니까? ( )

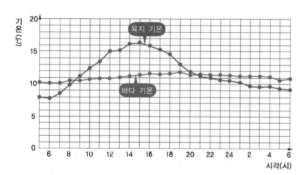

① 육지 기온은 18시 무렵에 가장 높다.
② 육지는 바다에 비하여 온도 변화가 작다.
③ 육지의 온도는 바다의 온도보다 항상 높다.
④ 밤에는 육지의 온도가 바다의 온도보다 낮다.
⑤ 낮에는 바다의 온도가 육지의 온도보다 높다.

10 다음 바닷가의 바람 자루의 모습을 보고 알 수 있는 사실로 옳은 것은 어느 것입니까? ( )

① 육풍이 불고 있다.
② 육지와 바다의 온도가 비슷하다.
③ 육지가 바다보다 온도가 더 낮다.
④ 바람이 육지에서 바다로 불고 있다.
⑤ 육지 위는 저기압, 바다 위는 고기압이다.

11

서술형

다음은 어느 날 일기 예보의 내용입니다. 가을의 날씨가 ㉠과 같이 나타나는 까닭을 쓰시오. [10점]

> 이번 주까지는 습하고 더웠습니다. 다음 주부터는 가을로 접어들어, ㉠ 따뜻하고 건조한 날씨가 나타나겠습니다.

12 우리나라의 여름과 겨울 날씨에 영향을 미치는 공기 덩어리는 어디에서 이동해 온 것인지 옳게 짝 지은 것은 어느 것입니까? ( )

	여름 날씨	겨울 날씨
①	북서쪽 대륙	남동쪽 바다
②	북서쪽 바다	남동쪽 대륙
③	남동쪽 바다	북서쪽 대륙
④	남동쪽 대륙	북서쪽 바다
⑤	남동쪽 대륙	남서쪽 바다

1 습도가 낮은 날씨는 우리 생활에 어떤 영향을 미치는지 두 가지 쓰시오. [8점]

_____

_____

2 다음은 이슬, 안개 발생 실험입니다. 물음에 답하시오. [12점]

▲ 이슬 발생 실험   ▲ 안개 발생 실험

(1) 위 실험에서 관찰할 수 있는 공통의 현상을 쓰시오. [6점]

_____

_____

(2) 자연에서 발생하는 이슬, 안개의 차이점을 쓰시오. [6점]

_____

_____

3 다음은 바닷가의 낮과 밤의 모습입니다. 육지에서 바다로 바람이 부는 때의 기호와 그 까닭을 쓰시오. [8점]

▲ 낮   ▲ 밤

_____

_____

4 어느 해 여름에 북서쪽 공기 덩어리의 영향이 강해졌습니다. 그해 여름 날씨는 어떠할지 까닭과 함께 쓰시오. [8점]

_____

_____

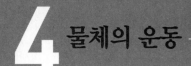

1 물체의 운동 나타내기

- **물체의 운동**: 시간이 지남에 따라 물체의 위치가 변할 때 '물체가 운동한다'라고 합니다.
- **운동하지 않은 물체**: 시간이 지남에 따라 위치가 변하지 않는 물체
- **물체의 운동을 나타내는 방법**: 물체가 이동하는 데 걸린 시간과 이동 거리로 나타냅니다. ⑩ 자전거는 1초 동안 2 m를 이동했습니다.
- 우리 주변에 있는 여러 가지 운동 나타내기

운동한 물체	운동하지 않은 물체
하늘을 나는 비둘기, 하늘을 나는 비행기 등	나무, 신호등, 도로 표지판, 건물, 동상 등

2 여러 가지 물체의 운동

- 빠르기가 변하는 운동을 하는 물체와 빠르기가 일정한 운동을 하는 물체

빠르기가 변하는 운동을 하는 물체	빠르기가 일정한 운동을 하는 물체
비행기, 치타, 펭귄, 배드민턴공, 컬링 스톤, 레일 바이크, 바이킹, 롤러코스터 등	자동길, 케이블카, 스키장 승강기, 회전목마, 순환 열차, 자동계단 등

- **빠르기가 변하는 물체의 운동의 예**: 비행기는 활주로에서 천천히 움직이다가 점점 빠르게 달려 하늘로 날아갑니다.

3 같은 거리를 이동한 물체의 빠르기 비교하기

- 같은 거리를 이동한 물체의 빠르기는 물체가 이동하는 데 걸리는 시간으로 비교합니다.

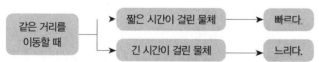

- **같은 거리를 이동하는 데 걸린 시간을 측정해 빠르기를 비교하는 운동 경기**: 스피드 스케이팅, 조정, 마라톤, 수영, 100 m 달리기, 쇼트 트랙 등

4 같은 시간 동안 이동한 물체의 빠르기 비교하기

- 같은 시간 동안 이동한 물체의 빠르기는 물체가 이동한 거리로 비교합니다.

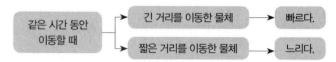

- **교통수단의 빠르기 비교**: 같은 시간 동안 가장 먼 거리를 이동한 것이 가장 빠른 교통수단입니다.

5 물체의 빠르기를 속력으로 나타내기

- 이동하는 데 걸린 시간과 이동 거리가 모두 다른 물체의 빠르기는 속력으로 나타내 비교하면 편리합니다.

속력	단위 시간 동안에 물체가 이동한 거리
구하는 방법	(속력) = (이동 거리) ÷ (걸린 시간) ⑩ 3시간 동안 240 km를 이동하는 자동차 　(자동차의 속력) = (이동 거리) ÷ (걸린 시간) = 240 km ÷ 3 h = 80 km/h
읽는 방법	'팔십 킬로미터 매 시' 또는 '시속 팔십 킬로미터'
속력의 의미	80 km/h는 1시간 동안 80 km를 이동한 물체의 속력

- **속력이 크다는 뜻**
① 속력이 큰 물체가 더 빠릅니다.
② 같은 시간 동안 더 긴 거리를 이동하거나, 같은 거리를 이동하는 데 더 짧은 시간이 걸린다는 뜻입니다.

6 속력과 관련된 안전장치와 안전 사항

- **속력과 관련된 안전장치**
① 자동차에 설치된 안전장치: 안전띠, 에어백 등
② 도로에 설치된 안전장치: 과속 방지 턱, 어린이 보호 구역 표지판 등

- **도로 주변에서 지켜야 할 교통안전 수칙**
① 길을 건너기 전에 자동차가 멈췄는지 확인합니다.
② 도로 주변에서는 공을 공 주머니에 넣고 다닙니다.
③ 초록색 신호등이 켜지면 잠시 기다린 다음 좌우를 살피며 횡단보도를 건넙니다.
④ 버스가 정류장에 도착할 때까지는 인도에서 기다립니다.

1 물체의 위치가 시간이 지남에 따라 변할 때 물체가 (   )한다고 합니다.

2 달리는 자동차와 도로 표지판 중 운동하는 물체는 어느 것입니까?

3 물체의 운동은 물체가 이동하는 데 걸린 시간과 (   )(으)로 나타냅니다.

4 같은 거리를 이동한 물체의 빠르기는 무엇을 측정하여 비교합니까?

5 같은 거리를 이동하는 데 (짧은, 긴) 시간이 걸린 물체가 더 빠릅니다.

6 같은 시간 동안에 긴 거리를 이동한 물체와 짧은 거리를 이동한 물체 중 더 빠른 것은 어느 것입니까?

7 단위 시간 동안 물체가 이동한 거리를 무엇이라고 합니까?

8 기차가 3시간 동안에 420 km를 이동했습니다. 이 기차의 속력은 얼마입니까?

9 속력이 (큰, 작은) 물체가 더 빠릅니다.

10 속력과 관련된 도로에 설치된 안전장치에는 (   )과/와 (   )이/가 있습니다.

※ 점수 표시가 없는 문항은 8점입니다.

1 운동하는 물체가 <u>아닌</u> 것은 어느 것입니까?
( )

①
▲ 구름

②
▲ 음수대

③
▲ 걷는 사람

④
▲ 달리는 자전거

⑤
▲ 뛰어 가는 강아지

2 물체의 운동을 나타낸 것으로 옳은 것은 어느 것입니까? ( )

① 지우는 10분 동안 운동하였다.
② 대수는 50 m 달리기로 운동하였다.
③ 유현이는 10분 동안에 학교까지 갔다.
④ 재영이는 교문 앞에서 50 m를 이동했다.
⑤ 형철이는 10분 동안 150 m를 이동했다.

3 여러 가지 물체의 운동에 대한 설명으로 옳지 <u>않은</u> 것은 어느 것입니까? ( )

① 비행기는 일정한 빠르기로 운동한다.
② 펭귄은 빠르기가 변하는 운동을 한다.
③ 컬링 스톤은 달팽이보다 빠르게 운동한다.
④ 롤러코스터는 빠르게 운동하기도 하고, 느리게 운동하기도 한다.
⑤ 우리 생활에서는 점점 빨라지거나 점점 느려지는 운동을 하는 물체가 있다.

4 같은 거리를 이동한 물체의 빠르기를 비교하는 방법으로 옳은 것은 어느 것입니까? ( )

① 먼저 출발한 물체가 더 빠른 것이다.
② 나중에 도착한 물체가 더 빠른 것이다.
③ 이동하는 데 걸린 시간이 길수록 더 빠른 것이다.
④ 이동하는 데 걸린 시간이 짧을수록 더 빠른 것이다.
⑤ 물체가 같은 시간 동안에 이동한 거리가 짧을수록 빠른 것이다.

5 다음은 50 m 달리기의 결승선 모습입니다. 가장 빠르게 달린 사람의 기호를 쓰고, 그렇게 생각한 까닭을 쓰시오. [10점]

서술형

_____

_____

6 다음은 1시간 동안 여러 교통수단이 이동한 거리를 나타낸 것입니다. 2시간 동안 80 km를 이동할 수 있는 물체의 빠르기를 다음 교통수단의 빠르기와 옳게 비교한 것은 어느 것입니까? ( )

- 자전거: 20 km
- 자동차: 80 km
- 배: 40 km
- 기차: 100 km

① 기차보다 빠르다.   ② 자전거보다 느리다.
③ 자동차보다 빠르다.   ④ 배와 빠르기가 같다.
⑤ 기차와 빠르기가 같다.

7 같은 거리를 이동하는 데 걸린 시간을 측정해 빠르기를 비교하는 운동 경기가 <u>아닌</u> 것은 어느 것입니까? ( )

①
▲ 축구

②
▲ 알파인 스키

③
▲ 조정

④
▲ 사이클 경기

⑤
▲ 카누

8 다음은 세 가지 달리기 종목의 측정 결과를 나타낸 것입니다. 이에 대한 설명으로 옳은 것을 두 가지 고르시오. (,)

종목	한 발로 뛰기	양발 이어 걷기	2인 3각 걷기
경기 시간(초)	5	5	5
이동 거리(m)	25	6	15

① 가장 빠른 종목은 한 발로 뛰기이다.
② 5초 동안 긴 거리를 이동할수록 빠른 종목이다.
③ 같은 거리를 이동한 시간으로 빠르기를 비교한 것이다.
④ 이동하는 데 걸린 시간이 짧을수록 더 빠르다는 것을 알 수 있다.
⑤ 경기 시간이 같아서 세 가지 달리기 종목의 빠르기를 비교할 수가 없다.

9 2 m/s를 옳게 읽은 것은 어느 것입니까? ( )

① 속력 이 미터
② 시속 이 미터
③ 초속 이 미터
④ 초속 이 킬로미터
⑤ 미터 매 초 이

10 다음에서 가장 빠른 것은 어느 것입니까? ( )

① 5초 동안에 40 m를 달리는 사람
② 12초 동안에 240 m를 달리는 말
③ 20초 동안에 360 m를 달리는 타조
④ 60초 동안에 480 m를 헤엄치는 고래
⑤ 30초 동안에 660 m를 달리는 톰슨가젤

11 도로 주변에서 위험하게 행동한 경우는 어느 것입니까? ( )

① 버스에서 내린 뒤 급하게 길을 건넌다.
② 도로 주변에서 공을 공 주머니에 넣고 다닌다.
③ 버스를 기다릴 때에는 차도에 내려오지 않는다.
④ 횡단보도를 건널 때 자동차가 멈췄는지 확인하고 건넌다.
⑤ 횡단보도에서는 자전거에서 내려 자전거를 끌고 길을 건넌다.

12
서술형

학교 앞 어린이 보호 구역에서 자동차로 인한 사고를 줄이기 위해 자동차가 천천히 지나갈 수 있도록 하는 방법을 쓰시오. [10점]

서술형 평가 1회

1 다음과 같이 운동하는 물체를 분류했을 때 분류 기준을 '빠르기'라는 단어를 포함해 쓰시오. [8점]

▲ 비행기　　　▲ 치타

▲ 케이블카　　　▲ 자동길

---

2 2초 동안 이동한 두 사람의 운동을 관찰하고, 물음에 답하시오. [12점]

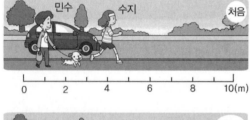

(1) 더 빠르게 이동한 사람의 이름을 쓰시오. [4점]

(　　　　　)

(2) 위 (1)의 답과 같이 생각한 까닭을 쓰시오. [8점]

---

3 다음은 여러 가지 교통수단의 속력을 나타낸 것입니다. 물음에 답하시오. [12점]

버스는 2시간 동안 120 km를 이동했어.

승용차는 3시간 동안 240 km를 이동했어.

(1) 각 교통수단의 속력을 구하고, 구한 값은 각각 무엇을 의미하는지 쓰시오. [8점]

구분	속력	뜻
승용차		
버스		

(2) 각 교통수단의 속력을 비교하여 빠른 것부터 순서대로 쓰시오. [4점]

(　　　　　 , 　　　　　)

---

4 다음과 같이 자동차의 속력을 제한하는 까닭을 쓰시오. [8점]

단원 평가 2회

※ 점수 표시가 없는 문항은 8점입니다.

1 운동하는 물체는 어느 것입니까? ( )

①
▲ 동상

②
▲ 버스 정류장

③
▲ 신호등

④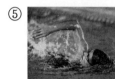
▲ 육교

⑤
▲ 수영하는 사람

2 다음은 1초 간격으로 거리의 모습을 나타낸 것입니다. 이에 대한 설명으로 옳지 <u>않은</u> 것은 어느 것입니까? ( )

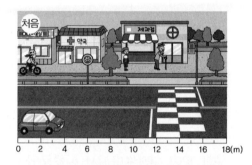

① 나무는 위치 변화가 없다.
② 자동차는 1초 동안 7 m를 이동했다.
③ 할아버지는 1초 동안 1 m를 이동했다.
④ 운동한 물체와 운동하지 않은 물체가 있다.
⑤ 자전거는 1초 동안 가장 긴 거리를 이동했다.

3 서술형 자동계단과 바이킹의 운동을 서로 비교하여 쓰시오. [10점]

_____

_____

4 다음 운동 경기의 공통점으로 옳은 것은 어느 것입니까? ( )

> 조정, 자동차 경주, 수영, 쇼트 트랙

① 물에서 하는 운동 경기이다.
② 공을 사용하는 운동 경기이다.
③ 같은 시간 동안 긴 거리를 이동할수록 이기는 운동 경기이다.
④ 출발선에서 먼저 출발하는 것으로 빠르기를 비교하는 운동 경기이다.
⑤ 같은 거리를 이동하는 데 걸리는 시간을 측정해 빠르기를 비교하는 운동 경기이다.

5 100 m 달리기를 할 때 빠르기를 비교하는 방법으로 옳은 것을 두 가지 고르시오. (,)

① 이동한 거리로 비교한다.
② 출발이 빠른 순서로 비교한다.
③ 결승선에 먼저 도착한 순으로 비교한다.
④ 중간 지점을 먼저 통과한 순으로 비교한다.
⑤ 결승선까지 달리는 데 걸린 시간을 측정해서 비교한다.

6 다음은 3시간 동안 여러 교통수단이 이동한 거리를 나타낸 것입니다. 교통수단의 빠르기가 가장 빠른 것부터 순서대로 쓰시오.

자전거	배	승용차	기차	시내버스
60 km	120 km	240 km	300 km	180 km

( )

7 물체의 빠르기를 비교하는 방법으로 옳지 <u>않은</u> 것을 보기 에서 기호를 골라 쓰시오.

> 보기
> ㉠ 마라톤은 이동한 거리로 비교한다.
> ㉡ 같은 시간 동안 물체가 이동한 거리로 비교한다.
> ㉢ 물체가 이동한 거리를 걸린 시간으로 나누어 비교한다.
> ㉣ 500 m 스피드 스케이팅은 500 m를 타는 데 걸린 시간으로 비교한다.

( )

8 같은 시간 동안 이동한 물체의 빠르기를 비교하는 방법으로 옳은 것은 어느 것입니까? ( )

① 가장 늦게 출발한 물체가 더 빠르다.
② 긴 거리를 이동한 물체가 더 빠르다.
③ 짧은 거리를 이동한 물체가 더 빠르다.
④ 이동하는 데 긴 시간이 걸린 물체가 더 빠르다.
⑤ 이동하는 데 짧은 시간이 걸린 물체가 더 빠르다.

9 다음 두 가지 달리기 종목의 속력에 대한 설명으로 옳지 <u>않은</u> 것은 어느 것입니까? ( )

> • 한 발로 뛰기는 10초 동안 30 m를 이동했다.
> • 양발 이어 걷기는 3초 동안 6 m를 이동했다.

① 속력이 큰 물체가 더 빠르다.
② 한 발로 뛰기의 속력은 3 m/s이다.
③ 한 발로 뛰기는 양발 이어 걷기보다 느리다.
④ 걸린 시간과 이동 거리로 속력을 구할 수 있다.
⑤ 한 발로 뛰기는 같은 시간 동안 양발 이어 걷기보다 더 멀리 간다.

10 오른쪽에 대한 설명으로 옳지 <u>않은</u> 것은 어느 것입니까? ( )

> 4 m/s

① 4 km/h와 같은 속력이다.
② '초속 사 미터'라고 읽는다.
③ 1초 동안 4 m를 이동한 물체의 속력이다.
④ 10초 동안 40 m를 이동한 물체의 속력과 같다.
⑤ 속력이 5 m/s인 물체보다 느린 물체의 속력이다.

11 운동하는 물체 때문에 일어나는 안전사고를 예방하기 위해 안전 수칙을 실천한 것으로 옳은 것을 보기 에서 골라 기호를 쓰시오.

> 보기
> ㉠ 복도에서 뛰어다닌다.
> ㉡ 자동길에서 반대로 이동한다.
> ㉢ 회전문은 천천히 밀고 지나간다.
> ㉣ 가게에서 장보기수레에 올라탄다.

( )

12 다음과 같이 횡단보도에서 신호등의 초록불이 켜졌을 때 지켜야 할 안전 수칙을 쓰시오. [10점]

서술형

_____

_____

서술형 평가 2^회

1 다음은 거리의 모습을 1초 간격으로 나타낸 것입니다. 물음에 답하시오. [12점]

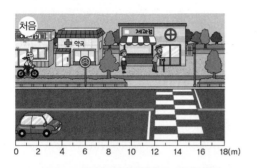

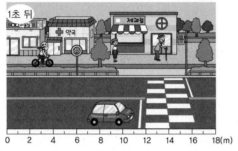

(1) 위 거리의 모습에서 운동한 물체를 모두 찾아 쓰시오. [4점]

_____

(2) 위 (1)의 답을 고른 까닭을 쓰시오. [8점]

_____

_____

2 다음 운동 경기에서 공통적으로 가장 빠른 선수를 정하는 방법을 쓰시오. [8점]

▲ 수영　　　　▲ 마라톤　　　　▲ 조정

_____

_____

3 다음에서 승용차는 3시간 동안 240 km를 이동했고, 버스는 2시간 동안 120 km를 이동했습니다. 물음에 답하시오. [12점]

(1) 승용차와 버스의 속력을 각각 구하시오. [6점]
　• 승용차의 속력 : (　　　　　　　)
　• 버스의 속력 : (　　　　　　　)

(2) 승용차와 버스 중 더 빠른 것을 쓰고, 그렇게 생각한 까닭을 쓰시오. [6점]

_____

_____

4 도로 주변에서 위험하게 행동한 친구의 이름을 쓰고, 안전한 행동으로 고쳐 쓰시오. [8점]

> **소미:** 나는 인도에서 공 주머니에 공을 넣고 다녔어.
> **양근:** 나는 버스가 정류장에 도착할 때까지 인도에서 기다렸어.
> **현아:** 나는 친구한테서 문자가 와서 스마트 기기를 보면서 횡단보도를 건넜어.

_____

_____

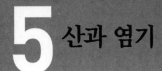

1 여러 가지 용액 분류하기

• 여러 가지 용액의 색깔, 투명한 정도, 그 밖의 특징

구분	색깔	투명한 정도	냄새	거품 (3초 이상)
식초	연한 노란색	투명	난다.	유지되지 않는다.
레몬즙	연한 노란색	불투명	난다.	유지되지 않는다.
탄산수	무색	투명	나지 않는다.	유지되지 않는다.
빨랫비누 물	하얀색	불투명	난다.	유지된다.
제빵 소다 용액	무색	투명	나지 않는다.	유지되지 않는다.
표백제	무색	투명	난다.	유지된다.

• 여러 가지 용액 분류하기

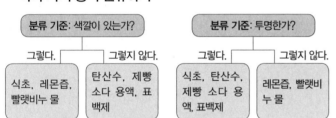

분류 기준: 색깔이 있는가?
그렇다. / 그렇지 않다.
식초, 레몬즙, 빨랫비누 물 / 탄산수, 제빵 소다 용액, 표백제

분류 기준: 투명한가?
그렇다. / 그렇지 않다.
식초, 탄산수, 제빵 소다 용액, 표백제 / 레몬즙, 빨랫비누 물

2 지시약을 이용해 여러 가지 용액 분류하기

• 산성 용액과 염기성 용액

산성 용액	푸른색 리트머스 종이를 붉은색으로 변하게 하고, 페놀프탈레인 용액의 색깔을 변화시키지 않는 용액 ⑩ 묽은 염산, 식초, 레몬즙, 탄산수 등
염기성 용액	붉은색 리트머스 종이를 푸른색으로 변하게 하고, 페놀프탈레인 용액의 색깔을 붉은색으로 변하게 하는 용액 ⑩ 묽은 수산화 나트륨 용액, 제빵 소다 용액, 빨랫비누 물, 유리 세정제 등

• 붉은 양배추 지시약을 여러 가지 용액에 떨어뜨렸을 때의 색깔 변화: 산성 용액에서는 붉은색 계열의 색깔로 변하고, 염기성 용액에서는 푸른색이나 노란색 계열의 색깔로 변합니다.

• 리트머스 종이, 페놀프탈레인 용액, 붉은 양배추 지시약 등 지시약을 이용하면 용액을 산성 용액과 염기성 용액으로 분류할 수 있습니다.

3 산성 용액과 염기성 용액에 여러 가지 물질을 넣었을 때의 변화 관찰하기

• 묽은 염산과 묽은 수산화 나트륨 용액에 달걀 껍데기, 삶은 달걀 흰자, 대리암 조각, 두부를 넣고 변화 관찰하기

구분	묽은 염산	묽은 수산화 나트륨 용액
달걀 껍데기	기포가 발생하며, 달걀 껍데기가 녹는다.	변화가 없다.
삶은 달걀 흰자	변화가 없다.	흐물흐물해지며, 뿌옇게 흐려진다.
대리암 조각	기포가 발생하며, 대리암 조각이 녹는다.	변화가 없다.
두부	변화가 없다.	흐물흐물해지며, 뿌옇게 흐려진다.

• 산성 용액과 염기성 용액의 성질: 산성 용액은 달걀 껍데기와 대리암 조각을 녹이고, 염기성 용액은 삶은 달걀 흰자와 두부를 녹입니다.

4 산성 용액과 염기성 용액을 섞었을 때의 변화

• 산성 용액에 염기성 용액을 넣었을 때 붉은 양배추 지시약의 색깔 변화: 처음에 붉은색이었다가 분홍색, 보라색을 거쳐 점차 청록색으로 변합니다.

• 염기성 용액에 산성 용액을 넣었을 때 붉은 양배추 지시약의 색깔 변화: 처음에 노란색이었다가 청록색, 보라색을 거쳐 점차 붉은색으로 변합니다.

• 산성 용액과 염기성 용액을 섞었을 때의 변화: 산성 용액에 염기성 용액을 넣을수록 산성이 점점 약해지고, 염기성 용액에 산성 용액을 넣을수록 염기성이 점점 약해집니다.

5 우리 생활 속 산성 용액과 염기성 용액의 이용

• 우리 생활에서 산성 용액과 염기성 용액을 이용하는 예

산성 용액을 이용하는 예	• 생선을 손질한 도마를 닦아 낼 때 식초를 사용한다. • 변기를 청소할 때 변기용 세제를 사용한다.
염기성 용액을 이용하는 예	• 속이 쓰릴 때 제산제를 먹는다. • 욕실을 청소할 때 표백제를 사용한다.

1 식초, 레몬즙, 탄산수 중에서 연한 노란색이며 투명한 용액은 어느 것입니까?

2 식초, 제빵 소다 용액, 표백제 중에서 흔들었을 때 거품이 3초 이상 유지되는 용액은 어느 것입니까?

3 식초를 푸른색 리트머스 종이에 떨어뜨렸을 때 푸른색 리트머스 종이가 어떻게 되는지 쓰시오.

4 탄산수와 제빵 소다 용액 중에서 페놀프탈레인 용액을 떨어뜨렸을 때 붉은색으로 변하는 것은 어느 것입니까?

5 붉은 양배추 지시약을 떨어뜨렸을 때 붉은색 계열의 색깔로 변하는 용액을 무엇이라고 합니까?

6 대리암 조각을 산성 용액에 넣었을 때의 변화를 쓰시오.

7 산성 용액과 염기성 용액 중 어느 용액에 두부를 넣었을 때, 두부가 녹습니까?

8 산성 용액에 염기성 용액을 넣을수록 산성의 성질이 어떻게 되는지 쓰시오.

9 (산성, 염기성)인 식초로 생선을 손질한 도마를 닦아 내면 (산성, 염기성)인 비린내를 없앨 수 있습니다.

10 속이 쓰릴 때 먹는 제산제는 산성 용액인지 염기성 용액인지 쓰시오.

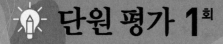
※ 점수 표시가 없는 문항은 8점입니다.

1 식초를 관찰한 결과로 옳은 것은 어느 것입니까?
( )

① 투명하다.
② 색깔이 없다.
③ 알갱이가 떠 있다.
④ 냄새가 나지 않는다.
⑤ 흔들었을 때 거품이 3초 이상 유지된다.

2 다음과 같이 여러 가지 용액을 분류하였을 때, ( ) 안에 들어갈 분류 기준으로 옳은 것은 어느 것입니까? ( )

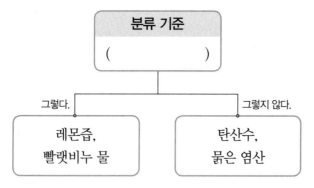

① 투명한가?
② 색깔이 있는가?
③ 냄새가 나는가?
④ 가격이 비싼가?
⑤ 흔들었을 때 거품이 3초 이상 유지되는가?

3 푸른색 리트머스 종이의 색깔을 붉은색으로 변하게 하는 용액은 어느 것입니까? ( )

① 탄산수   ② 석회수
③ 유리 세정제   ④ 빨랫비누 물
⑤ 묽은 수산화 나트륨 용액

4 묽은 수산화 나트륨 용액에 페놀프탈레인 용액을 떨어뜨렸을 때의 변화로 옳은 것은 어느 것입니까? ( )

① 연기가 난다.
② 거품이 생긴다.
③ 붉은색으로 변한다.
④ 하얀색 알갱이가 생긴다.
⑤ 아무런 변화가 없다.

5 산성 용액에 대한 설명으로 옳은 것을 보기 에서 골라 기호를 쓰시오.

보기
㉠ 페놀프탈레인 용액을 붉은색으로 변하게 한다.
㉡ 붉은색 리트머스 종이를 푸른색으로 변하게 한다.
㉢ 붉은 양배추 지시약을 떨어뜨리면 붉은색 계열의 색깔로 변한다.

( )

6 묽은 염산에 대리암 조각을 넣으면 어떻게 되는지
서술형 쓰시오. [10점]

_____

_____

7 다음 실험을 통해서 알 수 있는 산성 용액과 염기성 용액의 성질을 쓰시오. [10점]

서술형

- 묽은 염산에 달걀 껍데기를 넣으면 기포가 발생하면서 녹는다.
- 묽은 수산화 나트륨 용액에 삶은 달걀 흰자를 넣으면 삶은 달걀 흰자가 녹아 흐물흐물해진다.

8 붉은 양배추 지시약이 섞여 있는 묽은 염산 20 mL에 묽은 수산화 나트륨 용액을 5 mL씩 계속 넣었을 때의 색깔 변화로 옳은 것은 어느 것입니까?
( )

① 노란색 → 초록색 → 붉은색
② 노란색 → 붉은색 → 청록색
③ 붉은색 → 노란색 → 분홍색
④ 붉은색 → 보라색 → 청록색
⑤ 붉은색 → 보라색 → 붉은색

9 다음은 염산이 누출된 사고 현장에 소석회를 뿌리는 까닭에 대한 설명입니다. ( ) 안의 알맞은 말에 ○표 하시오.

염산의 (산성, 염기성)을 (산성, 염기성) 물질인 소석회를 이용하여 (약하게, 강하게) 하기 위해서이다.

10~11 다음은 물에 녹인 치약에 의한 지시약의 변화를 나타낸 것입니다. 물음에 답하시오.

붉은색 리트머스 종이	페놀프탈레인 용액
푸른색으로 변한다.	( )으로 변한다.

10 위 ( ) 안에 들어갈 알맞은 말을 쓰시오.

( )

11 위 실험으로 알 수 있는 치약의 성질로 옳은 것은 어느 것입니까? ( )

① 투명하다.
② 산성 물질이다.
③ 푸른색 리트머스 종이를 붉은색으로 변화시킨다.
④ 입안의 염기성 물질을 없애 세균의 활동을 억제한다.
⑤ 붉은 양배추 지시약을 푸른색 계열의 색깔로 변하게 한다.

12 다음은 우리 생활에서 산성 용액과 염기성 용액을 이용하는 경우입니다. 염기성 용액을 이용한 경우를 보기 에서 모두 고른 것은 어느 것입니까?
( )

보기

㉠ 속이 쓰릴 때 제산제를 먹는다.
㉡ 목이 마를 때 탄산수를 마신다.
㉢ 생선을 손질한 도마를 식초로 닦는다.
㉣ 욕실을 청소할 때 표백제를 사용한다.

① ㉠, ㉡
② ㉠, ㉣
③ ㉡, ㉢
④ ㉡, ㉣
⑤ ㉢, ㉣

서술형 평가 1^회

1 석주는 페놀프탈레인 용액을 붓에 묻혀 비밀 편지를 쓰고, 민수에게 주었습니다. 물음에 답하시오.
[12점]

(1) 민수가 편지의 내용을 확인하기 위해 사용할 수 있는 용액을 두 가지 이상 쓰시오. [4점]

(   )

(2) 위 (1)의 답에 해당하는 용액으로 편지의 내용을 확인할 수 있는 까닭을 쓰시오. [8점]

2 다음은 ㉠과 ㉡ 용액에 삶은 달걀 흰자를 넣고 일정한 시간이 지났을 때의 모습입니다. 물음에 답하시오. [12점]

 ㉠    ㉡

(1) 염기성 용액의 기호를 쓰시오. [2점]

(   )

(2) 위 (1)의 답과 같이 생각한 까닭을 쓰시오. [10점]

3 다음은 붉은 양배추 지시약을 떨어뜨린 묽은 수산화 나트륨 용액에 묽은 염산의 양을 점점 더 늘려서 넣고 섞은 실험 결과입니다. 이 실험으로 알게 된 사실을 쓰시오. [8점]

노란색   청록색   보라색   붉은색

4 다음은 산성 용액과 염기성 용액을 이용하는 예에 대한 설명입니다. 물음에 답하시오. [12점]

> 유리 세정제를 이용해 유리창의 얼룩을 청소하고, 변기용 세제를 이용해 변기의 얼룩을 청소한다.

(1) 유리 세정제와 변기용 세제는 각각 산성 용액과 염기성 용액 중 어디에 해당하는지 쓰시오.
[4점]

(2) 유리 세정제와 변기용 세제에 각각 붉은 양배추 지시약을 떨어뜨리면 어떻게 되는지 쓰시오. [8점]

단원 평가 2회

※ 점수 표시가 없는 문항은 8점입니다.

1 흔들었을 때 거품이 3초 이상 유지되는 용액끼리 옳게 짝 지은 것은 어느 것입니까? ( )

① 식초, 표백제
② 탄산수, 레몬즙
③ 표백제, 빨랫비누 물
④ 식초, 제빵 소다 용액
⑤ 묽은 염산, 제빵 소다 용액

2 다음과 같이 분류 기준에 따라 여러 가지 용액을 분류하였습니다. ㉠과 ㉡에서 옳게 분류한 용액을 각각 찾아 쓰시오.

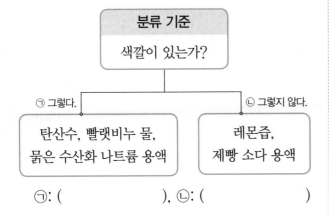

분류 기준

색깔이 있는가?

㉠ 그렇다.

㉡ 그렇지 않다.

탄산수, 빨랫비누 물, 묽은 수산화 나트륨 용액

레몬즙, 제빵 소다 용액

㉠: ( ), ㉡: ( )

3 빨랫비누 물에 페놀프탈레인 용액을 떨어뜨렸을 때의 색깔 변화로 옳은 것은 어느 것입니까?
( )

① 보라색으로 변한다.
② 붉은색으로 변한다.
③ 초록색으로 변한다.
④ 노란색으로 변한다.
⑤ 색깔 변화가 없다.

4 서술형 페놀프탈레인 용액을 이용해 산성 용액과 염기성 용액을 분류하는 방법을 쓰시오. [10점]

_____

_____

5 다음 용액들의 공통된 성질은 어느 것입니까?
( )

탄산수, 레몬즙, 묽은 염산

① 거품이 있다.
② 뿌옇고 불투명하다.
③ 페놀프탈레인 용액을 붉은색으로 변화시킨다.
④ 푸른색 리트머스 종이를 붉은색으로 변화시킨다.
⑤ 붉은색 리트머스 종이를 하얀색으로 변화시킨다.

6 붉은 양배추 지시약을 떨어뜨렸을 때 푸른색이나 노란색 계열의 색깔로 변하는 용액을 두 가지 고르시오. (,)

① 식초
② 레몬즙
③ 묽은 염산
④ 빨랫비누 물
⑤ 묽은 수산화 나트륨 용액

7 묽은 수산화 나트륨 용액에 두부를 넣었을 때의 변화로 옳은 것을 두 가지 고르시오. (,)

① 두부가 단단해진다.
② 두부가 흐물흐물해진다.
③ 용액이 뿌옇게 흐려진다.
④ 두부가 붉은색으로 변한다.
⑤ 두부 표면에서 기포가 발생한다.

8 다음은 대리암으로 만들어진 서울 원각사지 십층 석탑에 유리 보호 장치를 씌워 놓은 까닭입니다. ( ) 안에 공통으로 들어갈 알맞은 말을 쓰시오.

> 대리암으로 만들어진 석탑이 ( )을/를 띤 빗물이나 새의 배설물과 같은 ( ) 물질에 의해 훼손되는 것을 막기 위해서이다.

( )

9 붉은 양배추 지시약이 섞여 있는 묽은 수산화 나트륨 용액 20 mL에 묽은 염산을 5 mL씩 계속 넣었을 때 지시약의 색깔은 어떻게 변화하는지 쓰시오.

서술형

[10점]

_____

_____

10 앞 **9**의 실험으로 알 수 있는 사실로 옳은 것을 보기 에서 골라 기호를 쓰시오.

> 보기
>
> ㉠ 염기성 용액에 산성 용액을 많이 넣을수록 염기성이 더욱 강해진다.
> ㉡ 염기성 용액에 산성 용액을 많이 넣을수록 염기성이 점점 약해진다.
> ㉢ 염기성 용액에 산성 용액을 많이 넣어도 용액의 성질은 변하지 않는다.

( )

11 생선을 손질한 도마를 식초로 닦아 내는 까닭을 옳게 말한 친구의 이름을 쓰시오.

> **석주**: 도마를 부드럽게 하기 위해서야.
> **경일**: 생선이 상하는 것을 막기 위해서야.
> **희경**: 생선 비린내의 염기성을 약하게 하기 위해서야.

( )

12 우리 생활에서 염기성 용액을 이용한 경우를 두 가지 고르시오. (,)

① 물에 미숫가루를 타서 마신다.
② 속이 쓰릴 때 제산제를 먹는다.
③ 변기용 세제로 변기 청소를 한다.
④ 점심 때 빵과 함께 오렌지주스를 마셨다.
⑤ 하수구가 막힐 때 하수구 세정제를 사용한다.

1 다음은 여러 가지 용액을 분류 기준에 따라 분류한 것입니다. 물음에 답하시오. [12점]

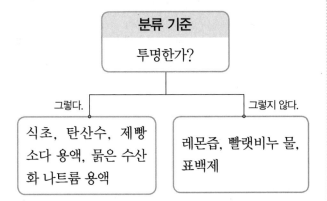

| 분류 기준 |
| 투명한가? |

그렇다. — 식초, 탄산수, 제빵소다 용액, 묽은 수산화 나트륨 용액

그렇지 않다. — 레몬즙, 빨랫비누 물, 표백제

(1) 위에서 잘못 분류한 용액의 이름을 쓰시오. [2점]

(　　　　　　)

(2) 겉보기 성질만으로 용액을 분류하면 어떤 어려움이 있을지 쓰시오. [10점]

_____

_____

2 다음은 여러 가지 용액에 붉은 양배추 지시약을 떨어뜨렸을 때의 색깔 변화입니다. 물음에 답하시오. [12점]

용액	색깔 변화	용액	색깔 변화
묽은 염산	붉은색	빨랫비누 물	푸른색
식초	붉은색	석회수	푸른색

(1) 붉은 양배추 지시약을 레몬즙에 떨어뜨렸을 때의 색깔 변화를 쓰시오. [4점]

_____

_____

(2) 위 실험 결과를 보아, 붉은 양배추 지시약을 지시약으로 사용할 수 있는 까닭을 쓰시오. [8점]

_____

_____

3 묽은 염산에 달걀 껍데기, 삶은 달걀 흰자, 대리암 조각, 두부를 넣었습니다. 물음에 답하시오. [12점]

(1) 묽은 염산에 넣었을 때 기포가 발생하는 물질을 모두 쓰시오. [4점]

(　　　　　　)

(2) 위 (1)의 답 물질을 묽은 수산화 나트륨 용액에 넣으면 어떻게 되는지 쓰시오. [8점]

_____

_____

4 붉은 양배추 지시약을 떨어뜨린 묽은 염산에 묽은 수산화 나트륨 용액을 조금씩 더 넣었습니다. 물음에 답하시오. [12점]

(1) 묽은 수산화 나트륨 용액을 넣을수록 묽은 염산의 성질은 어떻게 변하는지 쓰시오. [4점]

_____

_____

(2) 위 (1)의 답과 같은 결과가 나타나는 까닭을 쓰시오. [8점]

_____

_____

계산이 아닌   개념을 깨우치는

수학을 품은 연산

디딤돌
연산
수학
은
이다.

1~6학년(학기용)

수학 공부의 새로운 패러다임

이 한 권에 다 있다! 국·사·과 정답 해설

초등

5·2

디딤돌
통합본

정답해설북

디딤돌

이 한 권에 다 있다! 국·사·과 정답 해설

초등 5·2

디딤돌 통합본

정답해설북

1 마음을 나누며 대화해요

😊 **개념 확인하기**   6쪽

1 공감   **2** (1) ○   **3** 성현   **4** 댓글

준비 😊   7~8쪽

핵심내용 ❶ 경청

1 ①, ④   **2** 민환   **3** ⑤   **4** (2) ○   **5** 수현   **6** (3) ○   **7** ②   **8** ④

1 지윤이는 자신의 이야기를 들어 달라는 명준이의 말을 중간에 끊고 바쁘다고 하며 꼭 들어야 하냐고 말하였습니다.

2 듣는 사람은 말하는 사람의 말에 귀를 기울이고 말하는 내용에 관심을 가져야 합니다.

3 명준이는 지난번 질서 지키기 그림 대회에서 자신이 그린 그림이 뽑히지 않아서 무척 서운해하고 있습니다.

4 명준이는 상대의 기분을 생각하지 않고 말한 지윤이에게 화가 났을 것입니다.

5 명준이가 할 말이 있다고 하자, 무슨 일이냐고 물었고, 어서 말하라며 귀를 기울이고 있습니다.

6 명준이의 서운한 기분을 생각하며 위로해 주는 말을 하는 것이 좋습니다. (3)이 명준이를 위로하는 공감의 대화입니다.
❶ **오답 피하기**
(1), (2)는 상대의 처지를 생각하지 않고, 자신의 생각만 말한 것입니다.

7 지윤이가 자신의 상황을 이해해 주고 위로의 말을 해 주어서 마음이 풀리고 고마운 마음이 들었을 것입니다.

8 상대의 마음을 이해하고, 상대를 배려하며 말하는 것이 공감하는 대화로, 자신의 뜻대로 대화를 이끌기 위해 공감하며 대화하는 것은 아닙니다.

기본 😊   9~13쪽

핵심내용 ❶ 주의   ❷ 공감   ❸ 누리 소통망   ❹ 험담   ❺ 처지

1 ②   **2** ②, ④, ⑤   **3** ③   **4** (1) ○   **5** ②   **6** ①, ④   **7** (3) ○   **8** 예 친구가 속상한 일이 있을 때 이야기를 잘 들어 주고 위로해 주었다.   **9** (3) ×   **10** ④   **11** ①, ②, ⑤   **12** 민영   **13** ⑤   **14** (2) ○   **15** 예 미안해. 갑자기 너무 급하게 물어볼 것이 생겨서 그랬어.   **16** ④   **17** ⑤   **18** 누리 소통망   **19** ①, ⑤   **20** ⑤   **21** ④

1 이 글은 현욱이가 쓴 일기입니다.

2 현욱이는 부모님 대신 동생과 함께 저녁밥을 먹고 설거지를 했고, 프라이팬이 잘 닦이지 않아 철 수세미로 박박 닦았습니다.

3 현욱이는 부모님께서 돌아오시기 전에 힘든 부모님을 도와드리기 위해 저녁도 차려 먹고 설거지도 했습니다.

4 엄마는 현욱이의 말을 듣고 현욱이의 말을 경청하면서 맞장구쳐 주고 있습니다.

5 설거지도 다 했다는 현욱이의 말을 듣고 흐뭇해하시던 엄마는 현욱이가 철 수세미로 문질러 닦아 망가진 프라이팬을 보고 놀라셨습니다.

6 현욱이의 실수로 프라이팬이 망가졌지만 엄마는 프라이팬보다 집안일을 도와주려고 한 현욱이의 마음이 고맙고 기특해서 화를 내지 않았을 것입니다.
❶ **오답 피하기**
② 현욱이가 죄송하다고 말을 해서 화를 내지 않은 것이 아니고, 현욱이의 마음이 고맙고 기특해서 화를 내지 않은 것입니다.
③ 엄마가 처음에 프라이팬을 보고 깜짝 놀라고 한숨을 쉬신 것으로 보아, 프라이팬이 낡아서 버려도 되기 때문에 화를 내지 않은 것은 아닙니다.
⑤ 엄마는 현욱이의 고마운 마음 때문에 화가 나지 않았습니다.

7 프라이팬을 망가뜨려서 죄송하다고 말하는 현욱이에게 엄마는 현욱이의 기분을 헤아려 공감하는 대화를 하고 있습니다.

8 상대의 마음을 생각하고 공감하며 말한 경험을 떠올려 써 봅니다.
채점 기준 상대의 말을 경청하거나 처지를 이해하거나 공감한 경험을 떠올려 썼으면 정답으로 인정합니다.

9 가~라는 누리 소통망 대화를 나눈 것으로, 간단히 대화가 가능하기는 하지만 컴퓨터나 스마트폰의 장비나 기구가 있어야 대화가 가능합니다.

10 멀리 떨어져 있거나, 많은 사람에게 알릴 것이 있거나, 얼굴을 보지 않고 대화해도 되는 경우에 이용합니다.

11 다는 꼭 필요한 정보를 전하기 위한 단체 대화방의 내용입니다.

12 친구에게 하지 못한 사과의 말을 누리 소통망 대화를 이용해서 전하고 있습니다. 직접 말하기 어색하고 서먹서먹할 때 누리 소통망 대화로 마음을 전하기 좋습니다.

13 누리 소통망에서 대화를 나눌 때에도 예절을 지켜야 합니다. 이상한 말, 줄임말은 쓰지 않는 것이 좋습니다.

14 나의 대화에서는 친구가 없는 대화방에서 친구를 나쁘게 말하고 있습니다.

15 원하지 않는 대화방에 묻지도 않고 초대하는 것도 누리 소통망 대화에서 예절에 어긋나는 것입니다.

> **채점 기준** 대화 예절에 맞게 사과의 내용을 썼으면 정답으로 인정합니다.

16 댓글을 달 때 자신의 의견만 너무 강요해서는 안 됩니다.

17 그림 **1**에서 다들 어떻게 지내는지 궁금해서 빨리 학교에 가고 싶다고 하였습니다.

18 그림 **2**에서 누리 소통망으로 연락을 하였음을 알 수 있습니다.

19 그림 **3**에서 친구와 선생님이 대답을 해 주었습니다.

20 선생님과 친구는 병원에 있는 남자아이의 처지를 생각하여 공감하는 대화를 하고 있습니다.

21 선생님과 친구의 격려의 말을 듣고 공감하며 대화한 내용은 ④입니다.

실천 😊   14~16쪽

핵심내용 ❶ 편지

1 ⑤   **2** ⑤   **3** 비행기   **4** ①, ③, ④   **5** 일본   **6**
①, ⑤   **7** (2) ○   **8 예** 좋다. 비행 학교에 들어갈 수 있
게 편지를 써 주겠다.   **9** ③   **10** ③, ⑤   **11** 권기옥,
하늘   **12** 유진

---

1 '나'는 홀로 한글을 깨우치고, 동생을 업고서라도 학교에 나갔고, 일 등을 못 하면 분해서 잠이 안 올 정도로 열심히 공부를 했습니다.

> **❗ 오답 피하기**
> ① 공장에서 일해서 쌀을 사 왔다고 하였습니다.
> ② 나 홀로 한글을 깨우쳤다고 한 내용도 나와 있습니다.
> ③ '내'가 어린 나이에 공장에서 일해서 쌀을 사고, 목사님이 학교를 공짜로 보내 주신다는 내용 등으로 보아, '나'의 가정 형편이 좋지 않다는 사실을 알 수 있습니다.
> ④ 목사님이 '내'가 똑똑하니 학교를 공짜로 보내 주겠다고 하셨다는 내용이 있습니다.

2 '나'는 일 등을 하지 못하면 분해 할 정도로 승부욕이 강하고 열정이 많은 성격입니다.

3 ㉠ 다음에 '~ 타고 하늘을 난대!'라는 말을 통해 사람들이 처음 보는 비행기를 가리켜 '괴물'이라고 하였음을 알 수 있습니다.

4 '나'는 비행기를 보고 두 발만 동동 구르며 신기해했고, 잠을 못 잘 정도로 설레며, 하늘을 날고 싶다는 꿈을 갖게 되었습니다.

5 그때는 일본이 조선 땅을 빼앗아 조선을 다스리고 있었습니다.

6 '나'는 나라의 독립을 위해 싸우는 조선 사람들을 잡아다 가두는 일본을 피하고, 일본과 싸우는 비행사가 되기 위해 중국으로 가기로 결심했습니다.

7 중국의 비행 학교를 찾아간 '나'는 여자라서 입학 허가를 받지 못하자, 당계요 장군을 찾아가서 입학시켜 줄 것을 부탁하였습니다.

8 당계요 장군이 '나'의 기분을 생각하여 어떻게 말하였을지 공감하며 대화하는 내용을 생각하여 써 봅니다.

> **채점 기준** '나'의 기분을 고려하여 말하는 내용을 썼으면 정답으로 인정합니다.

9 '나'는 너무 힘들고 위험한 훈련을 받았으나, 꿈을 따라 산다는 것이 좋아서 하루하루가 행복했습니다.

10 '나'는 비행기를 처음 탔을 때 자유롭고 세상이 아름답다고 생각했고, 마침내 꿈을 이뤄 기뻤습니다.

11 '나'는 권기옥으로, 우리나라에서 처음으로 하늘을 난 여자입니다.

12 유진이는 진혁이의 말에 공감하지 않고 꿈을 이룰 수 없다고 이야기하고 있습니다.

✚ 단원 어휘 다지기

1 (1) ㉮ (2) ㉣ (3) ㉡ (4) ㉢ **2** ④ **3** (1) 좇으며 (2) 쫓았다 **4** ④, ⑤ **5** (2) ○ **6** (3) ○

1 ㉮는 '금세', ㉡는 '분하다', ㉢는 '시큰둥하다', ㉣는 '찌들다'의 뜻입니다.

2 남의 흠을 들추어 헐뜯는 말인 '험담'을 들으면 기분이 나쁠 것이므로 ④는 어색한 문장입니다. '찌들다'는 '물건이나 공기 따위에 때나 기름이 들러붙어 몹시 더러워지다.', '깨치다'는 '일의 이치 따위를 깨달아 알다.', '가로지르다'는 '어떤 곳을 가로 등의 방향으로 질러서 지나다.', '서운하다'는 '마음에 모자라 아쉽거나 섭섭한 느낌이 있다.'를 뜻하므로 ①~③, ⑤는 낱말의 쓰임이 바른 문장입니다.

3 (1)은 돈보다 행복을 추구한다는 말이므로 '좇으며'가 알맞고, (2)는 경찰이 소매치기를 잡으려고 뒤를 급히 따른다는 말이므로 '쫓았다'가 알맞습니다.

4 '풀리다'는 여러 가지 뜻을 가진 낱말입니다. ④와 ⑤에서는 '일어난 감정 따위가 누그러지다.'라는 뜻으로 쓰였습니다. ①에서는 '묶이거나 감기거나 얽히거나 합쳐진 것 따위가 그렇지 아니한 상태로 되다.', ②에서는 '춥던 날씨가 누그러지다.', ③에서는 '피로나 독기 따위가 없어지다.'라는 뜻으로 쓰였습니다.

5 '비행기, 세탁기, 전화기'가 되도록 '-기'를 더해 주는 것이 알맞습니다.

6 비행사의 꿈을 이루기 위해 힘들고 위험한 비행 훈련을 참고 견디었다는 뜻이므로 관용 표현 '이를 악물다'의 뜻은 (3)이 알맞습니다. (1)은 '손을 놓다', (2)는 '이가 떨리다'의 뜻입니다.

💡 단원 평가

1 ⑤ **2** ① **3** (3) ○ **4** (3) ✕ **5** 철 수세미 **6** ①, ⑤ **7** ㉡ **8** ⑤ **9** 예 엄마가 자신을 이해해 주고 자신과 공감하며 대화를 나누었기 때문이다. **10** (1) ② (2) ③ (3) ① **11** (2) ○ **12** ①, ②, ⑤ **13** (2) ○ **14** (2) ○ **15** 예 얼른 나아서 건강하게 돌아오렴. / 보고 싶어. 사랑해. 친구야~. **16** ②, ③ **17** 비행사 **18** 당계요 장군 **19** ㉮ **20** ③

1 명준이는 지난번 질서 지키기 그림 대회에서 그린 그림이 뽑히지 않아 서운하다고 하였습니다.

2 명준이는 자신의 기분은 생각해 주지 않고 자신이 하고 싶은 말을 한 지윤이 때문에 기분이 나빠져서 화를 내었습니다.

3 지윤이는 질서 지키기 그림 대회에서 그림이 뽑히지 않아 서운하다는 명준이의 말을 듣고, 명준이의 기분을 고려하지 않고 자신의 생각만 말하였습니다.

4 상대의 마음을 이해하고 상대가 느끼는 감정과 같이 느끼며 귀 기울여 듣고, 듣는 사람을 배려하며 말하면 기분 좋게 대화할 수 있고, 사이가 좋아지며, 말할 내용이 풍부해집니다.

5 현욱이는 철 수세미로 프라이팬을 문질러 찌든 때를 벗겨 냈습니다.

6 엄마는 설거지도 했다는 현욱이의 말에 주의를 기울여 집중해 듣고, "설거지까지?"라고 하며 현욱이의 말을 반복하며 반응해 주었습니다.

7 ㉡는 상대의 기분은 생각하지 않고 자신의 생각만 말한 경우입니다.

8 엄마를 도와드리려고 한 일인데 프라이팬을 못 쓰게 만든 것을 알고 금세 부끄러워졌고, 엄마께 죄송한 마음이 들었습니다.

9 엄마와 현욱이가 어떻게 대화하였는지 생각하여 씁니다.

채점 기준

엄마가 현욱이와 공감하는 대화를 했다는 내용을 쓴 경우	5점
엄마가 현욱이를 이해해 주었다고만 쓴 경우	3점

10 공감하며 듣고 말하는 방법에 맞는 활동을 각각 찾아 연결해 봅니다.

11 누리 소통망 대화는 급히 알릴 일이 있는데 함께 모여 있지 않을 때 사용하면 좋습니다.

12 이 대화는 누리 소통망에서 하는 대화로, 얼굴을 보지 않고 글자로 대화하기 때문에 대화의 분위기를 잘 알 수 없고, 컴퓨터나 스마트폰이 있어야 할 수 있습니다.

13 첫 번째 대화하는 친구가 지나치게 그림말을 많이 사용하며 장난스럽게 대화에 임하고 있습니다.

14 남자아이는 다리를 다쳐 병원에서 친구들이 어떻게 지내는지 궁금해하고 있습니다.

15 병원에서 보고 싶다는 문자를 보내 온 친구에게 공감하며 대화하기 위해 어떻게 댓글을 써야 할지 생각해 봅니다.

채점 기준	
상대의 상황이 되어 생각하거나, 배려하며 댓글을 쓴 경우	5점
간단히 인사말만 쓴 경우	2점

16 ㉠, ㉡은 '내'가 비행기를 보고 난 뒤에 한 행동으로, 신이 나서 발을 동동 구르고, 비행기를 본 후 설레어 잠을 못 자고 꿈을 갖게 되었습니다.

17 '나'는 비행기를 처음 본 날 꼭 비행사가 될 것이라는 꿈을 꾸게 되었습니다.

18 '나'는 윈난성의 장군 당계요를 찾아갔습니다.

19 ㉯, ㉰가 '나'의 처지를 생각하고 공감하며 한 말입니다.

20 당계요 장군은 나라를 빼앗아 간 일본과 싸우기 위해 날고 싶다는 '나'의 말을 듣고 공감을 했기 때문에 비행 학교의 입학을 허락하는 편지를 써 주었을 것입니다.

📝 서술형 평가   21쪽

1 1단계 ⑩ 경청 2단계 ⑩ 말하는 사람을 바라보아야 한다. / ⑩ 귀 기울여 들어야 한다. 3단계 ⑩ 그래? 무슨 일이야? 어서 말해 봐.

2 ⑩ 서로의 마음을 생각하고 공감하며 대화하고 있다.

3 ⑩ 미안해하지 않아도 돼. 집안일을 도와주려고 한 현욱이 마음이 엄마는 정말 고마워.

1 1단계 지윤이의 듣기 태도와 관련하여 잘못된 점을 생각해 봅니다.

2단계 듣는 사람의 올바른 태도에 대해 생각해 봅니다.

채점 기준	
'말하는 사람을 바라보아야 한다.', '귀 기울여 들어야 한다.', '말하는 내용에 관심을 가져야 한다.' 중에 한 가지를 쓴 경우	5점

3단계 원래 대화에서 지윤이가 잘못한 점을 생각해 명준이의 말에 공감하는 태도로 바꾸어 봅니다.

채점 기준	
명준이의 말을 경청하고 있다는 사실을 알 수 있게 쓴 경우	8점
명준이의 말에 공감해 주는 내용으로 썼으나 표현이 어색한 경우	3점

2 프라이팬을 못 쓰게 만든 현욱이에게 엄마가 어떤 행동을 했는지, 현욱이는 엄마께 어떻게 말씀드렸는지 살펴봅니다.

채점 기준	
서로 공감하며 대화를 했다는 내용을 쓴 경우	6점
기분 좋게 대화를 했다는 내용으로 쓴 경우	3점

3 엄마가 현욱이의 마음을 고려하여 어떤 말을 하였을지 생각해 봅니다.

채점 기준	
현욱이의 마음을 배려하여 고맙고 기쁜 마음을 표현한 경우	8점
현욱이의 마음을 배려한 내용을 썼으나 표현이 어색한 경우	3점

😎 수행 평가   22쪽

1 (1) ⑩ 말하고 싶은 내용을 정확하게 전달한다. (2) ⑩ 이상한 말이나 줄임말을 쓰지 않는다. **2** (1) ⑩ 내가 내일 오후에 청소할게. (2) ⑩ 나도 내일 같이 청소할게. 그리고 우리 모두 교실을 깨끗이 쓰도록 노력하자.

1 얼굴을 보지 않고 스마트폰 등으로 하는 대화인 누리 소통망 대화에서 예절을 지키려면 어떻게 해야 하는지 생각해 봅니다.

채점 기준	
누리 소통망 대화에서 예절을 지키는 방법 두 가지를 모두 잘 쓴 경우	8점
누리 소통망에서 예절을 지키는 방법을 한 가지만 썼거나, 쓴 내용이 다소 부족한 경우	4점

2 교실이 지저분해서 교실을 깨끗하게 쓰면 좋겠다는 친구들의 말에 공감하는 대화를 이어 나가 봅니다.

채점 기준	
상대를 배려하며 공감하는 내용으로 예절을 지키며 대화를 이어 간 경우	16점
대화를 이어 갔으나 배려하는 말투로 쓰지 못했거나 예절에 어긋난 경우	8점

2 지식이나 경험을 활용해요

1 (1) ◯ (3) ◯　**2** 장훈　**3** 체험, 감상　**4** (1) ◯

핵심내용 ❶ 풍년

1 ①, ③, ⑤　**2** 농한기　**3** ②　**4** 상대의 기를 누르려
고　**5** 용, 풍년　**6** ②　**7** ④　**8** (1) ◯ (3) ◯

1 어른들보다 아이들이 먼저 줄다리기를 겨루고, 짚을 모아 장정들과 마을 사람들이 줄을 만든 후 수백 명의 장정들이 줄을 메고 줄을 옮기는 과정을 거칩니다.
　❗ **오답 피하기**
　② 장정들이 집집을 돌면서 짚을 모아 마을 사람들과 함께 줄을 만듭니다. 아이는 줄을 만드는 데 함께하지 않습니다.
　④ 줄을 당길 장소에 모이면 양편으로 나뉘어 줄을 어른다고 하였습니다. 원을 만든다는 내용은 나와 있지 않습니다.

2 음력 정월은 농사일을 잠시 쉬는 농한기라서 마을 사람들이 함께 모여 줄을 만들 수 있는 시간이 있었습니다.

3 장소에 도착하자마자 줄을 당기는 것은 아니고, 한동안 암줄과 수줄을 어르기만 하다가 준비가 끝나면 당깁니다.

4 줄을 당길 장소에 다다르면 양편에서는 상대의 기를 누르려고 있는 힘을 다하여 함성을 지릅니다.

5 우리 조상들의 가장 큰 소망은 풍년이었는데, 용을 닮은 줄을 만들고 그 줄로 줄다리기를 하면 용을 기쁘게 하여 풍년이 든다고 생각해서 줄다리기를 한 것입니다.

6 온 마을이 필요한 돈과 일손을 내어 줄을 만들어 놀이를 한다는 것이 쉬운 일이 아니었지만 해마다 거르는 법이 없었습니다.

7 마을 사람들이 한데 모여 줄을 만든 것은 농사를 짓지 않는 농한기에 이루어진 일이므로 ④와 같은 생각을 떠올린 것은 알맞지 않습니다.

8 지식이나 경험을 활용해 글을 읽는다고 해서 글의 내용을 직접 경험할 수 있는 것은 아닙니다.

핵심내용 ❶ 짐작　❷ 감상　❸ 기분

1 (1) ① (2) ③ (3) ②　**2** 『삼국사기』　**3** ⑤　**4** 기
온 차　**5** ②, ③　**6** 예 내부 바닥 한가운데에 배수로를
경사지게 파서 얼음에서 녹은 물이 밖으로 흘러 나가도록 했
다.　**7** 왕겨나 짚　**8** 홍수　**9** 수빈　**10** ①, ③, ④
11 감상　**12** ③　**13** (1) ◯ (2) ◯　**14** 국립한글박물
관　**15** (4) ✕　**16** 민주　**17** 예 같은 의견이라도 상대
가 기분 나쁘지 않게 말해야 한다.

1 글을 읽을 때 알고 싶은 것, 짐작한 것, 새롭게 안 것 등으로 구분해 볼 수 있습니다.

2 우리나라에서 얼음을 보관하기 시작했다는 기록은 『삼국사기』에 나타나 있습니다.

3 왕실의 제사에 쓰일 얼음은 동빙고에 보관했습니다.

4 여름과 겨울의 기온 차가 큰 우리나라는 옛날부터 장빙 기술이 크게 발달하였습니다.

5 경주 석빙고는 한쪽이 긴 흙무덤 모양으로 생겼고, 지붕에는 잔디를 심었습니다.
　❗ **오답 피하기**
　① 1738년에 만들었습니다.
　④ 온도 변화가 적은 반지하 구조입니다.
　⑤ 지붕의 바깥쪽은 진흙으로, 안쪽은 열전달이 잘되는 화강암으로 만들었습니다.

6 경주 석빙고의 구조가 어떤 면에서 과학적인지 찾아 정리해 봅니다.
　채점 기준 지붕의 구멍, 지붕의 잔디, 내부 바닥의 경사로에 관한 내용 가운데 한 가지를 썼으면 정답으로 인정합니다.

7 석빙고의 얼음을 왕겨나 짚으로 싸서 단열 효과를 높이고 안쪽의 온도를 낮춰 얼음을 장기간 보관하였습니다.

8 주혁이는 글을 읽고 새로 알게 된 내용을 말하였고, 미라는 자신의 경험을 통해 글을 읽으면서 궁금한 점을 말하였습니다.

9 체험한 일과 감상이 드러나는 글을 쓰기 전에 해야 할 일에 대해 말하고 있는데 수빈이는 부족한 점을 듣고 글의 내용을 고치는 고쳐 쓰는 과정에 대해 말하였습니다.

10 상설 전시실 바로 위 한글 놀이터와 한글 배움터, 특별 전시실을 관람하였습니다.

11 이와 같은 글을 쓸 때에는 글쓴이가 체험한 일과 체험한 일에 대한 감상이 드러나게 써야 하는데, 보기 는 체험한 일에 대한 감상을 정리한 것입니다.

12 체험할 때 느낀 감동을 과장하지 말고 느낀 만큼 솔직하게 씁니다.

13 잘 쓴 내용을 굳이 지적하여 고칠 필요는 없고, 잘못된 점을 어떻게 고치면 좋을지 서로 이야기하는 것이 좋습니다.

14 우리 가족은 국립한글박물관을 찾았습니다.

15 세종 25년 한글이 그 모습을 드러내던 때를 살펴본 것은 1부 주제입니다.

16 경험을 들어 의견을 말하고 있는 친구는 민주입니다.

17 함께 글을 읽고 의견을 말해 함께 고치는 활동을 할 때에는 미리 정한 평가 기준을 생각하며 너무 심하게 비난하며 말하지 않습니다.

채점 기준 친구의 기분이 상하지 않게 한다거나 실질적인 도움이 되는 내용을 썼으면 정답으로 인정합니다.

➕ 단원 어휘 다지기   **30쪽**

1 (1) × (2) ○ (3) × (4) ○   **2** ③, ⑤   **3** (1) ④ (2) ㉮   **4** ③   **5** (3) ×   **6** 메고   **7** (1) 윷놀이 (2) 잔디

1 '장정'은 '나이가 젊고 기운이 좋은 남자.'를, '일대기'는 '어느 한 사람의 일생에 관한 내용을 적은 기록.'을 뜻합니다. '농사일이 바쁘지 아니하여 겨를이 많은 때.'는 '농한기'의 뜻입니다.

2 '일손(일+손)'과 '놀이터(놀이+터)'는 두 개의 낱말이 합해져 만들어진 낱말로, 각각 '일하는 손. 또는 손을 놀려 하는 일.', '주로 아이들이 놀이를 하는 곳'을 뜻합니다.

3 ㉮의 뜻을 가진 '거르다'와 ④의 뜻을 가진 '거르다'는 표기는 같지만 뜻이 다른 두 낱말입니다. (1)은 체로 찻잎을 걸러 내고 맑은 물만 물통에 담았다는 뜻이므로 ④의 뜻이고, (2)는 하루 세 끼 중 한 끼라도 **빼고** 먹으면 건강에 안 좋다는 뜻이므로 ㉮의 뜻입니다.

---

4 '풍년'과 '흉년'처럼 '냉기'와 '온기', '굵다'와 '가늘다', '당기다'와 '밀다', '농한기'와 '농번기'는 뜻이 서로 반대되는 낱말입니다. 그러나 '저장'은 '물건이나 재화 등을 모아서 간수함.', '보관'은 '물건을 맡아 간직하고 관리함.'을 뜻하므로 서로 뜻이 비슷한 낱말입니다.

5 '진상하다'는 '진귀한 물품이나 지방의 토산물 따위를 임금이나 높은 관리에게 바치다.'라는 뜻입니다. 따라서 사또가 백성들에게 쌀을 진상하였다는 것은 잘못된 표현입니다.

6 빈칸에는 '어깨에 걸치거나 올려놓고'를 뜻하는 '메고'가 들어가야 합니다. '매고'는 '따로 떨어지거나 풀어지지 않도록 끈이나 줄의 두 끝을 서로 묶고'를 뜻합니다. '메다'와 '매다'는 헷갈리기 쉬우므로 표기와 쓰임을 정확하게 익히도록 합니다.

7 '윷놀이', '잔디'가 바른 표기입니다.

💡 단원 평가   **31~33쪽**

1 (2) ○   **2** 용   **3** ②   **4** 대보름   **5** 풍년, 농사   **6** ㉠ 줄다리기 말고 조상들이 즐겨하던 놀이에는 어떤 것들이 있을지 궁금하다.   **7** ②   **8** 빙고   **9** ③   **10** 알고 싶은 것   **11** (1) 진흙 (2) 화강암   **12** ⑤   **13** (1) ② (2) ① (3) ③   **14** ㉠ 글을 읽기 전에 여러 가지 질문을 떠올려 본 뒤 떠올렸던 질문을 생각하며 글을 읽는다.   **15** ②   **16** 특별 전시실   **17** ②   **18** ①, ⑤   **19** ㉫, ㉮, ㉰, ㉲   **20** 연경

1 영산 줄다리기는 어른들보다 아이들이 먼저 겨룹니다.

2 장정들이 줄을 메고 가는 모습을 멀리서 보면 마치 용이 꿈틀거리는 것 같다고 하였습니다.

3 줄을 당길 장소에 다다르면 양편에서는 상대의 기를 누르려고 있는 힘을 다하여 함성을 지릅니다.

4 조상들은 대보름이면 모든 일을 제쳐 두고 줄다리기 준비에 정성을 쏟았습니다.

5 정월에 풍년을 기원하고, 줄다리기라는 행사를 치르면서 마을 사람들의 마음을 한데 모아 한 해 농사를 무사히 지으려는 지혜가 담겨 있습니다.

6 지식이나 경험을 활용해 알고 싶은 것, 새롭게 안 것 등을 떠올려 봅니다.

떠올린 생각이 글의 내용과 관련이 있거나 글의 내용을 이해하는 데 도움이 되는 경우	5점
떠올린 내용이 글의 내용과 직접적인 관련이 없는 경우	2점

7 자신의 지식이나 경험을 활용하는 것이므로 다른 사람들이 알고 있는 책을 고르는 것은 알맞은 방법이 아닙니다.

8 '빙고'를 설명하는 내용입니다.

9 '빙고전'이 신라 시대 때 얼음 창고의 일을 맡아보던 기관입니다.

10 석빙고를 보고 냉장고의 역할을 어떻게 하는지 궁금했다고 하였으므로 알고 싶은 것과 관련된 생각입니다.

11 석빙고 지붕의 바깥쪽은 진흙으로, 안쪽은 화강암으로 만들었습니다.

12 경주 석빙고의 천장에는 바깥에서 바람이 불 때 빙실 안의 공기가 잘 빠져나오도록 세 개의 공기구멍을 두었습니다.

13 글 ㉯에 나와 있는 경주 석빙고가 과학적이라고 말할 수 있는 까닭을 살펴보고 알맞게 연결합니다.

14 책을 읽을 때 궁금한 내용, 새롭게 안 내용, 더 알고 싶은 내용 등을 생각해 봅니다.

채점 기준

글을 읽으면서 자신의 지식이나 경험을 떠올려 읽는 방법을 알맞게 쓴 경우	5점
설명하는 글을 읽는 일반적인 방법을 쓴 경우	2점

15 체험한 일을 떠올려 글을 쓰는 것이기 때문에 하고 싶은 일을 생각하는 것은 알맞지 않습니다.

16 글쓴이는 국립한글박물관의 한글 놀이터, 한글 배움터, 특별 전시실을 관람하였습니다.

17 아이들이 놀면서 한글을 배울 수 있는 곳은 '한글 놀이터'입니다.

18 ②는 감상의 내용으로 언급하지 않았고, ③, ④는 체험한 일에 대한 감상이 아니고 체험한 내용입니다.

19 글로 쓸 내용을 떠올리고, 조사할 내용을 정해 조사한 후 조사할 내용을 정리합니다. 그리고 체험과 감상의 내용을 정리하고 글의 개요를 마련한 다음, 글을 씁니다.

20 다른 사람의 글에 대한 의견을 말할 때에는 글의 목적이 분명한지 살펴보고, 평가 기준에 맞지 않으면 맞지 않는 부분만 고치도록 잘못된 부분을 말해 주어야 합니다.

📝 **서술형 평가**   34쪽

1 1단계 농사, 풍년 2단계 ⑩ 우리 조상들은 봄부터 가을까지 착한 신들의 힘이 세고 겨울에는 약해진다고 여겼는데, 정월에 여럿이 힘을 모아 겨루는 놀이를 하면 힘이 약해진 착한 신들을 도울 수 있다고 생각했기 때문이다. 3단계 ⑩ 우리나라 민속놀이 가운데 풍물놀이도 풍년을 기원하며 많이 해 왔다고 배웠어.

2 (1) ⑩ 지붕에 세 개의 공기구멍을 뚫어 더운 공기가 빠져나가도록 하였다. (2) ⑩ 지붕에 잔디를 심어 태양열을 차단하였다.

3 (1) ⑩ 이렇게 만든 석빙고에 보관한 얼음이 얼마나 오랫동안 보관될 수 있었을까? (2) ⑩ 과학 시간에 배운 주위보다 온도가 높은 기체는 위로 올라가고, 주위보다 온도가 낮은 기체는 아래로 내려간다는 원리와 상관 있을 것 같아. (3) ⑩ 우리 조상들이 만든 석빙고가 이렇게 과학적인 구조를 갖추고 있다는 것이 놀라워.

1 1단계 첫 번째 문단을 잘 살펴봅니다.

2단계 추운 겨울에 착한 신의 힘이 약해진다고 여긴 것과 관련하여 그 까닭을 정리해 봅니다.

채점 기준

정월에 힘을 모아 겨루는 놀이를 하면 착한 신을 도울 수 있다는 내용을 쓴 경우	6점
여럿이 힘을 모아 겨루는 놀이이기 때문이라는 내용을 쓴 경우	2점

3단계 풍년을 기원하는 줄다리기에 관한 글을 읽고, 줄다리기에 관련된 경험이나 배운 경험, 알고 있는 지식 등을 떠올려 봅니다.

채점 기준

농사와 관련된 줄다리기에 대한 지식, 다른 우리 나라 민속 놀이나 줄다리기 경험에 대한 내용을 쓴 경우	7점
떠올린 내용이 줄다리기와 관련된 지식, 경험과 상관이 없는 경우	2점

2 경주 석빙고가 갖추고 있는 과학적인 구조를 찾아 정리해 봅니다.

채점 기준	
지붕의 구멍과 잔디, 내부 바닥의 경사진 배수로 등과 같은 석빙고의 과학적 구조 중 두 가지를 모두 찾아 쓴 경우	8점
과학적인 구조 중 한 가지만 찾아 쓴 경우	4점

3 각 항목에 맞게 생각을 떠올려 써 봅니다.

채점 기준	
세 가지 항목에 따라 떠올린 생각을 모두 쓴 경우	12점
(1)~(3)의 항목 중 어느 한두 가지만 쓴 경우	각 4점

😎 수행 평가 35쪽

1 ❸ 경주 국가유산 견학, ❸ 갯벌 체험, ❸ 수영 교실 **2**
(1) ❸ 경주 국가유산 견학 (2) ❸ 새로운 것을 많이 보고 느꼈기 때문이다. **3** (1) ❸ 천마총 관람 (2) ❸ 천마가 하늘로 날아오를 것 같았다. (3) ❸ 불국사 관람 (4) ❸ 오래된 소나무가 불국사를 지키는 군사들 같았다. (5) ❸ 첨성대 관람 (6) ❸ 우리 조상들의 삶의 지혜가 살아 숨쉬는 느낌이었고, 자랑스러웠다. **4** (1) ❸ 가족여행, KTX 탑승, 상쾌함 (2) ❸ 천마총, 불국사, 석가탑, 다보탑, 첨성대 (3) ❸ 보람 있는 시간, 저녁 식사, 돌아오는 길

1 자신이 최근에 체험한 일 가운데 인상 깊거나 기억에 남는 일을 세 가지 떠올려 쓰니다.

2 한 가지 고른 체험과 고른 까닭을 쓰니다.

채점 기준	
체험과 그것을 고른 까닭을 알맞게 쓴 경우	6점
체험은 썼지만 고른 까닭이 체험에 잘 맞지 않는 경우	2점

3 체험한 일에 대한 감상이 드러나는 글을 쓰기 전에 들어갈 내용을 정리하는 단계로, 체험한 일에 대한 감상을 쓰니다.

채점 기준	
떠올린 체험 세 가지와 그와 관련한 감상의 내용을 모두 알맞게 쓴 경우	12점
체험과 감상의 내용을 한두 가지만 쓴 경우	각 2점

4 체험한 일을 떠올리며 감상이 드러나는 글을 쓰기 전에 글의 '처음-가운데-끝' 부분에 어떤 내용을 쓸지 생각해 핵심어를 써 봅니다.

채점 기준	
처음, 가운데, 끝에 들어갈 핵심어를 알맞게 나열한 경우	12점
각 핵심어들을 하나 정도씩만 쓴 경우	4점

3 의견을 조정하며 토의해요

😊 개념 확인하기 36쪽

1 (1) ○ **2** ㉮, ㉣, ㉯, ㉰ **3** ❸ 신문 기사 **4** ❸ 도표

준비 😊 37~38쪽

핵심내용 ❶ 마스크 ❷ 주제

1 (1) ○ **2** (1) ② (2) ① **3** 마스크가 몸에 해로운 미세 먼지를 막아 준다. **4** ⑤ **5** 전기 소모가 많을 수 있다. **6** ② **7** ② **8** ❸ 상대의 의견을 잘 듣지 않고 비판만 하고 있기 때문이다.

1 그림 **1**에서 날이 갈수록 심해지는 미세 먼지에 어떻게 대처해야 할지 묻고 있습니다.

2 혁준이는 마스크를 쓰고 생활해야 한다고 했고, 미소는 학교 곳곳에 공기 청정기를 설치하자고 했습니다.

3 혁준이는 마스크를 쓰고 생활하자는 주장에 대한 근거로 마스크가 몸에 해로운 미세 먼지를 막아 준다고 했습니다.

4 토의에 참여하면서 상대 의견의 장점을 받아들이지 않고 비판하기만 했습니다.

5 지안이는 하루 종일 공기 청정기를 켜 놓으면 전기 소모가 많을 수 있다고 했습니다.

6 그림 **6**~**7**에서는 상대의 기분을 배려하지 않고 말하고, 상대를 무시하는 듯한 말을 했습니다.

7 이슬이는 문제를 해결하는 데 무관심한 태도를 지녔으며 토의 과정에 적극적으로 참여하지 않았습니다.

8 토의에 적극적으로 참여하지 않거나 자신의 의견을 말할 때 예의를 갖추지 않아 갈등만 깊어지고 말았습니다.

채점 기준	예시 답이나 '토의에 적극적으로 참여하지 않았기 때문이다. / 의견을 말할 때 예의를 갖추지 않았기 때문이다. / 토의 주제와 관련없는 근거를 말했기 때문이다.'의 내용으로 썼으면 정답으로 합니다.

핵심내용 ❶ 문제   ❷ 예측   ❸ 컴퓨터   ❹ 차례   ❺ 달리기   ❻ 요약

1 ㉮   **2** ②   **3** (2) ○   **4** ㉱   **5** 자료   **6** ②   **7** 비용이 많이 들 수 있다.   **8** 📝 여러 사람의 다양한 의견을 들어 보기 위해서이다.   **9** ⑤   **10** 공기 청정기가 공기를 깨끗하게 해 준다.   **11** ⑤   **12** 신문 기사(신문 기사에 실린 전문가의 의견)   **13** ③, ④   **14** ②, ③, ④   **15** 마스크를 쓰고 생활하자.   **16** ㉲   **17** 하은   **18** (1) ○   **19** ④   **20** ①, ④, ⑤   **21** 📝 건강한 학교생활을 하려면 틈새 시간을 어떻게 활용해야 할까?   **22** (1) ② (2) ①   **23** (1) 신문 기사   (2) 책   **24** ㉮, ㉱   **25** ①   **26** ④, ⑤   **27** ①   **28** ㉱   **29** ③   **30** ③   **31** (1) ○   **32** ②   **33** ①   **34** ㉱   **35** (1) ○ (3) ○   **36** ㉮

1 그림 ❶에서 처음에 토의로 해결하려고 했던 문제가 무엇이었는지 물었습니다.

2 그림 ❶~❸에서는 토의로 해결하려고 했던 문제가 무엇인지 묻고 대답하며 분명히 확인하였습니다.

3 그림 ❸의 친구는 토의로 해결하려는 문제를 정확히 파악하지 못했음을 얘기하고 있습니다.

4 그림 ❹에서 의견을 실천하려면 무엇이 필요한지 따질 필요가 있다고 했으므로, ㉱에 해당합니다.

5 그림 ❺~❻은 자료를 찾아 의견을 뒷받침하는 모습으로, 의견을 조정하는 과정 중 의견 실천에 필요한 조건 따지기에 해당합니다.

6 그림 ❼~❾에서 의견을 실천했을 때 결과를 생각하고 일어날 수 있는 문제점을 예측하고 있으므로, ②에 해당합니다.

❗ 오답 피하기
① 그림 ❶~❸이 해당합니다.
③ 그림 ❿이 해당합니다.
④ 의견을 조정하는 과정에 해당하지 않습니다.
⑤ 그림 ❹~❻이 해당합니다.

7 그림 ❽에서 공기 청정기를 설치하면 비용이 많이 들 수 있다고 했습니다.

8 의견에 대한 모든 토의 참여자의 생각을 알아보아야 하기 때문입니다.

채점 기준 의견에 대한 참여자의 생각을 듣기 위함임을 알고 그 내용이 드러나게 답을 썼으면 정답으로 합니다.

9 그림 ㉮와 ㉯는 학교 곳곳에 공기 청정기를 설치하자는 의견을 말하고 있습니다.

10 그림 ㉮에서는 학교 곳곳에 공기 청정기를 설치하자는 의견에 대한 근거로 공기 청정기가 공기를 깨끗하게 해 줄 것이라고 했습니다.

11 그림 ㉮에서는 의견과 근거를 말하였지만 의견을 뒷받침할 객관적인 근거 자료를 제시하지는 못했습니다.

12 그림 ㉯에서는 의견을 뒷받침하는 근거 자료로 신문 기사에 실린 전문가의 의견을 제시하였습니다.

13 ⑤는 읽기 자료를 제시하였을 때의 좋은 점입니다.

14 책과 보고서는 글을 읽어야 상세한 정보를 얻을 수 있습니다.

15 그림 ㉮와 ㉯는 마스크를 쓰고 생활하자는 의견을 말하고 있습니다.

16 그림 ㉮에서는 의견에 대한 근거로 마스크가 몸에 해로운 미세 먼지를 막아 준다고 하였습니다.

17 그림 ㉮에서는 아무런 자료 없이 의견을 말했고, 그림 ㉯에서는 의견을 뒷받침하는 근거 자료를 제시하며 의견을 말했습니다.

18 그림 ㉯에서는 실제 책을 보여주면서 책 내용을 자료로 제시하였습니다.

19 그림 ㉯에서는 미세 먼지가 얼마나 몸에 해로운지, 마스크가 얼마나 효과적으로 미세 먼지를 막아 주는지를 알 수 있는 책을 직접 보여 주면서 책 내용을 제시하였습니다.

20 책과 보고서, 설문 조사는 글을 읽어야 상세한 정보를 얻을 수 있습니다.

21 뉴스에서 제기한 문제를 바탕으로 하여 그림 ❷에서 토의 주제를 말하고 있습니다.

22 예진이는 건강 달리기를 하면 어떨지 생각했고, 지환이는 식물 기르기를 하면 어떨지 생각했습니다.

23 예진이와 지환이는 원하는 자료를 마련하기 위해 각각 신문 기사와 책을 찾아보았습니다.

24 예진이는 관련 기사가 너무 많아서 곤란해했고, 지환이는 책이 많아서 한꺼번에 읽기가 힘들어서 곤란해했습니다.

25 컴퓨터로 검색하여 찾은 신문 기사나 뉴스는 제목을 중심으로 훑어 읽습니다.

26 제목을 중심으로 자료를 훑어 읽으면 본문 내용을 예상할 수 있고, 자료 읽기에 필요한 시간과 노력을 절약할 수 있습니다.

27 찾은 책을 읽을 때에는 차례를 먼저 살펴보고, 내용을 건너뛰며 읽으면서 의견을 뒷받침하는 내용을 찾고 의견을 뒷받침하는 내용을 좀 더 자세히 읽습니다.

28 자료의 출처를 밝히는 것은 개인적인 생각이나 꾸며 낸 것이 아니고 믿을 수 있고 정확한 자료임을 나타내기 위해서입니다.

29 가, 나는 건강 달리기에 대한 자료입니다.

30 가는 신문 기사에서 찾은 자료입니다.

31 많은 내용을 글로만 설명해서 이해하기 쉽지 않은 것입니다.

32 요약은 말이나 글의 요점을 잡아서 간추리는 것을 말합니다.

33 가에서 건강 달리기로 식욕이 좋아진다는 내용은 정리되어 있지 않습니다.

34 나에서는 비만 학생 수를 도표로 나타냈습니다.

35 (1)과 (3)의 방법으로 건강 달리기의 효과를 알기 쉽게 표현했습니다.

36 중요한 낱말을 중심으로 하여 그림이나 도표로 자료를 나타내면 이해하기 쉽고 기억에 오래 남을 수 있습니다.

실천 😊 47쪽

핵심내용 ❶ 운동장

1 (1) ② (2) ① **2** 예 급식실에서 음식물 쓰레기통이 가득 차서 놀랐던 적이 있다. **3** 예 자율 배식을 하자. **4** 가

1 그림 가는 학교 운동장 사용 문제를, 그림 나는 음식물 쓰레기 문제를 나타내고 있습니다.

2 학교 운동장이나 학교 급식실에서 겪었던 비슷한 경험을 써 봅니다.

채점 기준 조건에 맞게 비슷한 경험을 떠올려 썼으면 정답으로 합니다.

3 음식물 쓰레기 문제를 해결할 수 있는 방법을 생각하여 의견으로 정해 봅니다.

4 의견을 조정할 때에는 '문제 파악하기 → 의견 실천에 필요한 조건 따지기 → 결과 예측하기 → 반응 살펴보기'의 과정을 거칩니다.

➕ **단원 어휘 다지기** 48쪽

1 (1) 우울증 (2) 방안 (3) 실리다 (4) 효과적 **2** ⑤ **3** (1) ○ **4** (1) 좁혀지지 않았다 (2) 온다면 **5** (1) 효과적 (2) 대처 (3) 예외 **6** ③, ④

1 (1)은 '우울증', (2)는 '방안', (3)은 '실리다', (4)는 '효과적'의 뜻입니다.

2 '줄어들었다'와 뜻이 비슷하여 바꾸어 쓸 수 있는 말은 '양이나 수치가 줄다. 또는 양이나 수치를 줄이다.'라는 뜻의 '감소하다'입니다.

3 '따지다'는 여러 가지 뜻을 가진 낱말입니다. 보기 와 (1)에서는 '계산, 득실, 관계 따위를 낱낱이 헤아리다.', (2)에서는 '어떤 것을 기준으로 순위, 수량 따위를 헤아리다.', (3)에서는 '문제가 되는 일을 상대에게 캐묻고 분명한 답을 요구하다.'라는 뜻으로 쓰였습니다.

4 '좀처럼'은 '이만저만하거나 어지간해서는'을 뜻하고, '없다, 않다, 못하다' 등과 같은 말과 함께 씁니다. '만약'은 '혹시 있을지도 모르는 뜻밖의 경우에'를 뜻하고 '~면'과 함께 씁니다.

5 (1) 독감 예방을 목적으로 마스크를 쓰면 좋은 결과가 나온다는 뜻을 담고 있으므로 '효과적'이 알맞습니다. (2) '어떤 일이나 사건에 대하여 알맞은 대책을 세워서 행함'을 뜻하는 '대처'가 알맞습니다. (3) '일반적 규칙이나 정례에서 벗어나는 일.'을 뜻하는 '예외'가 알맞습니다.

6 ①은 '배∨아픈∨데'로, ②는 '걸을∨수'로, ⑤는 '갈∨데가'로 띄어 써야 합니다.

1 (1) ◯ (3) ◯ **2** 토의 **3** (1) 예 학교 곳곳에 공기 청정기를 설치하자. (2) 예 공기 청정기가 공기를 깨끗하게 해 준다. **4** ③, ④ **5** (1) ◯ (3) ◯ **6** ㉯ **7** 예 참여자 모두가 만족하는 의견을 정해야 하기 때문이다. / 문제를 합리적으로 해결하기 위해서이다. **8** (1) 1 (2) 4 (3) 2 (4) 3 **9** ① **10** 미세 먼지에 대처하는 방안 **11** ④ **12** 예 그림 **가**에서는 아무런 자료 없이 의견을 말하고 있지만, 그림 **나**에서는 신문 기사에 실린 전문가의 의견을 자료로 제시하고 있다. **13** ㉯ **14** ⑤ **15** (1) 예 건강 달리기를 하자. (2) 예 달리기가 건강에 효과가 있다는 자료 **16** ①, ⑤ **17** ① **18** 건강 달리기의 효과 **19** ②, ④ **20** ①

1 방송에서 미세 먼지가 심하니 외부 활동을 자제하길 당부했고 체육 수업은 교실에서 하겠다고 했습니다.

2 그림에서 아이들은 갈수록 심해지는 미세 먼지 문제에 어떻게 대처해야 하는지를 토의하고 있습니다.

3 미소는 학교 곳곳에 공기 청정기를 설치하자고 하며 공기 청정기가 공기를 깨끗하게 해 줄 것이라고 했습니다.

4 그림 **4**~**5**에서는 상대 의견의 장점을 받아들이지 않고 비판하기만 했고, 그림 **6**~**7**에서는 상대에게 예의를 지키지 않고 무시하는 듯한 말을 했습니다.

5 의견을 조정하지 않으면 토의를 원활하게 진행할 수 없고, 갈등만 생겨 문제를 합리적으로 해결할 수 없게 됩니다.

6 의견 조정 시간이 부족한 것은 토의 진행과 관련한 문제입니다.

7 의견을 합리적으로 조정하지 않으면 참여자 모두가 만족하는 의견을 모을 수 없게 되고, 모두가 동의할 수 없기 때문에 합리적인 해결이 어렵습니다.

채점 기준	
예시 답의 내용으로 의견을 조정해야 하는 까닭을 쓴 경우	5점
까닭은 아는 듯하나 내용이 부족한 경우	3점

8 의견을 조정할 때에는 해결할 문제를 파악하고, 문제를 해결하기에 적합한 의견인지 생각하며, 의견대로 실천했을 때 결과와 문제점을 예측하고, 마지막으로 의견에 대한 참여자의 생각을 듣습니다.

9 그림 **1**~**3**에서는 해결하려는 문제를 정확히 파악하고 있습니다.

10 그림 **1**에서 사회자가 토의로 해결할 문제를 다시 물어보았습니다.

11 자기의 의견만 끝까지 고집하면 의견을 조정하기 어렵고 갈등이 깊어질 수 있습니다.

12 그림 **가**는 아무런 자료 없이 의견을 말하였고, 그림 **나**에서는 신문 기사에 실린 전문가의 의견을 자료로 제시하였습니다.

채점 기준	
두 그림을 자료를 제시하지 않은 것과 자료를 제시한 것으로 비교하여 답을 쓴 경우	5점

13 **나**와 같은 보기 자료는 눈으로 확인하기 쉽습니다.
❶ 오답 피하기
㉮ 실물 자료의 특징입니다.
㉰ 책, 보고서, 설문 조사 따위의 읽기 자료의 특징입니다.

14 그림 **1**에서 제시한 매체는 텔레비전 방송 뉴스입니다.

15 그림 **2**에서 예진이는 건강 달리기를 하면 어떨지 생각했고, 그림 **3**에서 달리기가 건강에 효과가 있다는 자료를 찾고 싶다고 했습니다.

채점 기준	
(1)과 (2)를 모두 알맞게 쓴 경우	5점

16 신문 기사는 제목을 중심으로 훑어 읽고 의견을 뒷받침하는 기사는 자세히 읽습니다.

17 찾은 책을 읽을 때에는 가장 먼저 차례를 살펴봅니다.

18 '건강 달리기의 효과'라고 자료 내용을 드러내는 제목을 붙였습니다.

19 ③과 ⑤는 글로 된 자료를 읽을 때의 효과로 알맞습니다.

20 글씨 크기는 무조건 크게 하는 것이 아니라 제목과 내용의 크기를 다르게 하고 자료와 어울리게 정합니다.

📝 서술형 평가   52쪽

1 1단계 문제 2단계 예 토의로 해결할 문제를 정확하게 파악하기 위해서이다. 3단계 (1) 예 자료를 찾아 의견을 뒷받침한다. (2) 예 문제를 해결하기에 적합한 의견인지 생각한다.

2 예 아동 비만은 21세기 최대 건강 문제 중 하나이다.

3 예 쉽게 읽을 수 없다. 많은 내용을 글로만 설명해서 이해하기가 쉽지 않기 때문이다.

4 예 집중력이 향상되고, 우울증과 불안감이 줄어든다.

1 1단계 그림 **1**에서 사회자가 말한 부분을 살펴봅니다.

2단계 사회자가 처음에 토의로 해결하려고 했던 문제가 무엇인지 물어본 것은 조정에 앞서 토의 주제를 모두 파악하고 있는지 확인하기 위해서입니다.

채점 기준	
예시 답의 내용으로 답을 쓴 경우	4점
답으로 쓴 내용이 구체적이지 않은 경우	2점

3단계 의견 실천에 필요한 조건 따지기 과정에서는 자료를 찾아 의견을 뒷받침하고 문제를 해결하기에 적합한 의견인지 생각합니다.

채점 기준	
(1)과 (2)를 모두 알맞게 쓴 경우	6점
(1)과 (2) 중 한 가지만 알맞게 쓴 경우	3점

2 세계보건기구는 아동 비만을 21세기 최대 건강 문제 가운데 하나로 꼽고 있습니다.

채점 기준	
아동 비만에 대한 세계보건기구의 생각을 알맞게 쓴 경우	4점

3 글로만 되어 있는 자료를 읽을 때 어떤지 생각해 봅니다.

채점 기준	
자료를 쉽게 읽을 수 없음을 알고 그 까닭을 알맞게 쓴 경우	5점
자료를 쉽게 읽을 수 없음은 아나, 까닭으로 쓴 내용이 부족한 점이 있는 경우	2점

4 글로만 되어 있는 자료를 읽기 쉽게 표현할 때에는 중요한 내용을 중심으로 요약합니다.

채점 기준	
'집중력 향상, 우울증과 불안감 감소'의 세 가지 효과를 모두 드러나게 쓴 경우	5점

👓 수행 평가
53쪽

1 (1) ⑩ 먹기 싫은 음식을 가져가지 않아서 남는 음식이 오히려 더 많아질 것이다.   (2) ⑩ 자율 배식은 음식물 쓰레기를 줄이는 문제를 해결하기 힘들 것 같으므로 배식은 어른들이 직접 해 주시는 게 좋을 것 같다.

1 의견을 실천했을 때 일어날 수 있는 결과와 문제점을 예측하고, 토의 참여자의 입장이 되어 의견에 대한 생각을 정리해 봅니다.

채점 기준	
(1)과 (2)의 내용을 모두 알맞게 쓴 경우	20점
(1)과 (2) 중 한 가지만 알맞게 쓴 경우	10점

4 겪은 일을 써요

😊 개념 확인하기
54쪽

1 호응   **2** ㉣   **3** (2) ○   **4** (1) 4   (2) 3   (3) 1   (4) 2

준비 😊
55~56쪽

1 (1) ○   **2** ④   **3** 밀려온다, 밀려왔다   **4** ⑤   **5** ⑤
6 (1) ⑩ 높임의 대상을 나타내는 말과 서술어의 호응이 바르지 않다.   (2) ⑩ 그때 안방에서 아버지께서 부르셨다.   **7** ②   **8** (2) ○

1 '나'는 용준이가 잘못한 일인데 아버지께서 자신만 혼내셨기 때문에 화가 났습니다.

2 용준이 때문에 야단을 맞은 것이 억울했던 '나'는 앞으로 용준이와 놀아 주지 않겠다고 다짐했습니다.

3 '어제저녁'이라는 말은 과거의 일이므로, 문장 성분의 호응이 바르게 이루어지도록 '밀려왔다'로 고쳐야 합니다.

4 '별로'라는 말은 부정적인 서술어 또는 '안', '못'이 꾸며 주는 서술어와 호응합니다.

5 '나'는 잘못은 용준이가 했는데 자신만 야단을 맞아서 울었습니다.

6 '아버지가'는 '아버지께서'로, '불렀다'는 '부르셨다'로 고칩니다.

채점 기준	높임의 대상을 나타내는 말과 서술어의 호응이 잘못되었음을 알고 문장을 바르게 고쳐 썼으면 정답으로 합니다.

7 '웃어 버렸다'에 대한 주어가 잘못되었으므로, '웃음이'를 '나는'으로 고쳐야 합니다.

8 이 그림에서 '내'가 생각한 내용은 표현하기 단계에 해당합니다.
❶ 오답 피하기
(1) 계획하기 단계에서는 목적, 읽는 사람, 주제, 글의 종류 등을 정합니다.
(3) 고쳐쓰기 단계에서는 내용, 조직, 표현으로 구분하여 고쳐 쓸 부분을 살펴보고 알맞게 고칩니다.
(4) 조직하기 단계에서는 들어갈 내용을 처음-가운데-끝으로 나눕니다.

1 (1) ㉮   (2) ㉰   (3) ㉯   **2** ㉡   **3** ②   **4** ⑩ 나는 책 읽기를 별로 좋아하지 않는 편이다. / 나는 책 읽기를 별로 안 좋아하는 편이다.   **5** ④   **6** ⑩ 가족과 함께 놀이공원에 놀러 갈 것이다.   **7** ⑤   **8** (2) ○   **9** 주제   **10** ⑤   **11** ④   **12** ②   **13** ③   **14** ①   **15** ①, ③, ⑤   **16** 학급 누리집   **17** ㉰   **18** ①, ②, ⑤

1 (1)은 주어와 서술어, (2)는 높임의 대상을 나타내는 말과 서술어, (3)은 시간을 나타내는 말과 서술어의 호응이 바르지 않아 고친 것입니다.

2 ❶의 '결코', ❷의 '전혀', ❸의 '별로'는 문장 성분의 호응 관계에 주의해야 할 낱말입니다.

3 '전혀'는 '-지 않다, -지 못하다'와 같은 부정적인 서술어나 '안, 못'이 꾸며 주는 서술어와 호응합니다.

4 '좋아하는'을 '좋아하지 않는'이나 '안 좋아하는'으로 고칩니다.

5 '절대로'는 부정적인 서술어와 호응을 이루므로, '절대로 ~ -하면 안 된다, 절대로 ~ 아니다'와 같이 호응합니다.

6 '내일'이라는 시간을 나타내는 말과 어울리는 서술어를 생각하여 씁니다.

7 계획하기 단계에서는 쓰는 목적, 읽는 사람, 글의 주제, 글의 종류 등을 정합니다.

8 경험과 같이 글을 쓰는 재료가 되는 것을 글감이라고 하는데, (1)과 (3)은 글감으로 정할 수 없는 것입니다.

9 자신이 글로 나타내고 싶은 생각을 주제라고 합니다.

10 글의 앞부분과 뒷부분에 들어가면 좋을 내용을 정합니다.

11 글의 처음 부분을 쓸 때에는 읽는 사람이 흥미를 느낄 수 있는 제목과 글머리를 정했는지 생각해야 합니다.

12 글을 시작하는 첫 부분을 글머리라고 합니다. 글머리는 글의 전체 인상을 만들어 주므로 중요합니다.

13 제목은 글의 내용과 어울리도록 정해야 하고 글의 내용을 대표하는 것으로 정해야 합니다.

14 학급에서 활용할 매체를 정하고 매체를 활용할 때 주의할 점을 생각하며 글을 쓴 다음, 의견을 주고받으며 쓴 글을 고칩니다.

❗ **오답 피하기**
②-⑤-③-④-①의 순서로 매체를 활용해 겪은 일이 드러나는 글을 씁니다.

15 ②와 ④의 내용은 의견을 조정하는 과정에 드러나 있지 않습니다.

16 여러 사람의 생각을 모아 '학급 누리집'을 사용하기로 정했습니다.

17 다른 사람의 글을 이용할 때에는 아무거나 복사하는 것이 아니라 저작권을 침해하지 않도록 출처를 밝혀야 합니다.

18 친구가 쓴 글을 읽고 고칠 부분을 말하거나 잘한 점을 칭찬하고, 자신이 쓴 글과 비교하고 새롭게 생각한 것을 쓸 수 있습니다.

핵심내용 ❶ 제목

1 ⑩ 그동안 학습한 내용을 정리하고 발표할 수 있는 기회를 가지기 위해서이다.   **2** (1) ①   (2) ②   **3** (1) ㉣   (2) ㉢   **4** ㉮, ㉯

1 글 모음집을 만들어 본 경험을 떠올려 보고, 글 모음집을 만드는 까닭을 생각해 봅니다.

채점 기준 '글쓰기 능력을 향상하기 위해서', '스스로 자신의 생활과 글을 돌아볼 수 있기 때문에'와 같은 답도 정답으로 인정합니다.

2 글 모음집 ㉮는 손으로 직접 그림을 그리고 글을 쓴 표지이고, ㉯는 컴퓨터로 편집한 표지입니다.

3 글 모음집 ㉢는 학생들이 손 글씨로 내용을 쓴 것이고, 글 모음집 ㉣는 컴퓨터로 편집한 것입니다.

4 ㉢, ㉣는 손으로 직접 썼을 때의 장점입니다.

➕ 단원 어휘 다지기

1 (1) ④ (2) ③ (3) ① (4) ②　**2** ③, ⑤　**3** (1) 날리
다 (2) 끓이다 (3) 눕히다　**4** (3) ×　**5** ④　**6** (1) 잡꼬
(2) 묻찌 (3) 목쏘리

1 (1) '호령'의 뜻은 ④, (2) '결코'의 뜻은 ③, (3) '서럽다'의 뜻
은 ①, (4) '덤비다'의 뜻은 ②입니다.

2 ③ '쭈뼛쭈뼛'은 어줍거나 부끄러워서 자꾸 주저주저하거
나 머뭇거리는 모양을 뜻하므로 자신감 있게 발표하는 상
황과 어울리지 않습니다. ⑤ 공부하다가 궁금한 것이 있
는 상황에서는 '덤비다'는 적절하지 않고 '질문하다'가 적절
합니다.

3 낱말의 중간에 '-리-', '-이-', '-히-'를 붙여 '날다'는 '날
리다', '끓다'는 '끓이다', '눕다'는 '눕히다'로 바꾸면 남에게
무엇을 하도록 시키는 사동 표현이 됩니다.

4 '연속극'은 끊이지 않고 죽 이어지거나 지속함을 뜻하는
'연속'과 '극'이 합해진 낱말입니다.

5 빈칸에 모두 '쳤다'를 넣어야 문장의 뜻이 통합니다. ㉮에
서는 '바람이 세차게 불거나 비, 눈 따위가 세차게 뿌리
다.', ㉯에서는 '적은 분량의 액체를 따르거나 가루 따위를
뿌려서 넣다.', ㉰에서는 '손이나 손에 든 물건으로 세게
부딪게 하다.'라는 뜻을 가진 '치다'가 쓰였습니다.

6 제시된 설명에 받침 'ㅂ' 뒤에 오는 'ㄱ'은 [ㄲ]으로, 받침
'ㄷ' 뒤에 오는 'ㅈ'은 [ㅉ]으로, 받침 'ㄱ' 뒤에 오는 'ㅅ'은
[ㅆ]으로 발음해야 하므로 [잡꼬], [묻찌], [목쏘리]가 바른
발음입니다.

💡 단원 평가

1 문장 성분　**2** ③　**3** (1) 예 밀려왔다 (2) 예 '어제저녁'
에 일어난 과거의 일이기 때문이다.　**4** ③　**5** ㉯　**6**
④　**7** ④　**8** ④, ⑤　**9** 예 그 숙제를 해내는 일은 여간
어려운 일이 아니다. / 날씨가 그다지 덥지 않다.　**10** ④
11 (1) 예 사 먹는 음식을 (2) 예 좋아하지 않는다.　**12** ㉰,
㉲, ㉱, ㉮, ㉯　**13** ②　**14** (1) ㉯ (2) ㉰　**15** 우리 학
급에서 사용할 매체　**16** 예 쓴 글을 올리고 의견을 주고받
으려고 한다.　**17** (3) ○　**18** ㉮　**19** ④　**20** ③, ④,
⑤

1 문장 성분의 뜻을 설명하였습니다.

2 용준이가 또 덤빌까 봐 용준이 손을 잡고 안 놓아주다가
그만 '내' 눈에 용준이 머리가 부딪쳐 아파서 눈물을 글썽
였습니다.

3 문장 성분의 호응에 맞게 서술어도 과거형으로 나타내야
합니다.

채점 기준	
문장 성분의 호응이 바르지 않음을 알고 (1)과 (2)를 모두 알맞게 쓴 경우	5점
(1)과 (2) 중 한 가지만 알맞게 쓴 경우	2점

4 '결코'는 부정적인 서술어 또는 '안', '못'이 꾸며 주는 서술
어와 호응합니다.

5 문장 성분의 호응이 이루어지도록 글을 써야 문장의 뜻을
바르게 이해할 수 있습니다.

6 처음에 글을 어떻게 쓸지 생각한 다음 어떤 내용을 쓸지
정하고 쓸 내용을 나눕니다. 그것을 바탕으로 글을 쓰고
쓴 글을 고칩니다.

7 이 그림은 쓸 내용을 나누는 단계로 '내용 조직하기'에 해
당합니다.

8 '비록'은 '-일지라도', '만약'은 '-다면'과 호응합니다.

9 '여간, 도저히, 그다지, 만일' 등과 같은 말은 호응하는 서
술어가 따로 있는 낱말입니다.

채점 기준	
호응하는 서술어가 따로 있는 낱말을 넣어 호응 관계가 드러나게 문장을 만들어 쓴 경우	5점

10 '결코'와 '생각했다'의 서술어가 어울리지 않습니다.

11 '별로'는 부정적인 서술어 또는 '안', '못'이 꾸며 주는 서술
어와 호응합니다.

12 겪은 일이 드러나게 글을 쓸 때에는 ㉰-㉲-㉱-㉮-㉯
의 과정을 거칩니다.

13 누구나 경험할 수 있는 일보다 특별하고 기억에 남을 만한
일이 글감으로 적절합니다.

14 (1)은 인물을 설명하면서, (2)는 '꼼지락꼼지락'이라는 의태
어를 사용하면서 글머리를 시작했습니다.

15 의견 조정하기 과정으로 결정할 것은 우리 학급에서 사용
할 매체입니다.

16 우리가 쓴 글을 올리고 의견을 주고받을 것이라고 했습니다.

17 〈결과 예측하기〉 과정에서 단체 대화방을 사용하면 스마트폰이 없는 친구들이 있어 활용할 수 없는 문제를 지적했습니다.

18 친구가 남긴 의견이 자신의 글의 부족한 점을 지적한 내용일지라도 그 의견을 비판하지 말고 글에서 고칠 점을 생각해야 합니다.

19 글 모음집을 만들기 전에 제목, 들어갈 내용, 분량, 읽을 사람, 만드는 목적, 펴낼 시기 등을 정합니다.

20 글 모음집 **가**는 손으로 직접 그리고 글을 쓴 표지이고, 글 모음집 **나**는 손 글씨로 내용을 쓴 것입니다.

📑 서술형 평가   65쪽

1 1단계 용준이(동생), 아버지 2단계 ⑩ 아버지께서 '나'한테만 뭐라고 하셔서 서운한 마음이 들었다. 3단계 (1) ⑩ '별로'라는 말과 뒤의 서술어가 어울리지 않는다. (2) ⑩ 어머니의 목소리가 별로 좋아 보이지 않았다. / 어머니의 목소리가 별로 안 좋아 보였다.

2 소중하다는 것을 느꼈다 (1) ⑩ 소중하다는 것이다 (2) ⑩ '느낀 점은 ~ 느꼈다.'가 되기 때문에 '느꼈다'는 '느낀 점'이라는 주어에 맞는 서술어가 아니다.

3 ⑩ 글을 읽는 사람이 흥미를 느끼기 힘들기 때문이다. / 누구나 경험할 만한 일이기 때문이다.

4 ⑩ 매체를 활용할 때 의견을 쉽게 주고받을 수 있다. / 매체를 활용했을 때 글을 고치기에 편리하다.

1 1단계 '나'는 용준이가 잘못한 일인데 아버지께서 자신만 혼내셔서 화가 났습니다.

2단계 '나'는 자신한테만 뭐라고 하시는 아버지를 이해할 수 없었고 화가 나서 울며 방으로 들어가 버렸습니다.

채점 기준	
'화가 난 마음, 서운한 마음, 속상한 마음'이 드러나고 그 마음이 든 까닭이 드러나게 답을 쓴 경우	4점

---

3 3단계 ①은 문장 성분의 호응이 바르지 않은 문장입니다.

채점 기준	
(1)과 (2)를 모두 알맞게 쓴 경우	6점

2 '느낀 점은 ~ 느꼈다.'가 되기 때문에 문장 성분의 호응이 어울리지 않습니다.

채점 기준	
주어와 서술어의 호응이 잘못되었음을 알고 (1)과 (2)를 예시 답의 내용으로 알맞게 쓴 경우	6점

3 글감을 정할 때에는 인상적이거나 감동적인 일, 기억에 오래 남는 일 등 특별했던 일로 정하는 것이 알맞습니다.

채점 기준	
글감으로 정할 수 없는 까닭을 예시 답의 내용으로 쓴 경우	4점

4 매체를 활용해 글을 쓰면 한 사람이 쓴 글을 여러 사람이 동시에 읽고 의견을 쓸 수도 있고, 칭찬하는 말이나 고칠 부분을 편하게 전할 수 있습니다.

채점 기준	
예시 답으로 쓴 경우	4점

😊 수행 평가   66쪽

1 ⑩ 여름방학에 가족들과 지리산으로 캠핑을 갔던 일

2 (1) ⑩ 대화 글로 시작하기 (2) ⑩ "우아! 드디어 도착!" / 누나 목소리에 놀라 밖을 보았다. / 차에 앉아서 4시간을 꼬박 달려오니 지리산 중턱에 깨끗하게 정비된 캠핑장이 보였다.

1 글로 쓰고 싶은 일이나 생각을 떠올려 보고 알맞게 정리하여 써 봅니다.

채점 기준	
글감으로 정한 경험이나 생각이 적절한 경우	5점

2 글머리는 글의 전체적인 인상을 만들어 주는 중요한 역할을 하므로 읽는 사람이 흥미를 느낄 수 있게 씁니다.

채점 기준	
(1)에서 정한 방법으로 (2)의 내용을 알맞게 쓴 경우	15점

5 여러 가지 매체 자료

😊 **개념 확인하기** 67쪽

1 매체 　**2** 글, 사진, 그림 　**3** 서경 　**4** (1) ○ (2) ○

준비 😊 68쪽

핵심내용 ❶ 인터넷

1 매체 자료 　**2** (1) ③ (2) ① (3) ② 　**3** ㉔ 　**4** (1) 영화, 연속극 (2) 잡지, 신문 (3) 누리 소통망[SNS], 휴대 전화 문자 메시지 　**5** ①, ②, ⑤

1 내용을 전달하는 수단이 되는 자료를 매체 자료라고 합니다.

2 신문, 텔레비전 영상물, 휴대 전화 문자 메시지가 각각 어떤 매체 자료인지 알맞게 연결해 봅니다.

3 ㉰는 영상 매체 자료입니다. 영상 매체 자료는 음악이나 연출 기법의 의미를 생각하며 읽어야 합니다.

❗ **오답 피하기**
㉮는 인쇄 매체 자료를 읽을 때의 방법이므로 ㉮의 내용을 잘 이해하기에 좋고, ㉯는 인터넷 매체 자료를 읽을 때의 방법이므로 ㉱의 내용을 잘 이해하기에 좋습니다.

4 영상 매체 자료, 인쇄 매체 자료, 인터넷 매체 자료로 구분하여 봅니다.

5 인쇄 매체 자료는 글과 그림, 사진이 주는 시각 정보를 잘 살펴보는 것이 좋고, 영상 매체 자료는 화면 구성이나 소리에 담긴 정보를 살피는 것이 좋고, 인터넷 매체 자료는 인쇄 매체 자료와 영상 매체 자료를 읽는 방식을 모두 사용하는 것이 좋습니다.

기본 😊 69~74쪽

핵심내용 ❶ 음악

1 ③ 　**2** ⑤ 　**3** (1) ㉱ (2) ㉮ 　**4** ②, ⑤ 　**5** 영상 매체 자료 　**6** ①, ③ 　**7** (2) ○ 　**8** 소윤 　**9** 민서영(서영이), 거짓 글 　**10** ④ 　**11** ③ 　**12** 선플, 악플 　**13** ⑤ 　**14** ②, ④ 　**15** ⑩ 인터넷 대화방에서 누군가를 비난하는 것을 본 적이 있다. 　**16** ⑤ 　**17** ⑤ 　**18** 의료 봉사, 패션쇼, 사진 　**19** (2) ○ 　**20** ⑩ 흑설 공주가 글을 올린 공간은 얼굴과 이름을 숨기고 자기 생각을 마음대로 실을 수 있는 인터넷 세상이기 때문이다. 　**21** 유미 　**22** ②, ⑤ 　**23** (1) ○ 　**24** ③

1 허준은 병든 사람을 치료하는 의원입니다.

2 시험일이 촉박해서 빨리 시험장으로 가야 하지만 길을 가던 도중에 자신의 치료를 바라는 마을 사람들을 만났습니다.

3 허준이 환자를 치료하는 상황에서는 뜸과 침을 놓는 장면을 연달아 보여 주고, 피곤해도 쓰러지면 안 된다고 다짐하는 장면에서는 허준의 속마음을 그대로 들려주는 방법을 사용하였습니다.

4 제시된 것은 영상 매체 자료로, 화면의 연출 방법, 사용된 음향 등에 주의를 기울이며 보는 것이 좋습니다.

5 여러 장면들이 나오는 것으로 보아, 화면 구성과 소리 정보가 담긴 영상 매체 자료임을 알 수 있습니다.

6 김득신은 뛰어난 재능이나 두뇌를 갖지 못해 수만 번 외워도 잊어버리고 착각했지만, 포기하지 않고 꾸준히 노력하여 마침내 목표를 이루어 내었습니다.

❗ **오답 피하기**
② 59세 늦은 나이에 문과에 급제해 성균관에 입학했습니다.
④ 수만 번 책을 읽어도 그 내용을 기억하지 못하자, 만 번 이상 읽은 책에 대한 기록을 남겼습니다.
⑤ 김득신은 글을 열 살 되어서야 배우기 시작했고, 주변에서 우둔한 김득신을 포기하라 했지만 아버지는 그런 아들을 엄하게 다스린 것이 아니라 대견하게 여기고 격려했습니다.

7 경쾌하고 발랄한 음악을 사용함으로써 하인도 기억하는 내용을 자꾸 잊어버리는 우스꽝스럽기도 하고 안타깝기도 한 김득신의 모습을 더욱 강조하는 효과를 줄 수 있습니다.

8 김득신은 비록 재능은 없었지만 포기하지 않고 꾸준히 노력해서 한계를 극복한 훌륭한 인물입니다.

9 '흑설 공주'라는 계정으로 미라가 핑공 카페에 서영이와 관련한 거짓 글을 올리면서 사건이 시작되었습니다.

10 흑설 공주와 서영이는 '핑공 카페'라는 인터넷 카페에 글을 올리며 이야기를 주고받고 있습니다.

11 서영이는 사실을 알고 자기 입장을 밝히는 글을 핑공 카페에 올렸습니다.

12 아이들은 각자 다른 의견을 달아 놓았습니다.

13 서영이가 당당히 자신의 입장을 밝히는 글을 올렸지만, 그 글을 읽고도 흑설 공주의 글을 사실이라고 생각하는 친구도 있기 때문입니다.

14 빨간 풍선과 은하수가 서영이를 두둔하는 내용의 댓글을 단 사람입니다.

15 거짓으로 누군가를 비방하거나, 여러 사람이 한 사람을 공격하거나, 사실이 아닌 소문으로 한 사람을 위험에 처하게 한 경우 등 인터넷 상에서 있었던 경험을 떠올려 봅니다.

채점 기준 인터넷 상에서 적절하지 않은 정보로 이야기 나눈 경험이나 그것을 본 내용을 썼으면 정답으로 인정합니다.

16 다음 날 흑설 공주가 서영이를 공격하는 또 하나의 글을 올려서 민주는 자기 눈을 의심하였습니다.

17 서영이는 잠자코 있으면 흑설 공주의 주장이 사실이라고 받아들일까 봐 두려워서 바로 반박 글을 올렸을 것입니다.

18 서영이는 흑설 공주의 글을 반박하기 위해 의료 봉사를 하는 아빠와 엄마의 패션쇼 모습이 담긴 사진을 증거로 남겼습니다.

19 흑설 공주의 글에 대한 서영이의 반박 글을 보고 서영이를 응원하는 댓글과 흑설 공주를 비난하는 댓글이 인터넷 카페에 수없이 올라와 있었습니다.

20 인물들이 대화를 나누는 공간이 어디인지 생각해 봅니다.

채점 기준 자신을 감추고 생각을 마음대로 쓸 수 있는 인터넷 세상이라는 내용을 썼으면 정답으로 인정합니다.

21 어느 누가 잘못을 했더라도 인터넷 상에서 지나친 공격과 신상을 공개하는 일 등은 삼가야 합니다.

22 누군지도 모르는 사람에게 사실이 아닌 일로 계속된 공격을 받은 서영이는 속상하면서도 화가 났을 것입니다.

23 남의 일에 지나친 관심을 보이며 사실 여부를 판단하지 않고 적절하지 않은 근거로 판단하려 하고 있습니다.

24 다른 사람이 쓴 글에 적절히 반응을 보이되, 지나친 관심은 삼가고 올린 글의 사실 여부 등을 잘 파악하며 대화에 임해야 합니다.

➕ 단원 어휘 다지기
75쪽

1 (1) ㉯ (2) ㉰ (3) ㉬ (4) ㉮   **2** ③   **3** (1) 체 (2) 채
4 (1) 분명한 (2) 가엾다   **5** (1) 두둔했다 (2) 모함했다 (3) 고소했다   **6** (1) × (2) ○

---

1 (1)은 '교묘하다', (2)는 '얼토당토않다', (3)은 '우롱하다', (4)는 '수군대다'의 뜻입니다.

2 '도대체', '얼마든지', '거짓말쟁이', '휘둥그레졌다'로 써야 합니다. '아주 몹시'라는 뜻의 '된통'은 바른 표기입니다.

3 (1)은 규리가 나를 보았지만 못 본 것처럼 고개를 돌렸다는 뜻이므로 '체'가 알맞고, (2)는 너무 피곤해서 양말을 신은 상태로 잠들었다는 뜻이므로 '채'가 알맞습니다.

4 (1)의 '뚜렷하다'는 아주 분명하다는 뜻이므로 '분명한'과 바꾸어 쓸 수 있고, (2)의 '딱하다'는 사정이나 처지가 애처롭고 가엾다는 뜻이므로 '가엾다'와 바꾸어 쓸 수 있습니다.

5 '두둔하다'는 '편들어 주거나 잘못을 감싸 주다.', '모함하다'는 '나쁜 꾀로 남을 어려운 처지에 빠지게 하다.', '고소하다'는 '미운 사람이 잘못되는 것을 보고 속이 시원하고 재미있다.'라는 뜻입니다.

6 '꼬리에 꼬리를 물다'는 '계속 이어지다.'라는 뜻의 관용 표현입니다. '감추고 있는 것을 알아내다.'라는 뜻의 관용 표현은 '꼬리를 잡다'입니다.

💡 단원 평가
76~78쪽

1 ①, ③   **2** ②   **3** 영상 매체 자료   **4** ①   **5** ㉰
6 ❶   **7** ㉮ 자신을 희생하고 다른 사람을 위하는 허준의 태도가 강조된다.   **8** ⑤   **9** ④   **10** 만 번 이상 읽은 책에 대한 기록을 남겼다.   **11** (2) ○   **12** ⑤   **13** 서영이가 자기 입장을 밝히는 글을 올려서   **14** (2) ○   **15** 민서영   **16** 그물 속의 물고기   **17** ㉮ 흑설 공주의 글이 사실이 아니라는 구체적인 증거를 들어 자기 주장이 사실임을 밝히는 내용을 썼을 것이다.   **18** 핑공 카페   **19** 응원, 비난
20 ⑤

---

1 신문과 같은 인쇄 매체 자료를 읽을 때에는 글과 사진을 함께 보며 읽는 것이 내용을 이해하는 데 도움이 됩니다.

2 인쇄 매체 자료에 해당하는 것은 ②입니다.

3 두 개의 화면을 보여 주고 있는 것으로 보아, '허준'을 주인 공으로 하는 연속극(영상 매체 자료)임을 알 수 있습니다.

4 허준은 마을 사람들을 치료해 주고 있습니다.

5 장면 **1**에서는 허준이 환자를 치료하고 있습니다. 그 모습을 잘 나타내기 위해서는 치료하는 모습을 연달아 보여 주는 것이 좋습니다.

6 장면 **1**에서 인물의 속마음을 혼잣말로 그대로 들려주어 인물이 처한 상황을 나타내고 있습니다.

7 장면 **1**에서 음악이 주는 효과를 생각해 봅니다.

채점 기준

장면 **1**에서 사용한 음향의 효과를 알맞게 쓴 경우	5점
효과를 쓴 내용이 미흡한 경우	2점

8 '인물 소개하기'의 탐구 계획을 세울 때 인물의 어떤 점을 소개할지 정하고 인물이 한 일을 중심으로 조사합니다.

9 김득신의 아버지는 공부를 포기하지 않는 김득신을 대견 스럽게 여겼습니다.

10 김득신은 하인도 외우는 내용을 기억하지 못하는 한계를 드러내자, 그 한계를 극복하기 위해 만 번 이상 읽은 책에 대한 기록을 남겼습니다.

11 자신이 읽은 책을 하나하나 돌아보며 왜 책에 대한 기록을 남겼는지 돌아보고 있으므로 (2)의 음악이 장면과 내용에 가장 어울립니다.

12 전학 온 서영이가 성격이 좋아 금세 친구들과 잘 어울리자 부러운 미라는 핑공 카페에 '흑설 공주'라는 계정으로 서영 이와 관련한 거짓 글을 올렸습니다.

13 민주는 마침내 서영이가 자기 입장을 밝히는 글을 핑공 카 페에 올리자 눈이 휘둥그레졌습니다.

14 미라가 자신이 누군지를 숨기고 '흑설 공주'라는 계정을 사 용해 서영이와 관련한 거짓 글을 올린 것으로 보아 (2)가 매체 자료의 특성으로 알맞습니다.

15 빨간 풍선은 민서영이 흑설 공주에게 일방적으로 당한 것 같다고 하였고, 은하수는 흑설 공주가 너무 심하다고 하였 으므로 둘 다 민서영의 말이 옳다고 생각하고 있습니다.

16 민주는 어이 없는 상황에서 허우적거리는 서영이를 '그물 속의 물고기'라고 표현하였습니다.

17 글 **나**의 흑설 공주의 글에 반박하는 내용을 썼을 것입니다.

채점 기준

흑설 공주가 올린 글이 사실이 아니라는 증거를 밝혔을 것이라는 내용이 들어가게 쓴 경우	5점
단순히 흑설 공주의 글에 반박하는 글을 썼을 것이라는 내용으로 쓴 경우	2점

18 서영이와 흑설 공주, 그리고 댓글을 다는 아이들이 이용하 는 인터넷 공간은 '핑공 카페'입니다.

19 핑공 카페에 서영이를 응원하는 댓글과 흑설 공주를 비난 하는 댓글이 수없이 올라와 있자 민주는 서영이의 역공이 성공했다고 생각하였습니다.

20 카페 가입자들이 흑설 공주를 비난하자 흑설 공주는 다시 반박 글을 올려 흑설 공주와 서영이의 진실 싸움이 되어 버렸습니다.

📑 **서술형 평가** 79쪽

1 **1단계** 신문, 텔레비전, 문자 메시지 **2단계** 예 **가**에서는 인쇄 매체 자료, **나**에서는 영상 매체 자료, **다**에서는 인터넷 매체 자료를 보고 있다. **3단계** (1) 예 사진과 글을 모두 살펴보아야 한다. (2) 예 장면과 어우러지는 음악이나 연출 기법의 의미 를 생각하며 읽어야 한다. (3) 예 사진과 동영상을 함께 보며 읽어야 한다.

2 예 뇌물을 주는 유도지가 사건을 일으키는 인물이라는 것 을 나타낸다.

3 예 뇌물을 주고받는 일이 옳지 못하다는 것을 나타내기 위 해서이다.

1 **1단계** **가**~**다**에서 민준이가 읽거나 본 것을 알맞게 써 봅니 다.

2단계 민준이는 신문, 텔레비전 영상물, 휴대 전화 문자 메시 지를 보고 있습니다. 각각 어떤 매체 자료에 해당하는 지 씁니다.

채점 기준

세 가지 매체 자료를 모두 알맞게 쓴 경우	6점
한두 가지 매체 자료만 맞게 쓴 경우	3점

3 단계 세 가지 매체 자료의 특성을 생각하여 어떻게 읽거나 보는 것이 좋은지 써 봅니다.

채점 기준	
세 가지 매체 자료를 읽는 방법을 모두 알맞게 쓴 경우	9점
한두 가지의 매체 자료를 읽는 방법만 맞게 쓴 경우	각 3점

2 유도지가 장면에서 어떤 행동을 하는지와 관련 지어 생각해 봅니다.

채점 기준	
유도지가 사건을 일으키는 인물이라는 내용을 쓴 경우	7점
유도지를 강조하기 위해서라는 내용을 쓴 경우	3점

3 인물의 놀라는 모습에 맞추어 긴장감이 느껴지는 음악을 들려주는 것을 통해 무엇을 나타낼 수 있는지 생각해 봅니다.

채점 기준	
뇌물을 주고받는 것이 나쁜 일이라는 것을 강조하기 위해서라는 내용을 쓴 경우	8점
뇌물을 주고받는 것을 나타내기 위해서라고 쓴 경우	4점

😎 수행 평가

80쪽

1 (1) ⑩ 윤동주 시인 (2) ⑩ 윤동주의 시 가운데 좋은 시가 많은데, 그 시를 친구들에게 알리고 어떻게 그런 시를 지을 수 있었는지도 함께 생각해 보고 싶기 때문이다. **2** (1) ⑩ 윤동주를 소개한 책을 도서관에서 빌려 읽었다. (2) ⑩ 윤동주를 주인공으로 하는 영화를 봤다. **3** (1) ⑩ 1917년 12월 30일, 당시 북간도 간도성 화룡현 명동촌에서 태어남. (2) ⑩ 차분하고 소심한 성격 (3) ⑩ 인물이 겪은 고난 (4) ⑩ 윤동주가 살았던 시대는 일제 강점기로, 연희전문학교를 졸업한 후 일본에서 유학하던 중 항일 운동을 했다는 혐의로 체포되어 감옥살이를 하던 중 28살의 젊은 나이로 생을 마쳤음. (5) ⑩ 인물이 가까이 지낸 사람 (6) ⑩ 사촌 송몽규 (7) ⑩ 인물이 이룬 업적 (8) ⑩ 〈서시〉, 〈자화상〉, 〈별 헤는 밤〉, 〈쉽게 쓰여진 시〉 등 현재까지 많이 알려진 시를

다수 지었음. **4** ⑩ 윤동주는 〈서시〉로 우리에게 잘 알려진 시인이다. 이 외에도 좋은 작품이 많이 있어 친구들에게 소개해 주고 싶고, 이런 작품들을 어떻게 쓰게 됐는지 그의 삶에 대해 알려 주고 싶었다. 1917년 12월 30일, 당시 북간도에서 태어난 윤동주는 사촌 송몽규와 함께 연희전문학교 문과에 입학하여 공부하면서 민족 문화의 소중함을 확인하고 자신의 문학관을 세웠다. 그의 사촌 송몽규는 활발하고 사람들을 잘 이끌고 자기 주장도 잘 표현하는 반면 윤동주는 차분하고 소심한 성격이었다. 그는 일제 강점기의 어두운 현실 속에서 우리 민족에 대한 사랑과 독립에의 소망을 시로 적어 나갔다. 〈서시〉 외에도 〈참회록〉, 〈별 헤는 밤〉, 〈쉽게 쓰여진 시〉, 〈자화상〉 등의 유명한 작품이 있다. 그는 우리나라의 독립을 얼마 앞두고 일본의 감옥에서 죽음을 맞게 되었다.

1 평소 관심 있는 분야에서 친구들에게 알리고 싶은 인물을 떠올려 봅니다.

채점 기준	
알리고 싶은 인물과 그 까닭 두 가지를 모두 잘 쓴 경우	6점
알리고 싶은 인물을 썼지만, 왜 알리고 싶은지를 제대로 밝히지 못한 경우	3점

2 알리고 싶은 인물을 조사하기 위해 어떤 매체 자료가 효과적일지 생각합니다.

채점 기준	
알리고 싶은 인물을 조사하기 위해 사용한 매체 자료 두 가지를 모두 잘 쓴 경우	8점
알리고 싶은 인물을 조사하기 위해 사용한 매체 자료를 한 가지만 쓴 경우	4점

3 조사한 내용을 바탕으로 인물에 대해 알 수 있는 항목들을 정리하여 씁니다.

채점 기준	
인물이 태어난 날짜, 성격을 잘 쓰고, 다른 항목을 생각하여 그 내용을 모두 잘 쓴 경우	16점
인물이 태어난 날짜, 성격, 다른 항목과 그에 관한 내용을 부분적으로 쓴 경우	각 2점

4 친구들에게 인물에 대해 알리려는 내용을 간략하게 정리해 봅니다.

채점 기준	
인물에 대해 알리려는 내용이 잘 들어가게 쓴 경우	10점
인물에 대해 알리려는 내용이 무엇인지 잘 파악하기 힘들게 부분적인 내용만 쓴 경우	5점

6 타당성을 생각하며 토론해요

😊 개념 확인하기   81쪽

1 ④   **2** (1) 설 (2) 설 (3) 면   **3** ④, ㉮, ㉰   **4** 주장 펼치기

---

10 일상생활에서 우리가 겪는 불편함이나 어려운 점을 생각해 보고, 토론할 만한 상황을 써 봅니다.

채점 기준 찬성과 반대로 나뉘어 토론할 만한 상황으로 알맞으면 정답으로 합니다.

국어

준비 😊   82~83쪽

핵심내용 ❶ 근거

1 (2) ○   **2** (1) ① (2) ②   **3** 착한 사람이 되겠습니다.
4 (2) ○   **5** ⑤   **6** 예 외부인에게 운동장을 개방하면 안 된다.   **7** 착한 사람이 되겠습니다.   **8** ③, ⑤   **9** ①
10 예 학교 안에서 스마트폰을 보는 친구들이 많아 학교에서 스마트폰을 보지 말자고 할 때

1 학교 앞에 불법 주차를 한 차가 많고 차가 빨리 달린다는 문제가 있습니다.

2 민주는 불법 주차를 하지 못하도록 단속 카메라를 달면 좋겠다고 말했고, 수혁이는 단속 카메라를 단다고 해서 이 문제가 완전히 해결되지는 않을 것 같다고 말했습니다.

3 두 아이가 선생님을 보고 "착한 사람이 되겠습니다."라고 인사하였습니다.

4 현수는 "착한 사람이 되겠습니다."라는 말이 내가 지금은 착한 사람이 아닌 듯해서 기분이 좋지 않다고 했습니다.

5 학교 운동장을 외부인에게 개방해서 쓰레기가 많아졌다는 문제가 있습니다.

6 수인이는 외부인 때문에 학교 운동장에 쓰레기가 많아졌다고 생각합니다.

7 두 친구는 "착한 사람이 되겠습니다."라는 인사말에 대해 의견을 주고받고 있습니다.

8 "착한 사람이 되겠습니다."라고 하면 지금은 착한 사람이 아닌 것 같은 느낌이 들고, 전통적인 인사말을 우리가 지켜야 하는 것이라는 생각이 들어서 학교 인사말을 어색해했습니다.

9 ㉯에서는 상대의 기분을 상하게 했으므로, 앞으로 서로 기분을 상하게 하면서 자신이 옳다고 우기기만 할 것입니다.

기본 😊   84~90쪽

핵심내용 ❶ 출처   ❷ 반론

1 ①, ②, ⑤   **2** ④, ㉮   **3** ④   **4** ㉢   **5** ④   **6** (1) 한국직업능력개발원 (2) 희망 직업이 있다고 응답한 학부모 4733명   **7** 유리   **8** (2) ×   **9** 학급 임원은 반드시 필요하다.   **10** ④, ⑤   **11** (1) 설문 조사 자료 (2) 전문가의 면담   **12** ④   **13** (1) ○   **14** 예 상대편이 주장에 대한 근거가 믿을 만하다고 생각하도록 하기 위해서이다.   **15** ②, ⑤   **16** 타당하지 않음   **17** 부담   **18** ④   **19** 예 설문 조사 결과가 다른 학교를 조사한 것이어서   **20** ②, ④, ⑤   **21** 주장 다지기   **22** ④   **23** (1) ○   **24** ⑤   **25** ③, ⑤   **26** ①, ②, ③   **27** ②   **28** 태경   **29** 예 개성도 중요하지만 경제적인 측면도 고려해야 한다.   **30** (1) ○ (3) ○   **31** 주장 다지기

1 직업의 선택은 유행이 아니라 자신의 적성이나 흥미, 특기를 고려해서 이루어져야 한다고 했습니다.

2 처음에 설문 조사 자료를 제시하고, 면담 자료를 함께 제시했습니다.

3 우리 반 친구들을 대상으로 조사한 것이므로 전체 초등학생들의 장래 희망에 대한 근거로는 알맞지 않습니다.

4 학생보다 해당 분야 전문가의 말이 믿음이 가기 때문입니다.

5 자료 ㉮는 출처가 없고 조사 시기와 조사 대상을 정확히 알 수 없기 때문에 믿을 수 있는 자료라고 보기 어렵습니다.

6 자료 ㉯의 출처는 한국직업능력개발원이고, 희망 직업이 있다고 응답한 학부모 4733명을 대상으로 조사했습니다.

7 '직업의 선택은 유행이 아니라 자신의 적성이나 흥미, 특기를 고려해서 이루어져야 한다.'는 글쓴이의 주장과 학부모가 희망하는 자녀 직업이 나타난 자료 ㉯는 서로 관련이 없습니다.

8 설문 조사 자료를 평가할 때에는 조사 대상과 범위가 적절한지, 자료의 출처가 정확한지, 주장을 뒷받침하는지 살펴봐야 합니다.

9 사회자가 토론 주제를 안내했습니다.

10 찬성편은 토론 주제에 찬성하며 실제로 학생 대표가 학교생활에 많은 역할을 하고, 학교 안에서 선거를 경험할 수 있다는 근거를 들었습니다.

11 설문 조사 자료는 '실제로 학생 대표가 학교생활에 많은 역할을 한다.'는 근거를, 전문가의 면담은 '학교 안에서 선거를 경험할 수 있다.'는 근거를 뒷받침하고 있습니다.

12 주장 펼치기 단계에서는 근거를 들어 주장을 펼치고, 근거와 관련해 구체적인 자료를 제시합니다.

13 (2)는 '학생들 간 동등한 관계에 부정적인 영향을 끼친다.'를 뒷받침하는 자료입니다.

14 근거에 대한 자료를 제시하면 근거를 더욱 신뢰할 수 있기 때문입니다.

> **채점 기준** '자기편의 주장이 타당함을 보여 주기 위해서'와 같은 답도 정답으로 인정합니다.

15 반대편은 누구나 학급을 위해 봉사할 수 있고, 요즘은 기술이 발달해서 여러 사람이 동시에 회의에 참여할 수 있다고 반론하였습니다.

16 반대편은 찬성편이 제시한 근거가 타당하지 않음을 지적하기 위해서 ⓛ과 같은 질문을 한 것입니다.

17 모든 학생이 돌아가면서 학급 임원을 맡는다면 하고 싶은 마음이 없는 학생이 대표가 될 수 있고, 그 학생에게 부담이 되는 일이라고 했습니다.

18 반대편의 주장을 요약해 반론을 효과적으로 펼치기 위해서입니다.

19 반대편에서 제시한 설문 조사 결과는 다른 학교를 조사한 것이므로 우리 학교의 상황과 반드시 같다고 볼 수 없음을 지적했습니다.

20 ①, ③은 주장 펼치기의 방법입니다.

21 글 **4**는 '주장 다지기' 단계로, 자기편의 주장을 요약하고 상대편에서 제기한 반론이 타당하지 않음을 지적하며 자기편 주장의 장점을 정리하고 있습니다.

22 반대편에서 제기한 반론이 타당하지 않음을 밝혔지 반대편에게 한 반론을 정리하지는 않았습니다.

23 ⓒ은 반대편이 주장을 뒷받침하려고 내세운 근거를 정리한 것입니다.

24 한 번씩 돌아가면서 봉사하고 학급을 대표하는 경험을 쌓는다면 좀 더 많은 학생이 지도력과 책임감을 키울 수 있다고 했습니다.

25 토론 주제는 찬성과 반대로 분명히 나누어질 수 있는 주제여야 합니다.

26 토론에는 토론을 진행할 사회자와 찬성편 토론자, 반대편 토론자가 필요합니다.

27 교복을 반대하는 입장이므로, ②가 알맞습니다.

28 태경이가 생각한 자료는 교복을 입어야 한다는 찬성편의 근거를 뒷받침하는 자료로 알맞습니다.

29 자기편의 주장과 근거를 다시 살펴보고, 상대편에서 어떤 반론을 펼칠 수 있을지 짐작해 봅니다.

> **채점 기준** 반론으로 제기한 내용이 억지스럽지 않고 적절하면 정답으로 인정합니다.

30 (2)는 사회자가 지켜야 할 규칙입니다.

31 주장 다지기 단계는 주장 펼치기와 반론하기에서 증명된 근거를 재구성해 자신의 주장이 옳음을 확고히 다집니다.

실천 😊	91쪽

핵심내용 **①** 가치

1 ③　**2** ④　**3** 민서　**4** 까닭

1 '고모도 참'은 사람이 주는 돈은 꼭 세어 보면서 기계가 내미는 돈은 세어 보지도 않는 것이 문제라고 생각하며 한 말입니다.

2 이 시의 주제는 '사람보다 기계를 더 믿는 세상'이라고 정리할 수 있습니다.

3 민서는 시의 주제를 잘못 이해해서 토론 주제에 맞지 않은 의견을 말했고 의견에 대한 까닭을 구체적으로 말하지 않았습니다.

4 의견에 대한 까닭을 구체적으로 말해야 설득력이 있습니다.

⊕ 단원 어휘 다지기   92쪽

1 (1) ② (2) ① (3) ④ (4) ③   **2** (1) 반 (2) 비 (3) 비 (4) 반   **3** (1) ㉮ (2) ㉰ (3) ㉯   **4** ①, ③   **5** ①, ③, ⑤   **6** (3) ◯

1 (1)은 '참여', (2)는 '대세', (3)은 '협의', (4)는 '발언'의 뜻입니다.

2 서로 뜻이 반대인 낱말은 묻는 '질문'과 답하는 '답변', 바람직하지 못한 것인 '부정적'과 바람직한 것인 '긍정적'입니다. 서로 뜻이 비슷한 관계의 낱말은 '시간적 공간적 간격이 얼마쯤씩 있게.'라는 뜻의 '종종'과 '가끔', '근심하거나 걱정함.'을 뜻하는 '우려'와 '걱정'입니다.

3 (1)에서의 '센'은 ㉮의 뜻으로, (2)에서의 '세지는'은 ㉯의 뜻으로, (3)에서의 '세어'는 ㉰의 뜻으로 쓰였습니다.

4 '자다'는 형태가 바뀌지 않는 부분 '자-'에 'ㅁ'을 붙여 '잠'이 되어야 합니다. '알다'는 'ㄹ' 받침이 있으므로 받침 'ㄻ'을 붙여 '앎'으로 바꾸어야 합니다.

5 ② '의문'은 '의심스럽게 생각함.'을 뜻하므로 알맞지 않습니다. '옳다는 확신이 들었다.'가 자연스럽습니다. ④ 이웃 간의 갈등이 심한 상황에서는 문제가 잘 해결되기 어려우므로 '일의 진행이 순조롭게.'라는 뜻의 '원만히'는 알맞지 않습니다.

6 '같이'는 [가치], '굳이'는 [구지]로 소리 납니다.

☀ 단원 평가   93～95쪽

1 ④   **2** ①   **3** (1) ① (2) ②   **4** ④   **5** ㉮   **6** (1) 자신의 꿈이 '연예인'으로 바뀐 학생 (2) 직업 평론가 ◯◯◯ 씨   **7** 예 자료2 이다. 해당 분야 전문가의 말이기 때문이다.   **8** 예 유행보다는 자신의 흥미와 적성, 특기를 알고, 이것을 바탕으로 직업을 고려려고 노력해야 한다.   **9** (1) 우리 반 친구들 (2) 32명   **10** ③, ⑤   **11** 예 설문 조사의 대상과 범위가 글의 내용에 맞지 않아 주장을 뒷받침하기에 적절하지 않다.   **12** 학급 임원은 반드시 필요하다.   **13** ④   **14** ①, ④   **15** ①   **16** (1) ◯   **17** 전체 학생   **18** ⑤   **19** 기계   **20** ㉮

1 토론은 찬성과 반대로 나뉘어 상대를 설득하는 말하기입니다.
> **❶ 오답 피하기**
> ①, ③ 토론은 찬성과 반대로 나뉩니다.
> ②, ⑤ 토의에 대한 설명입니다.

2 여자아이는 "착한 사람이 되겠습니다."라는 인사말이 어색하다고 했습니다.

3 나 에서는 '투덜이 같다'라는 말로 상대의 기분을 상하게 했습니다.

4 가 와 같이 대답하면 서로 근거를 대며 자신의 의견을 나누게 될 것이고, 상대의 주장과 근거가 옳은지 따져 가며 문제 해결 방법을 찾아볼 수 있게 될 것입니다.

5 상대의 생각을 삐딱하다고 받아들이면 진정한 토론이 이루어질 수 없습니다.

6 자료1 은 자신의 꿈이 '연예인'으로 바뀌었다고 하는 학생을 면담한 것이고, 자료2 는 직업 평론가 ◯◯◯ 씨를 면담한 것입니다.

7 면담 자료는 전문가의 의견이 더 믿음을 줍니다.

채점 기준	
전문가의 의견이라는 내용을 넣어 답을 쓴 경우	5점
답만 맞게 쓰고 까닭을 쓰지 않거나 틀린 경우	2점

8 글쓴이는 유행보다는 적성, 흥미, 특기를 고려해서 직업을 고르려고 노력해야 한다고 했습니다.

9 조사 대상은 우리 반 친구들이고, 32명을 대상으로 조사했습니다.

10 ③은 평가 기준이 될 수 없고, ⑤는 면담 자료를 평가하는 기준입니다.

11 설문 조사 자료를 평가하는 기준을 생각하여 자료의 타당성을 평가해 봅니다.

채점 기준	
예시 답 외에도 '우리 반 친구들을 대상으로 조사한 것이므로 전체 초등학생들의 장래 희망에 대한 근거로는 알맞지 않다.'라고 답을 쓴 경우	5점

12 찬성편은 "학급 임원은 반드시 필요하다."라는 주제에 찬성한다고 했습니다.

13 '학교 안에서 선거를 경험할 수 있다.'는 근거에 대한 구체적인 자료로 전문가의 면담 내용을 제시했습니다.

14 토론 절차 중 이 글은 '주장 펼치기' 단계입니다. ②, ⑤는 '반론하기', ③은 '주장 다지기' 단계입니다.

15 사회자가 한 말을 통해 반론하기의 방법을 설명하고 있음을 알 수 있습니다.

16 ㉡은 반론을 효과적으로 펼치기 위해 상대편의 주장을 요약한 것입니다.

17 학급을 위해 봉사하는 것은 몇 명의 학생이 아니라 전체 학생이 다 할 수 있는 일이라고 반론하였습니다.

18 ⑤는 반론하기의 방법입니다.

19 아주머니가 돌려주는 거스름돈은 액수가 맞는지 확인하지만 기계가 내미는 돈은 세어 보지 않으십니다.

20 사람보다 기계를 더 믿는 고모의 행동을 표현한 시의 내용과 관련지어 ㉮의 주제로 이야기를 나눌 수 있습니다.

📋 서술형 평가
96쪽

1 1단계 설문 2단계 (1) 예 우리 반 친구들이다. (2) 연예인이다. (3) 글쓴이의 반 친구들을 대상으로 한 설문 조사 결과이다. 3단계 예 조사 시기와 조사 대상을 정확히 알 수 없고, 자료의 출처가 없어 믿을 수 있는 자료라고 보기 어렵기 때문이다.

2 예 학급 임원을 뽑는 기준이 올바르지 않다고 보기 때문에 학급 임원이 필요하지 않다.

3 예 반대편에서 제시한 설문 조사 결과는 다른 학교에서 조사한 결과로, 우리 학교의 상황과 반드시 같다고 볼 수 없다.

1 1단계 글쓴이는 자신의 주장을 뒷받침하려고 설문 조사 자료를 근거 자료로 사용하고 있습니다.

 2단계 우리 반 친구들 32명을 대상으로 조사한 설문 조사입니다.

채점 기준	
(1)~(3)의 내용을 모두 알맞게 정리한 경우	각 1점

 3단계 제시된 자료가 근거 자료로 활용할 수 없는 까닭을 생각해 봅니다.

채점 기준	
예시 답으로 쓴 경우	4점

2 반대편은 "학급 임원이 필요하다."는 주제에 반대하는 것입니다.

채점 기준	
'학급 임원이 필요하지 않다.'는 말을 넣어 주장을 정리하여 쓴 경우	4점

3 찬성편은 반대편에서 근거 자료로 제시한 것이 적절하지 않다는 점을 지적하며 반론하였습니다.

채점 기준	
찬성편이 한 반론을 빠짐없이 정리한 경우	6점

😊 수행 평가
97쪽

1 예 선의의 거짓말은 해도 된다. **2** 예 선의의 거짓말은 해도 된다. **3** (1) 예 사람에게 용기를 주거나 생명을 구할 수 있다. (2) 예 친구와의 관계를 좋게 유지할 수 있게 해 준다. **4** 예 좋은 의도라도 거짓말이 계속되면 나쁜 습관이 될 수 있다.

1 학급이나 학교의 문제, 평소에 의견을 주고받고 싶었던 주제를 생각하여 써 봅니다.

채점 기준	
찬성과 반대로 나뉘어 의견을 주고받을 수 있고, 토론 주제로 적절한 경우	5점

2 토론 주제에 대해 찬성하는지 반대하는지 정하여 주장을 써 봅니다.

채점 기준	
〈문제 1번〉에서 정한 주제에 대한 주장을 정하여 쓴 경우	3점

3 자기편 주장을 뒷받침하는 근거를 떠올려 써 봅니다.

채점 기준	
주장을 뒷받침하는 근거를 두 가지 모두 쓴 경우	각 3점

4 상대편에서 어떤 반론을 제시할 수 있을지 예상해 봅니다.

채점 기준	
예상되는 반론으로 적절한 경우	6점
반론을 제시하기는 했으나 타당성이 부족한 경우	3점

7 중요한 내용을 요약해요

😊 개념 확인하기
98쪽

1 (1) ○ **2** 소연 **3** (1) × (2) ○ **4** 중요한 내용

준비 😊
99쪽

1 (2) ○ **2** ④ **3** (1) ○ **4** ③

1 낱말의 뜻을 제대로 짐작하지 못하면 글의 내용을 잘 이해할 수 없습니다.

2 '뜬금없는'은 갑작스럽고도 엉뚱하다는 뜻으로, ④와 바꾸어 써도 문장의 뜻이 자연스럽습니다.

3 모르는 낱말 앞뒤의 내용을 자세히 살펴보면 낱말의 뜻을 짐작할 수 있습니다. 집중을 잘해서 학습하는 데 도움이 된다는 의미이므로 (1)이 알맞습니다.

4 우리 귀 건강에 가장 큰 걸림돌이 '이어폰'이라고 했으므로 ③은 귀 건강을 지키는 방법이 아닙니다.

기본 😊
100~113쪽

핵심내용 ❶ 앞뒤 ❷ 켈러 ❸ 대조

1 ② **2** ㉡ **3** 수필 **4** 마른침 **5** ②, ⑤ **6** ①, ②, ④ **7** 깐깐한, 켈러 **8** ⑤ **9** 걸작 **10** ③ **11** (1) 예 어떤 생각을 떠올렸지만 (2) 예 낱말이 나온 앞뒤 부분에서 켈러 선생님이 '사랑'이라는 낱말을 빼고 '사랑'을 나타내는 낱말을 써 보라고 하자 아이들이 끙끙대며 낱말을 썼기 때문이다. **12** ②, ⑤ **13** ⑤ **14** ④ **15** ③ **16** 슐로스 할아버지 **17** ⑤ **18** 마음, 감정 **19** 슐로스 할아버지의 아내 **20** ⑤ **21** ⑤ **22** (1) 예 이리저리 궁리하여 골똘히 생각하다. (2) 예 하루 종일 머리를 쥐어짜도 정답이 떠오르지 않았다. **23** (2) ○ **24** ④ **25** (2) × **26** 손수 **27** ③ **28** ① **29** (2) ○ **30** ② **31** 슐로스 할아버지 **32** ① **33** ⑤ **34** 맞춤법, 낱말 **35** 준성 **36** 예 생각만 해도 가슴이 벅차오르고 눈물이 날 것 같은 우리 엄마의 마음 **37** ②, ④ **38** 잎차례 **39** 돌려나기 **40** ③ **41** (1) ○ (3) ○ **42** 다

43 나 **44** (1) ③ (2) ① (3) ② **45** ② **46** 마주나기 **47** (1) ③ (2) ① (3) ② (4) ④ **48** 예 글의 중요한 내용을 한눈에 파악할 수 있어 글의 핵심 내용을 잘 이해할 수 있다. **49** 성준 **50** ③ **51** (1) ② (2) ① **52** (1) 잇꽃 (2) 먹 (3) 쪽물 (4) 치자 **53** ④ **54** (1) ○ **55** ① **56** ③

1 '엄포부터 놓았다', '켈러 선생님의 호통에'라는 부분에서 부드러운 목소리가 아니라 큰 소리로 꾸짖듯이 말했다는 것을 알 수 있습니다.

❗ 오답 피하기
① 글쓰기반 수업 첫날 켈러 선생님은 교실로 들어오셨습니다.
③ 허리를 꼿꼿이 펴고 똑바로 서 있어서 실제 키보다 더 커 보였다고 하였습니다.
④ 교탁에 기대설 때면 마치 죽은 나뭇가지에 앉아 금방이라도 사냥감을 확 낚아챌 듯 노려보는 매처럼 매서워 보였습니다.
⑤ 특유의 진한 미국 남부 지방 억양으로 말을 이어 나갔다고 하였습니다.

2 '엄포'라는 말이 나온 뒷부분의 내용을 통해 짐작할 수 있습니다.

3 수필을 쓰되, 가족이나 집에서 일어나는 일상생활에 대한 이야기라면 뭐든지 괜찮다고 했습니다.

4 설명하는 내용에 알맞은 낱말은 '마른침'입니다.

5 '내'가 계속해서 '진짜 잘 써야 하는데!'라고 생각하는 것으로 보아, 잘하고 싶어 하면서도 걱정스러워하고 있음을 알 수 있습니다.

6 유명한 제빵사인 슐로스 할아버지는 '나'의 옆집에 살고, 아내를 먼저 하늘 나라로 보냈습니다.

❗ 오답 피하기
③ 자식들도 다 커서 떠나 혼자 살고 있다고 하였으므로 자식이 없는 것은 아닙니다.
⑤ 슐로스 할아버지는 두 아들놈도 켈러 선생님한테 배웠다고 하면서 선생님과 인연이 있음을 말하였으므로 켈러 선생님에 대해 전혀 알지 못하지는 않을 것입니다.

7 무슨 안 좋은 일이 있냐는 슐로스 할아버지의 질문에 '나'는 학교에서 가장 깐깐한 선생님인 켈러 선생님한테 배우게 되었다고 대답하였습니다.

8 ㉡은 '내'가 발표를 하고 싶어 참기 어렵다는 뜻으로 쓰였습니다.

9 '나'는 우리 가족과 내 일상에 대해 쓴 '걸작'을 읽어 내려갔다고 하였습니다. '걸작'은 '내'가 자신의 글의 훌륭함을 표현한 말입니다.

10 감동할 것이라는 예상과는 달리 켈러 선생님은 점점 숨소리가 거칠어지면서 화를 내었습니다.

11 낱말의 뜻을 짐작하는 방법을 생각해 봅니다.

> **채점 기준** 짐작한 뜻과 그 까닭을 적절하게 썼으면 정답으로 인정합니다.

12 켈러 선생님이 "이것이 바로 오늘 숙제다."라고 한 말 바로 다음에 구체적인 숙제의 내용이 나와 있습니다.

13 '나'는 켈러 선생님이 칠판에 쭉 쓴 낱말을 대신할 수 있는 낱말을 유의어 사전에서 가장 많이 찾아서 금요일 쪽지 시험에서 면제가 되었습니다.

14 '마녀'는 성격이 깐깐한 켈러 선생님을 가리키는 말입니다.

15 쓰레기장을 찾아간 것은 색깔을 이해하기 위한 훈련이었습니다.

16 '나'는 누구를 붙잡고 인터뷰할지 이미 정해 놓고 있었다고 하면서 당연히 슐로스 할아버지라고 하였습니다.

17 슐로스 할아버지는 벽난로 위에 놓인 아름다운 액자 속의 아내 사진을 가장 소중한 물건으로 고르셨습니다.

18 '내' 마음과 감정을 듬뿍 담아 썼기 때문에 이번에는 켈러 선생님 마음에 쏙 들 것이라고 생각했습니다.

19 글 **6**에서 켈러 선생님은 '나'에게 슐로스 할아버지의 아내를 주제로 삼은 것은 적절하다고 하였습니다.

20 켈러 선생님은 글을 읽는 사람이 글쓴이의 '진짜' 감정을 느낄 수 있어야 한다고 하였습니다.

21 켈러 선생님은 그동안 배운 글쓰기 형식 중 가장 자신 있는 형식을 골라 글을 쓰는 것을 기말 과제로 내 주겠다는 말을 했습니다.

22 '쥐어짜다'로 낱말의 뜻을 찾으면 ㉠의 뜻을 알 수 있습니다. 찾은 뜻을 바탕으로 낱말을 포함한 문장을 써 봅니다.

> **채점 기준** 국어사전에서 뜻을 찾고, 낱말을 넣어 문장을 만들어 썼으면 정답으로 인정합니다.

23 켈러 선생님은 '나'를 따로 불러 자신이 겪은 일을 써 왔으면 좋겠다고 하였습니다.

24 이웃에 사는 할머니를 돕는 성금 모금 바자회에 내놓을 쿠키를 다 같이 만들기 위해 슐로스 할아버지 집에 모였습니다.

25 슐로스 할아버지는 켈러 선생님이 아니었다면 아들은 평생 자신의 빵집에서 일할 수밖에 없었을 것이라고 하였습니다.

> **❶ 오답 피하기**
> (1) 슐로스 할아버지는 '그 학생'은 바로 우리 아들이라고 하였습니다.
> (3) 슐로스 할아버지는 아이를 대학교에 보낼 여유가 없어서 켈러 선생님이 학비까지 손수 마련해서 대학교에 다닐 수 있도록 주선해 주었다고 했습니다.

26 '학비까지 손수 마련해서 ~'라는 부분에서 '손수'의 뜻이 '직접 자기 손으로'와 관련 있음을 짐작할 수 있습니다.

27 슐로스 할아버지는 자신의 아들이 글 쓰는 사람이 되도록 도와준 선생님에게 감사하지 않을 수 없다고 하였습니다.

28 '나'는 아침에 슐로스 할아버지가 갑작스러운 심장 마비로 돌아가셨다는 소식을 전해 들었습니다.

29 ㉠'꼴'은 사람의 모양새나 행태를 낮잡아 이르는 말로 쓰였습니다.

30 슐로스 할아버지의 장례식에 거의 모든 이웃이 참석하고 상점은 문을 닫기까지 한 것으로 보아, 마을 사람들이 할아버지를 좋아했고 할아버지의 죽음을 슬퍼한다는 것을 알 수 있습니다.

31 '나'는 기말 과제로 쓴 글을 제출하면서 이제는 켈러 선생님이 마음에 들어 하든 말든 상관없다고 하면서 오로지 슐로스 할아버지를 사랑하는 자신의 마음이 잘 표현되었기를 바랄 뿐이라고 하였습니다.

32 '나'는 켈러 선생님이 자신을 꽉 끌어안아 주어서 깜짝 놀랐습니다.

33 ㉠은 '마음이나 분위기가 가라앉지 않고 조금 흥분되다.'라는 뜻으로 쓰였습니다.

> **❶ 오답 피하기**
> ①, ② 살빛이 누렇고 부석부석하게 된다는 뜻으로 쓰였습니다.
> ③, ④ 단단한 데에 붙은 얇은 것이 떨어져 틈이 벌어지며 일어난다는 뜻으로 쓰였습니다.

34 켈러 선생님은 '나'의 글에서 맞춤법은 아직 손보아야 할 곳이 많지만, 낱말에 날개가 달려 있다면서 에이(A) 점수를 주겠다고 하였습니다.

35 '나'에게 있어 슐로스 할아버지는 때로는 친구처럼, 스승처럼 모든 것을 알려 준 분이었고, 켈러 선생님은 처음에는 무섭고 엄하기만 했지만 결국 떠올리면 가슴이 벅찰 정도로 존경하는 스승으로 남은 분입니다. 따라서 준성이가 알

맞게 말한 사람입니다.

36 '사랑'을 어떤 말로 표현할 수 있을지 생각해 봅니다.

37 식물도 질서 있게 특별한 기술을 바탕으로 잎을 피우는데, 그 까닭은 햇빛과 그림자 문제 때문입니다.

38 식물이 줄기에 차례대로 잎을 붙여 나가는 모양을 '잎차례'라고 합니다.

39 '돌려나기' 잎차례에 대한 설명입니다.

40 ①은 모여나기, ②, ④는 어긋나기, ⑤는 돌려나기 방법으로 잎이 납니다.

41 글을 요약하면 주어진 글의 내용을 잘 이해하고 중심 내용을 잘 파악할 수 있습니다.

42 글 **다**가 중요한 내용이 잘 드러나게 글을 요약한 글입니다.

43 글 **나**는 글을 너무 많이 줄여 글의 중요한 내용이 잘 드러나지 않습니다.

44 글 **가**는 중요하지 않은 내용이 너무 많고, 글 **나**는 너무 짧게 요약하였습니다.

45 글 **가**에서는 어긋나기, 마주나기, 돌려나기, 모여나기의 식물들의 잎차례 모양에 대해 설명하고 있습니다.

46 줄기 한 마디에 잎 두 장이 마주 보고 나는 방법은 마주나기 잎차례입니다.

47 각 식물들의 잎이 어떤 모양을 하고 있는지 알맞게 이어 봅니다.

48 생각그물 형식으로 요약하면 중요한 내용을 한눈에 볼 수 있습니다.

> **채점 기준** 한눈에 중요한 내용을 파악할 수 있다는 내용을 썼으면 정답으로 인정합니다.

49 옛날에 땅바닥이나 나무토막에 그리거나 쓴 것들을 오래 유지하기 어려워 좀 더 쓰기 쉽고 그리기 편한 것 등을 찾다가 종이를 발명하게 되었습니다.

50 글 **2**에서는 한지를 만드는 과정에 대해 자세히 설명하고 있습니다.

51 ㉠, ㉡의 앞뒤 부분을 살피며 뜻을 짐작해 봅니다.

52 잇꽃으로 물들이면 붉은 한지가 되고, 치자로 물들이면 노랑, 쪽물은 파랑, 먹은 검은 한지가 된다고 하였습니다.

53 '먼저, 그러고는, 이제, 그런 다음, 이번에는, 마지막으로'는 시간 순서를 나타내는 말로, 글의 구조를 파악할 수 있게 합니다.

54 글 **2**는 한지를 만드는 과정을 시간 순서대로 설명하고 있으므로 (1) 순서 구조로 요약하는 것이 알맞습니다.

55 ④ → ③ → ② → ⑤ → ①의 순서로 한지를 만듭니다.

56 ③을 제외한 나머지는 놀이에 이용되는 것이 아닌 생활용품입니다.

⊕ 단원 어휘 다지기   114쪽

1 (1) 단장 (2) 면제 (3) 빈정대다 (4) 주선하다   **2** ⑤   **3** (1) 나직이 (2) 꼿꼿이 (3) 세세히   **4** (1) × (2) ○ (3) ○ (4) ×   **5** (1) 붓다 (2) 붇다   **6** ①, ④, ⑤

1 (1)은 '단장', (2)는 '면제', (3)은 '빈정대다', (4)는 '주선하다'의 뜻입니다.

2 '엎친 데 덮치다'는 '어렵거나 나쁜 일이 겹치어 일어나다.'라는 뜻입니다. ①은 '발 벗고 나서다.', ②는 '손을 떼다.', ③은 '파김치가 되다.', ④는 '호떡집에 불난 것 같다'의 뜻입니다.

3 '나직이', '꼿꼿이', '세세히'가 바른 표기입니다. '나직이'는 '소리가 꽤 낮게.', '꼿꼿이'는 '휘거나 구부러지지 아니하고 단단하게.', '세세히'는 '매우 자세히.'를 뜻합니다.

4 (1) '우두커니'는 넋이 나간 듯이 가만히 한자리에 서 있거나 앉아 있는 모양을 뜻하는 낱말이므로 '우두커니 서둘렀다'는 표현은 알맞지 않습니다. (4) '걸림돌'은 일을 해 나가는 데에 걸리거나 막히는 장애물을 비유적으로 이르는 말이므로 믿고 응원해 주신 부모님을 가리키는 표현으로 알맞지 않습니다.

5 (1) 물을 냄비에 담는다는 뜻이므로 '붓다'를 써야 합니다. (2) 라면을 끓이고 시간이 지나 면발의 부피가 커진 상황이므로 '붇다'를 써야 합니다.

6 ② '언니뿐'으로 앞말과 '뿐'을 붙여 써야 합니다. ③ '볼∨만큼'으로 앞말과 '만큼'을 띄어 써야 합니다.

단원 평가   115~117쪽

1 (3) ×   **2** 이어폰   **3** ⑤   **4** ③   **5** ④   **6** 예 글씨를 대충 쓴다는 뜻인 것 같다. 왜냐하면 허둥지둥 종이에 썼다는 상황에서 종이에 아무렇게나 글씨를 대충 쓰는 것 같기 때문이다.   **7** 마른침   **8** 예 '나'의 글에 여전히 감정이 잘 드러나지 않아서   **9** (3) ○   **10** 예 글을 읽는 사람이 '나'의 진짜 감정을 느낄 수 있을 만큼 감정이 잘 드러나 있고 독창적인 글일 것이다.   **11** (2) ○   **12** (3) ○   **13** ④   **14** 예 늘 존경하고 사랑해 마지않는 분이기 때문에   **15** 나   **16** (1) ○   **17** 성훈   **18** ③   **19** ④   **20** (2) ○

1 ㉢은 일을 해 나가는 데에 걸리거나 막히는 장애물을 비유적으로 이르는 말로, '방해물, 장애물'과 바꾸어 쓸 수 있습니다.

2 우리 귀 건강에 가장 큰 걸림돌은 '이어폰'이라고 하였습니다.

3 ①은 눈, 코, 입이 있는 얼굴의 앞면, ②는 어떤 심리 상태가 나타난 형색, ③은 어떤 분야에서 활동하는 사람, ④는 주위에 잘 알려져서 얻은 평판이나 명예를 가리키는 말로 쓰였습니다.

4 빈칸에는 '어떤 일을 하는 데 드는 사람의 힘이나 노력, 기술'을 뜻하는 '손'이 들어가는 것이 알맞습니다. '저는 할아버지의 손에서 자랐습니다.'가 알맞습니다.

5 켈러 선생님의 말을 들으면서 유독 '나'만 노려보는 것 같다고 하였습니다.

6 낱말의 뜻을 짐작하는 방법을 생각해 봅니다.

채점 기준	
낱말의 뜻과 짐작한 까닭을 모두 알맞게 쓴 경우	5점
낱말의 뜻은 맞게 썼지만 짐작한 까닭을 제대로 쓰지 못한 경우	2점

7 국어사전에서 찾은 '마른침'의 낱말 뜻입니다.

8 글 나에서 켈러 선생님은 퍼트리샤에게 여전히 네 글은 감정이 잘 드러나지 않고 있다고 하였습니다.

9 ㉠은 '이리저리 궁리하여 골똘히 생각하다.'라는 뜻으로 쓰였습니다.

10 글 가에서 켈러 선생님이 글쓰기를 할 때 중요하게 생각하는 점이 무엇인지 살펴봅니다.

채점 기준	
진실한 감정이 드러나게 썼다거나, 독창적으로 썼다는 내용을 쓴 경우	5점
글이 평범하지 않다는 내용을 쓴 경우	2점

11 '삼다'의 뜻은 (2)가 알맞습니다.

12 켈러 선생님은 '내'가 슐로스 할아버지에게 받은 유의어 사전을 가지고 기말 과제를 썼다는 사실에 굉장히 감동했다고 말했습니다.

13 존경하고 사랑하는 슐로스 할아버지를 '내'가 사랑이라는 낱말로 표현할 수 있는 다양한 표현으로 ④는 적절하지 않습니다.

15 글 가는 글이 너무 짧아서 중요한 내용이 드러나 있지 않습니다.

16 사진에서 잎이 서로 어긋나게 피어 있으므로 '어긋나기' 잎차례 모양임을 알 수 있습니다.

17 글에서 반복해서 나타나는 낱말이 있다면 전체를 대표하는 낱말로 바꾸어 써야 합니다.

18 글 나에서는 한지의 여러 쓰임새에 대해 설명하고 있습니다.

19 한지로 바느질 도구를 넣는 반짇고리를 만들 수 있습니다.

20 글 나, 다는 한지의 쓰임새에 대해 설명한 부분으로, 주제에 대한 특징을 나열하는 방법으로 소개하고 있습니다.

서술형 평가   118쪽

1 1단계 마음, 감정   2단계 예 경기에서 점수를 잃다.   3단계 (1) 예 마음을 독하게 먹고 열심히 노력해 보기로 하였다.   (2) 예 축구 경기에서 우리 반이 먼저 한 골을 먹었다.

2 (1) 예 볼주머니를 이용해 먹이를 저장하는 동물   (2) 예 다람쥐는 도토리 같은 열매 열 개 이상을 볼주머니에 잠시 저장할 수 있다.   (3) 예 원숭이는 먹이를 볼주머니에 잠시 저장해 안전한 장소로 이동해서 먹는다.

3 예 사람들이 바구니를 이용해 물건을 나르는 것처럼 볼주머니를 이용해 먹이를 나르는 동물들이 있다. 다람쥐는 도토리 같은 열매 열 개 이상을 볼주머니에 잠시 저장할 수 있다. 원숭이도 먹이를 볼주머니에 잠시 저장해 안전한 장소로 이동해서 먹는다.

1 1단계 그림 ☑에서 친구는 열심히 공부하겠다는 마음을 품고 있습니다.

2단계 '먹다'의 여러 뜻 중 그림 ☑에 알맞은 뜻을 생각해 봅니다.

채점 기준	
'경기에서 점수를 잃다'와 같이 쓴 경우	5점

3단계 각각의 '먹다'의 뜻에 알맞게 문장을 만들어 봅니다.

채점 기준	
각각의 '먹다'의 뜻에 맞는 문장을 모두 쓴 경우	10점
(1)과 (2) 중 어느 하나의 문장만 맞게 쓴 경우	5점

2 글의 주제를 살펴보고, 문단의 내용을 각 틀에 맞게 정리해 봅니다.

채점 기준	
주제와 각 문단에 해당하는 내용을 모두 알맞게 요약해서 틀에 맞춰 쓴 경우	10점
주제와 문단의 내용 중 한두 가지만 맞게 쓴 경우	5점

3 〈문제 **2**번〉에서 요약한 내용을 바탕으로 하여 전체 글을 요약해 봅니다.

채점 기준	
주제와 각 문단의 내용이 잘 들어가게 요약해 쓴 경우	10점
어느 한 문단이라도 빠지게 요약한 경우	5점

1 켈러 선생님이 '나'에게 한 말을 살펴보고 글쓰기에서 강조한 내용이 무엇인지 정리해 봅니다.

채점 기준	
'글쓴이의 감정을 느낄 수 있다, 독창적으로, 다양한 낱말을 활용'과 같은 내용이 두 가지 이상 드러나게 쓴 경우	5점
진실한 감정을 드러내는 낱말을 쓴다는 내용만 쓴 경우	3점

2 자신에게 인상 깊었던 선생님을 떠올리고, 다양한 낱말을 사용하여 진실된 마음이 드러나게 글을 써 봅니다.

채점 기준	
선생님을 떠올려 독창적인 표현과 다양한 낱말을 사용하여 글을 쓴 경우	20점
선생님을 떠올려 마음이 드러나게 글을 썼지만, 독창적인 표현이 잘 드러나지 않는 경우	12점

👓 수행 평가

1 ㉠ 자신의 진실한 감정이 담긴 글을, 다양한 낱말을 활용해 쓰는 것이다. **2** ㉠ 저는 초등학교 3학년 때 담임 선생님이셨던 ○○○ 선생님을 잊을 수가 없습니다. 선생님과 함께한 학교생활은 늘 무지갯빛이었습니다. 한마디로 그 시절을 '솜사탕'이라고 표현할 수 있습니다. 달콤하고 행복했던 시간. 선생님께서는 자신감이 없는 나에게 "넌 특별한 아이야. 잘할 수 있어!"라고 용기를 북돋아 주셨고, 그 결과 소극적인 성격이었던 나는 적극적이고 긍정적인 아이로 변해 갔습니다. 지금도 선생님 얼굴을 떠올리면 제 마음속에 따뜻한 햇살이 스며드는 것처럼 마음이 포근해집니다.

8 우리말 지킴이

개념 확인하기 120쪽

1 Book적Book적, 삼김   **2** 면담   **3** (3) ×   **4** (2) ○ (3) ○

준비 😊 121쪽

1 ⑤   **2** (3) ○   **3** 예 한마음 꽃집   **4** 주혁   **5** (1) ×

1 할아버지는 아이들이 줄임말을 사용해 아이들이 하는 말을 잘 이해하지 못하고 있습니다.

2 같은 의미를 지닌 우리말이 있는데도 영어를 그대로 간판에 사용한 말들입니다.

3 '플라워'는 '꽃 가게'나 '꽃집' 같은 우리말로 표현하는 것이 좋습니다.

4 '열공했더니'는 '열심히 공부했더니', '삼김'은 '삼각김밥'을 줄인 말입니다.

5 (1)은 '재미가 없었어.'로 바꾸어 써야 합니다.

기본 😊 122~123쪽

핵심내용 **1** 화면

1 (2) ○   **2** 우리말이 있는데도 영어를 사용하는 예   **3** (2) ○   **4** ①, ④   **5** (1) ④ (2) ② (3) ③ (4) ①   **6** ⑤   **7** ⑤   **8** 민영   **9** (1) ○   **10** (2) ×

1 우리 지역의 모든 간판을 몇 사람만으로 다 조사할 수 없기 때문에 적절하지 않습니다.

2 그림 **1**에서 여진이가 자기 모둠은 우리말이 있는데도 영어를 사용하는 예를 조사하기로 했다고 하였습니다.

3 방송에서 영어를 얼마나 사용하는지 조사해 보자고 하였습니다.

❗ 오답 피하기
장면 **3**에서 옷이 수입된 것이라면 옷에 영어가 있는 것이 당연하니까 옷에 새긴 영어를 조사 대상으로 하는 것을 알맞지 않은 것 같다는 의견을 내었습니다.

4 주제에 맞는 조사 대상을 생각하고 아이들에게 영향을 많이 주는 것으로 범위를 좁혀 정했습니다.

5 관찰은 현장에서 직접 대상을 파악할 수 있고, 면담은 자세한 정보 수집이 가능하며, 설문지는 여러 사람을 한꺼번에 조사할 수 있고, 책이나 글은 정확하고 다양한 정보를 얻을 수 있습니다.

6 발표 주제와 내용에 알맞은 자료를 적절히 사용해야 합니다.

7 그림 **가**에서 여진이는 듣는 사람을 바라보지 않고 발표 내용만 보면서 읽듯이 발표하였습니다.

❗ 오답 피하기
①, ③ 장면만 봐서는 말의 속도나 크기 등을 어떻게 하였는지는 알 수 없습니다.
② 앞을 보지 않고 발표 내용만 보면서 발표하고 있습니다.
④ 똑바로 서서 발표하였습니다.

8 그림 **나**에서 여진이는 너무 빠른 속도로 말하고 있습니다. 듣는 사람이 알아듣기 좋게 적당한 속도로 말해야 합니다.

9 여진이는 너무 많은 내용을 담은 자료를 제시하여 발표하였습니다.

10 자료를 큰 화면으로 보여 주고 한참 볼 수 있도록 화면을 켜 두는 것이 좋습니다.

실천 😊 124쪽

1 ①   **2** ④   **3** (1) ○ (3) ○   **4** 예 '우리말 규칙을 파괴하는 인터넷 신조어'라는 주제를 생각해 봤다.

1 여자아이와 남자아이가 '열공했더니', '삼김'과 같은 줄임말을 사용하고 있습니다.

2 편의점을 발견한 여자아이가 손으로 편의점을 가리키는 동작을 그렸습니다.

3 장면 **5**에서 뒷머리를 만지고, 이마에 세로선을 그려 남자아이가 줄임말을 사용했다고 느끼는 것을 나타냈습니다.

4 요즈음 우리말을 바르게 사용하지 않는 여러 경우를 떠올려 그중 한 가지를 주제로 정해 봅니다.

이상의 여럿 사이에 두루 통하는 점.'을 뜻하는 '공통점'은 '가게' 또는 '상점'의 뜻을 더해 주는 말인 '점'이 붙은 말이 아닙니다.

6 '주로 커피와 차, 가벼운 간식거리 등을 파는 가게.'는 '카페'라고 써야 합니다. '과일이나 채소에서 짜낸 즙. 또는 그것으로 만든 음료.'는 '주스'라고 써야 합니다. 외래어의 맞춤법은 틀리기 쉬우니 바른 표기를 잘 익혀 두도록 합니다.

⊕ 단원 어휘 다지기 · 125쪽

1 (1) ㉣ (2) ㉡ (3) ㉤ (4) ㉮   **2** ③   **3** (1) 목, 소리 (2) 삼각, 김밥 (3) 배, 고프다   **4** (2) ○   **5** ①, ④   **6** (1) 카페 (2) 주스

1 (1)은 '요청하다', (2)는 '과장되다', (3)은 '무분별하다', (4)는 '자제하다'의 뜻입니다.

2 ③은 '요청했다' 대신 '조사했다'나 '찾아보았다'를 쓰는 것이 적절합니다. '주문하다'의 뜻은 '어떤 물건을 만들거나 파는 사람에게 그 물건의 종류, 수량, 모양, 크기 등을 말해 주고 그렇게 만들거나 보내어 달라고 부탁하다.', '실태'의 뜻은 '있는 그대로의 상태.', '새기다'의 뜻은 '적거나 인쇄하다.', '영향'의 뜻은 '어떤 사물의 효과나 작용이 다른 것에 미치는 일.'이므로 모두 문장에 알맞게 쓰였습니다.

3 '목소리'는 '목'과 '소리'가, '삼각김밥'은 '삼각'과 '김밥'이, '배고프다'는 '배'와 '고프다'가 합쳐져 이루어진 낱말입니다.

4 **보기** 와 (2)에서는 '지나치다'가 '일정한 한도를 넘어 정도가 심하다.'라는 뜻으로 쓰였습니다. (1)에서는 '어떤 곳을 머무르거나 들르지 않고 지나가거나 지나오다.', (3)에서는 '어떤 일이나 현상을 문제 삼거나 관심을 가지지 아니하고 그냥 넘기다.'라는 뜻입니다.

5 '문구점', '음식점', '안경점'은 각각 문구를 파는 가게, 음식을 파는 가게, 안경을 파는 가게로, '가게' 또는 '상점'의 뜻을 더해 주는 '-점'이 붙은 말입니다. 그러나 '시험이나 경기 따위에서 점수를 얻음.'을 뜻하는 '득점'과, '둘 또는 그

💡 단원 평가 · 126~128쪽

1 ①, ⑤   **2** (1) 열심히 공부했더니 (2) 삼각김밥   **3** ㉠ 우리 집 근처에는 '클린세탁소'라는 가게가 있어. '깨끗한 세탁소'와 같은 이름을 쓰는 것이 좋을 것이라고 생각했어.
4 ②   **5** (1) ○   **6** ⑤   **7** 연희, 효재   **8** ㉮, ㉰, ㉯, ㉲, ㉣   **9** ④   **10** ④   **11** ①   **12** ④   **13** (1) ③ (2) ① (3) ②   **14** (1) ○   **15** (1) ① (2) ②   **16** ㉡
17 ②   **18** (3) ○   **19** ㉠ 딱딱한 표정으로 눈썹 사이를 찡그리는 모습을 그렸다.   **20** 진짜야

1 'Book적Book적'은 우리말이 있는데도 영어로 표현한 말이고, '열공했더니, 삼김'은 줄임말을 사용한 것입니다.

2 줄이기 전의 표현을 생각해 봅니다.

3 줄임말, 영어 사용, 영어와 우리말의 혼용 등 우리말을 바르게 사용하지 못한 간판이나 표현을 떠올려 봅니다.

4 '4U음식점'은 우리말이 있는데도 영어를 간판에 사용한 예로, '여러분을 위한 음식점'과 같은 말로 바꿀 수 있습니다.

5 "사과주스 나오셨습니다."는 사람이 아닌 사물을 높여 쓴 잘못된 표현입니다. (1)에서 거스름돈을 높인 "있으세요"라는 표현도 잘못된 표현이므로 "있어요, 있습니다."와 같이 고쳐 써야 합니다.

6 '노잼'과 같은 영어와 우리말을 섞어 만든 국적 불문의 신조어를 우리말로 바꾸어 사용하는 것은 우리말을 바르게 사용하는 예입니다.

7 우리말이 훼손되는 사례로 줄임말의 사용이 있는데, 이것은 간단하게 표현하는 것을 좋아하는 경향 때문에 생긴 것입니다. 따라서 승현이의 말은 오히려 반대되는 설명입니다.

8 맨처음 조사 주제를 정하고 조사 대상과 방법을 정한 다음, 계획을 세워 조사한 뒤 조사한 내용을 발표할 준비를 합니다.

9 우리말이 있는데도 영어를 사용하는 예가 조사 주제입니다.

10 여진이네 모둠이 조사 대상을 정하는 과정입니다.

11 ① '심쿵'은 심장이 쿵쾅쿵쾅거린다는 뜻의 낱말로, 우리말을 줄여 사용한 신조어입니다.

12 설문지법의 장점과 단점에 대한 설명입니다.

13 시작하는 말에는 '모둠 이름, 조사 주제, 발표 제목'이, 전달하려는 내용에는 '자료와 설명하는 말'이, 끝맺는 말에는 '발표한 내용과 모둠의 의견이나 전망' 등의 내용이 들어가는 것이 알맞습니다.

14 사실이 아닌 내용을 쓰면 안 되고, 인터넷에서 찾은 글이나 사진 자료는 그대로 쓰면 안 되고 반드시 출처를 밝혀야 합니다.

15 그림 **가**에서는 말을 너무 빨리 하였고, 그림 **나**에서는 작게 말하였습니다.

16 그림 **나**에서 듣는 사람이 알아듣지 못하게 작게 말하고 있습니다.

17 설명하는 부분에서는 듣는 사람과 눈을 맞추며 말하는 것이 좋습니다.

18 남자아이는 밝은 표정으로 손가락으로 둘을 나타내고 있습니다.

19 그림 **3**에서 표현한 아저씨의 표정과 몸짓을 살펴봅니다.

채점 기준	
딱딱한 표정, 눈썹을 찡그린 모습과 같은 내용이 들어가게 쓴 경우	5점
인물의 표정을 자세하게 표현하지 못한 경우	2점

20 '레알'은 '진짜'라는 뜻으로 영어 'real(리얼)'에서 나온 말입니다.

📝 서술형 평가　　　　　　　129쪽

1 1단계 멋진　2단계 **예** 멋진 옷　3단계 **예** 친구들과 낄 때 끼고 빠질 때 빠져라는 뜻으로 "낄끼빠빠"라는 말을 사용하면서 재미있어 한 적이 있다.

2 **예** 방송 프로그램의 동영상 자료를 보여 줄 때에는 출처를 반드시 말이나 글로 밝혀야 한다.

3 (1) **예** 자료를 제시할 때에는 한 화면에 너무 많은 내용을 담지 않는다. (2) **예** 발표 내용이 주제와 관련 있는지 판단하며 듣는다.

1 1단계 '머찌나'는 우리말을 소리 나는 대로 쓴 것에서 온 표현입니다.

2단계 소리 나는 대로가 아닌 정확한 표기를 사용하여 간판을 고쳐 써 봅니다.

채점 기준	
'멋진'과 같이 정확한 표기로 고쳐 쓴 경우	4점

3단계 '열공'이나 '삼김'처럼 줄임말을 사용한 경험을 씁니다.

채점 기준	
줄임말을 사용한 경험을 쓴 경우	7점
우리말이 훼손된 사례는 맞지만, 줄임말을 쓴 경험이 아닌 경우	3점

2 자료를 보여 줄 때 어떤 점에 주의해야 하는지 생각합니다.

채점 기준	
자료의 출처를 밝혀야 한다는 내용을 쓴 경우	8점
설명하는 말에 빠진 내용이 있다고만 쓴 경우	3점

3 여자아이가 제시한 자료의 모습과, 듣는 아이들이 하는 생각을 통해 주의할 점을 생각해 봅니다.

채점 기준

발표할 때와 들을 때의 주의할 점을 모두 알맞게 쓴 경우	10점
어느 한 가지만 알맞게 쓴 경우	5점

3 〈문제 **2**번〉에서 생각한 장면을 가지고 직접 만화를 그려 봅니다.

채점 기준

장면의 내용에 맞게 인물의 표정과 몸짓, 말주머니의 내용을 잘 구성하여 그린 경우	25점
인물의 표정과 몸짓 등을 신경쓰지 않고 내용에 맞게 만화만 그린 경우	15점

😊 수행 평가 130쪽

1 ㉠ 줄임말을 사용하지 말자.　**2** [장면 1] ㉠ 가족들(엄마, 아빠, 동생, 초등학교 5학년 여자아이)이 거실에 모여 있다. / [장면 2] ㉠ 초등학교 5학년 여자아이가 친구에게 온 전화를 받는다. / [장면 3] ㉠ 윤주의 생일선물로 무엇을 살 거냐는 친구의 물음에 생선으로 문상하려 한다고 줄임말을 사용한다. / [장면 4] ㉠ 그 말을 들은 아빠가 깜짝 놀라며 오해한다. / [장면 5] ㉠ 아빠께 설명을 하며 줄임말을 쓰면 안 되는 까닭을 생각해 본다.

3

1 우리말을 훼손하는 여러 사례를 생각해 그중 하나를 주제로 정해 봅니다.

채점 기준

우리말 바르게 사용하기에 적합한 주제를 정해 쓴 경우	5점
정한 주제가 우리말을 바르게 사용하자는 주제와 잘 맞지 않는 경우	2점

2 주제에 맞게 만화의 내용을 간단히 구성해 봅니다.

채점 기준

주제에 맞는 내용으로 각 장면의 내용을 자연스럽게 이어지게 쓴 경우	10점
장면은 자연스럽게 이어지지만 주제에 맞지 않거나, 주제에는 잘 맞지만 내용이 자연스럽지 않은 경우	5점

국어 평가대비북

1 마음을 나누며 대화해요

1 공감하는 대화가 어떤 대화인지 설명한 것입니다.

2 공감하며 대화하면 상대의 처지를 이해할 수 있고 대화를 즐겁게 이어 갈 수 있습니다.

3 (1)은 엄마가 현욱이의 말에 경청하며 말한 것이고, (2)는 현욱이의 처지가 되어 생각하여 말한 것입니다.

4 누리 소통망에 대한 설명입니다.

5 누리 소통망 대화에서 그림이나 그림말을 지나치게 많이 사용하는 것도 대화 예절에 어긋난 것입니다.

6 '나'는 비행기를 보고 난 뒤, 비행사가 되는 꿈을 꾸었습니다.

7 '나'는 당계요 장군 덕분에 비행 학교에 입학할 수 있었습니다.

1 글 **가**에서 지윤이는 명준이의 말에 경청하지 않고 바쁘다고 말하고 있습니다.

2 지윤이는 명준이의 말을 듣고 명준이의 기분을 생각하지 않고 자기가 하고 싶은 말만 하였습니다.

3 명준이의 기분을 이해하고 위로해 주는 말로 바꿔 써 봅니다.

---

4 공감하며 대화하면 대화하는 상대가 좋아하고, 상대의 생각을 쉽게 알 수 있고, 상대와 사이가 더 좋아집니다.

5 '나'는 집안일을 도와주려다가 프라이팬을 망가뜨려서 엄마께 죄송하다고 하였습니다.

6 ㉠은 엄마가 '나'의 처지를 생각하며 말하고 있고, ㉡은 '나'의 마음에 공감하며 말하고 있습니다.

7 여자아이는 남자아이의 말을 반복하며 자신이 경청하고 있었음을 알게 하였습니다.

8 경청하며 들을 때에는 말하는 사람을 바라보며 그에 맞는 표정과 행동을 지어야 합니다.

9 대화 **나**가 국악 동아리 모임을 알리기 위해 선생님이 동아리 친구들에게 단체 문자를 보낸 경우입니다.

10 ③, ⑤는 직접 대화할 때 좋은 점입니다.

11 대화 **가**와 **나** 모두 대화에서 지켜야 할 예절을 지키지 않고 말하고 있습니다.

12 대화방에 없는 친구를 험담하는 글을 봤을 때는 어떻게 하는 것이 예절을 지키는 것일지 생각해 봅니다.

13 상대가 대화하고 싶은지 확인하고 말을 거는 것이 누리 소통망 대화에서 예절을 지키는 방법입니다.

14 남자아이는 다리가 다쳐서 학교에 가지 못해 친구들과 선생님이 보고 싶은 마음을 전하려고 누리 소통망으로 대화를 하였습니다.

15 아픈 남자아이를 격려하고 응원하는 말로 공감하는 대화를 해야 합니다. ④에서 아픈 친구에게 부럽다고 말하는 것은 상대의 처지를 바꾸어 생각하지 못한 대화입니다.

16 어머니는 자신이 제대로 역할을 못 해서 '내'가 고생하는 것을 미안하게 여겨 마음이 아프셨을 것입니다.

17 '내'가 홀로 한글을 깨우칠 정도로 열심히 공부를 하자 목사님께서 학교를 공짜로 보내 주겠다고 하셨습니다.

18 '나'는 비행 학교에 입학하기 전에 영어와 중국어를 배웠고, 비행 학교의 훈련이 힘들어서 학생들이 많이 떠났습니다.

19 '나'는 비행 학교에 입학하기 전 2년 반 만에 영어와 중국어를 다 배웠고, 여자는 비행 학교에 들어올 수 없다고 하자 당계요 장군을 찾아가 도움을 청했고, 비행 학교에서는 힘든 훈련을 견뎌 냈습니다.

20 '나'는 비행 학교의 훈련이 힘들고 위험했지만 비행사라는 꿈을 이루기 위해 나아가는 하루하루가 행복했습니다.

📓 서술형 평가　　　　　　　　　136쪽

1 예 힘내! 너는 그림을 열심히 그리니까 다음에는 꼭 뽑힐 거야. **2** (1) 예 미안해. 그런데 너도 말이 좀 심했어. (2) 예 얼굴을 보지 않고 말해서 더 조심했어야 하는데 미안해. **3** 예 나라를 되찾으려는 '나'의 노력이 기특했기 때문이다. **4** (1) 예 내가 너라도 나라를 빼앗기면 되찾고 싶을 것이다. (2) 예 좋다. 비행 학교에 들어갈 수 있게 편지를 써 주겠다.

1 명준이의 기분을 생각하지 않고 자신의 생각만 말한 지윤이의 대화를 공감하며 대화하는 말로 바꿔 써 봅니다.

채점 기준	
명준이의 기분이 좋아지고 위로가 될 말로 고쳐 쓴 경우	8점
'힘내.', '잘할 거야.'와 같이 간단하게 쓴 경우	5점

2 예절에 맞게 고친 첫 번째 대화의 내용을 보고 나머지 빈칸도 예절을 지키는 누리 소통망 대화로 고쳐 봅니다.

채점 기준	
(1)과 (2)의 내용을 모두 예절에 맞게 고쳐 쓴 경우	8점
(1)과 (2) 중 어느 하나만 바르게 고치거나, 고친 내용이 다소 부족한 경우	4점

3 당계요 장군이 '나'의 대화의 어떤 부분에서 공감을 느꼈는지 생각해 봅니다.

채점 기준	
나라를 되찾으려는 마음에 공감했다거나 비슷한 마음을 느꼈다는 내용이 들어가게 쓴 경우	5점
하늘을 날고 싶은 마음에서 간절함이 느껴져서라는 내용을 쓴 경우	2점

4 당계요 장군이 '나'의 말에 공감하며 어떤 말을 했을지 각 방법에 맞게 써 봅니다.

채점 기준	
각 방법에 맞는 대화 내용을 알맞게 쓴 경우	10점
어느 한 가지 방법의 내용만 알맞게 쓴 경우	5점

---

2 지식이나 경험을 활용해요

📝 쪽지 시험　　　　　　　　　137쪽

1 (1) 이해 (2) 흥미 (3) 집중 (4) 비교　**2** (1) 준비 (2) 농사 (3) 풍년 (4) 지혜　**3** (1) ③ (2) ② (3) ①　**4** 『삼국사기』, 경주의 석빙고　**5** 과학적

1 지식이나 경험을 떠올려 글을 읽으면 글 내용을 더 쉽게 이해할 수 있고, 글 내용에 흥미를 느낄 수 있으며 이미 아는 내용과 비교하며 글을 읽을 수 있습니다.

2 풍년을 기원하는 뜻으로 행한 줄다리기는 준비하는 과정에 더 많은 뜻이 있고, 한 해 농사를 무사히 지으려는 우리 조상들의 지혜가 담겨 있는 놀이입니다.

3 떠올린 생각을 '짐작한 것', '알고 싶은 것', '새롭게 안 것'의 항목으로 분류해 봅니다.

4 우리나라에서 얼음을 보관하기 시작했다는 기록은 『삼국사기』에 나타나 있고, 남아 있는 장빙 기술을 활용한 석빙고 중 장빙 기술이 가장 완벽한 것은 경주의 석빙고입니다.

5 제시된 내용은 경주 석빙고가 과학적인 구조임을 보여 주는 예입니다.

💡 단원 평가　　　　　　　　　138~140쪽

1 ②　**2** ③　**3** 장정, 줄　**4** 있는 힘을 다하여 함성을 지른다.　**5** ①　**6** 예 조상들은 용이 물을 다스리는 신이라고 생각해서 용을 기쁘고 즐겁게 하면 풍년이 들 것이라고 믿었기 때문이다.　**7** ②, ⑤　**8** 냉장고, 빙고　**9** (1) ○　**10** (1) 동빙고 (2) 서빙고　**11** 장빙 기술　**12** ②　**13** 바깥의 공기가 들어오지 않도록 하기 위해서　**14** (3) ○　**15** ①, ③, ④　**16** (2) ×　**17** (1) 감상 (2) 체험 (3) 감상　**18** 예 체험한 뒤 감상을 쓰려면 그때의 생각이나 느낌을 떠올려 본다.　**19** '한글이 걸어온 길' 상설 전시실　**20** (2) ○

1 요즈음 영산 줄다리기에 쓰는 줄은 예전에 쓰이던 줄보다 훨씬 가늘고 짧아졌습니다.

2 줄을 다 만들면 여러 마을에서 모인 농악대가 앞장을 서고, 그 뒤로 수백 명의 장정이 뒤따릅니다.

3 수백 명의 장정이 줄을 메고 가는 모습을 멀리서 보면 마치 용이 꿈틀거리는 것 같다고 하였습니다.

4 줄을 당길 장소에 다다른 양편에서는 있는 힘을 다하여 함성을 지르며 상대의 기를 누르려고 합니다.

5 오랜 세월 동안 농사를 지어 온 우리 조상들의 가장 큰 소망은 풍년입니다.

6 글 **가** 의 내용을 정리하여 써 봅니다.

채점 기준	
물을 다스리는 신인 용을 기쁘게 하면 풍년이 들 것이라고 생각했다는 내용을 쓴 경우	5점
용을 기쁘게 하면 풍년이 든다고 생각했다고 간단하게 쓴 경우	3점

7 봄기운이 시작되는 정월에 풍년을 기원하고, 줄다리기라는 큰 행사를 치르면서 마을 사람들이 마음을 한데 모아 무사히 한 해 농사를 지으려는 지혜가 담겨 있습니다.

8 현대인의 생활필수품인 냉장고는 냉기나 얼음을 인공적으로 만드는 기계 장치이지만, 빙고는 겨울에 보관해 두었던 얼음을 봄·여름·가을까지 녹지 않게 효과적으로 보관하는 냉동 창고입니다.

9 고려 시대에 얼음을 보관하여 사용한 기록은 『고려사』에 나타납니다.

10 동빙고는 왕실의 제사에 쓰일 얼음을 보관하였고, 서빙고는 음식 저장용, 식용, 의료용으로 쓸 얼음을 왕실과 고급 관리들에게 공급하였습니다.

11 여름과 겨울의 기온 차가 많이 나는 우리나라는 한겨울의 얼음을 보관했다가 쓰는 기술인 장빙 기술이 크게 발달하였습니다.

12 경주 석빙고는 한쪽이 긴 흙무덤 모양입니다.

13 바깥 공기가 들어오지 않도록 출입구의 동쪽을 담으로 막았습니다.

14 (1), (2)는 알고 싶은 것에 대해 떠올린 생각입니다.

15 지식이나 경험을 활용해 글을 읽는 방법과 관련 있는 내용은 ①, ③, ④입니다.

16 체험한 일을 글로 쓰기 전에는 체험 내용과 그때의 감상을 구체적으로 떠올리고, 글의 처음, 가운데, 끝에 들어갈 내용을 핵심어로 간단히 정리하는 것이 좋습니다.

17 글의 첫 번째 문단에는 체험의 내용이, 두 번째 문단에는 체험에 대한 감상의 내용이 나와 있습니다.

18 체험에 대한 감상이 드러나는 글의 특징을 생각하여 글을 쓰는 방법을 씁니다.

채점 기준	
체험을 자세히 드러내고, 생각이나 느낌을 떠올려 감상을 생생하게 전한다는 내용을 쓴 경우	5점
체험과 감상이 잘 드러나게 쓴다는 단순한 내용으로 쓴 경우	2점

19 글쓴이는 국립한글박물관을 가서 2층 '한글이 걸어온 길' 상설 전시실에서 체험을 하였습니다.

20 제시된 의견은 4학년 1학기 때 배운 내용을 함께 설명하자는 것이므로 (2)가 알맞게 말한 것입니다.

📝 서술형 평가
141쪽

1 예 온도가 높은 공기가 위로 올라가고 온도가 낮은 공기가 밑으로 가기 때문에 석빙고의 바닥은 낮은 온도를 유지했다.
2 (1) 예 지하철을 타고 가서 '박물관 나들길'을 이용해 걸어서 국립한글박물관에 갔다. (2) 예 2층 '한글이 걸어온 길'이라는 상설 전시실에 가서 총3부로 구성된 전시실을 관람했다.
3 예 체험에 비해 감상의 내용이 부족해 보이므로, 문장 중간 중간에 감상을 넣어 주면 글쓴이가 어떻게 느꼈는지 알 수 있어서 좋을 것 같다.

1 **보기** 의 기체의 열의 이동과 관련하여 석빙고의 과학적 구조를 어떻게 설명할 수 있는지 써 봅니다.

채점 기준	
기체의 열의 이동과 관련하여 석빙고의 구조에 알맞게 적용하여 쓴 경우	10점
석빙고의 과학적 구조에 대해 썼으나 기체의 열의 이동과는 관련이 적은 경우	5점

2 글 **가** 는 국립한글박물관까지 찾아가는 과정이고, 글 **나** 는 박물관에 가서 관람한 내용입니다.

채점 기준	
체험한 일을 글 **가**, **나** 로 나누어 두 가지로 잘 쓴 경우	6점
'박물관을 관람했다.'는 한 가지 내용만 쓴 경우	3점

3 글을 읽고 고치면 좋을 것 같은 부분을 생각하여 써 봅니다.

채점 기준	
글에서 부족한 부분을 찾아 어떻게 고치면 좋을지에 대해 상세히 쓴 경우	8점
구체적으로 어떻게 고치면 좋을지가 잘 드러나지 않은 경우	3점

3 의견을 조정하며 토의해요

📝 쪽지 시험
142쪽

1 미세 먼지 **2** ㉮ **3** 현수 **4** 결과 예측하기 **5** 예
도표, 사진 **6** (1) 1 (2) 3 (3) 2 **7** 요약 **8** 예 표

1 교과서 94~95쪽 회의에서는 날이 갈수록 심해지는 미세 먼지 문제에 어떻게 대처해야 할지에 대해 토의하였습니다.

2 이 장면에서는 토의하면서 상대의 기분을 배려하지 않고 말하였고, 상대에게 예의를 지키지 않고 말했습니다.

3 민진이와 같은 태도로 토의를 하면 갈등이 계속되어 토의를 원활히 진행할 수 없게 됩니다.

4 결과 예측하기 과정에서는 의견대로 실천했을 때 결과를 생각하고, 의견을 실천했을 때 일어날 수 있는 문제점을 예측해 봅니다.

5 보기 자료에는 사진, 그림, 도표 따위가 있습니다. 보기 자료는 눈으로 확인하기 쉬운 특징이 있습니다.

6 찾은 책을 읽을 때에는 찾은 책의 차례를 먼저 살펴보고 내용을 건너뛰며 읽으며 의견을 뒷받침하는 내용을 찾습니다. 그리고 의견을 뒷받침하는 내용을 좀 더 자세히 읽습니다.

7 많은 내용을 간단히 요약하여 쉽게 읽을 수 있도록 합니다.

8 표나 도표, 내용에 따라 사진이나 그림을 이용해 나타내면 자료를 알기 쉽게 표현할 수 있습니다.

💡 단원 평가
143~145쪽

1 ㉯ **2** 예 참여자 모두가 만족하도록 의견을 모을 수 없게 된다. / 모두가 동의할 수 없기 때문에 합리적인 해결이 어렵다. **3** ⑤ **4** ⑤ **5** ③ **6** (2) ○ (3) ○

7 예 의견과 발언에 집중한다. / 해결 방안을 끝까지 알아본다. / 자신의 생각을 적극적으로 표현한다. / 결정한 의견에 따른다. **8** ㉯ **9** ①, ⑤ **10** ⑤ **11** 예 의견에 대해 좀 더 자세한 정보를 읽어 볼 수 있다. / 발표 내용이 외에도 더욱 풍부한 정보를 얻을 수 있다. **12** 예 초등학생의 건강 문제를 해결할 방법이 필요하다. **13** (2) ○
14 ④ **15** ㉮, ㉣, ㉯, ㉰ **16** ⑤ **17** 건강 달리기
18 ⑤ **19** 동표 **20** ⑤

1 토의하면서 상대를 무시하는 듯한 말을 하거나 문제를 해결하는 데 무관심한 태도를 보이고 있으므로 토의 태도와 관련한 문제입니다.

2 의견을 조정하는 것은 문제를 합리적으로 해결하기 위해서입니다.

채점 기준	
의견 조정에 실패했을 때 일어날 수 있는 일을 생각하여 알맞게 쓴 경우	5점

3 그림 **1**~**3**은 의견 조정하기 중 결과 예측하기 과정입니다. ①, ④는 의견 실천에 필요한 조건 따지기 과정이고, ②는 문제 파악하기 과정, ③은 반응 살펴보기 과정입니다.

4 미세 먼지 마스크는 일회용이라 쓰레기 문제가 일어날 수 있다고 했습니다.

5 그림 **4**는 반응 살펴보기 과정으로 어떤 의견을 더 따르고 싶어 하는지 살펴보고, 의견에 대한 토의 참여자의 생각을 들어봅니다.

6 의견을 조정하는 것은 상대의 기분을 배려하면서 자기 의견의 장점을 주장하는 말 하기이기도 합니다. 어떻게 말하는 것이 바람직한지 생각해 봅니다.

7 토의에 효과적인 말하기 방법과 태도를 떠올려 보고 의견을 조정하는 과정에서 길러야 할 참여 태도를 써 봅니다.

채점 기준	
예시 답이나 의견을 조정하는 과정에 필요한 태도를 알맞게 쓴 경우	5점

8 의견 조정하기 과정은 '의견 모으기'로서, 토의 과정에서 가장 어려우면서 중요한 과정에 해당합니다.

9 그림에서는 의견을 뒷받침하는 근거 자료를 제시하며 자신의 의견을 말하였습니다.

국어

10 책과 같은 자료는 글을 읽어야 상세한 정보를 얻을 수 있습니다.

11 책, 설문 조사, 보고서와 같은 읽기 자료는 발표 내용 이외에도 더욱 풍부한 정보를 얻을 수 있습니다.

채점 기준	
의견과 함께 읽기 자료를 제시했을 때의 좋은 점으로 적절한 경우	5점
내용을 자세하게 쓰지 않은 경우	2점

12 첫 번째 그림에서 뉴스를 제시하면서 초등학생의 건강 문제를 해결할 방법이 필요하다고 말했습니다.

13 지환이는 식물을 기르자는 의견을 뒷받침하기 위해 식물을 기르면 공기가 깨끗해진다는 자료를 찾고 싶어 했습니다.

14 지환이는 도서관에서 책을 찾아보며 자료를 찾았습니다.

15 찾은 책을 읽을 때에는 차례를 먼저 살펴보고 내용을 건너뛰며 읽으면서 의견을 뒷받침하는 내용을 찾습니다. 그런 다음 의견을 뒷받침하는 내용을 좀 더 자세히 읽고, 필요한 내용을 정리하고 출처를 씁니다.

16 차례를 보면 책의 주요 내용과 흐름을 알 수 있습니다.

17 가는 건강 달리기에 대한 자료입니다.

18 「○○ 방송 뉴스」라는 것을 통해 텔레비전 방송 뉴스 보도에서 찾은 자료라는 것을 알 수 있습니다.

19 나는 가를 읽기 쉽게 요약한 것입니다.

20 여러 사람이 운동장을 안전하게 사용할 수 있는 방법으로 가장 적절한 것은 ⑤입니다.

1 미소는 마스크를 쓰면 답답하고 숨을 쉬기 어렵다는 문제점을 지적했습니다.

채점 기준	
예시 답의 내용으로 문제점을 지적하여 답을 쓴 경우	4점

2 이슬이는 토의에 참여하면서 적극적이지 않았습니다.

채점 기준	
'적극적이지 않다, 무관심하다'의 내용으로 쓴 경우	4점

3 신문 기사나 뉴스 기사는 제목을 중심으로 훑어 읽습니다.

채점 기준	
'제목을 중심으로 훑어 읽는다.'의 내용이 들어가게 쓴 경우	4점
'제목'이나 '훑어 읽는다'는 내용만 드러나게 쓴 경우	2점

4 건강 달리기의 효과를 같은 높이로 연결하여 세 가지 효과가 있음을 나타내고, '건강'을 화살표로 연결하여 가장 중요하게 생각하는 효과임을 나타냈습니다.

채점 기준	
자료의 내용 중 '건강'이 가장 중요한 것임을 알고, 건강 달리기의 세 가지 효과가 건강과 연결되어 있음이 드러나게 답을 쓴 경우	6점
세 가지 효과만 쓰고 '건강'과 연결짓지 못한 경우	3점

📑 서술형 평가　146쪽

1 ⑩ 마스크를 쓰면 답답하고 숨을 쉬기 어렵다.　**2** ⑩ 문제를 해결하는 데 무관심한 태도를 지녔다. / 토의 과정에 적극적으로 참여하지 않았다.　**3** ⑩ 신문 기사나 뉴스의 제목을 중심으로 훑어 읽는다.　**4** ⑩ 건강 달리기를 하면 비만 문제가 해결되고 집중력이 향상되며 우울증, 불안감이 감소하여 건강에 이롭다.

4 겪은 일을 써요

1 문장 성분은 주어, 목적어, 서술어와 같이 문장을 구성하
  는 부분을 말합니다.

2 윤서는 동생과 장난치다가 아버지께 혼나고 서러웠지만
  금방 마음이 풀렸습니다.

3 '까닭은 ~이기 때문이다.'가 되어야 하기 때문에 '~라고
  생각한다'는 주어에 맞는 서술어가 아닙니다.

4 '결코'는 부정적인 서술어 또는 '안', '못'이 꾸며 주는 서술
  어와 호응하는 것에 주의하여 문장을 완성해 봅니다.

5 글감을 떠올리고 그 가운데에서 좋은 글감을 고르는 일은
  글쓰기에서 중요합니다.

6 글머리는 글을 시작하는 첫 부분을 말합니다.

7 글 모음집을 만들기 전에 만드는 목적, 만드는 방법, 읽을
  사람, 분량, 들어갈 내용과 차례, 펴낼 시기, 제목 등을 생
  각합니다.

1 어제 있었던 일이므로 '읽었다'라고 해야 합니다.

2 윤서는 잘못은 용준이가 했는데 윤서만 야단맞아서 울었
  습니다.

3 '나'는 처음에는 화가 났다가 용준이가 사과하고 아버지께
  서 따뜻하게 말씀해 주셔서 마음이 풀렸습니다.

4 '웃음이 ~ 웃어 버렸다'가 되므로 '웃어 버렸다'에 대한 주
  어를 '나는'으로 고칩니다.

5 윤서는 쉽고 재미있게 읽을 수 있는 글과 자신의 경험이
  잘 드러난 글을 쓰고 싶다고 했습니다.

6 그림에 나타난 것은 글쓰기의 첫 번째 단계로 글을 쓸 준
  비를 하는 '계획하기'입니다. 글쓰기는 '계획하기-내용 생
  성하기-내용 조직하기-표현하기-고쳐쓰기'의 과정으로
  이루어집니다.

7 '전혀'와 호응하는 서술어를 생각하여 문장 성분의 호응이
  이루어지도록 고쳐 봅니다.

채점 기준	
예시 답이나 '선생님 말씀은 전혀 못 들어 본 내용이었다.' 처럼 고친 경우	5점

8 '비록'은 '-일지라도'와 호응합니다.

9 '별로'는 '-지 않다'와 같은 부정적인 서술어 또는 '안'이 꾸
  며 주는 서술어와 호응합니다.

10 미래를 나타내는 '내일'이라는 말은 '~것이다'의 서술어와
   호응합니다.

11 기억에 남는 일을 적어 보고 글로 쓰고 싶은 일이나 생각
   을 골라 써 봅니다.

채점 기준	
글로 쓸 만한 일이나 생각을 정리하여 쓴 경우	5점
답으로 쓴 일이나 생각이 일반적이거나 평범한 경우	2점

12 좋은 글감을 고르는 일은 글쓰기에서 중요하고, 좋은 주제
   는 읽는 사람에게 관심을 끌어 읽고 싶은 생각이 들게 합
   니다.

13 겪은 일이 드러나는 글의 글감으로는 누구나 경험할 수 없
   는 특별한 것이 알맞습니다.

14 '반 대항 축구 대회가 열리는 날'이라고 상황을 설명하며
   글머리를 시작한 것입니다.

15 ㉠에는 '누리집, 블로그, 누리 소통망, 전자 우편' 등이 들어갈 수 있습니다.

16 학급 누리집으로 결정한 것은 ②, ③, ④, ⑤와 같은 조건을 모두 만족했기 때문입니다.

17 매체를 활용해 글을 쓰거나 의견을 나눌 때에는 예의를 갖추어 글을 씁니다.

예시 답이나 '예의를 갖추어 글을 쓴다. 친구의 의견에서 잘한 점을 칭찬하고 고칠 부분을 말해 준다.'와 같이 쓴 경우	5점
답으로 쓴 내용이 부족한 경우	2점

18 처음에 썼던 글을 복사해서 붙인 뒤 고쳐 쓸 부분을 찾아 고치고 저장합니다. 그런 다음 새롭게 고쳐 쓴 글임을 밝힙니다.

19 제시된 글 모음집은 컴퓨터로 편집한 표지로, 컴퓨터로 편집하면 깔끔하고 수정하거나 인쇄하기 쉽습니다.

20 '준혁이는 결코 화를 낸 것이 아니다, 할머니께서 동생에게 밥을 먹이신다, 나는 어제 숙제를 하지 않았다.'와 같은 문장을 만들 수 있습니다.

📄 서술형 평가

1 📝 나만 꾸중을 듣는 것이 억울해서 아버지께 대들었을 것이다.   **2** 📝 문장 성분의 호응 관계가 바르다. 높임의 대상을 나타내는 말과 서술어의 호응 관계가 바르기 때문이다.
3 (1) 📝 전혀 쉽지 않아서 / 전혀 안 쉬워서 (2) 📝 '전혀'는 '–지 않다', '–지 못하다'와 같은 서술어와 호응하기 때문이다. / '전혀'는 '안', '못'이 꾸며 주는 서술어와 호응하기 때문이다.
4 (1) 📝 친구들, 부모님 (2) 📝 친구 간의 우정 (3) 📝 다리에 깁스를 했을 때 친구가 집까지 데려다 준 일   **5** (1) 📝 글로 생각을 나누기가 편하다. (2) 📝 말로 표현했을 때와 달리 오해할 수 있는 경우가 생긴다.

1 윤서는 아버지께 용준이를 울렸다며 꾸중을 들었고, 화가 나서 울며 방으로 들어갔습니다.

인물이 처한 상황을 파악하고 인물의 입장이 되어 알맞게 상상하여 쓴 경우	4점

---

2 ㉠은 문장 성분의 호응 관계가 바른 문장입니다.

판단한 까닭으로 '높임의 대상을 나타내는 말과 서술어의 호응이 바르다.'는 내용이 들어가게 쓴 경우	6점
까닭을 문장의 호응과 관련없는 내용으로 쓴 경우	2점

3 '전혀'는 '–지 않다, –지 못하다'와 같은 부정적인 서술어 또는 '안', '못'이 꾸며 주는 서술어와 호응하므로 글의 내용에 맞게 '쉽지 않아서', '안 쉬워서'로 고쳐야 합니다.

(1)과 (2)를 모두 예시 답의 내용으로 알맞게 쓴 경우	6점
(1)과 (2) 중 한 가지만 알맞게 쓴 경우	3점

4 글쓰기를 계획하여 글 모음집에 신고 싶은 일을 생각하여 써 봅니다.

(1)~(3)의 내용을 모두 알맞게 쓴 경우	6점
(1)~(3) 중 한두 가지만 알맞게 쓴 경우	각 2점

5 매체를 활용하면 다른 사람이 올린 글을 읽고 정보를 얻을 수 있지만 악성 댓글을 다는 경우도 생길 수 있습니다.

매체를 활용하여 의견을 주고받을 때의 장점과 단점을 모두 알맞게 쓴 경우	6점
(1)과 (2) 중 한 가지만 알맞게 쓴 경우	3점

5 여러 가지 매체 자료

📝 쪽지 시험
152쪽

1 영상 매체 자료 **2** 누리 소통망[SNS], 휴대 전화 문자 메
시지 **3** 의원, 중요한 시험 **4** (2) ○ **5** ㉰ **6** 인터
넷 카페 **7** (1) ○ **8** (1) ○ (2) ×

1 영상 매체 자료는 장면과 어우러지는 음악이나 연출 기법
의 의미를 생각하며 읽어야 합니다.

2 '누리 소통망[SNS]'과 '휴대 전화 문자 메시지'는 인터넷 매
체 자료에 해당합니다.

3 허준은 병을 치료하는 의원이고, 중요한 시험을 앞두고 병
을 치료해 주기를 바라는 마을 사람들이 많아 고민하는 상
황에 놓였습니다.

4 제시된 것은 인물이 처한 상황을 나타내는 장면을 연달아
보여 주고 있습니다.

5 김득신은 자기 자신의 부족한 점에 실망하거나 포기하지
않고 꾸준히 노력하는 인물입니다.

6 이야기에서 인물들은 인터넷 카페에서 주로 이야기를 나
누고 있습니다.

7 「마녀사냥」에서는 흑설 공주가 핑공 카페에 민서영과 관련
한 거짓 글을 올렸습니다.

8 대화를 할 때에는 이야깃거리와 관련 있는 내용을 말합니다.

💡 단원 평가
153~155쪽

1 ③, ④ **2** (2) ○ **3** 예 ㉮와 같은 인쇄 매체 자료는
글과 그림이나 사진으로 나타낸 시각 정보를 잘 살펴보며 읽
고, ㉯와 같은 영상 매체 자료는 화면 구성을 잘 살피고 소리
에 담긴 정보도 탐색하면서 보는 것이 좋다. **4** ③ **5** ①,
⑤ **6** ④ **7** (3) ○ **8** 려원 **9** ⑤ **10** 경쾌한 음
악 **11** ③ **12** 핑공 카페 **13** 예 자신의 신분을 숨기
고 자기의 생각을 마음대로 쓸 수 있다. / 다른 사람의 글에

누구나 의견을 달 수 있다. **14** ① **15** (민)서영, 흑설
공주 **16** ④ **17** 수희 **18** 예 민서영 아빠가 의료 봉
사를 하고 있는 사진이나 패션쇼 사진은 인터넷에서 얼마든
지 퍼 올 수 있어서 사진 속 사람이 민서영의 부모라는 것을
증명할 수 없다. **19** (3) ○ **20** 먹이를 문 사자

1 ㉮에서 글과 함께 사진을 넣어 주면 우포늪을 구체적으로
보여 줄 수 있고, 보는 사람들의 관심을 더 잘 이끌어 낼
수 있습니다.

2 ㉯는 영상 매체 자료로, 화면 내용에 어울리는 음악을 넣
어 표현하면 더욱 효과적입니다.

3 ㉮와 같은 인쇄 매체 자료와 ㉯와 같은 영상 매체 자료의
특성을 생각해 봅니다.

채점 기준	
인쇄 매체 자료와 영상 매체 자료를 읽는 방법을 비교하여 잘 쓴 경우	5점
어느 하나의 매체 자료를 읽는 방법만 알맞게 쓴 경우	2점

4 '영화'는 영상 매체 자료로, 연속극도 이와 성격이 비슷한
매체 자료입니다.

5 허준은 의원으로, 중요한 시험을 보러 가는 길에 마을 사
람들을 만났습니다. 시험일이 촉박한데 병든 마을 사람들
이 많아 허준이 치료해 주기를 바라고 있습니다.

6 허준이 중요한 시험을 앞두고도 자신의 시간을 쪼개어 마
을 사람들을 치료해 주어 고마운 마음이 들었을 것입니다.

7 유도지의 얼굴을 크게 보여 주면 장차 사건을 일으킬 인물
이라는 것을 짐작할 수 있습니다.

8 영상 매체 자료는 화면을 구성할 때 소리와 자막 등 여러
가지 연출 방법을 사용합니다. 따라서 영상 매체 자료를
잘 읽으려면 화면 구성을 잘 살피고 소리에 담긴 정보도
탐색해야 합니다.

9 김득신은 자신의 한계를 극복하기 위해 끝까지 노력한 인
물로, ⑤는 글의 내용과 맞지 않는 질문입니다.

10 하인도 기억하는 내용조차도 기억해 내지 못하는 김득신
의 모습을 우스꽝스럽게 나타내기에는 경쾌한 음악이 어
울립니다.

11 미라는 전학 온 서영이가 성격이 좋아 금세 친구들과 잘
어울리는 것을 보고 부러워서 서영이와 관련한 거짓 글을
올렸습니다.

12 미라는 '핑공 카페'라는 인터넷 공간에 글을 올렸습니다.

13 '인터넷 카페'라는 공간의 특성을 생각해 봅니다.

14 서영이는 자기 생각을 당당하게 밝힐 줄 아는 당차고 용기 있는 성격입니다.

15 흑설 공주가 글을 올리면 서영이가 반박 글을 올리는 식의 갈등이 계속되고 있습니다.

16 흑설 공주가 서영이를 공격하는 글을 올리자, 이번에는 서영이도 반격을 늦추지 않았다고 하였습니다.

17 이 글의 주된 사건은 흑설 공주가 거짓 글을 사람들이 공유하는 인터넷 카페에 올린 것입니다. 가짜 뉴스를 본 수희의 경험이 이와 비슷합니다.

18 사진은 얼마든지 퍼 올 수 있다고 말하고 있습니다.

채점 기준	
의료 봉사를 하고 있는 사진이나 패션쇼 사진은 얼마든지 퍼 올 수 있다는 내용을 쓴 경우	5점
민서영이 사진을 내놓았다는 사실만 쓴 경우	2점

19 핑공 카페는 점점 더 흑설 공주와 민서영의 싸움을 구경하려는 구경꾼들로 가득 찼습니다.

20 카페에 계속 글을 올리며 서영이를 괴롭히는 흑설 공주를 '먹이를 문 사자'에 빗대어 표현하였습니다.

1 이야기에서 일어난 사건의 원인과 결과를 정리합니다.

채점 기준	
(1)의 원인과 (2)의 결과를 모두 맞게 쓴 경우	6점
(1)의 원인은 맞게 썼지만, (2)의 결과를 제대로 쓰지 못한 경우나 반대의 경우	3점

2 원래의 '마녀사냥'의 뜻을 떠올리고 이 이야기에서 다룬 사건과 관련 지어 생각해 봅니다.

채점 기준	
부정확한 내용을 근거로 누군가를 공격한다는 내용이 들어가게 쓴 경우	5점
단순히 한 사람을 공격하는 내용이라고만 쓴 경우	2점

3 글 **마**의 내용을 살펴봅니다.

채점 기준	
아빠와 엄마가 일하는 모습이 담긴 사진을 올렸다는 내용을 쓴 경우	4점
단순히 사진을 증거로 올렸다고 쓴 경우	2점

4 먼저 이야기 속 인물의 모습이 어떤지 파악하고 현실 세계와 비교해 봅니다.

채점 기준	
현실 세계의 모습과 비슷하거나 다른 점을 잘 비교하여 쓴 경우	8점
이야기 속 인물의 모습만 파악하여 쓴 경우	4점

📃 서술형 평가　　　　　　　　　156쪽

1 (1) **예** 흑설 공주가 핑공 카페에 민서영과 관련한 거짓 글을 올림. (2) **예** 흑설 공주가 다시 반박 글을 올려 흑설 공주와 민서영의 진실 싸움으로 바뀜. **2** **예** 뜻이 다른 사람을 따돌리는 현상을 '마녀사냥'이라고 하듯이 이 이야기에서도 부정확한 내용을 근거로 누군가를 공격하는 현상을 다루었기 때문이다. **3** **예** 은좀베 마을에서 의료 봉사를 하는 아빠의 모습과 엄마가 디자인한 옷을 입고 모델들이 패션쇼를 하는 사진을 증거로 올렸다. **4** **예** 이야기 속 인물처럼 현실에서도 인터넷 공간에서 서로를 물고 뜯는 싸움이 종종 벌어지기도 한다. / 현실 세계에서도 이 이야기처럼 자신과 관련 없는 일이지만 지나친 관심을 보여 더 큰 논란을 일으키기도 한다.

6 타당성을 생각하며 토론해요

📝 쪽지 시험　157쪽

1 토론　**2** (1) ×　**3** ㉰　**4** 사회자　**5** (1) 근거 (2) 자료　**6** 까닭(근거)

1 우리 주변에서 일어난 문제에 대해 서로 다른 의견이 있을 때 토론이 필요합니다.

2 (1)은 설문 조사 자료를 평가하는 기준입니다.

3 이 자료는 조사 내용만 나타나 있고 조사 시기와 조사 대상을 알 수 없고 출처가 나타나 있지 않아 믿을 수 없습니다.

4 "이제 토론의 ~ 바랍니다."는 사회자가 하는 말입니다.

5 토론에서 주장을 펼칠 때에는 근거를 들어 주장을 펼치고, 근거와 관련해 구체적인 자료를 제시합니다.

6 의견에 대한 까닭을 구체적으로 말하지 않으면 토론이 이루어질 수 없습니다.

💡 단원 평가　158~160쪽

1 ③　**2** (2) ○　**3** 예 운동장을 외부인에게 개방하면 안 된다.　**4** 근거(까닭)　**5** 연예인　**6** ①, ⑤　**7** 예 자료 내용은 학부모가 희망하는 자녀 직업이므로 글의 주제와 관련이 없기 때문이다.　**8** 면담 자료　**9** 예 해당 분야 전문가의 말이므로 타당한 자료라고 생각한다.　**10** ④　**11** 학급 임원을 뽑는 기준이 올바르다고 보기 어렵다.　**12** 주장 펼치기　**13** (2) ○　**14** ⑤　**15** ①　**16** 예 학급 임원을 뽑는 기준에 문제가 있다면 그 문제를 해결하면 된다.　**17** ②　**18** 예 초등학생에게 스마트폰을 금지해야 한다.　**19** ①, ②, ③　**20** (1) ○

1 남자아이와 여자아이의 말을 통해 운동장에 쓰레기가 많아졌다는 것을 알 수 있습니다.

2 운동장 쓰레기 문제가 생긴 뒤 여자아이는 외부인에게 개방했기 때문이라고 생각했고, 선생님은 학교 운동장은 지역 사람들이 이용할 수 있는 유일한 운동장이라고 하며 서로 다른 의견이 생겼습니다.

3 학교 운동장을 외부인에게 개방해서 쓰레기가 많아진 문제를 해결하기 위해서 '운동장을 외부인에게 개방하면 안 된다.'는 주제로 토론할 수 있습니다.

4 토론을 할 때에는 자신의 생각을 뒷받침하는 타당한 근거를 들어 말해야 한다는 것에 주의해야 합니다.

5 최근 한 매체에서 발표한 결과에 따르면 초등학생들의 장래 희망 직업 1위는 연예인입니다.

6 글쓴이는 직업은 생활 수단이자 자신의 능력을 발휘하고 꿈을 실현할 수 있는 기회이기도 하다고 했습니다.

7 글쓴이는 직업을 선택할 때 유행에 따르면 안 된다고 말하고 있는데, 이 자료는 글의 주제와 관련이 없습니다.

채점 기준

자료가 글의 주제와 관련이 없다는 내용으로 답을 쓴 경우	5점
자료로 활용할 수 없는 까닭에 대한 설명이 자세하지 않은 경우	2점

8 직업 평론가 ○○○ 씨를 면담한 자료를 제시하였습니다.

9 면담 자료를 평가할 때에는 주장을 뒷받침하는 자료인지, 전문가의 의견인지를 기준으로 따져 봅니다.

채점 기준

자료의 타당성을 설득력 있게 평가한 경우	5점
평가 내용은 맞으나 설명이 부족한 경우	2점

10 이 글에는 반대편 토론자의 주장과 근거가 나타나 있습니다.

11 "학급 임원을 뽑는 기준이 올바르다고 보기 어렵습니다."가 주장을 뒷받침하는 근거입니다.

12 이 글은 반대편이 주장과 근거를 펼치는 부분으로, 주장 펼치기에 해당합니다.

13 찬성편은 반대편이 사용한 설문 조사 결과가 다른 학교를 조사한 것이므로, 우리 학교의 상황과 반드시 같다고는 볼 수 없다고 했습니다.

14 '우리 학교 사정을 고려해서 근거를 말씀해 주셔야 하지 않을까요?'라는 질문은 반대편에서 제시한 자료가 타당하지 않음을 지적하기 위한 것입니다.

15 ㉠에는 찬성편이 자기편의 주장과 근거를 다시 정리한 내용이 나타나 있습니다.

16 '학급 임원을 ~ 발생할 수 있습니다.'는 반대편에서 제기한 반론을 반박하면서 자신의 주장을 다지려고 덧붙여 한 말입니다.

채점 기준	
예시 답이나 '원하지 않는 학생이 학생 대표를 맡게 되는 또 다른 문제가 발생할 수 있다.'로 쓴 경우	5점

17 ①, ④, ⑤는 학급 임원을 한 번씩 돌아가면서 할 때의 장점이라고 할 수 있습니다.

18 학급 친구들이 관심 있어 하고, 찬성편과 반대편으로 나뉘어 이야기를 나눌 수 있는 주제를 생각해 봅니다.

19 사회자는 토론을 진행하고 토론 주제 및 규칙을 안내하며 찬성편과 반대편에 발언권을 줍니다.

20 독서 토론을 할 때 자신의 의견을 말하는 방법을 생각합니다.

서술형 평가   161쪽

1 (1) 예 "착한 사람이 되겠습니다."라는 인사말을 하면 지금은 착한 사람이 아닌 것 같기 때문이다. (2) 예 "안녕하세요?" 같은 전통적인 인사말을 우리가 지켜야 하는 것이라고 생각하기 때문이다.   **2** 예 서로 기분을 상하게 하면서 자신이 옳다고 우기기만 할 것이다. / 문제를 해결하기보다 서로 다투게 될 것이다.   **3** 예 나와 의견이 다르더라도 상대를 비꼬거나 시비걸지 않는다.   **4** 예 학급을 위해 봉사하고, 학생 대표가 되어 우리의 뜻을 학교에 전하는 역할을 할 학급 임원이 필요하다.   **5** 예 하고 싶은 마음이 없는 학생이 대표가 될 수 있고, 그것은 그 학생에게 부담이 될 수 있다.

1 여자아이는 "착한 사람이 되겠습니다."라는 인사말에 대해 부정적인 생각을 말했습니다.

채점 기준	
예시 답의 내용으로 (1)과 (2)를 모두 알맞게 쓴 경우	6점
(1)과 (2) 중 한 가지만 알맞게 쓴 경우	3점

2 상대의 생각을 투덜거린다고 받아들인다면 진정한 토론이 이루어질 수 없습니다.

채점 기준	
토론이 이루어질 수 없다는 내용으로 답을 쓴 경우	4점

3 토론할 때에는 자신의 의견을 우기기보다 타당한 근거를 들어 말합니다.

채점 기준	
그림에 나타난 문제점을 바탕으로 하여 토론할 때에 주의할 점을 예시 답의 내용으로 쓴 경우	4점

4 찬성편은 "학급 임원이 필요하다."는 토론 주제에 찬성하는 것입니다.

채점 기준	
찬성편의 주장을 알맞게 정리하여 쓴 경우	4점

5 찬성편은 '누구나 학급을 위해 봉사할 수 있고, 요즘은 기술이 발달해서 여러 사람이 동시에 회의에 참여할 수 있다.'는 반대편의 반론에 대해, 학생 대표는 모범적이면서 봉사 정신이 뛰어난 학생이 스스로 참여해야 하고, 모든 학생이 돌아가면서 학급 임원을 맡는다면 하고 싶은 마음이 없는 학생에게 부담이 되는 일이라고 했습니다.

채점 기준	
예시 답의 내용으로 쓴 경우	6점

7 중요한 내용을 요약해요

📝 쪽지 시험
162쪽

1 (1) 귀가 잘 들리지 않아 (2) 엉뚱한 (3) 도움 **2** 켈러 선생님, 슐로스 할아버지 **3** (1) ② (2) ③ (3) ④ (4) ① **4** ㉮, ㉰ **5** 예 생각그물 **6** 순서, 나열

1 글에서 쓰인 낱말의 뜻을 생각해 봅니다.

2 켈러 선생님과 슐로스 할아버지가 이 이야기에서 주제를 파악하는 데 중요한 인물입니다.

3 글에서 쓰인 각각의 낱말의 뜻을 국어사전에서 찾아 확인해 봅니다.

4 글의 중요한 내용이 잘 드러날 수 있도록 세부적인 내용은 생략하는 것이 좋습니다.

5 '어긋나기, 마주나기, 돌려나기, 모여나기'의 잎차례 방법에 해당하는 식물들을 생각그물로 보여 주면 효과적입니다.

6 「한지돌이」는 순서 구조와 나열 구조에 따라 요약하는 것이 좋습니다.

💡 단원 평가
163~165쪽

1 시언 **2** 예 낱말의 뜻을 제대로 짐작하지 못해서 글의 내용을 잘 이해할 수 없다. **3** ③ **4** (2) ○ **5** 켈러 선생님 **6** ⑤ **7** (2) ○ **8** 어른 한 명을 인터뷰해서, 그 어른이 집 안에서 가장 소중하게 여기는 물건에 대해 알아 오는 것 **9** (1) ① (2) ② **10** 정한 **11** 자신이 겪은 일 **12** ④ **13** 예 켈러 선생님이 글을 읽는 사람이 글쓴이의 '진짜' 감정을 느낄 수 있어야 한다고 말한 까닭은 무엇이라고 생각하나요? **14** 예 글을 너무 많이 줄여 중요한 내용이 드러나지 않는다. **15** (1) 어긋나기 (2) 마주나기 **16** 볼주머니 **17** (2) ○ **18** 만들어지는 과정 **19** ① **20** ④

1 민찬이는 어려운 말이 많아 글을 그만 읽겠다고 하였습니다.

2 낱말의 뜻을 잘 모르고 글을 읽으면 어떤 문제가 있는지 생각해 봅니다.

채점 기준

글의 내용을 잘 이해할 수 없다는 내용이 들어가게 쓴 경우	5점
낱말의 뜻을 잘 모른다는 내용만 쓴 경우	2점

3 이 글에서 '걸림돌'은 '일을 해 나가는 데에 걸리거나 막히는 장애물'을 비유적으로 이르는 말로 쓰였습니다.

4 제시된 문장에서 '얼굴'은 (2)의 뜻으로 쓰였습니다.

5 '나'는 켈러 선생님을 가리켜 학교에서 가장 깐깐한 선생님이라고 한 것입니다.

6 켈러 선생님에게 배우게 된 것을 안 좋은 일이라고 생각하고 '마녀'라는 표현을 쓴 것에서 뜻을 짐작할 수 있습니다.

7 글 ㉯에서 켈러 선생님이 '나'에게 감정을 전하는 낱말 하나하나가 가진 차이를 이해해야 한다고 하였습니다.

8 글 ㉮에 '보물찾기' 숙제에 대한 내용이 나와 있습니다.

9 글 ㉰에서 선생님이 슐로스 할아버지의 아내를 주제로 삼은 점은 적절했다고 말한 것에서 '보물찾기' 숙제의 주제를 알 수 있고, 글 ㉱에서 오로지 슐로스 할아버지를 사랑하는 내 마음이 잘 표현되었기를 바랄 뿐이다라고 한 부분에서 기말 과제의 주제를 알 수 있습니다.

10 켈러 선생님은 읽는 사람이 글쓴이의 진짜 감정을 느낄 수 있도록 쓰되, 독창적이어야 한다고 하였습니다.

11 글 ㉲에서 켈러 선생님은 퍼트리샤에게 자신이 겪은 일을 써 왔으면 좋겠다고 하였습니다.

12 이 글에서 '쥐어짜다'는 '이리저리 궁리하여 골똘히 생각하다'라는 뜻으로 쓰였습니다. ②, ③은 '쥐어짜다'의 다른 뜻이고, ①, ⑤는 '쥐다'의 뜻입니다.

13 켈러 선생님의 생각을 알 수 있는 질문을 이 글의 내용을 통해 생각해 봅니다.

채점 기준

켈러 선생님이 글쓰기에서 강조하는 내용과 관련하여 질문을 쓴 경우	5점
질문의 내용이 인물의 생각이나 가치관을 파악하는 데 도움이 되지 않는 경우	2점

14 글을 요약하는 방법을 생각합니다.

채점 기준

너무 많이 생략해 중요한 내용이 드러나지 않는다는 내용을 쓴 경우	5점
짧게 줄였다고만 쓴 경우	3점

15 식물의 잎차례에는 '어긋나기'와 '마주나기'가 있습니다.

16 다람쥐는 볼주머니를 이용해 먹이를 나릅니다.

17 다람쥐가 먹이를 볼주머니를 이용해 저장한다는 내용이 중심 내용이므로 (2)가 바르게 요약한 것입니다.

18 이 글에서는 한지가 만들어지는 과정에 대해 설명하고 있습니다.

19 이 글은 한지를 만드는 과정을 시간 순서에 따라 설명하고 있으므로 순서 구조로 요약하기에 알맞습니다.

20 한지를 만들 때 가장 먼저 할 일은 닥나무를 푹 쪄서 나무 껍질을 벗겨 물에 불리는 일입니다. 그다음 겉껍질을 긁어 내서 속껍질만 모읍니다.

📝 서술형 평가 166쪽

1 (1) ⑩ 엉뚱한 (2) ⑩ 뒷부분에 '재미와 웃음을 주지만'과 같은 말이 있고, '황당한, 엉뚱한'이란 낱말과 바꾸어 써도 문장의 뜻이 자연스럽기 때문이다. **2** ⑩ 준수가 드디어 갖고 싶어 하던 게임기를 손에 넣었다. **3** (1) ⑩ 한지의 쓰임새 (2) ⑩ 방 안 온도 및 습도를 조절함. (3) ⑩ 생활용품(안경집, 갓집, 버선본, 붓통, 표주박, 찻상, 부채, 탈 따위)을 만드는 재료로 사용됨. (4) ⑩ 놀이용품(연, 제기 따위)을 만드는 재료로 사용됨.

1 낱말의 뜻을 짐작하는 방법을 생각해 '뜬금없는'의 뜻을 짐작해 봅니다.

채점 기준	
낱말의 뜻과 그렇게 짐작한 까닭을 모두 알맞게 쓴 경우	8점
낱말의 뜻은 알맞게 짐작하여 썼으나, 짐작한 까닭을 제대로 쓰지 못한 경우	4점

2 그림에서 나타내는 것은 간송 선생이 원하던 물건을 갖게 되었다는 것으로, 여기서의 '손'은 '어떤 사람의 영향력이나 권한이 미치는 범위'의 뜻으로 쓰였습니다.

채점 기준	
'어떤 사람의 영향력이나 권한이 미치는 범위'라는 뜻의 '손'을 넣어 문장을 알맞게 만들어 쓴 경우	6점
'손'을 넣어 문장을 만들었지만, 뜻을 다르게 쓴 경우	2점

3 글에서 한지의 무엇에 대해 설명하고 있는지 파악하고 틀에 맞게 내용을 요약해 봅니다.

채점 기준	
글의 주제와 문단의 중심 내용을 정리해 모두 잘 쓴 경우	10점
글의 주제와 한두 문단의 중심 내용만 잘 정리한 경우	6점

---

8 우리말 지킴이

📝 쪽지 시험 167쪽

1 꽃집 **2** 열심히 공부했더니 **3** 재미없었어 **4** 나왔습니다 **5** 관찰 **6** 설문지 **7** (1) ○ **8** ㉮, ㉯

1~4 '한마음플라워'는 '한마음 꽃집'으로, '열공했더니'는 줄이지 않은 '열심히 공부했더니'로 고쳐 써야 합니다. '노잼이었어'는 '재미없었어'로, '나오셨습니다'는 사물을 높인 잘못된 표현이므로 '나왔습니다'로 고쳐야 합니다.

5 관찰법은 시간이 많이 걸리지만 조사 대상을 직접 파악할 수 있습니다.

6 설문지는 여러 사람을 한꺼번에 조사할 수 있지만 답한 내용 외에는 자세한 내용을 알기 어렵습니다.

7 발표할 내용과 자료를 어떤 순서와 방법으로 발표할지 미리 글로 작성하면 발표할 때 실수를 줄이고 효과적으로 발표할 수 있습니다.

8 한 화면에 너무 많은 내용을 담아 제시하면 듣는 사람이 집중할 수 없습니다.

💡 단원 평가 168~170쪽

1 (1) ③ (2) ② (3) ① **2** ⑩ 달콤한 찻집 **3** 승재 **4** (1) 열심히 공부 (2) 삼각김밥 **5** ①, ③ **6** ② **7** ④ **8** (1) ○ (2) ○ **9** 방송에서 사용하는 영어 **10** ⑩ 현장에서 조사 대상을 직접 파악할 수 있다는 장점이 있지만, 시간이 많이 걸린다는 단점도 있다. **11** (1) ○ **12** ②, ③ **13** (1) ○ (3) ○ **14** ④ **15** ① **16** ⑩ 바른 자세로 서서 진지하게 발표해야 한다. **17** ③ **18** (2) ○ **19** 열공(했더니), 삼김 **20** 윤아

1 ㉠은 영어와 우리말을 섞어 만든 국적 불문의 신조어이고, ㉡은 같은 의미를 지닌 우리말이 있는데도 영어를 그대로 쓴 표현이고, ㉢은 잘못된 높임 표현입니다.

2 ㉡은 '달콤한 찻집'으로 고칠 수 있습니다.

3 우리말을 바르게 사용해야 하는 까닭은 뜻이 통하지 않을 수 있고, 아름다운 우리말이 사라질 수 있기 때문입니다.

4 '열공'은 '열심히 공부'의 줄임말이고, '삼김'은 '삼각김밥'의 줄임말입니다.

5 ①은 '사이즈가 없습니다.', ③은 '이 제품이 더 좋습니다.' 가 바른 표현입니다.

6 줄임말이라고 해도 모두 잘못된 사례는 아닙니다. '요즘'은 '요즈음'을 줄인 말로 사용해도 되는 말입니다.

7 ④의 '순우리말'은 잘못된 우리말 사용 실태에 관한 조사 주제로 삼기에 알맞지 않습니다.

8 장면 **2**~**5**에서 친구들이 떠올린 조사 대상에 대해 알 수 있습니다.

9 옷에 새긴 영어는 조사 대상으로 알맞지 않다며, 방송에서 사용하는 영어를 조사 대상으로 정하기로 하였습니다.

10 관찰의 장단점을 생각해 봅니다.

채점 기준	
관찰의 장점과 단점을 모두 알맞게 쓴 경우	5점
장단점 중 어느 한 가지만 쓴 경우	2점

11 (2) 여러 사람을 한꺼번에 조사할 수 있는 것은 설문지 조사 방법의 장점입니다.

12 ①은 '전달하려는 내용', ④, ⑤는 '끝맺는 말'을 구성할 때 들어가기에 알맞습니다.

13 제시된 원고를 통해 조사 주제가 무엇인지는 짐작할 수 있지만, 조사 주제를 소개하는 부분은 '시작하는 말'입니다. 자료에는 출처를 밝혀야 하고, '전달하려는 내용'에는 자료와 설명하는 말이 들어갑니다.

14 그림 **가**에서 여진이는 발표 내용만 보면서 읽듯이 발표하고 있습니다.

15 그림 **나**에서 여진이는 너무 빠른 속도로 발표하고 있으므로, 고쳐야 할 점은 말의 속도와 관련이 있습니다.

16 듣는 사람을 바라보는 것과 말의 속도를 적절히 조절하는 것 외에 다른 주의할 점을 생각해 봅니다.

채점 기준	
그림과 관련 있는 것 외에 발표할 때 주의할 점을 알맞게 쓴 경우	5점
발표할 때의 주의할 점이 그림과 관련 있는 내용인 경우	1점

17 발표자가 발표를 잘 못하더라도 충고하거나 야유를 보내서는 안 됩니다.

18 사진이나 실물은 가능하다면 여러 개 준비해서 보여 주거나, 돌아가면서 볼 수 있도록 활용할 수 있습니다.

19 '열공', '삼김'은 우리말을 줄여서 쓴 말입니다.

20 편의점을 발견했을 때는 손으로 편의점을 가리켰고, 줄임말을 사용한 것을 느꼈을 때는 뒷머리를 만지고 이마 부분에 세로선을 여러 개 그렸습니다.

📑 서술형 평가   171쪽

1 (1) **예** 같은 의미를 지닌 우리말이 있는데도 영어를 그대로 사용하였기 때문이다. (2) **예** 여러분을 위한 음식점   **2** (1) **예** 해피하우스 / 나이스하다 (2) **예** 솔까말 / 맛점 (3) **예** 요금이 천 원이세요. / 그 제품은 품절이십니다. (4) **예** 광클 / 개꿀 / 행쇼   **3** (1) **예** 국적 불문의 신조어를 사용하는 예 (2) **예** 우리 반 아이들이 사용하는 신조어 (3) **예** 일주일 동안 현장에서 조사 대상을 직접 파악하는 관찰법을 사용한다. **4** (1) **예** 발표할 때는 발표 내용만 보며 읽듯이 하지 말고 듣는 사람과 눈을 맞추며 말하는 것이 좋아. (2) **예** 발표할 때에는 듣는 사람이 알아듣지 못하게 목소리의 크기를 너무 작게 하면 안 돼.

1 영어를 그대로 쓴 표현을 뜻에 맞게 우리말로 고쳐 봅니다.

채점 기준	
(1)의 까닭과 (2)의 표현을 모두 맞게 쓴 경우	8점
(1)과 (2) 중 어느 하나만 맞게 썼거나, (1)과 (2)를 쓴 답이 적절하지 않은 경우	4점

2 각각의 사례를 떠올리거나 찾아서 써 봅니다.

채점 기준	
(1)~(4)의 사례를 모두 맞게 쓴 경우	12점
(1)~(4) 중 한두 사례만 맞게 쓴 경우	각 3점

3 우리말을 훼손하는 사례를 조사하기 위한 구체적인 주제를 정하고 조사 대상과 방법을 생각해 봅니다.

채점 기준	
조사 주제를 정하고 그에 알맞은 조사 대상과 방법을 정해 쓴 경우	9점
조사 주제, 조사 대상, 조사 방법 중 어느 항목만 맞게 쓴 경우	각 3점

4 그림 **가**와 **나**에서 발표하는 친구가 무엇을 잘못했는지 파악하고 고칠 점을 써 봅니다.

채점 기준	
두 모습의 잘못된 점을 파악해 고칠 점을 모두 알맞게 쓴 경우	10점
어느 한 모습의 잘못된 점만 알맞게 파악한 경우	5점

사회 교과개념북

1 옛 사람들의 삶과 문화

1 나라의 등장과 발전

☺ 개념 확인 문제 7쪽

1 (1) × (2) ○ **2** 농업 **3** 단군왕검
4 (1) ○ **5** (1) ㉡ (2) ㉠

1 (1) 고조선은 청동기 문화를 바탕으로 세워진 국가입니다.

2 고조선의 건국 이야기에서 고조선은 농업을 중요시했고, 부족 간 연합으로 세워졌음을 알 수 있습니다.

3 우리 역사 속 최초의 국가인 고조선을 세운 사람은 단군왕검입니다.

4 (2) 빗살무늬 토기는 신석기 시대에 사용했던 토기입니다.

5 고조선은 사회 질서를 유지하기 위해 백성이 지켜야 하는 법을 만들었습니다.

☺ 개념 확인 문제 9쪽

1 (1) ㉡ (2) ㉠ (3) ㉢ **2** 한강 **3** 평양
4 (1) ○ (2) × **5** 백제

1 고구려는 주몽이, 백제는 온조가, 신라는 박혁거세가 세웠습니다.

2 백제의 온조는 한강과 넓은 평야가 있어 농사짓기에 좋았기 때문에 한강 유역에 자리를 잡았습니다.

3 고구려 장수왕은 수도를 평양으로 옮겼고, 백제를 공격하여 한성을 함락하고 한강 유역을 모두 차지했으며, 광개토대왕릉비를 세웠습니다.

4 (2) 이사부를 보내 우산국을 정복해 영토를 확장했던 왕은 지증왕입니다. 진흥왕은 한강 유역 전체를 차지하고 가야 세력을 완전히 정복했던 왕입니다.

5 삼국은 백제, 고구려, 신라 순으로 전성기를 맞이했고, 삼국이 전성기에 모두 한강 유역을 차지했습니다.

☺ 개념 확인 문제 11쪽

1 김춘추 **2** (1) × (2) ○ **3** 신라
4 대조영 **5** (1) × (2) ○

1 신라는 백제의 공격으로 위기를 맞이했고, 위기에서 벗어나기 위해 당에 김춘추를 보내 동맹을 맺었습니다.

2 (1) 김유신은 신라군을 이끌고 황산벌 전투에서 백제군을 물리쳤습니다.

3 신라는 김춘추와 김유신의 활약에 힘입어 삼국을 통일했습니다.

4 고구려 장군 출신인 대조영이 옛 고구려 지역인 동모산 일대에 발해를 세웠습니다.

5 (1) 발해는 고구려의 문화를 바탕으로 당과 말갈 등의 문화를 받아들여 독자적인 문화를 이뤘습니다.

☺ 개념 확인 문제 13쪽

1 (1) ㉢ (2) ㉠ (3) ㉡ **2** 불교
3 백제 금동 대향로 **4** (1) × (2) ○

1 고구려의 불교 문화유산으로 금동 연가 7년명 여래 입상이 있고, 백제의 공예품으로 금동 대향로가 있으며 신라의 문화유산으로 첨성대가 있습니다.

2 고구려, 백제, 신라는 왕위 권위를 높이고 백성의 마음을 모으기 위해 불교를 받아들였습니다.

3 백제 금동 대향로는 백제의 뛰어난 공예 기술로 만들었고, 익산 미륵사지 석탑은 우리나라에 남아 있는 가장 큰 석탑입니다.

4 (1) 천체의 움직임을 관측했던 곳은 경주 첨성대입니다. 석굴암은 돌을 쌓아 동굴처럼 만든 절입니다.

💡 실력 문제 14~16쪽

핵심문장으로 시작하기 **1** 고조선 **2** 한강 **3** 고분 벽화

4 고조선 **5** ① **6** ④ **7** ②, ④ **8** ⑤
9 예 한강과 넓은 평야가 있어 농사짓기 좋았으며, 황해를 통해 중국의 발달된 문화를 받아들이기 쉬웠기 때문이다.
10 ④ **11** ①, ③ **12** ④ **13** 진흥왕 **14** ㉡ → ㉠ → ㉢ → ㉣ **15** ③ **16** 발해 **17** ③
18 예 당시 사람들의 생활 모습을 짐작할 수 있다. 등
19 ① **20** ㉢, ㉣

4 환웅의 아들, 단군왕검은 우리 역사 속 최초의 국가인 고조선을 세웠습니다.

5 고조선은 청동기 문화를 바탕으로 세워진 나라로, 고조선의 건국 이야기를 통해 농업을 중요시한 것과 부족이 연합하여 큰 세력이 되었음을 알 수 있습니다.

6 ④는 발해의 석등입니다.

7 남의 물건을 훔친 사람은 노비로 삼는다는 것으로 보아 신분 제도가 있었다는 것을 알 수 있고, 용서를 받으려면 50만 전을 내야 한다는 것으로 보아 화폐를 사용했음을 알 수 있습니다.

8 제시된 글은 주몽이 세운 고구려의 건국 이야기입니다.

9 백제는 한강 유역의 넓은 평야를 차지하고 있어 농사짓기에 좋았고, 황해를 통해 중국의 발달한 문화를 쉽게 받아들일 수 있었습니다.

채점 기준

'넓은 평야가 있음.', '황해를 통해 중국과 교류' 등을 넣어 구체적으로 쓴 경우	5점
'넓은 평야가 있음.', '황해를 통해 중국과 교류' 중 한 가지만 간단하게 쓴 경우	3점

10 ㉠, ㉡ 가야를 완전히 정복하고, 영역을 확장한 후 순수비를 세운 왕은 신라 진흥왕입니다.

11 광개토대왕릉비는 장수왕이 아버지 광개토대왕의 업적을 기록해 세운 비석입니다.

12 신라는 박혁거세를 중심으로 하는 세력이 오늘날 경주 지역에 세운 작은 나라에서 성장했습니다.

13 6세기 신라 전성기를 맞이했던 왕은 진흥왕으로, 한강 유역 전체를 차지하고 가야 세력을 완전히 정복했습니다.

14 '㉡ 사비성 함락 → ㉠ 평양성 함락 → ㉣ 신라군, 매소성 전투 승리 → ㉢ 신라군, 기벌포 전투 승리' 순으로 일어났습니다.

15 김춘추와 김유신은 신라의 삼국 통일에 이바지한 인물입니다. 대조영은 발해를 건국한 인물입니다.

16 ㉠은 대조영이 동모산 일대에 세운 발해입니다.

17 ③ 발해는 고구려의 문화를 바탕으로 당과 말갈 등 주변의 문화를 받아들여 독자적인 문화를 이룬 나라입니다.

18 고분은 옛 무덤으로, 삼국이 자리 잡았던 지역에는 고분이 많이 남아 있습니다. 무덤 안에서 발견된 고분 벽화를 통해 당시 사람들의 생활 모습을 짐작할 수 있습니다.

채점 기준

'생활 모습'을 넣어 쓴 경우	5점

19 ② 불국사 삼층 석탑과 ④ 무구 정광 대다라니경은 신라의 문화유산이고, ③ 미륵사지 석탑은 백제의 문화유산이지만 공예품은 아닙니다.

20 ㉠은 석굴암, ㉡은 첨성대에 대한 설명입니다.

서술형 평가
17쪽

1 (1) 법 (2) ㉔ 개인의 재산을 인정했다. 등

2 (1) ㉣ → ㉠ → ㉡ → ㉢ (2) ㉔ 당이 한반도 전체를 차지하려고 했기 때문이다. 등

3 (1) 석굴암 (2) ㉔ 기둥 없이도 천장이 튼튼하게 유지되도록 만들었기 때문이다. / 석굴 안의 습기가 자동으로 조절되기 때문이다. 등

1 (1) 고조선은 사회 질서를 유지하기 위해 법 조항을 만들었습니다.

(2) 남을 다치게 한 사람은 곡식으로 갚아야 한다는 것은 개인의 재산을 인정했음을 의미합니다.

채점 기준

제시된 법 조항을 통해 알 수 있는 고조선의 사회 모습을 구체적으로 쓴 경우	8점

2 (1) 신라가 삼국을 통일하는 과정에서 ㉣ → ㉠ → ㉡ → ㉢ 순으로 사건이 일어났습니다.

(2) 신라는 백제의 공격으로 위기를 맞아 당과 동맹을 맺었으나 당이 한반도 전체를 차지하려고 하자 신라는 당과 전쟁하게 되었습니다.

채점 기준

'당이 한반도 차지'를 넣어 쓴 경우	8점

3 (1) 석굴암은 신라의 대표적인 문화유산입니다.

(2) 석굴암은 돌을 쌓아 동굴처럼 만든 절로, 신라의 과학 수준과 건축 기술의 우수성을 잘 보여 주는 문화유산입니다.

채점 기준

'기둥 없이 천장이 튼튼하게 유지', '습기 자동 조절'을 모두 쓴 경우	8점
'기둥 없이 천장이 튼튼하게 유지', '습기 자동 조절' 중 한 가지만 쓴 경우	4점

2 독창적 문화를 발전시킨 고려

1 (2) ○   **2** 왕건   **3** (1) ○ (2) ×
4 (1) ㉢ (2) ㉡ (3) ㉠   **5** 동북 9성

1 (1) 송악에 후고구려를 세운 인물은 궁예이고, 견훤은 완산주에 후백제를 세웠습니다.

2 왕건이 여러 전투에서 활약하여 신하들의 믿음을 얻자 신하들은 궁예를 몰아내고 왕건을 고려의 왕으로 세웠습니다.

3 (2) 태조 왕건은 불교의 힘으로 고려를 세웠다고 여겨 불교의 힘을 중요하게 여겼습니다.

4 거란의 1차 침입 때 서희가, 2차 침입 때 양규가, 3차 침입 때 강감찬이 활약했습니다.

5 윤관은 특별 부대인 별무반을 이끌고 여진을 정벌했습니다. 천리장성은 거란의 침입을 물리친 후 국경 지역에 쌓은 것입니다.

1 강화도   **2** (1) × (2) ○   **3** 중국
4 상감   **5** (1) ○

1 고려의 북쪽에서 세력을 키운 몽골이 고려에 온 몽골의 사신이 귀국길에 죽자 이를 구실로 고려를 침입했습니다.

2 (1) 김윤후와 백성들은 처인성과 충주성에서 몽골군을 물리쳤습니다.

3 고려는 처음에 중국의 기술을 들여와 청자를 만들었으나 고려에서 상감 기법이 활용되자 중국과 다른 독창적인 청자가 만들어졌습니다.

4 고려는 상감이라는 공예 기법을 도자기에 적용해 상감 청자라는 독창적이고 정교한 예술품을 만들어 냈습니다.

5 (2) 오늘날 전해지는 고려청자를 통해 고려의 독창적인 공예 기술을 살펴볼 수 있습니다.

1 (1) ㉡ (2) ㉠   **2** 팔만대장경   **3** ㉣
4 금속 활자   **5** (1) × (2) ○

1 고려 사람들은 거란이 침입했을 때 거란이 물러가기를 바라는 마음을 담아 초조대장경을 만들었고, 몽골이 침입했을 때 몽골이 물러가기를 바라는 마음을 담아 팔만대장경을 만들었습니다.

2 팔만여 장에 이르는 팔만대장경판들은 합천 해인사 장경판전에 보관되어 오늘날까지 원래의 모습을 잘 유지하고 있습니다.

3 팔만대장경판은 ㉣ → ㉡ → ㉢ → ㉠ 순으로 만들어졌습니다.

4 금속 활자는 글자를 한 자씩 만들어 필요할 때마다 골라 짜 맞춰 여러 종류의 책을 만들어 낼 수 있었습니다.

5 (1) 『직지』는 금속 활자로 인쇄한 책으로, 청주 흥덕사에서 만들었습니다.

📋 핵심문장으로 시작하기 **1** 고려 **2** 몽골 **3** 고려청자

4 ㉡, ㉣   **5** ③   **6** ③   **7** 태조 왕건
8 예 북진 정책을 펼쳤다. / 민족을 다시 통합했다. / 호족들과 혼인 관계를 맺었다. / 불교를 중요하게 여겼다. / 백성의 생활 안정을 위해 세금을 줄였다. 등
9 거란   **10** ㉠, ㉡   **11** ④   **12** ⑤   **13** 삼별초
14 ⑤   **15** ㉠, ㉢   **16** 예 부처의 힘으로 몽골을 물리치기 위해서이다. 등   **17** ③   **18** ④, ⑤
19 직지(직지심체요절)   **20** ④

4 신라 말에는 정치가 혼란스러워지면서 지방에서는 경제력과 군사력을 갖춘 호족이 성장했습니다.

5 ㉠은 견훤, ㉡은 궁예입니다.

6 ③ 후백제의 견훤은 아들에게 왕위를 빼앗기자 고려로 투항해 왕건에게 도움을 요청했습니다.

7 훈요 10조는 태조가 세상을 떠나기 전 남긴 것으로, 후대 왕들이 고려를 다스리면서 지켜야 할 열 가지 가르침입니다.

8 태조 왕건은 나라의 질서를 세우고 백성의 생활을 안정시키기 위해 여러 가지 정책을 펼쳤습니다.

채점 기준	
'북진 정책', '민족 통합', '호족들과 혼인', '불교 중시', '백성 생활 안정' 등의 내용 중 두 가지 이상 쓴 경우	5점
'북진 정책', '민족 통합', '호족들과 혼인', '불교 중시', '백성 생활 안정' 등의 내용 중 한 가지만 쓴 경우	3점

9 고려가 건국될 무렵, 고려의 북쪽에서 세력을 키웠던 거란이 고려를 세 차례 침입했습니다.

10 ㉢ 윤관은 여진을 정벌했습니다. ㉣ 강감찬의 귀주 대첩 이후 국경 지역에 천리장성을 쌓아 외세의 침입에 대비했습니다. 강동 6주는 서희가 외교 담판으로 확보한 지역입니다.

11 몽골은 고려에 온 몽골의 사신이 귀국길에 죽은 일을 이유로 고려를 침입했습니다.

12 김윤후는 처인성과 충주성에서 백성과 함께 몽골군 대장 살리타를 사살했습니다.

13 고려의 군인들 중 삼별초는 개경으로 돌아가는 것을 반대해 강화도, 진도, 제주도(탐라)로 근거지를 옮기며 몽골에 계속 저항했습니다.

14 ⑤ 고려청자는 주로 연적, 의자, 향로, 잔 등 생활용품으로 사용했습니다.

15 고려청자는 높은 온도로 도자기를 구울 수 있는 시설, 불을 다루는 기술, 푸른빛을 내는 방법을 모두 갖추어야 만들 수 있었습니다.

16 고려 사람들은 몽골에 의해 초조대장경판이 불타 없어지자 다시 부처의 힘으로 몽골을 물리치길 바라는 마음을 담아 팔만대장경판을 만들었습니다.

채점 기준	
'몽골을 물리치기 위해서'이라고 쓴 경우	5점
'외세를 물리치기 위해서'라고 간단히 쓴 경우	3점

17 팔만대장경판을 만들 때 바닷물에 1~2년 나무를 담가 두어 목판이 뒤틀리지 않도록 했습니다.

18 합천 해인사 장경판전에는 팔만대장경판이 잘 보존되어 있습니다.

19 『직지』는 박병선의 노력으로 알려진 책으로, 불교의 가르침을 담고 있습니다.

20 ④ 『직지』는 오늘날 전해지는 금속 활자 인쇄본 중 가장 오래된 것입니다.

---

1 (1) 서희 (2) ⑩ 고려가 거란과 교류할 것을 약속했고, 그 대신 압록강 동쪽의 강동 6주를 확보했다. 등

2 (1) 강화도 (2) ⑩ 고려는 강화도에서 개경으로 돌아갔고, 몽골의 정치적 간섭을 받게 됨. 등

3 (1) 상감 (2) ⑩ 독창적인 상감 기법과 푸른빛을 내는 기법 등 뛰어난 기술이 돋보인다. 등

1 (1) 서희는 거란의 1차 침입 때 거란의 소손녕과 외교 담판을 벌여 전쟁 없이 물리쳤습니다.

(2) 강동 6주는 고려가 북쪽의 나라와 교류하는 통로였고, 거란 등의 침략을 막기 위해 꼭 지켜야 하는 지역이었습니다.

채점 기준	
'강동 6주'를 넣어 구체적으로 쓴 경우	8점
'거란과 교류할 것을 약속했다'고만 쓴 경우	4점

2 (1) 고려는 수도를 강화도로 옮긴 후 몽골에 저항했으며, 김윤후와 백성들은 처인성과 충주성에서 몽골군을 물리쳤습니다.

(2) 국력이 약해진 고려는 전쟁을 멈추자는 몽골의 요구를 받아들여 개경으로 돌아갔고, 몽골의 정치적 간섭을 받게 되었습니다.

채점 기준	
'고려는 강화도에서 개경으로 돌아갔음', '몽골의 간섭' 등을 넣어 쓴 경우	8점
'고려는 강화도에서 개경으로 돌아갔음', '몽골의 간섭' 중 한 가지만 쓴 경우	4점

3 (1) 상감 기법은 공예품의 겉면에 무늬를 새기고 다른 금속이나 다른 색깔의 흙을 채워 넣는 방법으로 고려만의 독창적인 기법입니다.

(2) 청자 상감 운학무늬 매병은 술이나 물을 담을 때 사용했을 도자기로, 화려하고 정교한 구름과 학 무늬가 새겨져 있습니다.

채점 기준	
'상감 기법', '푸른빛을 내는 기법' 등을 넣어 쓴 경우	8점

사회

3 민족 문화를 지켜 나간 조선

😊 개념 확인 문제　　　　　　　　　　　29쪽

1 신진 사대부　　**2** ㉡　　　　**3** (1) ㉡ (2) ㉠
4 한양　　　　　**5** 유교

1 권문세족은 고려 말에 권력을 누리던 지배 세력으로, 백성들은 권문세족에게 땅과 곡식을 빼앗겨 살기 힘들었습니다.

2 조선의 건국 과정은 ㉡ → ㉠ → ㉢ 순으로 전개되었습니다.

3 고려 말 혼란한 상황을 해결하기 위한 신진 사대부의 의견은 달랐습니다. 결국 새로운 나라를 세우자고 주장한 정도전과 이성계가 조선을 세웠습니다.

4 태조 이성계는 수도를 개경에서 한양으로 옮겼으며, 한양은 오늘날 서울의 한강 북쪽 지역입니다.

5 정도전과 신하들은 유교 사상을 바탕으로 한양의 주요 건물의 자리와 이름을 정했습니다.

😊 개념 확인 문제　　　　　　　　　　　31쪽

1 세종　　　**2** (1) ㉡ (2) ㉠ (3) ㉢　　　**3** 칠정산
4 삼강행실도　　**5** (1) × (2) ○

1 태조는 조선을 세운 왕입니다.

2 세종 시기 비의 양을 재는 측우기, 천체의 움직임을 측정한 혼천의, 시간을 재는 앙부일구 등 과학 기구를 만들었습니다.

3 세종 때 만든 『칠정산』은 백성의 농사를 도울 수 있었던 과학 서적입니다.

4 『향약집성방』은 조선에서 나는 약재를 이용한 치료 방법이 실려 있는 책입니다.

5 (1) 조선의 신분은 법에 따라 양인과 천인으로 나뉘었습니다.

😊 개념 확인 문제　　　　　　　　　　　33쪽

1 임진왜란　　**2** (1) ㉡ (2) ㉢ (3) ㉠　　**3** (1) ○
4 남한산성　　**5** (1) × (2) ○

1 병자호란은 청이 조선에 임금과 신하의 관계를 요구했으나 거절하자 일어난 전쟁입니다.

2 임진왜란 당시 바다에서는 이순신과 조선 수군들이 활약했고, 육지에서는 의병, 곽재우, 권율 등이 활약했습니다.

3 (2) 광해군을 내쫓은 후 왕이 된 인조는 명을 가까이하고 후금을 멀리하는 정책을 폈고 이를 계기로 정묘호란이 일어났습니다.

4 남한산성은 전쟁 준비가 되어 있지 않았고, 먹을 것도 부족해 성안 사람들이 어려움을 겪었으며, 이때 신하들은 의견이 나뉘어 대립하고 있습니다.

5 (1) 조선은 청과 신하와 임금의 관계를 맺었습니다. 형제 관계를 맺은 것은 정묘호란의 결과입니다.

💡 실력 문제　　　　　　　　　　　34~36쪽

🎓 핵심문장으로 시작하기　**1** 조선　**2** 훈민정음　**3** 임진왜란

4 ㉡, ㉢　　**5** ④　　**6** 📝 이성계는 명과 전쟁을 치르는 것은 무리라고 생각했기 때문에 군대를 돌려 개경으로 돌아왔다. 등　**7** ①, ③　**8** 태조 이성계　**9** ④
10 📝 글자를 몰라 어려움을 겪는 백성이 있었기 때문이다. / 모든 백성이 쉽게 글자를 익혀 편하게 사용할 수 있게 하기 위해서이다. 등　**11** ④　**12** ㉠, ㉡　**13** ③
14 ②, ⑤　**15** ㉢, ㉣　**16** ③　**17** ①
18 ②　**19** ④　**20** ㉣ → ㉠ → ㉢ → ㉡

4 ㉠ 고려 말에는 외세가 자주 침입하여 나라가 혼란스러웠습니다. ㉣ 신진 사대부는 외세를 물리치는 과정에서 성장한 이성계 등과 손잡고 백성의 어려움을 해결하기 위해 노력했습니다.

5 신진 사대부는 고려 말에 등장한 새로운 정치 세력으로 권문세족과 대립했고, 이성계 등과 손잡고 백성의 어려움을 해결하기 위해 노력했습니다.

6 위화도 회군을 계기로 이성계는 권력을 잡았습니다.

채점 기준	
'명과 전쟁을 치르는 것은 무리'라는 말을 넣어 쓴 경우	5점
'전쟁을 치를 상황이 아니다'라는 말을 넣어 간단히 쓴 경우	3점

7 권문세족이 불법으로 차지한 토지를 거두어 절차에 따라 관리들에게 나눠 주었고, 신진 사대부들은 고려를 유지하자는 세력과 고려를 무너뜨리고 새로운 나라를 세우자는 세력이 대립하는 상황이었습니다.

8 이성계는 새로운 나라를 세우자는 세력과 손잡고 새 나라, 조선을 세웠습니다.

9 ④ 정도전과 신하들은 유교 사상에 따라 숭례문, 종묘 등 중요한 건물들의 이름과 자리를 정했습니다.

10 세종은 누구나 쉽게 배울 수 있고, 읽고 쓰기에 편리한 훈민정음을 창제했습니다.

채점 기준	
'백성이 글을 몰라 어려움을 겪어서'를 넣어 쓴 경우	5점

11 ① 앙부일구는 해그림자의 움직임을 이용해 시간을 재는 기구이고, ② 혼천의는 태양, 달 등 천체의 위치와 움직임을 측정하는 기구이며, ③ 자격루는 스스로 종을 치거나 북소리를 내어 시각을 알리는 기구입니다.

12 조선의 과학 기술의 발달로 사람들은 정확한 계절과 시간을 알게 됐고, 백성이 농사를 잘 지을 수 있도록 도움을 주었습니다.

13 세종은 국경을 자주 침범하던 북쪽의 여진을 물리쳤고, 4군 6진을 개척해 국경을 넓혔습니다.

14 ①은 『농사직설』, ③은 『향약집성방』, ④는 『칠정산』에 대한 설명입니다.

15 ㉠ 조선은 양반들이 사회와 문화를 이끌었습니다. ㉡ 중인은 관청에서 일하며 병을 치료하거나 통역을 맡은 사람들이었습니다. 나라나 주인에게 속한 노비들은 천민에 해당합니다.

16 조선은 건국 이후 평화를 누리며 발전하고 있었으나 이 시기 관리들이 서로 편을 나눠 권력을 차지하기 위해 다투었고, 외적의 침입에 대비가 이루어지지 않는 등 전쟁에 대한 대비가 부족한 상황이었습니다.

17 일본군의 침략으로 조선은 부산진과 동래성을 빼앗겼고, 일본군은 한성으로 올라가기 시작했으며, 이 소식을 들은 선조는 북쪽의 의주로 피란했습니다.

18 이순신과 조선 수군은 여러 장소에서 일본군을 상대로 모두 승리했습니다.

19 인조가 광해군과 달리 후금을 멀리하는 정책을 펼치면서 조선이 명을 돕자 후금이 조선을 침략하여 일어난 전쟁이 정묘호란입니다. 조선은 후금에 맞서 싸웠고, 후금은 명과의 전쟁 준비로 계속 싸우기 어려워 조선과 형제 관계를 맺고 돌아갔습니다.

20 조선이 신하와 임금의 관계를 거절하자 청이 조선을 침략하면서 병자호란이 일어났습니다.

📋 **서술형 평가**   37쪽

1 (1) 광해군 (2) ⑩ 임진왜란 때 도와준 명을 배신하는 것으로 생각하여 광해군을 내쫓고 인조를 새로운 왕으로 세웠다. 등

2 (1) 세종(세종대왕) (2) ⑩ 백성이 농사를 잘 지을 수 있도록 도움을 주었다. 등

3 (1) 의병 (2) ⑩ 일본군이 전라도 곡창 지대로 진출하는 것을 막았다. 등

1 (1) 광해군은 일단 후금과 충돌하지 않고 명과 후금 중 한쪽에 치우치지 않으려고 중립 외교 정책을 펼쳤습니다.
(2) 광해군의 중립 외교 정책을 못마땅하게 여긴 조선의 신하들은 결국 광해군을 내쫓고, 새로운 왕을 세웠습니다.

채점 기준	
'명을 배신', '인조를 새로운 왕으로 세움' 등을 넣어 쓴 경우	8점

2 (1) 조선 세종 때 비가 내린 양을 잴 수 있었던 측우기를 만들었고, 조선의 농사법이 실린 『농사직설』을 편찬했습니다.
(2) 세종은 백성을 위해 농사에 도움이 되는 과학 기구를 만들었고, 책을 편찬했습니다.

채점 기준	
'백성', '농사에 도움'을 넣어 쓴 경우	8점

3 (1) 의병은 백성이 스스로 자기 고장을 지키기 위해 만든 군대로, 곽재우는 경상도 지역에서 의병을 이끌었습니다.
(2) 곽재우는 의령과 함안 일대에서 승리해 일본군이 전라도의 곡창 지대로 진출하는 것을 막았습니다.

채점 기준	
'일본군의 전라도 곡창 지대 진출을 막음'이라고 쓴 경우	8점

❶ 고조선　　❷ 탁자식 고인돌　　❸ 백제
❹ 광개토대왕　　❺ 신라　　❻ 당
❼ 발해　　❽ 고구려　　❾ 생활 모습
❿ 거란　　⓫ 몽골　　⓬ 고려청자
⓭ 팔만대장경　　⓮ 『직지』(『직지심체요절』)
⓯ 이성계　　⓰ 유교　　⓱ 훈민정음
⓲ 임진왜란　　⓳ 인조　　⓴ 병자호란

○✕ **1** ✕ **2** ○ **3** ✕ **4** ○ **5** ○ **6** ✕ **7** ✕
8 ○ **9** ✕ **10** ○

1 우리 역사 속 최초의 국가인 고조선을 세운 사람은 환웅입
니다.　└ 단군왕검

3 └ 김유신은
<u>김춘추는</u> 신라군을 이끌고 황산벌 전투에서 백제군을 물
리쳤습니다.

6 └ 개경으로
삼별초는 <u>강화도로</u> 돌아가는 것을 반대하여 근거지를 옮
겨 가며 항전했습니다.

7 『직지』는 오늘날 전해지는 목판 인쇄본 중 가장 오래된 책
입니다.　└ 금속 활자

9 조선 세종 때 만든 과학 기구 중 혼천의와 간의는 시간을
재는 기구입니다.　└ 자격루와 앙부일구

💡 **단원 평가** 40~43쪽

1 ③　　**2** 수영, 주환　　**3** ⑩ 자신이 정복한 지역의 경
계를 알리기 위해서이다. 등　　**4** ②　　**5** 해동성국　　**6** ⑤
7 (경주) 첨성대　　**8** ④, ⑤　　**9** ⑤　　**10** ⑩ 고려가 거란을
적으로 대했기 때문에 침입했다. 등　　**11** ②　　**12** ⑤
13 ⑩ 공기 순환과 습도 유지가 가능한 과학적인 구조를 갖추고
있기 때문이다. 등　　**14** ③　　**15** ㉠, ㉡　　**16** ③
17 임진왜란　　**18** ③　　**19** ③, ④　　**20** ②

1 고조선은 오늘날 중국의 동북쪽 지역과 한반도 북부 지역
을 중심으로 발전했으며 탁자식 고인돌, 비파형 동검, 미
송리식 토기의 분포를 통해 고조선의 문화 범위를 알 수
있습니다.

2 고구려는 주몽이 세웠고, 광개토대왕과 장수왕 때 전성기
를 맞이했던 나라입니다.

3 진흥왕은 한강 유역 전체를 차지하고, 남아 있던 가야 세
력을 완전히 정복하는 등 신라의 전성기를 이끌었습니다.

채점 기준	
'자신이 정복한 지역의 경계를 알림'을 넣어 쓴 경우	5점

4 ㉡ 김유신은 신라군을 이끌고 황산벌 전투에서 백제군을
물리쳤고, ㉢ 신라는 김춘추를 당에 보내 동맹을 맺었습
니다.

5 발해는 대조영이 동모산 일대에 세웠고, 고구려의 문화를
바탕으로 주변의 문화를 받아들여 독자적인 문화를 이루
었습니다.

6 백제 무령왕릉은 벽돌을 쌓아 방을 만든 무덤으로, 무덤
안에서 나온 다양한 문화유산을 통해 당시 백제가 중국,
일본과 활발히 교류했음을 알 수 있습니다.

7 경주 첨성대는 천체 관측을 위해 정교하게 지어졌습니다.

8 ① 후백제와 ② 후고구려는 고려가 건국되기 전에 세워졌
습니다. ③ 궁예를 몰아낸 후 고려를 건국했습니다.

9 ⑤ 과거제는 고려 태조의 뒤를 이은 왕이 실시한 제도입니다.

10 고려는 송과 친밀한 관계를 유지했으나 거란은 발해를 멸
망시켰다는 이유로 적으로 대했습니다. 거란은 이를 문제
삼아 고려를 침입했습니다.

채점 기준	
거란의 1차 침입 원인을 알맞게 쓴 경우	5점

11 ㉠ 삼별초는 고려가 개경으로 돌아가는 것을 반대하면서
근거지를 옮겨 가며 몽골에 끝까지 저항했습니다.

12 ⑤ 초조대장경에 대한 설명입니다.

13 합천 해인사 장경판전은 조선 시대에 경판을 보관하기 위
해 지은 곳으로 오늘날까지 팔만대장경판을 잘 보존하고
있습니다.

채점 기준	
'공기 순환', '습도 유지', '과학적 구조' 등을 넣어 쓴 경우	5점
'공기 순환', '습도 유지', '과학적 구조' 중 한 가지만 넣어 쓴 경우	3점

14 ③ 조선은 이성계 등의 무인들과 신진 사대부가 손잡고 세
웠습니다. 고려 말 권문세족의 횡포로 백성들의 삶이 어려
웠습니다.

15 ㉡ 비의 양을 재기 위해 만든 기구는 측우기이고, 간의는
천체의 움직임과 방위 등을 관찰하는 기구입니다. ㉢ 조

선에 알맞은 농사법을 정리한 책은 『농사직설』입니다. 『칠정산』은 천체 관측 기록을 바탕으로 조선의 날짜와 계절의 변화를 계산한 내용이 실려 있습니다.

16 양반은 유학을 공부했고, 관리가 되는 사람이 많았습니다. 천민은 대부분 나라나 주인에게 속한 노비였습니다.

17 일본군의 침략으로 조선의 부산진과 동래성을 빼앗겼습니다. 일본군이 한성으로 올라오고 있다는 소식을 들은 선조는 의주로 피란했습니다.

18 임진왜란 당시 전국 각지에 의병이 일어났고, 의병을 이끌던 곽재우는 의령, 함안 일대에서 승리했습니다.

19 ① 임진왜란이 전개되는 상황에서 명에 지원군을 요청했습니다. ② 병자호란 이후의 일입니다. ⑤ 세종 때의 일입니다.

20 ②는 호란이 일어나기 전의 상황입니다.

🤓 수행 평가　1-1 나라의 등장과 발전　44쪽

1 불교

2 예 왕의 권위를 높이고 백성의 마음을 하나로 모으기 위해서이다. 등

3 ❶ 예 자신들이 바라는 부처의 나라를 표현하기 위해서 지었다. 등
❷ 예 부처의 나라를 현실에 나타낸 절이라는 점이 독창적이다. / 절 안에 있는 석탑들의 균형감과 예술성이 돋보인다. 등

1 제시된 삼국 문화유산은 삼국이 불교를 받아들여 백성들에게 장려하고자 만들었습니다.

2 삼국은 불교를 받아들여 절, 탑, 불상 등을 만들었습니다.

채점 기준	
'왕의 권위', '백성의 마음' 등을 넣어 쓴 경우	10점
'왕의 권위', '백성의 마음' 중 한 가지를 넣어 간단하게 쓴 경우	5점

3 신라가 삼국을 통일한 후 불교가 널리 퍼졌고, 불교문화가 크게 발전하면서 불국사가 지어졌습니다. 불국사에는 경주 불국사 삼층 석탑과 경주 불국사 다보탑이 있습니다.

채점 기준	
❶과 ❷를 모두 쓴 경우	15점
❶과 ❷ 중 한 가지만 쓴 경우	7점

🤓 수행 평가　1-2 독창적 문화를 발전시킨 고려　45쪽

1 몽골　　**2** 목판 인쇄술
3 예 같은 책을 여러 권 인쇄하는 데 효율적이다.

1 몽골에 의해 초조대장경이 불타 없어지자 고려 사람들은 다시 몽골을 물리치길 바라는 마음을 담아 팔만대장경을 만들었습니다.

2 금속 활자 인쇄술은 글자를 골라 짜 맞추어 글을 완성한 뒤 인쇄하는 방법입니다.

3 목판 인쇄술은 같은 책을 여러 권 인쇄하는 데 효율적이지만, 다른 책을 만들려면 목판을 새로 만들어야 하는 어려움이 있었습니다.

채점 기준	
목판 인쇄술의 장점을 알맞게 쓴 경우	20점

🤓 수행 평가　1-3 민족 문화를 지켜 나간 조선　46쪽

1 한양　　**2** 정도전　　**3** 유교, 유교
4 예 왕과 신하들이 유교 사상에 따라 서로 조화를 이루며 백성을 위한 정치를 하려고 했다.

1 태조는 한양을 수도로 삼고, 왕과 신하들이 조화를 이루며 백성을 위한 정치를 하려고 노력했습니다.

2 정도전은 고려 말 관리가 된 인물로, 이성계를 도와 조선을 세웠고 경복궁과 도성 안 건물들의 이름을 정했습니다.

3 조선은 유교 윤리를 바탕으로 나라를 다스리고자 했습니다.

4 새로운 나라를 세운 태조 이성계는 신진 사대부와 함께 조화를 이루며 정치를 하려고 노력했습니다.

채점 기준	
'왕과 신하의 조화', '백성을 위한 정치'를 넣어 쓴 경우	15점
'왕과 신하의 조화', '백성을 위한 정치' 중 한 가지만 쓴 경우	5점

2 사회의 새로운 변화와 오늘날의 우리

1 새로운 사회를 향한 움직임

☺ 개념 확인 문제 49쪽

1 영조 **2** (1) ○ (2) ✕
3 (1) ⓒ (2) ⊙ (3) ⓒ **4** 서민 문화 **5** 민화

1 정조는 영조에 이어 탕평책을 실시하면서 더욱 적극적으로 개혁을 실시했습니다.

2 (2) 신문고 설치는 영조의 개혁 정치에 해당합니다.

3 유형원, 박지원, 김정호 등 실학자들은 농업, 상업과 공업, 우리나라 지리 등이 분야를 연구하여 백성의 생활을 돕고 현실 문제를 해결하고자 했습니다.

4 서민 문화에는 한글 소설, 민화, 판소리, 풍속화, 탈춤 등이 있습니다.

5 풍속화는 주로 전문적인 화가들이 서민들의 일상적인 모습을 그린 그림입니다.

☺ 개념 확인 문제 51쪽

1 세도 정치 **2** (1) ✕ (2) ○ **3** 병인양요
4 척화비 **5** (1) ○ (2) ✕

1 정조의 뒤를 이어 나이 어린 왕이 즉위하자 왕권이 약해지면서 세도 정치가 나타났습니다.

2 (1) 왕실의 권위를 높이기 위해 임진왜란 때 불탄 경복궁을 다시 지었고, 전국에 있는 서원을 정리했습니다.

3 병인양요로 조선은 많은 사람이 죽거나 다쳤고, 프랑스군이 물러가면서 『의궤』 등 문화유산을 빼앗아 갔습니다.

4 흥선 대원군은 프랑스와 미국의 침략을 물리친 후 전국에 척화비를 세웠습니다.

5 (2) 조선은 일본과 강화도 조약을 맺은 후 개항했습니다.

☺ 개념 확인 문제 53쪽

1 임오군란 **2** (1) ⓒ (2) ⊙ **3** ㉣
4 전봉준 **5** (1) ○ (2) ✕

1 임오군란은 청의 군대가 진압했고, 이후 청이 조선의 정치에 깊숙이 간섭하게 됐습니다.

2 임오군란 이후 조선의 개화 정책을 둘러싸고 의견이 둘로 나뉘는 등 조선은 개화 정책을 제대로 추진하지 못했습니다.

3 갑신정변은 ㉣ → ㉢ → ㉡ → ㉠ 순으로 전개됐습니다.

4 전봉준은 동학 농민군과 함께 일본군을 물리치기 위해 다시 봉기했으나 관군과 일본군에게 크게 패했고, 이후 전봉준은 체포되어 처형됐습니다.

5 (2) 갑신정변의 의의에 해당합니다.

💡 실력 문제 54~56쪽

핵심문장으로 시작하기 **1** 탕평책 **2** 강화도 조약
3 동학 농민 운동

4 영조 **5** ⓒ, ㉣ **6** ③ **7** ⊙, ⓒ **8** ⑤
9 ⑤ **10** 판소리 **11** ④ **12** ⑤ **13** ⊙, ㉡
14 ⑩ 서양과 교류하지 않겠다는 의지를 널리 알리기 위해서이다. 등 **15** ⑤ **16** ① **17** ③ **18** ② **19** ⑤
20 ⑩ 부패를 없애고 외세에 저항하려는 운동이었다. 등

4 영조는 탕평책을 널리 알리기 위해 탕평비를 세웠습니다. 탕평비에는 어느 쪽에도 치우지지 말라는 내용이 적혀 있습니다.

5 ⊙은 흥선 대원군이 통상 수교 거부 정책을 실시하게 된 배경이고, ⓒ은 흥선 대원군이 왕권 강화 정책을 실시하게 된 배경입니다.

6 ③ 신문고는 영조가 백성의 생활을 안정시키기 위해 다시 설치한 것입니다.

7 ⓒ, ㉣ 실학자 박지원과 박제가 등은 청의 발달된 문물을 받아들이고 상업과 공업을 발달시켜야 한다고 주장했습니다.

8 ⑤ 실학자 김정호에 대한 설명입니다. 정약용은 농업, 정치, 경제 등 다양한 분야를 연구해 이를 정리하여 많은 책을 썼습니다. 또한 수원 화성을 건설할 때 도움을 주었던 거중기를 개발하는 등 과학 기술 분야에도 관심을 가졌습니다.

9 조선 후기에는 농업과 상공업이 발달하여 경제적으로 여유가 생긴 사람들이 늘어났고, 이들이 문화와 예술에 관심을 갖게 되면서 서민 문화가 발달하게 되었습니다.

10 조선 후기에 발달한 서민 문화 중 판소리는 이야기를 더하거나 뺄 수 있었고, 구경하는 사람들이 함께 어울릴 수 있어서 인기가 많았습니다.

11 ④는 임오군란이 일어나게 된 배경입니다. 세도 정치 시기에는 나라의 정치가 어지러워지고 부정부패가 심했습니다.

12 ⑤ 흥선 대원군은 왕실과 혼인 관계를 맺은 몇몇 가문이 권력을 잡고 나랏일을 마음대로 한 세도 가문을 억누르고 왕권을 강화하고자 했습니다.

13 병인양요는 프랑스가 통상을 요구하며 강화도를 침략한 사건이고, 신미양요는 미국이 통상을 요구하며 강화도를 침략한 사건입니다. 두 사건의 결과 조선은 많은 사람이 죽거나 다쳤고, 문화유산을 빼앗겼습니다.

14 흥선 대원군은 두 양요 이후 서양과 교류하지 않겠다는 의지를 알리고자 전국에 척화비를 세웠습니다. 척화비에는 '서양 오랑캐가 침범했는데 싸우지 않는 것은 곧 나라를 파는 것'이라고 적혀 있습니다.

채점 기준	
'서양과 교류하지 않겠다'는 내용을 넣어 구체적으로 쓴 경우	5점
흥선 대원군의 의지를 알리기 위해서라고만 간단히 쓴 경우	3점

15 ㉠, ㉡은 조선이 개항한 이후에 일어난 일입니다. 흥선 대원군이 물러난 후 고종이 직접 조선을 다스리면서 외국과 통상을 하자는 의견이 많아졌고, 일본이 조선에 통상을 요구하자 결국 강화도 조약을 맺게 됐습니다.

16 강화도 조약을 체결한 후 조선은 개화 정책을 추진하기 위한 기구를 설치했고, 신식 군대를 만들었습니다. 이런 상황에서 구식 군인들이 신식 군대에 비해 차별 대우를 받자 분노하여 임오군란을 일으켰습니다.

17 임오군란 이후 조선은 개화 정책을 둘러싸고 의견이 둘로 나뉘었습니다. 김홍집 등은 청과의 관계를 유지하면서 개화를 주장했고, 김옥균 등은 청의 간섭을 물리친 후 개화를 주장했습니다.

18 ② 갑신정변은 일본에 의지하고 많은 사람의 지지를 얻지는 못한 채 실패로 끝난 사건입니다.

19 전라도 고부 군수는 백성에게 강제로 보를 짓게 하거나 각종 세금을 가혹하게 걷는 등 횡포가 심했습니다. 이에 맞서 전봉준을 중심으로 한 농민들이 봉기하여 부패를 없애고자 했습니다.

20 동학 농민 운동은 비록 실패했지만 부패를 없애고 외세에 저항하려는 운동이었습니다.

채점 기준	
'부패를 없애고 외세를 저항하려는 운동이었다'라고 구체적으로 쓴 경우	5점
'부패 제거', '외세 저항' 중 한 가지만 넣어 쓴 경우	3점

📖 서술형 평가
57쪽

1 (1) 강화도 조약 (2) ⑩ 외국과 맺은 최초의 근대적 조약이었다. / 조선에 불리한 불평등 조약이었다. 등
2 (1) 정조 (2) ⑩ 정조의 개혁 정치를 뒷받침하기 위해 수원 화성을 건설했다. / 정조는 정치, 군사, 경제의 중심지로 삼기 위해 수원 화성을 건설했다. 등
3 (1) 갑신정변 (2) ⑩ 국가의 제도를 바꿔 자주적인 나라를 세우고자 했다. 등

1 (1) 강화도 조약은 조선이 외국과 맺은 최초의 조약입니다. 이로 인해 조선은 개항하게 됐습니다.
(2) 일본은 강화도를 무력으로 침입해 조선에 통상을 요구했고, 결국 조선은 일본과 강화도 조약을 맺은 후 개항했습니다.

채점 기준	
'근대적 조약', '불평등 조약을 넣어 구체적으로 쓴 경우	8점
'근대적 조약', '불평등 조약' 중 한 가지만 넣어 쓴 경우	4점

2 (1) 정조는 정약용 등과 함께 과학 기술과 기구를 이용하여 수원에 화성을 건설했습니다.
(2) 정조는 수원에 화성을 건설하여 정치, 군사, 경제의 새로운 중심지로 삼으려 했습니다.

채점 기준	
'정조의 개혁 정치 뒷받침', '정치, 군사, 경제의 중심지' 등을 넣어 구체적으로 쓴 경우	8점
'새로운 중심지'를 넣어 간단히 쓴 경우	4점

3 (1) 조선이 청의 간섭이 심해지면서 개화 정책을 제대로 추진하지 못하자 김옥균 등이 갑신정변을 일으켰습니다.
(2) 김옥균 등이 일으킨 갑신정변은 국가의 제도를 바꿔 자주적인 나라를 세우기 위한 개혁 운동이었습니다.

채점 기준	
'자주적인 나라를 세우고자 했다'는 내용을 넣어 구체적으로 쓴 경우	8점

2 일제의 침략과 광복을 위한 노력

1 을미사변   **2** 독립신문   **3** (1) × (2) ○
4 환구단   **5** (1) ○ (2) ×

---

1 아관 파천은 을미사변 이후 고종이 일본의 위협에서 벗어나기 위해 러시아 공사관으로 피신해 머물렀던 것을 말합니다.

2 『독립신문』은 서재필이 정부의 지원을 받아 발간한 신문으로 한글로 작성해 누구나 읽기 쉽도록 했습니다.

3 (1) 독립 협회는 자주독립 의지를 드러내고자 중국의 사신을 맞이하던 영은문이 있던 자리 부근에 독립문을 세웠습니다.

4 고종은 1년 만에 경운궁(덕수궁)으로 돌아왔습니다.

5 (2) 고종과 명성황후는 청일 전쟁에서 승리한 일본이 조선의 정치에 깊이 간섭하자 러시아를 이용하는 등 외교적 노력을 통해 일본을 견제하려고 했습니다. 이에 위협을 느낀 일본은 명성황후를 시해했습니다.

1 을사늑약   **2** (1) × (2) ○
3 (1) © (2) © (3) ⊙   **4** 강화됐다   **5** (2) ○

---

1 을사늑약은 고종이 동의하지 않았음에도 불구하고 체결한 조약입니다.

2 (1) 일본은 헤이그 특사 파견을 구실로 고종을 강제로 물러나게 했습니다.

3 일본의 침략에 맞서 나라를 지키기 위해 항일 의병 운동이 전국적으로 전개됐습니다.

4 항일 의병 운동은 고종이 강제로 물러나고 대한 제국 군대가 해산되면서 더욱 활발해졌으며 해산된 군인들도 의병에 참여하게 되어 의병 부대의 전투력이 크게 강화됐습니다.

5 (1)은 을사늑약 체결에 반발하여 의병 운동을 한 신돌석의 노력에 해당합니다.

1 (1) ○ (2) ×   **2** (1) © (2) ⊙
3 (1) ○ (2) ×   **4** 대한민국 임시 정부   **5** (1) ○

---

1 (2) 일제는 토지의 소유자를 확인한다는 구실로 토지 조사 사업을 시행했습니다.

2 이회영은 신흥 강습소를 세워 독립운동가와 독립군을 키워 냈습니다. 또한 안창호는 대성 학교를 세워 인재를 길렀고, 흥사단을 세워 우리 민족의 실력을 길렀습니다.

3 (2) 3·1 운동은 탑골 공원에서 학생들과 시민들이 모여 독립 선언서를 낭독하고 만세 시위를 벌였습니다.

4 대한민국 임시 정부는 3·1 운동을 계기로 중국 상하이에 수립됐습니다.

5 (2) 헌병 경찰제는 일제가 우리 민족을 감시하고 독립 운동을 탄압하기 위해 실시했습니다.

1 (1) © (2) ⊙   **2** 6·10 만세 운동   **3** (1) ○ (2) ×
4 조선어 학회   **5** 한국광복군

---

1 국외에서는 홍범도를 중심으로 봉오동에서 일본군을 무찔렀고, 김좌진과 홍범도 등이 이끄는 독립군 부대는 청산리 일대에서 일본군을 무찔렀습니다.

2 광주 학생 항일 운동은 민족 차별에 대한 분노와 반일 감정이 폭발하면서 광주에서 일어난 만세 운동입니다.

3 (2) 일제는 우리 민족에게 일본어를 쓰도록 강요했습니다.

4 김구가 조직한 한인 애국단은 일제의 주요 인물을 처단하는 활동을 했던 단체입니다.

5 한국광복군은 태평양 전쟁이 일어나자 일본에 선전 포고를 했으며, 연합국의 일원으로 일본군에 맞서 싸웠습니다.

실력 문제

핵심문장으로 시작하기 **1** 독립 협회 **2** 을사늑약 **3** 신채호

4 을미사변 **5** ② **6** ① **7** ④ **8** ⑤

9 예 우리나라를 침략하는 데 앞장선 이토 히로부미를 처단했다. / 연해주에서 의병을 모아 국내 진입 작전을 펼쳤다. / 학교를 세워 민족의 힘과 실력을 키웠다. 등 **10** ①

11 ③, ④ **12** 3·1 운동 **13** ⑤ **14** 유관순

15 ㉡, ㉣ **16** ①, ④ **17** ① **18** 예 신사에 절을 하도록 강요했다. / 성과 이름을 일본식으로 바꾸도록 강요했다. / 일본어를 쓰도록 강요했다. / 학교에서 우리 역사를 배우지 못하게 했다. 등 **19** ④ **20** ㉢, ㉣

4 일본은 조선을 빼앗는 데 걸림돌이 될 명성황후를 제거하고자 경복궁을 습격해 명성황후를 시해했습니다.

5 ㉡ 헤이그에 특사를 파견하고, ㉢ 대한 제국 수립을 선포한 것은 고종이 한 일입니다.

6 ①『독립신문』은 서재필이 정부의 지원을 받아 발간했습니다.

7 제시된 지도는 항일 의병 운동을 나타낸 것입니다.

8 ⑤ 헌병 경찰제는 일제가 대한 제국의 국권을 빼앗은 이후 우리나라를 통치하기 위해 실시한 제도입니다.

9 안중근은 을사늑약 체결 이후 일본의 침략이 본격화되자 학교를 세워 실력을 키웠고, 의병 활동을 전개했으며, 이토 히로부미를 처단했습니다.

채점 기준

'이토 히로부미 처단', '의병 활동', '학교 설립' 등을 구체적으로 쓴 경우	5점
'이토 히로부미 처단', '의병 활동', '학교 설립' 중 한 가지만 간단하게 쓴 경우	3점

10 ㉢ 일제의 강압적인 통치로 살기 어려워진 우리 민족은 만주와 연해주로 이주했습니다. ㉣ 대한민국 임시 정부의 활동입니다.

11 안창호는 미국에 흥사단을 세워 우리 민족의 실력을 기르는 활동에 앞장섰고, 교육의 중요성을 깨달아 평양에 대성학교를 세워 인재를 길렀습니다.

12 3·1 운동은 1919년 3월 1일에 일어난 독립운동으로, 우리 민족의 독립에 대한 열망과 의지를 전 세계에 알리는 계기가 됐습니다.

13 ⑤ 3·1 운동은 전국으로 만세 시위가 일어났으며, 국외로도 퍼져 나갔습니다.

14 유관순은 일제에게 빼앗긴 우리나라를 되찾고 싶었기 때문에 만세 시위를 했습니다.

15 대한민국 임시 정부는 한인 애국단을 조직했고, 외교 활동을 펼쳤으며, 비밀 연락망을 만들고 독립운동 자금을 모으는 등의 활동을 했습니다.

16 ㉠ 지역에서 일어난 전투는 청산리 대첩입니다. 김좌진과 홍범도 등이 이끄는 여러 독립군 부대가 일본군을 청산리 일대에서 크게 무찔렀습니다.

17 3·1 운동 이후 국내에서는 6·10 만세 운동과 광주 학생 항일 운동이 일어났고, 두 운동은 학생들이 중심이 되어 일어났습니다.

18 일제는 1930년대 후반에 중일 전쟁을 일으켰고, 이 과정에서 여러 방법을 동원하여 우리의 민족정신을 없애려고 했습니다.

채점 기준

일제가 민족정신을 없애려고 한 일을 두 가지 모두 바르게 쓴 경우	5점
일제가 민족정신을 없애려고 한 일을 한 가지만 바르게 쓴 경우	3점

19 ①, ②는 조선어 학회의 활동이고, ③은 한국광복군의 활동입니다.

20 한국광복군은 대한민국 임시 정부가 창설하여 일본과 전쟁을 치를 준비를 했습니다.

서술형 평가

1 (1) 대한민국 임시 정부 (2) 예 일본의 영향력이 미치지 않았고, 각 나라의 외교 기관이 모여 있어 외교 활동을 펼치기에 유리했기 때문이다. 등
2 (1) 이회영 (2) 예 주로 군사 교육을 했고, 우리 역사와 국어, 지리 등을 가르쳤다. / 독립군과 독립운동가를 키워 냈다. 등
3 (1) 한인 애국단 (2) 예 일제의 주요 인물을 처단하는 활동을 했다. 등

1 (1) 대한민국 임시 정부는 3·1 운동을 계기로 독립운동을 위한 힘을 하나로 모으기 위해서 수립됐습니다.

(2) 중국 상하이에 수립된 대한민국 임시 정부는 국내의 독립운동을 지휘하기 위해 비밀 연락망을 만들고 외교 활동을 펼쳤습니다.

채점 기준	
'일본의 영향력이 덜 미치는 곳', ' 외교 기관들이 모여 있는 곳'을 넣어 구체적으로 쓴 경우	8점
'일본의 영향력이 덜 미치는 곳', ' 외교 기관들이 모여 있는 곳' 중 한 가지만 간단하게 쓴 경우	4점

2 (1) 이회영은 형제들과 함께 막대한 재산을 처분한 후 만주로 가서 신흥 강습소를 세웠습니다.
(2) 만주로 건너가 신흥 강습소(이후 신흥 무관 학교로 바뀜.)를 세운 이회영은 일제의 탄압으로 학교가 문을 닫을 때까지 2,000여 명의 학생을 졸업시켰습니다.

채점 기준	
보기 에 제시된 단어를 모두 넣어 쓴 경우	8점
보기 에 제시된 단어를 넣어 간단하게 쓴 경우	4점

3 (1) 대한민국 임시 정부의 활동에 활기를 불어넣기 위해 한인 애국단을 조직했습니다.
(2) 일제의 탄압으로 활동을 제대로 하지 못했던 대한민국 임시 정부를 위해 김구는 한인 애국단을 조직하여 일제의 주요 인물을 처단하고자 했습니다.

채점 기준	
'일제의 주요 인물 처단'이라고 쓴 경우	8점

3 대한민국 정부의 수립과 6·25 전쟁

😊 개념 확인 문제　　71쪽

1 광복　　**2** (1) × (2) ○　　**3** (1) ○
4 모스크바 3국 외상 회의　　**5** 국제 연합(UN)

---

1 1945년 8월 15일에 우리 민족은 광복을 맞이했습니다.

2 (1) 외국에 머물던 동포, 일제에 강제로 끌려갔던 사람들, 미국에서 활동했던 이승만, 대한민국 임시 정부를 이끌던 김구 등이 광복을 맞이하자 국내로 돌아왔습니다.

3 미국과 소련은 일본군의 무장 해제를 이유로 한반도에 군대를 보냈고, 38도선을 경계로 미군과 소련군이 남과 북에 각각 주둔했습니다.

4 미소 공동 위원회는 한반도에 임시 민주 정부 수립을 논의하기 위해 열렸습니다.

5 국제 연합은 전쟁 방지와 세계 평화 유지를 위해 설치한 국제기구로, 미국은 한반도의 문제를 국제 연합에 넘겨 해결하고자 했습니다.

😊 개념 확인 문제　　73쪽

1 (1) ㉠ (2) ㉡　　**2** 남한만　　**3** (2) ○
4 제헌 국회　　**5** 3·1 운동

---

1 대한민국 정부 수립 방법을 두고 남한만이라도 총선거를 하여 정부를 수립하자는 주장과 통일 정부를 수립하자는 주장이 대립했습니다.

2 국제 연합은 선거가 가능한 남한에서만 총선거를 하기로 결정했습니다.

3 (1) 첫 번째 대통령은 제헌 국회 의원들이 헌법에 따라 선출했습니다.

4 제헌 국회에서 1948년 7월 17일에 우리나라 최초의 헌법인 제헌 헌법을 공포했습니다.

5 대한민국 정부 수립은 우리 민족의 오랜 소원이었던 독립된 정부를 수립했다는 점에서 의의가 있습니다.

😊 개념 확인 문제　　　　　　　　　　75쪽

1 북한　　　　　**2** 인천 상륙 작전　　**3** (1) ◯

4 정전 협정　　　**5** (1) ⓛ (2) ㉠

1 북한은 소련의 도움을 받아 군사력을 키워 남침했습니다.

2 국제 연합은 북한의 남한 침략을 불법적 행위로 판단하고 16개국으로 구성된 국제 연합군을 남한에 파견했습니다.

3 (2) 국제 연합은 6·25 전쟁이 일어났을 때 남한에 도움을 준 국제기구입니다.

4 정전 협정에 따라 휴전선이 설정됐습니다.

5 6·25 전쟁으로 많은 사람이 죽거나 다쳤으며 다리, 건물, 문화유산 등이 파괴됐습니다.

💡 실력 문제　　　　　　　　　　76~78쪽

🎓 **핵심문장으로 시작하기**　**1** 광복　**2** 대한민국 정부　**3** 북한

4 ⓛ, ㉣　　**5** ③　　**6** ⓐ 일본군을 무장 해제시키기 위해 38도선을 경계로 남쪽에 미군이, 북쪽에 소련군이 주둔했기 때문이다. 등　　**7** 모스크바 3국 외상 회의　　**8** ①, ③

9 신탁 통치　　**10** ⑤　　**11** ①　　**12** ②

13 ⓐ 우리나라 역사상 최초로 국민이 국회 의원을 뽑은 선거였다. / 우리나라 역사에서 처음으로 민주적인 절차에 따라 치러진 선거였다. 등　　**14** ①, ③

15 ⓛ → ㉠ → ㉢ → ㉣　　**16** ②　　**17** ⑤　　**18** ③

19 ④, ⑤　　　**20** 이산가족

4 광복은 독립을 위한 우리 민족의 끊임없는 노력의 결과이자 제2차 세계 대전에서 연합국이 승리한 결과입니다.

5 ③ 광복 소식이 전해지면서 외국에 머물던 동포들과 일제에 강제로 끌려갔던 많은 사람이 국내로 돌아왔습니다.

6 미국과 소련군은 일본군의 무장 해제를 위해 한반도에 군대를 보냈고, 북위 38도선을 경계로 남과 북에 각각 주둔했습니다.

채점 기준	
'일본군의 무장 해제', '남쪽에 미군이, 북쪽에 소련군이 주둔'한다는 것을 넣어 쓴 경우	5점
'일본군의 무장 해제', '남쪽에 미군이, 북쪽에 소련군이 주둔'한다는 것 중 한 가지만 넣어 쓴 경우	3점

7 한반도의 문제를 해결하기 위해 모스크바 3국 외상 회의가 모스크바에서 열렸습니다.

8 모스크바 3국 외상 회의는 한반도의 문제를 해결하기 위해 임시 민주 정부 수립, 미소 공동 위원회 구성, 최고 5년간 신탁 통치 등을 결정했습니다.

9 신탁 통치는 특정 국가가 다른 나라의 일정 지역을 대신 통치하는 것으로, 신탁 통치를 반대하는 사람들은 신탁 통치가 식민 지배와 같다고 생각했습니다.

10 미소 공동 위원회는 모스크바 3국 외상 회의의 결정에 따라 한반도에 임시 민주 정부 수립을 논의하기 위해 열렸습니다.

11 국제 연합이 남북한 총선거를 통해 정부 수립을 결정했으나 이런 상황에서 정부 수립 방법으로 두고 의견이 대립했습니다. 김구와 같이 통일 정부를 수립해야 한다는 의견과 이승만과 같이 남한만이라도 총선거를 시행하여 정부를 수립하자는 주장으로 나뉘었습니다.

12 ② 5·10 총선거는 남한에서만 국회 의원을 뽑기 위해 실시한 선거입니다.

13 1948년 5월 10일, 국회 의원을 뽑는 선거가 남한에서 실시됐습니다.

채점 기준	
'민주적인 절차', '국회 의원을 뽑는 선거'를 넣어 쓴 경우	5점
'민주적인 절차', '국회 의원을 뽑는 선거' 중 한 가지만 넣어 쓴 경우	3점

14 제헌 국회는 5·10 총선거를 통해 구성됐고, 제헌 국회에서 나라 이름을 '대한민국'으로 정하고, 1948년 7월 17일에 헌법을 공포했습니다.

15 대한민국 정부는 ⓛ 5·10 총선거로 제헌 국회가 구성되었고, ㉠ 제헌 국회는 헌법을 공포했으며, ㉢ 이승만을 첫 번째 대통령으로 선출했습니다. 이후 1948년 8월 15일, ㉣ 대한민국 정부가 수립이 선포되었습니다.

16 6·25 전쟁은 'ⓛ 북한군의 남침 → ㉣ 국군과 국제 연합군의 반격 → ㉠ 중국군의 개입 → ㉢ 정전 협정 체결' 순서로 전개됐습니다.

17 중국군의 개입으로 국군과 국제 연합군은 후퇴했고, 다시 서울을 빼앗겼습니다.

18 6·25 전쟁 중 국제 연합군을 대표한 미국과 북한, 중국은 전쟁을 멈추기 위해 정전 협상을 진행했고, 협상이 진행되는 동안 38도선 부근에서 치열한 전투가 계속되었습니다.

19 제시된 자료는 6·25 전쟁의 인명 피해를 알 수 있는 그래프입니다. 군인뿐만 아니라 민간인, 중국군, 국제 연합군의 희생도 많았음을 알 수 있습니다.

20 6·25 전쟁에서 가족과 헤어진 이산가족은 서로를 그리워하면 살아가고 있습니다.

📝 서술형 평가 79쪽

1 (1) 6·25 전쟁 (2) ⓔ 군사력을 키운 북한이 한반도를 무력으로 통일하려고 했기 때문이다. 등

2 (1) 국제 연합(UN) (2) ⓔ 남한에서만 총선거를 하기로 결정했다. 등

3 (1) 대한민국 정부 (2) ⓔ 3·1 운동으로 세워진 대한민국 임시 정부의 전통을 이었다. / 우리 민족의 오랜 소원이었던 독립된 정부를 수립했다. 등

1 (1) 6·25 전쟁은 1950년 6월 25일에 시작됐습니다.
(2) 소련의 도움을 받아 군사력을 키운 북한이 남한을 무력으로 통일하기 위해 침략했습니다.

채점 기준	
'북한이 한반도를 무력으로 통일하기 위해서'라고 쓴 경우	8점
'북한이 쳐들어왔다'는 내용을 넣어 간단히 쓴 경우	4점

2 (1) 미국이 한반도의 문제를 국제 연합에 넘겼습니다.
(2) 국제 연합은 남북한의 총선거를 통한 정부 수립을 결정했으나 소련과 북한이 거부하자 국제 연합은 다시 선거가 가능한 남한에서만 총선거를 하기로 결정했습니다.

채점 기준	
'남한에서만 총선거를 하기로 결정'한다는 내용을 넣어 쓴 경우	8점
'남한'을 넣어 간단하게 쓴 경우	4점

3 (1) 대한민국 첫 번째 대통령으로 선출됐던 이승만이 대한민국 정부 수립을 선포했습니다.
(2) 대한민국 정부 수립은 우리 민족의 독립된 정부가 수립되었다는 역사적 의미가 있습니다.

채점 기준	
'대한민국 임시 정부의 전통을 이었다', '독립된 정부를 수립했다'를 넣어 구체적으로 쓴 경우	8점
'대한민국 임시 정부의 전통을 이었다', '독립된 정부를 수립했다' 중 한 가지만 쓴 경우	4점

단원 정리 **2** 사회의 새로운 변화와 오늘날의 우리 80~81쪽

❶ 풍속화　　❷ 판소리　　❸ 탈춤
❹ 한글 소설　❺ 세도 정치　❻ 서원
❼ 양반　　　❽ 동학 농민 운동　❾ 대한 제국
❿ 을사늑약　⓫ 3·1 운동　⓬ 봉오동 전투
⓭ 청산리 대첩　⓮ 광복　⓯ 국제 연합
⓰ 남한　　　⓱ 북한군　⓲ 정전 협정
⓳ 이산가족

OX 1 ○　2 ×　3 ×　4 ○　5 ×　6 ○　7 ×
8 ○　9 ×　10 ○

2 <u>양반들이</u> 경제적으로 여유가 생기고 문화와 예술에 관심을 갖게 되면서 서민 문화가 발달했습니다.
┌ 서민들이

3 흥선 대원군은 왕권을 강화하기 위해 <u>세도 정치를 실시했습니다.</u>
└ 세도 가문을 억눌렀습니다.

5 러시아 공사관에서 돌아온 <u>흥선 대원군은</u> 황제로 즉위하고 대한 제국 수립을 선포했습니다.
└ 고종은

7 <u>신채호는</u> 한인 애국단을 조직하여 일제의 주요 인물을 처단했습니다.
┌ 김구는

9 <u>중국군이</u> 38도선을 넘어 남한을 쳐들어오면서 6·25 전쟁이 시작됐습니다.
┌ 북한군이

💡 단원 평가 82~85쪽

1 ④　　**2** ④　　**3** ⓔ 농업에 관심을 두었고, 토지 제도를 개혁하여 농민의 생활을 안정시키려고 했다. 등　　**4** ④
5 흥선 대원군　**6** ⑤　**7** ⑤　**8** ⓔ 고종과 명성황후가 러시아를 이용하는 등 외교적 노력을 통해 일본을 견제하려고 했기 때문이다. / 조선을 빼앗는 데 명성황후가 걸림돌이라고 생각했기 때문이다. 등　**9** ④, ⑤　**10** ⑤　**11** ①
12 ②　**13** 독립 선언서　**14** ⓔ 3·1 운동을 계기로 독립 운동을 위한 힘을 하나로 모으기 위해서이다. 등
15 기영, 수지　**16** ④　**17** ⓔ → ⓛ → ⓘ → ⓒ
18 제헌 국회　**19** ①, ③　**20** 전쟁고아

1 제시된 글은 탕평비에 새긴 것입니다. 영조는 탕평책을 널리 알리기 위해 탕평비를 세웠습니다. ④는 정조의 개혁 정책입니다.

2 정조는 수원 화성을 정치, 군사, 경제의 중심지로 삼고, 왕권을 뒷받침하기 위해 건설했습니다.

3 유형원, 정약용 등 농업에 관심을 두었던 실학자들은 새로운 농사 기술을 보급하고 토지 제도를 개혁하여 농민들의 생활을 안정시켜야 한다고 주장했습니다.

채점 기준

'농업에 관심', '토지 제도 개혁'을 넣어 쓴 경우	5점
'농업에 관심', '토지 제도 개혁' 중 한 가지만 간단히 쓴 경우	3점

4 ㉠ 민화는 주로 이름이 알려지지 않은 화가들이 그린 그림이고, 주로 전문적인 화가들이 그린 그림은 풍속화입니다. ㉡ 한글 소설은 다양한 신분의 인물들이 주인공으로 등장하는 소설입니다.

5 흥선 대원군은 세도 정치의 잘못된 점을 고치고, 왕권을 강화시키는 정책을 펼쳤습니다.

6 김옥균 등은 조선에서 영향력을 확대하려던 일본의 지원을 약속받고 갑신정변을 일으켰습니다.

7 ⑤는 갑신정변의 결과입니다. 동학 농민 운동은 부패를 없애고 외세에 저항하고자 일어났습니다.

8 청일 전쟁에서 승리한 일본이 조선의 정치에 깊이 간섭하는 상황에서 을미사변을 일으켰습니다.

채점 기준

'외교적 노력으로 일본 견제함', '조선을 빼앗는 데 걸림돌이라고 생각한다'는 내용을 넣어 쓴 경우	5점
'농업에 관심', '토지 제도 개혁' 중 '외교적 노력으로 일본 견제함', '조선을 빼앗는 데 걸림돌이라고 생각한다'는 내용 중 한 가지만 간단히 쓴 경우	3점

9 환구단은 하늘에 제사를 지내던 곳이었습니다. 고종은 우리나라가 황제국임을 알리고 자주독립 국가임을 상징적으로 보여 주기 위해 환구단에서 황제 즉위식을 거행했습니다.

10 ⑤ 고종은 헤이그에 특사를 파견하여 을사늑약이 무효임을 국제 사회에 알리려고 했으나 일본의 방해로 실패했습니다.

11 평민 출신 의병장 신돌석이 이끌었던 의병 부대는 경상도, 강원도 일대에서 활약했습니다.

12 평양에 대성 학교를 세워 인재를 키워 냈던 인물은 안창호입니다. 안창호는 흥사단을 세워 우리 민족의 실력을 기르는 활동에 앞장섰습니다.

13 민족 대표들이 작성했던 독립 선언서를 탑골 공원에 모인 학생들과 시민들이 낭독한 후 만세 시위가 일어났습니다.

14 3·1 운동 전후로 나라 안팎에서 임시 정부가 수립됐습니다. 그리고 3·1 운동을 계기로 통합 정부를 수립하자는 움직임이 일어났고, 그 결과 중국 상하이에 대한민국 임시 정부가 수립됐습니다.

채점 기준

'3·1 운동 계기', '독립운동의 힘을 하나로 모으기 위해'를 넣어 쓴 경우	5점
'3·1 운동 계기', '독립운동의 힘을 하나로 모으기 위해' 중 하나만 넣어 쓴 경우	3점

15 대한민국 임시 정부는 우리 민족의 독립 의지를 널리 알리기 위해 외교 활동을 펼쳤고, 국내의 독립운동을 지휘하기 위해 비밀 연락망을 만들었습니다.

16 ㉠은 광주 학생 항일 운동이 일어나게 된 배경이고, ㉡은 6·10 만세 운동이 일어나게 된 배경입니다.

17 '㉢ 1945년 8월 15일, 광복을 맞이한 모습 → ㉡ 38도선 설정 → ㉠ 모스크바 3국 외상 회의 결정에 신탁 통치를 반대하는 사람들의 모습 → ㉢ 1948년 8월 15일, 대한민국 정부 수립 선포' 순서로 일어났습니다.

18 제헌 국회에서 공포한 헌법에 따라 제헌 국회 의원들이 이승만을 대한민국 첫 번째 대통령으로 선출했습니다.

19 ②, ④, ⑤는 6·25 전쟁이 일어나기 전에 일어난 일입니다.

20 6·25 전쟁으로 인적, 물적 피해가 컸으며 오늘날까지 전쟁의 고통이 이어지고 있습니다.

☺️ 수행 평가 **2-1 새로운 사회를 향한 움직임** 86쪽

1 서민 문화

2 예 농업과 상공업이 발달하여 경제적으로 여유가 생긴 사람들이 늘어났기 때문이다. / 경제적으로 여유가 생긴 사람들은 문화와 예술에 관심을 갖기 시작했다. 등

3 (가) 신분

(나) 예 소망이 그림에 담겨 있다.

(다) 예 전문적인 화가들이 서민들의 일상적인 모습을

(라) 소리꾼

(마) 예 양반을 비꼬거나 사회의 잘못된 점을 비판하는

1 조선 후기 서민 문화에는 한글 소설, 민화, 풍속화, 판소리, 탈춤 등이 있습니다.

사회

2 조선 후기에는 농업과 상공업이 발달하면서 사회·경제적으로 변화했습니다.

채점 기준	
'경제적 여유', '문화와 예술에 관심' 등을 넣어 쓴 경우	10점
'경제적 여유', '문화와 예술에 관심' 중 한 가지만 쓴 경우	5점

3 한글 소설, 민화, 풍속화, 판소리, 탈춤 등의 서민 문화 특징을 통해 서민들의 생활 모습을 엿볼 수 있습니다.

채점 기준	
(가)~(마) 서민 문화의 특징을 모두 쓴 경우	15점
(가)~(마) 서민 문화의 특징을 세 가지 이상 쓴 경우	10점

🤓 수행 평가 2-2 일제의 침략과 광복을 위한 노력 87쪽

1 (가), (라)

2 (다)

3 (가) ⒠ 일본군의 상하이 점령 축하 기념행사가 열리는 훙커우 공원에서 폭탄을 던졌다.

(나) ⒠ 한글 보급 운동을 펼쳤고, 『우리말큰사전』을 편찬하기 위해 노력했다.

(다) ⒠ 영웅들의 전기를 써서 우리 민족의 애국심을 드높였고, 역사책을 써서 우리 역사가 자주적으로 발전했음을 강조했다.

(라) ⒠ 일본과 전쟁을 치를 준비를 했고, 태평양 전쟁이 일어나자 일본에 선전 포고를 했다.

1 김구는 대한민국 임시 정부의 활동에 활기를 불어넣기 위해 한인 애국단을 조직했고, 대한민국 임시 정부는 한국광복군을 창설하여 일본에 맞서 싸웠습니다.

2 신채호는 나라 구한 영웅들의 전기를 쓰거나 고조선, 고구려, 발해 등에 관한 역사책을 썼습니다.

3 일제의 탄압 속에서도 독립운동가들은 민족정신을 지키고 나라를 되찾기 위해 끊임없이 노력했습니다.

채점 기준	
(가)~(라) 다양한 노력을 모두 쓴 경우	20점
(가)~(라) 다양한 노력을 두 가지 이상 쓴 경우	10점

🤓 수행 평가 2-3 대한민국 정부의 수립과 6·25 전쟁 88쪽

1 (나) → (라) → (다) → (가)

2 ⒠ 북한의 남한 침략을 불법적 행위로 판단했기 때문이다. 등

3 ❶ ⒠ 많은 민간인과 군인이 다치거나 죽었다. / 이산가족과 전쟁고아가 생겨났다. 등

❷ ⒠ 국토가 황폐해졌다. / 건물, 도로, 문화유산 등이 파괴되었다. 등

1 6·25 전쟁은 '(나) 북한군의 남침 → (라) 국군과 국제 연합군의 반격 → (다) 중국군의 개입 → (가) 정전 협정 체결' 순으로 전개되었습니다.

2 국제 연합은 북한의 남침을 불법적 행위로 판단하고, 16개국으로 구성된 국제 연합군을 남한에 파견했습니다.

채점 기준	
'남침을 불법적 행위로 판단했다'라고 쓴 경우	10점
'불법 행위'를 넣어 간단히 쓴 경우	5점

3 6·25 전쟁으로 우리 민족에게 큰 피해와 고통을 남겼습니다. 인적 피해로는 많은 군인과 민간인이 죽거나 다쳤고, 이산가족과 전쟁고아가 생겨났습니다. 물적 피해로는 국토가 황폐화됐고, 시설과 건물 등이 파괴됐습니다.

채점 기준	
6·25 전쟁의 인적 피해, 물적 피해를 모두 쓴 경우	15점
6·25 전쟁의 인적 피해, 물적 피해를 미흡하게 쓴 경우	5점

사회 평가대비북

1 옛 사람들의 삶과 문화

1 나라의 등장과 발전

📝 쪽지 시험   91쪽

1 고조선   **2** 탁자식 고인돌   **3** 백제   **4** 장수왕   **5** 진흥왕
6 김유신   **7** 발해   **8** 고구려   **9** 백제 금동 대향로
10 석굴암

2 8조법은 고조선의 사회 질서를 유지하기 위해 만든 것입니다.

4 고구려 광개토대왕은 적극적인 정복 활동을 펼쳐 북쪽의 여러 나라를 차지했고, 남쪽으로 백제를 공격해 한강 북쪽까지 영토를 크게 넓혔습니다.

6 김춘추는 삼국 통일 후 태종 무열왕으로, 김유신과 함께 삼국을 통일하는 과정에서 활약한 인물입니다.

8 백제의 불교 문화유산으로 익산 미륵사지 석탑, 서산 용현리 마애 여래 삼존상 등이 있습니다.

10 불국사는 신라 사람들이 바라는 부처의 나라를 표현한 절입니다.

💡 단원 평가 1회   92~93쪽

1 ⑤   **2** ㉎ 고조선이 농업을 중시했음을 알 수 있다. / 환웅 부족이 사람들에게 농사짓는 기술을 전했다는 것을 의미한다. 등
3 신분   **4** ④   **5** ②   **6** ⑤   **7** ①, ④   **8** ③   **9** ④
10 불국사

1 제시된 글은 우리 역사 속 최초의 국가인 고조선의 건국 이야기입니다.

2 바람, 구름, 비를 통해 고조선은 농업을 중요하게 생각한 나라였음을 알 수 있습니다.

채점 기준	
'농업 중시'를 넣어 쓴 경우	10점

3 신분 중의 하나인 노비가 고조선의 법 조항에 있는 것으로 보아 고조선에 신분 제도가 있었음을 알 수 있습니다.

4 ④ 광개토대왕릉비는 고구려 장수왕이 세운 비석입니다.

5 ㉡은 신라 진흥왕이고, ㉢은 백제 근초고왕에 대한 설명입니다.

6 ⑤ 주몽이 압록강 유역에 살던 세력들과 힘을 모아 고구려를 세웠습니다. 진흥왕은 신라 전성기를 이끌었던 왕으로 한강 유역 전체를 차지하고 가야 세력을 완전히 정복했던 왕입니다.

7 ② 고구려에 대한 설명이고, ③ 신라가 성립하는 과정에 대한 설명입니다. ⑤ 문무왕은 고구려를 멸망시켰던 신라 왕이고, 영역을 확장한 기념으로 순수비를 세운 왕은 신라 진흥왕입니다.

8 고구려 장군 출신인 대조영은 당이 정치적으로 혼란한 틈을 타 고구려 유민과 말갈족을 이끌고 발해를 세웠습니다.

9 ④ 금동 연가 7년명 여래 입상은 고구려의 문화유산입니다.

10 제시된 사진은 불국사입니다. 불국사 안에 있는 석탑들의 균형감과 예술성이 돋보이고, 부처의 나라를 현실에 나타낸 절이라는 점이 독창적입니다.

💡 단원 평가 2회   94~95쪽

1 ①   **2** ②, ③   **3** ④   **4** ㉢, ㉣   **5** ②   **6** ①, ②
7 ㉠ 백제, ㉡ 고구려   **8** ㉎ 고구려 문화를 이어받았다. / 불교문화가 발달했다. / 고구려 문화를 바탕으로 당과 말갈 등 주변 문화를 받아들여 독자적인 문화를 만들어갔다. 등   **9** ⑤
10 ④

1 ① 고조선은 환웅이 곰이었다가 사람이 된 여인과 혼인해 낳은 아들인 단군왕검이 세운 나라입니다.

2 고조선의 문화 범위는 비파형 동검, 탁자식 고인돌, 미송리식 토기의 분포를 통해 알 수 있습니다.

3 제시된 법 조항은 고조선의 법으로, 8조법 중 오늘날까지 전해지는 세 가지 조항을 통해 고조선의 사회 모습을 짐작할 수 있습니다.

4 (가)는 백제로, 백제의 전성기를 이끌었던 왕은 근초고왕입니다. ㉠ 신라 지증왕이 이사부를 보내 우산국을 정복했습니다. ㉡ 고구려를 멸망시킨 나라는 신라입니다.

5 진흥왕은 영토를 확장한 기념으로 여러 지역에 비석을 세웠습니다.

6 ③ 낙동강 유역의 작은 나라들과 힘을 합쳐 가야 연맹을 이루었습니다. ④, ⑤는 고구려에 대한 설명입니다.

7 무열왕 때 신라와 당의 연합군이 백제를 무너뜨렸고, 문무왕 때 평양성이 함락되면서 고구려가 멸망했습니다.

8 발해는 고구려의 문화를 바탕으로 주변의 문화를 받아들여 독자적인 문화를 이뤘습니다.

채점 기준	
'고구려 문화 계승', '독자적 문화', '불교문화'를 넣어 쓴 경우	10점

9 제시된 자료는 고구려의 고분 벽화로, 무덤 안에서 발견된 고분 벽화 등의 문화유산을 통해 당시 사람들의 생활 모습을 살펴볼 수 있습니다.

10 석굴암은 정교하게 지어졌으며, 신라의 우수한 과학 수준과 건축 기술을 잘 보여 주는 문화유산입니다.

2 (1) 고구려 장수왕은 아버지 광개토대왕의 업적을 기록해 비석을 세웠습니다.

(2) 장수왕은 수도를 옮긴 후 백제를 공격하여 한성을 함락하고 한강 유역을 모두 차지하여 고구려의 전성기를 이루었습니다.

채점 기준	
'평양 천도', '한강 유역 모두 차지'를 넣어 구체적으로 쓴 경우	8점
'고구려 전성기를 이끌었다.'라고 쓴 경우	4점

3 (1) 발해는 고구려 문화를 바탕으로 발전했으므로 비슷하다는 것을 알 수 있습니다.

(2) 발해가 고구려를 계승한 나라임을 기와, 온돌 시설, 장신구 등을 통해 알 수 있습니다.

채점 기준	
'발해는 고구려를 계승한 나라'를 넣어 쓴 경우	8점
'발해와 고구려 기와가 비슷하다'라고만 쓴 경우	4점

4 삼국 통일은 자주적인 통일을 이룬 의의가 있으나 외세인 당의 도움을 받았고, 영토를 잃었다는 한계도 있습니다.

채점 기준	
(1)과 (2)를 모두 쓴 경우	8점
(1), (2) 중 한 가지만 쓴 경우	4점

📜 서술형 평가 96쪽

1 (1) 고조선 (2) 예 고조선의 문화 범위를 짐작할 수 있다. 등

2 (1) 장수왕 (2) 예 수도를 평양으로 옮겼다. / 백제를 공격하여 한성을 함락하고 한강 유역을 모두 차지했다. 등

3 (1) 비슷하다 (2) 예 발해가 고구려를 계승한 나라임을 알 수 있다. 등

4 (1) 예 삼국 통일은 신라가 고구려 유민과 힘을 모아 자주적으로 이루었고, 평화를 가져왔다. 등 (2) 예 당의 도움을 받았고, 대동강 이북의 고구려 영토를 잃었다. 등

1 (1) 고조선은 청동기 문화를 바탕으로 세워진 우리 역사 속 최초의 국가입니다.

(2) 탁자식 고인돌, 비파형 동검, 미송리식 토기의 분포를 통해 고조선의 문화 범위를 짐작할 수 있습니다.

채점 기준	
'고조선의 문화 범위'를 넣어 쓴 경우	8점
'고조선'이라는 나라 이름을 넣어 간단하게 쓴 경우	4점

2 독창적 문화를 발전시킨 고려

✍️ 쪽지 시험
97쪽

1 후백제 **2** 왕건 **3** 서희 **4** 강감찬 **5** 여진 **6** 강화도
7 삼별초 **8** 상감 기법(상감) **9** 팔만대장경 **10** 금속 활자

2 궁예는 송악에 후고구려를 세운 인물로, 백성을 가혹하게 다스리자 신하들이 궁예를 몰아내고 왕건을 왕으로 세웠습니다.

4 양규는 거란의 2차 침입 때 거란군에게 타격을 입힌 인물입니다.

6 제주도는 삼별초가 마지막으로 항전했던 곳입니다.

7 고려의 승려였던 김윤후는 처인성, 충주성에서 백성과 함께 몽골군을 물리쳤던 인물입니다.

💡 단원 평가 1회
98~99쪽

1 ② **2** ② **3** 예 호족들과 혼인 관계를 맺었다. 등 **4** ㉢, ㉣
5 ⑤ **6** 강화도 **7** ② **8** ① **9** ③ **10** ②

1 ② 신라 말 정치가 혼란스러워지면서 백성의 삶이 어려웠습니다.

2 왕건은 궁예를 몰아내고 고려를 세웠습니다. 그리고 신라의 항복을 받고 후백제를 물리친 후 후삼국을 통일했습니다.

3 태조 왕건은 후삼국을 통일한 후 호족을 자신의 편으로 만들기 위해 혼인 관계를 맺었고, 고구려의 옛 땅을 되찾기 위해 북진 정책을 펼쳤습니다.

채점 기준	
'호족과 혼인 관계를 맺음'을 넣어 쓴 경우	10점

4 ㉠ 거란의 2차 침입 때 개경이 한때 함락되기도 했습니다. ㉢ 거란의 3차 침입 이후에 천리장성을 쌓았습니다.

5 거란의 3차 침입 때 강감찬과 고려군이 거란군을 크게 물리쳤습니다.

6 몽골이 침입하자 고려는 수도를 강화도로 옮기고 몽골에 저항했습니다.

7 삼별초는 개경으로 돌아가는 것에 반대해 강화도, 진도, 제주도로 근거지를 옮기며 몽골에 계속 항전했습니다.

8 ②는 금속 활자, ③은 금속 활자 인쇄본인 『직지』, ④는 팔만대장경판입니다.

9 ㉠은 고려청자, ㉣은 금속 활자의 우수성입니다.

10 ②『직지』는 청주 흥덕사에서 만들어졌고, 프랑스 국립 도서관에 보관되어 있습니다.

💡 단원 평가 2회
100~101쪽

1 ㉠ **2** ② **3** ⑤ **4** ①, ② **5** 예 고려에 온 몽골의 사신이 귀국길에 죽었기 때문이다. 등 **6** ③ **7** ② **8** ③, ④
9 ㉣ **10** ③, ⑤

1 고려는 ㉠ 후백제의 견훤이 고려에 투항 → ㉢ 신라의 항복 → ㉡ 후백제의 멸망 순으로 후삼국을 통일했습니다.

2 ② 태조를 불교를 중요하게 여기며 절을 짓고 불교 행사를 열었습니다.

3 거란의 1차 침입 결과 고려는 압록강 동쪽의 강동 6주를 확보했습니다. 이곳은 거란 등의 침략을 막기 위해 꼭 지켜야 하는 지역이었고, 고려가 북쪽의 나라와 교류하는 통로였습니다.

4 여진의 침입으로 윤관이 별무반을 만들었고, 여진을 정벌한 후 동북 9성을 쌓았습니다.

5 ㉠은 몽골입니다. 몽골은 고려에 온 몽골의 사신이 귀국길에 죽은 일을 이유로 고려를 침입했습니다.

채점 기준	
'몽골 사신의 죽음'을 넣어 쓴 경우	10점

6 고려는 수도를 강화도로 옮겨 몽골에 저항했고, 김윤후와 백성들이 처인성과 충주성에서 몽골군을 물리쳤습니다.

7 고려청자는 중국의 기술을 들여와 만들었으나 고려에서 상감 기법이 활용되면서 중국과 다른 고려만의 청자가 만들어졌고, 주로 생활용품으로 사용했습니다.

8 ①, ⑤는 고려청자, ②는 초조대장경에 대한 설명입니다.

9 팔만대장경판은 ㉡ → ㉠ → ㉢ → ㉣ 순으로 만듭니다.

10 금속 활자는 오랫동안 보관하면서 다양한 책을 쉽게 인쇄해 사용할 수 있다는 장점이 있습니다.

1 (1) ㉠ → ㉢ → ㉡ (2) 예 고구려를 계승한다는 의미를 담고 있기 때문이다. 등

2 (1) 귀주 대첩 (2) 예 고려가 강동 6주를 돌려주지 않았기 때문이다. 등

3 (1) 팔만대장경(판) (2) 예 팔만대장경판을 보관하고 있는 곳은 합천 해인사 장경판전으로, 이곳은 공기 순환과 습도 유지가 가능한 과학적인 구조를 갖추고 있었기 때문이다. 등

4 예 『직지』는 오늘날 전해지는 금속 활자 인쇄본 중 가장 오래된 것이다. / 고려 사람들이 세계 최초로 금속 활자를 만들어 인쇄했다는 것을 알 수 있다. / 고려 시대의 우수한 인쇄술과 문화를 보여 준다. 등

---

1 (1) 왕건은 고려를 세운 후 신라의 항복을 받고 후백제를 물리쳐 후삼국을 통일했습니다.
(2) 고려를 세운 왕건은 고구려를 계승한다는 의미로 나라 이름을 고려라고 했습니다.

채점 기준	
'고구려 계승'을 넣어 쓴 경우	8점

2 (1) 거란의 3차 침입 때 강감찬은 귀주에서 거란군을 크게 물리쳤으며 이 전투를 귀주 대첩이라고 합니다.
(2) 거란이 2차 침입 실패 이후 고려에 강동 6주를 돌려 달라고 요구했으나 고려가 들어주지 않자 또다시 고려를 침입했습니다.

채점 기준	
'강동 6주를 돌려주지 않아서'라고 쓴 경우	8점
'땅을 돌려달라는 거란의 요구를 들어주지 않아서'라고 간단하게 쓴 경우	4점

3 (1) 팔만대장경은 고려 사람들이 다시 부처의 힘으로 몽골을 물리치길 바라는 마음을 담아 만들었습니다.
(2) 팔만대장경판은 잘 보존할 수 있도록 과학적인 구조를 갖춘 합천 해인사 장경판전에 보관하고 있습니다.

채점 기준	
'과학적 구조를 갖춘 곳에서 보관'을 넣어 쓴 경우	8점
'합천 해인사 장경판전에 보관하고 있기 때문'이라고 쓴 경우	4점

4 고려의 금속 활자로 인쇄한 책 가운데 청주 흥덕사에서 만든 『직지』는 오늘날 남아 있는 세계에서 가장 오래된 금속 활자 인쇄본입니다.

채점 기준	
'가장 오래된 금속 활자본', '고려 사람들이 세계 최초로 금속 활자를 만듦' 등을 넣어 쓴 경우	8점

---

3 민족 문화를 지켜 나간 조선

1 조선 **2** 유교 **3** 훈민정음 **4** 혼천의 **5** 향약집성방
6 신기전 **7** 삼강행실도 **8** 곽재우 **9** 광해군
10 병자호란

4 자격루는 물의 흐름에 따라 스스로 종을 치거나 북소리를 내어 시각을 알리는 과학 기구입니다.

7 『삼강행실도』는 그림도 실려 있어 책 내용을 쉽게 알 수 있었습니다.

8 이순신은 바다에서 일본군을 크게 무찔렀던 인물입니다.

10 정묘호란의 결과 조선은 후금과 형제 관계를 맺게 되었습니다.

---

1 ③ **2** 예 고조선을 잇는다는 뜻에서 지었다. 등 **3** ⑤ **4** ②
5 ㉡, ㉢ **6** ④ **7** ③ **8** 정유재란 **9** ④ **10** ③, ⑤

1 이성계 등의 무인들과 신진 사대부들은 손잡고 백성의 어려움을 해결했고, 새 나라 조선을 세웠습니다.

2 태조 이성계는 고조선을 잇는다는 뜻에서 나라 이름을 '조선'이라고 했습니다.

3 ⑤ 세종은 『삼강행실도』를 편찬해 백성들이 일상생활에서 쉽게 유교 윤리를 실천할 수 있도록 했습니다. 『칠정산』은 세종 때 조선의 날짜와 계절의 변화를 계산한 과학 문화유산입니다.

4 혼천의는 태양, 달 등 천체의 위치와 움직임을 측정하는 기구입니다.

5 ㉠ 신사임당과 같은 여성 예술가들도 등장해 시와 그림을 남겼습니다. ㉢ 신분은 법에 따라 양인과 천인으로 나뉘었습니다.

6 임진왜란이 일어나기 전 조선은 큰 전쟁 없이 평화를 누렸기 때문에 전쟁에 대한 대비가 부족했습니다.

7 ① 의병에는 양반뿐만 아니라 농민, 승려, 노비 등 다양한 신분이 참여했습니다. ②, ⑤는 이순신과 조선 수군에 대한 설명입니다. ④ 권율은 관군과 의병, 백성의 힘을 모아 승리했습니다.

8 조선은 협상이 진행되는 동안 무기를 다시 정비하고 성을 고쳐 대비했기 때문에 일본군을 무찌를 수 있었습니다.

9 ① 병자호란 이후 효종이 주장했고, ② 정묘호란의 결과입니다. ③ 세종이 한 일이고, ⑤ 광해군이 추진한 정책입니다.

10 남한산성은 전쟁 준비가 되어 있지 않았고, 먹을 것도 부족해 성안 사람들은 어려움을 겪었습니다.

단원 평가 2회

1 한양 **2** ㉢ **3** ①, ④ **4** ① **5** 예 국경을 자주 침입하던 여진을 물리쳤다. / 4군 6진을 개척해 국경을 넓혔고, 백성이 옮겨 가서 살도록 했다. 등 **6** (1) ㉣ (2) ㉡ (3) ㉢ (4) ㉠ **7** ⑤ **8** ㉠ 권율 ㉡ 이순신 **9** ⑤ **10** ④, ⑤

1 조선의 태조 이성계가 수도를 개경에서 한양으로 옮겼습니다.

2 ㉢ 정도전을 비롯한 신하들이 유교 사상에 따라 경복궁, 숭례문, 종묘 등 한양의 주요 건물의 자리와 이름을 정했습니다. 정몽주는 고려 말 고려를 유지하면서 개혁하자고 주장한 인물입니다.

3 훈민정음은 글자를 몰라 어려움을 겪는 백성들을 위해 세종이 누구나 읽고 쓰기 편하게 만들었습니다.

4 세종 때 조선의 날짜와 시간의 변화를 계산한 『칠정산』을 편찬했습니다.

5 4군 6진의 개척으로 오늘날과 같은 북쪽 국경선이 확정되었습니다.

채점 기준	
'여진을 물리침', '4군 6진을 개척해 국경을 넓힘'을 넣어 쓴 경우	10점
'4군 6진을 설치했다.'라고 간단히 쓴 경우	5점

6 유교가 조선 사회의 질서로 자리 잡게 되면서 각자의 지위에 맞는 역할이 중요하게 여겨졌습니다.

7 ㉠ 조선은 명의 지원군과 연합하여 평양성을 탈환했습니다. ㉡ 곽재우가 이끌었던 의병과 관군이었던 권율 등이 싸웠던 육지에서도 백성과 힘을 합해 일본군을 물리치고 큰 승리를 거뒀습니다.

8 임진왜란 때 권율은 행주 대첩을 승리로 이끌었고, 이순신은 한산도 대첩, 명량 대첩을 승리로 이끌었습니다.

9 광해군은 명에 군대를 보내면서 명 장수의 말을 그대로 따르지 말고 상황에 따라 대처하라는 명령을 내려 명과 후금 사이에서 중립 외교 정책을 펼쳤습니다.

10 병자호란의 결과 인조는 청에 항복했고, 조선은 청과 신하와 임금의 관계를 맺게 되었습니다.

서술형 평가

1 (1) ㉣ → ㉢ → ㉠ → ㉡ (2) 예 유교를 바탕으로 나라의 기틀을 세웠다. / 유교 사상에 따라 왕과 신하가 조화를 이루며 백성을 위한 정치를 하려고 했다. 등
2 ㉠ 자격루 ㉡ 앙부일구 (2) 예 시간을 측정하기 위해 만들었다. 등
3 (1) ㉠ 양반 ㉡ 상민 (2) 예 관청에서 일하며 병을 치료하거나 통역을 맡는 등 다양한 분야의 일을 했다. 등
4 (1) 한산도 대첩 (2) 예 바다를 통해 무기와 식량을 육지의 일본군에게 전달하려던 일본의 계획을 무너뜨렸다. 등

1 (1) '㉣ 위화도 회군 → ㉢ 토지 제도 개혁 → ㉠ 신진 사대부의 대립 → ㉡ 조선 건국' 순입니다.
(2) 유교를 바탕으로 조선의 기틀이 세워졌고, 왕과 신하들은 서로 조화를 이루며 백성을 위한 정치를 하려고 노력했습니다.

채점 기준	
'유교 사상', '왕과 신하의 조화', '백성을 위한 정치' 등을 쓴 경우	8점

2 (1) 조선 세종 때 물시계인 자격루, 해시계인 앙부일구를 만들었습니다.
(2) 자격루, 앙부일구는 시간을 측정하기 위해 만들었습니다.

채점 기준	
'시간 측정'을 넣어 쓴 경우	8점

3 (1) 조선의 신분은 실질적으로 양반, 중인, 상민, 천민으로 구분됐습니다.
(2) 조선은 각자의 지위와 신분에 맞는 역할이 있었습니다.

채점 기준	
'관청에서 일함' 등을 넣어 구체적으로 쓴 경우	8점

4 (1) 이순신은 한산도에서 일본군을 넓은 바다로 유인해 학익진 전법으로 승리했습니다.
(2) 이순신과 조선 수군은 판옥선, 거북선과 같은 우수한 배와 무기를 이용해 맞섰으며 뛰어난 전법을 통해 일본군을 크게 무찌를 수 있었습니다.

채점 기준	
'일본의 계획을 무너뜨림'을 넣어 쓴 경우	8점

2 사회의 새로운 변화와 오늘날의 우리

1 새로운 사회를 향한 움직임

1 탕평책   **2** 수원 화성   **3** 실학   **4** 판소리   **5** 흥선 대원군
6 불평등   **7** 김옥균   **8** 갑신정변   **9** 동학 농민 운동
10 일본

3 실학자들은 농업, 상공, 공업, 우리의 것을 연구 등을 연구하면서 실학을 통해 현실 제의 어려움을 해결하려고 노력했습니다.

4 탈춤은 양반을 비꼬거나 사회의 잘못된 점을 비판하는 내용이 많았고, 재미난 동작과 춤이 어우러져 서민들에게 인기가 많았습니다.

6 조선은 일본과 근대적이자 불평등한 강화도 조약을 맺고, 개항했습니다.

7 전봉준은 동학 농민 운동을 이끌었던 인물입니다.

10 동학 농민 운동 과정에서 청일 전쟁이 일어나자 흩어졌던 동학 농민군은 일본을 몰아내기 위해 다시 봉기했습니다.

1 ⑤   **2** 정조   **3** ⑩ 임진왜란과 병자호란으로 백성의 생활이 어려워졌고, 나라에서는 적절한 대책을 세우지 못했다. 등
4 ①, ④   **5** ③   **6** ④   **7** 강화도 조약   **8** ③   **9** ②   **10** ②

1 탕평책은 붕당과 관계없이 능력에 따라 인재를 고르게 뽑아 쓰는 정책으로 영조와 정조가 실시했습니다.

2 규장각은 조선의 왕실 도서관이자 역대 왕의 글이나 글씨를 보관하거나 나랏일을 연구하던 곳으로, 정조가 설치했습니다.

3 실학은 조선 후기에 백성의 생활을 돕고 현실 문제를 해결하기 위해 등장한 학문입니다.

채점 기준	
'백성 생활의 어려움'을 넣어 쓴 경우	10점

4 대표적인 한글 소설에는 『홍길동전』, 『흥부전』, 『춘향전』 등이 있습니다.

5 ㉠은 영조, ㉣은 정조가 추진한 정책입니다.

6 흥선 대원군이 서양의 통상 요구를 거부하자 강화도에 프랑스가 침략했고, 몇 년 후에는 미국이 침략했습니다.

7 일본이 강화도를 침입해 무력으로 조선에 통상을 요구하자, 결국 조선은 일본과 강화도 조약을 맺고 개항했습니다.

8 ③은 갑신정변 과정에서 일어난 일입니다.

9 김옥균은 조선에 영향력을 확대하려던 일본의 지원을 약속받고 갑신정변을 일으켰습니다.

10 ② 동학 농민군은 공주 우금치에서 관군과 일본군에 패했습니다.

1 영조   **2** ⑤   **3** ①   **4** ①   **5** ②   **6** ③   **7** 척화비   **8** ⑤
9 ⑩ 일본에 의지하고 많은 사람의 지지를 얻지 못했다. 등
10 ②, ⑤

1 영조는 붕당 간의 조화와 왕권 강화를 위해 탕평책을 실시한 후, 탕평책을 널리 알리기 위해 탕평비를 세웠습니다.

2 수원 화성은 정조의 개혁 정치를 뒷받침하는 계획도시였습니다.

3 실학자들은 농업, 상업과 공업, 우리의 역사, 지리 등을 연구하여 백성의 생활을 돕고 현실 문제를 해결하고자 했습니다.

4 『대동여지도』를 만들었던 조선 후기 실학자 김정호는 우리나라의 고유한 것 중 지리를 연구했던 지리학자입니다.

5 탈춤은 탈을 쓰고 추는 춤이나 연극으로, 사람이 많이 모이는 곳에서 주로 공연됐습니다.

6 고종이 어린 나이에 왕이 되자 아버지인 흥선 대원군이 고종을 대신하여 나라를 다스렸습니다.

7 흥선 대원군은 서양과 교류하지 않겠다는 의지를 널리 알리기 위해 척화비를 세웠습니다.

8 ⑤는 갑신정변 당시 발표했던 개혁안의 내용입니다.

9 갑신정변이 일어났던 우정총국은 우리나라 최초의 우체국입니다.

채점 기준	
'일본에 의지', '사람들의 지지를 얻지 못함'을 넣어 쓴 경우	10점

10 ① 동학 농민 운동의 전개 과정에서 일어난 일이고, ③, ④는 흥선 대원군과 관련된 일입니다.

📖 서술형 평가 115쪽

1 (1) 탕평책 (2) 예 붕당과 관계없이 능력에 따라 인재를 고르게 뽑아 쓰는 정책이다. 등

2 (1) 정약용 (2) 예 백성의 생활에 도움을 주기 위해 다양한 분야를 연구했다. / 수원 화성을 설계했다. 등

3 (1) 서민 문화 (2) 예 서민 문화는 농업과 상공업이 발달하면서 경제적으로 여유가 생긴 사람들이 늘어나 이들이 문화와 예술에 관심을 갖게 되면서 발달했다. 등

4 예 일본군을 물리치기 위해서이다. 등

---

1 (1) 영조와 정조는 탕평책을 실시했습니다.

(2) 조선 후기 붕당 간에 대립이 자주 일어나 정치가 혼란스러웠습니다. 이를 해결하기 위해 영조는 붕당 간에 조화를 이루고자 탕평책을 실시했습니다.

채점 기준	
'붕당과 관계없이', '능력에 따라'를 넣어 쓴 경우	8점
'붕당과 관계없이', '능력에 따라' 중 한 가지만 넣어 간단하게 쓴 경우	4점

2 (1) 정약용은 과학 기술 분야에 관심을 가져 수원 화성을 설계하고, 거중기를 개발했습니다. 거중기를 사용해 수원 화성의 공사 기간을 줄였습니다.

(2) 정약용은 농업, 정치, 경제 등 다양한 분야를 연구했던 실학자로 『경세유표』, 『목민심서』 등 다양한 책을 남겼습니다.

채점 기준	
'다양한 분야 연구', '수원 화성 설계' 등을 넣어 쓴 경우	8점
'다양한 분야 연구', '수원 화성 설계' 중 한 가지만 넣어 쓴 경우	4점

3 (1) 조선 후기에 발달한 서민 문화로는 민화, 판소리, 탈춤, 한글 소설 등이 있습니다.

(2) 조선 후기는 농업과 상공업이 발달했고, 문화와 예술에 관심을 갖는 사람들이 많아지면서 서민 문화가 발달했습니다.

채점 기준	
'농업, 상공업의 발달', '문화와 예술에 관심이 많아짐'을 넣어 쓴 경우	8점
'농업, 상공업의 발달', '문화와 예술에 관심이 많아짐' 중 한 가지만 넣어 쓴 경우	4점

4 청일 전쟁이 일어나자 동학 농민군은 일본군을 물리치기 위해 다시 봉기했습니다.

채점 기준	
'일본군을 물리치기 위해서'라고 쓴 경우	8점
'외세의 침략을 막기 위해서'라고 쓴 경우	4점

---

2 일제의 침략과 광복을 위한 노력

📝 쪽지 시험 116쪽

1 을미사변 **2** 서재필 **3** 고종 **4** 을사늑약 **5** 안중근 **6** 안창호 **7** 3·1 운동 **8** 청산리 대첩(청산리 전투) **9** 대한민국 임시 정부 **10** 한인 애국단

4 을사늑약은 고종이 동의하지 않았음에도 불구하고 체결한 조약입니다.

5 헤이그 특사는 을사늑약이 무효임을 국제 사회에 알리기 위해 고종이 네덜란드 헤이그에 파견한 사람들입니다.

6 이회영은 형제들과 함께 만주에 신흥 강습소를 세워 독립군을 키워 낸 인물입니다.

8 청산리 대첩은 우리 민족에게 독립에 대한 용기와 희망을 심어 줬습니다.

10 한국광복군은 대한민국 임시 정부가 창설한 군대로, 연합군의 일원으로 일본군에 맞서 싸웠습니다.

💡 단원 평가 1회 117~118쪽

1 ② **2** ④ **3** 예 독립문을 세워 자주독립 의지를 드러내고자 했다. / 만민 공동회를 열어 누구나 사회 문제에 대해 자신의 생각을 말할 수 있게 했다. 등 **4** ④, ⑤ **5** 신돌석 **6** ⑤ **7** ③, ④ **8** 홍범도 **9** ② **10** ③

1 일본은 조선을 빼앗는 데 명성황후가 걸림돌이라 생각했으므로 경복궁에 침입해 명성황후를 시해했습니다.

2 ④ 『독립신문』은 대한 제국이 수립되기 전에 발간된 신문입니다.

3 독립 협회는 서재필, 정부의 관료, 개화파 지식인 등이 함께 만든 단체입니다.

채점 기준	
'독립문 설립', '만민 공동회 개최'를 넣어 쓴 경우	10점

4 헤이그 특사를 파견한 계기로 일본은 고종을 강제로 물러나게 하고, 대한 제국의 군대도 해산시켰습니다.

5 을사늑약이 강제로 체결되자 의병 운동이 본격적으로 펼쳐졌으며, 신돌석 등이 활약했습니다.

6 ⑤는 대한민국 임시 정부의 활동입니다.

7 1919년 3월 1일, 독립 선언식이 거행된 후, 탑골 공원에서 학생들과 시민들이 독립 선언서를 낭독하고 만세 시위를 벌였습니다.

8 3·1 운동 이후 만주에 있는 독립군 부대를 일본군이 공격하자, 홍범도를 중심으로 한 여러 독립군 부대가 ㉠ 봉오동에서 일본군을 크게 물리쳤습니다.

9 ㉡, ㉢은 신채호가 우리 역사를 지키기 위해 노력한 일입니다.

10 김구가 조직했던 한인 애국단은 일제의 주요 인물을 처단하는 활동을 했습니다. 단원으로 활약했던 윤봉길은 상하이 홍커우 공원에서 일본군을 향해 폭탄을 던지는 의거 활동을 했습니다.

💡 단원 평가 2회   119~120쪽

1 러시아   **2** ①, ②   **3** ⑤   **4** ③   **5** ①   **6** 예 조선 총독부를 설치했다. / 헌병 경찰제를 실시했다. / 토지 조사 사업을 시행했다. 등   **7** ⑤   **8** 대한민국 임시 정부   **9** ⑤   **10** ②

1 아관 파천을 계기로 조선은 러시아를 비롯한 여러 나라의 간섭을 받게 되었습니다.

2 ③, ④, ⑤는 고종이 한 일입니다.

3 ①, ②, ③은 대한민국 임시 정부의 활동이고, ④는 조선어 학회의 활동입니다.

4 일본의 침략에 맞서 나라를 지키기 위해 항일 의병 운동은 전국으로 일어났으며 일본은 대규모 부대를 동원해 의병 운동을 탄압했습니다.

5 ① 고종은 이준, 이상설, 이위종을 헤이그 특사로 파견하여 을사늑약이 무효임을 국제 사회에 알리고자 했습니다.

6 일제는 헌병 경찰제를 실시하여 우리 민족을 감시했고, 토지 조사 사업을 시행하여 농민들이 농사지을 땅을 잃기도 했습니다.

채점 기준	
'조선 총독부 설치', '헌병 경찰제 실시', '토지 조사 사업 시행' 등을 넣어 쓴 경우	10점
'조선 총독부 설치', '헌병 경찰제 실시', '토지 조사 사업 시행' 중 한 가지만 쓴 경우	5점

7 평양에 대성 학교를 세운 인물은 안창호입니다. ①, ②는 독립 협회의 활동이고, ③은 이회영의 활동입니다. ④는 3·1 운동의 배경에 대한 설명입니다.

8 중국 상하이에 수립된 대한민국 임시 정부는 비밀 연락망을 만들고 독립운동 자금을 모았으며 외교 활동을 펼쳤습니다.

9 1930년대 후반 일제는 중일 전쟁을 일으켰고, 이 과정에서 여러 가지 방법을 동원하여 우리 민족정신을 없애려고 했습니다.

10 윤봉길은 김구가 조직한 한인 애국단에 소속되어 일제의 주요 인물을 처단하는 활동을 했습니다.

📝 서술형 평가   121쪽

1 (1) 고종 (2) 예 우리나라가 황제국임을 알리기 위해서이다. / 대한 제국이 자주독립 국가임을 상징적으로 보여 주기 위해서이다. 등

2 (1) 을사늑약 (2) 예 신문에 을사늑약의 무효를 주장하는 글을 실었다. / 민영환은 을사늑약의 부당함을 알리기 위해 스스로 목숨을 끊었다. / 고종은 네덜란드에 헤이그 특사를 파견하여 국제 사회에 을사늑약이 무효임을 알리고자 했다. 등

3 (1) 3·1 운동 (2) 예 우리 민족의 독립에 대한 열망과 의지를 전 세계에 알리는 계기가 됐다. 등

4 예 을지문덕, 이순신 등 나라를 구한 영웅들의 전기를 써서 우리 민족의 애국심을 드높였다. / 고조선, 고구려, 발해 등에 관한 역사책을 써서 우리 역사가 자주적으로 발전했음을 강조했다. 등

1 (1) 고종은 경운궁(덕수궁)으로 돌아온 후 환구단에서 황제로 즉위했습니다.
(2) 하늘에 제사를 지내던 환구단에서 고종은 우리나라가 황제국임을 널리 알리기 위해 황제 즉위식을 거행했습니다.

채점 기준	
'황제국임을 알리기 위해', '자주독립 국가임을 알리기 위해'라고 쓴 경우	8점
'황제국임을 알리기 위해', '자주독립 국가임을 알리기 위해' 중 한 가지만 쓴 경우	4점

2 (1) 일본은 대한 제국의 외교권을 빼앗기 위해 을사늑약을 강제로 체결했습니다.
(2) 을사늑약의 무효와 부당함을 주장하기 위해 다양한 방법으로 저항했습니다.

채점 기준	
을사늑약 체결에 우리 민족이 저항한 모습을 두 가지 모두 알맞게 쓴 경우	8점
을사늑약 체결에 우리 민족이 저항한 모습을 한 가지만 쓴 경우	4점

3 (1) 전국으로 퍼져 나간 3·1 운동은 국외에서도 일어났습니다.

(2) 3·1 운동은 우리 민족의 독립 의지를 전 세계에 알리는 계기가 되었습니다.

<table>
<tr><td>채점 기준</td><td></td></tr>
<tr><td>'민족의 독립 의지를 세계에 알림'이라고 쓴 경우</td><td>8점</td></tr>
</table>

4 신채호는 우리 역사를 지키기 위해 영웅들의 전기를 썼고, 역사책을 썼습니다.

<table>
<tr><td>채점 기준</td><td></td></tr>
<tr><td>'영웅들의 전기를 씀', '역사책을 씀'이라고 쓴 경우</td><td>8점</td></tr>
<tr><td>'영웅들의 전기를 씀', '역사책을 씀' 중 한 가지만 쓴 경우</td><td>4점</td></tr>
</table>

3 대한민국 정부의 수립과 6·25 전쟁

📝 쪽지 시험
122쪽

1 광복　　**2** 소련군, 미군　　**3** 모스크바 3국 외상 회의

4 국제 연합(UN)　**5** 5·10 총선거　**6** 이승만　**7** 6·25 전쟁

8 인천 상륙 작전　**9** 정전 협정　**10** 이산가족

3 미소 공동 위원회는 모스크바 3국 외상 회의의 결정에 따라 한반도에 임시 민주 정부 수립을 논의하기 위해 열렸습니다.

4 국제 연합은 제2차 세계 대전 이후 전쟁 방지와 세계 평화 유지를 위해 설립한 국제기구입니다.

7 전쟁에 대비하지 못했던 남한은 전쟁에 밀렸으며, 전쟁이 일어난 지 3일 만에 서울이 함락됐습니다.

8 국군과 국제 연합군은 인천 상륙 작전으로 6·25 전쟁이 일어난 지 3개월 만에 서울을 되찾았습니다.

10 전쟁으로 이산가족과 부모를 잃은 전쟁고아가 많이 생겼습니다.

💡 단원 평가 1회
123~124쪽

1 광복　　**2** ⑤　　**3** ④, ⑤　　**4** ②　　**5** (1) 예 남한이라도 정부를 수립하자고 주장했다. 등　(2) 예 통일 정부를 수립해야 한다며 남한만의 단독 선거를 반대했다. 등　**6** ②　　**7** ⑤

8 대한민국 정부　**9** ③　　**10** ①, ②

1 8·15 광복은 독립을 위해 우리 민족이 끊임없이 노력한 결과입니다.

2 광복 후 미군과 소련군은 일본군의 무장 해제를 이유로 38도선을 경계로 한반도의 남과 북에 각각 주둔했습니다.

3 한반도의 문제를 해결하기 위해 열린 모스크바 3국 외상 회의에서는 임시 민주 정부 수립, 신탁 통치 결정, 미소 공동 위원회 구성 등을 결정했습니다.

4 미소 공동 위원회는 모스크바 3국 외상 회의의 결정에 따라 한반도에 임시 민주 정부 수립을 논의하기 위해 열렸습니다.

5 국제 연합이 남북한 총선거를 통한 정부 수립을 결정했지만, 소련과 북한이 이를 거부하자 정부 수립 방법을 두고 이승만과 김구의 주장이 대립했습니다.

<table>
<tr><td>채점 기준</td><td></td></tr>
<tr><td>'이승만 주장', '김구 주장'을 모두 쓴 경우</td><td>10점</td></tr>
<tr><td>'이승만 주장', '김구 주장' 중 한 가지만 쓴 경우</td><td>5점</td></tr>
</table>

6 5·10 총선거는 1948년 5월 10일, 우리나라 역사상 최초로 국민이 국회 의원을 뽑았습니다.

7 ⑤는 5·10 총선거를 실시하기 전의 내용입니다.

8 1948년 8월 15일에 이승만 대통령이 대한민국 정부 수립을 선포했습니다.

9 ③ 1953년 7월 정전 협정이 체결된 후 휴전선이 설정되었고, 전쟁은 일시적으로 멈추게 됐습니다.

10 6·25 전쟁으로 인적 피해, 물적 피해가 심했고, 남북한은 서로를 적으로 여기는 감정이 깊어진 채 분단 상황이 이어지고 있습니다.

1 ①　**2** ④　**3** 신탁 통치　**4** ⑤　**5** ②, ⑤　**6** 제헌 헌법
7 ⑤　**8** ②, ⑤　**9** ③　**10** 예 전쟁 중에 헤어진 가족을 그리워하며 살아가고 있다. / 남한과 북한은 서로를 적으로 여기는 감정이 깊어진 채 분단 상황이 이어지고 있다. 등

1 ② 5·10 총선거, ③ 제헌 헌법 공포, ④ 대한민국 정부 수립 선포, ⑤ 6·25 전쟁이 일어난 날입니다.

2 ④ 학교에서는 한글로 된 교과서로 우리말과 우리의 역사를 가르치고 배우게 됐습니다.

3 모스크바 3국 외상 회의에서 결정한 신탁 통치는 특정 국가가 다른 나라의 일정 지역을 대신 통치한다는 것을 의미합니다.

4 ㉠ 38도선은 미군과 소련군이 한반도에 주둔하면서 생긴 경계이고, ㉡ 미소 공동 위원회 구성은 모스크바 3국 외상 회의에서 결정한 것입니다.

5 이승만은 우리나라 첫 번째 대통령으로 대한민국 정부 수립 과정에서 남한만이라도 정부를 수립하자고 주장했던 인물입니다.

6 제헌 헌법을 통해 대한민국 정부는 3·1 운동으로 세워진 대한민국 임시 정부의 전통을 이었다는 것을 알 수 있습니다.

7 ㉣ 모스크바 3국 외상 회의에서 신탁 통치가 결정되었습니다. → ㉡ 5·10 총선거를 통해 국회 의원을 뽑았습니다. → ㉠ 5·10 총선거를 통해 제헌 국회가 구성됐습니다. → ㉢ 1948년 8월 15일에 대한민국 정부가 수립됐습니다.

8 ①, ③, ④는 6·25 전쟁의 과정에서 일어난 일입니다.

9 중국군이 북한군을 도와 전쟁에 개입하면서 국군과 국제 연합군은 다시 후퇴하게 됐습니다.

10 6·25 전쟁은 우리 민족에게 큰 피해와 고통을 남겼으며, 전쟁이 다시 일어나지 않도록 평화의 소중함을 깨달아야 합니다.

채점 기준

'헤어진 가족을 그리워함', '남한과 북한이 서로를 적으로 여기는 감정이 깊어짐'을 넣어 쓴 경우	10점

1 (1) ㉠ → ㉣ → ㉢ → ㉡　(2) 예 독립을 위해 우리 민족이 끊임없이 노력했기 때문이다. / 연합국이 승리했기 때문이다. 등
2 (1) 제헌 국회　(2) 예 나라 이름을 '대한민국'으로 정했다. / 우리나라 최초의 헌법인 제헌 헌법을 제정해 공포했다. 등
3 (1) 국제 연합군　(2) 예 인천 상륙 작전에 성공했기 때문이다. 등
4 예 민간인의 피해가 컸다. / 군인들이 많이 죽었다. / 인명 피해가 컸다. 등

1 (1) '㉠ 광복 → ㉣ 38도선 설치 → ㉢ 5·10 총선거 → ㉡ 대한민국 정부 수립' 순입니다.
(2) 1945년 8월 15일, 우리나라는 독립을 위한 민족의 끊임없는 노력과 연합국의 승리로 광복을 맞이할 수 있었습니다.

채점 기준

'민족의 노력', '연합국의 승리' 등을 넣어 쓴 경우	8점
'민족의 노력', '연합국의 승리' 중 한 가지만 쓴 경우	4점

2 (1) 제헌 국회는 5·10 총선거로 뽑힌 국회 의원들로 구성됐습니다.
(2) 1948년 7월 17일 제헌 국회에서 제헌 헌법을 공포했습니다.

채점 기준

'대한민국으로 나라 이름 정함', '제헌 헌법을 제정 및 공포'를 넣어 쓴 경우	8점
'대한민국으로 나라 이름 정함', '제헌 헌법을 제정 및 공포' 중 한 가지만 넣어 쓴 경우	4점

3 (1) 국제 연합군은 6·25 전쟁이 일어나자 남한에 도움을 주기 위해 국제 연합에서 파견된 군대입니다.
(2) 국군과 국제 연합군은 북한군에게 밀리기도 했지만, 인천 상륙 작전에 성공하여 전쟁이 일어난 지 3개월 만에 서울을 되찾았습니다.

채점 기준

'인천 상륙 작전 성공'을 쓴 경우	8점

4 제시된 6·25 전쟁의 인명 피해를 나타낸 그래프를 통해 군인, 민간인의 피해가 컸음을 알 수 있습니다.

채점 기준

'인명 피해가 컸다'를 넣어 쓴 경우	8점

과학 교과개념북

1 과학 탐구

1 탐구 문제를 정하고 탐구 계획 세우기

1 있는, 있는   **2** ④

1 탐구 문제가 적절한지 확인하는 방법에는 탐구 내용이 분명하게 드러나 있는지, 탐구 문제의 범위가 너무 넓지 않은지, 스스로 해결할 수 있는 탐구 문제인지, 간단한 조사를 통해 쉽게 답을 찾을 수 있는지 등이 있습니다.

2 탐구 계획에는 탐구 기간과 장소, 준비물, 탐구 순서, 역할 분담, 주의할 점 등이 들어가야 합니다.

2 탐구를 실행하고 탐구 결과를 정리하기

1 ⑤   **2** 자료 변환

1 탐구를 실행하다가 탐구 문제를 해결하면 탐구 결과를 정리하고, 문제점을 발견하면 개선 방법을 찾은 후 다시 탐구를 실행합니다.

2 실험 결과를 표나 그래프 등으로 변환하면 탐구 결과를 잘 드러낼 수 있습니다.

3 탐구 결과를 발표하고 새로운 탐구 시작하기

1 ⑤   **2** 개선 방법

1 탐구 결과를 발표할 때에는 중요한 내용만 간단하게 발표해야 합니다.

2 탐구를 실행하다가 문제점을 발견하면 개선 방법을 찾아야 합니다.

2 생물과 환경

1 생태계

1 생태계   **2** ①   **3** (1) ○ (2) × (3) ○
4 ㉠ 생물 요소 ㉡ 비생물 요소

1 어떤 장소에서 생물 요소와 비생물 요소가 서로 영향을 주고받으면서 균형과 조화를 이루는 것을 생태계라고 합니다.

2 동물과 식물처럼 살아 있는 것은 생물 요소라고 합니다.

3 곰팡이, 버섯, 세균 등과 같이 동물과 식물로 분류되지 않는 생물도 생태계의 구성 요소입니다.

4 연못 생태계를 생물 요소와 비생물 요소로 분류한 것입니다.

2 생태계에서 생물 요소 분류하기

1 ㉡, ㉢   **2** 소비자   **3** (1) × (2) × (3) ○
4 ②

1 햇빛을 이용하여 스스로 양분을 만드는 생물을 생산자라고 합니다. 배추흰나비와 참새는 다른 생물을 먹이로 하여 양분을 얻는 소비자입니다.

2 소비자는 다른 생물을 먹이로 하여 양분을 얻는 생물입니다.

3 생물 요소는 양분을 얻는 방법에 따라 생산자, 소비자, 분해자로 분류할 수 있습니다.

4 죽은 생물이나 배출물을 분해하여 양분을 얻는 생물을 분해자라고 하며, 분해자에는 곰팡이, 세균, 버섯이 있습니다.

3 생태계에서 생물 요소의 먹이 관계

개념 확인 문제   15쪽

1 ②   **2** 먹이 그물   **3** ④

1 먹이 사슬에서 생산자인 옥수수가 첫 번째 단계가 됩니다. 옥수수는 나방 애벌레에게 먹히고, 나방 애벌레는 참새에게 먹히며, 참새는 매에게 먹힙니다.

2 먹이 그물은 여러 개의 먹이 사슬이 얽혀 그물처럼 보입니다.

3 먹이 그물에서는 생물의 먹고 먹히는 관계가 여러 방향으로 연결되어 있어서 다양한 먹이를 먹을 수 있습니다.

4 생태계 평형

개념 확인 문제   17쪽

1 생태계 평형   **2** ㉡   **3** ②

1 생물 사이의 먹고 먹히는 관계를 통하여 생태계 평형이 유지됩니다.

2 늑대가 사라지면 물사슴의 수가 늘어나 식물을 닥치는 대로 먹어 식물의 수가 줄어듭니다.

3 가뭄, 홍수, 태풍, 지진, 산불과 같은 자연적인 요인과 댐, 도로, 건물 건설과 같은 인위적인 요인으로 생태계 평형이 깨집니다.

실력 문제   18~19쪽

1 ④   **2** ③   **3** ①   **4** ④   **5** ①   **6** ④   **7** ②

8 ㉠, ㉣, ㉢, ㉡   **9** ②   **10** ③   **11** ③   **12** ③

1 살아 있는 것은 생물 요소, 살아 있지 않은 것은 비생물 요소라고 합니다.

2 햇빛, 공기, 물, 흙, 온도 등을 비생물 요소라고 합니다.

3 생태계에서는 생물 요소들이 서로 영향을 주고받거나, 생물 요소와 비생물 요소가 서로 영향을 주고받습니다. 생물 요소인 생산자, 소비자, 분해자는 생태계에 포함됩니다.

4 생물 요소는 양분을 얻는 방법에 따라 생산자, 소비자, 분해자로 분류할 수 있습니다.

5 생태계에는 곰팡이, 세균, 버섯과 같은 분해자가 있습니다.

6 생물 요소 중 분해자는 주로 죽은 생물이나 배출물을 분해하여 양분을 얻는 생물로 곰팡이, 세균, 버섯이 있습니다. 개미와 비둘기는 소비자이며, 분해자가 없다면 우리 주변이 죽은 생물과 생물의 배출물로 가득 차게 될 것입니다.

7 햇빛을 이용하여 스스로 양분을 만드는 생물을 생산자라고 하며 주로 식물이 해당됩니다.

8 먹이 사슬에서 생산자가 첫 번째 단계입니다.

9 메뚜기는 벼를 먹고, 개구리는 메뚜기를 먹습니다.

10 생태계에서 여러 개의 먹이 사슬이 얽혀 그물처럼 연결되어 있는 것을 먹이 그물이라고 합니다. 먹이 그물에서는 생물의 먹고 먹히는 관계가 여러 방향으로 연결되어 있어서 다양한 먹이를 먹을 수 있습니다.

11 사슴의 수는 줄지 않아 사슴은 계속해서 강가의 풀과 나무를 먹어 치울 것입니다. 그렇게 되면 강가의 나무로 집을 짓고 나뭇가지 등을 먹는 비버는 살아가기 어려울 것입니다.

12 생태계 평형이 깨지는 원인은 가뭄, 산불과 같은 자연적인 요인뿐만 아니라 댐, 도로, 건물 건설 등 인위적인 요인도 있습니다.

5 비생물 요소가 생물에 미치는 영향

개념 확인 문제   21쪽

1 (1) ○ (2) × (3) ×   **2** ⑤   **3** ㉠

4 온도

1 햇빛이 잘 드는 곳에서 자란 콩나물은 떡잎과 떡잎 아래 몸통이 초록색으로 변하고, 초록색 본잎이 나옵니다. 햇빛이 잘 드는 곳에서 물을 준 콩나물이 가장 잘 자랍니다.

2 페트병 하나에만 어둠상자를 씌웠으므로 콩나물이 받는 햇빛의 조건만 다르게 하고, 나머지는 모두 같게 했습니다.

3 햇빛을 받고 물을 준 콩나물은 초록색을 띠고, 떡잎 아래 몸통이 길고 굵어집니다.

4 개나 고양이는 날씨가 추워지면 털갈이를 하고, 주변의 온도가 낮아지면 식물의 잎은 단풍이 들고 낙엽이 집니다.

6 다양한 환경에 적응한 생물

1 적응   **2** ③   **3** (1)-ⓒ (2)-㉠

1 생물들은 다양한 환경에 적응되어 살아남았습니다.

2 동물이 얼음, 눈의 색깔과 비슷한 하얀색 털을 가지면 적에게서 몸을 숨기기 쉽고 먹잇감에 접근하기도 쉽습니다.

3 모래로 뒤덮인 사막에서는 사막여우가 잘 살아남을 수 있습니다. 어두운 동굴에서는 초음파를 이용하는 박쥐가 잘 살아남을 수 있습니다.

7 환경 오염이 생물이 미치는 영향

1 환경 오염   **2** (1) ㉠ (2) ⓒ (3) ⓒ   **3** ④
4 ㉠

1 사람들의 활동에 의해 자연환경이나 생활 환경이 훼손되어 환경이 오염됩니다.

2 자동차나 공장의 매연 배출 등으로 공기가 오염됩니다. 쓰레기 배출, 농약이나 비료의 지나친 사용으로 흙이 오염됩니다. 가정의 생활 하수와 공장의 폐수, 해상 사고로 인한 기름 유출로 물이 오염됩니다.

3 합성 세제 사용을 줄이면 환경 오염이 줄어듭니다.

4 생태계 보전을 위해서 짧은 거리는 걷거나 자전거를 이용합니다. 일회용품 사용을 줄이고, 물을 절약합니다.

1 ①   **2** ⓒ   **3** ④   **4** ③   **5** ③   **6** (1) ○ (2) ×
(3) ○   **7** ㉠   **8** ⓒ, ㉣   **9** 물   **10** ②, ⑤   **11** ①
12 ㉠

1 실험 과정 (나)에서 두 페트병 모두 햇빛이 잘 드는 곳에 두고, 하나의 페트병에만 물을 주므로 물의 조건을 다르게 한 것입니다.

2 햇빛을 가리고 물을 준 콩나물은 떡잎이 노란색이고, 떡잎 아래 몸통이 곧고 길게 자랐습니다. ㉠은 햇빛이 잘 드는 곳에서 물을 준 콩나물, ⓒ은 햇빛이 잘 드는 곳에서 물을 주지 않은 콩나물, ㉣은 햇빛과 물을 모두 받지 않은 콩나물입니다.

3 햇빛의 양과 물의 양에 따라 자라는 콩나물의 모습이 달라지므로 식물이 자라는 데 햇빛과 물이 영향을 준다는 것을 알 수 있습니다.

4 햇빛은 식물이 스스로 양분을 만드는 데 꼭 필요하며, 동물의 번식 시기에도 영향을 줍니다.

5 공기는 사람뿐만 아니라 생물이 숨을 쉴 수 있게 합니다.

6 대벌레는 가늘고 길쭉한 생김새를 통해 나뭇가지가 많은 환경에서 몸을 보호하기 유리하게 적응되었습니다.

7 상아색의 모래로 뒤덮인 사막에서는 상아색의 털로 덮여 있고 발과 얼굴 부분이 몸통보다 더 연한 색을 띠는 여우가 잘 살아남을 수 있습니다.

8 공벌레는 오므리는 행동을 통해 적의 공격에서 몸을 보호하기 유리하게 적응되었습니다. 철새가 다른 지역으로 이동하는 행동은 계절별 온도 차가 큰 환경에서 생활 방식을 통해 적응된 결과입니다. 대벌레의 몸과 선인장의 뾰족한 가시는 생김새를 통해 적응된 결과입니다.

9 선인장은 굵은 줄기에 수분을 저장하고, 잎이 가시로 변형되어 있어서 물의 증발이 활발하지 않습니다. 이것은 물이 부족한 건조한 환경에서 생김새를 통해 환경에 적응한 결과입니다.

10 물의 오염은 폐수의 배출, 유조선의 기름 유출, 생활 하수의 배출 등에 의해 발생합니다.

11 자동차의 배기가스는 생물의 성장에 피해를 주고, 공기를 오염시킵니다.

12 황사나 미세 먼지와 같은 오염된 공기로 동물의 호흡 기관에 이상이 생기거나 동물이 병에 걸립니다.

단원정리 2 생물과 환경

28~29쪽

❶ 생태계   ❷ 양분   ❸ 분해자
❹ 먹이 사슬   ❺ 먹이 그물   ❻ 생태계 평형
❼ 햇빛   ❽ 온도   ❾ 물   ❿ 적응   ⓫ 환경 오염

O X 1 ○ 2 × 3 ○ 4 × 5 ○ 6 × 7 ○
8 ○ 9 ○ 10 ○

2 생태계를 이루는 요소 중 동물이나 식물 등과 같이 살아 있는 것을 비생물 요소라고 합니다.
└→ 생물 요소

4 생물의 먹고 먹히는 관계가 사슬처럼 연결되어 있는 것을 먹이 그물이라고 합니다.
└→ 먹이 사슬

6 물은 식물이 양분을 만들 때 필요할 뿐만 아니라 꽃이 피는 시기와 동물의 번식 시기에도 영향을 줍니다.
└→ 햇빛

🔆 단원 평가 1회

30~32쪽

1 ②   **2** ④   **3** ③   **4** ㉣   **5** (1)-㉠ (2)-㉢ (3)-㉡   **6** ㉢   **7** ①   **8** 예 어느 한 종류의 먹이가 부족해지더라도 다른 먹이를 먹고 살 수 있으므로 여러 생물들이 함께 살아가기에 유리하다.   **9** ③   **10** ③, ⑤   **11** ⑤   **12** ⑤   **13** ㉡   **14** ⑤   **15** ①   **16** 예 주변 환경과 털 색깔이 비슷하여 적에게서 몸을 숨기거나 먹잇감에 접근하기 유리하기 때문이다.   **17** 온도   **18** ③   **19** ②   **20** ①

1 흙, 공기, 햇빛, 물, 온도처럼 살아 있지 않은 것을 비생물 요소라고 합니다.

2 동물과 식물처럼 살아 있는 것을 생물 요소라고 합니다. 곰팡이와 같은 분해자도 생물 요소입니다.

3 소비자는 스스로 양분을 만들지 못하고 다른 생물을 먹이로 살아가는 생물입니다. 소비자는 식물과 같은 생산자뿐만 아니라 다른 소비자를 먹기도 합니다.

4 흙과 햇빛은 비생물 요소이며, 배추와 개망초는 생산자, 곰팡이는 분해자입니다.

5 등나무는 스스로 양분을 만들고 개미는 다른 생물을 먹이로 하여 살아가며, 곰팡이는 죽은 생물이나 배출물을 분해하여 양분을 얻습니다.

6 생산자인 식물이 없어진다면 식물을 먹는 소비자는 먹이가 없어지므로 결국 죽게 될 것입니다. 또 식물을 먹는 소비자를 먹이로 하는 소비자도 죽게 될 것이므로 결국 생태계는 어떤 생물 요소도 살아남지 못할 것입니다.

7 참새를 먹이로 하는 소비자는 매입니다.

8 먹이 그물에서는 생물의 먹고 먹히는 관계가 여러 방향으로 연결되어 있어서 다양한 먹이를 먹을 수 있습니다.

채점 기준	
예시 답안과 같이 옳게 쓴 경우	5점
예시 답안과 의미는 비슷하지만 정확하게 쓰지 못한 경우	2점

9 벼는 스스로 양분을 만드는 생산자이며, 개구리는 다른 생물을 먹이로 하여 살아가는 소비자입니다. 마지막 단계의 소비자를 최종 소비자라고 하며 개구리를 먹이로 하는 동물이 있으므로 생태계에 따라 개구리가 최종 소비자가 아닐 때도 있습니다.

10 생물이 안정하게 살아가기 위해서는 생물의 종류와 수가 자연적으로 유지되도록 해야 합니다. 사람의 개입으로 인해서 생태계 균형이 깨질 수 있습니다.

11 생태계 평형이 깨지는 원인은 가뭄, 홍수, 태풍, 지진, 산불과 같은 자연적인 요인뿐만 아니라 도로, 댐 건설과 같은 인위적인 요인도 있습니다.

12 햇빛이 콩나물의 자람에 미치는 영향을 알아보는 실험이므로 콩나물이 받는 햇빛의 양만 다르게 하고 나머지 조건은 모두 같게 합니다.

13 어둠상자로 덮은 콩나물은 떡잎이 노란색 그대로입니다. 햇빛을 받은 콩나물은 떡잎과 떡잎 아래 몸통이 초록색으로 변합니다.

14 가을이 되어 주변의 온도가 낮아지면 잎의 색깔이 변하고 낙엽이 집니다.

15 식물은 물이 없으면 말라죽고, 물고기는 물이 없으면 살 수가 없습니다.

16 서식지의 환경에 적합한 특징을 지닌 여우가 잘 살아남을 수 있습니다.

채점 기준	
예시 답안과 같이 옳게 쓴 경우	5점
예시 답안과 의미는 비슷하지만 정확하게 쓰지 못한 경우	2점

17 철새가 계절에 따라 옮겨다니는 생활 방식은 온도에 적응한 결과입니다.

18 쓰레기 매립은 토양을 오염하여 주변에 심각한 악취가 납니다.

19 나무를 심는 것은 생태계를 보전하는 방법입니다.

20 생태계 보전을 위해서는 냉장고를 자주 열고 닫지 않고, 샴푸 사용을 줄이며, 짧은 거리는 걷거나 자전거를 이용합니다. 또한 자동차나 공장에서 나오는 매연의 양을 줄이도록 해야 합니다.

단원 평가 2회

33~35쪽

1 ④ **2** ③ **3** 분해자 **4** ⑤ **5** ① **6** ② **7** ㉢, ㉡, ㉣, ㉠ **8** 먹이 그물 **9** ② **10** 균형 **11** ㉺ 식물이 무성한 섬에 물사슴이 들어와 물사슴의 수는 많아지고 식물의 수는 줄어들었다. 이후 늑대가 들어와 물사슴을 잡아먹기 시작해 물사슴의 수는 줄어들고 식물의 수가 다시 많아져 생물의 수는 균형을 이루었다. **12** ① **13** 물 **14** ③ **15** ① **16** ⑤ **17** ② **18** ② **19** ⑤ **20** ①, ③

1 생물 요소는 동물, 식물과 같이 살아 있는 것입니다. 세균은 맨눈으로는 보이지 않는 생김새가 단순한 생물입니다.

2 햇빛, 물, 공기, 온도, 흙과 같이 살아 있지 않은 것은 비생물 요소라고 합니다.

3 분해자는 죽은 생물이나 배출물을 분해하여 양분을 얻습니다.

4 감나무는 햇빛 등을 이용하여 양분을 스스로 만드는 생산자입니다. 나머지는 다른 생물을 먹이로 하여 양분을 얻는 소비자입니다.

5 수련과 같은 식물은 스스로 양분을 만드는 생산자입니다.

6 나방 애벌레는 식물의 잎을 먹는 소비자입니다.

7 먹이 관계에서 생산자인 식물이 첫 번째 단계가 됩니다. 나방 애벌레는 옥수수를 먹고, 참새는 나방 애벌레를 먹으며 매는 참새를 먹습니다.

8 먹이 그물은 어느 한 종류의 먹이가 부족해져도 다른 종류의 먹이를 먹을 수 있어 영향을 덜 받기 때문에 생태계에서 살아남기에 먹이 사슬보다 유리합니다.

9 식물은 먹이 단계의 첫 번째이며, 먹이 사슬에서는 먹을 수 있는 먹이가 하나 밖에 없습니다. 실제 자연에서는 먹이 그물의 형태가 나타나며, 먹이 사슬은 한 방향으로만 연결되어 있고, 먹이 그물은 여러 방향으로 연결되어 있습니다.

10 생태계 평형은 어떤 지역에 살고 있는 생물의 종류와 수또는 양이 균형을 이루며 안정된 상태를 유지하는 것입니다.

11 식물, 물사슴, 늑대가 서로 먹고 먹히는 관계를 통하여 생태계 평형이 유지됩니다.

채점 기준	
예시 답안과 같이 옳게 쓴 경우	5점
예시 답안과 의미는 비슷하지만 정확하게 쓰지 못한 경우	2점

12 물은 생물이 생명을 유지하는 데 반드시 필요합니다. 그래서 물이 부족한 사막에서 사는 생물은 물의 손실을 최소화하며 살아갑니다.

13 햇빛에 의해 떡잎이 연한 초록색으로 변하고, 물이 부족하면 떡잎 아래 몸통이 가늘어지고 시듭니다.

14 공기는 사람뿐만 아니라 생물이 숨을 쉴 수 있게 합니다.

15 햇빛을 받은 콩나물은 잎이 초록색으로 변하며, 온도와 빛은 생물의 생활 방식에 많은 영향을 미칩니다.

16 각 서식지의 환경에서 살아남기에 유리한 특징을 갖게 된 것을 적응이라고 합니다.

17 밤송이는 가시를 통해 밤을 먹으려고 하는 적으로부터 밤을 보호하기 유리합니다.

18 대기 오염은 자동차 배기가스, 공장의 매연 등이 원인이 됩니다.

19 농약이나 비료의 지나친 사용으로 흙이 오염되어 결국 식물이 잘 자라지 못합니다.

20 생태계를 보전하기 위해서 자동차 이용을 줄이고, 일회용품 사용을 줄여야 합니다. 건물이나 도로를 건설할 때에는 생태계를 고려해야 합니다.

개념1 **1** ① 양분 ② 생산자, 소비자, 분해자 **2** 먹이가 없어 결국 죽게 되고, 죽게 될 것입니다. **3** 예 분해자가 사라진다면 죽은 생물과 배출물 등이 분해되지 않고 남아 있어서 생태계가 죽은 생물과 생물의 배출물로 가득해질 것입니다.

개념2 **4** ① 생태계 평형 ② 생산자 **5** 생산자의 수가 줄어들어, 생태계 평형이 깨질 수 있습니다. **6** 예 염소의 수가 늘어나서 섬에 있던 풀과 나무를 먹어치워 비둘기 등 다른 동물의 먹이가 부족해져 그 수가 줄어들게 됩니다.

개념3 **7** ① 햇빛 ② 온도 **8** 충분한 햇빛과 적당한 양의 물이 필요하고, 알맞은 온도가 **9** 예 물이 식물이 자라는 데 미치는 영향을 알아보는 실험입니다.

1 햇빛 등을 이용하여 스스로 양분을 만드는 생물을 생산자라고 합니다. 다른 생물을 먹어 양분을 얻는 생물을 소비자라고 합니다. 죽은 생물이나 배출물 등을 분해하여 양분을 얻는 생물을 분해자라고 합니다.

2 생산자인 식물이 사라진다면 식물을 먹고 살아가는 소비자인 동물이 먹이가 없어 죽고, 결국 모든 생물이 죽게 됩니다.

3 분해자는 죽은 생물이나 배출물을 분해하는 역할을 합니다. 따라서 분해자가 사라지면 온 세상이 죽은 생물과 배출물로 가득 차게 됩니다.

4 생물은 먹고 먹히는 관계로 복잡하게 연결되어 있습니다. 따라서 생태계를 구성하는 생물의 종류와 수는 급격하게 늘어나거나 줄어들지 않도록 조절됩니다. 생태계에서 생물의 종류와 수가 안정적으로 유지되는 상태를 생태계 평형이라고 합니다.

5 소비자의 수가 늘어나면 소비자가 생산자를 많이 먹게 되어, 생산자의 수가 줄어들고 따라서 소비자의 먹이가 부족해져 소비자의 수가 줄어드는 등 생태계 평형이 깨지게 됩니다.

6 안정된 생태계에 새로운 동물이 들어가게 되면 생태계 평형이 깨지기도 하고 새로운 형태의 생태계가 구성되기도 합니다.

7 햇빛은 식물이 양분을 만드는 데 필요하고, 식물과 동물의 번식에 영향을 줍니다. 생물이 생명을 유지하는 데 적합한 온도가 필요하며 낙엽이 지거나 동물이 겨울잠을 자는 것은 온도의 영향 때문입니다.

8 식물은 햇빛, 온도, 물 중 하나라도 없으면 살아갈 수 없습니다. 식물뿐만 아니라 동물도 살아가는 데 햇빛, 온도, 물과 같은 비생물 요소의 영향을 받습니다.

9 같은 콩나물에 물을 주는 것과 주지 않는 것만 다르게 하였으므로, 식물이 자라는 데 비생물 요소인 물이 어떤 영향을 미치는지 알아보는 실험입니다.

1 ㉠ 생산자, ㉡ 분해자, 예 생물이 양분을 얻는 방법에 따라 구분하였다. **2** (1) 배추, 느티나무, 개망초 (2) 예 생산자를 먹는 소비자는 먹이가 없어서 죽게 되고, 그 다음 단계의 소비자도 죽게 될 것이다. 결국 생태계의 모든 생물이 멸종될 것이다. **3** 예 먹이 사슬에서는 먹을 수 있는 먹이가 하나 밖에 없기 때문에 만약 그 먹이가 사라진다면 그 먹이를 먹는 생물은 머지않아 사라지게 될 것이다. **4** 예 오랜 시간에 걸쳐 생태계는 평형을 되찾아 갔다. 늑대와 사슴의 수는 적절히 유지되었고 강가의 풀과 나무도 다시 자라게 되어 비버의 수도 늘어났다. **5** 예 떡잎이 노란색이고, 떡잎 아래 몸통이 곧고 길게 자랐다. **6** (1) 온도 (2) 예 추운 계절이 다가오면 개나 고양이는 털갈이를 한다. 식물의 잎에 단풍이 들고 낙엽이 진다. 개구리와 다람쥐는 사는 곳의 온도가 낮아지면 겨울잠을 잔다. **7** 예 가늘고 길쭉한 생김새를 통해 나뭇가지가 많은 환경에서 몸을 숨기기 유리하게 적응되었다. **8** (1) 예 자동차의 배기가스 (2) 예 동물의 호흡 기관에 이상이 생기거나 동물이 병에 걸린다. 생물의 성장에 피해를 주기도 한다.

1 생태계를 구성하는 생물 요소는 양분을 얻는 방법에 따라 생산자, 소비자, 분해자로 분류할 수 있습니다.

채점 기준

예시 답안과 같이 옳게 쓴 경우	8점
예시 답안과 의미는 비슷하지만 정확하게 쓰지 못한 경우	3점

2 (1) 배추, 느티나무, 개망초는 양분을 스스로 만드는 생산자입니다.
(2) 생산자가 없다면 이를 먹이로 하는 소비자가 죽게 되므로 결국 생태계의 모든 생물이 멸종하게 될 것입니다.

채점 기준

(1), (2)를 모두 옳게 쓴 경우	12점
(1)만 옳게 쓴 경우	4점
(2)만 옳게 쓴 경우	8점

3 먹이 사슬은 한 방향으로만 연결되어 있어 먹을 수 있는 먹이가 하나 밖에 없습니다. 하지만 먹이 그물은 먹이를 다양하게 먹을 수 있어 먹이 한 종류가 없어져도 다른 종류의 먹이를 먹을 수 있어 영향을 덜 받을 수 있습니다.

채점 기준	
예시 답안과 같이 옳게 쓴 경우	8점
예시 답안과 의미는 비슷하지만 정확하게 쓰지 못한 경우	3점

4 생물 간의 먹고 먹히는 관계가 조절되면 생태계 평형이 이루어집니다.

채점 기준	
예시 답안과 같이 옳게 쓴 경우	8점
예시 답안과 의미는 비슷하지만 정확하게 쓰지 못한 경우	3점

5 어둠상자로 덮어 햇빛을 받지 못하면 떡잎이 노란색 그대로이고, 물을 주면 콩나물이 곧고 길게 자랍니다.

채점 기준	
예시 답안과 같이 옳게 쓴 경우	8점
예시 답안과 의미는 비슷하지만 정확하게 쓰지 못한 경우	3점

6 ⑴ 철새는 먹이를 구하거나 새끼를 기르기에 온도가 적절한 장소를 찾아 먼 거리를 이동합니다.
⑵ 개는 날씨가 추워지면 털갈이를 하고, 가을이 되어 주변의 온도가 낮아지면 잎의 색깔이 변하는 식물도 있습니다. 개구리, 다람쥐, 곰, 뱀은 추워지면 겨울잠을 잡니다.

채점 기준	
⑴, ⑵를 모두 옳게 쓴 경우	12점
⑴만 옳게 쓴 경우	4점
⑵만 옳게 쓴 경우	8점

7 대벌레는 가늘고 길쭉한 생김새를 통해 환경에 적응된 결과입니다.

채점 기준	
예시 답안과 같이 옳게 쓴 경우	8점
예시 답안과 의미는 비슷하지만 정확하게 쓰지 못한 경우	3점

8 ⑴ 자동차나 공장의 매연 배출 등으로 공기가 오염됩니다.
⑵ 황사나 미세 먼지와 같은 오염된 공기로 인해 동물의 호흡 기관에 이상이 생기거나 병에 걸릴 수 있습니다. 자동차의 배기가스는 생물의 성장에 피해를 주기 때문에 화단 앞에 주차할 때는 자동차의 배기구가 식물을 향하지 않도록 해야 합니다.

채점 기준	
⑴, ⑵를 모두 옳게 쓴 경우	12점
⑴만 옳게 쓴 경우	4점
⑵만 옳게 쓴 경우	8점

😎 수행 평가   40쪽

1 공기, 물, 온도, 햇빛, 흙 등   **2** 양분을 얻는 방법   **3** 예 공기가 없다면 생물 요소들이 호흡할 수가 없다.   **4** 예 죽은 생물과 생물의 배출물이 분해되지 않아서 우리 주변이 죽은 생물과 생물의 배출물로 가득 차게 될 것이다.

1 생태계는 생물 요소와 비생물 요소로 이루어져 있습니다. 살아 있지 않은 것은 비생물 요소라고 합니다.

2 생물의 종류에 따라 양분을 얻는 방법은 다양합니다.

3 생물 요소들이 서로 영향을 주고받고, 생물 요소와 비생물 요소도 서로 영향을 주고받습니다. 비생물 요소인 공기가 없다면 생물 요소들이 호흡할 수가 없습니다.

4 분해자는 주로 죽은 생물이나 배출물을 분해하여 양분을 얻는 생물입니다.

😎 수행 평가   41쪽

1 햇빛   **2** 예 햇빛을 받지 못하고 물을 준 조건에서 키운 것이다.   **3** 예 햇빛이 잘 드는 곳에서 물을 준 콩나물이 가장 잘 자란다. 식물(콩나물)이 자라는 데 햇빛과 물이 영향을 준다.   **4** 예 햇빛은 식물이 스스로 양분을 만드는 데 꼭 필요하다. 햇빛은 식물의 꽃이 피는 시기와 동물의 번식 시기에 영향을 준다. 햇빛은 동물이 물체를 보는 데 필요하다. 등

1 햇빛을 받은 콩나물은 떡잎과 떡잎 아래 몸통이 초록색으로 변합니다.

2 햇빛을 받지 못한 콩나물은 떡잎이 노란색 그대로입니다.

3 햇빛을 받고 물을 준 콩나물이 가장 잘 자라는 것으로 보아 식물이 자라는 데에는 햇빛과 물이 영향을 준다는 것을 알 수 있습니다.

4 햇빛은 식물이 양분을 만드는 데 필요하고, 동물에게도 필요합니다.

😎 수행 평가

1 ⑩ 박쥐는 동굴에서 살아가기에 알맞고, 선인장은 사막에서, 북극여우는 북극에서 살아가기에 알맞다. **2** ⑩ 줄기에 물을 저장한다. 잎이 가시로 변하여 건조한 환경에서도 살아갈 수 있다. 등 **3** ⑩ 추운 곳에 사는 북극여우는 사막여우에 비해 귀의 크기가 작고, 털색이 눈과 비슷한 색깔이어서 적의 눈에 잘 띄지 않는다.

1 박쥐는 빛이 잘 들지 않는 어두운 동굴, 선인장은 건조한 사막, 북극여우는 추운 극지방에서 살아가기에 유리하도록 적응한 생물입니다.

2 선인장은 물이 부족한 사막에 적응하여 살아가기 위해서 줄기에 물을 저장하고, 잎이 가시 모양으로 변하여 물의 증발을 최소화합니다.

3 사막여우와 북극여우의 털색, 귀의 크기 등은 서식지 환경에 적응한 생김새인데, 서식지 환경과 털색이 비슷하면 적으로부터 몸을 숨기거나 먹잇감에 접근하기 유리합니다.

---

3 날씨와 우리 생활

1 습도가 우리에게 미치는 영향

😊 개념 확인 문제

1 (1) ○ (2) ○ (3) ×   **2** ㉡   **3** 60
4 ④

1 습도는 우리 생활에 여러 가지 영향을 미칩니다.

2 온도계의 액체샘을 헝겊으로 감싸고 헝겊의 아랫부분이 물에 잠긴 알코올 온도계가 습구 온도계입니다.

3 건구 온도에 해당하는 29 ℃를 세로줄에서 찾아 표시하고, 건구 온도와 습구 온도의 차인 6 ℃를 가로줄에서 찾아 표시하여 만나는 지점의 숫자가 현재 습도를 나타냅니다.

4 습도가 낮을 때 산불이 발생하기 쉽습니다.

---

2 이슬과 안개, 구름

😊 개념 확인 문제

1 ②   **2** ㉢   **3** ③   **4** 구름

1 집기병 표면에 물방울이 맺힙니다. 이것은 집기병 바깥에 있는 공기 중 수증기가 응결해 집기병 표면에 물방울로 맺힌 것입니다.

2 집기병 안이 조각 얼음 때문에 차가워져 집기병 안의 수증기가 응결하여 뿌옇게 흐려집니다.

3 안개는 밤에 지표면 근처의 공기가 차가워지면 공기 중 수증기가 응결해 작은 물방울로 떠 있는 것입니다.

4 공기가 지표면에서 하늘로 올라가면서 부피는 점점 커지고 온도는 점점 낮아집니다. 이때 공기 중에 포함되어 있던 수증기가 작은 물방울이나 얼음 알갱이 상태로 변해 떠 있는 것이 구름입니다.

3 비와 눈이 내리는 과정

1 ③   **2** (1) × (2) ○ (3) ○   **3** ㉢

1 플라스크 아랫면에서 물방울들이 합쳐지고 무거워져 떨어지는 것이 비를 나타냅니다.

2 비는 구름 속 작은 물방울들이 합쳐지면서 떨어지거나, 커진 얼음 알갱이가 떨어지면서 녹은 것입니다.

3 눈은 구름 속 얼음 알갱이의 크기가 커지면서 무거워져 떨어질 때 녹지 않은 채로 떨어지는 것입니다.

실력 문제   50~51쪽

1 ②   **2** ①   **3** ①, ④   **4** ㉡   **5** 응결   **6** ④
7 ②   **8** 안개   **9** ㉠, ㉢, ㉡   **10** ⑤   **11** 비   **12** ③

1 습도표에서 세로줄의 건구 온도, 가로줄의 건구 온도와 습구 온도의 차가 만나는 지점이 현재 습도입니다. 따라서 건구 온도 28 ℃와 습도 78 %가 만나는 지점의 건구 온도와 습구 온도의 차는 3 ℃입니다. 습구 온도는 건구 온도보다 낮으므로 25 ℃가 됩니다.

2 습도가 낮을수록 빨래가 잘 마릅니다. ①은 65 %, ②는 72 %, ③은 72 %, ④는 79 %, ⑤는 86 %입니다.

3 습도가 높으면 곰팡이가 잘 피고, 빨래가 잘 마르지 않고, 음식물이 부패하기 쉽습니다.

4 실내에 젖은 빨래를 널거나 가습기를 사용하면 습도를 높일 수 있습니다. 제습제 사용은 습도가 높을 때 습도를 낮추는 방법입니다.

5 집기병은 얼음물로 인해 차가워지며, 집기병 바깥에 있는 공기 중 수증기가 응결해 차가워진 집기병 표면에 물방울로 맺힙니다.

6 이슬은 밤에 차가워진 나뭇가지나 풀잎 표면 등에 수증기가 응결해 물방울로 맺히는 것입니다.

7 비가 온 뒤 유리창에 맺히는 물방울은 빗물이 유리창에 떨어진 것입니다.

8 안개는 밤에 지표면 근처의 공기가 차가워지면 공기 중 수증기가 응결해 지표면 근처에 작은 물방울로 떠 있는 것입니다.

9 공기가 지표면에서 하늘로 올라가면서 부피는 점점 커지고 온도는 점점 낮아집니다. 이때 공기 중 수증기가 응결해 물방울이 되거나 얼음 알갱이 상태로 변해 하늘에 떠 있는 것을 구름이라고 합니다.

10 플라스크 아랫부분에 물방울이 맺히고, 물방울이 모여서 무거워져 떨어집니다.

11 플라스크 아래에 생긴 작은 물방울들이 합쳐지면서 점점 커지고 무거워져 떨어지는 것처럼, 구름을 이루는 작은 물방울들이 합쳐져 무거워지면 떨어져 비가 됩니다.

12 비는 구름 속의 작은 물방울들이 합쳐지면서 커지고 무거워져 떨어지거나 커진 얼음 알갱이가 떨어지다 녹은 것입니다. 눈은 구름 속에서 커진 얼음 알갱이가 녹지 않은 채 떨어진 것입니다.

4 고기압과 저기압

1 (1) ㉡ (2) ㉠   **2** ②   **3** ㉠
4 고기압, 저기압

1 차가운 공기는 따뜻한 공기보다 일정한 부피에 공기 알갱이가 더 많기 때문에 따뜻한 공기보다 무겁습니다.

2 공기는 그 무게 때문에 누르는 힘이 생깁니다. 이와 같이 공기의 무게로 생기는 누르는 힘을 기압이라고 합니다.

3 공기는 무게를 가지고 있어 일정한 부피에 공기의 양이 많을수록 무겁습니다.

4 공기가 무거운 것을 고기압이라고 하고, 공기가 가벼운 것을 저기압이라고 합니다.

5 바람이 부는 까닭

1 얼음물   **2** ←   **3** (1) ○ (2) ○ (3) ×
4 ⓛ

1 따뜻한 물 위의 공기가 얼음물 위의 공기보다 온도가 높으므로 따뜻한 물 위가 저기압, 얼음물 위가 고기압입니다.

2 향 연기는 고기압인 얼음물을 넣은 그릇에서 저기압인 따뜻한 물을 넣은 그릇 쪽으로 움직입니다.

3 낮에는 육지 위가 바다 위보다 온도가 높아 육지 위는 저기압이 되고 바다 위는 고기압이 됩니다. 따라서 바람은 바다에서 육지로 붑니다.

4 밤에는 바다 위의 공기가 육지 위의 공기보다 온도가 높으므로 육지 위는 고기압, 바다 위는 저기압입니다. 따라서 육지에서 바다로 바람이 붑니다.

6 우리나라의 계절별 날씨의 특징

1 온도, 습도   **2** ⓒ   **3** ②   **4** ⓒ

1 공기 덩어리가 넓은 지역에 오랫동안 머무르면 공기 덩어리는 그 지역의 온도나 습도와 성질이 비슷해집니다.

2 겨울에는 ㉠ 북서쪽 대륙에서, 초여름에는 ㉡ 북동쪽 대륙에서, 봄과 가을에는 ㉢ 남서쪽 대륙에서, 여름에는 ㉣ 남동쪽 바다에서 이동해 오는 공기 덩어리의 영향을 받습니다.

3 우리나라의 여름 날씨는 남동쪽 바다에서 이동해 오는 따뜻하고 습한 공기 덩어리의 영향을 받아 덥고 습합니다.

4 겨울에는 북서쪽 바다에서 이동해 오는 차갑고 건조한 공기 덩어리의 영향을 받아 춥고 건조합니다.

1 ③   **2** ①   **3** ㉠   **4** ④   **5** ⓛ   **6** <, >   **7** 해풍   **8** ③, ⑤   **9** ③   **10** ④   **11** ①, ③   **12** ⓒ

1 차가운 공기는 따뜻한 공기보다 일정한 부피에 공기 알갱이가 더 많아 무거우며 기압이 더 높습니다.

2 플라스틱 통 안 공기의 온도가 높아지면 공기의 무게는 줄어듭니다. 따라서 따뜻한 공기를 넣기 전의 플라스틱 통의 무게가 더 무겁습니다. 주변보다 온도가 높은 공기는 온도가 낮은 공기보다 더 가볍습니다.

3 공기는 무게를 가지고 있어 일정한 부피에 들어 있는 공기 알갱이의 양이 많을수록 무겁습니다. 상대적으로 공기가 무거운 것을 고기압이라고 합니다.

4 얼음물 위 공기는 고기압이고, 따뜻한 물 위 공기는 저기압이므로 향 연기는 얼음물 쪽에서 따뜻한 물 쪽으로 움직입니다.

5 공기는 고기압에서 저기압으로 이동합니다.

6 낮에는 기온이 낮은 바다가 기온이 높은 육지보다 기압이 높습니다. 밤에는 기온이 낮은 육지가 기온이 높은 바다보다 기압이 높습니다.

7 낮에 바다에서 육지로 부는 바람을 해풍이라고 합니다.

8 육풍은 바닷가에서 밤에 부는 바람입니다. 밤에는 바다 위의 공기가 육지 위의 공기보다 온도가 높으므로 육지 위는 고기압, 바다 위는 저기압입니다. 따라서 육지에서 바다로 바람이 붑니다.

9 우리나라의 봄, 가을은 남서쪽 대륙에서 오는 따뜻하고 건조한 공기 덩어리의 영향을 받아 날씨가 따뜻하고 건조합니다.

10 가을에는 남서쪽 대륙에서 이동해 오는 따뜻하고 건조한 공기 덩어리의 영향으로 날씨가 따뜻하고 건조합니다.

11 우리나라의 여름에는 남동쪽 바다에서 이동해 오는 따뜻하고 습한 공기 덩어리의 영향을 받습니다.

12 봄에는 남서쪽 대륙에서 이동해 오는 따뜻하고 건조한 공기 덩어리의 영향으로 날씨가 따뜻하고 건조합니다.

❶ 수증기   ❷ 높으면   ❸ 이슬 ❹ 안개

❺ 응결   ❻ 구름   ❼ 얼음 알갱이   ❽ 무거운

❾ 가벼운   ❿ 고기압   ⓫ 저기압

⓬ 고   ⓭ 저   ⓮ 낮   ⓯ 밤   ⓰ 공기 덩어리

⓱ 건조한   ⓲ 습한

OX   1 ○   2 ×   3 ×   4 ×   5 ○   6 ×   7 ×

8 ○   9 ○   10 ×

2 습도가 높을 때에 습도를 낮추려면 실내에 가습기를 사용
└ 제습기
하고, 보일러를 켭니다.

3 구름
└
안개는 공기가 위로 올라가면서 온도가 낮아지면 공기 중
의 수증기가 응결해 물방울이 되거나 더 낮은 온도에서 얼
음 알갱이가 되어 하늘에 떠 있는 것입니다.

4 구름 속 얼음 알갱이가 크고 무거워져 떨어지면서 녹으면
눈이 됩니다.
└ 비

6 같은 부피라면 차가운 공기가 따뜻한 공기보다 가볍습니
└ 무겁
다.

7 저기압에서 고기압으로 공기가 이동하여 바람이 붑니다.
└ 고   └ 저

10 봄과 가을에는 남서쪽 대륙에서 이동해 오는 공기 덩어리
의 영향으로 매우 덥고 습합니다.
└ 따뜻하고 건조

💡 **단원 평가 1회**   62~64쪽

1 ©, @, ㉠, ㉡   **2** 71 %   **3** ②, ③   **4** ②, ④   **5** 이슬, 예
집기병 바깥에 있는 공기 중 수증기가 응결해 집기병 표면에서
물방울로 맺히기 때문이다.   **6** ④   **7** 안개   **8** ②   **9** 예
안개는 지표면 근처에 떠 있으며, 구름은 높은 하늘에 떠 있다.
10 ©   **11** ㉠, ©   **12** ⑤   **13** ⑤   **14** ①   **15** ㉡   **16**
②   **17** 온도: 바다 ○, 기압: 육지 ○   **18** ②   **19** ②   **20**
①

1 건습구 습도계에서 알코올 온도계의 액체샘을 헝겊으로
감싼 뒤에 헝겊의 아랫부분이 물에 잠기도록 한 온도계를
습구 온도계라고 합니다.

2 건구 온도에 해당하는 16 ℃를 세로줄에서 찾아 표시하고,
건구 온도와 습구 온도의 차(16 ℃-13 ℃ = 3 ℃)를 구하
여 가로줄에서 찾아 표시합니다. 세로줄의 건구 온도와 가
로줄의 건구 온도와 습구 온도의 차가 만나는 지점이 현재
습도를 나타냅니다. 단위는 %입니다.

3 습도가 낮으면 피부가 건조해지고, 산불이 발생하기 쉽습
니다. 또한 빨래가 잘 마르며, 감기와 같은 호흡기 질환이
생기기 쉽습니다.

4 옷장이나 신발장에 제습제를 넣어 두거나 실내에 마른 숯
을 놓아두면 습도를 낮출 수 있습니다.

5 집기병 표면에 맺힌 물방울은 집기병 바깥 공기 중에 포함
되어 있던 수증기가 응결한 것입니다. 이슬은 밤에 차가워
진 나뭇가지나 풀잎 표면 등에 수증기가 응결해 물방울로
맺히는 것입니다.

채점 기준	
이슬과 까닭을 예시 답안과 같이 옳게 쓴 경우	5점
이슬만 쓴 경우	2점

6 이슬과 안개는 공기 중 수증기가 응결해 나타나는 현상입
니다. 주로 새벽이나 이른 아침에 볼 수 있습니다.

7 안개는 공기 중 수증기가 응결하여 지표면 가까이에 작은
물방울로 떠 있는 것입니다.

8 구름은 공기 중 수증기가 응결해 작은 물방울이나 얼음 알
갱이 상태로 높은 하늘에 떠 있는 것입니다.

9 안개와 구름은 수증기가 응결해 나타나는 현상이며, 만들
어지는 위치가 다릅니다.

채점 기준	
안개와 구름이 만들어지는 위치를 모두 옳게 쓴 경우	5점
안개와 구름이 만들어지는 위치 중 한 가지만 옳게 쓴 경우	2점

10 플라스크 아랫면에 맺힌 작은 물방울들은 점점 커져서 떨
어져 비가 됩니다.

11 구름 속 얼음 알갱이가 점점 커지고 무거워져 떨어질 때
녹아서 비가 되거나 녹지 않은 채로 떨어지면 눈이 됩니
다.

12 차가운 공기가 따뜻한 공기보다 일정한 부피에 공기 알갱
이가 더 많아 무거우며, 상대적으로 공기가 무거워 기압이
높은 것을 고기압이라고 합니다.

13 어느 두 지점 사이에서 기압 차이가 생기면 공기는 고기압
에서 저기압으로 이동합니다.

14 두 지점 사이에 기압 차가 생기면 공기는 고기압에서 저기압으로 이동합니다. 이와 같이 기압 차로 공기가 이동하는 것을 바람이라고 합니다.

15 얼음물 위는 고기압, 따뜻한 물 위는 저기압이므로 향 연기는 얼음물 쪽에서 따뜻한 물 쪽으로 움직입니다.

16 맑은 날 낮의 바닷가에서는 육지 위가 저기압, 바다 위가 고기압이 되어 바람은 바다에서 육지로 붑니다.

17 밤에는 바다 위의 공기가 육지 위의 공기보다 온도가 높으므로 육지 위는 고기압, 바다 위는 저기압입니다. 따라서 육지에서 바다로 바람이 붑니다.

18 여름에는 남동쪽 바다에서 따뜻하고 습한 공기 덩어리가 이동해 옵니다.

19 겨울에는 북서쪽 대륙에서 차갑고 건조한 공기 덩어리가 이동해 옵니다.

20 초여름은 차고 습하며, 여름에는 남동쪽 바다에서 이동해 오는 공기 덩어리의 영향으로 덥고 습합니다. 가을에는 따뜻하고 건조하며, 겨울에는 북서쪽 대륙에서 이동해 오는 차고 건조한 공기 덩어리의 영향을 받습니다.

🔆 단원 평가 2회

65~67쪽

1 ④ **2** ㉠ 건구 온도계, ㉡ 습구 온도계 **3** ③ **4** ㉠, ㉢
5 ① **6** ③ **7** 응결 **8** ③ **9** ② **10** ㉠ 무게, ㉡ 기압
11 ①, ③ **12** ② **13** ㉡ **14** ④ **15** 바람의 방향은 해설 참조, ⑩ 바람은 고기압에서 저기압으로 불기 때문이다. **16** ⑤
17 ②, ⑤ **18** 공기 덩어리 **19** ② **20** ④

1 습도는 공기 중에 수증기가 포함된 정도를 말하며 단위는 %입니다. 습도는 주위 환경에 따라 계속 변하며, 공기 중에 수증기가 많이 포함되어 있다는 것은 습도가 높다는 의미입니다.

2 액체샘을 헝겊으로 감싸고 헝겊의 아랫부분이 물에 잠긴 알코올 온도계는 습구 온도계, 헝겊으로 감싸지 않은 알코올 온도계는 건구 온도계입니다.

3 건구 온도, 건구 온도와 습구 온도의 차를 알면 습도표를 이용하여 습도를 구할 수 있습니다.

4 습도가 높으면 곰팡이가 잘 핍니다. 습도가 높을 때에는 제습제를 사용하거나 마른 숯을 실내에 놓아두어 습도를 조절합니다.

5 이슬은 차가운 물체 표면에 공기 중 수증기가 응결해 물방울로 맺히는 것입니다.

6 안개는 공기 중 수증기가 응결하여 지표면 가까이에 작은 물방울로 떠 있는 것입니다.

7 구름은 공기 중 수증기가 응결해 물방울이 되거나 얼음 알갱이 상태로 변해 하늘에 떠 있는 것이며, 이슬은 차가워진 물체 표면에 수증기가 응결해 물방울로 맺히는 것입니다. 안개는 지표면 근처의 공기가 차가워지면 공기 중 수증기가 응결해 작은 물방울로 지표면 근처에 떠 있는 것입니다.

8 구름 속 작은 물방울이 합쳐지면서 무거워져 떨어지면 비가 되거나 구름 속 얼음 알갱이의 크기가 커지고 무거워져 떨어질 때 기온이 높은 지역을 지나면 녹아서 빗방울이 됩니다.

9 눈은 구름 속에서 크기가 커진 얼음 알갱이가 무거워져 떨어질 때 녹지 않은 채로 떨어지는 것입니다.

10 공기는 무게를 가지고 있어 공기의 양이 많을수록 무겁습니다. 이 공기의 무게로 생기는 누르는 힘을 기압이라고 합니다.

11 공기가 많을수록 공기의 무게는 무겁고, 주위보다 공기가 무거운 것을 고기압이라고 합니다. 고기압은 공기의 온도가 낮고, 저기압은 공기의 온도가 높습니다.

12 온도가 낮은 얼음물 위의 공기는 고기압, 온도가 높은 따뜻한 물 위의 공기는 저기압이 됩니다.

13 공기는 고기압에서 저기압 쪽으로 이동합니다. 따라서 상대적으로 온도가 낮아 고기압이 되는 얼음물 위에서 상대적으로 온도가 높아 저기압이 되는 따뜻한 물 위로 이동합니다.

14 향 연기의 움직임은 공기의 움직임이며, 공기의 수평 방향의 이동을 바람이라고 합니다.

15

공기는 고기압에서 저기압으로 이동하며, 기압 차로 공기가 이동하는 것을 바람이라고 합니다.

16 육지가 바다보다 빨리 데워지고 빨리 식으므로 육지가 바다보다 하루 동안 기온 변화가 더 큽니다.

17 해풍은 바닷가에서 낮에 바다에서 육지로 부는 바람입니다.

18 공기 덩어리가 넓은 지역에 오랫동안 머물러 있으면 공기 덩어리는 그 지역의 온도나 습도와 비슷한 성질을 갖게 됩니다.

19 대륙에서 이동해 오는 공기 덩어리는 건조하고, 바다에서 이동해 오는 공기 덩어리는 습합니다. 북쪽에서 이동해 오는 공기 덩어리는 차고, 남쪽에서 이동해 오는 공기 덩어리는 따뜻합니다.

20 ⓒ은 우리나라의 봄과 가을에 영향을 주는 공기 덩어리로 따뜻하고 건조합니다.

📑 서술형 익히기 68~69쪽

개념1 **1** ① 상하기 ② 건조 **2** 높을 때, 낮추려면, 보일러를 켭니다

3 예 가습기를 사용합니다. 실내에 젖은 빨래를 널어 둡니다. 어항을 놓아 둡니다.

개념2 **4** ① 수증기 ② 위치 **5** 응결하여 물방울로 맺히는, 응결하여 지표면 가까이에 떠 있는 것입니다

6 예 이슬은 수증기가 응결해 차가운 물체의 표면에 맺혀 만들어지고 안개는 수증기가 응결해 지표면 근처에 떠 있어 만들어집니다. 구름은 공기가 하늘로 올라가 수증기가 응결해 만들어집니다.

개념3 **7** ① 공기 덩어리 ② 여름 **8** 건조하고, 습합니다, 차갑고, 따뜻합니다

9 (나), 봄에는 따뜻하고 건조한 공기 덩어리의 영향으로 따뜻하고 건조합니다.

---

1 습도가 높으면 곰팡이가 잘 피고, 습도가 낮으면 건조합니다.

---

2 제습제나 마른 숯을 사용하면 습도를 낮출 수 있습니다.

3 건조할 때는 습도가 낮으므로 실내에 빨래를 널거나 가습기 등을 사용하면 습도를 높일 수 있습니다.

4 이슬은 물체 표면, 안개는 지표면 근처, 구름은 높은 하늘에서 만들어집니다.

5 이슬은 물체 표면에 맺히고, 안개는 지표면 근처에 떠 있습니다.

6 이슬, 안개, 구름은 모두 수증기가 응결해 나타나는 현상이지만 서로 다른 곳에서 만들어집니다.

7 봄과 가을에는 남서쪽 대륙, 여름에는 남동쪽 바다, 겨울에는 북서쪽 대륙에서 이동해 오는 공기 덩어리의 영향을 받습니다.

8 공기 덩어리가 육지나 바다와 같이 넓은 지역에 오랫동안 머물러 있으면 그 지역의 온도 및 습도와 비슷해집니다.

9 우리나라의 봄 날씨는 남서쪽 대륙에서 이동해 오는 공기 덩어리의 영향으로 따뜻하고 건조합니다.

📑 서술형 평가 70~71쪽

1 (1) 낮 (2) 예 가습기를 사용한다. 실내에 젖은 빨래를 널어둔다. **2** 예 공기는 지표면에서 하늘로 올라가면서 온도가 점점 낮아진다. 이때 공기 중 수증기가 응결해 물방울이 되거나 얼음 알갱이 상태로 변해 하늘에 떠 있다. **3** (1) 비 (2) 예 플라스크 아래에 생긴 작은 물방울들이 합쳐지면서 점점 커지고 무거워져 아래로 떨어진 것처럼 구름을 이루는 작은 물방울들이 합쳐져 무거워지면 떨어져서 비가 된다. **4** 눈, 예 구름 속 얼음 알갱이의 크기가 커지면서 무거워져 떨어질 때 녹지 않은 채로 떨어진 것이다. **5** (1) ㉠, 예 차가운 공기는 따뜻한 공기보다 일정한 부피에 공기 알갱이가 더 많기 때문이다. (2) ㉠ 고기압, ㉡ 저기압 **6** 예 얼음물 위 공기는 고기압이 되고, 따뜻한 물 위 공기는 저기압이 된다. 공기는 고기압에서 저기압으로 이동하기 때문이다. **7** (1) ←, → (2) 예 낮에는 육지가 바다보다 온도가 높고, 밤에는 바다가 육지보다 온도가 높다. 따라서 낮에는 바다 위가 고기압, 밤에는 육지 위가 고기압이 되어 바람의 방향이 바뀐다. **8** (1) ㉢ (2) 예 여름은 남동쪽 바다에서 이동해 오는 따뜻하고 습한 공기 덩어리의 영향을 받아 덥고 습하다.

1 (1) 습도가 낮은 날은 건조하여 감기와 같은 호흡기 질환이 생기기 쉽습니다.

(2) 습도가 낮을 때에는 가습기를 사용하거나 실내에 젖은 빨래를 널어두어 습도를 조절합니다.

채점 기준	
(1), (2)를 모두 옳게 쓴 경우	12점
(1)만 옳게 쓴 경우	2점
(2)만 옳게 쓴 경우	10점

2 공기 중 수증기가 응결해 작은 물방울이나 얼음 알갱이 상태로 하늘에 떠 있는 것을 구름이라고 합니다.

채점 기준	
예시 답안과 같이 옳게 쓴 경우	8점
예시 답안과 의미는 비슷하지만 정확하게 쓰지 못한 경우	3점

3 구름을 이루는 작은 물방울들이 합쳐져 무거워지면 떨어져 비가 됩니다. 구름을 이루는 얼음 알갱이가 커지면 무거워져서 아래로 떨어지며, 떨어지는 도중에 녹으면 비가 됩니다.

채점 기준	
(1), (2)를 모두 옳게 쓴 경우	12점
(1)만 옳게 쓴 경우	2점
(2)만 옳게 쓴 경우	10점

4 눈은 구름 속 얼음 알갱이가 점점 커지고 무거워져 떨어질 때 녹지 않은 채로 떨어지는 것입니다.

채점 기준	
눈과 일어나는 과정을 예시 답안과 같이 옳게 쓴 경우	8점
눈만 쓴 경우	2점

5 (1) 차가운 공기는 따뜻한 공기보다 일정한 부피에 들어 있는 공기 알갱이의 양이 더 많아 무겁습니다.

(2) 상대적으로 공기가 무거운 것을 고기압, 상대적으로 공기가 가벼운 것을 저기압이라고 합니다.

채점 기준	
(1), (2)를 모두 옳게 쓴 경우	12점
(1)만 옳게 쓴 경우	10점
(2)만 옳게 쓴 경우	2점

6 공기는 고기압에서 저기압으로 이동합니다.

채점 기준	
예시 답안과 같이 옳게 쓴 경우	8점
얼음물 위와 따뜻한 물 위의 기압만 쓴 경우	4점

7 (1) 바닷가에서 낮에 바다에서 육지로 부는 바람을 해풍이라고 하며, 반대로 밤에 육지에서 바다로 부는 바람을 육풍이라고 합니다.

(2) 바닷가에서는 낮과 밤에 바다와 육지의 온도가 서로 다르기 때문에 낮과 밤에 바람의 방향이 바뀝니다.

채점 기준	
(1), (2)를 모두 옳게 쓴 경우	12점
(1)만 옳게 쓴 경우	2점
(2)만 옳게 쓴 경우	10점

8 (1) 여름에는 남동쪽 바다, 겨울에는 북서쪽 대륙, 봄과 가을에는 남서쪽 대륙에서 공기 덩어리가 이동해 옵니다.

(2) 남쪽에서 이동해 오는 공기 덩어리는 따뜻하고, 바다에서 이동해 오는 공기 덩어리는 습합니다.

채점 기준	
(1), (2)를 모두 옳게 쓴 경우	12점
(1)만 옳게 쓴 경우	2점
(2)만 옳게 쓴 경우	10점

👓 수행 평가
72쪽

1 (1) ⑩ 작은 물방울이 맺힌다. (2) ⑩ 뿌옇게 흐려진다.

2 (1) 이슬 (2) 안개 **3** (1) ⑩ 수증기가 응결해 나타나는 현상이다. (2) ⑩ 이슬은 물체 표면에 맺힌다. 안개는 지표면 근처에 떠 있다. **4** ⑩ 목욕탕 거울이 뿌옇게 흐려진다. 추운 날, 실내로 들어왔을 때 차가운 안경알 표면이 뿌옇게 흐려진다. 아이스크림이 든 포장지에 물방울이 맺힌다. 냉장고에서 꺼낸 음료수병의 표면에 물방울이 생긴다. 등

1 집기병 표면에 맺힌 물방울은 집기병 바깥에 있는 공기 중의 수증기가 응결해 나타나는 현상입니다. 따뜻한 물을 버린 직후 집기병 안은 수증기가 많으며, 이때 집기병 위에 올려놓은 얼음 조각으로 집기병 안 온도가 떨어져 집기병 안의 수증기가 응결해 뿌옇게 됩니다.

2 이슬은 차가운 물체 표면에 수증기가 응결해 물방울이 맺히는 것이며, 안개는 수증기가 응결해 지표면 근처에 작은 물방울로 떠 있는 것입니다.

3 이슬과 안개는 모두 공기 중 수증기가 응결해 나타나는 현상으로, 이슬은 물체 표면에 붙어 있지만 안개는 지표면 가까이에 떠 있습니다.

4 공기 중의 수증기가 응결하여 차가운 물체 표면에 물방울로 맺힙니다.

수행 평가   73쪽

1 예 따뜻한 공기를 넣은 플라스틱 통보다 차가운 공기를 넣은 플라스틱 통의 무게가 더 무겁다.   **2** 예 차가운 공기는 따뜻한 공기보다 같은 부피 안에 들어 있는 공기의 양이 더 많기 때문이다.   **3** 예 기압은 공기의 무게 때문에 생기는 힘이므로 같은 부피에서 무게가 무거운 공기가 가벼운 공기보다 기압이 더 높다.

1 공기는 눈에 보이지 않지만 무게가 있습니다. 차가운 공기가 따뜻한 공기보다 무겁습니다.

2 온도가 낮은 공기는 온도가 높은 공기보다 무겁습니다.

3 상대적으로 차가운 공기는 따뜻한 공기보다 기압이 높으며, 이것을 고기압이라고 합니다. 상대적으로 따뜻한 공기는 차가운 공기보다 기압이 낮으며, 이것을 저기압이라고 합니다.

수행 평가   74쪽

1 예 투명한 상자 속 공기의 움직입니다.   **2** 예 따뜻한 물 위 공기는 저기압이 되고, 얼음물 위 공기는 고기압이 된다. 공기는 고기압에서 저기압으로 이동하기 때문이다. **3** 바람   **4** (1) 예 바다에서 육지로 바람이 분다. (2) 예 육지에서 바다로 바람이 분다.

1 공기는 눈에 보이지 않기 때문에 향 연기를 통하여 공기의 움직임을 알 수 있습니다.

2 공기는 고기압에서 저기압으로 이동합니다.

3 향 연기의 움직임은 고기압에서 저기압으로 공기가 이동하여 바람이 생기는 것을 보여 줍니다.

4 낮에는 육지 위의 공기가 바다 위의 공기보다 온도가 높으므로 육지 위는 저기압, 바다 위는 고기압이 되어 바다에서 육지로 바람이 붑니다.

4 물체의 운동

1 물체의 운동 나타내기

개념 확인 문제   77쪽

1 ②   **2** 자전거, 자동차, 할아버지   **3** ③

1 시간이 지남에 따라 물체의 위치가 변할 때 물체가 운동한다고 합니다.

2 1초 동안에 위치가 변한 물체가 운동한 물체입니다. 1초 후 위치가 달라진 것은 자전거, 자동차, 할아버지입니다.

3 물체의 운동은 물체가 이동하는 데 걸린 시간과 이동 거리로 나타냅니다. 수현이가 학교까지 10 m를 이동하는 데 걸린 시간도 함께 나타내어야 운동을 바르게 나타낸 것입니다.

2 여러 가지 물체의 운동

개념 확인 문제   79쪽

1 (1) > (2) <   **2** ④   **3** ③

1 하늘을 나는 비행기는 컬링 스톤보다 빠르게 운동하고, 자동차는 자전거보다 빠르게 운동합니다.

2 자동계단은 위층이나 아래층으로 이동하는 동안 일정한 빠르기로 운동하기 때문에 사람이 안전하게 이동할 수 있습니다.

3 레일 바이크의 발판을 빠르게 돌리면 빠르게 운동하고 발판을 느리게 돌리면 느리게 운동하는 것처럼 물체의 빠르기를 조절할 수 있습니다. 컬링 스톤은 빠르기가 변하는 운동을 하는 물체이며, 하늘을 나는 비행기는 치타보다 빠릅니다. 빠르기가 일정한 운동을 하는 물체도 있으며, 빠르기가 빨라지다 느려지는 운동을 하는 물체 등 운동하는 물체의 빠르기는 다양합니다.

3 같은 거리를 이동한 물체의 빠르기 비교하기

☺ 개념 확인 문제

1 (1) 정현 (2) 경희 **2** 경희 **3** ④

1 가장 긴 시간이 걸린 기록은 9초 54이고, 가장 짧은 시간이 걸린 기록은 8초 43입니다.

2 같은 거리를 이동하는 데 걸린 시간이 가장 짧은 친구가 가장 빠릅니다.

3 농구는 같은 시간 동안에 공을 골대에 많이 넣으면 이기는 운동 경기입니다.

4 같은 시간 동안 이동한 물체의 빠르기 비교하기

☺ 개념 확인 문제

1 (1) 빨간색 종이 자동차 (2) 초록색 종이 자동차

2 빨간색 종이 자동차 **3** ④

1 2초 동안 빨간색 종이 자동차는 98 cm를, 초록색 종이 자동차는 88 cm를 이동하였습니다.

2 2초 동안 빨간색 종이 자동차가 가장 긴 거리를 이동하였으므로 가장 빠릅니다.

3 같은 시간 동안 이동한 물체의 빠르기는 물체의 이동 거리로 비교합니다.

💡 실력 문제

1 ① **2** 자동차 **3** ① **4** ③ **5** ㉠ **6** ② **7** 민수 **8** ④ **9** ③ **10** ③ **11** ⑤ **12** 승용차, 기차

1 시간에 따라 물체의 위치가 변하는 것을 물체가 운동한다고 합니다.

2 운동하지 않은 물체는 시간이 지나도 물체의 위치가 변하지 않는 것입니다. 자동차는 2초 동안 제자리에 있었습니다.

3 시간이 지남에 따라 물체의 위치가 변하는 것을 물체가 운동한다고 합니다.

4 물체의 운동은 물체가 이동하는 데 걸린 시간과 이동 거리로 나타냅니다. ①번 지우와 ②번 태경이는 걸린 시간이 드러나 있지 않고, ④번 자전거와 ⑤번 현준이는 이동한 거리가 드러나 있지 않습니다.

5 로켓은 매우 빠른 물체입니다. 사진의 빠른 순서는 로켓>컬링 스톤>달팽이 순입니다.

6 배드민턴 채로 배드민턴공을 치면 처음에는 빠르게 날아가다가 점점 느려지면서 바닥으로 떨어집니다. 자동길, 회전목마, 자동계단, 케이블카는 빠르기가 일정한 운동을 하기 때문에 사람들이 안전하게 이동할 수 있습니다.

7 50 m로 같은 거리를 달렸기 때문에 결승선에 가장 먼저 도착한 사람이 가장 빠릅니다.

8 이 경기는 50 m 달리기로 같은 거리를 달린 경기입니다. 결승선에 가장 먼저 도착한 사람이 50 m를 이동하는 데 걸린 시간이 가장 짧습니다. 걸린 시간이 짧을수록 빨리 달린 것입니다.

9 수영은 선수들이 출발신호에서 동시에 출발했다면 결승선까지 이동하는 데 가장 짧은 시간이 걸린 선수가 가장 빠릅니다.

10 5분 동안 가장 긴 거리를 이동한 동물이 가장 빠른 것이므로 10 km를 이동한 치타가 가장 빠릅니다.

11 4초 동안 민준이가 만든 자동차가 가장 긴 거리를 이동하였으므로 가장 빠르고, 그 다음으로 서현이가 만든 자동차, 시안이가 만든 자동차의 순서입니다.

12 1시간 동안 시내버스는 60 km를 이동하였습니다. 따라서 1시간 동안 80 km를 이동한 승용차와 100 km를 이동한 기차가 시내버스보다 빠릅니다.

5 물체의 빠르기를 속력으로 나타내기

☺ 개념 확인 문제

1 ㉠ 이동 거리, ㉡ 걸린 시간 **2** >

3 ③ **4** 80

1 속력은 물체가 이동한 거리를 걸린 시간으로 나누어 구합니다.

2 단위 시간이 1시간이므로 속력이 큰 물체가 더 빠릅니다. 시간 단위가 같은 경우 속력이 클수록 빠릅니다.

3 (자동차의 속력) = (이동 거리) ÷ (걸린 시간) = 240 km ÷ 3 h = 80 km/h. 시간당 이동한 속력이므로 시간 단위는 h를 써야 합니다.

4 속력은 단위 시간 동안에 물체가 이동한 거리를 말하므로 자동차의 속력 80 km/h는 1시간 동안에 80 km를 이동하는 것입니다.

6 속력과 관련된 안전장치와 안전 사항

😊 **개념 확인 문제** 89쪽

1 ② **2** 과속 방지 턱 **3** (1) △ (2) ○ (3) △ (4) ○

1 자동차에 설치된 안전장치에는 안전띠, 에어백, 차간 거리 유지 장치, 자동 긴급 제동 장치 등이 있습니다. 차간 거리 유지 장치는 가속 발판을 밟지 않아도 자동차를 운전자가 원하는 속력으로 운행하여 안전거리를 유지합니다. 자동 긴급 제동 장치는 앞차와 충돌 위험이 있을 때 자동차를 멈춥니다.

2 과속 방지 턱은 자동차가 달리는 속력을 줄이기 위해 도로에 설치한 것으로, 일반적으로 주택가나 학교 앞 어린이 보호 구역 등에 설치합니다.

3 횡단보도를 건널 때에는 스마트 기기를 보지 않고 좌우를 살펴야 합니다. 도로 주변에서는 공놀이를 하지 않고 공을 공 주머니에 넣고 다닙니다.

💡 **실력 문제** 90~91쪽

1 ○ **2** ⑤ **3** ② **4** ② **5** ④ **6** ③ **7** 헬리콥터, 기차, 버스 **8** ③, ④ **9** 속력 **10** ⑤ **11** ③ **12** ⑤

1 물체의 빠르기를 비교할 때에는 이동 거리와 걸린 시간 모두 필요합니다.

2 속력은 물체가 이동한 거리를 걸린 시간으로 나누어 구합니다.

3 속력이 크다는 것은 같은 시간 동안 더 긴 거리를 이동한다는 것이며, 속력이 큰 물체가 더 빠릅니다.

4 s는 초를 나타내는 단위이므로, 7 m/s는 '초속 칠 미터'라고 읽습니다. 또한 1초 동안에 7 m를 이동하는 빠르기를 의미합니다. ① '초속 칠 미터'라고 읽어야 합니다. ③ 1초 동안 7 mm가 아니라 7 m를 이동한 것입니다. ④ 1초 동안 5 m를 이동하는 속력보다 숫자가 더 크므로 더 빠른 것입니다. ⑤ 1분이 아니라 1초 동안 이동한 거리입니다.

5 11초에 110 m를 가는 장난감 곰의 속력은 110 m ÷ 11초 = 10 m/s입니다. 나머지는 모두 속력이 5 m/s입니다.

6 헬리콥터의 속력은 250 km/h, 승용차의 속력은 240 km ÷ 3시간 = 80 km/h, 버스의 속력은 120 km ÷ 2시간 = 60 km/h, 기차의 속력은 280 km ÷ 2시간 = 140 km/h, 자전거의 속력은 6 m ÷ 2초 = 3 m/s입니다.

7 속력이 클수록 빠릅니다. 헬리콥터의 속력은 250 km/h, 기차의 속력은 140 km/h, 버스의 속력은 60 km/h입니다.

8 도로에 설치된 안전장치에는 과속 방지 턱, 어린이 보호 구역 표지판, 교통 표지판, 횡단보도 등이 있습니다. 교통 표지판은 자동차 운전자와 보행자에게 위험 상황이나 규칙을 알려줍니다. 횡단보도는 보행자가 안전하게 길을 건널 수 있도록 보행자를 보호하는 구역입니다.

9 어린이 보호 구역이란 유치원, 초등학교 등의 주변 도로에 어린이를 보호하기 위하여 필요하다고 인정하는 지역을 말합니다. 어린이 보호 구역 표지판에는 제한 속력이 표시되어 있고 실시간 자동차의 속력이 표시되는 곳도 있습니다.

10 자동계단이나 자동길에서는 바로 서서 이동해야 하며, 버스에서 내린 뒤 급하게 길을 건너지 않아야 합니다. 횡단보도를 건널 때에는 좌우를 살펴야 하며, 가게에서는 장보기 수레를 천천히 밀고 이동합니다.

11 도로를 무단횡단하지 않아야 하며, 자전거에서 내려서 길을 건넙니다. 버스가 정류장에 도착할 때까지 인도에서 기다리고, 초록색 신호등이 켜지고 조금 지난 뒤에 횡단보도를 건넙니다.

12 어른들이 지켜야 할 교통안전 수칙으로는 학교 주변이나 어린이 보호 구역에서 자동차를 운전할 때에는 속력을 30 km/h 이하로 줄이는 것, 어린이가 통행하는 장소에서는 어린이가 길을 건널 때까지 기다리는 것, 주차장이 아닌 곳에 자동차를 주차하지 않는 것 등이 있습니다.

❶ 위치 ❷ 이동 거리 ❸ 변하는
❹ 일정한 ❺ 걸린 시간 ❻ 짧은
❼ 긴 ❽ 이동한 거리 ❾ 긴 ❿ 짧은
⓫ 이동한 거리 ⓬ 걸린 시간 ⓭ 인도
⓮ 횡단보도

OX 1 ✕ 2 ✕ 3 ✕ 4 ○ 5 ✕ 6 ✕ 7 ○
8 ○ 9 ○ 10 ○

1 시간이 지남에 따라 물체의 위치가 <u>변하지 않는</u> 것을 물체
가 운동한다고 합니다.
→ 변하는

2 비행기는 빠르기가 <u>일정한</u> 운동을 합니다.
→ 변하는

3 위층으로 올라가는 자동계단은 빠르기가 <u>변하는</u> 운동을
합니다.
→ 일정한

5 같은 거리를 이동하는 데 걸린 시간이 <u>길수록</u> 더 빠른 물
체입니다.
→ 짧을수록

6 같은 시간 동안 이동한 물체의 빠르기는 물체가 <u>이동하는
데 걸린 시간으로</u> 비교합니다.
→ 이동한 거리로

단원 평가 1회 94~96쪽

1 ② **2** ③ **3** 인나 **4** 예 시간이 지남에 따라 위치가 변
하기 때문이다. **5** ④ **6** ① **7** ② **8** ④, ⑤ **9** ②
10 ⓒ **11** ③, ⑤ **12** 초록색 자동차 **13** ② **14** 예 물체
가 이동한 거리를 걸린 시간으로 나누어 속력을 구하여 비교한
다. **15** ④ **16** ⑤ **17** ③ **18** ⑤ **19** ③ **20** ⑤

1 운동하지 않는 물체는 시간이 지남에 따라 위치가 변하지
않는 물체, 시간이 지나도 제자리에 있는 물체입니다.

2 하늘을 나는 새가 시간이 지남에 따라 위치가 변하는 운동
을 하는 물체이며, 나머지는 모두 시간이 지남에 따라 위
치가 변하지 않는 물체로 운동하지 않는 물체입니다.

3 물체의 운동은 물체가 이동하는 데 걸린 시간과 이동 거리
로 나타냅니다.

4 하늘을 날고 있는 비행기는 시간이 지남에 따라 위치가 변
합니다.

채점 기준	
예시 답안과 같이 옳게 쓴 경우	5점
예시 답안과 의미는 비슷하지만 정확하게 쓰지 못한 경우	2점

5 물체의 운동은 물체가 이동하는 데 걸린 시간과 이동 거리
로 나타내야 하므로 걸린 시간인 1초와 이동 거리인 7 m
로 나타냅니다.

6 자동길은 빠르기가 일정한 운동을 합니다. 레일 바이크는
발판을 빠르게 돌리면 빠르게 운동하고, 발판을 느리게 돌
리면 느리게 운동합니다. 배드민턴공은 배드민턴 채로 치
면 빠르게 날아가다가 점점 느려지면서 바닥으로 떨어집
니다. 펭귄은 펭귄의 움직임에 따라 빠르기가 변합니다.

7 자동차는 자전거보다 빠르게 운동합니다.

8 물체의 빠르기는 물체가 이동하는 데 걸린 시간, 물체가
이동한 거리로 비교합니다.

9 50 m 달리기에서 결승선에 가장 먼저 도착한 사람이 가장
빠릅니다.

10 일정한 거리를 이동한 물체의 빠르기는 물체가 이동하는
데 걸린 시간이 짧을수록 빠릅니다. 따라서 50 m 달리기
에서 결승선까지 달리는 데 가장 긴 시간이 걸린 사람이
가장 느립니다.

11 양궁은 같은 시간에 과녁에 맞힌 화살로 점수를 매겨 점수
가 높을수록 이기는 경기이며, 축구는 같은 시간 동안 골
대에 공을 많이 넣을수록 이기는 경기입니다. 배드민턴은
공을 주고받으며 점수를 매깁니다.

12 3초 동안 가장 짧은 거리를 이동한 초록색 자동차가 가장
느립니다.

13 시간은 같으므로 이동 거리가 가장 긴 물체가 가장 빠릅니
다.

14 이동 거리와 걸린 시간이 모두 다른 물체의 빠르기는 속력
으로 나타내 비교하면 빠르기를 비교할 수 있습니다.

채점 기준	
예시 답안과 같이 옳게 쓴 경우	5점
예시 답안과 의미는 비슷하지만 정확하게 쓰지 못한 경우	2점

15 같은 시간 동안 이동한 물체의 빠르기는 물체가 이동한 거
리로 비교합니다. 같은 시간 동안 가장 긴 거리를 이동한
물체가 가장 빠르고, 가장 짧은 거리를 이동한 물체가 가
장 느립니다.

16 3 km/h는 '시속 삼 킬로미터'라고 읽으며, 13 m/s는 '십삼 미터 매 초'라고 읽습니다. 속력은 물체가 이동한 거리를 걸린 시간으로 나누어 구하며, 속력의 단위에서 m는 이동 거리를, s는 걸린 시간을 나타냅니다.

17 속력은 (이동 거리) ÷ (걸린 시간)으로 구하며, 속력이 작은 물체가 가장 느립니다. ①은 3.6 m/s, ②는 3 m/s, ③은 2 m/s, ④는 10 m/s, ⑤는 8 m/s입니다.

18 속력이 클수록 같은 시간 동안 더 멀리 이동합니다. 따라서 자전거가 속력이 가장 크고, 이동한 거리가 가장 긴 물체입니다.

19 인도에서 버스를 기다려야 하며, 도로 주변에서는 공놀이를 하지 않아야 합니다. 횡단보도가 아닌 곳에서 길을 건너면 안 되며, 좌우를 살피며 건너야 합니다.

20 학교 주변이나 어린이 보호 구역에서 자동차를 운전할 때에는 속력을 줄여야 합니다.

단원 평가 2회

97~99쪽

1 ② **2** ①, ⑤ **3** 채연 **4** ⓒ, ㉣ **5** ④ **6** ⓓ 롤러코스터는 빠르기가 변하는 운동을 하고, 자동길은 빠르기가 일정한 운동을 한다. **7** ⓑ **8** ⑤ **9** ③ **10** 최지혜, ⓓ 200 m를 이동하는 데 가장 짧은 시간이 걸렸기 때문이다. **11** ⓒ, ⓛ, ㉠, ㉣ **12** ② **13** ③ **14** ② **15** ④ **16** ② **17** 승용차, ⓓ 승용차의 속력이 버스의 속력보다 더 크기 때문이다. **18** 동해 **19** ⓛ **20** ①

1 구름은 시간이 지남에 따라 위치가 변하는 운동하는 물체입니다.

2 시간이 지남에 따라 위치가 변하지 않은 것은 남자아이, 나무, 건물, 신호등, 도로 표지판 등입니다.

3 시간이 지남에 따라 위치가 변한 사람은 1분 동안 걸어간 채연입니다.

4 물체의 운동은 물체가 이동하는 데 걸린 시간과 이동 거리로 나타내야 합니다.

5 펭귄은 천천히 헤엄치다가 범고래를 만나면 빠르게 헤엄쳐 도망가므로 빠르기가 변하는 운동을 합니다.

6 롤러코스터는 내리막길에서 점점 빨라지고, 오르막길에서 점점 느려지는 운동을 합니다. 자동길은 빠르기가 일정한 운동을 하기 때문에 사람들이 안전하게 이동할 수 있습니다.

채점 기준	
예시 답안과 같이 옳게 쓴 경우	5점
예시 답안과 의미는 비슷하지만 정확하게 쓰지 못한 경우	2점

7 결승선에 가장 먼저 도착한 사람이 가장 빠르고 결승선까지 달리는 데 걸린 시간이 가장 짧습니다.

8 50 m를 달린 시간이 짧을수록 빠릅니다. 따라서 달린 시간이 가장 짧은 경희가 가장 빠르게, 걸린 시간이 가장 긴 태경이가 가장 느리게 달렸습니다.

9 장난감 강아지는 장난감 비행기보다 느리고 장난감 기차보다 빠르므로 3 m를 이동하는 데 걸린 시간은 장난감 비행기보다 길고, 장난감 기차보다 짧습니다.

10 같은 거리를 이동하는 데 짧은 시간이 걸린 물체가 더 빠릅니다.

채점 기준	
이름과 까닭을 모두 옳게 쓴 경우	5점
이름만 옳게 쓴 경우	2점

11 같은 시간 동안 긴 거리를 이동할수록 빠릅니다.

12 같은 시간 동안 긴 거리를 이동한 물체가 짧은 거리를 이동한 물체보다 더 빠릅니다.

13 같은 시간 동안 이동한 거리가 길수록 빠릅니다. 따라서 교통수단별 빠르기는 기차＞승용차＞시내버스＞배＞자전거의 순입니다.

14 (속력) = (이동 거리) ÷ (걸린 시간)이므로 140 m ÷ 20초 = 7 m/s입니다.

15 속력이 클수록 빠르므로 20 m/s보다 30 m/s가 더 빠르며, 20 m/s는 1초 동안 20 m를 이동한 물체의 속력을 나타내며, '초속 이십 미터 매 초' 라고 읽습니다.

16 ①은 6 m/s, ②는 10 m/s, ③은 7 m/s, ④는 5 m/s, ⑤는 3 m/s입니다. 속력이 클수록 빠릅니다.

17 승용차의 속력은 80 km/h이고, 버스의 속력은 60 km/h입니다. 속력이 큰 물체가 더 빠릅니다.

채점 기준	
물체와 까닭을 모두 옳게 쓴 경우	5점
물체만 옳게 쓴 경우	2점

18 풍속은 바람의 속력을 의미하며, 풍속이 클수록 바람이 빠르게 붑니다.

19 횡단보도에서는 좌우를 살피며 건너고, 인도에서 버스를 기다려야 합니다. 바퀴 달린 신발을 신고 있을 때에는 좌우를 잘 살펴야 하며 안전한 장소에서 타야 합니다.

20 자동차를 탔을 때에는 항상 안전띠를 해야 합니다.

📋 서술형 익히기
100~101쪽

개념1 **1** ① 걸린 시간 ② 짧은, 긴 **2** 자윤이, 짧은 시간
3 ⑩ 쇼트 트랙에서 일정한 거리를 이동하는 데 걸린 시간이 가장 짧은 선수가 가장 빠릅니다. 따라서 결승선에 가장 먼저 도착한 순서로 빠르기를 비교합니다.

개념2 **4** ① 속력 ② 걸린 시간 **5** 이동 거리, 걸린 시간, 10 m, 2초, 5 m/s, 5 m/s **6** ⑩ 버스의 속력은 40 km/h이고, 승용차의 속력은 50 km/h이므로, 승용차가 더 빠릅니다.

개념3 **7** ① 휴대 전화(스마트 기기), 초록불 ② 차도, 차도
8 초록불이 켜진 후 좌우를 살펴야 하고, 휴대 전화 등을 보지 않아야 합니다. **9** ⑩ 횡단보도를 건널 때에는 휴대 전화를 보지 말고, 좌우를 잘 살피며 건너야 합니다.

1 같은 거리를 운동한 물체의 빠르기는 같은 거리를 이동하는 데 걸린 시간을 측정해서 빠르기를 비교합니다. 이때 걸린 시간이 짧을수록 더 빠른 물체입니다.

2 20 m를 이동하는 데 가장 짧은 시간이 걸린 친구가 가장 빠른 친구입니다. 따라서 자윤이가 가장 빠르고 수지가 가장 느립니다.

3 쇼트 트랙은 같은 거리를 이동하는 데 걸린 시간을 측정해 빠르기를 비교하는 운동 경기입니다.

4 속력은 1초, 1시간 등과 같이 같은 시간 동안 물체가 이동한 거리를 뜻합니다.

5 2초 동안 10 m를 이동한 자전거의 속력은 10 m를 2초로 나눈 5 m/s가 됩니다.

6 속력은 이동 거리와 이동하는 데 걸린 시간이 모두 다른 물체의 빠르기를 비교하기에 알맞습니다. 속력은 물체가 이동한 거리를 걸린 시간으로 나누어 구하며, 버스의 속력은 40 km/h이고, 승용차의 속력은 50 km/h이므로, 승용차가 버스보다 더 빠릅니다.

7 횡단보도를 건널 때에는 좌우를 살피고 건너야 하며, 휴대 전화 등을 보지 않아야 합니다. 버스를 기다릴 때에는 인도에서 기다려야 합니다.

---

8 횡단보도를 건널 때 주의하지 않으면 사고가 날 수 있습니다.

9 횡단보도를 건널 때 휴대 전화를 보면 좌우를 살필 수가 없어서 사고가 날 위험성이 커집니다.

📋 서술형 평가
102~103쪽

1 ㉡, ⑩ 시간이 지남에 따라 자동차의 위치가 변했기 때문이다.
2 (1) ㉠ 자동계단, 회전목마 ㉡ 배드민턴공, 레일 바이크 (2) ⑩ 배드민턴공은 배드민턴 채로 치면 처음에는 빠르게 날아가다가 점점 느려지면서 바닥으로 떨어진다. 레일 바이크는 발판을 빠르게 돌리면 빠르게 운동하고 발판을 느리게 돌리면 느리게 운동한다. **3** ⑩ 자전거는 1초 동안 2 m를 이동했다. **4** (1) ⑩ 같은 거리를 이동하는 데 걸린 시간을 측정해 빠르기를 비교한다. 출발선에서 동시에 출발했다면 결승선에 먼저 도착한 선수가 더 빠르다. (2) 수영, 마라톤, 쇼트 트랙 등 **5** (1) 한 발로 뛰기
(2) ⑩ 같은 시간 동안 긴 거리를 이동할수록 빠르기 때문이다.
6 (1) 기차 (2) ⑩ 기차는 승용차, 배, 시내버스, 자전거보다 더 빠르다. 기차가 가장 빠른 교통수단이다. **7** ⑩ 도로 주변에서는 공놀이를 하지 않는다. 버스를 기다릴 때 차도로 내려오지 않는다. 등 **8** ⑩ 과속 방지 턱은 자동차가 속력을 줄이도록 한다. 어린이 보호 구역 표시는 학교 주변 도로에서 자동차의 속력을 제한해 어린이들의 교통 안전사고를 막는다.

---

1 운동하는 물체는 시간이 지남에 따라 위치가 변합니다.

채점 기준	
기호와 예시를 모두 옳게 쓴 경우	8점
기호만 옳게 쓴 경우	3점

2 (1) 자동계단과 회전목마는 일정한 빠르기로 운동합니다.
(2) 배드민턴공은 배드민턴 채로 치면 빠르게 운동하고, 레일 바이크는 발판을 돌리는 빠르기에 따라 빠르기가 달라집니다.

채점 기준	
(1), (2)를 모두 옳게 쓴 경우	12점
(1)만 옳게 쓴 경우	6점
(2)만 옳게 쓴 경우	6점

3 물체의 운동은 물체가 이동하는 데 걸린 시간과 이동 거리로 나타냅니다.

채점 기준	
예시 답안과 같게 쓴 경우	8점
예시 답안과 의미는 비슷하지만 거리나 시간이 틀린 경우	3점

4 (1) 두 운동 경기 모두 같은 거리를 이동하는 데 걸린 시간을 측정해 빠르기를 비교합니다.
(2) 같은 거리를 이동하는 데 짧은 시간이 걸린 물체가 긴 시간이 걸린 물체보다 더 빠릅니다. 이러한 방법으로 빠르기를 비교하는 운동 경기에는 알파인 스키, 카약, 카누, 자동차 경주 등이 있습니다.

채점 기준	
(1), (2)를 모두 옳게 쓴 경우	12점
(1)만 옳게 쓴 경우	8점
(2)만 옳게 쓴 경우	4점

5 (1) 10초 동안 이동 거리가 가장 긴 종목이 가장 빠릅니다.
(2) 같은 시간 동안 이동한 물체의 빠르기는 물체가 이동한 거리로 비교합니다.

채점 기준	
(1), (2)를 모두 옳게 쓴 경우	12점
(1)만 옳게 쓴 경우	4점
(2)만 옳게 쓴 경우	8점

6 (1) 이동 거리가 긴 교통수단이 가장 멀리 이동한 것입니다.
(2) 기차는 교통수단 중에서 가장 긴 거리를 이동하였으므로 가장 빠릅니다.

채점 기준	
(1), (2)를 모두 옳게 쓴 경우	12점
(1)만 옳게 쓴 경우	2점
(2)만 옳게 쓴 경우	10점

7 버스가 올 때까지 인도에서 기다려야 하며, 도로 주변에서는 공놀이를 하지 않고, 공을 공 주머니에 넣고 다닙니다.

채점 기준	
예시 답안과 같이 옳게 쓴 경우	8점
예시 답안과 의미는 비슷하지만 정확하게 쓰지 못한 경우	3점

8 과속 방지 턱과 어린이 보호 구역 표시는 도로에 설치된 안전장치입니다.

채점 기준	
예시 답안과 같이 옳게 쓴 경우	8점
예시 답안과 의미는 비슷하지만 정확하게 쓰지 못한 경우	3점

◉◉ 수행 평가　104쪽

1 ⑩ 가장 먼저 결승선에 도착하는 종이 자동차가 이긴다. **2** ⑩ 3초 동안 가장 긴 거리를 이동한 종이 자동차가 이긴다. **3** ⑩ 같은 거리를 이동하는 데 걸린 시간으로 비교한다. 같은 거리를 이동하는 데 짧은 시간이 걸린 물체가 긴 시간이 걸린 물체보다 더 빠르다. **4** ⑩ 같은 시간 동안 물체가 이동한 거리로 비교한다. 같은 시간 동안 긴 거리를 이동한 물체가 짧은 거리를 이동한 물체보다 더 빠르다.

1 같은 거리를 이동한 물체는 결승선에 가장 먼저 도착한 것이 가장 빠릅니다.

2 같은 시간 동안 긴 거리를 이동한 물체가 짧은 거리를 이동한 물체보다 빠릅니다.

3 거리가 같을 때에는 이동하는 데 걸린 시간을 측정하여 빠르기를 비교합니다.

4 같은 시간 동안 이동한 거리를 측정하여 빠르기를 비교합니다.

◉◉ 수행 평가　105쪽

1 ⑩ 속력은 단위 시간 동안 물체가 이동한 거리이다. 물체가 이동한 거리를 걸린 시간으로 나누어 구한다. (속력) = (이동 거리) ÷ (걸린 시간)으로 구한다. **2** ⑩ 1시간 동안 18 km를 이동한 자전거의 속력이다. **3** 해설 참조, ⑩ 기차의 속력은 140 km/h이고, 버스의 속력은 60 km/h이므로 기차가 버스보다 더 빠르다.

1 속력은 1초, 1분, 1시간 등과 같은 단위 시간 동안 물체가 이동한 거리를 말합니다. 속력은 물체가 이동한 거리를 걸린 시간으로 나누어 구합니다.

2 1시간 동안 18 km를 이동하는 속력입니다.

3

교통수단	이동 거리	걸린 시간	속력
(⑩ 기차)	420 km	3시간	140km/h
(⑩ 버스)	120 km	2시간	60km/h

배는 이동 거리 120 km, 걸린 시간이 3시간이므로 속력은 40 km/h입니다. 승용차는 이동 거리 240 km, 걸린 시간이 3시간이므로 속력은 80 km/h입니다. 속력이 클수록 빠르므로 기차 > 승용차 > 버스 > 배 순으로 빠릅니다.

1 ⑩ 에어백은 충돌 사고에서 자동차를 타고 있는 사람의 몸에 가해지는 충격을 줄여준다. 어린이 보호 구역 표지판은 학교 주변 도로에서 자동차의 속력을 제한해 어린이들의 교통 안전사고를 예방한다. **2** ⑩ 자동차가 큰 속력으로 달리면 큰 피해가 생기고, 사고가 날 수 있기 때문이다. **3** ⑩ 횡단보도를 건너기 전에 좌우를 잘 살피고, 초록불일 때 건너야 한다.

1 에어백은 충돌 사고에서 탑승자의 몸에 가해지는 충격을 줄여주는 역할을 해 사고 발생 시 크게 다치는 것을 막아 줍니다. 어린이 보호 구역 표지판은 학교 주변 도로에서 자동차의 속력을 제한해 어린이들이 안전하게 다닐 수 있게 합니다.

2 어린이 보호 구역에서는 어린이들이 많이 다니기 때문에 사고가 나기 쉽습니다. 따라서 어린이 보호 구역에서 자동차를 천천히 달리게 하여 사고를 예방하는 것입니다.

3 횡단보도를 건널 때에는 신호등을 확인하고 좌우를 잘 살피며 건너야 합니다.

5 산과 염기

1 여러 가지 용액 분류하기

개념 확인 문제 109쪽

1 ①, ④   **2** ②   **3** ①, ②

1 식초, 레몬즙, 빨랫비누 물은 색깔이 있고, 탄산수, 제빵 소다 용액, 표백제는 색깔이 없습니다.

2 레몬즙과 빨랫비누 물은 불투명하고, 식초, 탄산수, 제빵 소다 용액, 표백제는 투명합니다.

3 용액은 모두 액체이기 때문에 눈으로 볼 수 있고, 모양이 변합니다. 따라서 이는 분류 기준으로 적당하지 않고, 용액을 함부로 먹으면 안 됩니다.

2 지시약을 이용해 여러 가지 용액 분류하기

개념 확인 문제 111쪽

1 ①   **2** ⑤   **3** ③

1 유리 세정제, 빨랫비누 물, 제빵 소다 용액, 묽은 수산화 나트륨 용액은 붉은색 리트머스 종이를 푸른색으로 변화시킵니다.

2 페놀프탈레인 용액을 염기성 용액에 떨어뜨리면 붉은색으로 변합니다. 식초, 레몬즙, 탄산수, 묽은 염산은 산성 용액이고, 빨랫비누 물은 염기성 용액입니다.

3 산성 용액에서는 푸른색 리트머스 종이가 붉은색으로 변하고, 페놀프탈레인 용액의 색깔은 변하지 않습니다.

3 지시약을 만들어 여러 가지 용액 분류하기

개념 확인 문제 113쪽

1 ㉠   **2** 푸른색   **3** 제빵 소다 용액

1 붉은 양배추 지시약은 용액의 성질에 따라 색깔이 변해서 용액을 산성 용액과 염기성 용액으로 분류하는 데 이용할 수 있습니다.

2 붉은 양배추 지시약은 용액의 성질에 따라 다른 색깔을 나타냅니다. 붉은 양배추 지시약을 제빵 소다 용액에 떨어뜨리면 푸른색으로 변합니다.

3 제빵 소다 용액에 붉은 양배추 지시약을 떨어뜨리면 연한 푸른색으로 변합니다.

실력 문제　114~115쪽

1 ③, ④　**2** ⓒ　**3** ①　**4** 식초　**5** 지시약　**6** ④,
⑤　**7** ①, ②　**8** (1) ㉠, ㉡, ㉢ (2) ㉣, ㉤, ㉥　**9** ㉡,
㉣　**10** ⑤　**11** 산성　**12** ㉠, ㉣

1 탄산수는 색깔이 없고, 레몬즙은 불투명합니다. 묽은 염산은 투명하고 흔들어도 거품이 생기지 않습니다.

2 묽은 수산화 나트륨 용액은 색깔이 없고 투명하며, 냄새가 나지 않습니다. 또한 흔들어도 거품이 유지되지 않습니다.

3 식초, 유리 세정제, 탄산수, 제빵 소다 용액, 묽은 염산, 묽은 수산화 나트륨 용액은 투명하고, 레몬즙과 빨랫비누 물은 불투명합니다.

4 식초는 연한 노란색을 띠기 때문에 '그렇다.'로 분류해야 합니다.

5 냄새나 색깔과 같은 겉보기 성질만으로 용액을 분류하기 어려운 경우 지시약을 이용해 용액을 분류할 수 있습니다. 지시약은 어떤 물질을 만났을 때 그 물질의 성질에 따라 눈에 띄는 변화가 나타나는 물질입니다.

6 지시약에는 리트머스 종이, 페놀프탈레인 용액, 붉은 양배추 지시약 등이 있습니다.

7 푸른색 리트머스 종이를 붉은색으로 변하게 하는 용액은 산성 용액으로, 산성 용액에는 식초, 탄산수, 레몬즙, 묽은 염산 등이 있습니다.

8 페놀프탈레인 용액을 산성 용액에 떨어뜨리면 아무 변화가 없고, 염기성 용액에 떨어뜨리면 붉은색으로 변합니다.

9 붉은색 리트머스 종이를 푸른색으로 변하게 하고, 페놀프탈레인 용액의 색깔을 붉은색으로 변하게 하는 용액을 염기성 용액이라고 합니다.

10 제빵 소다 용액, 유리 세정제, 빨랫비누 물, 묽은 수산화 나트륨 용액에 붉은 양배추 지시약을 떨어뜨리면 푸른색이나 노란색 계열의 색깔로 변합니다.

11 붉은 양배추 지시약은 산성 용액에서 붉은색 계열의 색깔로 변하고, 염기성 용액에서 푸른색이나 노란색 계열의 색깔로 변합니다.

12 식초, 레몬즙, 탄산수, 묽은 염산은 산성 용액으로, 산성 용액은 푸른색 리트머스 종이를 붉은색으로 변화시키고, 붉은 양배추 지시약을 떨어뜨리면 붉은색 계열의 색깔로 변합니다.

---

4 산성 용액과 염기성 용액의 성질

개념 확인 문제　117쪽

1 (1) ㉡ (2) ㉠　**2** ㉠, ㉡　**3** 비슷하기, 아무 변화가 없을

1 삶은 달걀 흰자를 염기성 용액에 넣으면 흐물흐물해지고, 시간이 지나면 뿌옇게 흐려집니다.

2 묽은 염산과 같은 산성 용액에 달걀 껍데기나 대리암 조각을 넣으면 기포가 발생하고, 삶은 달걀 흰자나 두부를 넣으면 아무런 변화가 없습니다.

3 대리암 조각이 아무런 변화가 없는 것으로 보아 ㉢ 용액은 염기성 용액입니다. 따라서 염기성 용액인 ㉢ 용액에 달걀 껍데기를 넣어도 아무런 변화가 없습니다.

---

5 산성 용액과 염기성 용액 섞어 보기

개념 확인 문제　119쪽

1 ⑤　**2** ㉡　**3** 염기성

1 붉은 양배추 지시약을 떨어뜨린 묽은 염산에 염기성 용액을 조금씩 계속 넣으면 청록색으로 변합니다.

2 붉은 양배추 지시약을 묽은 수산화 나트륨 용액에 떨어뜨리면 노란색이 되고, 이 용액에 산성 용액을 넣을수록 점차 노란색 계열의 색깔에서 붉은색 계열의 색깔로 변합니다.

3 산성 용액과 염기성 용액을 섞으면 섞은 용액 속에 있는 산성을 띠는 물질과 염기성을 띠는 물질이 서로 짝을 맞추면서 각각의 성질을 잃어버립니다.

---

6 산성 용액과 염기성 용액의 이용

개념 확인 문제　121쪽

1 (1) 염기성 (2) 산성　**2** 산성　**3** ②

1 제빵 소다 용액에 의해 붉은색 리트머스 종이가 푸른색으

로 변했으므로 제빵 소다는 염기성이고, 구연산 용액에 의해 푸른색 리트머스 종이가 붉은색으로 변했으므로 구연산은 산성입니다.

2 제빵 소다는 염기성이어서 농약의 산성 부분을 약하게 만들거나 제거하는 데 이용할 수 있습니다.

3 산성인 식초로 생선을 손질한 도마를 닦으면 비린내를 내는 염기성이 약해져 비린내가 나지 않게 됩니다.

💡 실력 문제　　　　122~123쪽

1 ②　**2** ㉠　**3** ④　**4** ①, ④　**5** 붉은색　**6** 경일
7 ①, ④　**8** 염기성, 산성　**9** ㉠　**10** 염기성　**11** ㉠ 산성 ㉡ 염기성　**12** ㉢

1 묽은 염산과 같은 산성 용액에 달걀 껍데기나 대리암 조각을 넣으면 기포가 발생하면서 녹습니다.

2 묽은 수산화 나트륨 용액과 같은 염기성 용액에 두부나 삶은 달걀 흰자를 넣으면 흐물흐물해지고, 시간이 지남에 따라 용액이 뿌옇게 흐려집니다.

3 삶은 달걀 흰자를 묽은 염산에 넣으면 아무런 변화가 없습니다.

4 서울 원각사지 십층 석탑은 대리암으로 되어 있어서 산성물질에 의해 쉽게 훼손됩니다.

5 붉은 양배추 지시약은 산성 용액에서 붉은색으로 변합니다.

6 묽은 염산에 묽은 수산화 나트륨 용액을 계속 넣으면 산성이 약해지고 염기성이 강해지면서 용액은 점차 붉은색 계열의 색깔에서 푸른색 계열의 색깔로 변합니다.

7 염기성인 묽은 수산화 나트륨 용액에 산성인 묽은 염산을 계속 넣으면 염기성이 점점 약해지고, 산성이 점점 강해집니다.

8 붉은 양배추 지시약은 염기성 용액에서 푸른색이나 노란색 계열의 색깔을 띠고, 산성 용액에서 붉은색 계열의 색깔을 띱니다. 따라서 ㉠ 용액은 염기성 용액이고, ㉡ 용액은 산성 용액입니다.

9 구연산 용액은 산성 용액이기 때문에 푸른색 리트머스 종이를 붉은색으로 변화시킵니다.

10 제빵 소다 용액을 담은 비커에 페놀프탈레인 용액을 떨어뜨렸더니 붉은색으로 변한 것으로 보아, 제빵 소다 용액은 염기성임을 알 수 있습니다.

11 속이 쓰릴 때 먹는 제산제는 염기성입니다.

12 변기용 세제와 식초는 우리 생활에서 산성 용액을 이용하는 경우입니다.

단원 정리 **5** 산과 염기　　　124~125쪽

❶ 분류　　❷ 산성　　❸ 염기성
❹ 산성　　❺ 염기성　❻ 산성
❼ 염기성　❽ 산성　　❾ 염기성
❿ 산성　　⓫ 염기성

O X　1 ○　2 ○　3 ○　4 ×　5 ○　6 ○　7 ×
8 ○　9 ×　10 ○

4 붉은 양배추 지시약은 염기성 용액에서 <u>붉은색</u>으로 변합니다.
　　　　　　　　　　　　　└ 푸른색이나 노란색 ┘

7 염기성 용액에 두부를 넣으면 <u>거품이 발생하면서 녹습니다.</u>
　　└ 녹아 흐물흐물해지며 용액이 뿌옇게 흐려집니다 ┘

9 산성 용액과 염기성 용액을 서로 <u>섞어도 용액의 성질이 변하지 않습니다.</u>
　　　　　└ 섞으면 용액의 성질이 변합니다

💡 단원 평가 1회　　　126~128쪽

1 ①　**2** 표백제, 빨랫비누 물　**3** ⑩ 색깔이 있는가?, 냄새가 나는가?, 투명한가? 등　**4** ③　**5** ㉠　**6** ④　**7** 산성, 염기성　**8** ⑤　**9** ⑩ 리트머스 종이를 이용하여 푸른색 리트머스 종이를 붉은색으로 변하게 하는 것은 산성 용액이고, 붉은색 리트머스 종이를 푸른색으로 변하게 하는 것은 염기성 용액이다. 등　**10** ①　**11** ㉠　**12** ③　**13** 산성, 산성　**14** ㉠　**15** ㉢　**16** ㉠, ⑩ 염기성 용액에 산성 용액을 넣을수록 염기성이 점점 약해지고 산성이 점점 강해지기 때문이다.　**17** ㉠　**18** ㉢　**19** 붉은색　**20** 염기성

1 탄산수, 묽은 염산, 제빵 소다 용액은 투명하고 색깔이 없으며, 빨랫비누 물은 불투명하고 하얀색입니다.

2 표백제와 빨랫비누 물은 흔들었을 때 거품이 3초 이상 유지되고, 나머지 용액은 거품이 나지 않으며 거품이 나더라도 바로 사라집니다.

3 용액을 분류할 수 있는 기준에는 용액의 색깔, 투명한 정도, 냄새, 흔들었을 때 거품이 3초 이상 유지되는 것 등이 있습니다.

채점 기준	
기준을 두 가지 모두 옳게 쓴 경우	5점
기준을 한 가지만 옳게 쓴 경우	2점

4 식초, 레몬즙, 빨랫비누 물은 색깔이 있고, 탄산수, 제빵 소다 용액, 표백제는 색깔이 없습니다.

5 레몬즙은 산성 용액으로, 산성 용액을 푸른색 리트머스 종이에 떨어뜨리면 붉은색으로 변합니다.

6 페놀프탈레인 용액은 염기성 용액에서 붉은색으로 변합니다. 빨랫비누 물, 유리 세정제, 제빵 소다 용액, 묽은 수산화 나트륨 용액이 염기성 용액입니다.

7 붉은 양배추 지시약은 묽은 염산과 같은 산성 용액에서 붉은색 계열의 색깔로 변하고, 묽은 수산화 나트륨 용액과 같은 염기성 용액에서 푸른색이나 노란색 계열의 색깔로 변합니다.

8 묽은 수산화 나트륨 용액은 염기성 용액으로, 붉은 양배추 지시약을 떨어뜨리면 노란색으로 변합니다.

9 페놀프탈레인 용액을 떨어뜨렸을 때 색깔이 변하지 않는 것은 산성 용액이고, 붉은색으로 변하는 것은 염기성 용액입니다. 또한 붉은 양배추 지시약을 떨어뜨렸을 때 산성 용액에서는 붉은색 계열의 색깔로 변하고, 염기성 용액에서는 푸른색이나 노란색 계열의 색깔로 변합니다.

채점 기준	
예시 답안과 같이 옳게 쓴 경우	5점
예시 답안과 의미는 비슷하지만 정확하게 쓰지 못한 경우	2점

10 산성 용액인 묽은 염산에 대리암 조각을 넣으면 표면에서 기포가 발생하고, 시간이 지남에 따라 크기가 작아집니다.

11 묽은 염산 대신 산성 용액인 식초, 레몬즙 등을 넣어도 같은 결과가 나옵니다.

12 염기성 용액인 묽은 수산화 나트륨 용액에 삶은 달걀 흰자를 넣으면 흐물흐물해지다가 시간이 지남에 따라 용액이 뿌옇게 흐려집니다.

13 대리암으로 만들어진 서울 원각사지 십층 석탑은 산성을 띤 빗물이나 새의 배설물에 의해 훼손될 수 있기 때문에 유리 보호 장치를 한 것입니다.

14 붉은 양배추 지시약을 넣은 묽은 염산에 묽은 수산화 나트륨 용액을 넣을수록 붉은색에서 분홍색, 보라색을 거쳐 점차 청록색으로 변합니다.

15 산성 용액인 묽은 염산에 염기성 용액인 묽은 수산화 나트륨 용액을 넣을수록 묽은 염산의 성질이 약해집니다.

16 묽은 수산화 나트륨 용액에 묽은 염산을 점점 많이 넣으면 묽은 수산화 나트륨 용액의 성질이 약해집니다.

채점 기준	
기호와 까닭을 모두 옳게 쓴 경우	5점
기호만 옳게 쓴 경우	2점

17 구연산 용액은 산성 용액이기 때문에 페놀프탈레인 용액을 떨어뜨려도 아무런 변화가 없습니다.

18 제빵 소다 용액은 염기성이기 때문에 붉은색 리트머스 종이를 푸른색으로 변하게 하고, 페놀프탈레인 용액을 떨어뜨리면 붉은색으로 변합니다.

19 제산제는 산성인 위액의 성질을 약하게 만드는 성질이 있는 염기성입니다.

20 염기성 성분인 생선 비린내를 없애기 위해 산성인 식초나 레몬즙을 이용합니다.

🔆 단원 평가 2회　129~131쪽

1 ④　　**2** ④　　**3** 탄산수, 제빵 소다 용액　　**4** 예 투명한가?　　**5** ⑤　　**6** ㉢　　**7** 탄산수　　**8** 푸른색, 염기성　　**9** 예 붉은 양배추 지시약은 산성 용액에서 붉은색 계열의 색깔로 변하고, 염기성 용액에서 푸른색이나 노란색 계열의 색깔로 변한다.　　**10** ①, ③　　**11** 예 묽은 염산에 넣은 대리암 조각은 기포가 발생하고, 묽은 수산화 나트륨 용액에 넣은 두부는 녹아 흐물흐물해지며, 묽은 염산에 넣은 두부와 묽은 수산화 나트륨 용액에 넣은 대리암 조각은 아무런 변화가 없다.　　**12** ①, ⑤　　**13** 산성　　**14** ㉠　　**15** 예 ㉠ 용액에서는 두부가 녹아 흐물흐물해지고, ㉡ 용액에서는 두부에 아무런 변화가 없다.　　**16** ㉡　　**17** 제빵 소다　　**18** ㉢　　**19** ㉡, ㉢　　**20** ㉠, ㉢

1 설탕물과 소금물은 색깔이 없으며, 오렌지주스는 노란색으로 불투명합니다. 설탕물과 오렌지주스는 모두 마실 수 있습니다.

2 식초와 탄산수, 제빵 소다 용액은 투명합니다. 레몬즙은 불투명하지만, 흔들었을 때 거품이 3초 이상 유지되지 않습니다.

3 탄산수와 제빵 소다 용액은 냄새가 나지 않고, 나머지 용액은 모두 냄새가 납니다.

4 식초, 탄산수, 제빵 소다 용액, 표백제는 투명하고, 레몬즙과 빨랫비누 물은 불투명합니다.

채점 기준	
예시 답안과 같이 옳게 쓴 경우	5점
예시 답안과 의미는 비슷하지만 정확하게 쓰지 못한 경우	2점

5 페놀프탈레인 용액, 붉은 양배추 지시약, 리트머스 종이는 모두 지시약입니다.

6 식초와 묽은 염산은 푸른색 리트머스 종이를 붉은색으로 변화시키고, 유리 세정제와 묽은 수산화 나트륨 용액은 붉은색 리트머스 종이를 푸른색으로 변화시킵니다.

7 탄산수는 산성 용액이기 때문에 페놀프탈레인 용액을 떨어뜨려도 색깔 변화가 없습니다.

8 페놀프탈레인 용액을 떨어뜨렸을 때 붉은색으로 변하는 용액은 염기성 용액입니다. 염기성 용액은 붉은색 리트머스 종이를 푸른색으로 변화시킵니다.

9 붉은 양배추 지시약은 산성 용액에서는 붉은색 계열의 색깔로 변하고, 염기성 용액에서는 푸른색이나 노란색 계열의 색깔로 변합니다.

채점 기준	
예시 답안과 같이 옳게 쓴 경우	5점
예시 답안과 의미는 비슷하지만 정확하게 쓰지 못한 경우	2점

10 달걀 껍데기는 묽은 염산에 넣었을 때 기포가 발생하고, 삶은 달걀 흰자는 묽은 수산화 나트륨 용액에 넣었을 때 흐물흐물해지며 녹습니다.

11 대리암 조각은 묽은 염산과 같은 산성 용액에 넣었을 때 기포가 발생하고, 두부는 묽은 수산화 나트륨 용액과 같은 염기성 용액에 넣었을 때 흐물흐물해지며 녹습니다. 묽은 염산에 넣은 두부와 묽은 수산화 나트륨 용액에 넣은 대리암 조각은 아무런 변화가 없습니다.

채점 기준	
예시 답안과 같이 옳게 쓴 경우	5점
예시 답안과 의미는 비슷하지만 정확하게 쓰지 못한 경우	2점

12 묽은 수산화 나트륨 용액과 같은 염기성 용액은 두부와 삶은 달걀 흰자는 녹이지만, 조개껍데기와 달걀 껍데기, 대리암 조각은 녹이지 못합니다.

13 서울 원각사지 십층 석탑은 대리암으로 되어 있기 때문에 산성 물질에 의해 쉽게 훼손됩니다.

14 붉은 양배추 지시약을 넣은 염기성 용액에 산성 용액을 점점 많이 넣으면 처음에 노란색이었던 용액이 청록색, 보라색을 거쳐 점차 붉은색으로 변합니다.

15 붉은 양배추 지시약의 색깔로 보아, ㉠ 용액은 염기성 용액이고, ㉡ 용액은 산성 용액입니다. 따라서 두부는 염기성 용액인 ㉠ 용액에서만 녹아 흐물흐물해집니다.

채점 기준	
예시 답안과 같이 옳게 쓴 경우	5점
예시 답안과 의미는 비슷하지만 정확하게 쓰지 못한 경우	2점

16 산성 용액에 염기성 용액을 넣을수록 산성이 점점 약해집니다.

17 염기성 용액은 붉은색 리트머스 종이를 푸른색으로 변화시키므로 제빵 소다는 염기성이고, 구연산은 산성입니다.

18 악취의 주성분인 산성을 약화시키는 데에는 염기성 물질이 이용됩니다. 구연산은 산성 물질입니다.

19 변기용 세제와 식초는 산성 용액입니다.

20 표백제와 하수구 세정제는 염기성 용액입니다.

📝 서술형 익히기

132~133쪽

개념1 **1** ① 산성 ② 염기성 **2** 붉은색, 아무 변화가 없습니다, 푸른색, 붉은색으로 변합니다 **3** 예 푸른색 리트머스 종이를 붉은색으로 변하게 하는가?, 붉은색 리트머스 종이를 푸른색으로 변하게 하는가?, 페놀프탈레인 용액을 떨어뜨렸을 때 붉은색으로 변하는가? 등

개념2 **4** ① 기포 ② 뿌옇게 **5** 기포가 발생하면서 녹고, 아무 변화가 없습니다 **6** 예 실험 ❶에서는 달걀 껍데기가 먼저 녹고, 삶은 달걀 흰자가 그 다음에 녹습니다. 실험 ❷에서는 달걀 껍데기만 녹습니다.

개념3 **7** ① 산성 ② 염기성 **8** 산성을 띠는 물질, 염기성을 띠는 물질 **9** 예 산성인 염산과 염기성을 띤 물질이 만나면 산성의 성질이 약해지기 때문입니다.

1 여러 가지 용액은 산성 용액과 염기성 용액으로 분류할 수 있으며, 산성 용액에는 식초, 레몬즙, 탄산수, 묽은 염산 등이 있고, 염기성 용액에는 유리 세정제, 제빵 소다 용액, 빨랫비누 물 등이 있습니다.

2 산성 용액은 푸른색 리트머스 종이를 붉은색으로 변하게 하고, 페놀프탈레인 용액을 떨어뜨렸을 때 색깔이 변하지 않습니다. 염기성 용액은 붉은색 리트머스 종이를 푸른색으로 변하게 하고, 페놀프탈레인 용액을 떨어뜨리면 붉은색으로 변합니다.

3 식초, 레몬즙, 탄산수, 묽은 염산은 푸른색 리트머스 종이를 붉은색으로 변하게 하고, 페놀프탈레인 용액을 떨어뜨렸을 때 아무 변화가 없습니다. 유리 세정제, 제빵 소다 용액, 빨랫비누 물은 붉은색 리트머스 종이를 푸른색으로 변하게 하고, 페놀프탈레인 용액을 떨어뜨렸을 때 붉은색으로 변합니다.

4 산성 용액은 달걀 껍데기, 대리암 조각을 녹이고, 염기성 용액은 삶은 달걀 흰자, 삶은 닭 가슴살을 녹입니다.

5 메추리알 껍데기를 산성 용액에 넣었을 때 기포가 발생하며 녹지만, 염기성 용액에 넣었을 때에는 아무 변화가 없습니다.

6 실험 ❶에서 삶은 달걀을 먼저 묽은 염산에 넣으면 달걀 껍데기가 녹고, 그 다음에 묽은 수산화 나트륨 용액에 넣으면 삶은 달걀 흰자가 녹습니다. 실험 ❷에서 삶은 달걀을 먼저 묽은 수산화 나트륨 용액에 넣으면 아무 변화가 없고, 묽은 염산에 넣으면 달걀 껍데기만 녹습니다.

7 산성 용액에 염기성 용액을 넣을수록 산성이 약해지면서 용액의 성질이 변하고, 염기성 용액에 산성 용액을 넣을수록 염기성이 약해지면서 용액의 성질이 변합니다.

8 산성을 띠는 물질과 염기성을 띠는 물질이 만나면 서로 짝을 맞추면서 각각의 성질을 잃어버립니다.

9 산성인 염산과 염기성을 띤 물질이 만나면 산성인 염산의 성질이 약해져 피해를 줄일 수 있습니다.

📋 서술형 평가

134~135쪽

1 (1) 레몬즙, 빨랫비누 물 (2) 예 색깔이 있는가?, 투명한가?, 냄새가 나는가?, 흔들었을 때 거품이 3초 이상 유지되는가? 등
2 (1) 예 아무런 변화가 없다. (2) 예 푸른색 리트머스 종이는 산성 용액에서 붉은색으로 변하고, 붉은색 리트머스 종이는 염기성 용액에서 푸른색으로 변한다. **3** (1) ㉡, ㉢, ㉠, ㉣ (2) 예 염기성 용액에서 붉은색으로 변한다. **4** (1) 식초, 레몬즙, 탄산수, 묽은 염산 (2) 예 푸른색 계열이나 노란색 계열의 색깔로 변한다. **5** (1) 달걀 껍데기, 대리암 조각 (2) 예 산성비나 산성을

띠는 새의 배설물 등에 의해 석탑이 훼손되는 것을 막기 위해서이다. **6** 예 염기성 용액에 산성 용액을 넣을수록 염기성이 점점 약해진다. **7** (1) 예 구연산은 산성이고, 제빵 소다는 염기성이다. (2) 예 산성인 구연산은 그릇에 남아 있는 염기성 세제 성분을 없앨 수 있기 때문이다. **8** 예 염기성인 생선 비린내를 산성인 식초가 약하게 하기 때문이다.

1 여러 가지 용액의 색깔, 투명한 정도, 냄새, 흔들었을 때 거품이 3초 이상 유지되는 것 등의 특징을 분류 기준으로 정할 수 있습니다.

채점 기준	
(1), (2)를 모두 옳게 쓴 경우	12점
(1)만 옳게 쓴 경우	4점
(2)만 옳게 쓴 경우	8점

2 (1) 탄산수는 산성 용액입니다.
(2) 리트머스 종이의 색깔 변화를 이용해 산성 용액과 염기성 용액을 분류할 수 있으며, 이처럼 어떤 용액을 만났을 때 그 용액의 성질에 따라 눈에 띄는 변화가 나타나는 물질을 지시약이라고 합니다.

채점 기준	
(1), (2)를 모두 옳게 쓴 경우	12점
(1)만 옳게 쓴 경우	4점
(2)만 옳게 쓴 경우	8점

3 페놀프탈레인 용액은 염기성 용액에서 붉은색으로 변합니다. 식초, 레몬즙, 탄산수, 묽은 염산은 산성 용액이고, 유리 세정제, 제빵 소다 용액, 빨랫비누 물, 묽은 수산화 나트륨 용액은 염기성 용액입니다.

채점 기준	
(1), (2)를 모두 옳게 쓴 경우	12점
(1)만 옳게 쓴 경우	4점
(2)만 옳게 쓴 경우	8점

4 붉은 양배추 지시약은 산성 용액에서 붉은색 계열의 색깔로 변하고, 염기성 용액에서 푸른색 계열이나 노란색 계열의 색깔로 변합니다.

채점 기준	
(1), (2)를 모두 옳게 쓴 경우	12점
(1)만 옳게 쓴 경우	4점
(2)만 옳게 쓴 경우	8점

5 묽은 염산과 같은 산성 용액은 달걀 껍데기나 대리암 조각을 녹이는 성질이 있습니다. 따라서 대리암으로 만든 서울

원각사지 십층 석탑은 산성비나 새의 배설물 등에 의해 쉽게 훼손될 수 있기 때문에 유리 보호 장치를 한 것입니다.

채점 기준	
(1), (2)를 모두 옳게 쓴 경우	12점
(1)만 옳게 쓴 경우	4점
(2)만 옳게 쓴 경우	8점

6 묽은 수산화 나트륨 용액에 묽은 염산을 넣으면 묽은 수산화 나트륨 용액의 성질이 약해지는 것처럼 염기성 용액에 산성 용액을 넣을수록 염기성이 점점 약해집니다.

채점 기준	
예시 답안과 같이 옳게 쓴 경우	8점
예시 답안과 의미는 비슷하지만 정확하게 쓰지 못한 경우	3점

7 산성인 구연산과 염기성 세제가 만나면 염기성 세제의 성질이 약해집니다.

채점 기준	
(1), (2)를 모두 옳게 쓴 경우	12점
(1)만 옳게 쓴 경우	4점
(2)만 옳게 쓴 경우	8점

8 생선 비린내는 염기성이고, 식초는 산성이기 때문에 생선 비린내가 나는 도마를 식초로 닦으면 비린내가 약해집니다.

채점 기준	
예시 답안과 같이 옳게 쓴 경우	8점
예시 답안과 의미는 비슷하지만 정확하게 쓰지 못한 경우	3점

👓 수행 평가 136쪽

1 (1) 식초, 레몬즙, 탄산수, 묽은 염산 (2) 유리 세정제, 빨랫비누 물, 제빵 소다 용액, 묽은 수산화 나트륨 용액 **2** (1) 식초, 레몬즙, 탄산수, 묽은 염산 (2) 유리 세정제, 빨랫비누 물, 제빵 소다 용액, 묽은 수산화 나트륨 용액 **3** ⑩ 산성 용액은 푸른색 리트머스 종이를 붉은색으로 변화시키고, 페놀프탈레인 용액의 색깔은 변화시키지 않는다. 염기성 용액은 붉은색 리트머스 종이를 푸른색으로 변화시키고, 페놀프탈레인 용액의 색깔을 붉은색으로 변화시킨다. 이처럼 지시약의 색깔 변화 차이를 이용해 분류할 수 있다.

1 식초, 레몬즙, 탄산수, 묽은 염산은 푸른색 리트머스 종이를 붉은색으로 변화시키고, 유리 세정제, 빨랫비누 물, 제빵 소다 용액, 묽은 수산화 나트륨 용액은 붉은색 리트머스 종이를 푸른색으로 변화시킵니다.

2 유리 세정제, 빨랫비누 물, 제빵 소다 용액, 묽은 수산화 나트륨 용액에 페놀프탈레인 용액을 떨어뜨리면 붉은색으로 변합니다.

3 리트머스 종이, 페놀프탈레인 용액 등의 지시약을 이용하면 여러 가지 용액을 산성 용액과 염기성 용액으로 분류할 수 있습니다.

👓 수행 평가 137쪽

1 묽은 염산: 기포, 변화 없음., 기포, 변화 없음., 묽은 수산화 나트륨 용액: 변화 없음., 흐물흐물, 변화 없음., 흐물흐물 **2** ⑩ 산성 용액은 달걀 껍데기와 대리암 조각을 녹이고, 염기성 용액은 삶은 달걀 흰자와 두부를 녹인다. **3** ⑩ 대리암 조각이 산성을 띤 빗물 또는 새의 배설물 등에 의해 쉽게 훼손되기 때문이다.

1 달걀 껍데기나 대리암 조각을 묽은 염산에 넣으면 기포가 발생하고, 삶은 달걀 흰자나 두부를 묽은 수산화 나트륨 용액에 넣으면 흐물흐물해지며 녹습니다.

2 묽은 염산은 산성 용액이고, 묽은 수산화 나트륨 용액은 염기성 용액입니다.

3 대리암은 산성 용액에서 기포를 발생하며 녹기 때문에 야외에 있는 대리암으로 만든 조각은 산성비와 산성을 띠는 새의 배설물 등에 의해 쉽게 훼손됩니다.

👓 수행 평가 138쪽

1 ㉠ 산성 ㉡ 염기성 **2** ⑩ 염기성인 생선 비린내를 없애기 위해 생선을 손질한 도마를 닦을 때 산성인 식초를 이용한다. **3** ⑩ 치약에 들어 있는 염기성 물질로 충치를 만드는 입안의 산성 물질을 없앤다.

1 식초, 구연산 용액은 산성 용액이고, 표백제, 치약, 제산제는 염기성 용액입니다.

2 생선 비린내는 염기성이고, 식초는 산성이기 때문에 생선을 손질한 도마를 식초로 닦으면 생선 비린내를 쉽게 없앨 수 있습니다.

3 우리가 음식을 먹은 후 입안에 남은 음식물을 이용해 세균이 산성 물질을 만들어 충치가 생깁니다. 이때 염기성인 치약을 이용해 세균이 만든 산성 물질을 없앨 수 있습니다.

과학 평가대비북

2 생물과 환경

141쪽

📝 쪽지 시험

1 생태계 **2** 생산자 **3** 곰팡이, 세균 **4** 먹이 그물 **5** 먹이 그물 **6** 생태계 평형 **7** 햇빛, 물 **8** 겨울잠 **9** 환경 오염 **10** 공기

💡 단원 평가 1회

142~143쪽

1 ⑤ **2** ② **3** ⑤ **4** ④ **5** ① **6** ③ **7** ③ **8** ⑤
9 예 ⊙ 콩나물은 떡잎이 초록색으로 변했고 떡잎 아래 몸통이 길고 굵어졌다. ⓒ 콩나물은 떡잎이 노란색이고, 떡잎 아래 몸통이 곧고 길게 자랐다. **10** ③ **11** ③ **12** 예 짧은 거리는 걷거나 자전거를 이용한다. 나무를 심는다. 냉장고를 자주 열고 닫지 않는다. 대중교통을 이용한다. 물을 절약한다. 등

1 살아 있는 생물 요소와 살아 있지 않은 비생물 요소로 분류했습니다.

2 지구에는 다양한 종류와 규모의 생태계가 있습니다. 화단, 연못, 웅덩이 등과 같이 규모가 작은 생태계도 있습니다.

3 분해자는 죽은 생물이나 배출물을 분해합니다.

4 배추는 살아가는 데 필요한 양분을 스스로 만드는 생산자입니다. 나머지는 다른 생물을 먹이로 하여 살아가는 소비자입니다.

5 먹이 사슬의 시작은 잡아먹히는 생물이며, 먹이 사슬의 끝으로 갈수록 점점 상위 영양 단계입니다.

6 먹이 그물에서는 먹고 먹히는 관계가 여러 방향으로 연결되어 있습니다.

7 물사슴의 수가 많아지면 물사슴의 먹이인 식물이 줄어듭니다. 물사슴을 먹는 늑대가 섬에 들어오면 물사슴의 수는 줄어들고, 물사슴의 먹이인 식물은 다시 늘어납니다.

8 지진, 가뭄, 홍수, 산불과 같은 자연 재해로 생태계 평형이 깨지기도 하고, 사람들이 댐이나 도로를 건설하는 것에 의해 생태계 평형이 깨지기도 합니다.

9 햇빛을 받은 콩나물은 떡잎이 초록색으로 변합니다. 물을 주면 콩나물은 길게 자랍니다.

채점 기준	
예시 답안과 같이 옳게 쓴 경우	10점
예시 답안과 의미는 비슷하지만 정확하게 쓰지 못한 경우	5점

10 민들레와 같은 식물에게는 흙이 필요한 요소이고, 적응한 예는 아닙니다.

11 공장의 폐수나 생활 하수의 배출, 기름의 유출은 수질 오염의 원인이며, 공장의 매연이나 자동차 배기가스는 대기 오염의 원인입니다.

12 생태계 보전을 위해 대중교통을 이용하고, 물을 절약하는 등 여러 가지 실천 방법이 있습니다.

채점 기준	
예시 답안과 같이 옳게 쓴 경우	10점
예시 답안과 의미는 비슷하지만 정확하게 쓰지 못한 경우	5점

📜 서술형 평가 1회

144쪽

1 (1) 석주 (2) 예 곰팡이는 분해자이며 생물 요소에 해당하기 때문이다. **2** 빛과 물, 예 물을 충분히 준 것과 빛이 잘 드는 곳에 둔 청경채가 잘 자랐기 때문이다 **3** 예 뇌조의 깃털 색깔은 주변 환경과 비슷하게 변해서 눈에 띄지 않기 때문에 다른 동물로부터 몸을 보호하기에 좋다. **4** 예 쓰레기를 매립하면 토양이 오염되어 주변에 악취가 난다. 지하수를 오염시켜 질병을 일으키고 식물이 잘 자라지 못하게 한다. 등

1 햇빛, 물, 공기는 비생물 요소이지만 곰팡이는 생물 요소로 분해자에 해당합니다.

채점 기준	
(1), (2)를 모두 옳게 쓴 경우	12점
(1)만 옳게 쓴 경우	2점
(2)만 옳게 쓴 경우	10점

2 물을 충분히 주고 빛이 잘 드는 곳에 둔 청경채 모종이 가장 잘 자랐기 때문에 식물이 자라는 데 빛과 물이 영향을 준다는 것을 알 수 있습니다.

채점 기준	
예시 답안과 같이 옳게 쓴 경우	8점
예시 답안과 의미는 비슷하지만 정확하게 쓰지 못한 경우	3점

과학

3 뇌조는 여름과 겨울에 털갈이를 하면서 깃털 색깔이 변하며, 이 색깔은 주변 환경과 비슷해 보호색 역할을 합니다.

4 쓰레기 배출, 농약이나 비료의 지나친 사용은 토양을 오염시키는 원인입니다. 토양 오염은 악취가 나거나 식물이 잘 자라지 못하게 합니다.

💡 단원 평가 2회 145~146쪽

1 ⑩ **2** ①, ③ **3** ⑩ 양분을 얻는 방법에 따라 생산자, 소비자, 분해자로 분류할 수 있다. **4** ④ **5** 먹이 사슬 **6** ⑤ **7** ㉢ **8** ④ **9** 햇빛 **10** ①, ④ **11** ⑩ 유조선의 기름이 유출되어 생물의 서식지가 파괴된다. 물이 더러워지고 악취가 나며 그곳에 사는 물고기가 죽는다. **12** 공기(대기)

1 살아 있지 않은 것은 비생물 요소라고 합니다. 비생물 요소에는 물, 공기, 온도, 햇빛, 흙 등이 있습니다.

2 죽은 생물이나 배출물을 분해하여 양분을 얻는 곰팡이나 세균, 버섯과 같은 생물을 분해자라고 합니다.

3 생물의 종류에 따라 양분을 얻는 방법이 다양합니다. 살아가는 데 필요한 양분을 스스로 만드는 생물을 생산자, 다른 생물을 먹이로 하여 살아가는 생물을 소비자, 죽은 생물이나 배출물을 분해하여 양분을 얻는 생물을 분해자라고 합니다.

4 뱀은 토끼풀을 먹지 않으며, 나무가 자라는 데 햇빛은 필요합니다. 죽은 생물은 곰팡이나 세균 등에 의해 분해되며, 물이 없으면 식물은 살 수 없습니다.

5 생물의 먹이 관계가 사슬처럼 연결되어 있는 것을 먹이 사슬이라고 합니다.

6 먹이 그물에서는 생물의 먹고 먹히는 관계가 여러 방향으로 연결되어 있어서 다양한 먹이를 먹을 수 있습니다.

---

7 건물을 건설할 때 생태계 평형이 깨질 수가 있으며, 생산자가 멸종하면 소비자의 수나 양에 큰 영향을 미치게 됩니다. 특정 생물의 수나 양이 갑자기 늘어나거나 줄어들면 생태계 평형은 깨지게 됩니다.

8 햇빛을 받고 물을 준 콩나물은 떡잎과 떡잎 아래 몸통이 초록색으로 변하고, 초록색 본잎이 나옵니다.

9 햇빛은 식물이 스스로 양분을 만드는 데 꼭 필요하고, 동물이 물체를 보는 데에도 필요합니다.

10 대벌레의 가늘고 길쭉한 몸은 나뭇가지가 많은 환경에서 생김새를 통해 적응된 결과이며, 선인장의 굵은 줄기는 건조한 환경에서 생김새를 통해 적응된 결과입니다.

11 물이 오염되면 그곳에 살고 있는 물고기는 산소가 부족해져 죽기도 합니다.

12 자동차나 공장의 매연 배출 등으로 공기가 오염됩니다.

📝 서술형 평가 2회 147쪽

1 (1) 생산자: 민들레, 진달래, 소비자: 공벌레, 개미, 까치 (2) ⑩ 민들레, 진달래는 살아가는 데 필요한 양분을 스스로 만드는 생물이기 때문이다. 공벌레, 개미, 까치는 다른 생물을 먹이로 살아가는 생물이기 때문이다. **2** ⑩ 물사슴의 수는 줄고 식물이 다시 많아졌으며, 이후 식물과 물사슴, 늑대의 수가 균형을 이루었다. **3** (1) 물 (2) ⑩ 떡잎이 초록색으로 변했고 떡잎 아래 몸통이 길고 굵어졌다. ⑩ 떡잎이 연한 초록색으로 변했고 떡잎 아래 몸통이 가늘어지고 시들었다. **4** ⑩ 겨울잠을 자는 행동을 통해 몸에 저장된 양분을 천천히 사용한다.

1 (1) 민들레, 진달래는 양분을 스스로 만드는 생산자입니다.
(2) 살아가는 데 필요한 양분을 스스로 만드는 생물은 생산자, 다른 생물을 먹이로 하여 살아가는 생물은 소비자입니다.

2 섬에 물사슴과 늑대가 정착한 뒤 식물, 물사슴, 늑대는 균형을 이루며 안정을 찾았습니다. 생물이 안정하게 살 수 있는 상태는 생물의 종류와 수가 균형을 이룬 상태입니다.

3 (1) 두 페트병의 콩나물을 햇빛이 잘 드는 곳에 두고 물의 양만 다르게 하였습니다.

(2) 물이 부족하면 잘 자라지 못하고 시듭니다.

채점 기준	
(1), (2)를 모두 옳게 쓴 경우	12점
(1)만 옳게 쓴 경우	2점
(2)만 옳게 쓴 경우	10점

4 다람쥐는 기온이 낮고 먹이가 부족한 겨울에 겨울잠을 통해 환경에 적응하였습니다.

채점 기준	
예시 답안과 같이 옳게 쓴 경우	8점
예시 답안과 의미는 비슷하지만 정확하게 쓰지 못한 경우	3점

3 날씨와 우리 생활

쪽지 시험

1 습도 **2** 습도가 낮은 날 **3** 안개 **4** 구름 **5** 기압 **6** 고기압, 저기압 **7** 고기압, 저기압 **8** 해풍 **9** 공기 덩어리 **10** 남동, 바다

단원 평가 1회

1 77 % **2** ② **3** ⑤ **4** ⓛ, ⓔ **5** ④ **6** ⑩ 구름 속 얼음 알갱이가 점점 커지다가 무거워져 떨어진다. 얼음 알갱이가 떨어지면서 녹으면 비가 되고, 녹지 않은 채 떨어지면 눈이 된다. **7** ⑤ **8** ④, ⑤ **9** ② **10** ⓒ **11** ⑤ **12** ⑩ 차갑고 건조하다. 우리나라 겨울의 차고 건조한 날씨에 영향을 준다.

1 습도표의 세로줄에서 건구 온도(25 ℃), 가로줄에서 건구 온도와 습구 온도의 차(3 ℃)를 찾아 두 숫자가 만나는 지점이 현재 습도를 나타냅니다.

2 습도가 높으면 곰팡이가 잘 피고, 빨래가 잘 마르지 않으며 음식이 부패하기 쉽습니다.

3 이슬은 밤에 차가워진 나뭇가지나 풀잎 표면에 공기 중 수증기가 응결해 물방울로 맺히는 것입니다.

4 조각 얼음으로 인해 집기병 안 온도가 낮아지면 집기병 안 수증기가 응결하여 뿌옇게 흐려집니다.

5 안개는 공기 중 수증기가 응결하여 지표면 가까이에 떠 있는 것이며, 구름은 공기 중 수증기가 응결하여 물방울이 되거나 얼음 알갱이가 되어 하늘에 떠 있는 것입니다.

6 구름 속 얼음 알갱이가 점점 커지다가 무거워져 떨어지면서 녹으면 비, 녹지 않은 채 떨어지면 눈입니다.

채점 기준	
예시 답안과 같이 옳게 쓴 경우	10점
예시 답안과 의미는 비슷하지만 정확하게 쓰지 못한 경우	4점

7 차가운 공기가 따뜻한 공기보다 일정한 부피에 들어 있는 공기 알갱이가 많아 무겁습니다.

8 얼음물 위의 공기가 더 차가우므로 얼음물 위는 고기압이 되고 따뜻한 물 위는 저기압이 됩니다. 따라서 향 연기는 얼음물 위에서 따뜻한 물 위로 이동합니다.

9 낮에는 보통 육지가 바다보다 기온이 높고, 밤에는 보통 바다가 육지보다 기온이 높습니다.

10 바닷가에서 낮에 바람은 바다에서 육지로 붑니다.

11 대륙에서 이동해 오는 공기 덩어리는 건조하고 바다에서 이동해 오는 공기 덩어리는 습합니다. 남쪽에서 이동해 오는 공기 덩어리는 따뜻하고, 북쪽에서 이동해 오는 공기 덩어리는 차갑습니다.

12 북쪽 대륙에서 이동해 오는 공기 덩어리는 차갑고 건조합니다.

채점 기준	
공기 덩어리의 성질과 주는 영향을 모두 옳게 쓴 경우	10점
공기 덩어리의 성질만 옳게 쓴 경우	4점

📝 서술형 평가 1회　152쪽

1 (1) 높다 (2) 예 마른 숯을 실내에 놓아둔다. 제습기나 제습제를 사용한다. 보일러를 켠다. 등　**2** 예 집기병 안 공기가 차가워지면 수증기가 응결하여 공기 중에 작은 물방울로 떠 있기 때문이다.　**3** (1) 고기압, 저기압 (2) 내부, 외부 (3) 예 공기는 고기압에서 저기압으로 이동한다.　**4** 예 한 지역에 새로운 공기 덩어리가 이동해 오면 그 지역의 온도와 습도는 새롭게 이동해 오는 공기 덩어리의 영향을 받기 때문이다.

1 (1) 습도가 높으면 음식물이 부패하기 쉽습니다.
(2) 습도가 높을 때 습도를 낮추는 방법으로 마른 숯을 놓아두거나 제습제를 사용합니다.

채점 기준	
(1), (2)를 모두 옳게 쓴 경우	12점
(1)만 옳게 쓴 경우	2점
(2)만 습도를 조절하는 방법 두 가지를 옳게 쓴 경우	10점

2 수증기가 응결하면 물방울이 됩니다. 자연 현상에서 안개가 생기는 것과 같습니다.

채점 기준	
예시 답안과 옳게 쓴 경우	8점
예시 답안과 의미는 비슷하지만 정확하게 쓰지 못한 경우	3점

3 (1) 비치볼 내부는 외부보다 공기 알갱이가 더 많으므로 비치볼 내부가 고기압, 외부는 저기압이 됩니다.
(2) 공기가 많은 비치볼 내부에서 공기가 적은 비치볼 외부로 공기가 빠져나갑니다.

---

(3) 공기는 고기압에서 저기압으로 이동하며, 기압 차로 공기가 이동하는 것을 바람이라고 합니다.

채점 기준	
(1), (2), (3)을 모두 옳게 쓴 경우	12점
(1), (2)만 옳게 쓴 경우	각 2점
(3)만 예시 답안과 같이 옳게 쓴 경우	8점

4 우리나라의 날씨는 주변 지역에서 이동해 오는 공기 덩어리의 영향으로 계절별로 서로 다른 특징이 있습니다.

채점 기준	
예시 답안과 옳게 쓴 경우	8점
예시 답안과 의미는 비슷하지만 정확하게 쓰지 못한 경우	3점

💡 단원 평가 2회　153~154쪽

1 ⓒ　**2** ②, ⑤　**3** 이슬　**4** 눈　**5** ④　**6** ②　**7** 예 차가운 공기는 따뜻한 공기보다 일정한 부피에 공기 알갱이가 더 많기 때문에 무겁다.　**8** ②　**9** ④　**10** ⑤　**11** 예 따뜻하고 건조한 공기 덩어리가 우리나라에 영향을 주기 때문이다.　**12** ③

1 습도표에서 건구 온도와 습구 온도의 차이를 가로줄에서 찾아 표시합니다.

2 피부가 건조해지기 쉬운 날은 습도가 낮은 날입니다. 습도가 낮은 날에는 가습기를 사용하거나 실내에 젖은 빨래나 젖은 수건을 널어두어 습도를 조절합니다.

3 공기 중 수증기가 응결해 차가운 표면에 물방울로 맺힙니다.

4 눈은 구름 속 얼음 알갱이의 크기가 커지면서 무거워져 떨어질 때 녹지 않은 채로 떨어지는 것입니다.

5 안개는 공기 중 수증기가 응결해 지표면 근처에 작은 물방울로 떠 있는 것입니다.

6 비는 구름 속 작은 물방울들이 합쳐 무거워져 떨어지거나, 커져서 무거워진 얼음 알갱이가 떨어지면서 녹은 것입니다.

7 차가운 공기는 따뜻한 공기보다 무겁습니다.

채점 기준	
예시 답안과 같이 옳게 쓴 경우	10점
예시 답안과 의미는 비슷하지만 정확하게 쓰지 못한 경우	4점

8 어느 두 지점 사이에서 기압 차이가 생기면 공기는 고기압에서 저기압으로 이동합니다.

9 육지 기온은 15시 무렵에 가장 높고, 낮에는 육지의 온도가 바다의 온도보다 높습니다.

10 바다에서 육지로 해풍이 불고 있습니다. 해풍이 불 때는 육지의 온도가 더 높으므로 육지 위는 저기압, 바다 위는 고기압이 됩니다.

11 우리나라 주변의 대륙이나 바다를 덮고 있는 큰 공기 덩어리는 성질이 서로 다르며 우리나라의 계절별 날씨에 영향을 줍니다.

채점 기준	
예시 답안과 같이 옳게 쓴 경우	10점
예시 답안과 의미는 비슷하지만 정확하게 쓰지 못한 경우	4점

12 여름에는 남동쪽 바다에서 이동해 오는 공기 덩어리의 영향으로 날씨가 덥고 습합니다. 겨울에는 북서쪽 대륙에서 이동해 오는 공기 덩어리의 영향으로 날씨가 춥고 건조합니다.

📋 서술형 평가 2회

155쪽

1 ⑩ 산불이 발생하기 쉽다. 피부가 건조해진다. 감기와 같은 호흡기 질환에 잘 걸린다. **2** (1) ⑩ 공기 중의 수증기가 응결하여 물방울이 생긴다. (2) ⑩ 이슬은 차가워진 물체 표면에 공기 중의 수증기가 응결해 물방울로 맺힌다. 안개는 공기 중의 수증기가 응결해 지표면 가까이에 작은 물방울로 떠 있다. **3.** ⓒ, ⑩ 밤에는 바다가 육지보다 온도가 높으므로 바다 위는 저기압, 육지 위는 고기압이다. 따라서 육지에서 바다로 바람이 분다. **4** ⑩ 북서쪽에서 이동해 오는 차갑고 건조한 공기 덩어리의 영향으로 비교적 덥지 않고 시원한 날씨가 될 것이다.

1 습도가 낮으면 빨래가 잘 마르고, 산불이 발생할 위험이 높아지며 감기와 같은 호흡기 질환 등 건강에 이상이 생기는 경우가 있습니다.

채점 기준	
예시 답안에서 두 가지를 옳게 쓴 경우	8점
예시 답안에서 한 가지만 옳게 쓴 경우	3점

2 (1) 이슬 발생 실험에서는 집기병 바깥에 있는 공기 중 수증기가 응결해 집기병 표면에 물방울로 맺힙니다. 안개 발생 실험에서는 집기병 안이 조각 얼음 때문에 차가워져 수증기가 응결하여 뿌옇게 흐려집니다.

(2) 이슬은 물체 표면에 생기고, 안개는 지표면 가까이에 떠 있습니다.

채점 기준	
(1), (2)를 모두 옳게 쓴 경우	12점
(1), (2) 중 한 가지만 옳게 쓴 경우	6점

---

3 바닷가에서 밤에 부는 바람을 육풍이라고 하며, 육지에서 바다로 붑니다.

채점 기준	
기호와 까닭을 예시 답안과 같이 옳게 쓴 경우	8점
기호만 옳게 쓴 경우	2점

4 북서쪽에 있는 공기 덩어리는 차갑고 건조한 성질을 가지므로 그 공기 덩어리의 영향을 받으면 우리나라의 날씨는 차갑고 건조해집니다.

채점 기준	
예시 답안과 같이 옳게 쓴 경우	8점
예시 답안과 의미는 비슷하지만 정확하게 쓰지 못한 경우	3점

과학

4 물체의 운동

1 운동　**2** 달리는 자동차　**3** 이동 거리　**4** 물체가 이동하는 데 걸린 시간　**5** 짧은　**6** 긴 거리를 이동한 물체　**7** 속력　**8** 140 km/h　**9** 큰　**10** 예 과속 방지 턱, 어린이 보호 구역 표지판

1 ②　**2** ⑤　**3** ①　**4** ④　**5** ⓒ, 예 결승선에 가장 먼저 도착한 사람이 가장 빠르기 때문이다.　**6** ④　**7** ①　**8** ①, ②　**9** ③　**10** ⑤　**11** ①　**12** 예 도로에 과속 방지 턱을 만든다. 어린이 보호 구역에서는 자동차의 속력을 제한한다.

1 음수대는 시간이 지남에 따라 물체의 위치가 변하지 않으므로 운동하지 않는 물체입니다. 구름은 시간이 지남에 따라 위치가 변하므로 운동하는 물체입니다.

2 물체의 운동은 물체가 이동하는 데 걸린 시간과 이동 거리로 나타냅니다.

3 비행기는 활주로에서 천천히 움직이다가 점점 빠르게 달려 하늘로 날아가므로 빠르기가 변하는 운동을 합니다.

4 같은 거리를 이동한 물체의 빠르기는 물체가 이동하는 데 걸린 시간을 측정하여 비교합니다.

5 결승선에 가장 먼저 도착한 사람이 가장 빠르고 달린 시간이 가장 짧습니다.

채점 기준	
기호와 예시를 모두 옳게 쓴 경우	10점
기호만 옳게 쓴 경우	3점

6 2시간 동안 80 km를 이동하는 물체는 1시간 동안 40 km를 이동합니다. 따라서 1시간 동안 80 km를 이동하는 자동차와 100 km를 이동하는 기차보다는 느립니다. 그리고 자전거보다는 빠르고, 배와는 빠르기가 같습니다.

7 축구는 정해진 시간에 상대편 골대에 공을 많이 넣는 쪽이 이기는 경기입니다.

8 같은 시간(5초) 동안 물체가 이동한 거리로 빠르기를 비교하는 것입니다. 긴 거리를 이동할수록 빠르므로 한 발로 뛰기가 가장 빠르고, 양발 이어 걷기가 가장 느립니다.

9 2 m/s는 '이 미터 매 초', 또는 '초속 이 미터'라고 읽습니다.

10 속력이 클수록 빠릅니다. ①은 8 m/s, ②는 20 m/s, ③은 18 m/s, ④는 8 m/s, ⑤는 22 m/s입니다.

11 버스에서 내린 뒤에는 바로 길을 건너지 않고 좌우를 살피고 횡단보도에서 길을 건너야 합니다.

12 과속 방지 턱은 자동차의 속력을 줄여서 사고를 막습니다.

채점 기준	
예시 답안과 같게 쓴 경우	10점
예시 답안과 의미는 비슷하지만 정확하게 쓰지 못한 경우	4점

1 예 빠르기가 변하는 운동을 하는 물체와 빠르기가 일정한 운동을 하는 물체로 분류한 것이다.　**2** (1) 수지 (2) 예 같은 시간 동안 이동한 거리가 길수록 더 빠르기 때문이다.　**3** (1) 80 km, 1시간 동안 80 km를 이동한 승용차의 속력을 뜻한다. 60 km, 1시간 동안 이동한 버스의 속력을 뜻한다. (2) 승용차, 버스　**4** 예 자동차의 속력이 클 때 충돌 사고가 발생하면 큰 충격 때문에 자동차 탑승자와 보행자가 입는 피해가 크기 때문이다.

1 비행기와 치타는 빠르기가 변하는 운동을 하고, 케이블카와 자동길을 빠르기가 일정한 운동을 합니다.

채점 기준	
예시 답안과 같게 쓴 경우	8점
예시 답안과 의미는 비슷하지만 정확하게 쓰지 못한 경우	3점

2 (1) 2초 동안 민수는 1 m를 이동했고, 수지는 3 m를 이동했으므로 수지가 더 많이 이동한 것입니다.
(2) 같은 시간 동안 이동할 때 이동한 거리가 길수록 더 빠릅니다.

채점 기준	
(1), (2)를 모두 옳게 쓴 경우	12점
(1)만 옳게 쓴 경우	4점
(2)만 옳게 쓴 경우	8점

3 (1) 속력은 이동 거리를 걸린 시간으로 나누어 구합니다. (속력) = (이동 거리) ÷ (걸린 시간). 승용차의 속력은 240 km ÷ 3시간 = 80 km/h이고, 버스의 속력은 120 km ÷ 2시간 = 60 km/h입니다.

(2) 승용차의 속력은 80 km/h이고, 버스의 속력은 60 km/h이므로, 승용차가 버스보다 더 빠릅니다.

채점 기준	
(1), (2)를 모두 옳게 쓴 경우	12점
(1)만 옳게 쓴 경우	8점
(2)만 옳게 쓴 경우	4점

4 자동차의 속력이 클 때 충돌 사고가 발생하면 피해가 크지만, 자동차의 속력이 작을 때 충돌 사고가 발생하면 피해가 적기 때문에 속력을 제한하는 것입니다.

채점 기준	
예시 답안과 같게 쓴 경우	8점
예시 답안과 의미는 비슷하지만 정확하게 쓰지 못한 경우	3점

단원 평가 2회
161~162쪽

1 ⑤ **2** ⑤ **3** 예 자동계단은 일정한 빠르기로 운동하면서 출발지로 다시 돌아온다. 바이킹은 위로 올라갈 때에는 점점 느리게 운동하고 아래로 내려올 때에는 점점 빠르게 운동한다.
4 ⑤ **5** ③, ⑤ **6** 기차, 승용차, 시내버스, 배, 자전거 **7** ㉠ **8** ② **9** ③ **10** ① **11** ㉢ **12** 예 신호등의 초록불이 켜지면 조금 지난 뒤에 횡단보도를 건넌다. 좌우를 살피며 횡단보도를 건넌다.

1 수영하는 사람은 시간이 지남에 따라 위치가 변하므로 운동하는 것입니다.

2 자전거는 1초 동안 2 m를 이동했으므로 1초 동안 7 m를 이동한 자동차보다 더 짧은 거리를 이동한 것입니다.

3 자동계단은 빠르기가 일정한 운동을 하지만, 바이킹은 빠르기가 변하는 운동을 합니다.

채점 기준	
예시 답안과 같게 쓴 경우	10점
예시 답안과 의미는 비슷하지만 정확하게 쓰지 못한 경우	4점

4 같은 거리를 이동하는 데 걸리는 시간을 측정해 빠르기를 비교하는 운동 경기입니다. 결승선에 먼저 도착한 선수가 더 빠르고, 결승선까지 도착하는 데 걸린 시간이 짧을수록 더 빠릅니다.

5 100 m 달리기에서 결승선에 가장 먼저 도착한 사람이 가장 빠르고, 달린 시간이 가장 짧은 사람이 가장 빠릅니다.

6 같은 시간 동안 이동한 거리가 길수록 더 빠릅니다.

7 마라톤은 같은 거리를 이동하는 데 걸린 시간으로 빠르기를 비교합니다.

8 같은 시간 동안 긴 거리를 이동한 물체가 짧은 거리를 이동한 물체보다 빠릅니다.

9 한 발로 뛰기의 속력은 30 m ÷ 10초 = 3 m/s이고, 양발 이어 걷기의 속력은 6 m ÷ 3초 = 2 m/s입니다. 따라서 한 발로 뛰기는 양발 이어 걷기보다 빠릅니다.

10 4 m/s는 1초 동안 4 m를 이동하는 빠르기입니다. 4 km/h는 1시간 동안 4 km를 이동하는 빠르기입니다.

11 복도에서 뛰어다니면 넘어지거나 다른 사람과 부딪칠 수 있습니다. 자동길에서 뛰거나 반대로 이동하지 않아야 하며, 가게에서 장보기수레에 올라타거나 장보기수레를 세게 밀면 사고가 날 수 있습니다.

12 초록색 신호등이 켜지고 자동차가 멈췄는지 확인하고 길을 건넙니다.

채점 기준	
예시 답안과 같게 쓴 경우	10점
예시 답안과 의미는 비슷하지만 정확하게 쓰지 못한 경우	4점

서술형 평가 2회
163쪽

1 (1) 자전거, 자동차, 할아버지 (2) 예 시간이 지남에 따라 물체의 위치가 변했기 때문이다. **2** 예 결승선까지 이동하는 데 걸린 시간이 가장 짧은 선수가 가장 빠르다. 결승선에 가장 먼저 도착한 선수가 가장 빠르다. **3** (1) 예 80 km/h, 60 km/h (2) 승용차, 예 같은 시간 동안 승용차가 버스보다 긴 거리를 이동하기 때문이다. 승용차의 속력이 버스의 속력보다 크기 때문이다.
4 현아, 예 횡단보도를 건널 때에는 스마트 기기를 보지 않고 좌우를 살피면서 건넌다.

1 (1) 그림에서 시간이 지남에 따라 위치가 변한 것은 자전거, 자동차, 할아버지이므로 운동을 한 것입니다. 약국, 제과점, 나무, 남자 아이 등은 위치가 변하지 않았으므로 운동하지 않은 것입니다.
(2) 시간이 지남에 따라 물체의 위치가 변할 때 물체가 운동한다고 합니다.

채점 기준	
(1), (2)를 모두 옳게 쓴 경우	12점
(1)만 옳게 쓴 경우	4점
(2)만 옳게 쓴 경우	8점

2 같은 거리를 이동한 물체의 빠르기는 물체가 이동하는 데 걸린 시간으로 비교합니다.

채점 기준	
예시 답안과 같게 쓴 경우	8점
예시 답안과 의미는 비슷하지만 정확하게 쓰지 못한 경우	3점

3 (1) (속력) = (이동 거리) ÷ (걸린 시간)이므로 승용차의 속력은 240 km ÷ 3시간= 80 km/h, 버스의 속력은 120 km ÷ 2시간 = 60 km/h입니다.

(2) 속력이 큰 물체가 더 빠릅니다.

채점 기준	
(1), (2)를 모두 옳게 쓴 경우	12점
(1)만 옳게 쓴 경우	6점
(2)만 옳게 쓴 경우	6점

4 횡단보도를 건널 때에는 좌우를 살펴야 합니다.

채점 기준	
이름을 옳게 쓰고, 안전한 행동을 바르게 고친 경우	8점
이름만 옳게 쓴 경우	4점

5 산과 염기

1 식초   **2** 표백제   **3** 붉은색으로 변한다.   **4** 제빵 소다 용액   **5** 산성 용액   **6** 기포가 발생하며 녹는다.   **7** 염기성 용액   **8** 약해진다.   **9** 산성, 염기성   **10** 염기성 용액

1 ①   **2** ②   **3** ①   **4** ③   **5** ©   **6** ⑩ 기포가 발생하며, 시간이 지남에 따라 대리암 조각의 크기가 작아진다.   **7** ⑩ 산성 용액은 달걀 껍데기를 녹이며, 염기성 용액은 삶은 달걀 흰자를 녹인다.   **8** ④   **9** 산성, 염기성, 약하게   **10** 붉은색   **11** ⑤   **12** ②

1 식초는 연한 노란색으로 투명하며, 냄새가 납니다. 또한 흔들어도 거품이 생기지 않습니다.

2 레몬즙과 빨랫비누 물은 색깔이 있고, 탄산수와 묽은 염산은 색깔이 없습니다.

3 푸른색 리트머스 종이의 색깔을 붉은색으로 변하게 하는 용액은 산성 용액입니다. 탄산수는 산성 용액이고, 나머지는 모두 염기성 용액입니다.

4 묽은 수산화 나트륨 용액은 염기성 용액으로, 페놀프탈레인 용액은 염기성 용액에서 붉은색으로 변합니다.

5 산성 용액에서는 푸른색 리트머스 종이가 붉은색으로 변하고, 페놀프탈레인 용액의 색깔은 변하지 않으며, 붉은 양배추 지시약은 붉은색 계열의 색깔로 변합니다.

6 묽은 염산에 대리암 조각을 넣으면 표면에서 기포가 발생하고, 시간이 지남에 따라 크기가 작아집니다.

채점 기준	
예시 답안과 같이 옳게 쓴 경우	10점
예시 답안과 의미는 비슷하지만 정확하게 쓰지 못한 경우	4점

7 산성 용액은 달걀 껍데기는 녹이지만, 삶은 달걀 흰자는 녹이지 못합니다. 염기성 용액은 삶은 달걀 흰자는 녹이지만, 달걀 껍데기는 녹이지 못합니다.

채점 기준	
예시 답안과 같이 옳게 쓴 경우	10점
예시 답안과 의미는 비슷하지만 정확하게 쓰지 못한 경우	4점

8 처음에 붉은색이었던 용액이 분홍색, 보라색을 거쳐 점차 청록색으로 변합니다.

9 염산은 산성 용액이므로 염기성인 소석회를 뿌리면 산성인 염산의 성질이 약해집니다.

10 치약은 염기성이기 때문에 물에 녹인 치약에 페놀프탈레인 용액을 떨어뜨리면 붉은색으로 변합니다.

11 치약은 염기성 물질로, 양치질을 하면 입안의 산성 물질을 없애 세균의 활동을 억제합니다.

12 제산제와 표백제는 염기성 용액이고, 탄산수와 식초는 산성 용액입니다.

📝 서술형 평가 1회
168쪽

1 (1) 예 석회수, 제빵 소다 용액 등 (2) 예 페놀프탈레인 용액은 염기성 용액과 만나 붉은색으로 변하기 때문이다. **2** (1) ㉡ (2) 예 삶은 달걀 흰자를 염기성 용액에 넣으면 흐물흐물해지며 녹기 때문이다. **3** 예 염기성 용액에 산성 용액을 계속 넣고 섞어 주면 염기성의 성질이 점점 약해진다. **4** (1) 예 유리 세정제는 염기성 용액이고, 변기용 세제는 산성 용액이다. (2) 예 붉은 양배추 지시약이 유리 세정제에서는 푸른색 계열의 색깔로 변하고, 변기용 세제에서는 붉은색 계열의 색깔로 변한다.

1 (1) 석회수, 제빵 소다 용액, 표백제, 빨랫비누 물 등 염기성 용액을 이용하면 편지의 내용을 확인할 수 있습니다.
(2) 페놀프탈레인 용액은 염기성 용액과 반응해 붉은색으로 변하는 지시약입니다.

채점 기준	
(1), (2)를 모두 옳게 쓴 경우	12점
(1)만 옳게 쓴 경우	4점
(2)만 옳게 쓴 경우	8점

2 삶은 달걀 흰자를 염기성 용액에 넣으면 녹아서 흐물흐물해지지만, 산성 용액에 넣으면 아무 변화가 없습니다.

채점 기준	
(1), (2)를 모두 옳게 쓴 경우	12점
(1)만 옳게 쓴 경우	2점
(2)만 옳게 쓴 경우	10점

3 염기성 용액에 산성 용액을 넣을수록 염기성이 약해지면서 용액의 성질이 변합니다. 그것은 산성 용액과 염기성 용액

을 섞으면 용액 속의 산성을 띠는 물질과 염기성을 띠는 물질이 섞이면서 용액의 성질이 변하기 때문입니다.

채점 기준	
예시 답안과 같이 옳게 쓴 경우	8점
예시 답안과 의미는 비슷하지만 정확하게 쓰지 못한 경우	3점

4 (1) 유리창의 얼룩은 염기성인 유리 세정제를 사용해 닦고, 변기의 얼룩은 산성인 변기용 세제를 사용해 닦습니다.
(2) 붉은 양배추 지시약은 염기성 용액에서는 푸른색, 녹색, 노란색과 같은 색깔로 변하고, 산성 용액에서는 붉은색으로 변합니다. 따라서 유리 세정제에서는 푸른색 계열의 색깔로 변하고, 변기용 세제에서는 붉은색 계열의 색깔로 변합니다.

채점 기준	
(1), (2)를 모두 옳게 쓴 경우	12점
(1)만 옳게 쓴 경우	4점
(2)만 옳게 쓴 경우	8점

💡 단원 평가 2회
169~170쪽

1 ③ **2** ㉠ 빨랫비누 물 ㉡ 제빵 소다 용액 **3** ② **4** 예 페놀프탈레인 용액을 산성 용액에 떨어뜨리면 아무 변화가 없고, 염기성 용액에 떨어뜨리면 붉은색으로 변한다. **5** ④ **6** ④, ⑤ **7** ②, ③ **8** 산성 **9** 예 처음에 노란색이었던 용액이 청록색, 보라색을 거쳐 점차 붉은색으로 변한다. **10** ㉡ **11** 희경 **12** ②, ⑤

1 흔들었을 때 거품이 3초 이상 유지되는 용액은 표백제, 빨랫비누 물입니다. 나머지 용액은 흔들어도 거품이 생기지 않고, 거품이 생겨도 바로 사라집니다.

2 탄산수, 묽은 수산화 나트륨 용액, 제빵 소다 용액은 색깔이 없고, 빨랫비누 물, 레몬즙은 색깔이 있습니다.

3 빨랫비누 물은 염기성 용액으로, 페놀프탈레인 용액을 염기성 용액에 떨어뜨리면 붉은색으로 변합니다.

4 페놀프탈레인 용액은 산성 용액에서는 아무 변화가 없고, 염기성 용액에서는 붉은색으로 변하기 때문에 산성 용액과 염기성 용액을 분류할 수 있습니다.

채점 기준	
예시 답안과 같이 옳게 쓴 경우	10점
예시 답안과 의미는 비슷하지만 정확하게 쓰지 못한 경우	4점

5 탄산수, 레몬즙, 묽은 염산은 산성 용액으로, 푸른색 리트머스 종이를 붉은색으로 변화시킵니다.

6 붉은 양배추 지시약을 염기성 용액에 떨어뜨리면 푸른색이나 노란색 계열의 색깔로 변합니다. 식초, 레몬즙, 묽은 염산은 산성 용액이고, 빨랫비누 물, 묽은 수산화 나트륨 용액은 염기성 용액입니다.

7 묽은 수산화 나트륨 용액은 염기성으로, 염기성 용액은 두부를 녹이는 성질이 있습니다.

8 서울 원각사지 십층 석탑은 대리암으로 만들어졌기 때문에 산성을 띤 빗물에 의해 훼손될 수 있어 유리 보호 장치를 했습니다.

9 묽은 수산화 나트륨 용액에 묽은 염산을 넣을수록 점차 노란색 계열의 색깔에서 붉은색 계열의 색깔로 변합니다.

채점 기준	
예시 답안과 같이 옳게 쓴 경우	10점
예시 답안과 의미는 비슷하지만 정확하게 쓰지 못한 경우	4점

10 염기성 용액에 산성 용액을 많이 넣을수록 염기성이 점점 약해집니다. 이는 섞은 용액 속에 있는 염기성을 띠는 물질과 산성을 띠는 물질이 서로 짝을 맞추면서 각각의 성질을 잃어버리기 때문입니다.

11 생선 비린내는 염기성으로, 산성인 식초로 생선을 손질한 도마를 닦으면 생선 비린내가 약해집니다.

12 변기용 세제와 오렌지주스는 산성 용액을 이용하는 경우이고, 제산제와 하수구 세정제는 염기성 용액을 이용하는 경우입니다.

📜 서술형 평가 2회
171쪽

1 (1) 표백제 (2) 예 무색이고 투명한 용액의 경우에는 어떤 용액인지 바로 알 수가 없어 분류하기 어렵다. **2** (1) 예 붉은색으로 변한다. (2) 예 산성 용액과 염기성 용액에서 다른 색깔로 변하기 때문이다. **3** (1) 달걀 껍데기, 대리암 조각 (2) 예 아무런 변화가 없다. **4** (1) 예 묽은 염산의 성질이 점점 약해진다. (2) 예 섞은 용액 속에 있는 산성을 띠는 물질과 염기성을 띠는 물질이 서로 짝을 맞추면서 각각의 성질을 잃어버리기 때문이다.

1 용액의 냄새를 맡을 수 없는 경우에도 용액을 분류하는 데 어려움이 있습니다.

채점 기준	
(1), (2)를 모두 옳게 쓴 경우	12점
(1)만 옳게 쓴 경우	2점
(2)만 옳게 쓴 경우	10점

2 레몬즙은 산성 용액이므로 붉은 양배추 지시약을 떨어뜨렸을 때 붉은색으로 변합니다. 이처럼 어떤 물질을 만났을 때 그 물질의 성질에 따라 눈에 띄는 변화가 나타나는 물질을 지시약이라고 합니다. 붉은 양배추 지시약은 산성 용액과 염기성 용액에서 나타내는 색깔이 다르기 때문에 지시약으로 사용합니다.

채점 기준	
(1), (2)를 모두 옳게 쓴 경우	12점
(1)만 옳게 쓴 경우	4점
(2)만 옳게 쓴 경우	8점

3 달걀 껍데기와 대리암 조각을 산성 용액에 넣으면 기포가 발생하며 녹지만, 염기성 용액에 넣으면 아무 변화가 없습니다.

채점 기준	
(1), (2)를 모두 옳게 쓴 경우	12점
(1)만 옳게 쓴 경우	4점
(2)만 옳게 쓴 경우	8점

4 산성 용액에 염기성 용액을 많이 넣을수록 산성이 점점 약해지고, 염기성 용액에 산성 용액을 많이 넣을수록 염기성이 점점 약해집니다.

채점 기준	
(1), (2)를 모두 옳게 쓴 경우	12점
(1)만 옳게 쓴 경우	4점
(2)만 옳게 쓴 경우	8점